中国少数民族设计全集

The Design Collection of Chinese Ethnic Minorities

维吾尔族

中国少数民族设计全集编纂委员会 编

图书在版编目（CIP）数据

中国少数民族设计全集.维吾尔族/中国少数民族设计全集编纂委员会编；顾平等著.—太原：山西人民出版社，2019.9
ISBN 978-7-203-10927-3

Ⅰ.①中… Ⅱ.①中…②顾… Ⅲ.①维吾尔族-民族文化-研究-中国 Ⅳ.①K28

中国版本图书馆CIP数据核字（2019）第185185号

中国少数民族设计全集.维吾尔族

编　者：	中国少数民族设计全集编纂委员会
著　者：	顾　平　等
责任编辑：	李广洁
复　审：	秦继华
终　审：	阎卫斌
装帧设计：	谢　成

出 版 者：	山西人民出版社　人民美术出版社
地　　址：	太原市建设南路21号
邮　　编：	030012
发行营销：	0351-4922220　4955996　4956039　4922127（传真）
天猫官网：	https://sxrmcbs.tmall.com　电话：0351-4922159
E—mail：	sxskcb@163.com　发行部
	sxskcb@126.com　总编室
网　　址：	www.sxskcb.com
经 销 者：	山西出版传媒集团·山西人民出版社
承 印 者：	山西出版传媒集团·山西新华印业有限公司
开　　本：	889mm×1194mm　　1/16
印　　张：	35.5
字　　数：	580千字
印　　数：	1—1 000册
版　　次：	2019年9月　第1版
印　　次：	2019年9月　第1次印刷
书　　号：	ISBN 978-7-203-10927-3
定　　价：	480.00元

如有印装质量问题请与本社联系调换

中国少数民族设计全集编纂委员会

总 主 编（按年龄排序）
 张夫也　王立端　戴晋明　廖　军　王　琥　李豫闽　过伟敏　顾　平
 王　强　李　岗
执 行 主 编　王　琥
编 务 统 筹　张明山

中国少数民族设计全集编辑工作委员会

主　　　任　刘伟冬
编　　　委（排名不分先后）
 王　琥　王　峰　王　强　王立端　王浩滢　白　波　过伟敏　许　星
 许边疆　李　岗　李　丽　李豫闽　成光虎　肖　飞　余　强　汪传跃
 罗　力　杨明朗　陈　述　陈见东　邱　珂　胡万明　顾　平　郑　静
 郭立忠　姬　莹　张夫也　张泽国　张明山　张秋平　张耀引　梁盛平
 樊　进　谢　玮　熊　伟　熊　微　熊建新　蔡克中　葛　芳　鞠　斐
 魏　洁　廖　军　戴晋明

中国少数民族设计全集出版工作委员会

主　　　任　胡彦威　周　伟
执 行 主 任　姚　军　欧京海
编 务 统 筹　阎卫斌　周小龙
编　　　辑（排名不分先后）
 王新斐　史美珍　冯　昭　冯灵芝　吉　昊　吕绘元　刘小玲　任秀芳
 孙　琳　孙宇欣　李广洁　李建业　李　靖　员荣亮　张小芳　张志杰
 张书剑　何赵云　陈俞江　吴春华　武　静　周小龙　柳承旭　郝文霞
 赵　玉　赵晓丽　席　青　秦继华　高　雷　郭向南　阎卫斌　崔人杰
 傅晓红　蔡咏卉　翟丽娟　樊　中　薛正存　魏　红　魏美荣
整 体 设 计　谢　成

中国少数民族设计全集·维吾尔族

本册著者　顾　平　许　江　满盈盈　门坤玲　姚　丹
　　　　　　丁诗瑶　刘姣姣　邓莉丽　热娜·买买提（维吾尔族）
参与撰写　雷启兴　郑倩倩　徐翊轩　周　林　韩宗挥
　　　　　　邵晓冬　钟日乾　任凤宇　梁建超　许礼情
　　　　　　田　洁　吴　婧　刘洁蓉　王炀煦　蒋屿璐
　　　　　　王　翔　孙　侨　周　圆

求同存异　和合共荣

刘伟冬

中华民族，是一个由56个民族组成的大家庭。在漫长的文明发展史中，汉族和各少数民族都为中华文明的繁荣发展贡献了自己的聪明才智。纵观中华文明史，其实就是一部各族群之间"求同存异，和合共荣"的文化演进史。

从根子上讲，4000年前的"中国"，仅指北方中原地区，居住在这里的相传是上古时期黄帝部落和炎帝部落的后裔，故而自称"炎黄子孙"。其时的"中国"，不过是黄河中下游（西起陇山，东至泰山）区域。在千年发展与民族融合之后，尤其是晋末"衣冠南渡"，南迁的中原汉族与南方百越民族彻底融合，来自北方的鲜卑等民族融入汉族，使汉族前所未有地壮大发展，逐渐形成后来疆域辽阔、人口众多、物产繁盛、文化昌明的中华民族的主体族群。特别值得强调的是，自从作为一个民族整体之后，中华民族就从未中断过自己的民族发展史——这在世界历史上是硕果仅存、独一无二的。

中华民族具备兼容并蓄、虚心好学的民族天性。仅以设计学范畴的事例讲：在数千年文明发展历史中，中华民族在不断向外输出优秀的文明成果（如烧造之陶瓷砖瓦、营造之榫卯斗拱、织造之丝绸刺绣、锻造之"失蜡"分模等），影响全人类的日

常生活与生产方式的同时，也不断地吸纳域外各民族的优秀文明成果，如汉魏之印度佛教和西域音乐、隋唐之西亚服饰和家具、宋元之东洋印染和漆艺、明清之西洋机器与建筑……在中华民族内部，这样的文化交流更是从未停止过，而且是风生水起、枝繁叶茂，愈发流畅、深入，中华民族各族群之间"求同存异，和合共荣"的文化大演进，共同创造了中华民族极为灿烂辉煌的造物文明历史。仍以设计学范畴为例：原本是匈奴人发明的单足绳圈，被晋代的汉族人设计成铁质双镫；最早是鲜卑人原创的毡毯卷边，被晋代的汉族人改造成"高桥马鞍"，这宗中国式马具设计案例，被誉为"13世纪中国传入欧洲的最重要文化成果"（李约瑟语）。再如，西域（今新疆地区）是全世界最早的皮靴生产地，哈尼族为主的红河地区出现了全世界最早的梯田。再如，全世界最早的"干栏式建筑"和全世界最早的稻米人工育种、栽培，均起源于长江中下游的百越地区；全世界最早的竹藤编结器物起源于闽越地区……由中华民族共同创造、发明，后来又影响了全人类文明进程的优秀造物设计案例很多，不胜枚举。几千年中华民族的文明史，就是各种文化多元融合、共同发展的最好例证。不了解中华民族内部各族群的文明交流史，就无法真正理解中国文化史，也不能理解为什么中华民族总是能在逆境中成长强大。甚至可以说，能否完整地理解中华民族的文化史，是检验每一个当代中国知识分子（特别是文史哲专业的学者）文化立场的"试金石"。

随着改革开放的逐渐深入，各民族地区的经济与社会状态已发生了天翻地覆的变化。令人遗憾和担心的是，由于各地区政策执行力度不平衡，保护措施不得力，少数民族的文化特性正在逐步衰退，有些地区的少数民族文化特征甚至已经消失殆尽，仅仅存在于徒具形式，充满口号、标语的民族文化村旅游景点中。有学者预言，再不加快整理抢救工作，中国的少数民族可能在物质形态和文化内涵的特征上，若干年后将不复存在。

从少数民族地区反映古代中国社会某些面貌的文化遗存看，这些少数民族之所以一直与汉族地区差距巨大，存在多方面的原因，其中历代汉族统治者对少数民族的歧视政策是主要原因。此外这些地区本身就处于偏僻荒地，不是沙漠就是山区，自然条件远不及汉族聚集地区，社会发展水平滞后。20世纪50年代，有相当比例的少数民族在当时仍处于原始农耕社会或奴隶制社会，不要说通电、通水、通汽车，不少人一辈子连铁器长什么样都没见过。部分少数民族聚集地的各种自然条件也较差，缺肥少水，基本生活来源，一靠老天爷恩赐的"望天收"农作物；二靠家庭手工作坊制作些竹藤编结物和土织、土陶等土特产来换取粮食；三靠养猪、兔、羊和鸡、鸭、鹅等家禽来换取日用品，如灯油、农具、衣物和油盐酱醋等；四靠为土司、头人和大户们出卖劳力（社会底层奴隶身份），年老即被抛弃。中华人民共和国成立后，党和政府在这些地区实行社会主义改造，打倒以土司、巫师和头人为首的剥削阶级，将土地和生产资料一律收归集体所有，解放了全体少数民族民众，使他们历史上第一次有了自由劳作和生活的权利。

中华人民共和国成立之初，党和政府就高度关注民族事务问题，为如何保护、关心各少数民族制定了一系列方针、政策，也为当代中国社会处理民族问题、保护民族文化树立了光辉典范。中央人民政府政务院于20世纪50年代初发布了《关于民族事务的几项决定》，为新中国民族政策奠定了最初的思想基础，其主要内容是：一、各大行政区军政委员会（人民政府）须指导各有关

求同存异　和合共荣

省、市、行署人民政府认真推行民族区域自治及民族民主联合政府的政策和制度，并随时向政务院报告推行经验，请示者须事前向政务院请示。二、各大行政区军政委员会（人民政府）须指导各有关省、市、行署人民政府认真并有计划地实行政务院在1950年颁发的《培养少数民族干部试行方案》，并将该项工作进行情况定期加以检查，每半年向政务院报告一次。中央民族学院及西北、西南、中南各军政委员会和新疆省人民政府的民族学院，必须依计划实行，并向政务院报告。三、政务院于1951年下半年适当时间将同时召开有关少数民族的卫生、教育及贸易三个专业会议，责成政务院文教委员会、中财委指导中央卫生部、教育部、贸易部开始筹备，并责成中央民族事务委员会协助进行。有关部门如农业部、文化部也须派人参加。四、责成中央人民政府各委、部、会、院、署、行注意建立有关民族事务的业务。五、在政务院文教委员会内设民族语言文字研究指导委员会，指导和组织少数民族语言文字的研究工作，帮助尚无文字的民族创立文字，帮助文字不完备的民族逐渐充实其文字。六、扩大中央民族事务委员会委员名额，责成中央民族事务委员会提出补充名单的建议，并于1951年下半年召开中央民族事务委员会扩大会议，检查与总结关于推行民族区域自治及民族民主联合政府的经验。

20世纪50年代，中央人民政府和政务院，曾多次组织"中央慰问团""土改工作队"和"普查工作队"等，花费大量人力和物力，深入各少数民族地区，进行了大量较为翔实的社会历史调查。50年代这轮由政府统筹、由中央民委组织行政领导和人类学、社会学专家学者以及民族同志组成工作队与考察队的少数民族大考察活动，1953年正式启动，1956年结束（个别地区延期至1958年才结束）。直接成果之一，就是为1956年国务院公布的55

个少数民族的正式定名和划分,提供了可靠的依据。

从当时考察的资料看,各少数民族的社会发展水平参差不齐,不少民族呈现类似汉族曾经历过的各种历史发展状况,为我们今天考察、了解并研究过去的历史以及各学术分支问题,提供了绝好的活体范本。比如以"设计发生学"研究为例,以山寨(村落)为主的初级社会组织形态,原始手工业在农耕环境中的地位,原始造物的手工技艺与设备、工具等,都是我们极感兴趣的研究对象。

在西北、西南和东北各少数民族聚集地区,有些古时流传下来的本民族手工造物技术,迄今仍保存良好。其吸收了汉族和其他兄弟民族的技术长处之后演变出来的各时段手工造物技术,则印证了各民族互相融合、取长补短的史实。更有些原始手工艺,特别具有艺术和历史研究价值。以维吾尔族人为例,本世纪初,笔者在新疆喀什城艾格孜艾日克老街看到几样手工艺绝活:其一是整条街的维吾尔族乐器店,除了热瓦普、曼陀林和冬不拉等少数维吾尔族知名乐器外,全是些笔者叫不上名来却似曾相识的弹拨乐器和拉弦乐器,于是从心里认可了"西域古乐成就了中国传统民乐"这句话所言不谬。其二是亲眼所见一个拖着鼻涕的不到10岁的维吾尔族小男孩,拿着电砂轮在铜壶上信手飞快地刻着精美细腻的图案,一不要底稿,二没有图纸,真是佩服得五体投地,也相信了"汉族人长于热铸,西域人长于冷锻"这个说法。其三是在喀什近郊著名的大巴扎"金器一条街"上看见近百家金店生意红火,家家门前毡毯上都围坐着一群金店伙计和顾客,正在热烈讨论、共同设计着花样繁多的未来金饰嫁妆,感受到了"中国传统样式的金银首饰工艺,最富有创意的设计和最先进的工艺制作,原来在维吾尔族人手里"这句大实话。还有,笔者

求同存异 和合共荣

在云南景洪县城集市上，曾亲眼见过景颇族老乡用古老的"焖烧法"烧出的红彤彤的土陶——跟笔者一知半解的仰韶彩陶的烧制工艺几乎一模一样。还有，笔者在大西北甘陕宁各省亲眼所见的回族、保安族、裕固族和东乡族老乡巧手做出的那些花样繁多、样式复杂的面塑造型，真是个个精妙绝伦。这方面的事例实在太多了。

50年代的少数民族地区社会大普查，以及半个多世纪以来社会各界对其丰富而珍贵的考察、研究，意义深远，价值极为重大。这些地区客观上保存的较为完整的、与数千年前中国原始社会最初形态近似的许多社会特征，为我们研究社会的最初形态形成和当时的经济、文化、政治的基本状况以及"设计发生学"的相关课题，提供了珍贵的类型学"活化石"范本，价值非凡。改革开放以来，这些少数民族地区也获得了前所未有的巨大发展，人民生活日新月异；但与此同时，少数民族地区的民族性在不可避免地愈发衰减、退化，甚至消失。如果我们再不采取保护措施，若干年后，各少数民族的许多宝贵民族文化遗产将无法挽救地彻底消亡，这部分同属于全人类精神财富和中华民族集体智慧的宝藏，我们将再也看不到了。

在"设计发生学"问题上，我们一向秉持文化多元论的观点，认为人类文明是全世界人民共同创造的，各国家、地区、民族均做出过大小不一、形态各异的贡献；同理，中华民族的灿烂文明是中国的各族人民共同创造的，每个民族都对中华传统文化做出过贡献，也都应当得到尊敬和肯定。中国的各少数民族在中华文明漫长的演化过程中，都曾经以自己独特而充满智慧的文明成果，补充、完善甚至改良着中华文明。比如，古代西域的龟兹古国各民族创造或引自西亚的弹拨乐器和拉弦乐器以及音律、曲

式，彻底改造了中国古代音乐，新创作出代表中国古乐精髓的江南丝竹；南疆的维吾尔族和北疆的哈萨克、塔塔尔、塔吉克等族首创了制革术，并引进古波斯革皮书籍装帧术和制靴术、制毡术、毛衣编结术；海南岛的黎族率先种植棉花并纺织棉布，传入内地后棉织业逐渐形成中国古代手工行业的"天下第一营生"……保护少数民族的民族文化特性，就是保护我们的历史遗产，就是传承我们的文明。我们应进一步发扬文化兼容的优良传统，把振兴中华的百年民族复兴梦，逐步落实为将大中华建设成为中国各民族共同拥有的美好家园。

由上千名来自全国各高等艺术院校的教授、研究生组成的55支团队参与编撰的《中国少数民族设计全集》（55卷），正是有识之士基于对各少数民族的民族文化特性正在快速衰减、消亡的严重现实问题的深切忧虑而进行的抢救、发掘、整理中国少数民族文化遗产的重要文化工程。经过两年精心筹划，六年努力写作，在国家出版基金管理部门的支持下，在山西人民出版社和人民美术出版社的策划和组织下，目前《中国少数民族设计全集》的书稿编撰工作已基本完成，即将付梓。在长达八年的漫长过程中，全国兄弟院校各团队涌现出的各种可歌可泣的事迹经常感动着笔者，并不时鞭策着全体作者克服千难万险，一路向前。有的分卷作者身患绝症仍不眠不休地忘我工作，有的分卷作者遭遇各种意外仍坚持工作。特别是，很多民族同志公而忘私、不计较个人得失，有人不惜将自己赚钱的企业关张歇业，全身心地投入各自所负责分卷的繁重编撰工作中；有人义无反顾地将自己珍藏多年的本民族实物、资料和研究成果无偿提供给相关分卷作者。大家万众一心，克服各种复杂得难以想象的困难，以确保这部凝聚了众人八年心血的巨著，能按计划如期完成。借此机会，笔者谨

代表本丛书编委会全体成员,向领导、编辑和作者们表示衷心的感谢!

作为一项文化创举,笔者深信《中国少数民族设计全集》必将在未来岁月的长期检验中,愈发显现其非凡的、独特的文化价值。

2017年夏季于南京

前言

维吾尔民族的传统造物极为丰富，它涉及了该民族生活、生产形态的所有方面：衣食住行用、风俗礼仪、宗教信仰等等。这些人工物品的产生，既是维吾尔人生存的一种景象，包含了本民族的精神诉求，同时也反映出维吾尔民族的生活与生产方式，呈现其相应的设计策略与审美理念，是我们了解维吾尔族设计思想与民族文化的重要源泉。

一、维吾尔族概况

维吾尔族是中国55个少数民族之一，目前有人口800余万，主要分布在新疆地区。新疆的天山以南、塔里木盆地四周为维吾尔族集中居住地，而喀什噶尔绿洲、和田绿洲以及阿克苏河和塔里木河流域则更为密集。天山以东的吐鲁番地区，也居住着较多的维吾尔族人。天山北麓的伊犁、吉木萨尔以及奇台，有部分维吾尔族居民。

二、维吾尔族文化生态

维吾尔族文化生态是伴随本民族自然环境、生活生产方式的变化而形成的。公元9世纪之后，维吾尔族文化生态逐渐形成四个区域：新疆北部，一块为"草原（游牧民族）生态文化"，一块为"旱田农耕生态文化"；新疆南部为"塔里木盆地绿洲生态文化"；新疆东端为"吐鲁番—哈密盆地坎儿井灌溉文化"。四个区域各成体系，并在时间推移中不断丰富与完善，共同构成维吾尔民族的生态文化圈。

维吾尔族生活的四个区域，位于欧亚大陆的中心地段，是丝绸之路的必经处与栖息地，而丝绸文化联接着欧亚文化，维吾尔民族

文化在发展中逐步吸收其他文化，这一独特的演变轨迹，使得维吾尔民族文化更加丰富多姿并独具特色。

（一）维吾尔族的生产生活形态

传统的维吾尔族生产生活方式是游牧与农耕并举，草原文化与绿洲文化在这个民族身上都有反映。相对而言，绿洲文化特色更为明显，但又有着深厚的草原文化背景。维吾尔人多以务农为主，擅长种植棉花与园艺。南疆是我国最大的棉花生产区，同时也是世界闻名的瓜果之乡。北疆广漠的草原也保留着一部分畜牧业的生产。此外，维吾尔族的手工业也甚为发达，和田的地毯、玉器加工、丝绸工艺，喀什的金银首饰、铜器、英吉沙小刀，还有花帽、皮具、刺绣、建筑装饰等均享有盛名。近现代以来，维吾尔族生产方式在保留传统特色之外，因为交通便利与所处位置的特殊，伴随着东西方文化交流的繁荣，也更具现代意味。

维吾尔族传统生活方式保留了较多游牧民族的特征，9世纪西迁之后，维吾尔族的生活方式有了农耕特色。维吾尔族人讲究衣着，长于打扮，民族特征十分鲜明。饮食上以面食为主，喝奶茶，吃水果。居住环境多为旱地，民宅建筑为方形院落，以土坯为主，少用木材。屋内常挂壁毯，喜铺地毯，重装饰；砌土炕为床；另有家具陈设。维吾尔族生活中婚嫁丧葬与各种节日，有对应的仪式，即便今天的生活状态改变很多，但有些仪式仍然是本民族一直遵循的一种规则。

（二）维吾尔族民俗

维吾尔族传统民俗丰富而个性突出，主要表现在节庆、娱乐、婚俗、食俗以及生活的方方面面。

维吾尔民族特别重视节日风俗，重要的节日有肉孜节、库尔班节。肉孜节，又称开斋节，这一天人们聚集礼拜寺举行盛大礼拜，之后持续三天进行节日庆祝活动。库尔班节，又称宰牲节，时间为肉孜节之后的第70天。宰杀的牲畜不可以出卖，只能送交寺院或宗教职业人员，或赠亲友，大家共同享用，节日异常热闹。此外，还有巴拉特节、都瓦节等，也为部分维吾尔族人所重视。

维吾尔民族是个能歌善舞的民族，这与他们长期生活在广阔的草原与沙漠有关。因此，维吾尔族的娱乐都伴随音乐与舞蹈。麦西莱甫就是维吾尔族最为热闹的娱乐活动，它集歌舞、民间娱乐与风俗习惯于一体，分别呈现为节日聚合、娱乐游戏、婚娶等多种活动形式。

维吾尔族对传统婚俗极为重视，程序很多，内容丰富，反映了本民族对婚姻的重视。维吾尔族婚俗程序包括提亲、订亲和婚礼三个阶段，每个阶段都十分讲究并配有相应的仪式，亲朋好友与乡邻都会参与，并伴随各种歌舞活动。

维吾尔族的传统饮食也有本民族的特点，他们以面食为主，最常吃的有馕、抓饭、包子与面条。维吾尔族人还喜食牛羊肉，并善于烤制。

维吾尔族的民俗还表现在生活的许多方面，比如他们的服装民族气息很浓，他们的居住建筑也别有自己的风格。这些风俗既与本民族的生活习性有关，也与其物质文化生态密不可分。

三、本卷选编的内容

本卷选取170多个维吾尔族传统造物案例，展开设计学解析。这些案例涉及了维吾尔族传统生活、生产的方方面面，包括了传统建筑、传统服饰、传统餐饮、传统生活用具、传统生产工具、传统手工艺等六大部分内容。

"维吾尔族传统建筑"部分，选取了哈密回王陵、艾提尕尔清

真寺、库车大寺、苏公塔、坎儿井、维吾尔族庭院等建筑物及建筑细部共9个案例。库车大寺所展示出的建筑特点和装饰风格，反映了维吾尔族的历史文化、审美情趣和民族情感等多方面的内容，达到了实用性与审美性的高度统一。艾提尕尔清真寺是新疆伊斯兰建筑艺术的杰出典范。苏公塔是新疆现存最大的古塔，也是中国百座名塔中唯一一座伊斯兰风格的古塔，在维吾尔族清真寺建筑中是最具个性特色的一例，更是各族人民自觉维护祖国统一和民族团结的明证。哈密回王陵是中原文化、蒙古文化和伊斯兰文化相融合的产物，是哈密地区多元文化交流与民族团结的象征。吐黑鲁克铁木耳麻扎是研究考证元代以后新疆地区宗教变迁、民族关系、建筑艺术的重要遗迹。阿帕克和加麻扎保持了浓郁的伊斯兰教和传统的维吾尔族建筑艺术特色，具有重要的研究价值。玉素甫麻扎布局独特、宏伟，装修古朴、肃穆，体现出古代维吾尔工匠的高超技艺和杰出才能。新疆坎儿井是宏伟的地下水利灌溉工程，作为一种人工水利设施，在一定程度上改变了地面景观，是我国古代科学技术的一份宝贵遗产。维吾尔族庭院民居是维吾尔族生活的基本空间，具有独特的民族特色，尤其以喀什地区的庭院民居最具特点。维吾尔族庭院民居是维吾尔族文化的载体，具有浓郁的民族风格，承载着维吾尔族的民族个性、积淀着民族审美。维吾尔族建筑分布于新疆维吾尔自治区广袤的土地上，除了与其周边的印度、中亚等地有关联的部分，更有许多独特的创造，是维吾尔族智慧的体现。

"维吾尔族传统服饰"部分，选取了传统袷袢、艾德莱斯绸连衣裙、和田传统礼服、哈密锦袍、传统女子衬裙、哈密女官服、哈密绣花长裤、南疆传统皮靴"乔鲁克"、绣花女鞋、喀什黑绸纳白线巴达母花四棱帽等30个案例。这些案例以服装为主体，以饰品、化妆、发型为辅，体现了维吾尔族因地制宜、兼具功能与美观的服

饰审美理念，诠释了维吾尔族鲜明的地域服饰文化特色。新疆地区以天山为界，分为南疆北疆。由于南疆少数民族更为集聚，民族融合程度高，加上塔克拉玛干沙漠自然环境的影响，这一地区维吾尔族服饰特色更加浓郁。维吾尔族帽类是民族服饰中最有特色的装饰物，分花帽和皮帽，不同年龄、性别、地域的帽子样式各不相同。新疆各地花帽样式也多有不同，帽面上的刺绣纹样具有明显的地方特色，主要有巴旦木花帽、喀什花帽等；皮帽最重要的功能是御寒，大多由柔软的羊皮制成，但夏季也有戴皮帽的习俗，主要为保持头皮湿润和防暑。维吾尔族日常生活中的男子常穿袷袢扎腰巾，式样宽松，洒脱舒适；女子服饰刺绣工艺精湛，色彩对比强烈。现代维吾尔族人平常穿着以传统服饰搭配西式服装，喜欢穿皮靴，外加胶质套鞋，头饰以各式花帽为主，妇女常常佩戴各种材质的耳环、戒指、手镯等首饰。维吾尔族传统服饰的选料讲究，多从动物、植物中提取，艾德莱斯绸是维族独创的蚕丝面料，轻盈飘逸、色泽华丽，迎合了维吾尔族女性爱穿裙装、能歌善舞、热情奔放的性格特征。从服饰的纹样上看，维吾尔族是个爱美爱生活的民族，男女都喜欢穿绣花服饰，装饰纹样主要是以当地的植物花卉、生活用品、几何形态为原型，通过艺术化处理，形成了具有民族特色的装饰纹样。

"维吾尔族传统餐饮"部分，包括了维吾尔族传统饮食器具设计和维吾尔族传统菜式及食材造型两个部分。主要选取食具和厨具，包括大型食物罐、刻花白铜碗、木勺、木碗、馕锤子、铜盆和洗手壶；传统菜式包括馕、黄面、油塔子、手抓饭、馓子、馕包肉、帕尔木丁、馕丁炒肉、烤全羊等案例。食材的烹饪方式有烤制、蒸煮和炒制三类。食材原料以就地取材为基本原则，例如以面食作为主要食材之一就与新疆地区生产小麦的传统有关。肉食类的

原料同样是与当地发达的畜牧业有关，如手抓羊肉、烤羊肉串等。一些传统菜式则以牛羊鸡肉为主，辅以洋葱、土豆、辣椒等调味，例如葱爆羊肉、大盘鸡等。而新疆酸奶、石榴汁、葡萄干的制作过程则反映了维吾尔族人传统的酿造工艺。

"维吾尔族传统生活用具"部分，包括了"维吾尔族传统日常杂具"、"维吾尔族传统交通工具"与"维吾尔族传统乐器"三大类别。

"维吾尔族传统日常杂具"选取了英吉沙小刀、库车小刀、腰刀、铜瓶、木梳、油灯架、木箱、梳妆镜、木橱、木案、木椅、木摇床、木床、小圆镜、雕花书架、铜制化妆盒、木雕食品柜、铜制笔墨盒、木制儿童学步车、彩绘烛台等案例。这些案例是维吾尔族百姓所使用的传统灯具、杖具、文具、刀具、家具、梳妆用具、文娱及休闲用品等日常杂具。维吾尔族传统日常杂具所选用的材质以木质和金属为主。其中木质用品最多，形体较大者通常作为家居内坐、卧、储物而设，偏重于使用的功能性，如木椅、木雕食品柜、木床等；雕花书架、彩绘文具盒等小件木质品则因便于携带，在工艺和装饰上精雕细琢、精益求精，侧重于怡情养性的精神诉求。铜质品类在本部分中占金属制品的三分之二，这一情形的出现主要源于维吾尔族伊斯兰信仰中忌奢侈而崇尚适度的消费观念，例如铜瓶、铜制化妆盒、铜制笔墨盒等。此外，金属制品中的刀具均选用优等钢材，加之工艺考究成为极具地域特色和民族风情的传统手工制品，尤以英吉沙小刀和库车小刀为代表。

"维吾尔族传统交通工具"包括"亚日亚"轻便木轮车、"卡盆"独木舟、皮筏、套具、运膊、彩绘漆马鞍等案例。"亚日亚"为陆地交通大型运输工具，"卡盆"、皮筏属于水上交通工具，套具、运膊、彩绘漆马鞍为陆地交通运输工具上的重要辅助配件。其中，

"亚日亚"为人力或畜力轻便木轮车，可用于短途，载货较少。水上交通工具中的"卡盆"结构简单，强调实用性；皮筏则以牛羊皮直接加工而成，两者均体现出生存设计的特点。辅助配件中套具和马鞍主要是增添车辆的稳定性与舒适性，而运膊则可保护牲口，避免劳作中的伤害。

"维吾尔族传统乐器"由卡龙琴、锵、苏尔奈、乃依、艾捷克、弹布尔、纳格拉、萨巴依、巴拉曼、达卜、都塔尔、热瓦甫、库修克等13个案例组成。由于维吾尔族民乐发达，无论男女老幼皆能歌善舞，故在民族传统乐器的类别上也呈现出丰富多彩、个性鲜明的特征。其中，卡龙琴、锵、艾捷克、弹布尔、都塔尔、热瓦甫属于弹拨乐器，达卜、纳格拉、萨巴依、库修克为打击乐器，苏尔奈、巴拉曼、乃依是吹管乐器。在上述案例中，除纳格拉和萨巴依为铁质以外，剩余案例主体均为木质。这些乐器常见于节庆活动之中，以独奏或合奏形式呈现。另外，锵、都塔尔、热瓦甫、弹布尔、卡龙琴等常组合起来作为维吾尔族民间喜闻乐见的音乐形式木卡姆的伴奏乐器。这些案例因其工艺高超，造型独特，主体多以民族图案装饰，成为维吾尔族文化艺术的重要载体。

"维吾尔族传统生产工具"部分，涉及"维族传统农具"与"维族传统工具"两部分内容。"维族传统农具"选取了坎土曼、乌修尔、木杈、木犁、藤筐、量斗、木锨、弓箭、筛子、石磨、辘轳、镢、铡刀、抬把子、羊毛剪等案例。维吾尔族农业生产结构丰富，涵盖农业、畜牧业与园艺业三大领域。在农业耕作中，坎土曼与木犁用于土地的耕垦；为了解决缺水问题，辘轳、抬把子、镢常用于挖掘坎儿井进行引水灌溉；维吾尔族的收割工具主要是镰刀，维吾尔语称"乌修尔"，根据功能可大体分为割麦（田镰）、砍柴（柴镰）两类；农作物收割完毕，需要经过一系列粮食加工过程，

均涉及生产工具的使用：木杈打场、垛草、晒庄稼，木锨扬场风净粮食，筛子过滤谷物，石磨加工粮食等。此外，粮食经过加工，农民要使用量斗作为量器进行钱粮交易。"维吾尔族传统工具"部分选取了弹花槌、锯子、木钻、铁剪、铁夹、打铁锤子、铁斧、制靴工具、印花模具、鞋掌、铁钳、梭子、钉鞋锤、纺车、织地毯机等案例。维吾尔族传统的手工业历史悠久，特色鲜明，其中工艺最具特点的有印染工艺、织毯工艺、制铁工艺与木材制作工艺。印染工艺分布在新疆地区的阿克苏、和田等地农村中。印染工具木模是制作印花布必不可少的工具，传统手工织毯图案丰富，线与纱经过纺车的加工后，手工艺人把棉线或真丝等纺线缠绕在织地毯机的上下梁，随后用钢梳向下压实纬线，编织地毯成型后用铁剪修剪绒毛。维吾尔族传统工具的设计、使用与制作工艺是维吾尔族人民历史传承、生活方式、文化习俗的自然体现。

"维吾尔族传统手工艺"部分，选取了维吾尔族彩色艾德莱丝绸、巴旦木纹四棱帽、白绸绣花短袖衬衣、黑丝绒绣花坎肩、都塔尔乐器纹样、喀什阿帕克霍加麻扎砖雕、哈密回王陵外部雨棚内棚顶、和田加满清真寺大殿内寺门门框、和田加满清真寺外墙图案、胡西塔尔乐器、近代刻花铜盘、近代錾刻铜盘、近代栽绒地毯等传统手工艺案例，并重点对它们的纹样展开了分析。刺绣是维吾尔族的传统优秀工艺之一，绣品应用的范围十分广泛，从家居布艺绣品到服饰衣帽无不用刺绣作为主要装饰的技法。维吾尔族刺绣的材料与工具主要有绣布、绣线、绣针、剪刀、绷子等。绣布包括有棉布、麻布、丝绸、软缎、羊绒、化纤布等，绣线包括各色丝线、棉线、金银线、麻线等，绣针则有长短、针孔大小、针尖锐钝的区别。绷子，维吾尔族语称为"卡热噶"，用来使布呈平面，以便于刺绣。绷子从形状上分有圆形、方形两种。维吾尔族刺绣针法类别

主要有平绣、十字绣、辫针绣、结绣、盘金银绣、串珠片秀、拼贴绣、植绒绣等。维吾尔族编织与刺绣纹样主要有植物花卉纹与几何纹，植物花卉纹包括巴旦木、葡萄、杏花、石榴花、棉花、菊花、莲花、无花果、梅花、芍药、兰花、玫瑰花、牡丹花等，几何纹主要有菱形、圆形、八角星形、八边形等规则几何图形。维吾尔族编织与刺绣的色彩十分丰富，或鲜艳、或素雅，在配置上有同种色、类似色、对比色、互补色等不同变化，无论是强烈的对比色，或是缓和的类似色，都能形成和谐统一的效果，在视觉上给人以美的享受。整体来说，工艺美、图案美及色彩美构成了维吾尔族编织、刺绣工艺的美学特征。

四、本卷编辑思路

维吾尔族卷的编写工作始于2013年6月，前期主要通过实地调研收集相关案例资料。编写团队多次派专人前往新疆维吾尔自治区进行实地拍摄，特别是在新疆维吾尔自治区博物馆、吐鲁番博物馆、吐鲁番维吾古村、吐鲁番坎儿井博物馆等单位与场所，获得了大量的一手资料，同时从北京中国国家博物馆、北京中央民族大学、上海博物馆少数民族工艺馆等单位对案例资料进行了进一步补充性采集。为了更加真实地反映维吾尔族传统饮食的制作过程，编写小组还深入维吾尔族餐厅后厨，通过影像记录了大量的餐饮制作信息。此外，编写团队还参考了大量画册与书籍，如《新疆维吾尔自治区博物馆》（画册）、《中国新疆石窟全集》（画册）、《新疆伊斯兰教装饰艺术》《丝绸之路·新疆古代文化》《丝绸之路·新疆佛教艺术》、《维吾尔族乐器》、《丝绸之路的音乐文化》等。

经过前期调研，编写团队共收集案例250余个，根据编写章节的安排以及案例的实际采集情况，通过层层筛选，最终敲定编撰案例170多个，结合编委会的要求，分六章节进行编撰。所分六章节分

别为：第一章，维吾尔族传统建筑；第二章，维吾尔族传统服饰；第三章，维吾尔族传统餐饮；第四章，维吾尔族传统生活用具；第五章，维吾尔族传统生产工具；第六章，维吾尔族传统手工艺。其中，由于第四章传统生活用具涉及范围较广，故编案例40多个，包含维吾尔族传统日用杂具、维吾尔族传统乐器与维吾尔族传统交通工具三大类。

为了能够全面反映维吾尔族造物思想与设计思维，在案例的编撰过程中，编写团队主要围绕设计学本体进行内括与延展，通过对案例外观、功能、色彩、材质、工艺等几大方面的研究，归纳整理出能够较为全面反映案例设计特征的图例与文字。具体到每个章节，案例的制图类型与分析短文内容略有不同。

制图方面，第一章以维吾尔族传统建筑为主，图例的编撰主要围绕建筑学相关制图规范展开，主要包括反映建筑外观全貌的案例主图（透视图、全景图），反映建筑整体规划水平的平面图，反映建筑施工方法的立面图，反映建筑自身结构的剖面图，以及其他一些反映建筑物外观、内饰等细节的图例。第二章维吾尔族传统服饰的制图内容主要依托服装设计相关专业制图手法，除了反映服装整体效果的主图外，还涉及服装设计专业领域内的开片图、尺寸图、工艺图等。在表现手法上，充分借鉴服装设计的专业表现技法，增加了制图的专业性。第三章维吾尔族传统餐饮的编撰内容涉及两个方面，一是具体的饮食，二是制作饮食的器具，对两者的制图略有不同。饮食方面，主要围绕制作流程展开，重点展示原（食物）材料、加工工具、加工过程和最终展示效果。为了能够更加充分地展示维吾尔族菜肴的制作过程，编写小组深入维吾尔族餐厅内部，用影像记录了大量的制作信息，因此饮食方面有大量的影像资料展示具体的制作过程。饮食器具方面，与第四章维吾尔族传统生活用具、第五章维吾尔族传统生产工具制图类型相同，主要围绕产品设计的相关规范展开，除了案例主图，还包括反映案例各部分名称的结构图，反映案例结构特征的分解图，反映案例大小的尺寸图，反映案例制作方式的工艺分析图，反映案例如何使用的操作分析图以及反映案例使用环境的使用气氛图。最后一章维吾尔族传统手工艺主要以维吾尔族传统装饰纹样为载体进行编撰，制图包括图案构成分析图、设色分析图、尺寸图、工艺分析图与使用场景图等。

分析短文方面，除了介绍案例的基本情况外（年代、背景），主要立足于设计学本体展开，从案例的外观特色、设计风格、尺寸、各部分名称、结构、材料与制作工艺、使用环境等方面入手，并结合制图内容来反映案例的特色。和制图一样，由于各个章节所涉及的内容存在差异，分析短文的内容也因案例而略有不同。

尽管编撰团队查阅了大量的文献资料，进行了多次的实地考察，通过不同渠道获取了大量的第一手资料，但终因学识水平有限，再加上受到案例体量与篇幅等方面的制约，无论是在案例选择的典型性方面，还是具体案例分析的全面性方面均存在一定的不足之处，难免出现疏漏和以偏概全的情况，恳请读者批评指正。

编者
2015年1月20日

目录

第一章　维吾尔族传统建筑

　　哈密·哈密回王陵　002
　　吐鲁番与哈密坎儿井　006
　　库车·库车大寺　011
　　霍城大麻札乡吐黑鲁克铁木耳麻扎　016
　　吐鲁番木纳尔苏公塔　019
　　喀什维吾尔族庭院民居　023
　　喀什乃则尔巴格乡艾孜热特村
　　　阿帕克和加麻扎　028
　　喀什玉素甫麻扎　034
　　喀什艾提尕尔清真寺　037

第二章　维吾尔族传统服饰

　　清代维吾尔族男子牛皮绣花长靴　044
　　于田维吾尔族女小帽"坦力拜克"　047
　　于田维吾尔族内衣裙　050
　　清代维吾尔族女式绣花长皮靴及套鞋　053
　　清代哈密维吾尔族对襟绣花女袷袢　056
　　和田维吾尔族传统礼服"派里间"　059
　　当代维吾尔族合领短袖绣花男衬衫　062
　　民国维吾尔族交领对襟长摆彩色条状绸袷袢　065
　　近代维吾尔族红平绒绣花女帽　068
　　当代维吾尔族黑色金丝绒对襟绣花坎肩　071
　　当代维吾尔族艾德莱斯绸连衣裙　074
　　当代维吾尔族红丝绒镶料珠拼花对襟女服　077
　　维吾尔族皮帽"吐马克"　080
　　南疆维吾尔族皮靴"乔鲁克"　083

维吾尔族男子腰巾　087
清代维吾尔族银辫饰　090
当代维吾尔族女式头巾　093
清代维吾尔族宝石佩饰　096
喀什维吾尔族黑绸纳白线巴旦木花四棱帽　098
维吾尔族耳饰　101
清代哈密维吾尔族真红如意蝴蝶花叶纹锦袍　103
清代哈密维吾尔族绣花袜　106
维吾尔族女子衬裙　109
清代哈密维吾尔族绣花长裤　112
清代维吾尔族绣花女鞋　115
清代哈密维吾尔族蓝缎嵌金边女官服　118
维吾尔族女式串珠项链　121
维吾尔族戒指　123
当代维吾尔族女子妆扮　125
维吾尔族男性胡须妆容　128

第三章　维吾尔族传统餐饮

维吾尔族擀面杖　132
维吾尔族大型食物罐　135
维吾尔族和面盆　137
维吾尔族盘　140
维吾尔族刻花白铜碗　142
维吾尔族木勺　144
维吾尔族木碗　146
维吾尔族馕锤子　149
维吾尔族铜盆　152

维吾尔族洗手壶　155
维吾尔族爆炒羊肺　158
维吾尔族馕　161
维吾尔族手抓羊肉　164
维吾尔族大盘鸡　167
维吾尔族丁丁炒面　169
维吾尔族黄面　171
维吾尔族烤全羊　173
维吾尔族烤羊肉串　176
维吾尔族"皮特尔曼吐"　178
维吾尔族"沙木萨"　180
维吾尔族"托克逊"炒面　183
维吾尔族手抓饭　185
维吾尔族油塔子　188
维吾尔族过油肉拌面　190
维吾尔族馕包肉　192
维吾尔族"帕尔木丁"　194
维吾尔族馓子　197
维吾尔族葱爆羊肉　199
维吾尔族葡萄干　201
维吾尔族馕丁炒肉　204
维吾尔族石榴汁　206
维吾尔族新疆酸奶　208

第四章　维吾尔族传统生活用具

喀什维吾尔族英吉沙小刀　212
龟兹维吾尔族库车小刀　215
维吾尔族腰刀　217

维吾尔族铜瓶　220
维吾尔族木梳　223
吐鲁番维吾尔族油灯架　226
吐鲁番维吾尔族木箱　229
吐鲁番维吾尔族梳妆镜　233
吐鲁番维吾尔族木橱　236
吐鲁番维吾尔族木案　239
维吾尔族木椅　242
维吾尔族木摇床　245
维吾尔族木床　248
维吾尔族小圆镜　251
清代喀什维吾尔族雕花书架　254
维吾尔族铜制化妆盒　258
维吾尔族木雕食品柜　261
清代维吾尔族铜制笔墨盒　264
清代喀什维吾尔族彩绘文具盒　268
维吾尔族木制矮柜　271
清代维吾尔族铜盘　274
维吾尔族木制儿童学步车　277
维吾尔族彩绘烛台　280
维吾尔族乐器·卡龙琴　282
维吾尔族乐器·锵　285
维吾尔族乐器·苏尔奈　288
维吾尔族乐器·乃依　291
维吾尔族乐器·艾捷克　294
维吾尔族乐器·弹布尔　297
维吾尔族乐器·纳格拉　300
维吾尔族乐器·萨巴依　303

维吾尔族乐器·巴拉曼　306
维吾尔族乐器·达卜　309
维吾尔族乐器·都塔尔　312
维吾尔族乐器·热瓦甫　315
柯坪县维吾尔族乐器·库修克　318
维吾尔族轻便木轮车"亚日亚"　321
罗布维吾尔族胡杨独木舟"卡盆"　326
维吾尔族皮筏　329
维吾尔族马车·套具　333
维吾尔族马车·运膊　336
20世纪上半叶喀什维吾尔族彩绘漆马鞍　339

第五章　维吾尔族传统生产工具

吐鲁番维吾尔族"坎土曼"　344
吐鲁番维吾尔族"乌修尔"　347
维吾尔族木杈　350
北疆维吾尔族木犁　353
吐鲁番维吾尔族藤筐　356
吐鲁番维吾尔族量斗　360
维吾尔族木锨　363
维吾尔族弓箭　366
吐鲁番维吾尔族筛子　369
哈密维吾尔族石磨　373
吐鲁番维吾尔族辘轳　376
维吾尔族镘　380
维吾尔族铡刀　382
南疆维吾尔族抬把子　386
维吾尔族羊毛剪　389

　　维吾尔族弹花槌　391
　　维吾尔族锯子　394
　　维吾尔族木钻　397
　　维吾尔族铁剪　401
　　维吾尔族铁夹　404
　　维吾尔族打铁锤子　407
　　维吾尔族铁斧　411
　　维吾尔族制靴工具"布兰大"　415
　　维吾尔族印花模具　418
　　维吾尔族靴掌　421
　　维吾尔族铁钳　424
　　维吾尔族梭子　427
　　维吾尔族钉鞋锤　430
　　维吾尔族纺车　433
　　维吾尔族织地毯机　437
　　维吾尔族铁锛　442

第六章　维吾尔族传统手工艺
　　19世纪末阿克苏栏杆罕尼卡清真寺
　　　藻井纹样　446
　　清代哈密回王陵建筑外部雨棚内棚顶
　　　纹样　449
　　近代和田加满清真寺大殿内寺门门框
　　　纹样　452
　　近代和田加满清真寺外墙纹样　455
　　元代伊利霍城吐黑鲁克铁木尔汗
　　　麻扎·外墙琉璃砖纹样　458
　　近代喀什阿帕克霍加麻扎·砖雕纹样　461

近代喀什玉素甫哈斯哈吉甫麻扎·外墙琉璃
　　砖纹样　464
16世纪叶城清真寺门楼大门装饰纹样　467
近代库尔勒加满清真寺·立柱纹样　469
乌鲁木齐汗腾格里清真寺诵经亭墙面
　　纹样　472
维吾尔族艾德莱丝绸纹样　475
维吾尔族黑丝绒绣花坎肩纹样　478
维吾尔族白绸绣花短袖衬衣纹样　481
维吾尔族巴旦木纹四棱帽纹样　484
维吾尔族男式蔓草纹四棱帽纹样　487
维吾尔族绒面绣花棉花纹四棱帽纹样　491
维吾尔族清代绣花鞋纹样　494
维吾尔族清代绣花袜纹样　497
维吾尔族清代绣花长腰皮靴纹样　499
维吾尔族铜耳环纹样　503
维吾尔族绣花烟袋纹样　506
维吾尔族栽绒地毯纹样　509
维吾尔族棉线编织马褡纹样　512
维吾尔族乐器"都塔尔"纹样　515
维吾尔族乐器"胡西塔尔"纹样　517
维吾尔族衣物箱木雕纹样　519
维吾尔族皮食物袋纹样　522
维吾尔族近代刻花铜盘纹样　525
维吾尔族近代錾刻铜盘纹样　528
维吾尔族清代錾刻铜碗纹样　531

后记　534

第一章 维吾尔族传统建筑

哈密·哈密回王陵

图一 哈密回王陵主图

哈密回王是清代哈密地区维吾尔族的世袭首领。哈密回王历时九世共 233 年，从一世哈密王于 1697 年臣服清王朝后，在加强祖国统一反对分裂等方面做出了巨大贡献，曾多次协助清军平定新疆地区的叛乱。哈密回王陵位于新疆哈密市区西南郊的回城乡，俗称"回王坟"、"王爷坟"。

哈密回王陵由六座陵室和一座大清真寺以及一些平房组成，这一墓葬建筑群占地 20 亩，陵墓之间的空间布置，无一定的格局。最高大的建筑物是七世回王伯锡尔的陵墓。陵墓全部为砖结构，陵室为凹字形平面，高达 17.8 米，东西长 20 米，南北宽 15 米，下部是长方形，陵室方形体上支撑着巨大的穹窿顶，穹窿顶内径为 9 米，拱壁下部厚 0.9 米，拱顶高 13.8 米，拱顶上的小亭挂着一弯新月，四角隅建有半嵌入墙中的邦克楼。值得一提的是，哈密回王陵是典型的伊斯兰教建筑装饰风格，而另两个陵墓呈现出典型的汉民族中原式的八角攒尖顶和蒙古族盔顶的古代亭式建筑。这在伊斯兰教陵墓建筑中独具特色，正是哈密地区多元文化交流与民族团结的象征。

哈密回王陵在新疆的伊斯兰陵墓建筑中极具特色，是中原文化、蒙古文化和伊斯兰文化相融合的产物，不仅是专家学者们研究二百余年的九世哈密回王历史以及我国伊斯兰建筑艺术的重要文物古迹，也是人们游览观赏的胜景之地。

图片来源

图一　孙继虎　摄影（微图网）
图二、图六　安保权　摄影（Fotoe网）
图四　流浪的天空　摄影（微图网）
图五　多吱　摄影（Fotoe网）
图三、图七　钟日乾　制图

图二　哈密回王陵·哈密回王陵与清真寺

图三　哈密回王陵·哈密九世回王陵手绘图

图四　哈密回王陵·局部

图五　哈密回王陵

图六 哈密回王陵

图七 哈密回王陵手绘图

吐鲁番与哈密地区坎儿井

图一　吐鲁番与哈密地区坎儿井主图

坎儿井主要分布在吐鲁番、哈密等地区，是人们为适应干旱的自然环境而建造的地下水利工程。

坎儿井是利用地形的坡度和地下水水力坡度的相关关系，通过地下渠道可以自流地将地下水引到地面，进行灌溉和生活用水的无动力汲水工程。由竖井、暗渠、明渠、蓄水池等4部分组成。竖井是开挖暗渠时出土和通风的部分，也是用来检查维修坎儿井的设施。暗渠是坎儿井的主体。暗渠的首部为集水区，集水区以下的暗渠为输水部分，一般在潜水位上干土层内开挖。暗渠的长度，一般3~5公里，最长的超过10公里。暗渠的出口，称龙口，龙口以下接明渠。明渠与暗渠交接处建有"涝坝"（即蓄水池），主要用于蓄水，提高水温，调节灌溉。坎儿井能自流供给人畜饮水和灌溉，减少水量蒸发损失，维持生态平衡，避免风沙掩埋输水建筑物，并且井的施工技术要求不高。

新疆坎儿井是宏伟的地下水利灌溉工程，维吾尔族人民把坎儿井称为"江布拉克"，意思是"生命之源"。坎儿井作为一种人工水利设施，在地表形成了大量的土堆，改变了当地的地面景观。坎儿井是我国水利文化的一个重要组成部分，是我国古代科学技术的一份宝贵遗产。

图片来源

图一　孙继虎　摄影（微图网）
图二　黔山人　摄影（微图网）
图三　刘庚军　摄影（微图网）
图四　雷名兴　摄影
图五　陈生奇　摄影（微图网）
图六至图八　韩宗挥　制图

图二　吐鲁番与哈密地区坎儿井·暗渠

图三　吐鲁番与哈密地区坎儿井·明渠

图四　吐鲁番与哈密地区坎儿井·井口

图五　吐鲁番与哈密地区坎儿井

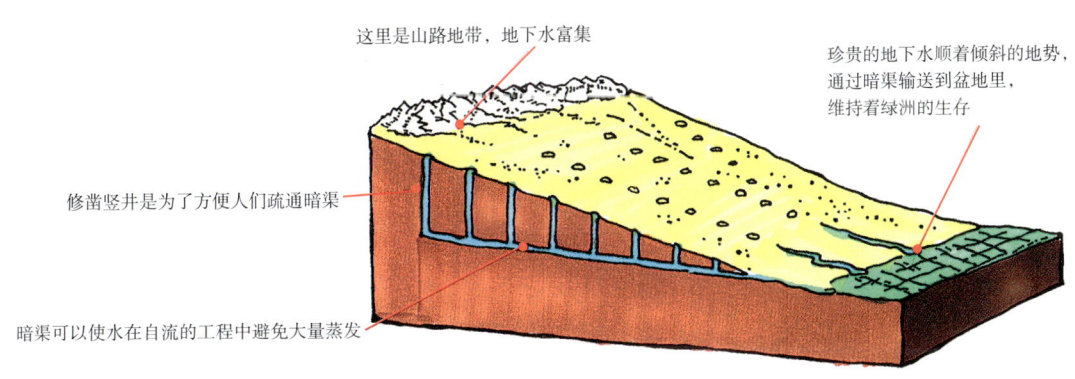

这里是山路地带，地下水富集

珍贵的地下水顺着倾斜的地势，通过暗渠输送到盆地里，维持着绿洲的生存

修凿竖井是为了方便人们疏通暗渠

暗渠可以使水在自流的工程中避免大量蒸发

图六　吐鲁番与哈密地区坎儿井剖面示意图

第一章　维吾尔族传统建筑

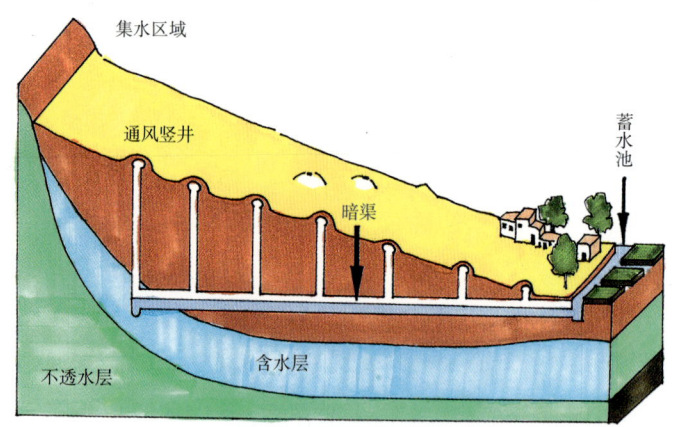

图七　吐鲁番与哈密地区坎儿井构造示意图

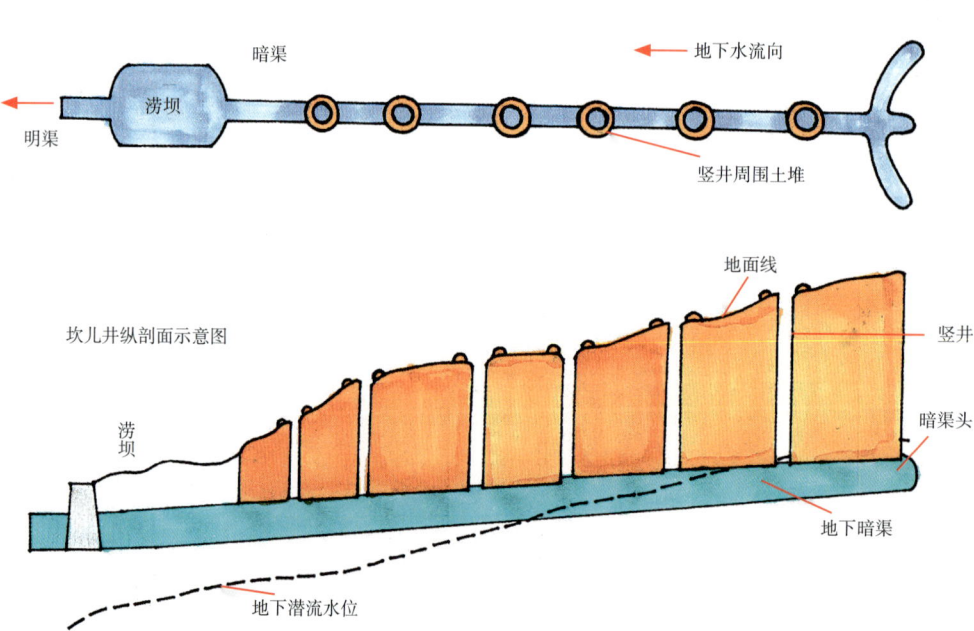

图八　吐鲁番与哈密地区坎儿井·构造示意图

库车·库车大寺

图一 库车大寺主图

库车大寺位于库车县城黑墩巴扎最高处，距库车新城4公里，是新疆境内仅次于喀什艾提尕尔清真寺的第二大寺。

库车大寺曾在1918年遭遇火灾，现存寺院为1931年重建，具有典型的伊斯兰风格。它由门楼、礼拜殿、院落、小型讲经堂和伊斯兰教宗教法庭组成。门楼高18.25米，由维吾尔族传统建筑砖饰构筑，宏大高耸的大门，高挑的宣礼塔，形成挺拔的清真寺门楼。塔柱砖的纹饰富丽堂皇，是新疆伊斯兰教建筑砖饰艺术最高水平的建筑之一。清真寺礼拜大殿的立柱刻有精美的图案和彩绘，墙面有石膏雕花装饰，尤其是主龛米合热甫装饰图案刻绘精美。天棚由梁、密梁、椽子组成藻井造型，每一个藻井图案精美绝伦，是库车伊斯兰教建筑的典范。在寺内的东南角有一处宗教法庭遗址，是新疆保留的为数不多的伊斯兰教司法机构遗址，有很高的研究价值。

库车大寺所展示出的建筑特点和装饰风

格，反映了维吾尔族的历史文化、审美情趣和民族情感等多方面的内容，达到了实用性与审美性的高度统一。

图片来源
　　图一、图三、图五　孙西国摄影（微图网）
　　图二　韩宗挥　蒋屿璐　制图
　　图四　蒋屿璐　制图
　　图六至图九　韩宗挥　制图

图二　库车大寺·室内场景

图三　库车大寺·内景

图四 库车大寺·侧面透视

图五 库车大寺·内景

第一章 维吾尔族传统建筑

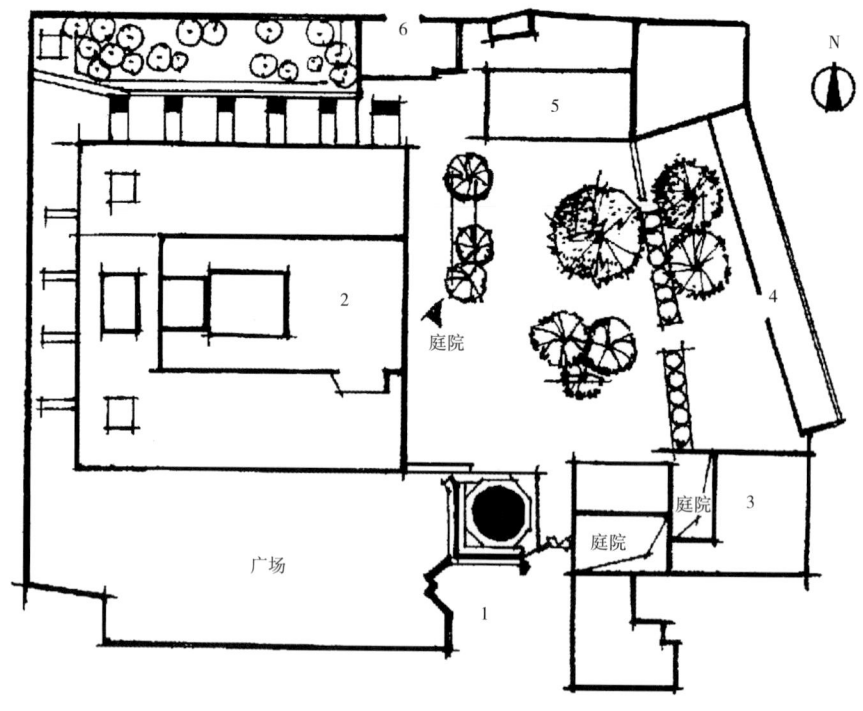

1.主入口 2.大殿 3.法庭遗地 4.宗教学校 5.小清真寺 6.洗礼间

图六 库车大寺总平面图

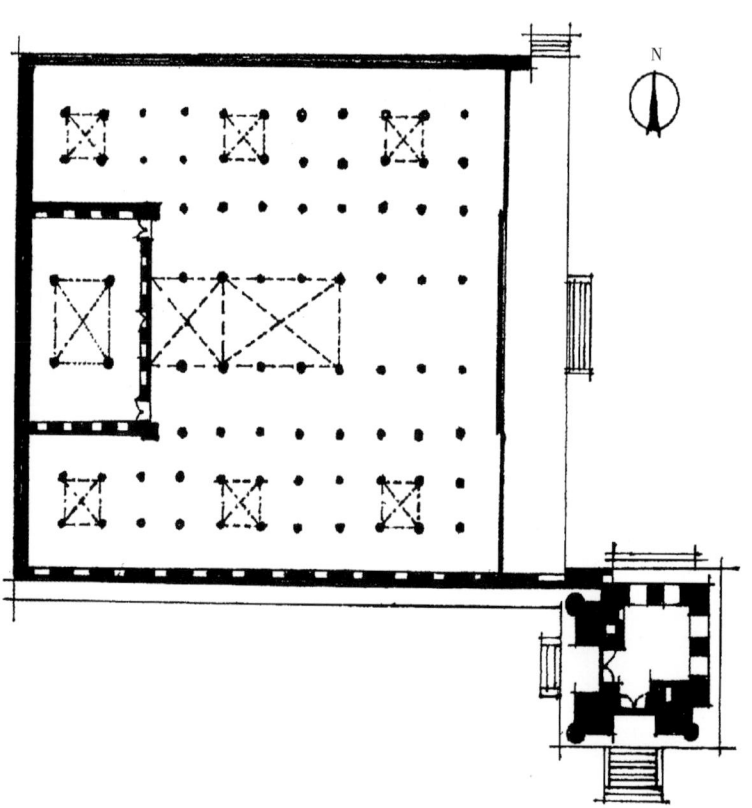

图七 库车大寺大殿与门楼平面图

图八 库车大寺·门楼南立面图

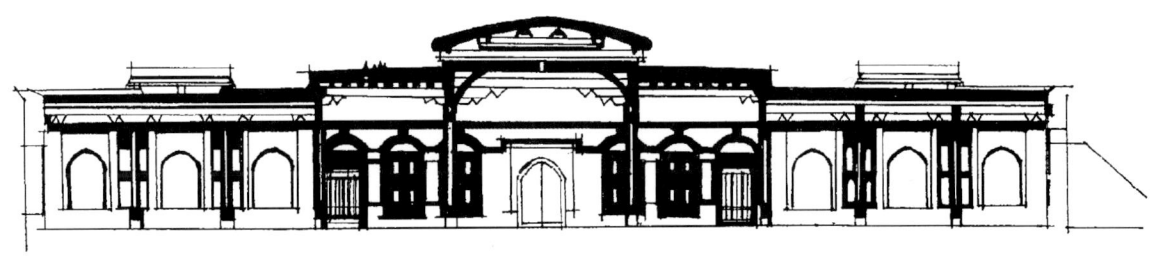

图九 库车大寺·大殿剖面图

霍城大麻扎乡吐黑鲁克铁木耳麻扎

图一 霍城大麻扎乡吐黑鲁克铁木耳麻扎主图

吐黑鲁克铁木耳为成吉斯汗七世孙，于1346年登上汗王宝座，1354年正式信奉伊斯兰教，在位期间致力推行伊斯兰教，1363年去世。吐黑鲁克铁木耳的陵墓位于霍城县西北38公里的大麻扎乡。"麻扎"为音译，就是"陵墓"的意思。

吐黑鲁克铁木耳麻扎建造完全模仿中亚建筑形制，是新疆早期的伊斯兰教建筑中有着重要影响的一座建筑。麻扎建筑为砖结构，正面宽10.80米，纵深长15.80米，正中为圆形穹窿顶，内有暗梯可登临至墓顶，总高约14米。麻扎正面作高大宽敞的尖拱门式门廊，具有浓厚的新疆伊斯兰教建筑风格，优美而别致。除门楣及两边对联式的两条用阿拉伯文字作装饰外，其余壁面全系用紫、绿、蓝、褐、白等种彩色琉璃花砖嵌拼，图案丰富，彩色琉璃砖尺寸准确，质地均匀，至今色彩完好如新，说明当时烧制琉璃的工艺与技术已达到很高水平。整个麻扎造型简洁，装饰丰富，色彩鲜明。

吐黑鲁克铁木耳麻扎是新疆著名的伊斯兰教古代建筑之一，建筑主体仍然保存完好。它见证着百余年的时代变迁，是研究考证元代以后新疆地区宗教变迁、民族关系、建筑艺术的重要遗迹，具有较高的历史价值。

图片来源
图一　韩宗挥　制图
图二至图四　牧人　摄影（fotoe网）
图五、图六　邵晓冬　制图

图二　霍城大麻扎乡吐黑鲁克铁木耳麻扎

图三　霍城大麻扎乡吐黑鲁克铁木耳麻扎·吐黑鲁克铁木耳妹妹的坟墓

图四　霍城大麻札乡吐黑鲁克铁木耳麻扎外墙彩绘

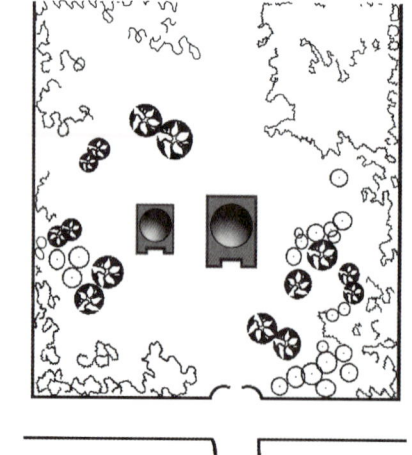

图五　霍城大麻札乡吐黑鲁克铁木耳麻扎总平面图

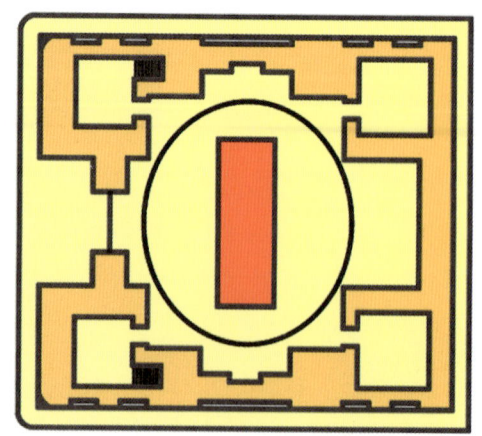

图六　霍城大麻札乡吐黑鲁克铁木耳麻扎平面图

吐鲁番木纳尔苏公塔

图一　吐鲁番木纳尔苏公塔主图

苏公塔又称额敏塔，是吐鲁番郡王苏来满二世为纪念和表彰其父额敏和卓维护统一、平定叛乱的功绩而修建的。苏公塔是新疆维吾尔自治区境内现存最大的古塔，建成于1778年，位于吐鲁番市东郊2公里处的葡萄乡木纳尔村。

苏公塔是一座高耸入云的土黄色大砖塔，是清代维吾尔建筑大师伊不拉欣所建，除了顶部窗棂外，基本不用木料，充分显示了维吾尔族砖砌工艺的精湛。苏公塔塔高约44米，塔顶为圆顶，直径2.8米，下径扩大甚多，为11米。塔形浑圆，塔体中空，有螺旋形蹬道，盘旋直达塔顶。塔顶有一个大约10平方米的小阁楼。苏公塔收分很大，因此下部花纹随着收分的增加而逐渐收缩，砖纹图案的砌法既顾及了审美效益，又兼顾了力学结构之功。塔的表面分层砌出三角纹、四瓣花纹、水波纹、菱格纹等十多种几何图案，具有浓厚的伊斯兰建筑装饰风格。

苏公塔是中国百座名塔中唯一一座伊斯兰风格的古塔。

图片来源

图一、图二、图七　韩宗挥　制图
图三、图五　李太白　摄影（微图网）
图四　光头仔　摄影（微图网）
图六　王翔　制图

图二　吐鲁番木纳尔苏公塔·内景

图三　吐鲁番木纳尔苏公塔

图四　吐鲁番木纳尔苏公塔·外墙细部

图五　吐鲁番木纳尔苏公塔·内景

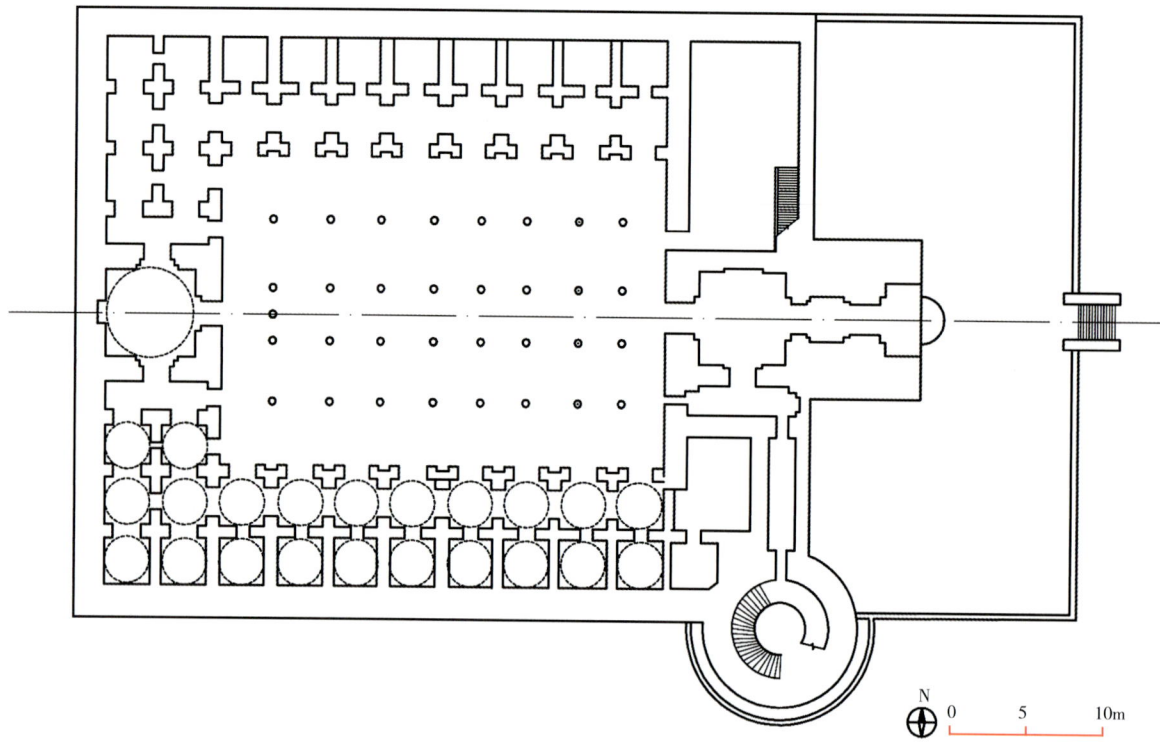

图六　吐鲁番木纳尔苏公塔平面图

图七　吐鲁番木纳尔苏公塔·礼拜寺剖面图

喀什维吾尔族庭院民居

图一　喀什维吾尔族庭院民居主图

维吾尔族庭院民居是维吾尔族生活的基本空间，具有独特的民族特色，尤其以喀什地区的庭院民居最具特点。

喀什维吾尔族庭院民居平面布局十分灵活，民居的平面布局围绕某一个户外活动中心向外延伸，空间组织错落曲折，轮廓灵活多样，平面、立面虚实相间，处理手法多种多样。可以概括为：（1）半露天式：在房屋与院落之间通常有一个柱廊作为过渡空间，面向庭院的居室前，设有"苏帕"，供户外起坐。外廊在院内多设有葡萄架。（2）外廊式：在外廊下设苏帕，在廊后设用房，根据家庭人口多少向纵深发展。（3）封闭庭院式：以厚实的外墙和相对封闭的院落空间围成一个舒适的小气候环境。（4）前后两院式：设前后两院，主次院落间均有便捷的联系空间，部分次院落还单独对街巷设出入口，便于喜庆佳节时男女宾客各行其道，以适应宗教和民族生活习俗的要求。（5）商住式：民居有底层的商铺，以进行小买卖。

（6）屋顶观景式：利用平屋顶做庭院，一般以楼梯或梯子通行。

图片来源

图一、图二、图四　韩宗挥　制图

图三　雷启兴　摄影

图五至图九　邵晓冬　制图

图二　喀什维吾尔族庭院民居·吐鲁番地区传统民居单体空间类型·半地下室彩绘图

图三　喀什维吾尔族庭院民居·民居庭院

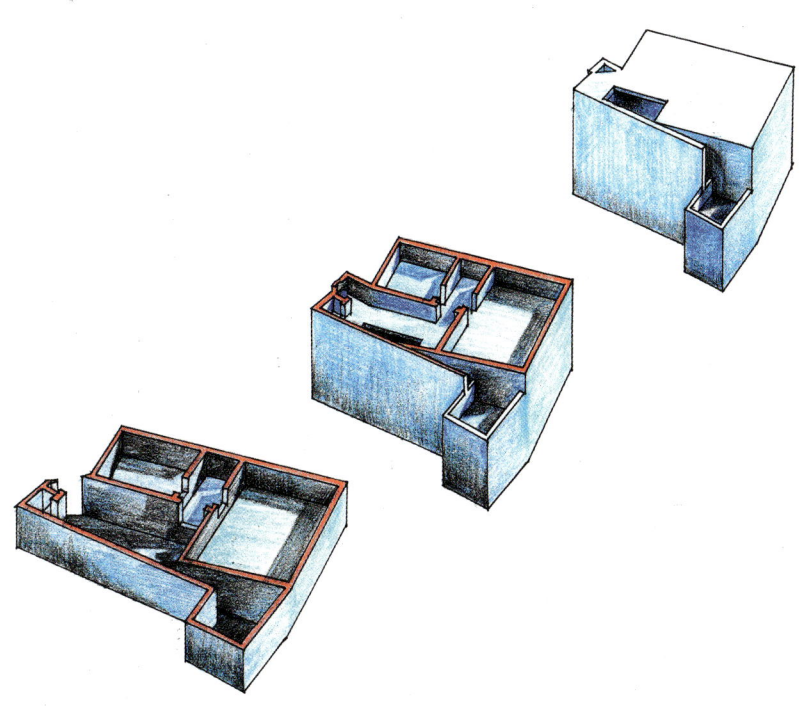

图四　喀什维吾尔族庭院民居·喀什艾格来克巷民居轴测面图

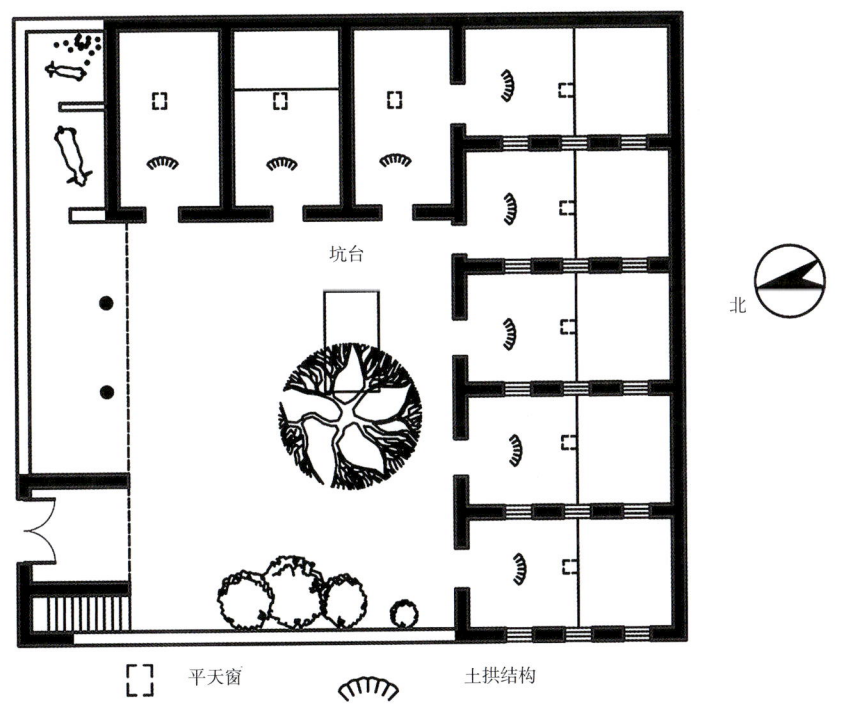

图五　喀什维吾尔族庭院民居·吐鲁番地区传统民居主题生活单元平面布局形式·并列式

第一章　维吾尔族传统建筑

025

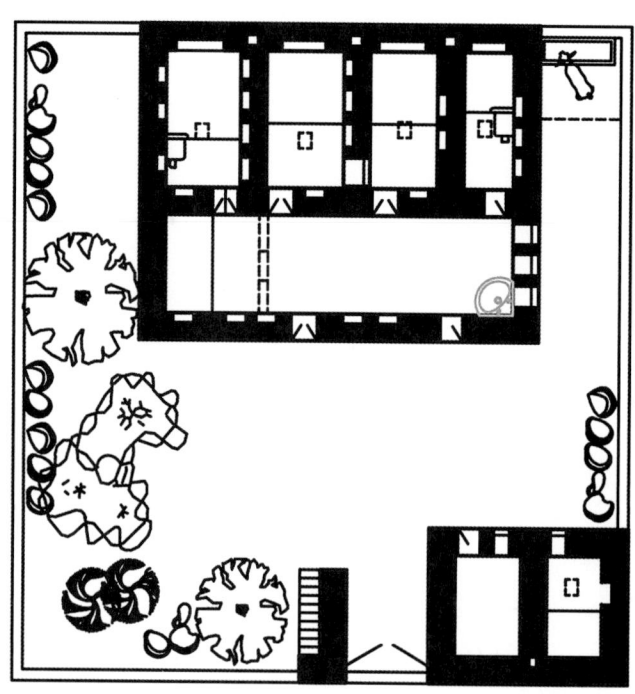

图六 喀什维吾尔族庭院民居·吐鲁番地区传统民居主题生活单元平面布局形式·套间式

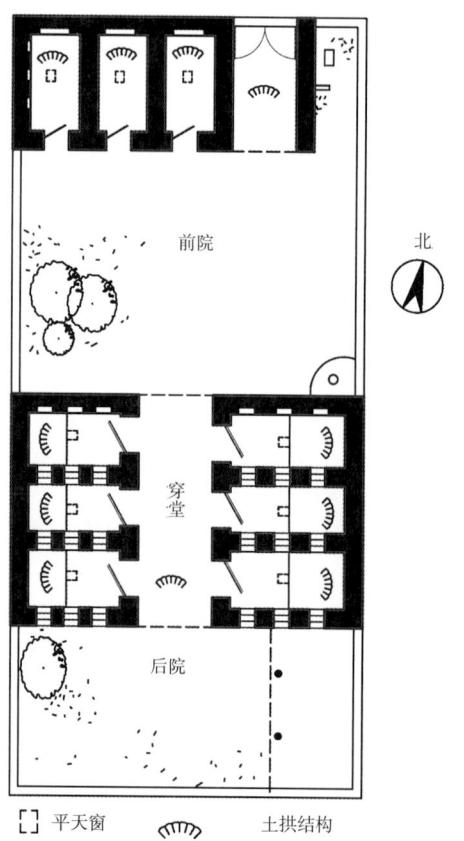

图七 喀什维吾尔族庭院民居·吐鲁番地区传统民居主题生活单元平面布局形式·穿堂式

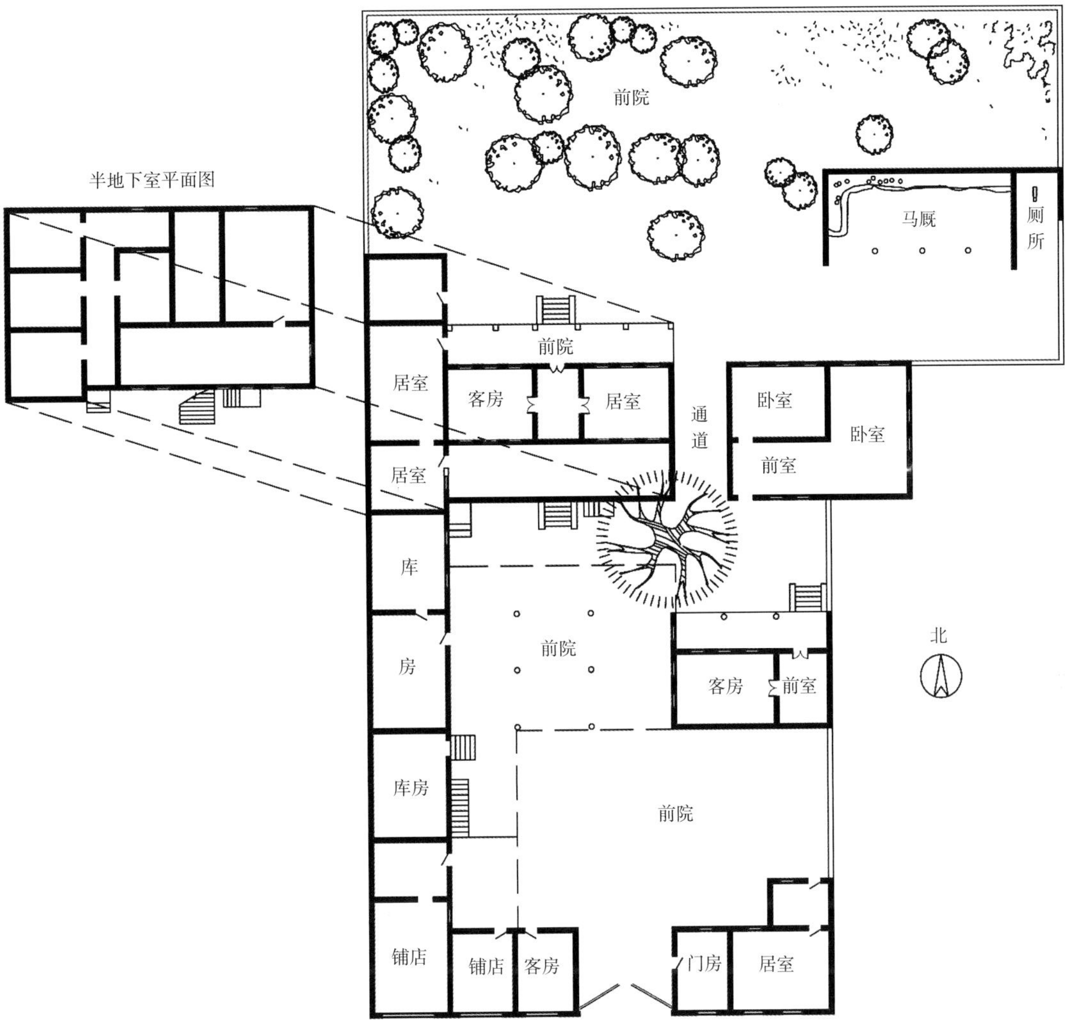

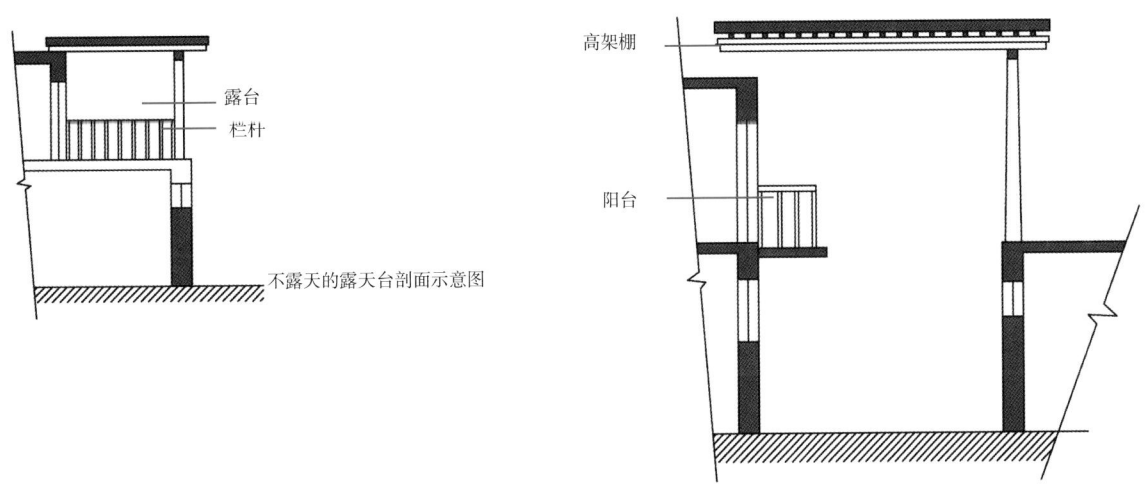

图八 喀什维吾尔族庭院民居·吐鲁番地区传统民居主题生活单元平面布局形式·混合院落式

图九 喀什维吾尔族庭院民居·吐鲁番地区传统民居单体空间类型·与居民住宅结合在一起的葡萄晾房·不露天的露台、无阳光的阳台

喀什乃则尔巴格乡艾孜热特村
阿帕克和加麻扎

图一 喀什乃则尔巴格乡艾孜热特村阿帕克和加麻扎主图

阿帕克和加麻扎坐落在喀什市区东北郊5公里的乃则尔巴格乡艾孜热特村。它是今新疆境内规模和影响最大的伊斯兰教"霍加"的安葬地。因相传在墓中还葬有清朝皇帝的"香妃",所以民间称为"香妃墓"。这座陵园始建于1640年。占地约30亩(约合2万平方米)。

该麻扎外形壮观华丽,内部构制精巧。其最主要建筑是墓祠,墓祠占地面积2000多平米,圆形拱顶高约60多米。祠堂内共有大小陵墓68座。墓祠平面阔7间深5间,四隅各有邦克楼一座。墓祠大圆顶及邦克楼之大在南疆位居第一。其圆拱顶结构与一般的不同,它不是在四方的墙上直接起圆拱顶,而是先在祠的四面起半圆形拱券,然后在祠的四隅起四小券。在四小券及四大券顶部渐做成圆形环状体时，再在此环状体上起大圆拱顶。墓祠四隅夹层部开有许多窗洞，窗上棂条各不相同，其纹样具有阿拉伯风格。祠堂外面大门、墙壁及邦克上均施以各种黄绿蓝色琉璃砖。阿帕克和加麻扎共有四座礼拜寺，其中绿顶礼拜寺为该麻扎中最早的建筑之一，随墓祠同建，它是一座典型的大圆拱顶礼拜寺，位于墓祠右侧，由供热天礼拜的前部敞廊和供冷天礼拜的绿琉璃瓦圆拱顶建筑组成，其装饰艳丽细巧。

阿帕克和加麻扎保持了浓郁的伊斯兰教和传统的维吾尔族建筑艺术特色，具有重要的研究价值。

图片来源
图一、图三、图四　衣霄　摄影
图二、图八至图十一　韩宗挥　制图
图五、图六　陈生奇　摄影（微图网）
图七　郭卫国　摄影（微图网）

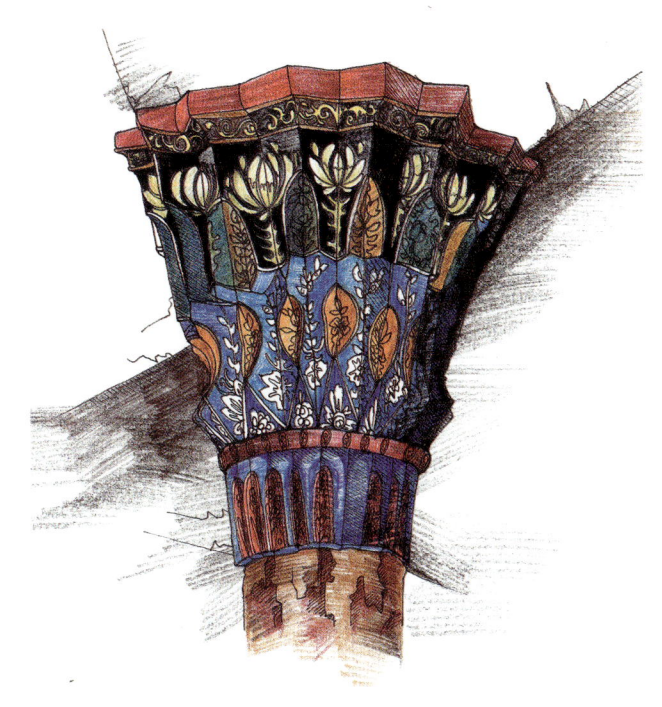

图二　喀什乃则尔巴格乡艾孜热特村阿帕克和加麻扎柱子细节

图三　喀什乃则尔巴格乡艾孜热特村阿帕克和加麻扎

图四 喀什乃则尔巴格乡艾孜热特村阿帕克和加麻扎·局部

图五 喀什乃则尔巴格乡艾孜热特村阿帕克和加麻扎

图六　喀什乃则尔巴格乡艾孜热特村阿帕克和加麻扎

图七　喀什乃则尔巴格乡艾孜热特村阿帕克和加麻扎

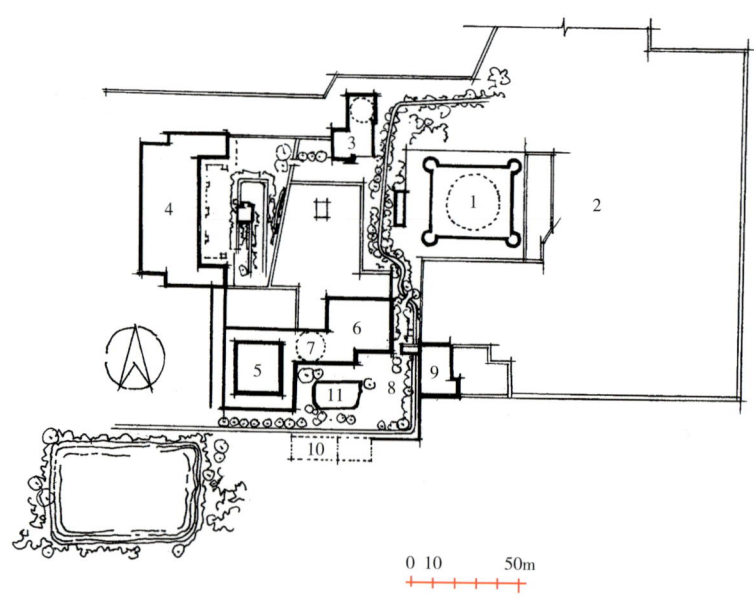

图八　喀什乃则尔巴格乡艾孜热特村阿帕克和加麻扎·主墓祠总平面图

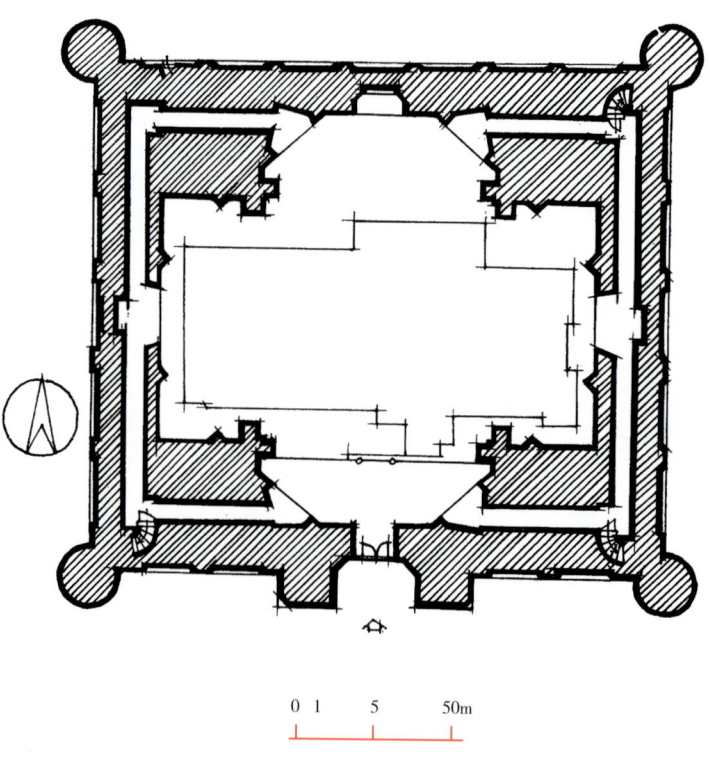

图九　喀什乃则尔巴格乡艾孜热特村阿帕克和加麻扎·主墓祠平面图

图十　喀什乃则尔巴格乡艾孜热特村阿帕克和加麻扎·主墓祠立面图

图十一　喀什乃则尔巴格乡艾孜热特村阿帕克和加麻扎·主墓祠剖面图

喀什玉素甫麻扎

图一　喀什玉素甫麻扎主图

玉素甫麻扎位于新疆喀什市，传说是维吾尔族伟大的诗史家、《福乐智慧》的作者，玉素甫·哈斯·哈吉甫（沙拉衮城人）的陵墓。

此麻扎正中为绿琉璃圆拱顶。周围院墙用砖砌。礼拜殿为平顶，所以整个建筑群有高低、主次，成一完整的整体。其次墓祠的蓝地白花墙琉璃面砖及礼拜殿木柱的雕刻纹样是新疆建筑中难得之精品。纹样丰美，制作古朴，为后世所少见。墓祠前蓝地白花琉璃墙转角处镶边则用绿色琉璃，可能为数百年前之物。但其墙下及圆拱顶上的绿琉璃方形面砖，则似为近代修葺时新添之物。墓祠左右邦克楼楼身使用瓦楞形线脚（楼直径84厘米），使立面更为精丽有力。此墓用塔楼（邦克楼）甚多，约十余座，较为少见，亦是建筑装饰的一种手法。塔楼的制作亦颇精美可观。礼拜殿的木柱雕刻花纹甚是古拙，与一般的作法不同。

整个麻扎布局独特、宏伟，装修古朴、肃穆，是一组富于维吾尔传统建筑艺术特色的建筑群，为后世所罕见，体现出古代维吾尔工匠的高超技艺和杰出才能。

图片来源

图一、图三、图四、衣霄 摄影

图二 郭卫国 摄影（微图网）

图五、图六 邵晓冬 制图

图二 喀什玉素甫麻扎·局部

图三 喀什玉素甫麻扎·局部

图四 喀什玉素甫麻扎·局部

第一章 维吾尔族传统建筑

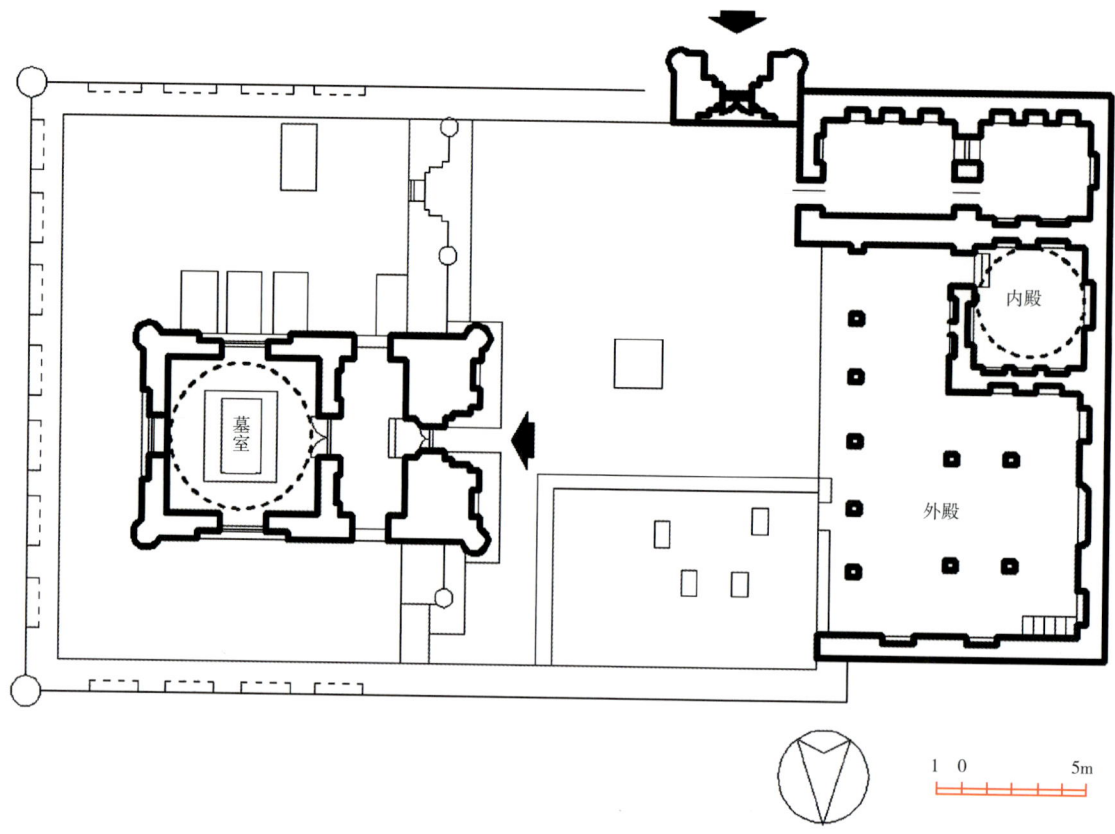

图五 喀什玉素甫麻扎总平面图

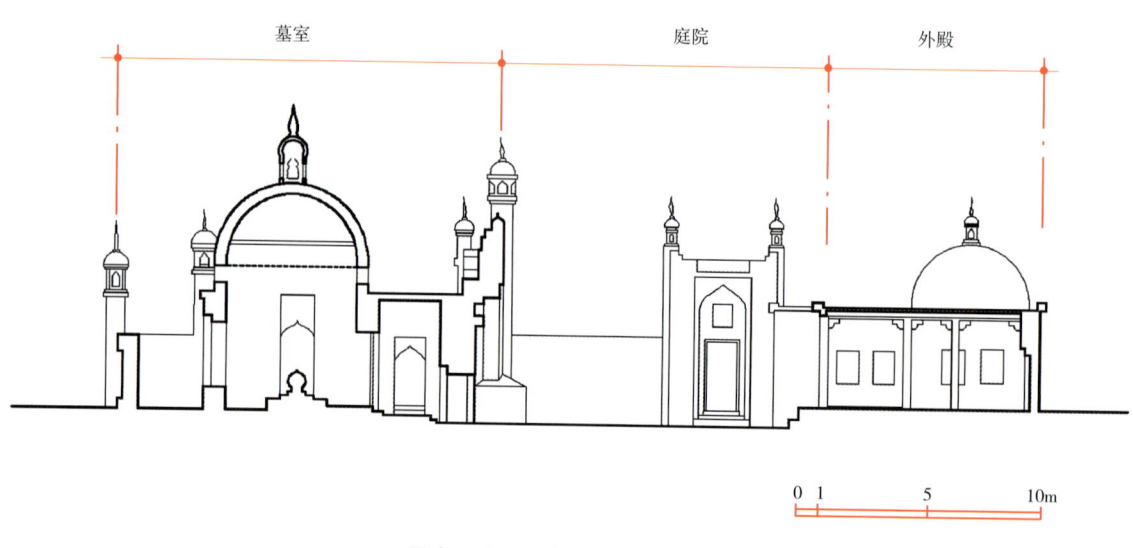

图六 喀什玉素甫麻扎剖面图

喀什艾提尕尔清真寺

图一 喀什艾提尕尔清真寺主图

喀什艾提尕尔清真寺，始建于明正统年间（1442年始建）。营建之初规模较小，经过明嘉靖年间（1524年、1538年的扩建）、清嘉庆、光绪年间多次扩建，清光绪年间（1804年修缮）初具规模。又历经民国年间地震后的修复，1932年和1934年修整。后又经过多次大规模修整。

艾提尕尔清真寺位于喀什市中心艾提尕尔广场西侧，艾提尕尔维吾尔语意为"欢庆节日的礼拜场所"。艾提尕尔清真寺平面布局呈不规则的长方形，面积为1.68万平方米。全寺由门殿、礼拜殿、讲经室、院落、宣礼塔、生活区构成。

艾提尕尔清真寺坐西向东，门殿正对艾提尕尔清真寺广场。寺门位于门殿最外部，寺门高4.7米，宽4.3米，寺门是两扇铜包木门。寺门呈规则长方形，寺门前有一个扇形十三级台阶，与寺门相接，由寺门自然向外延伸出来。寺门使用黄砖结构并用石膏勾缝，中间顶部采用伊斯兰式的拱券龛。寺门外侧上面及左右周边修葺有长方形对称套龛。巨大的门楼高17米。寺门两侧各有一组不对称的低墙相连，寺门左右同两组墙面相连接，其中长的一组墙表面装饰有两个等大的券龛。在寺门左右两边墙面最边上，连接有两个不同高度与大小不等的宣礼塔，高度约为 18 米。整个门殿区古朴大方。

门殿区后面是院落区，分成前后两院。后院是礼拜区，前院为生活区，建有两个大小水池，一前一后。大水池位于小水池前，外形类似正方形，小水池总体呈长方形。大小水池中间隔着一条小路。院子中部建有两个传诵台。后院为礼拜殿，礼拜殿建在一米高的平台之上，位于寺院西面用栅栏隔开的大院内，礼拜殿分为内殿和外殿，采用砖木结构。外殿有 158 根木柱排列组成的长廊空间，注重柱体装饰效果，柱体色彩由蓝色和湖蓝组成。外殿长廊顶棚和木柱的四角装饰有精美的彩绘和木雕藻井图案，外殿墙面为白色，底部墙裙为淡绿色。柱子无柱头，柱群装饰精细，颜色为浅绿色和湖蓝色。顶部天棚有各种交错的小梁分隔开，并形成简单的几何图案，顶部全部为白色，制作方法为新疆传统民族工艺小密梁作法。外殿中部后方是砖木混合结构的内殿，内殿为封闭空间，面积相对狭小，三面都开有窗户，窗户颜色都为绿色，内殿后墙建有朴素的壁龛，壁龛旁边有一木制宣讲台。内殿装饰极其精美细致。

艾提尕尔清真寺同时可容纳约 6000 人做礼拜，不但是新疆最大的清真寺，也是中国最大的清真寺。2001 年被列入第五批全国重点文物保护单位名单。艾提尕尔清真寺在中国乃至中亚享有盛誉，被誉为中亚三大清真寺之一。艾提尕尔清真寺的建筑风格兼具有新疆本土的民族风格和浓郁的伊斯兰建筑风格，堪称中国古代维吾尔建筑艺术的典范。

图片来源

图一、图二　雷启兴　摄影
图三至图六　雷启兴　制图
图七、图八　左力光.新疆伊斯兰教装饰艺术.乌鲁木齐：新疆美术摄影出版社，2009.

图二　喀什艾提尕尔清真寺·门殿区

图三 喀什艾提尕尔清真寺门殿区线描图

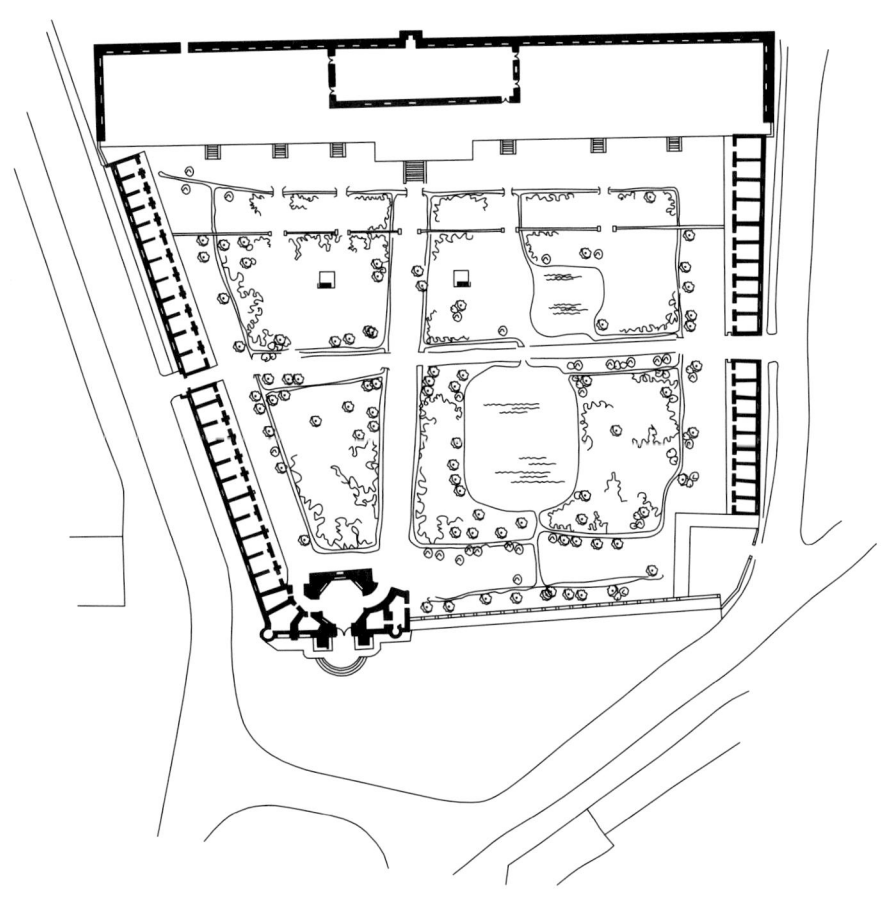

图四 喀什艾提尕尔清真寺平面图

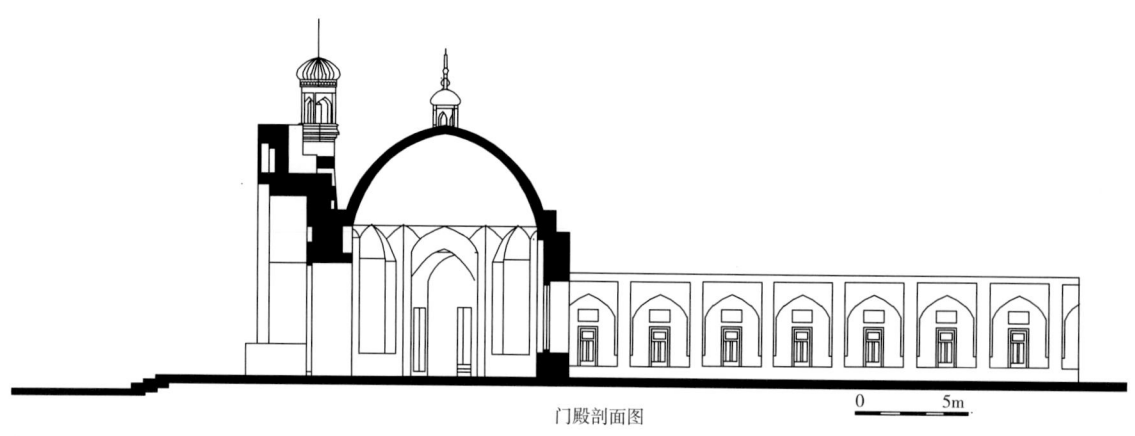

门殿剖面图

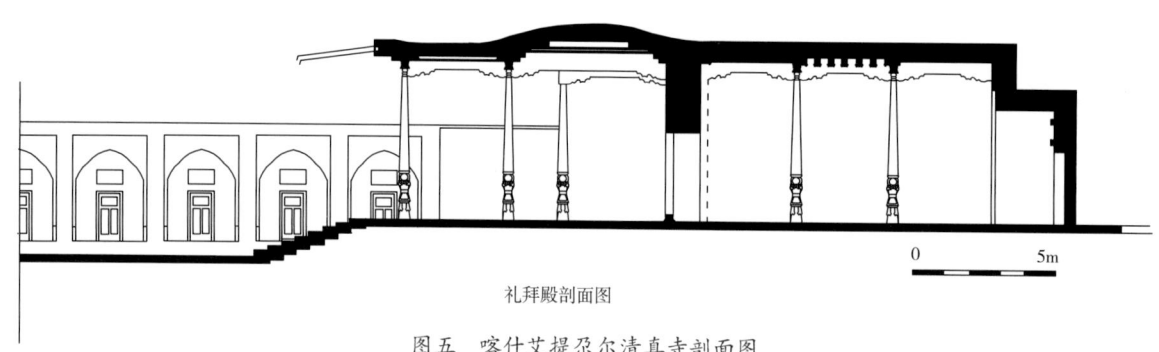

礼拜殿剖面图

图五 喀什艾提尕尔清真寺剖面图

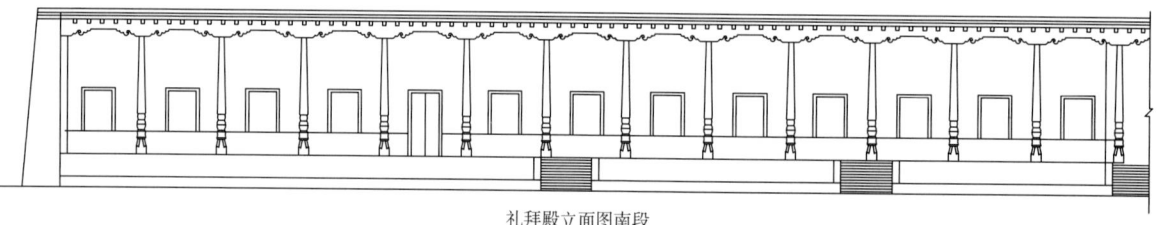

礼拜殿立面图南段

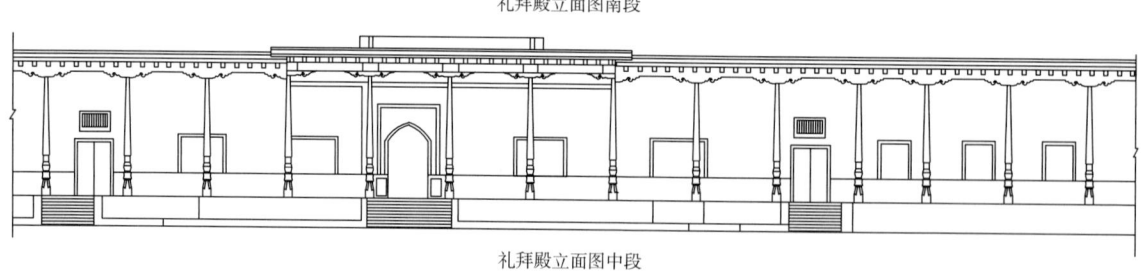

礼拜殿立面图中段

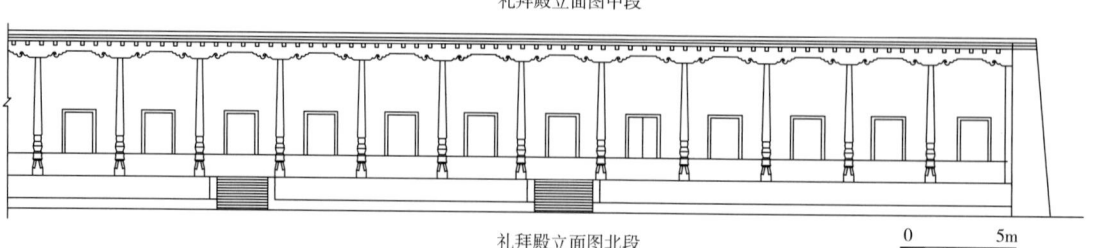

礼拜殿立面图北段

图六 喀什艾提尕尔清真寺南、中、北段立面图

图七　喀什艾提尕尔清真寺拱拜孜

图八　喀什艾提尕尔清真寺礼拜殿长廊装饰

第二章 维吾尔族传统服饰

清代维吾尔族男子牛皮绣花长靴

图一　清代维吾尔族男子牛皮绣花长靴主图

维吾尔族属于游牧民族，长期处于极端恶劣的沙漠环境下，为了方便行走和保护双足，一直保持着穿靴的装束。维吾尔族称高度在踝骨以上的皮靴为"玉吐克"，一般用牛羊皮制作而成。本案例系清代维吾尔族男子牛皮绣花长靴，黑色靴身，靴筒长38厘米，鞋跟高两至三厘米，靴前头翘起。鞋面有绗缝装饰纹样，离靴顶15厘米的靴筒处绣有对称的黄底蓝色绣花，简洁素雅。靴筒口不超过膝盖，靴底用三层牛皮，结实耐磨，皮靴内有质地柔软的薄型毛料以保暖。

维吾尔族人穿皮靴时，下身一般搭配穿着质地柔软的毛布裤子，裤口系有毛线编织的带子，将裤子套在皮靴内，看起来像连在一起的。这种穿着搭配是新疆地区自然环境和气候条件决定的，在寒冷的天气外出时，扎紧的裤腿和皮靴可以抵御严寒。春天临近冰雪溶化很容易将皮靴溅湿，人们穿着这种长筒皮靴过河可以防止进水；出外狩猎时，高筒靴可以保护腿部免遭动物侵袭。

古代维吾尔族皮靴头翘起得更加明显，彰显出别样的西域风情。维吾尔族男女都穿"玉吐克"，男式的皮靴简洁朴素。以前维吾尔族人大多会自己制作皮靴，皮靴制作工艺复杂，一般从制作鞋楦开始，再到选皮、鞣革到靴成品有一整套工序要求。由于现代城市交通的便利，现代的维吾尔人大多购买性价比高的成品皮靴，学习制靴的年轻人越来越少，手工制靴的工艺面临着技艺失传的现实窘境。

图片来源
图一　雷启兴　摄影
图二至图七　刘姣姣　制图

图二　清代维吾尔族男子牛皮绣花长靴尺寸图（单位：cm）

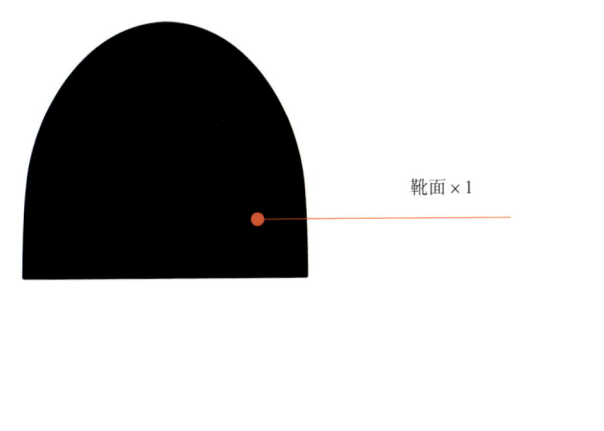

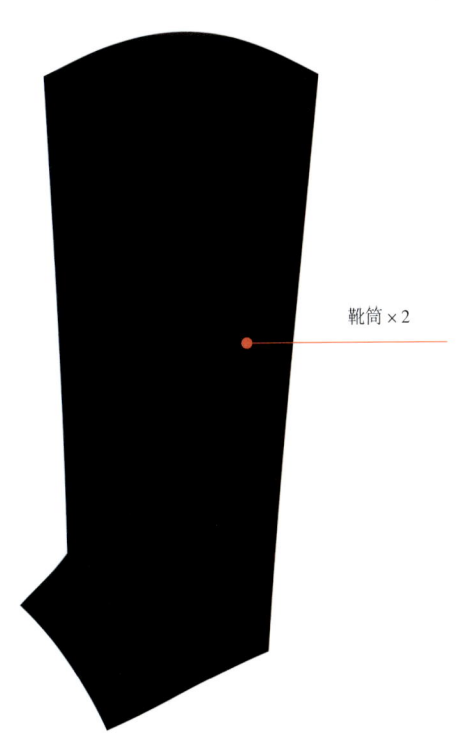

图三　清代维吾尔族男子牛皮绣花长靴开片图

045

图四　清代维吾尔族男子牛皮绣花长靴操作示意图

图五　清代维吾尔族男子牛皮绣花长靴色彩图

花纹均采用刺绣工艺

图六　清代维吾尔族男子牛皮绣花长靴局部分析图

于田维吾尔族女小帽"坦力拜克"

图一 于田维吾尔族传统女小帽"坦力拜克"主图

"坦力拜克"是维吾尔语发音，指新疆和田地区于田县妇女头戴的一种状似杯盏的独特小帽，起着装饰作用。

"坦力拜克"做工特别复杂，帽口直径一般在10厘米以下，帽顶部用宫廷缎或金丝线花布缝制成面，直径不超过三四厘米，帽下檐用黑羊羔皮制成，帽边缘用长约一厘米的黑毛线缀上短穗，有柔软的皮革做成帽内里衬。戴帽前，妇女一般先梳理头发并将其分成两股，然后再戴白色头巾，最后将小花帽用别针别缀在白纱巾上。穿戴这种小帽一般搭配穿带有7条箭头的丝绸长绒外衣。

按照于田地区传统习俗，在结婚、送葬、重大节日或者集会、巴扎上，维吾尔族妇女必须穿戴这种服装。办丧事时，戴的小帽帽顶为白色；办喜事戴的帽顶为红色；中壮年妇女戴的帽顶是蓝色的。

坦力拜克有着400多年的历史，是克里雅地区多种宗教文化交织的产物。克里雅地区的小花帽作为世界最小的帽子已被载入吉尼斯世界纪录大全，成为维吾尔族服饰的骄傲。

图片来源
图一　雷启兴　摄影
图二至图五　刘姣姣　制图
图六　王苗　摄影（fotoe网）

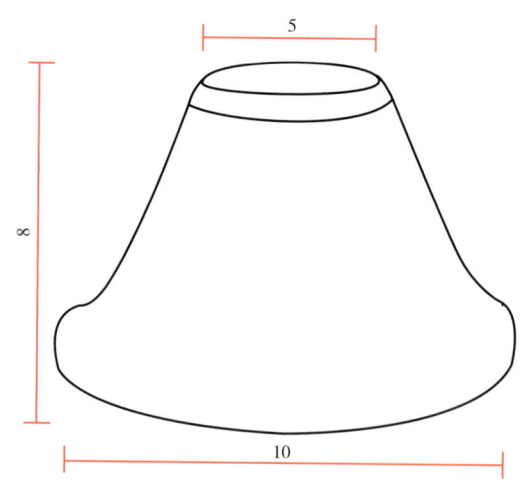

图二　于田维吾尔族传统女小帽"坦力拜克"尺寸图（单位：cm）

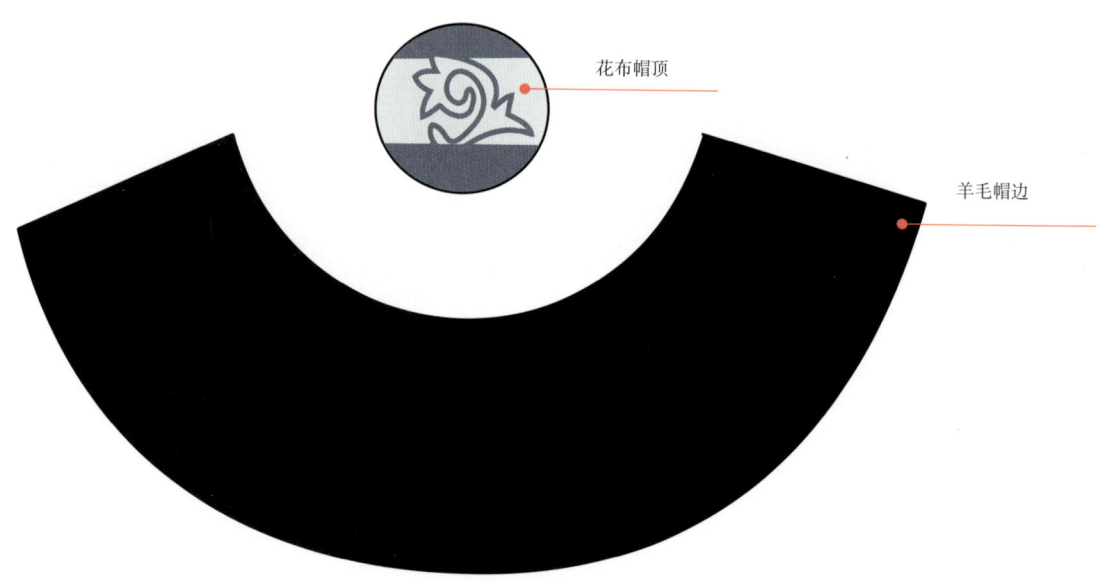

图三　于田维吾尔族传统女小帽"坦力拜克"开片图

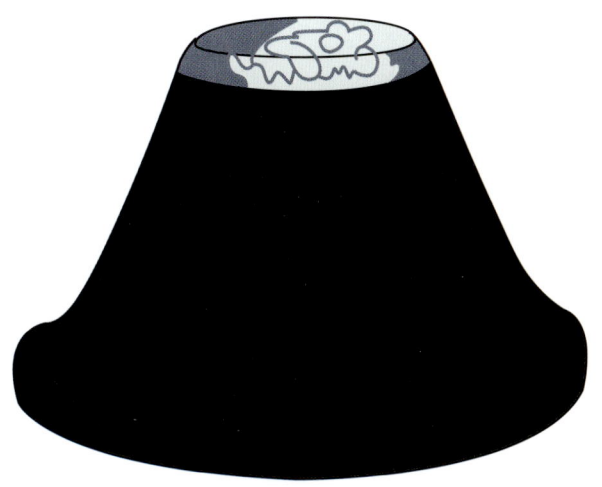

图四 于田维吾尔族传统女小帽"坦力拜克"色彩图

图五 于田维吾尔族传统女小帽"坦力拜克"操作示意图

图六 于田维吾尔族传统女小帽"坦力拜克"效果示意图

于田维吾尔族内衣裙

本案例衣长130厘米，肩宽40厘米，袖长50厘米，插肩袖长袖收口，前胸U形分割缝合，衣身宽大无腰线。于田内衣裙是合领半开套头式的，衣服宽松，内里可添置衣物。于田内衣裙的精致之处在于领口右侧依次排列有9条呈扇面形、用锁绣绣的宽条形图案，鸡心领口也绣一条宽边，底口绣有羊角纹和碎花纹，领中部有两条相同颜色的绳带，领口色彩一般与扇面形色彩统一，有人还喜好在领口边缘绣上美丽的花纹图案，显得尤为秀美。于田内衣面料多为绣有传统吉祥纹样的丝绸面料，也有用棉质面料的，多为纯色，如白色。于田内衣一般与外衣派里间（传统箭服）配套穿着，内衣的9条扇面形图案与外衣胸前对称的7条鱼纹相互映衬，形成了"外7里9"的说法。之所以选择"外7里9"的数字，是因为维吾尔族视"7"和"9"的单数为吉祥、幸福的数，就像汉族人喜欢"6"、"8"这些数字一样。

于田内衣裙的这种宽大设计体现了于田地区妇女典雅的气质，这一地区的宗教意识比较浓郁，相对比较传统，所以在今天这种独特的服饰依然保留着。在结婚、送葬、重大节日或者集会、巴扎上，于田妇女穿白色内衣裙外搭派里间，头戴坦力拜克和白纱巾，戴上金银珠宝首饰，富有浓郁的地域特色，赋予于田维吾尔族妇女高贵典雅的气质。

图一 于田维吾尔族传统内衣裙主图

图片来源

图一　雷启兴　摄影

图二至图六　刘姣姣　制图

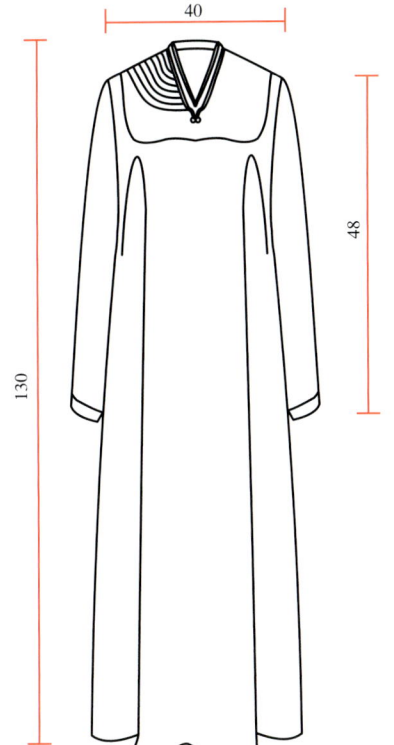

图二　于田维吾尔族传统内衣裙尺寸图（单位：cm）

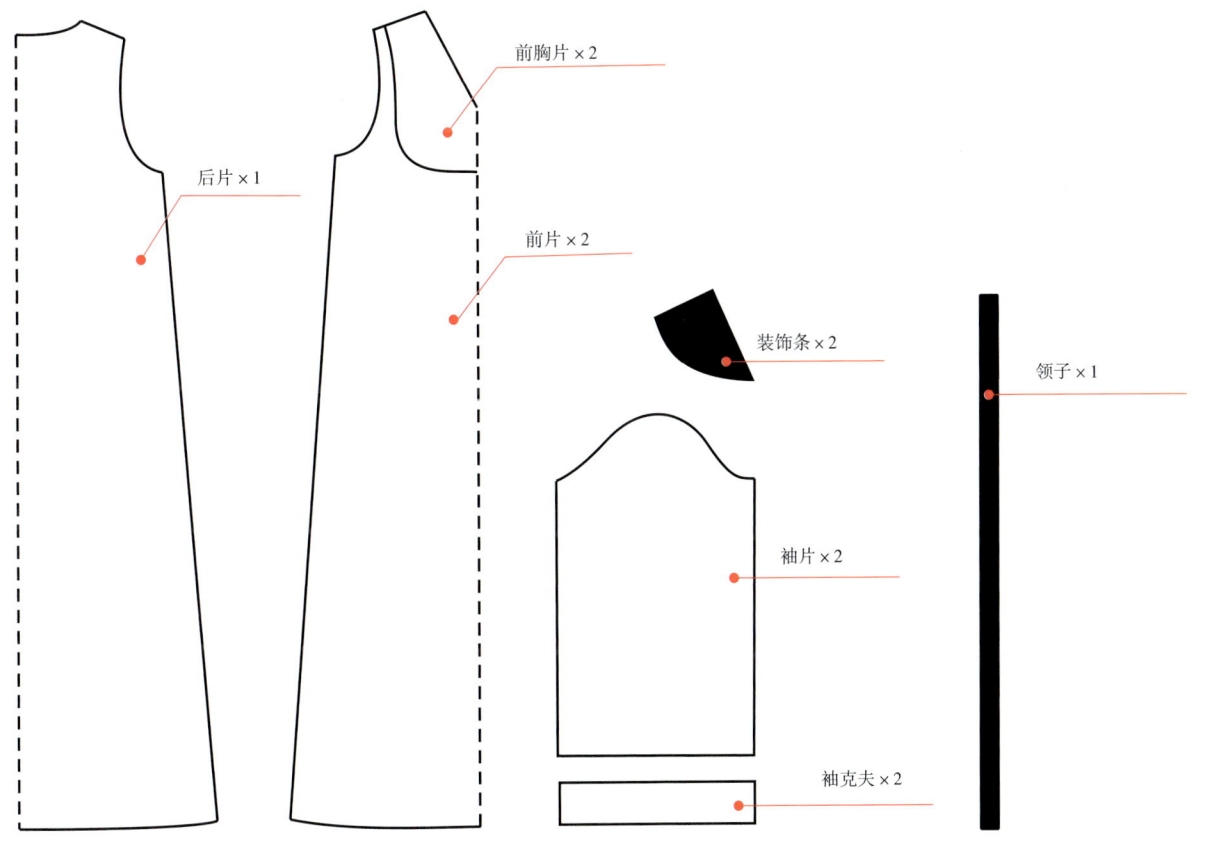

图三　于田维吾尔族传统内衣裙开片图

图四 于田维吾尔族传统内衣裙色彩图

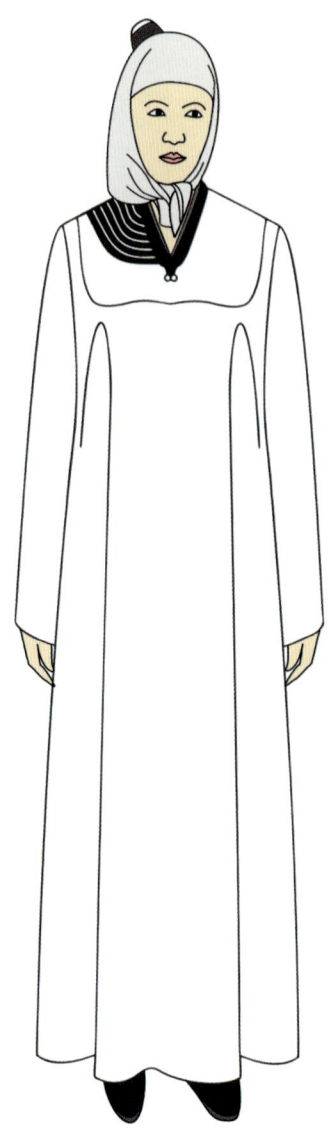

图五 于田维吾尔族传统内衣裙操作示意图

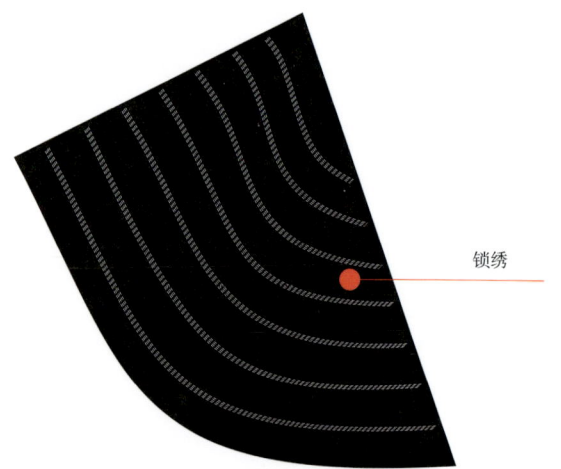

锁绣

图六 于田维吾尔族传统内衣裙局部分析图

清代维吾尔族女式绣花长皮靴及套鞋

图一　清代维吾尔族女式绣花长皮靴及套鞋主图

维吾尔语称这种套鞋为"咯拉西",本案例靴筒高 35 厘米,鞋跟高 4 厘米,由牛皮制作而成。皮靴分为两部分,包括软底靴筒和套鞋,套鞋穿在软底靴外。靴筒顶部前高后浅,起到保护膝盖的作用。靴筒两边对称饰有彩色绣线花纹,套鞋鞋面饰有绗缝线纹样。维吾尔族妇女喜欢穿皮革制成的长筒靴,头稍尖,鞋底微锐而扁,底有木跟锭铁掌。皮靴上加套鞋,因为维吾尔族人喜好席地而坐,进入房间把套鞋脱掉以保持地面干净。

冬天则穿毡靴,内里附有毛毡,具有保暖功用。

20 世纪 50 年代前后的维吾尔族女式长筒皮靴基本上延续了清代的形制和穿搭习惯,通常搭配过膝长裙。维吾尔族人有两种类型的套鞋,一种圆头的叫"玉德克咯拉西",是独立的靴套鞋,主要套在马靴外面或皮鞋外面,可以搭配多种皮靴;另一种尖头的叫"买赛咯拉西",是软底皮靴套鞋,老年人和宗教人士通常穿这种套鞋,尤其在宗教人士进清真寺做礼拜时,必须脱鞋进入殿堂,他们穿高腰软底皮靴,外面套套鞋,进入室内时只须脱掉外面的套鞋,省时省事。另外,还有些套鞋用橡胶制作而成,鞋里衬有紫红色的绒面,既防潮保暖又保护靴鞋。现代居住城镇的维吾尔族人,多数在鞋、靴外面套上胶鞋,无论走亲访友或是在自己居室内,都在进门前将套鞋脱放门外,以免泥土、脏物带进屋内。套鞋的设计巧妙,既美观又实用,还可以自由穿脱,这种实用主义极强的套鞋给现代鞋靴的设计带来一种独特的启发。

图片来源

图一　孔兰平　摄影（fotoe网）

图二至图六　刘姣姣　制图

图二　清代维吾尔族女式绣花长皮靴及套鞋尺寸图（单位：cm）

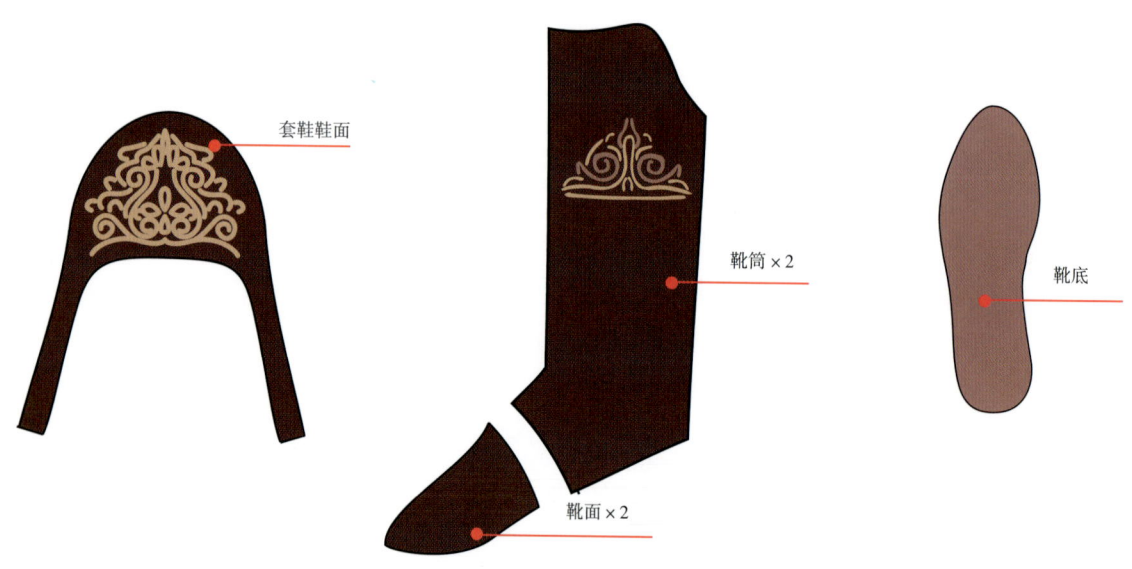

图三　清代维吾尔族女式绣花长皮靴及套鞋开片图

图四　清代维吾尔族女式绣花长皮靴及套鞋色彩图

图五　清代维吾尔族女式绣花长皮靴及套鞋操作示意图　　图六　清代维吾尔族女式绣花长皮靴及套鞋局部分析图

第二章　维吾尔族传统服饰

清代哈密维吾尔族对襟绣花女袷袢

图一 清代哈密维吾尔族对襟绣花女袷袢主图

哈密地区的维吾尔族人，在接受清代满族服饰影响的基础上，依照自己的生活习俗、审美情趣，创造出具有鲜明的民族性、地域性服饰袷袢（长袍）。哈密地区的维吾尔族人，一年四季都喜欢穿长袍，女式袷袢宽袍窄袖，对襟无扣，有领无衽，长度过膝，敞披两襟，露出内衣。于肩头开横缝，胸前镶对称四矩形横向绸缎，面料多用红色缎料或紫色缎料。在设计与缝制上，在袖口、领周、前襟、大襟及下摆均饰三四道花边，并在前襟或下摆饰以云头如意图案。首先是袍服镶边刺绣，大多长袍会设计镶边，袍服的衽、两侧开衩及底摆镶边，领口、袖口镶边等，而在镶边上面常常设计刺绣图案；其次是袍服衣身刺绣有的为局部刺绣，有的为大面积刺绣。刺绣图案以动物花草及表现吉祥寓意的图案为多，动物刺绣图案有龙、凤、仙鹤、孔雀、锦鸡、蝴蝶、喜鹊、蝙蝠、松鼠、螳螂、鱼等；

植物花卉刺绣图案有牡丹、石榴、佛手、莲花、水仙、葫芦、菊花、梅花、忍冬、兰草、瓜果、葡萄、灵芝等；天象纹刺绣图案有日、月、云、水、山；器物纹刺绣图案有八宝；文字刺绣图案有万、寿、福、喜；几何纹刺绣图案有直线、锯齿、万字、如意、回纹、龟背；人物纹刺绣图案有八仙。这些图案造型夸张而生动。哈密维吾尔族刺绣是借助丰富的物象来反映喜庆、吉祥、人寿、年丰、友谊、爱情等美好的愿望，表达维吾尔族同胞对美好未来的憧憬和向往。

图片来源
图一　孔兰平　摄影（fotoe网）
图二至图五　刑乐　制图

图二　清代哈密维吾尔族对襟绣花女袷袢尺寸图（单位：cm）

图三　清代哈密维吾尔族对襟绣花女袷袢操作示意图

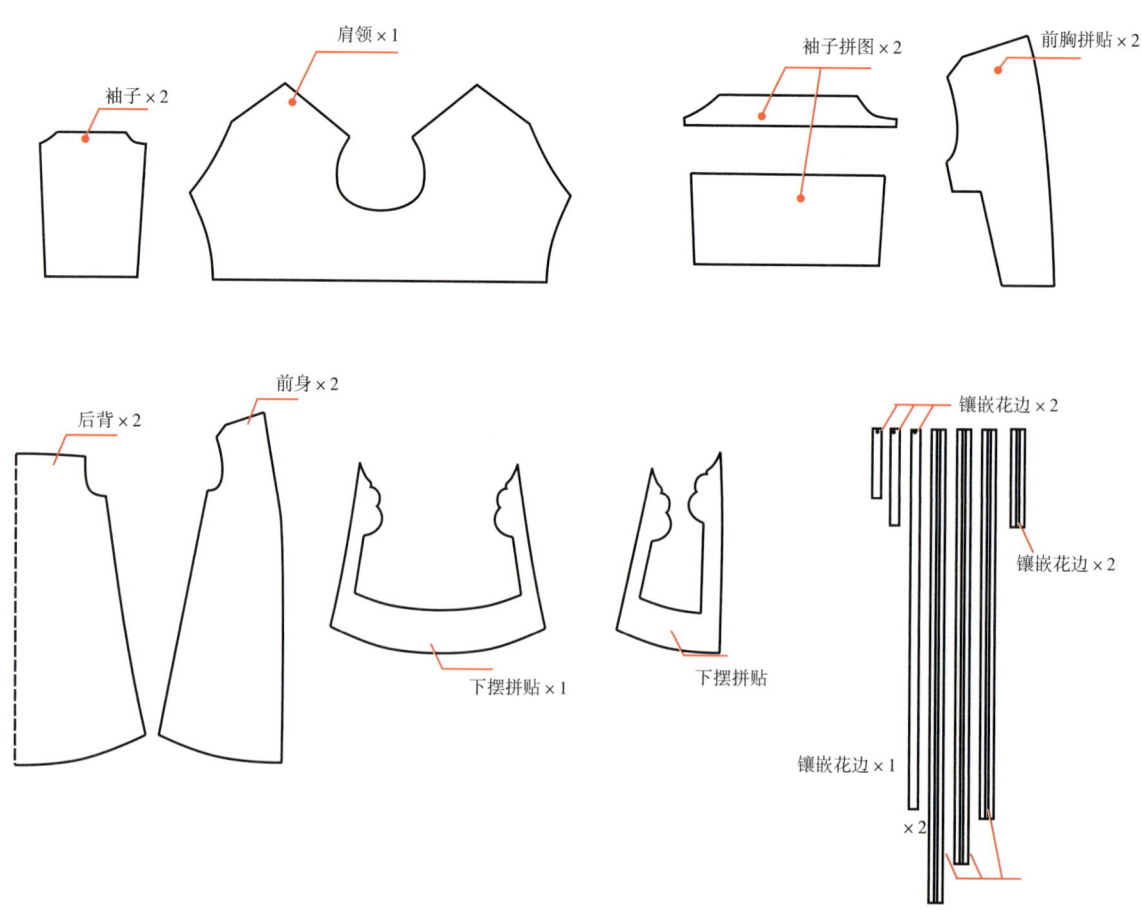

图四 清代哈密维吾尔族对襟绣花女袷袢开片图

图五 清代哈密维吾尔族对襟绣花女袷袢局部分析图

和田维吾尔族传统礼服"派里间"

图一　和田维吾尔族传统礼服"派里间"主图

"派里间"是汉译维吾尔族语发音，是新疆和田地区于田县、民丰、且末一带妇女独树一帜的民俗礼服。

"派里间"沿袭了古代狩猎人穿着的猎装，衣长130厘米，肩宽40厘米，袖长55厘米，下摆宽松适合骑马，深色丝绸对襟外衣上绣有福禄寿等吉祥纹样，袖口、门襟及下摆边缘镶有天蓝色绸布条纹。最有特色的是胸前两侧带有尖头的7条对称鱼型图案的天蓝色丝绸缀饰，原为猎人的箭袋符号，后来渐渐演绎成衣服上的装饰图案，具有古老的象征意义，故也称之为"箭服"。也有人依据"箭服"前面两侧的尖条纹图案看去就像展开翅膀的老鹰，根据古代的维吾尔族人对鹰的崇拜，所以在胸前绣了鹰饰图案，后来演变成弧形。现代人们所穿的派里间都出自裁缝，面料采用黑色丝绸或者绒面料，色彩仅限于黑色和蓝色。派里间作为外衣，宽松肥大，穿着时不做任何系扎，通常搭配别致的白色内衣，头戴"坦力拜克"，显示和田地区维吾尔族妇女的神秘感。

通常在重大礼仪场合，和田维吾尔族妇女佩戴"坦力拜克"小帽搭配"派里间"。从民俗文化角度分析，和田地区维吾尔族比较集中，性格比较内敛、含蓄，不太容易接受外来文化，因此直到现在还保持着传统服饰。

图片来源

图一　雷启兴　摄影
图二至图五　刘姣姣　制图
图六　孙家斌　摄影（fotoe网）

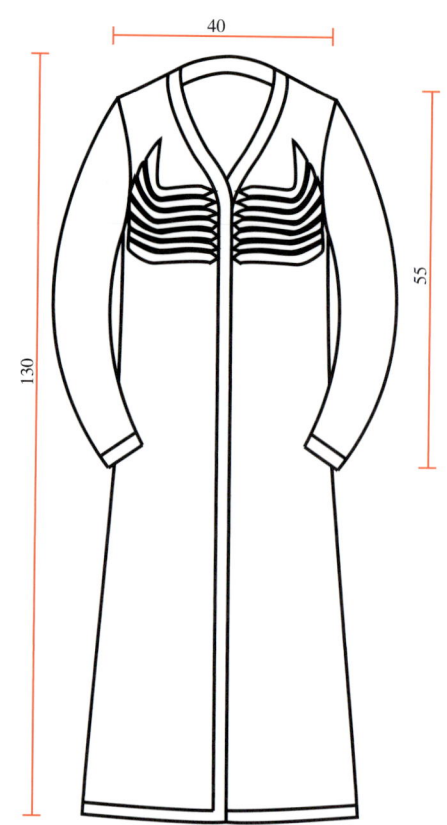

图二　和田维吾尔族传统礼服"派里间"尺寸图（单位：cm）

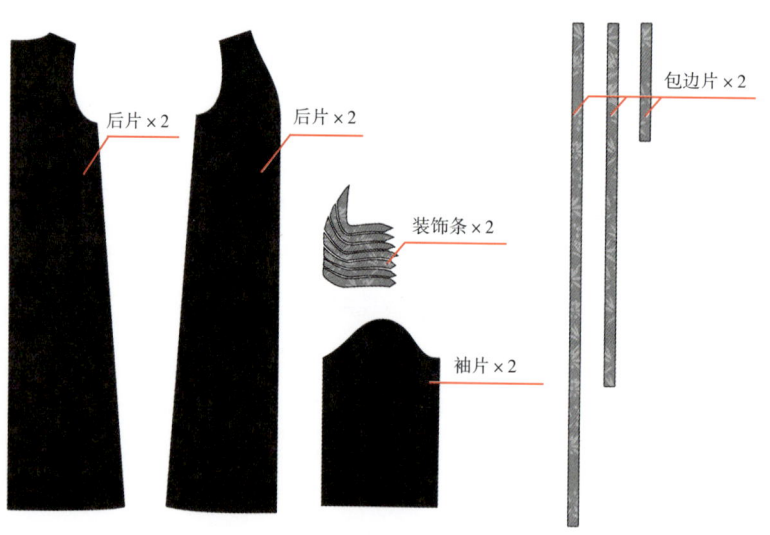

图三　和田维吾尔族传统礼服"派里间"开片图

图四 和田维吾尔族传统礼服"派里间"色彩图

图五 和田维吾尔族传统礼服"派里间"操作示意图

图六 和田维吾尔族传统礼服"派里间"效果示意图

当代维吾尔族合领短袖绣花男衬衫

图一 当代维吾尔族合领短袖绣花男衬衫主图

本案例肩宽42厘米，衣长65厘米，袖长25厘米，面料为纯白棉质，彩色毛线穗系带于领口，立领领围和胸前饰有十字绣花纹，两个短袖边缘对称饰有绣花纹样。这种绣花衬衫是维吾尔族男性特有的服饰，衬衫整体感觉素净淡雅。

维吾尔族人崇尚自然，喜爱在服装上装饰花卉纹样。维吾尔族族男性一般穿绣花衬衣，有长袖、中袖和短袖之分。领口方式有系带、纽扣或闭合，面料可用彩色绸也可用纯色棉布。夏季为白色布面料缝制成合领式衣，其领口、前胸、袖口通常装饰有密集的月季花纹、锯齿纹、几何形小花小叶等，色彩一般以大红、玫红、草绿、柠檬黄、浅蓝、深紫为主，色彩绚烂丰富，对比色配置，以绿、紫等为主色调，大红、玫红等为对比色。民间俗称十字绣工艺为挑花或挑补绣。十字绣的纹样造型普遍简单大方、结构严谨，自然界中的各种花草为其主要描绘的纹样。绣法有扣眼绣、链绣、断绣等。十字绣的针法相对简单,即按照经纬定向,利用经纬交织搭十字的方法,对照专用的坐标图案进行刺绣。

绣花衬衫衣长过臀,可束在裤子内外扎皮带,也可在衣服外束绣花腰巾,绣花衬衫外套马甲或袷袢,头戴花帽,腰上别有小牛刀,再配上青色长裤,脚穿皮靴,这种装扮凉爽便利,极富浓郁的维吾尔族服饰特色。这种绣花衬衫可在市场上买到,不再是传统的手工刺绣,现代多数都是机绣花纹的成衣。在重要节日礼仪场合上,维吾尔族男性一般穿着白色绣花衬衫,腰间扎鲜艳腰巾,头戴四楞小花帽,载歌载舞,热情奔放。

图片来源
图一至图五　刘姣姣　制图

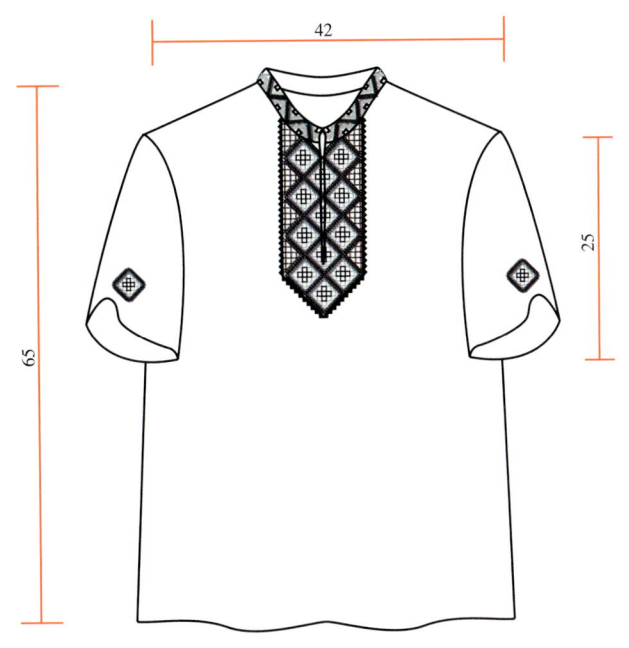

图二　当代维吾尔族合领短袖绣花男衬衫尺寸图(单位:cm)

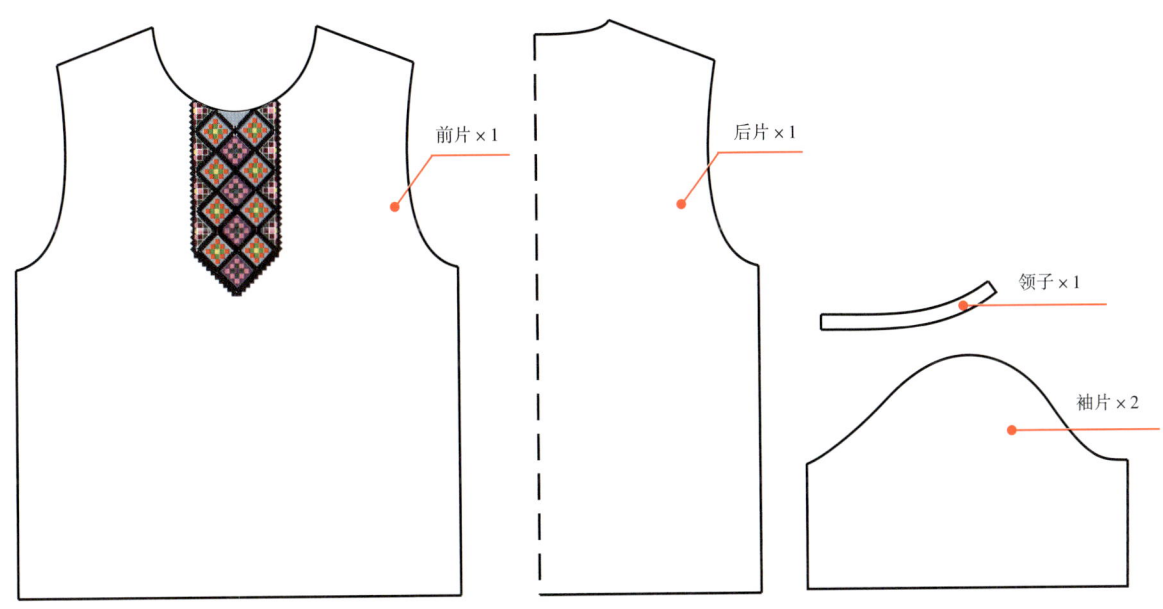

图三　当代维吾尔族合领短袖绣花男衬衫开片图

图四　当代维吾尔族合领短袖绣花男衬衫操作示意图

十字绣纹样

图五　当代维吾尔族合领短袖绣花男衬衫局部分析图

民国维吾尔族交领对襟长摆彩色条状绸袷袢

图一　民国维吾尔族交领对襟长摆彩色条状绸袷袢主图

袷袢是维吾尔族传统民族长袍外衣的统称。本案例衣长140厘米，肩宽45厘米，袖长65厘米，摆宽98厘米。此袷袢采用了彩色条状绸布面、棉质花布里和黄色丝面绸布里，属春夏服装。交领、对襟、无纽扣、衣长过膝，整体衣身宽大，穿着时用腰巾系扎。维吾尔族传统袷袢一般宽松、衣长过膝、对襟、宽袖、无领无扣无口袋。现代袷袢延续了古代袷袢的形制，多用黑、白色布料，蓝、灰、白、黑等各种本色团花绸缎料等制作。

由于职业和身份的不同，袷袢的颜色不尽相同，一般富人和宗教人士常穿白色袷袢。彩色条状绸是缝制袷袢的常用的春夏面料，又名"切克曼"，多为纵条运用，青年人的色彩较为鲜艳，而且多有条格花纹，尤以红、绿底色套白、黄、黑长条纹为多；老年人的单袷袢多为白色。老年人棉袷袢多为青色，中年人多为灰色、蓝色、咖啡色等。袷袢有单棉之分，春夏采用薄型面料，冬季则有棉质或皮制袷袢，抵御寒风，十分保暖。着袷袢时，内里多搭配白色布面料缝制的合领式上衣，其领口、前胸、袖口皆续饰花边，腰部束腰巾，下身一般多穿黑色萝卜裤塞进皮靴内，这种服饰搭配塑造了维吾尔族男性高大潇洒、风度翩翩的经典形象。

图片来源
图一、图六　雷启兴　摄影
图二至图五　刘姣姣　制图

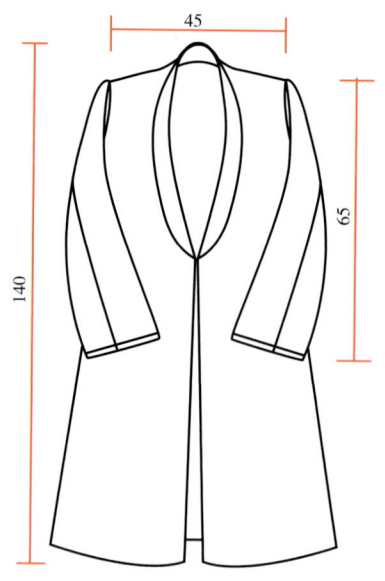

图二　民国维吾尔族交领对襟长摆彩色条状绸袷袢尺寸图（单位：cm）

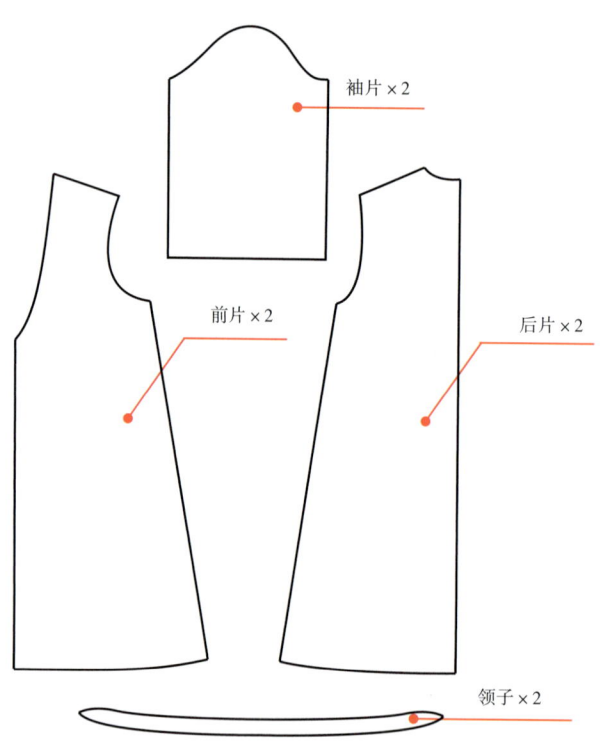

图三　民国维吾尔族交领对襟长摆彩色条状绸袷袢开片图

图四　民国维吾尔族交领对襟长摆彩色条状绸袷袢色彩图

图五　民国维吾尔族交领对襟长摆彩色条状绸袷袢操作示意图

图六　民国维吾尔族交领对襟长摆彩色条状绸袷袢效果示意图

第二章　维吾尔族传统服饰

近代维吾尔族红平绒绣花女帽

图一　近代维吾尔族红平绒绣花女帽主图

花帽，又名"朵帕"，是维吾尔族人日常生活中的必备饰品。维吾尔族无论男女老少皆戴花帽。不同地域花帽的图案、色彩和形制有所差异，维吾尔族姑娘在婚前和婚后戴的帽子也不相同。

花帽图案以新疆当地花卉果实的自然形象为素材，一般作对称骨骼的单独纹样。本案例是近代维吾尔族红平绒女式绣花帽，帽高9厘米，边长15厘米，由深红色平丝绒布面组成，采用蓝、绿和白色绣线平绣有四个成"十"字骨骼向心排列的棉花纹，构图简洁饱满，变化有序，具有主次分明、虚实相生的理性结构风格。帽里绗缝衬布，帽底边镶黑色绒边。小花帽制作工艺复杂，先用手工绣好四个三角形帽瓣，以其三角尖顶为中心拼连缝合并衬好帽里，套在木制帽模上成型，再镶上黑绒布边，最后就制作成了一个立体小花帽，并可按缝折叠便于携带和保存。花帽刺绣的方法常用的有：丝线平绣、十字花绣、丝线结绣、串珠片绣、格子架绣等。维吾尔族花帽因为需要刺绣的图案面积不大，一般采取平绣的技法。丝线平绣，该花帽以金丝绒为面料，采用有光各色彩丝线平绣，其特有的光泽使得观赏效果更佳。刺绣时，首先将绣底布夹在用于刺绣的棚子上，将布面绷平，棚子的形状有空心圆形、方形两种，由竹、木、塑料或金属制成，简易实用，然后将绘有纹样的纸张固定于底料的反面上，选择大小合适的绣针、色彩合适的丝线进行平绣，经验丰富的艺人往往不需要纹样画稿。

维吾尔族女性在穿戴花帽时，通常搭配特色的民族服饰。现代生活方式的转变，花帽也从未退出维吾尔族女性的衣柜，成为维吾尔族女性美的最显著的服饰符号，我们可以感悟维吾尔族热烈洒脱的民族个性和智慧灵巧的创造能力。

图片来源
图一、图五　杨兴斌　摄影（fotoe网）
图二至图四　贾蕾蕾　制图
图七　雷启兴　摄影

图二　近代维吾尔族红平绒绣花女帽尺寸图（单位：cm）

图三　近代维吾尔族红平绒绣花女帽开片图

图四　近代维吾尔族红平绒绣花女帽局部分析图

图五　近代维吾尔族红平绒绣花女帽工艺分析图

当代维吾尔族黑色金丝绒对襟绣花坎肩

本案例坎肩衣长45厘米,肩宽35厘米,下摆宽38厘米,无袖,琵琶襟紧身式短上衣,前片对襟饰有绣花纹样,所有边缘部位均用到镶边工艺,在镶边部位加以刺绣和缝制珠片装饰。一般采用平针绣工艺,将针线从面料上刺入面料下,再刺入面料上,按纹样的结构走向将色线平行排列,一般为单线排列,不留空底,具有绣面平整、针法丰富、线迹精细、色彩鲜明的艺术特点。

维吾尔族常见款式的坎肩,如对襟直翘的、对襟圆翘的、人字襟的、圆领的、鸡心领的、长身的、短身的、开叉的等诸多式样,多半都套在外边穿。坎肩的用料及颜色不受限制,有单、夹、棉、纱、皮之分,一年四季都可以穿。衣身花纹装饰繁多,尤其在重大节日场合,维吾尔族妇女一般穿着带有刺绣、珠片装饰的舞蹈服饰,外套精美坎肩,头戴插有翎羽的四棱小花帽,脚蹬彩色皮靴,颇具鲜明的民族特色。为适应草原天气骤冷骤热的变化,维吾尔族不分男女老少都喜欢穿既能护胸、护背又穿着方便的坎肩。尤其是维吾尔族妇女,爱穿色彩鲜艳的艾德莱斯绸连衣裙,春秋季节气候多变,昼夜温差也大,坎肩就成了妇女们必不可少的时令装,套在连衣裙的外面,既保暖又起到了一种装饰、美化的作用。新疆产羔羊皮坎肩,柔软、毛色纯、活里活面,拆洗方便,成为男士冬季御寒的必备衣物。维吾尔族儿童坎肩是由不同几何形状的碎羊皮拼制而成的,印有小

图一 当代维吾尔族黑色金丝绒对襟绣花坎肩主图

碎花图案,美丽可爱,是新疆旅游必带的纪念品。坎肩除了装饰美观的作用外,还有穿着方便,保暖的实用价值。

图片来源
图一 雷启兴 摄影
图二至图六 刘姣姣 制图

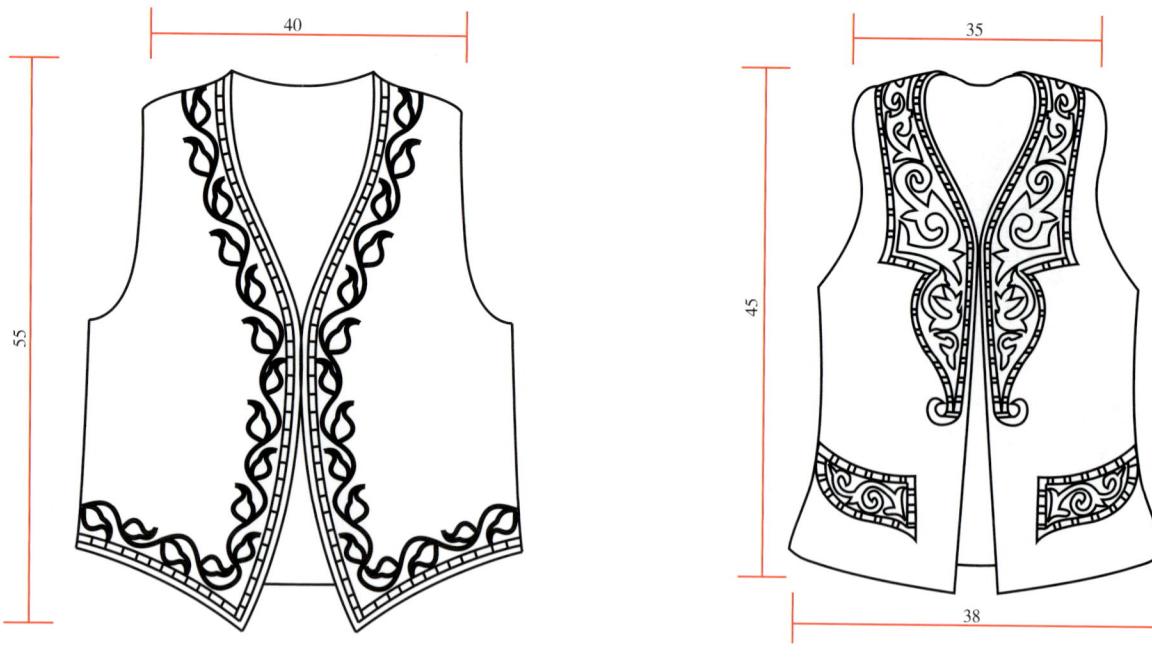

图二　当代维吾尔族黑色金丝绒对襟绣花坎肩尺寸图（单位：cm）

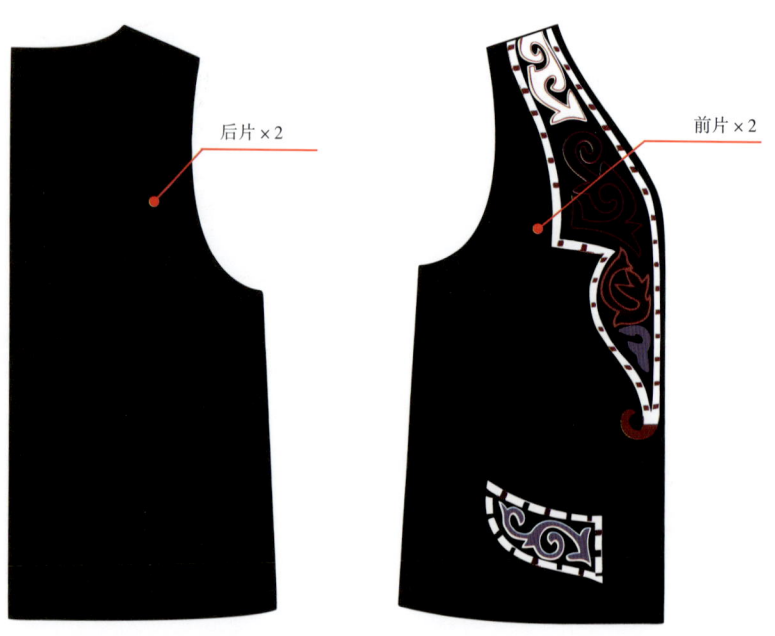

图三　当代维吾尔族黑色金丝绒对襟绣花坎肩开片图

图四　当代维吾尔族黑色金丝绒对襟绣花坎肩色彩图

图五　当代维吾尔族黑色金丝绒对襟绣花坎肩操作示意图

图六　当代维吾尔族黑色金丝绒对襟绣花坎肩局部分析图

第二章　维吾尔族传统服饰

当代维吾尔族艾德莱斯绸连衣裙

"艾德莱斯",维吾尔语意思是"扎染",艾德莱斯绸即用扎染工艺生产的手工丝绸,是维吾尔族妇女最喜欢的衣裙面料。

艾德莱斯绸是新疆保留至今独特的织造工艺,采用我国古老的扎经染色法工艺,根据图案的需要,先在经纱上扎结染成各种颜色,主要运用翠绿、宝蓝、黄、青、红、黑、白等色,印染物都是用当地植物浸泡而成。扎经是细致而繁琐的工序,多由经验丰富的艺人完成。图案的形象、布局、配色等工艺要经过周密的精心计算实现。扎经完成后再分层染色、整经、织绸。染色过程中图案轮廓由于受染液的浸透会形成自然的色晕,参差错落,形成了艾德莱斯绸独特纹样特色。艾德莱斯绸的纹样有几何图形、巴旦木花、梳子纹、麦芒纹、羊角纹及民族乐器的图案,以纵式二方连续纹样为基本单位平行排列,每个基本单位之间留有一定空隙,经过扎染彰显着浪漫的图案韵律。

艾德莱斯绸连衣裙多数是大裙摆,以便起舞时追求飘逸的裙角飞扬,上身短至胸部,下宽大,长及腿肚子。裙子里面穿长裤,裤子多用彩色印花布料或彩绸缝制,讲究的用单色布料做裤料,然后在裤角绣上一些花纹。女性节庆时穿着不同花色不同形制的艾德莱斯绸花裙,与新疆沙漠边缘单一的环境色彩形成强烈对比,表达维吾尔族向往多彩生活、追求自由心灵的美好愿望。

古老的艾德莱斯绸是中西丝绸纺织技艺交流的产物,也是维吾尔族对祖国丝绸文化

图一　当代维吾尔族艾德莱斯绸连衣裙主图

的一大贡献。作为本民族富有个性特征的艺术符号定式和民族文化特征,艾德莱斯绸的制作工艺被完整地保存和传承,值得借鉴和学习。

图片来源

图一　雷启兴　摄影
图二至图五　邢乐　制图

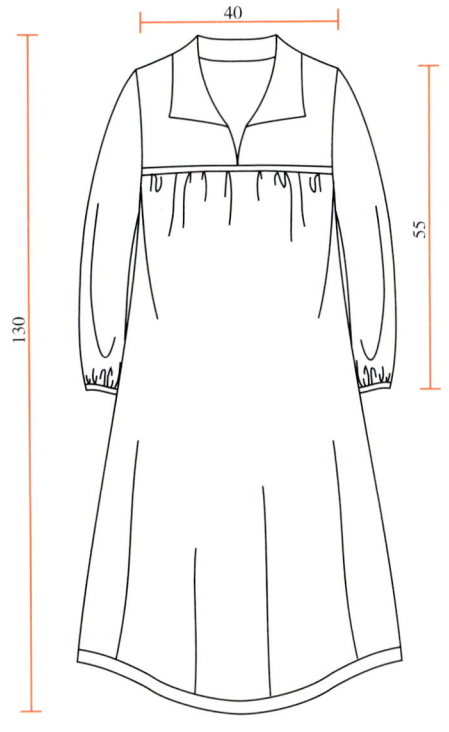

图二 当代维吾尔族艾德莱斯绸连衣裙尺寸图（单位：cm）

图三 当代维吾尔族艾德莱斯绸连衣裙开片图

图四　当代维吾尔族艾德莱斯绸连衣裙操作示意图

图五　当代维吾尔族艾德莱斯绸连衣裙局部分析图

当代维吾尔族红丝绒镶料珠拼花对襟女服

图一　当代维吾尔族红丝绒镶料珠拼花对襟女服主图

维吾尔族女性服饰的显著特色在于镶有刺绣、珠绣的绚丽多姿的绣花服饰，尤其是女性多喜爱穿鲜艳的花卉色彩，对比强烈。本案例红丝绒镶料珠拼花女服是维吾尔族青年女子重要节日和婚礼上的一种长外衣，通常在袖口、衣服边缘绣有精美刺绣或珠绣图案，给人喜庆的感觉。

维吾尔族绣花女服一般是对襟立领、U形领口露出衬裙，挂扣一粒，女服有半袖、长袖，可以长及脚踝，亦可至膝下，露出内搭衬裙，下摆形状有矩形也有花瓣弧形，内穿裤子和半高跟戴袢舞蹈鞋，头饰可搭配棉帽、花帽、彩色羽毛辫饰，婚嫁时穿着绣花对襟女服，头戴珠绣小花帽，红色纱巾披至腰间。在重要节庆时身着绣花女服跳舞，下摆随舞飘扬，像盛开的花朵一样，格外美丽。

制作这种对襟女服衣料多用布、绸、平绒、金丝绒等，领口、胸前、袖口、肩等部位一般用金、银线和彩线绣成几何形花纹，表现出维吾尔族的艺术格调和浓郁的装饰美感。新疆吐鲁番地区常见这种刺绣对襟女服，刺绣纹样比其他地域更加浓艳和夸张。刺绣是维吾尔族服饰中最常见的一种装饰工艺，它汲取了内地刺绣工艺，同时在图案和配色上创新出了独具本民族特色的工艺风格，维吾尔族把绣花服装统称为"坎西特里克奎衣乃克"。新疆哈密地区的妇女擅长刺绣，当地刺绣以常见花草为原型进行象征图案创作，图纹布局疏密有序，色彩浓艳，与底色面料形成强烈对比，热烈活泼。以前，刺绣所用的彩线有的是自己纺自己染的，染料是由各种有色植物和矿石制成的，一件精美的刺绣要花数十个甚至上百个工日才能完成。刺绣要用的珠片和彩色料珠需要自己亲手穿制，耗费时间久，现在都可在市场上买到现成的机器制作的刺绣花边和珠片花形，方便又省时。

图片来源

图一　魏洁　制图

图二至图六　贾蕾蕾　制图

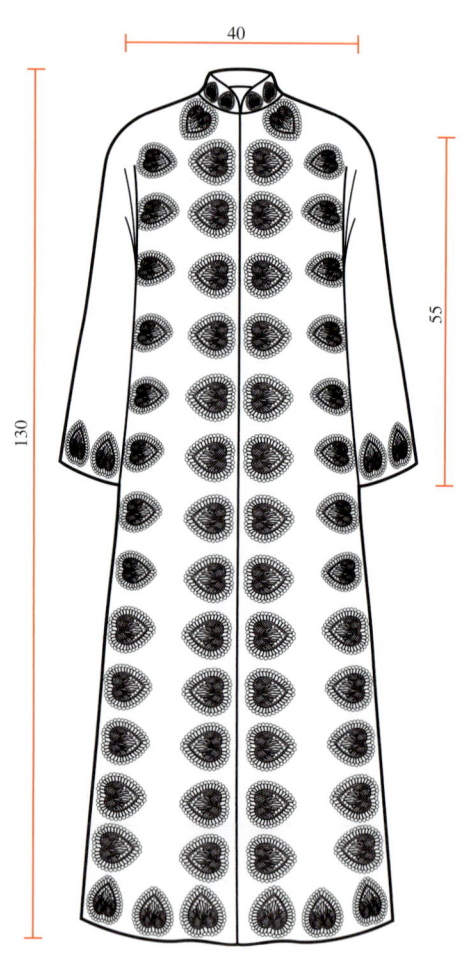

图二　当代维吾尔族红丝绒镶料珠拼花对襟女服尺寸图（单位：cm）

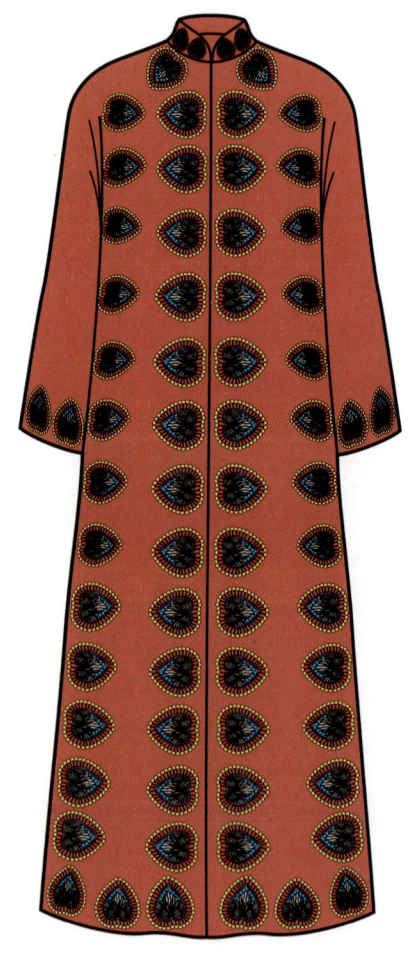

图三　当代维吾尔族红丝绒镶料珠拼花对襟女服色彩图

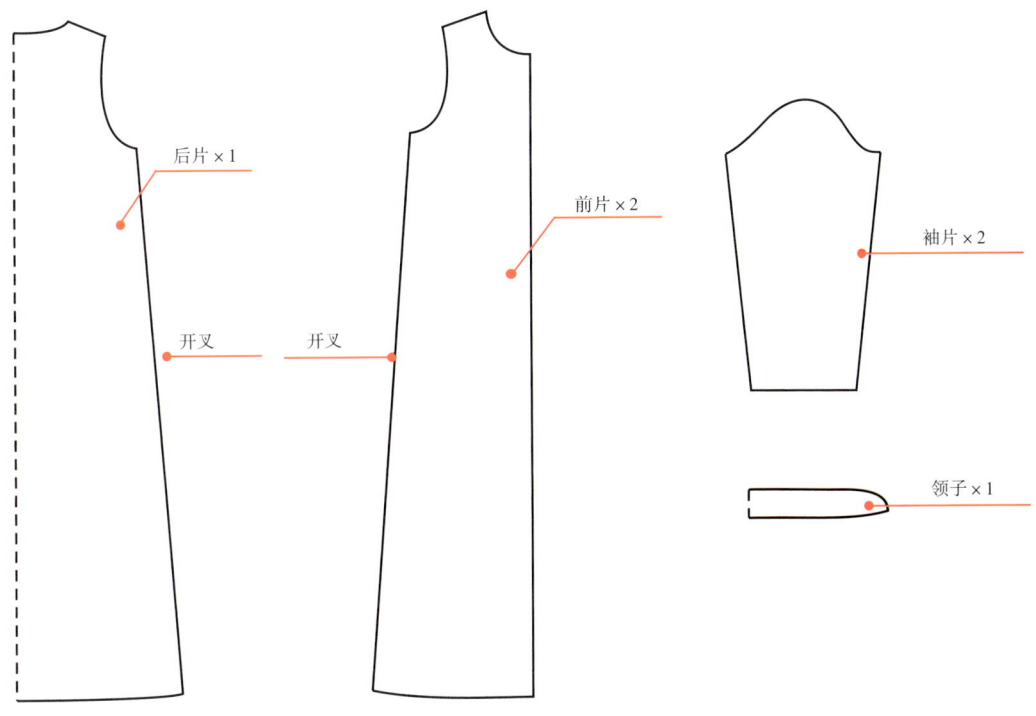

图四 当代维吾尔族红丝绒镶料珠拼花对襟女服开片图

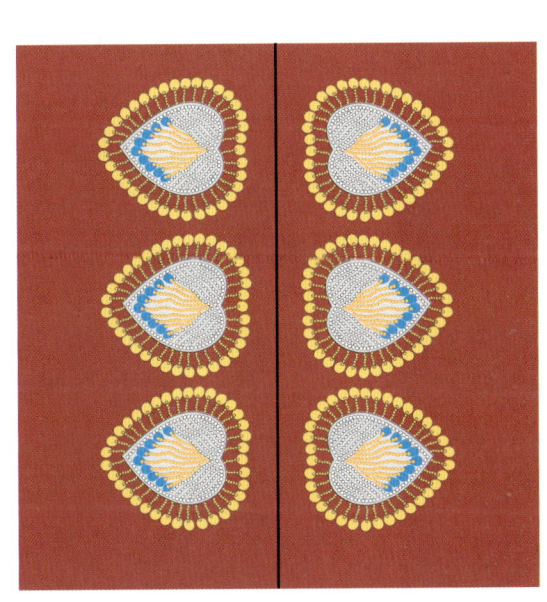

图五 当代维吾尔族红丝绒镶料珠拼花对襟女服局部分析图

图六 当代维吾尔族红丝绒镶料珠拼花对襟女服操作示意图

维吾尔族皮帽"吐马克"

图一　维吾尔族皮帽"吐马克"主图

"吐马克",是汉译维吾尔语发音,意指"皮帽"。维吾尔族男子一年四季都要戴帽。冬天多带皮帽,以做保暖御寒和装饰功用,沙漠气候四季无常,早晚温差极大,维吾尔族人仍保留夏天戴皮帽的习俗,皮料透气,具有保持头部皮肤湿润和防暑的作用。

皮帽主要功能是御寒,大多用羊皮制作,也可用狐皮、兔皮、海獭皮、貂皮等。皮帽的种类也很多,不同地域和人群头戴不同形态的"吐马克"。喀什地区流行一种吐马克,形似深钵,羊皮制,绒毛为帽里,皮板为帽面,帽顶因缝合形成四个硬挺的棱角,帽沿饰有一圈白色或黑色毛边。中老年男性和宗教人士喜爱戴一种"阿图什吐马克",帽面料多是黑色平绒、丝绒,形似钵形,帽筒比喀什的吐马克浅,帽边装饰一圈旱獭或貂皮毛。还有一种老年妇女多戴的皮帽"欧热吐马克",帽高约30厘米,帽筒成梯形或柱形,里外两层,一般以羊毛皮为帽里子,黑色羔皮作帽面;英吉沙的维吾尔族人用上等黑色平绒缝制吐马克,平顶,呈圆筒状,皮毛在外,帽高达20~30厘米,戴在头上显得高大而威武,显示出剽悍的性格;伽师县的皮帽是白板朝外,毛朝里,帽沿有黑皮,帽里子用黑色羔皮缝成,黑色羔皮又沿着帽檐向外翻上去,绕成一圈,这种帽子美观,极富装饰性,富有地域特色。

"吐马克"不仅美观而且非常实用,冬

季来临时，维吾尔族男子都要去巴扎置办顶皮帽过冬，当今许多传统服饰他们平时都较少穿着，但是皮帽依然是过冬必备，既符合了新疆地区特殊的地理气候条件，也满足了维吾尔族人们延续传统的需要。

图片来源
图一　雷启兴　摄影
图二至图四　刘姣姣　制图

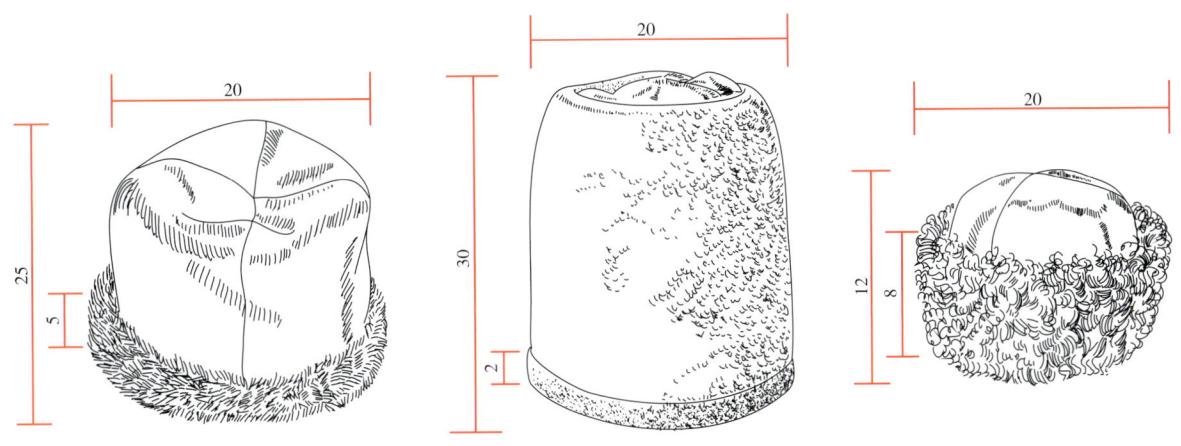

图二　维吾尔族皮帽"吐马克"尺寸图（单位：cm）

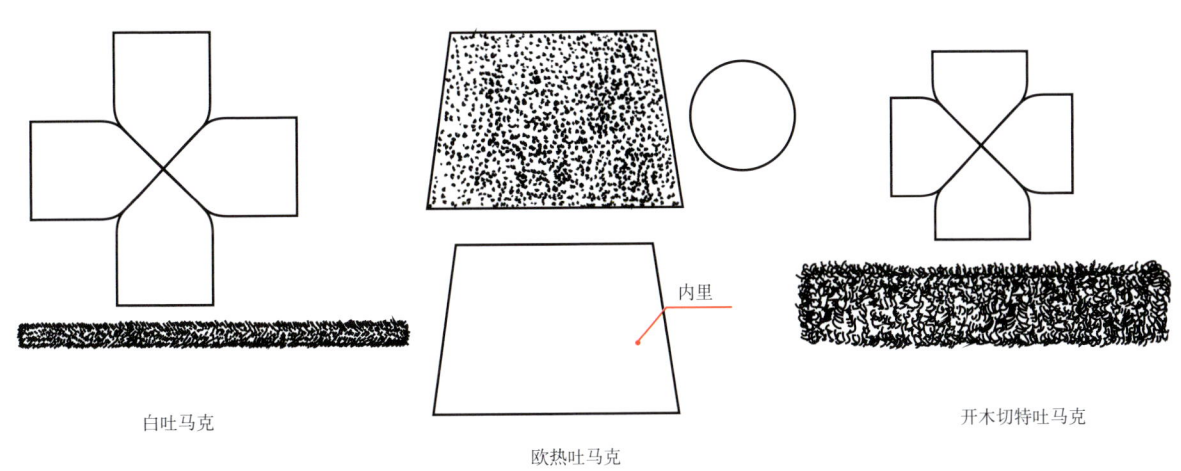

图三　维吾尔族皮帽"吐马克"开片图

图四　维吾尔族皮帽"吐马克"操作示意图

南疆维吾尔族皮靴"乔鲁克"

图一　南疆维吾尔族皮靴"乔鲁克"主图

"乔鲁克"是突厥语,《突厥语大词典》注释为:"使用皮子制作的靴子"。依据考古文物推算,乔鲁克靴已有3200年历史,新疆的维吾尔、哈萨克、柯尔克孜、塔吉克等民族都有穿乔鲁克靴的历史。山区和牧区,乔鲁克四季都受欢迎,可以保护小腿不受寒,长筒乔鲁克可避免丛林树木擦伤或被蛇咬伤腿脚,现如今只有少数老年人还习惯性地穿着"乔鲁克"。

"乔鲁克"一般采用厚牛皮做鞋底,软羊皮做靴帮,把牛皮底翻卷上来,与羊皮帮缝在一起,前头牛皮的翘头处在最易磨损的脚尖,可延长使用寿命,靴底向上翻卷,故缝线比较靠上,不易灌进沙子受损。南疆夏季极热,"乔鲁克"可防烫。"乔鲁克"分为高腰、矮腰,矮腰靴筒顶处可用皮绳扎紧。"乔鲁克"圆头,靴筒与靴帮之间是红、黄、黑三色毛线织成的几何图案,靴头有三角形图案,后跟有靴袢,便于提鞋和系带子,具有轻巧、保暖特点。全皮质靴,延展性好,不管脚型肥瘦，很快就能贴脚。"乔鲁克"里面一般穿毛毡袜，比矮腰的"乔鲁克"要高得多，露在外面。"乔鲁克"最显著的特点是不分左右脚，两只鞋可以混穿，十分方便。

"乔鲁克"靴按款式可分为长筒、中筒、短筒；样式分男式、女式、儿童靴三种。靴的结构不同于现代帮底分件的构成，由靴前、后帮和鞋跟三部分组成。普通"乔鲁克"制作简单，豪华"乔鲁克"手工制作工序复杂，需要材料和工具繁多。制作者需要先浸泡皮子，刮皮子，晾干分层并染色，然后裁剪皮料，缝制好成品后加以装饰、定型、抛光等后期整理。依据脚形用整块毛皮直接折合成靴前帮，直接缝合靴头，靴的内侧与靴后部在腰窝部位缝合，靴身从上到下装饰用毛线、驼毛线、彩带等编制而成的彩皮条边。

"乔鲁克"属于古代仿生学技术，2006年入选新疆维吾尔自治区级非物质文化遗产，是维吾尔族人民智慧的体现，为现代鞋靴设计提供了有益的启示。

图片来源
图一　雷启兴　摄影
图二至图六　刘姣姣　制图

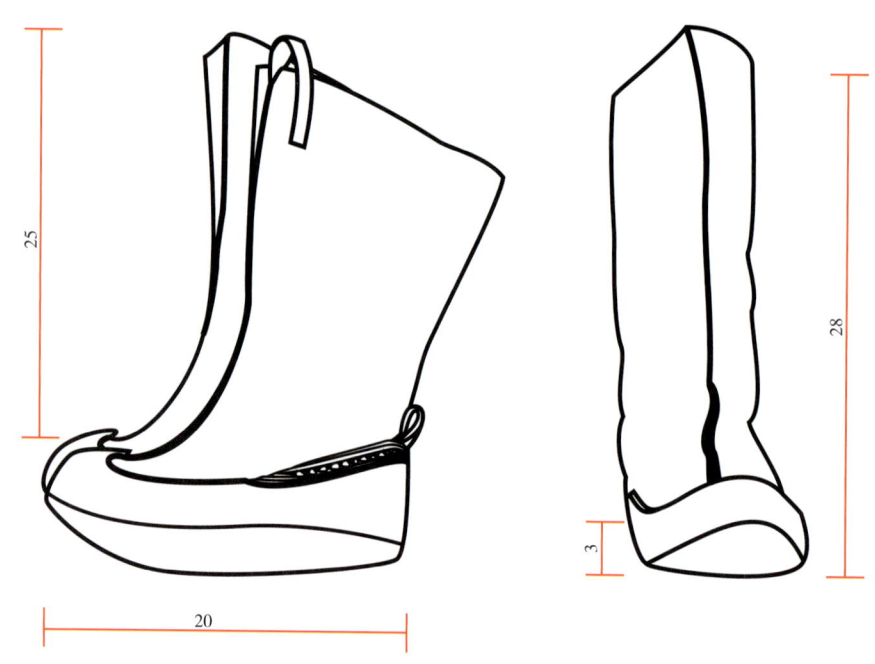

图二　南疆维吾尔族皮靴"乔鲁克"尺寸图（单位：cm）

图三 南疆维吾尔族皮靴"乔鲁克"色彩图

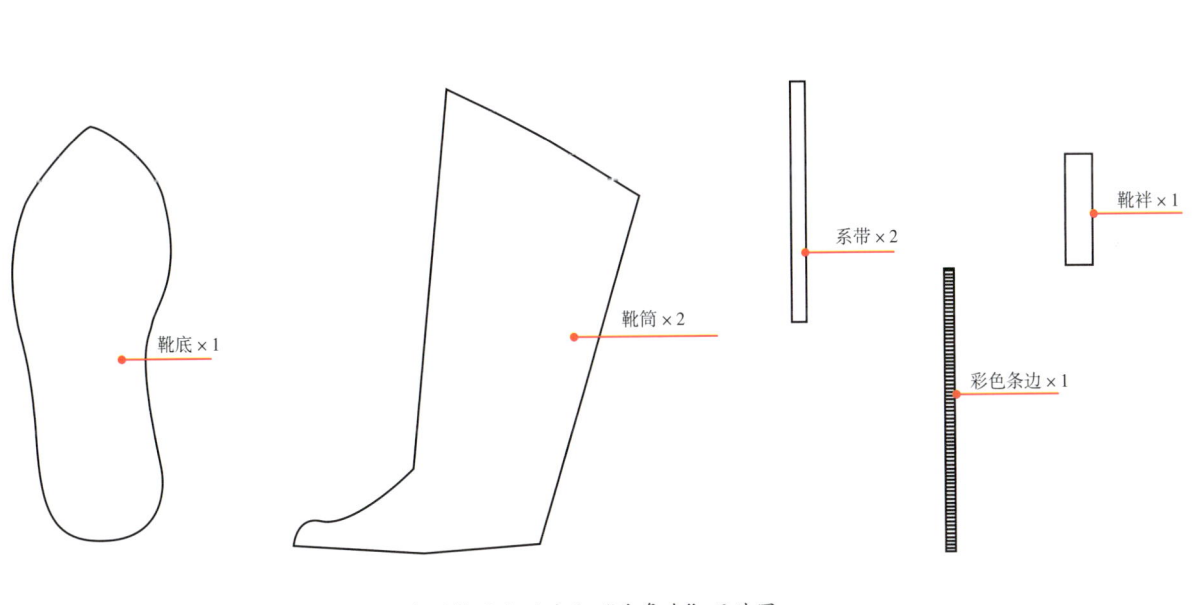

图四 南疆维吾尔族皮靴"乔鲁克"开片图

图五 南疆维吾尔族皮靴"乔鲁克"操作示意图

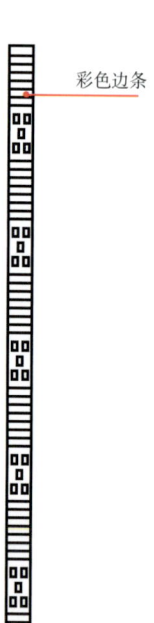

彩色边条

靴底与靴帮缝线

图六 南疆维吾尔族皮靴"乔鲁克"局部分析图

维吾尔族男子腰巾

图一　维吾尔族男式腰巾主图

维吾尔语称腰巾为"甫塔",维吾尔族男子多在腰间系腰巾,一般搭配袷袢穿着。腰巾长短不等,长的可达2米多,在腰间可以缠几圈。方腰巾系在腰间露出一个角,特别是装饰有流苏的腰巾别有一番民族风情。

维吾尔族男子身材高大,穿上长袷袢,系上腰巾,显得英俊潇洒。维吾尔族男子平时系腰巾不太讲究质地、色彩,重视实用性。袷袢没有系带也没有扣子,寒冷的冬季系扎腰巾可以保暖,腰巾中还可携带一些零食或小物品等,充当口袋的作用,同时腰带也起到装饰作用。夏季,腰巾可系扎在棉质袷袢内的绣花衬衫和裤子之间,载歌载舞时飘起的腰巾独具民族特色。袷袢主要有白、黑、花条等颜色,腰巾色彩一般与袷袢形成强烈对比,力求美观。腰巾多为黑、棕、蓝等深色,一般不用白色,其面料有布、绸和织锦等。青年人的腰巾色彩艳丽,中老年的素净淡雅。腰巾做工精细,边缘通常绣有各式花卉纹样,图案以二方连续花卉枝叶盘绕,腰头上缀有宝石流苏。腰巾的形态有方形和长形,方形腰巾先折成三角形再系于腰间,图案花纹朝外;长形腰巾是一种线织成的,多为黑色或黑绿色,两端饰有几何纹样,别具特色。市场上有售现成的腰巾，也有妇女专门为自己的男子绣腰巾，其色彩和图案绚丽多姿，也可称得上是一件工艺品，表现了维吾尔族人热爱奔放的审美情趣。

腰巾是维吾尔族男子服饰不可或缺的配饰，兼具实用和美观于一体，体现了维吾尔族人民热爱生活的集体智慧。

图片来源

图一　雷启兴　摄影

图二至图五　贾蕾蕾　制图

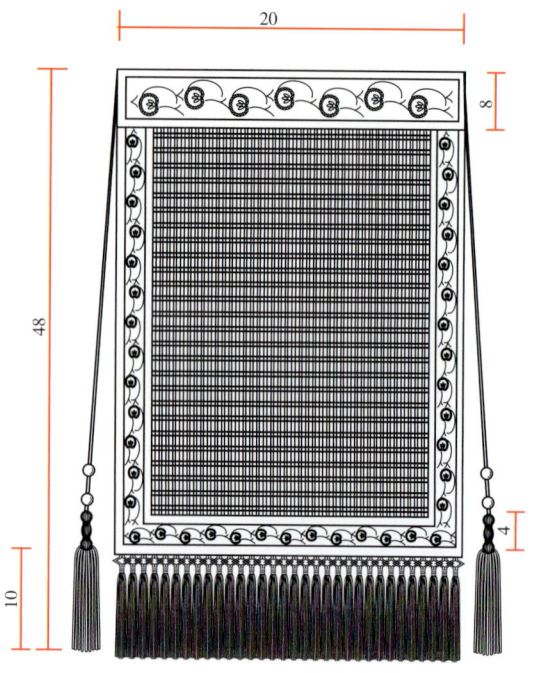

图二　维吾尔族男式腰巾尺寸图（单位：cm）

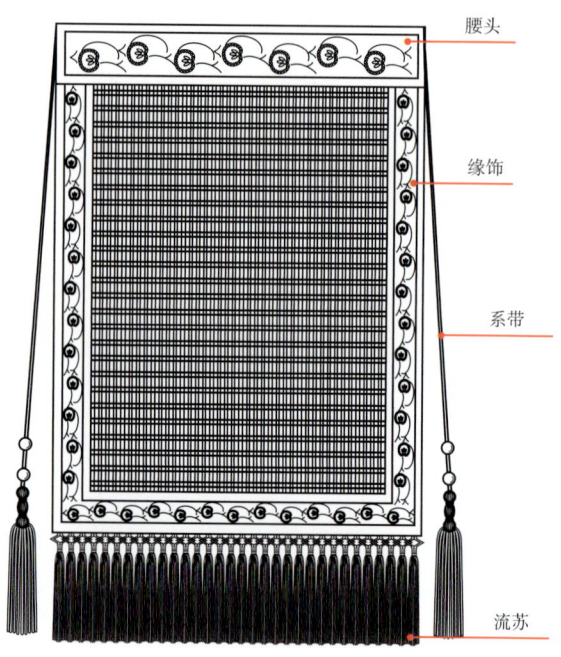

图三　维吾尔族男式腰巾结构图

图四　维吾尔族男式腰巾色彩图

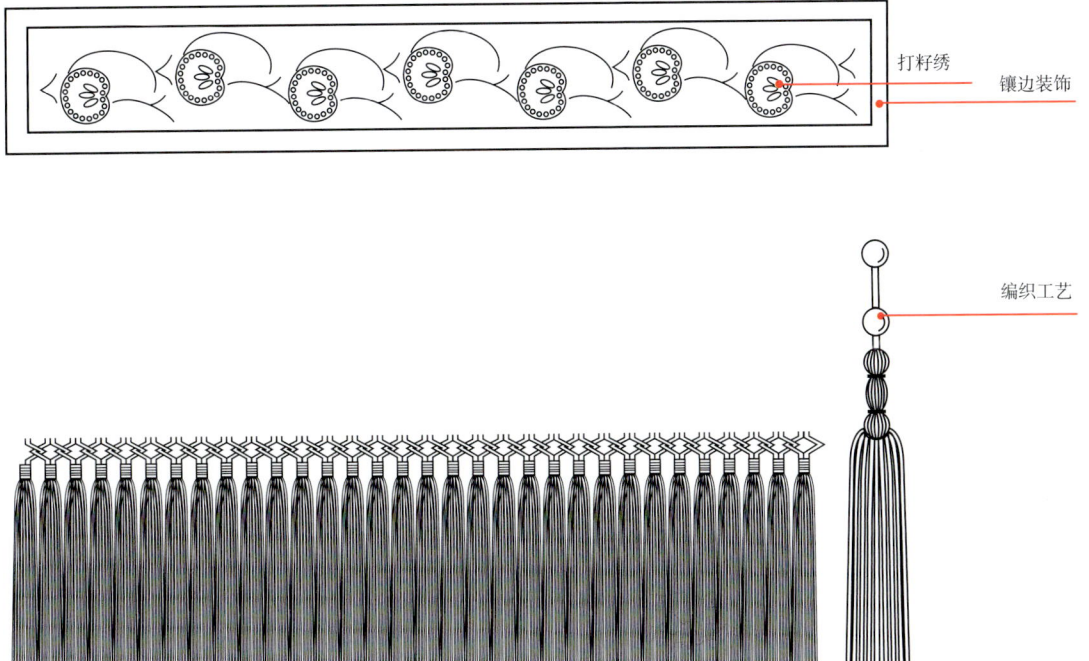

图五　维吾尔族男式腰巾局部分析图

清代维吾尔族银辫饰

银辫饰　　　　　　羽毛辫饰　　　　　　野鸡羽毛辫饰

图一　清代维吾尔族银辫饰主图

维吾尔族女性特别注重对美的追求，素有带头饰的历史，使用辫饰的时间很久远，主要的功能是装饰美观，而且以不同的质地和形式流传到现代。其中，银质辫饰最为普及，由于造价不高，工艺简单，装饰性极强，在维吾尔族女子辫饰中比较盛行。

维吾尔族所佩戴的银头饰尺寸一般在10厘米左右，以扇面形状为主，做工精致，锻造的纹样主要是传统的维吾尔族花草图案，镶缀有少量玉石，色彩搭配明艳，其所用材料丰富，不一定追求名贵，主要是就地取材，因时制宜。矿物类头饰物有各种砾石、石珠、石片、翡翠、玉石、宝石、珍珠、珊瑚等，或金属如铜、铁、金、银及金银之类的合金仿制品等。维吾尔族银辫饰多种多样，未结婚的姑娘则在帽子上饰以珠、穗和插三至四根猫头鹰、雪鸡羽毛，年长的妇女在前额饰似银元空洞的辫饰。由于工艺简单，银辫饰相对比较流行，银质可以与珠宝石、珍珠等材料很巧妙地锻制，造价一般百姓都可以接受。在隆重的节日里，少女会穿上华丽的裙装，插上精致的银辫饰，接受他人赞美的眼光。近年来，银辫饰逐渐退出少女的首饰盒，主要是市场上开始制作塑料、陶瓷辫饰，甚至以简单的布花来代替工艺相对复杂的银辫饰，尤其深受舞蹈人士的喜爱，价格更低廉，轻巧方便，而且舞台效果更加绚丽。

维吾尔族能工巧匠锻造的精美的银辫饰体现了他们对美的不懈追求和较高的艺术审美修养，是值得借鉴和发扬的民族手工艺，对当今饰品设计有积极的启示作用。

图片来源
图一　雷启兴　摄影
图二至图五　刘姣姣　制图

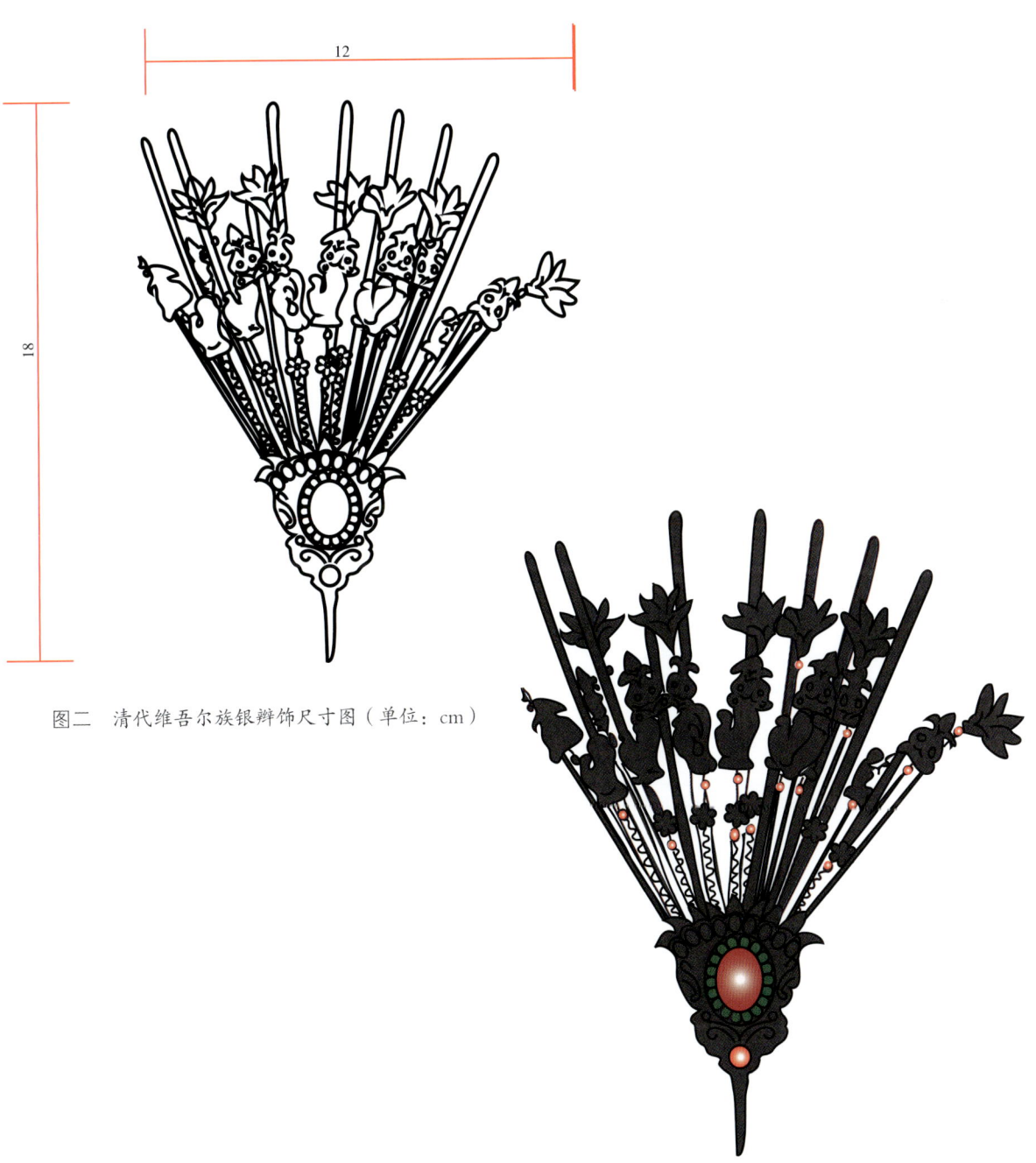

图二　清代维吾尔族银辫饰尺寸图（单位：cm）

图三　清代维吾尔族银辫饰色彩图

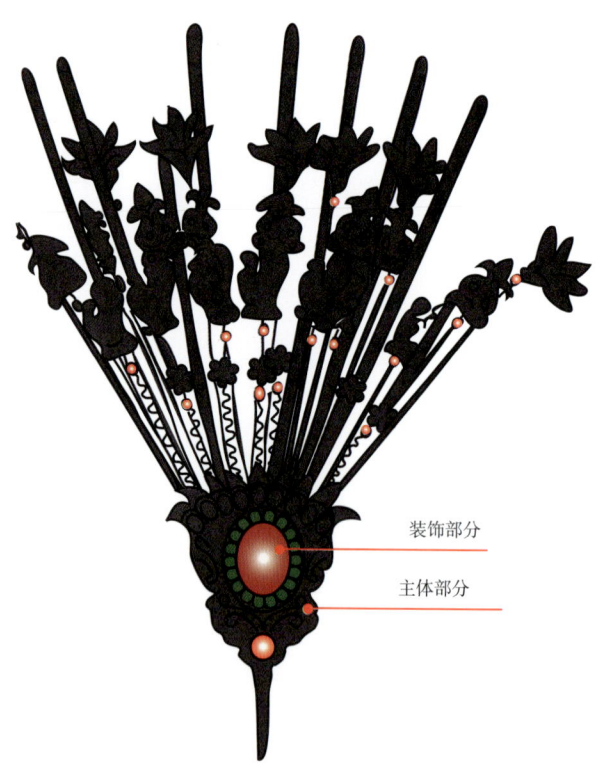

图四　清代维吾尔族银辫饰结构布局图

图五　清代维吾尔族银辫饰操作示意图

当代维吾尔族女式头巾

图一　当代维吾尔族女式头巾主图

头巾是维吾尔族的一种独特饰品，无论年幼年长、何时何地，女性都喜爱扎头巾。头巾是维吾尔族劳动生活的必需品。新疆维吾尔族处于高原、草原和沙漠边缘地带，强烈的紫外线、恶劣的风雪天气，用头巾可以保护面部。

头巾花色品种丰富，有白、黑、蓝、棕等单色头巾，有色彩组合起来比较淡雅的，也有色彩艳丽的。在装饰上，有以线条或圆点为主的，有以色块或几何图案为主的，也有花卉或其他纹样的。系扎的方式依据年龄和喜好各不相同，有的紧紧地裹着头发，有的高高地盘在头顶，有的低低地盖住后脖，有的稍遮住面部，南疆喀什有些妇女的头巾扎得整个面部只留下眼部那一道空隙，或在头巾里面戴上白色蕾丝头罩和脸罩。已婚和未婚的女人系扎丝巾的方式也不同，年龄大的妇女扎头巾的方式一般简单，而年轻妇女和比较讲究的中年妇人扎的式样相对复杂。不同地域气候不同，纱巾质地、式样和色彩都不相同。南疆地区，为了遮阳，大多是棉织的，比较厚实宽大，颜色较深；沙漠地区主要是遮挡风沙，多为丝绸制作，薄而透，颜色较为丰富；高原上的面纱则更注重抵挡雨雪，主要是棉丝混织，颜色更加艳丽夺目。

随着民族间文化的交融和生活方式的转变，如今维吾尔族女人仍然佩戴头巾，但主要为了妆饰和时尚，多与墨镜、蕾丝口罩等搭配，包法也有创新，充满了新疆维吾尔族神秘的民族色彩。

图片来源
图一　雷启兴　摄影
图二至图四　刘姣姣　制图

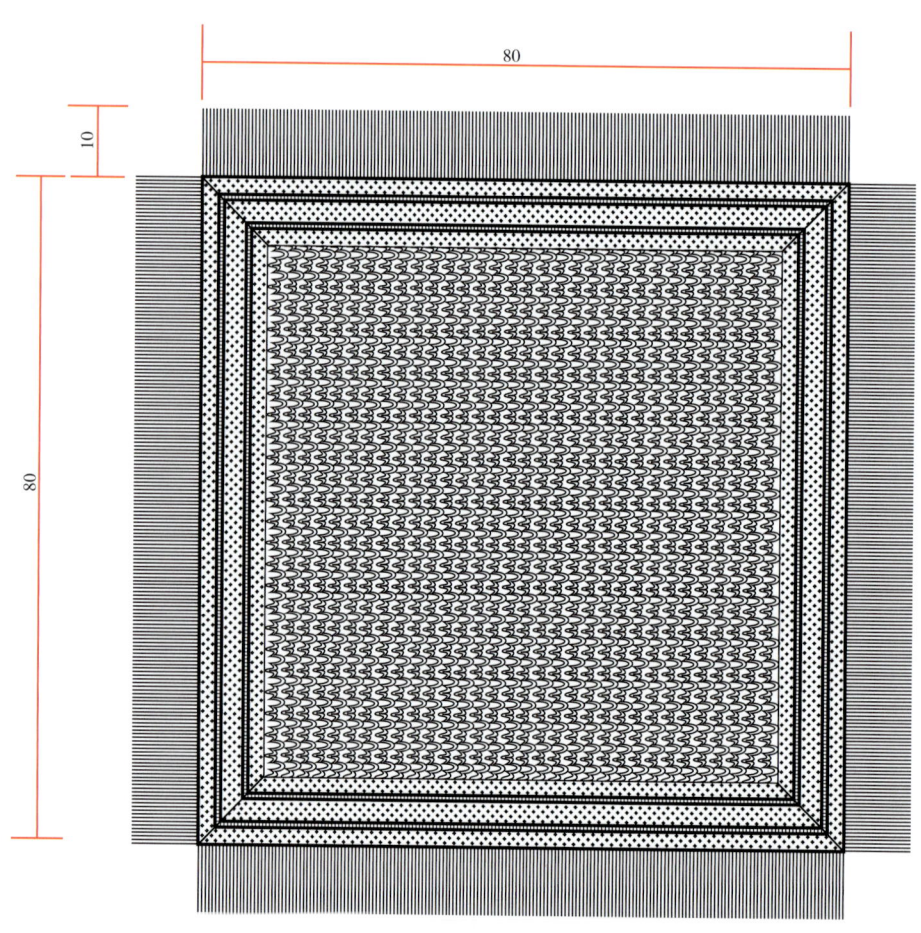

图二　当代维吾尔族女式头巾尺寸图（单位：cm）

图三　当代维吾尔族女式头巾色彩图

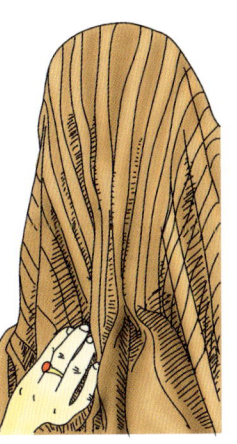

图四　当代维吾尔族女式头巾操作示意图

清代维吾尔族宝石佩饰

图一　清代维吾尔族宝石佩饰主图

新疆地区地质条件复杂，矿产资源丰富，宝石种类比较齐全。维吾尔族人就地取材，喜爱用宝石制作佩饰用以装饰，满足维吾尔族女性爱美的天性，也表现佩戴者的社会地位、显示财富等。

维吾尔族自古以来喜爱戴首饰，佩饰的宝石主要选取海蓝宝石、绿柱石、碧玺、水晶、和田玉等，身份地位显赫的维吾尔族妇女更是用上好的羊脂白玉制作佩饰彰显品位。名贵的珠宝玉石具有瑰丽、稀罕和耐久的特性。宝石颜色鲜艳，质地晶莹，光泽灿烂，坚硬耐久。宝石还可以与其他金锭混合制作，所以深受妇女们的喜爱，一般可用于镶嵌在首饰上的天然矿物晶体，如钻石、水晶、祖母绿、红宝石、蓝宝石等。

　　本案例中的清代宝石佩饰是技艺精湛的玉石佩饰,可以系挂于腰部或颈部的装饰物,由红宝石、绿宝石、玛瑙、蓝宝石、玉石和银饰配件串制设计而成,连接佩饰的三角形银饰上印有新疆传统花卉纹样,将宝石分5股悬垂于下方,设计均衡美观,色泽鲜艳、对比强烈。佩饰制作复杂,工艺流程为挑选宝石、打磨、抛光、款式设计、串制等。维吾尔族佩饰融汇了中原地区工艺品的风格,同时也结合了西域珍稀的宝石,创造出了富有地域风情的维吾尔族宝石佩饰。

图片来源
图一　雷启兴　摄影
图二、图三　刘姣姣　制图

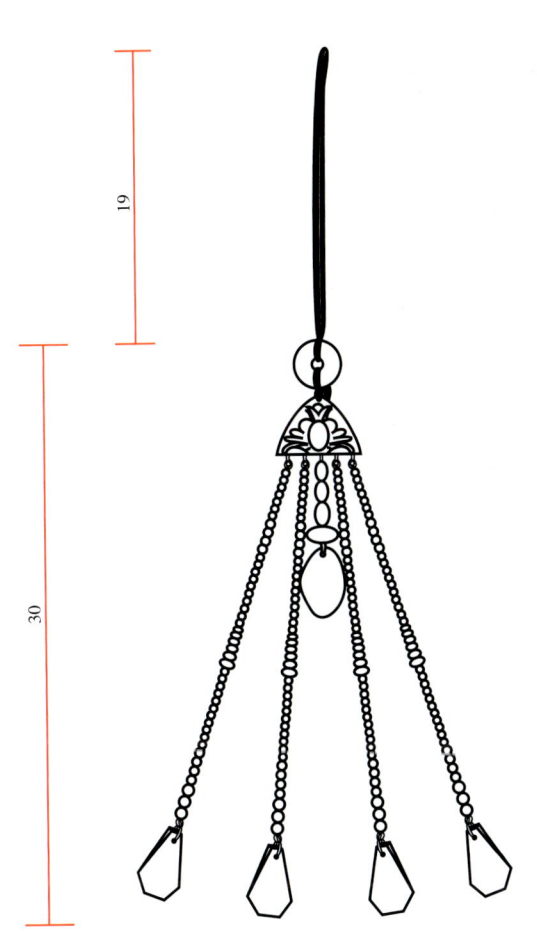

图二　清代维吾尔族宝石佩饰尺寸图（单位：cm）

图三　清代维吾尔族宝石佩饰色彩图

喀什维吾尔族黑绸纳白线巴旦木花四棱帽

图一　喀什维吾尔族黑绸纳白线巴旦木花四棱帽主图

花帽是维吾尔族装饰艺术的精华，也是维吾尔族服饰最显著的民族个性。历经不同地域维吾尔族人民的不断创新，花帽做工日趋精细，品种繁多，不仅是生活用品，还成为传统工艺品闻名于世。

维吾尔族将花帽统称"尕巴"，有"奇依曼"和"巴旦木"两种。"巴旦木"是南疆喀什盛产的一种贵重的坚果，果核形似新月，是维吾尔族四棱帽常见的装饰纹样。本案例的巴旦木花帽，运用白色丝线，采取曲、直、点、线相结合的手法，绣制成涟漪和小珠簇拥着巴旦杏核的装饰图案，象征涓涓清泉哺育着累累的果实。颜色多用白花黑底为主，色彩对比强烈，帽顶四个棱角突起而显出立体感，淡雅古朴，庄重大方，喀什维吾尔族男性老幼都喜欢戴以巴旦木图案为主的巴旦木花帽。

花帽选料精良，工艺精湛。花帽由专门工匠制作，四个帽瓣的纹样组织相同，每个帽瓣绣有巴旦木图案，帽瓣分为两个部分，即上半部的等腰三角形与下半部的矩形，上半部的等腰三角形以"十"字形对称分布两组基本图形，下部矩形内绣有二方连续半圆花卉纹样，四个帽瓣的上半部组成帽顶，下半部则组成帽身，优美的巴旦木图案设计于规整的几何形内，构图饱满，变化中不失统一。本案例花帽以黑色丝绒为面料，选用有光白色丝线平绣，针法细密平实，绣面特有的光泽使得观赏效果更佳。维吾尔族妇女刺绣的工艺精湛，纹样别具新疆特色，是维吾尔族人民心灵手巧的集体智慧体现。

维吾尔族花帽作为一种民族特有的工艺品，越来越受到人们的青睐。每逢重要节日，维吾尔族人都要精心选购小花帽搭配传统民族服饰，现在已经成为出游新疆必带的纪念品。花帽已经成为维吾尔族的一张旅游名片，是维吾尔族最成功的的佩饰之一，其精美的装饰艺术值得当代设计师借鉴和研究。

图片来源
图一　魏洁　摄影
图二至图五　雷启兴　刘姣姣　制图

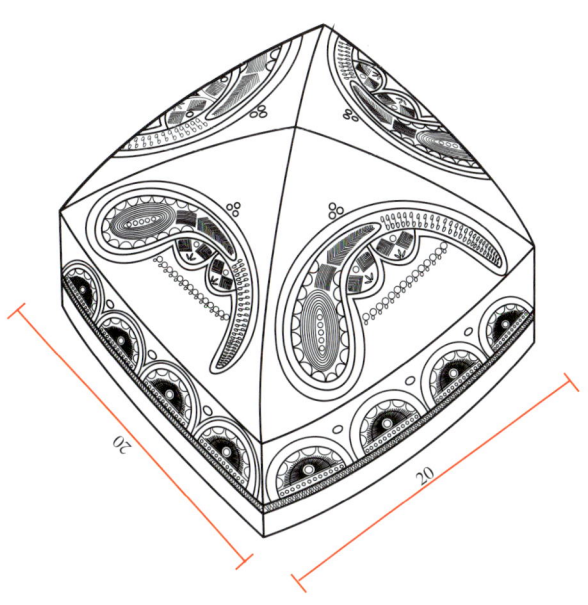

图二　喀什维吾尔族黑绸纳白线巴旦木花四棱帽尺寸图（单位：cm）

图三　喀什维吾尔族黑绸纳白线巴旦木花四棱帽开片图

图四 喀什维吾尔族黑绸纳白线巴旦木花四棱帽操作示意图

图五 喀什维吾尔族黑绸纳白线巴旦木花四棱帽操作示意图

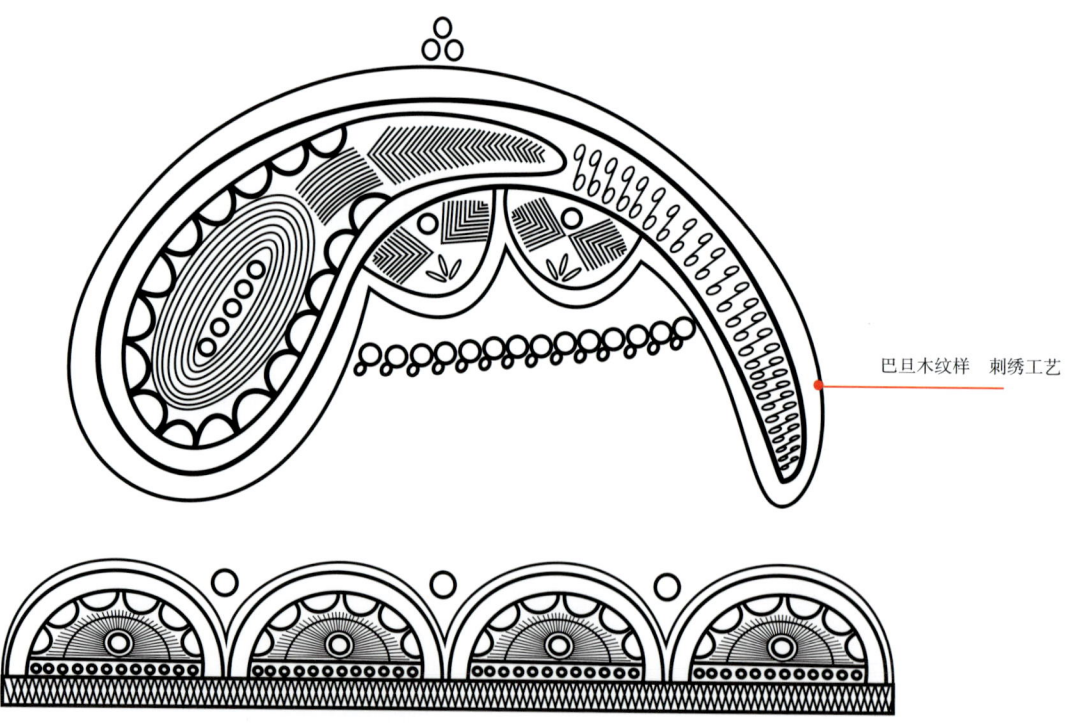

巴旦木纹样 刺绣工艺

图六 喀什维吾尔族黑绸纳白线巴旦木花四棱帽局部分析图

维吾尔族耳饰

图一　维吾尔族耳饰主图

婚礼习俗中，首饰是新娘最重要的聘礼和妆扮，男人要给新婚妻子送金饰，包括金耳环、金项链、金手镯等。日常生活中，维吾尔族女性也喜爱戴耳环，以定制的金耳环最为受欢迎。

维吾尔族首饰的制作中心主要集中在喀什地区，新疆每个城市都有金匠一条街，传统习俗使得金首饰在维吾尔族生活中始终占据重要地位。维吾尔族的绿洲生存环境是植物纹样产生和普遍使用的主要原因之一。维吾尔族人对植物的重视体现在日常生活中，有花果树、葡萄纹、菊花纹、车轮纹、联珠纹等。繁密的图案纹样在日常生活中普遍存在，所以南疆维吾尔族中巴旦木耳环和樱桃式耳环普遍流行。维吾尔族首饰中较为典型的耳饰造型是金制的"孜热"。耳环整体造型似一只荷包，环状穿耳，分为上、下两个装饰区域，上部为金丝条做耳环钩，在环下缀一组以植物纹样为主的装饰图案的坠饰，其造型既受伊斯兰文化的影响，同时也是伊斯兰文化之前本土文化的体现。金银器能驱邪镇魔，消灾祈福。金银铜等有色金属加工制品巧妙的镂孔花纹、银嵌的植物纹、精巧的化蝶花纹，加工艺术复杂。金银首饰制作工艺是维吾尔族传统工艺之一，以民间金银匠人为制作主体，制作方式也比较简单，如手压皮囊鼓风加温、嘴吹铜管熔金炼银、铆接、镶嵌等等。

新疆维吾尔族黄金耳饰艺术，体现了民族传统首饰的精湛制作技艺。蕴藏着维吾尔族的审美观念，表现出了浓郁的民族艺术气息。

图片来源
图一　雷启兴　摄影
图二至图四　刘姣姣　制图

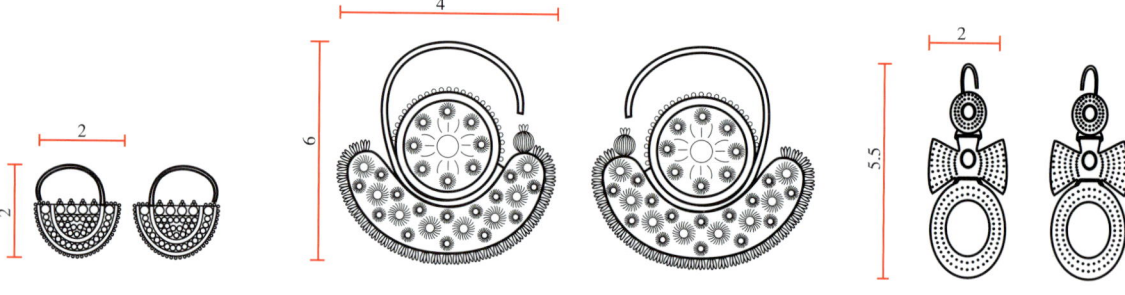

图二 维吾尔族耳饰尺寸图（单位：cm）

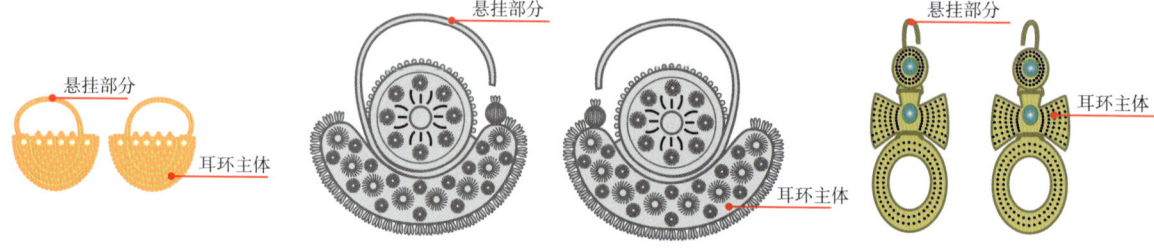

图三 维吾尔族耳饰结构布局图

图四 维吾尔族耳饰功能佩戴图

清代哈密维吾尔族真红如意蝴蝶花叶纹锦袍

图一 清代哈密维吾尔族真红如意蝴蝶花叶纹锦袍主图

锦袍是新疆哈密地区的传统服饰，领襟开至胸、窄袖长袍、胸前绣满花纹、纹饰边缘和侧摆边缘织绣如意吉祥纹，象征万事如意、幸福美满。有的锦袍沿袭了古代狩猎人穿着的猎装，胸前缝有装箭用的七个口袋，现在演变成前片胸前横向对称缝制的七条装饰纹样，也成"箭服"。

维吾尔族哈密地区的服饰独具地域特色，最显著的特征在于哈密精湛的刺绣工艺。衣身织绣各种不同的花纹：蝴蝶、牡丹、莲花、菊花、梅花，红花绿叶、繁而不乱、变化有序。哈密刺绣工艺取材广泛、寓意丰富，动植物纹样交相呼应，风格浪漫，象征着维吾尔族人民对生命的热爱。哈密人把喜爱的植物花卉绣在服饰的领口、袖口、侧缝处，植物花纹有：葡萄、石榴花、巴旦木、西瓜、月季等。卷草纹、菱形纹、羊头纹、长寿树等具有浓郁伊斯兰风格的图案，明清时期，哈密服饰图案纹样有了明显的变化，即在传统服饰图案的纹样中吸取了汉民族吉祥如意等图案的纹样，和原有的本民族纹样融汇于一体。哈密维吾尔族人的服饰中含有大量的汉、满民族的文化和儒教文化，纹样如龙凤呈祥、吉祥如意、水浮莲花、龙跃大海、八仙过海等，汉文字图案也频繁出现，有福、寿、吉祥等字，说明了汉文化与维吾尔族文化的融合作用。

锦袍的面料一般选用素色锦绸、团花真丝等高档面料，有薄款和棉款之分，一般搭配绣花长裤或裙装穿着，头戴哈密地区珠绣片缝制的花帽，也可搭配大头巾。

哈密地区是一个多民族聚居地区，草原游牧文化和沙漠绿洲文化在此交融汇合。清王朝统治时期，维吾尔族借鉴汉、满文化，使得哈密地区的文化呈现绚丽多彩的特点，其独特的审美范式和较高的文化内涵值得传承和发扬。

图片来源
图一　雷启兴　摄影
图二至图四　刘姣姣　制图

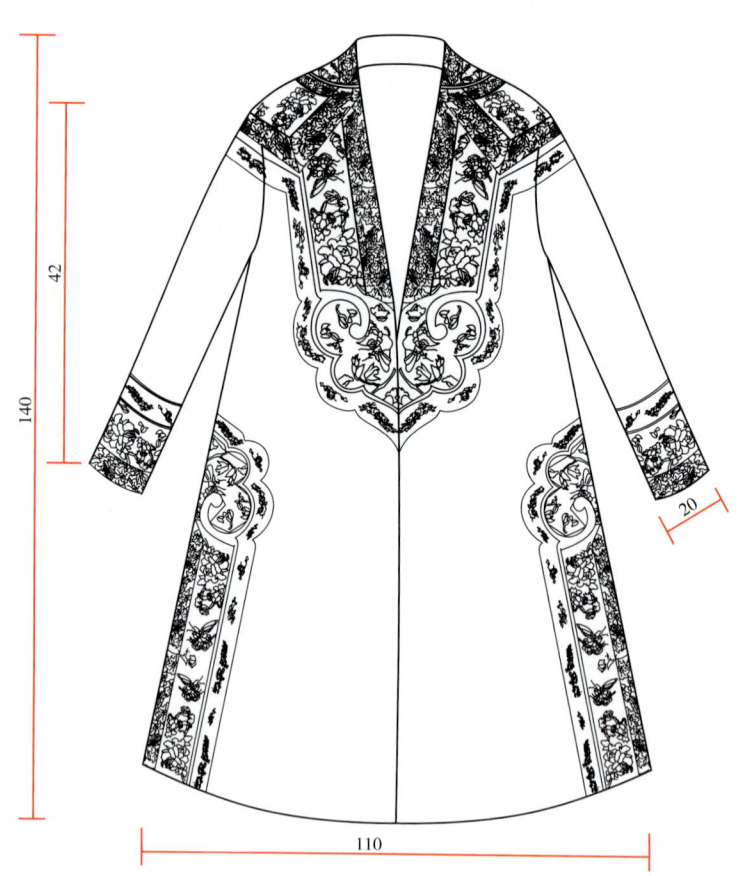

图二　清代哈密维吾尔族真红如意蝴蝶花叶纹锦袍尺寸图（单位：cm）

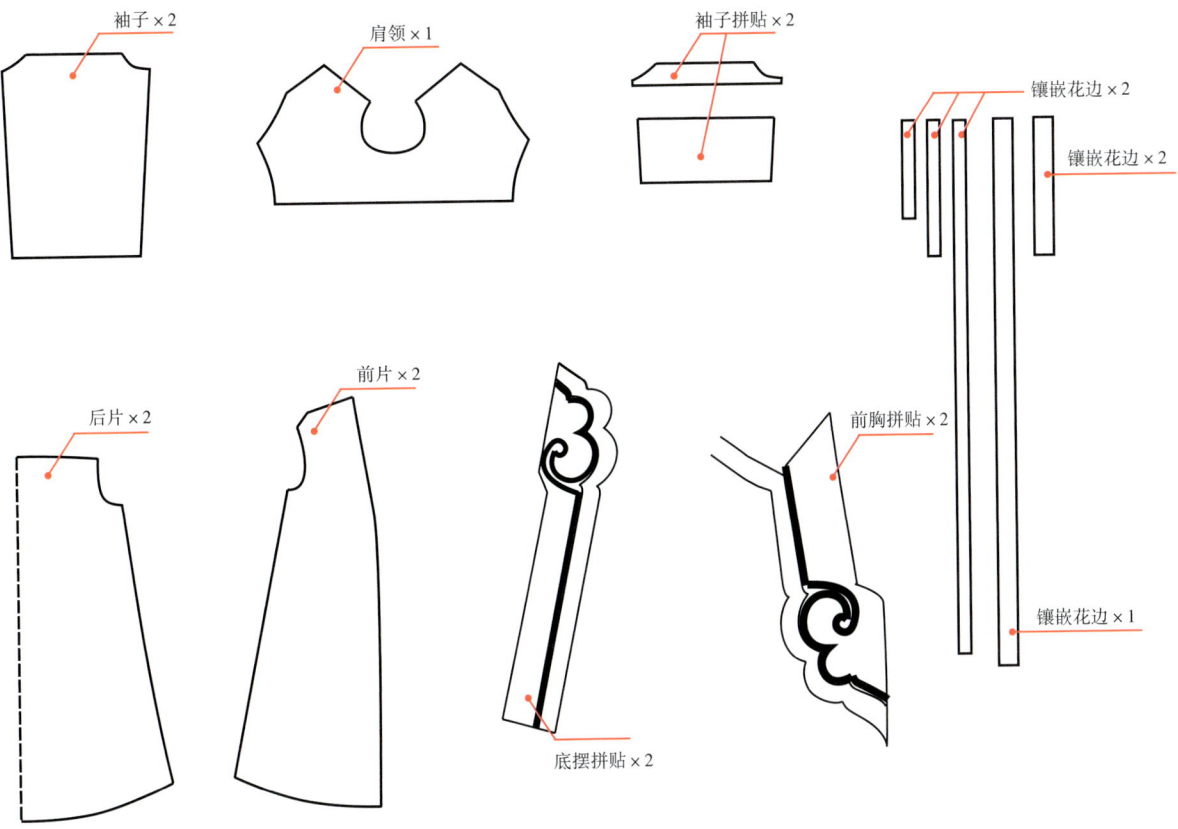

图三 清代哈密维吾尔族真红如意蝴蝶花叶纹锦袍开片图

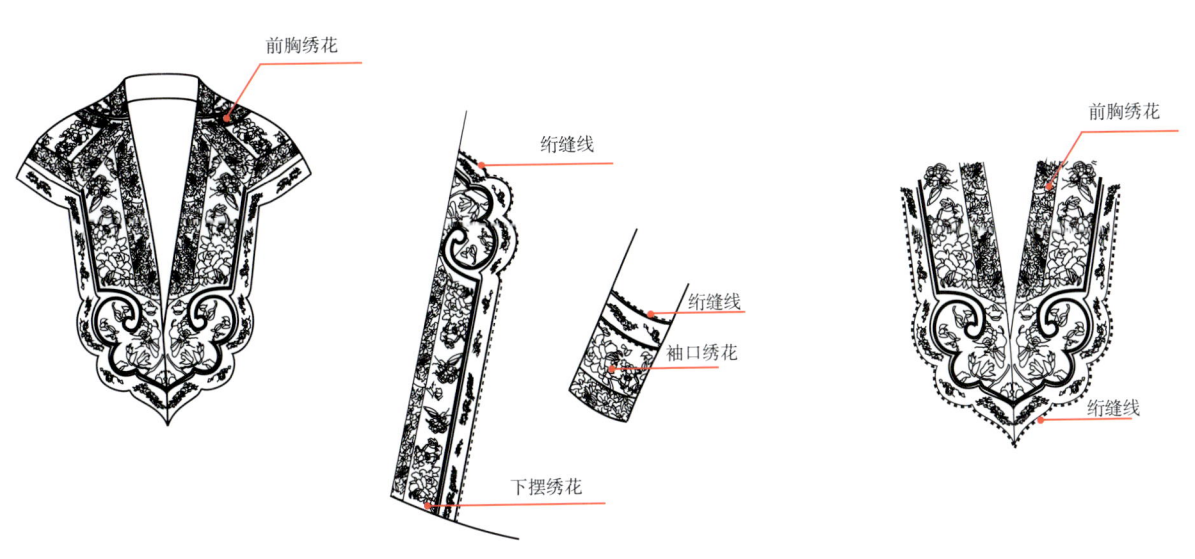

图四 清代哈密维吾尔族真红如意蝴蝶花叶纹锦袍局部分析图

清代哈密维吾尔族绣花袜

图一　清代哈密维吾尔族绣花袜主图

清代哈密地区接受满族统治后易官服，改穿满服，所以贵族妇女穿绣花袜搭配高靴。

哈密维吾尔族妇女的袜子，其形制为高靿，整个袜子以彩锦制成，多以绣花袜子为主，在靴袜的高靿、袜面两边处绣制对称的牡丹、菊花、佛手、莲花或动物图案等。绣花袜有高靿、矮靿与单、绵之分，其工艺以丝织、刺绣和手绘为主。刺绣以最基础的彩色丝线平针绣为主，绣面平整、针法丰富、线迹精细、色彩绚丽。工艺上要求起落针绣在纹饰的边缘，绣线做平行紧密的填补绣，针脚排列整齐细密，不留白底。本案例锦袜高靿两接，本色素绫纳底，袜帮用素色棉布做成，袜筒以紫色暗花缎为面料，袜口沿镶黑色织金线缎边，饰梅花、荷花纹样，袜帮上部留黑，与下部花纹间以几何纹样缎带作分割，图案组织疏密有致、重点突出。哈密地区的袜子一般平民用棉布制作，贵族用绸缎等高档面料，一般以织金缎缘口边，有的通绣纹彩，有的将上段施加彩绣，下段以素色丝绸缝接。为了牢固和合脚，袜底多有细密的绗缝线，袜底和袜面镶有素色棉布过渡以适应脚面厚度，袜后跟缝有面料加固，有的袜底用皮革制成，更加舒适和耐磨。由于维吾尔族喜爱穿靴，所以靴袜筒低于靴高，袜筒前高后低，裤脚收在靴筒里。

清代哈密地区绣花女袜在功用、美观上融入了维吾尔民族的智慧和审美，彰显出独特的民族魅力，值得传承。

图片来源

图一　雷启兴　摄影

图二至图六　刘姣姣　制图

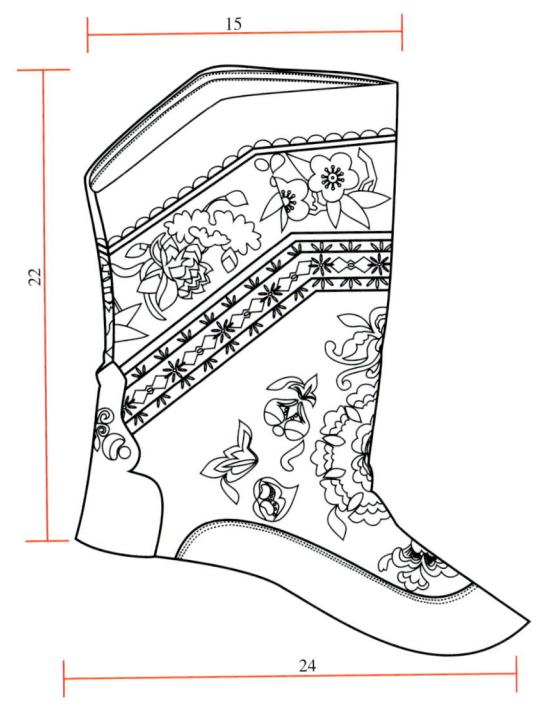

图二　清代哈密维吾尔族绣花袜尺寸图（单位：cm）

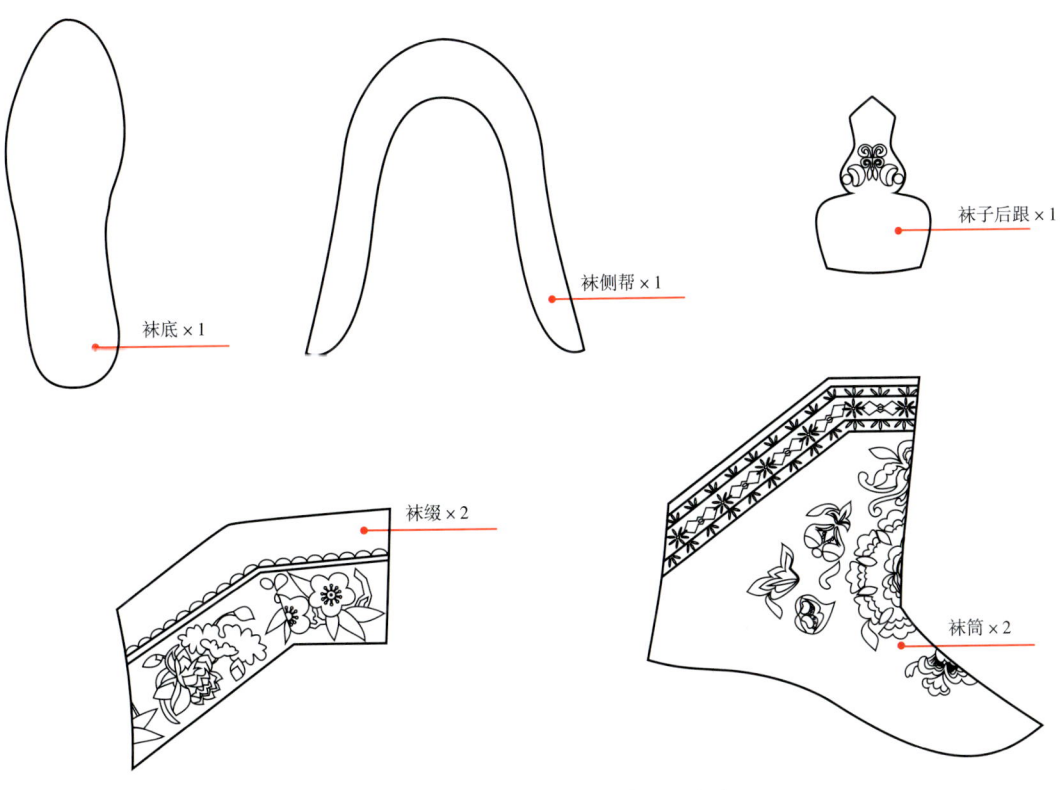

图三　清代哈密维吾尔族绣花袜结构图

图四 清代哈密维吾尔族绣花袜色彩图

图五 清代哈密维吾尔族绣花袜操作示意图

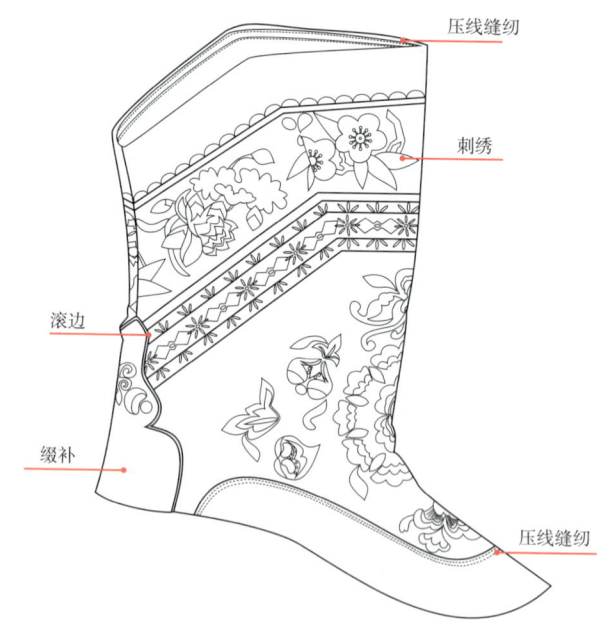

图六 清代哈密维吾尔族绣花袜局部分析图

维吾尔族女子衬裙

衬裙是维吾尔族女子传统服饰中不可或缺的组成部分，也是最具有民族风情的服饰种类。从色彩、样式到穿搭方式讲究、精致。她们除喜爱用本民族艾德莱丝绸制作连衣裙外，还喜爱用各种花色的布料做内搭衬裙，尤其是未婚女子特别爱穿裙装，喜用对比色彩，使红的更亮，绿的更翠，给人热情奔放、青春活泼的感觉。

维吾尔族妇女衬裙衣料喜欢轻盈的乔其纱、乔其绒、金丝绒、印花绒，色泽稳重，飘摆自如。在各种裙装的领口、胸前、袖口、肩等部位，用金、银线和彩线绣成几何形纹样，哈密地区在对比强烈的红色丝绒面料上绣上对比鲜艳的花纹，也会在衬裙上镶水晶、珠片、流苏金饰等，舞动时闪闪发光，尤为吸引眼球。维吾尔族女子的衬裙大多为套式筒裙和喇叭状裙，上身短至胸部，袖口敞口宽大、下摆呈波浪状，长及腿肚子，内穿收口彩裤，脚穿半高跟皮鞋。一般搭配绣花坎肩或对襟外衣，头戴小花帽或翎羽辫饰，现在多在重大节庆表演时穿戴。无论春夏秋冬普遍穿着连衣裙，外罩西服上装或丝绒绣花坎肩。随着生活方式的改变，裙装式样也在发生变化。原先妇女穿裙时内穿长裤，现在城市妇女多穿肉色或棕色长筒袜，冬日穿毛线袜。妇女衣着审美上追求艳丽明快，与汉族妇女形成鲜明反差。

维吾尔族女子衬裙讲究的用料和鲜艳的色泽表现了热情奔放的民族风情，是维吾尔族服饰的一大特点。从设计审美的角度来看，

图一　维吾尔族女子衬裙主图

维吾尔族女子衬裙设计精美，装饰讲究，满足了维吾尔族女子对美的追求。

图片来源
图一　雷启兴　摄影
图二至图六　贾蕾蕾　制图

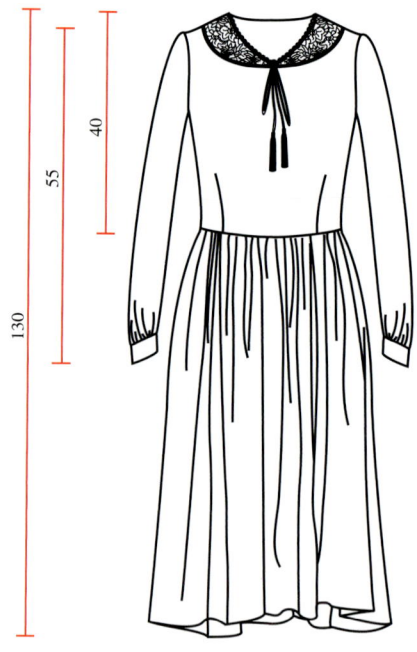

图二　维吾尔族女子衬裙尺寸图（单位：cm）

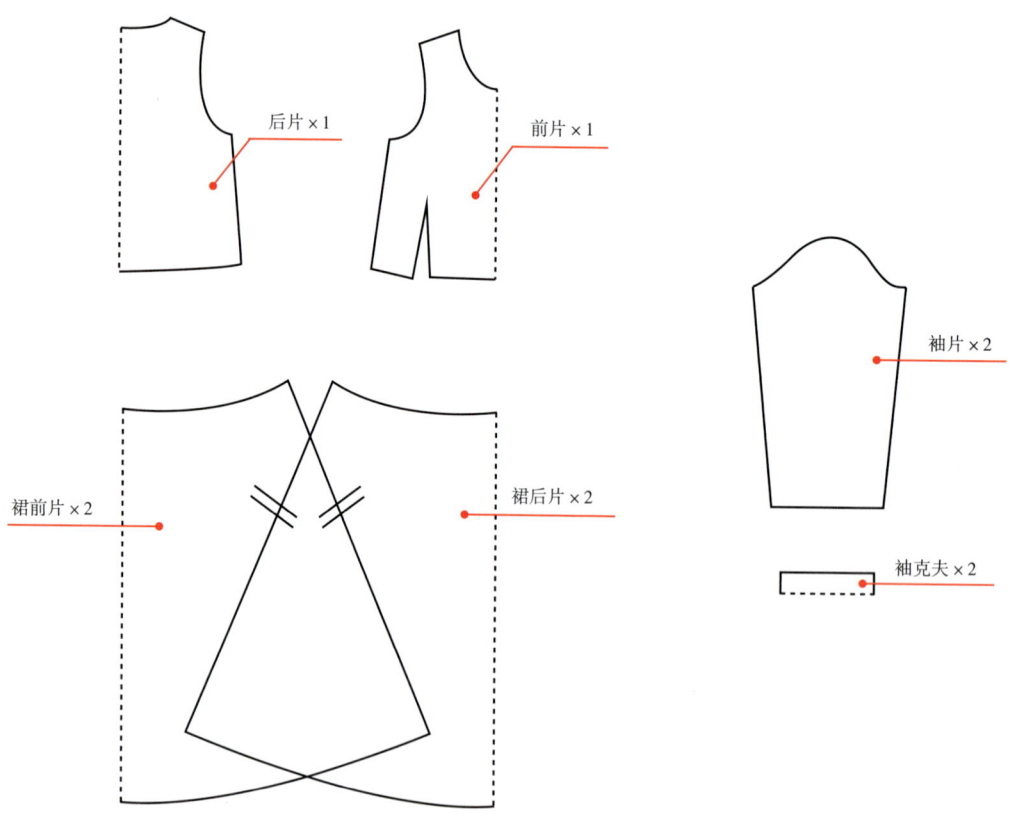

图三　维吾尔族女子衬裙开片图

图四 维吾尔族女子衬裙操作示意图

图五 维吾尔族女子衬裙效果示意图

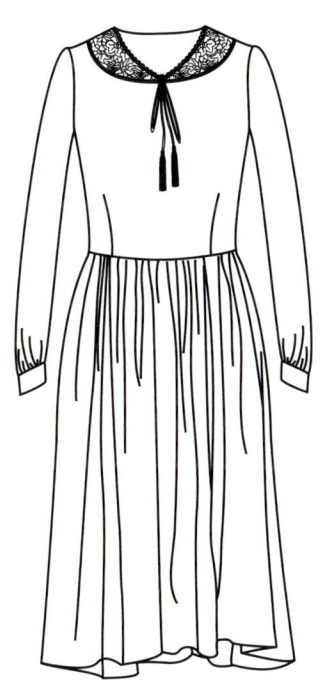

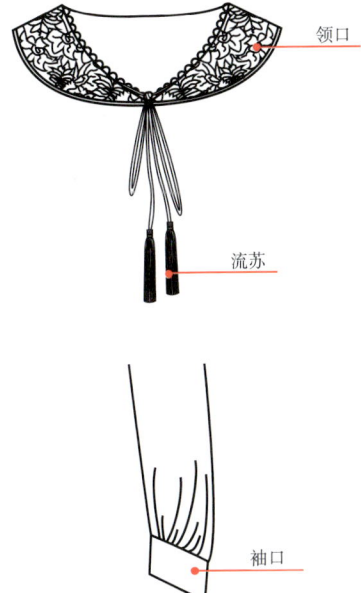

领口

流苏

袖口

图六 维吾尔族女子衬裙局部分析图

第二章 维吾尔族传统服饰

111

清代哈密维吾尔族绣花长裤

图一　清代哈密维吾尔族绣花长裤主图

绣花长裤是清代哈密地区维吾尔族女子常穿的一种裤型，它延续了汉族服饰的特点：无裤腰、宽裆、肥脚，裤脚下端通常绣有花卉等装饰纹样。

维吾尔族女子的裤子沿袭了清代汉族女子的套裤，所用质料有缎、纱、绸、呢等。形制为裤腿上下垂直，呈直筒状，上端裁剪成尖角状，和腰部相连，下端裤口处镶有花边，裤管上部大多被裁制成尖角状，裤管底部紧裹于胫，在裤脚处开衩以便穿脱，用带系结，并在裤口处刺绣花卉。哈密地区维吾尔族清代绣花长裤一般没有加裤腰，裤子上端呈明显的三角形。维吾尔族的裤子过去通常是大裆裤，样式比较简单，分单裤、夹裤、棉裤三种，主要用各种布料做，也用羊皮、狗皮等做。男裤通常比女裤短，裤角窄一些，多用白色布料做成。男裤一般搭配袷袢穿着，腰头上系扎腰巾，裤脚通常系扎在皮靴内。女裤裤角宽大，裤长及踝骨，多用红、黄、蓝、白、黑花色图案的布料、绸料做成。现在大多数维吾尔族男性都穿西裤，女性在裙子里面穿长裤，裤子多用彩色印花布料或彩绸缝制，讲究的用单色布料做裤料。

维吾尔族人们生活的环境、生产方式和

生活方式，造成了其独特服饰风格。他们一方面吸收汉族服饰的形制特点，同时根据本民族的自然环境，就地取材，发扬本民族特色的刺绣工艺。

图片来源
图一　雷启兴　摄影
图二至图五　贾蕾蕾　制图

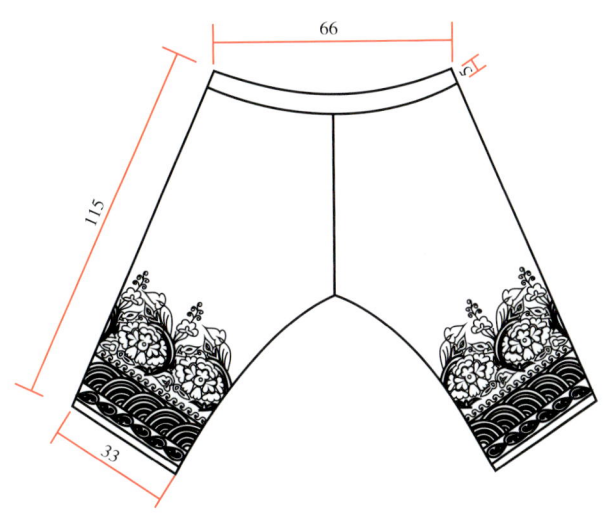

图二　清代哈密维吾尔族绣花长裤尺寸图（单位：cm）

图三　清代哈密维吾尔族绣花长裤色彩图

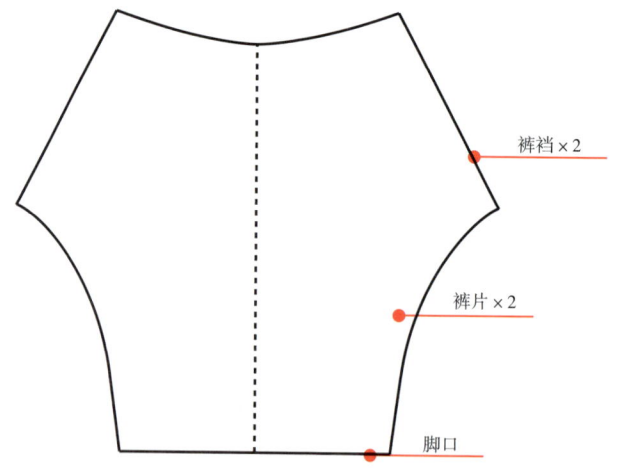

图四 清代哈密维吾尔族绣花长裤开片图

图五 清代哈密维吾尔族绣花长裤局部分析图

清代维吾尔族绣花女鞋

图一　清代维吾尔族绣花女鞋主图

维吾尔族有较高的制鞋工艺水平，吸取了中原制鞋的风范，履底、履里、帮面都非常精致。维吾尔族女式绣花鞋兼具了实用与装饰功能，是维吾尔族女性常穿的鞋履之一。

本案例绣花女鞋以布、皮等面料合制而成，造型别致，浅口，平底，尖形鞋头微翘，褐色作衬，红色沿口，鞋底软，穿着舒适，为夏季或室内穿用。女鞋以米驼色、米黄、绛红色为主，颜色整体彩度不高，古朴雅致，鞋面绣以传统花卉纹样，以脚尖向上的中轴线为对称线作对称式构图，纹样依照绣花鞋的形制作安排，布局合理，追求对称美。维吾尔族这种绣花锦鞋延续了唐朝时期的云头锦鞋，现代鞋头更为简洁，不再缀有云头、贴花、堆花、扎花等鞋头装饰，多饰以抽象的纹饰。鞋底有用粗麻线编织的平底，也可用多种皮革层层粘结缝制而成，有鞋跟。鞋面用皮革，鞋内衬毡，用麻线缝缀，显得结实耐用，多由当地工匠制作，是维吾尔族新娘婚礼时的必备之物。哈密地区维吾尔族妇女喜欢穿绣花鞋，绣花鞋形如船型，没有左脚和右脚之分。女鞋上的刺绣手法往往采用锁绣，由绣线环圈锁套而成，纹样具有立体感，装饰性强。现代大巴扎上出售的绣花女鞋鞋面上饰有串珠、珠片等，追求绚丽的舞台效果，工艺不如以前精致了。

绣花女鞋是维吾尔族妇女传统特色服饰，绣花精美、工艺高超，体现了维吾尔族女性对美的追求和向往。

图片来源
图一　雷启兴　摄影
图二、图三、图五、图六　刘姣姣　制图
图四　佳佳　摄影（fotoe网）

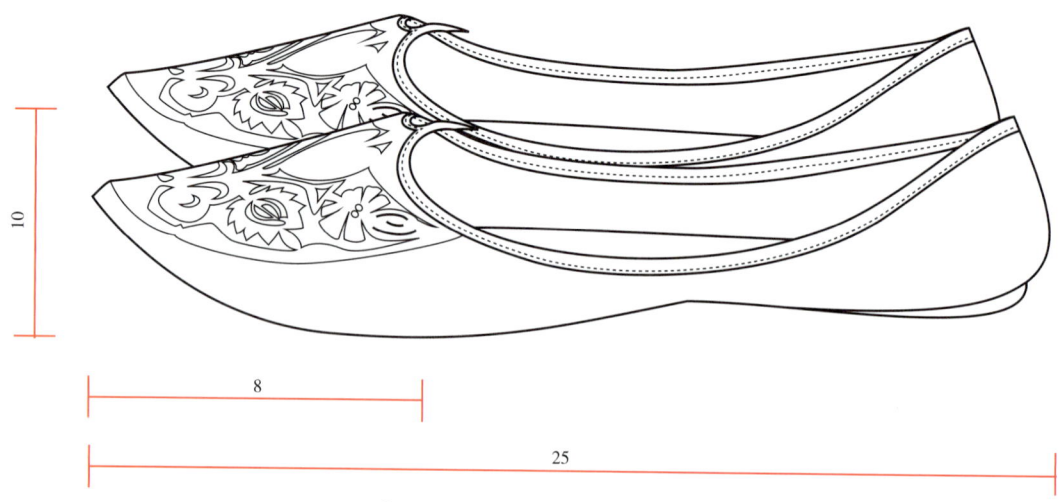

图二　清代维吾尔族绣花女鞋尺寸图（单位：cm）

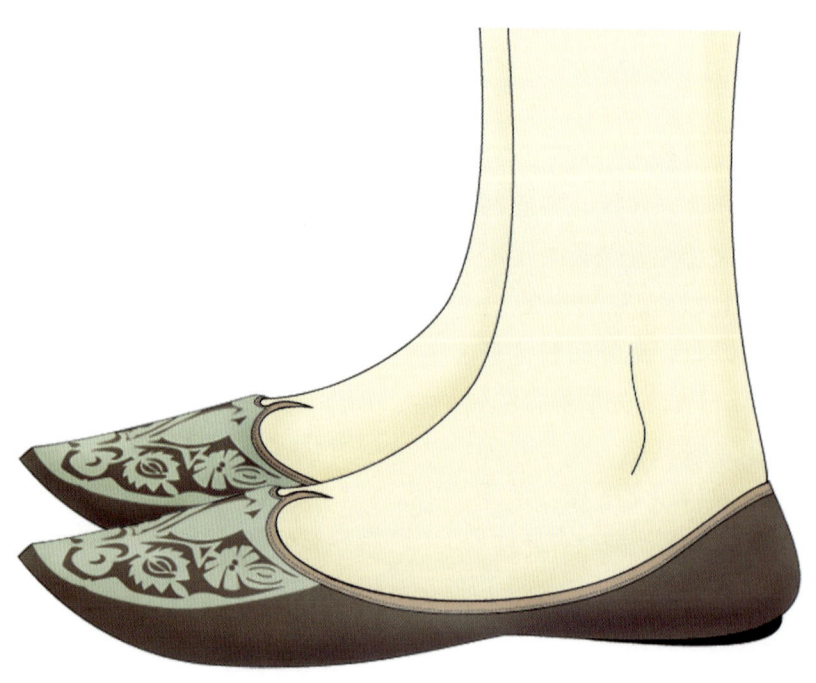

图三　清代维吾尔族绣花女鞋操作示意图

图四 清代维吾尔族绣花女鞋效果示意图

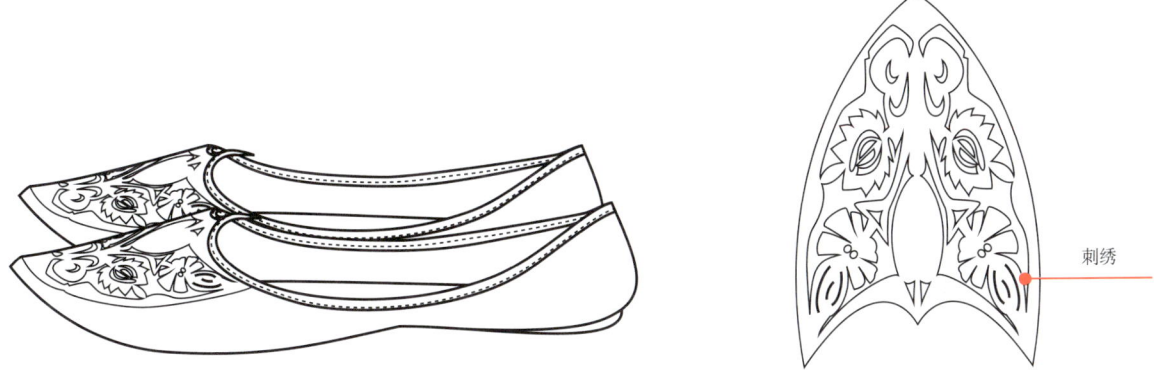

图五 清代维吾尔族绣花女鞋局部分析图

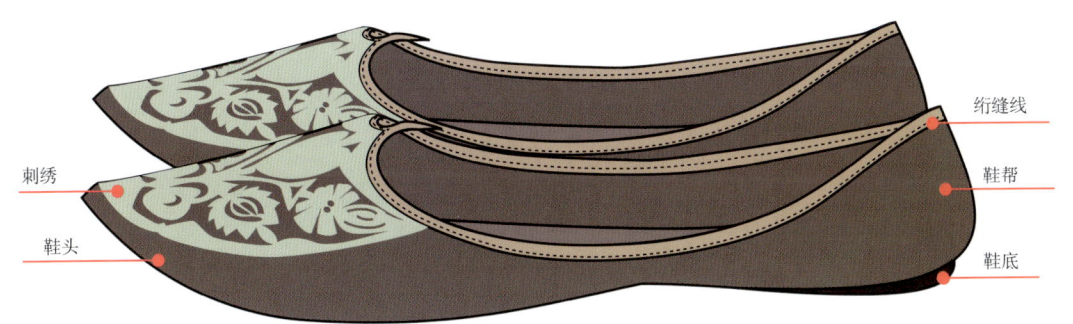

图六 清代维吾尔族绣花女鞋工艺分析图

清代哈密维吾尔族蓝缎嵌金边女官服

图一　清代哈密维吾尔族蓝缎嵌金边女官服主图

清代，哈密地区大力推行满族服饰。清代哈密地区官服由清朝赐予，当地民众也以穿满族服饰为荣，争相效仿满族服饰，呈现出强烈的满族服饰特征。哈密地区维吾尔族服饰无论款型、材质，以及装饰图案和色彩都充分体现了民族大融合。

蓝缎嵌金边官服是清朝哈密地区女官朝褂，分上衣和下裳两件，朝褂圆领，无袖对襟式坎肩，下裳裙及小腿，前后开裾。全身系蓝色缎地暗团花，襟边、领边和袖边均以镶、滚、绣等为饰。衣身用蓝色暗花缎做面，内衬褐色素面里料，缘饰各色渐变滚边和素色黑勾花纹织缎，其构图丰满，繁而不乱，设色和谐，织造精细，提花清晰。繁复的边饰，使得面料仅在方寸之间，加强了边饰的装饰作用，极大限度地展现了晚清时期繁缛华丽的审美倾向。满族女子服饰的袖边、领口、衣襟等处多镶宽大繁复的花边和彩牙装饰，花边运用广泛，镶边道数以多为美，甚至有镶至十八道的"十八镶"。这些花边刺绣装饰也成为哈密地区维吾尔族服饰主要的装饰手法，哈密维吾尔族清代服饰长袍、短袄、坎肩中几乎件件都用刺绣和花边装饰，尤其是在这些服装的领口、袖口、下摆两侧开衩处。由于当时服装大多使用轻薄柔软的面料，用较厚的料镶沿边，可以加强衣服的耐磨性，延长衣服的使用时间，体现了避免浪费的实用主义。

图片来源

图一　雷启兴　摄影
图二至图六　刘姣姣　制图

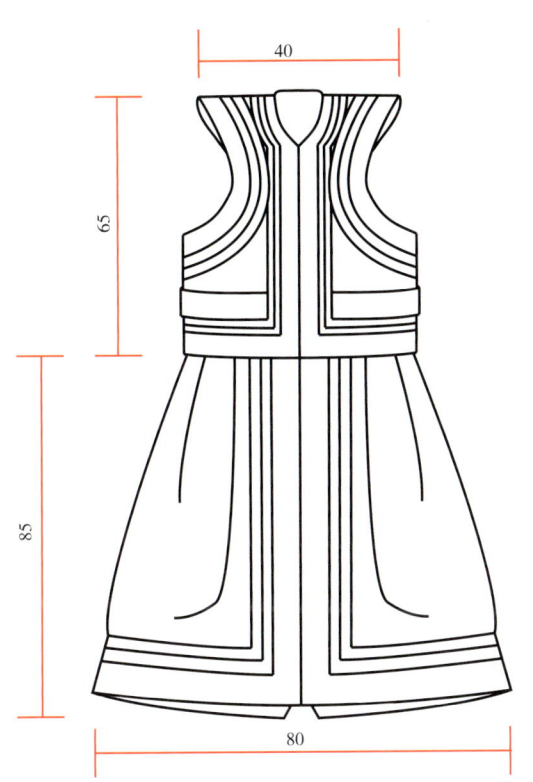

图二　清代哈密维吾尔族蓝缎嵌金边女官服尺寸图（单位：cm）

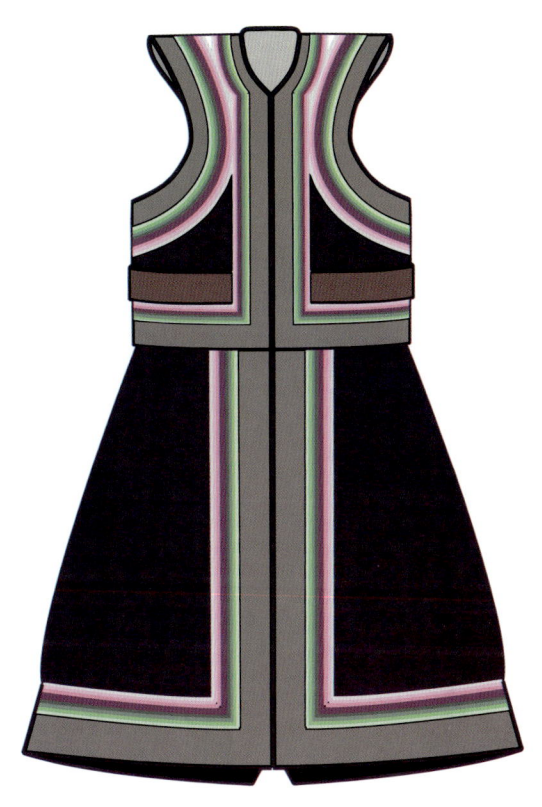

图三　清代哈密维吾尔族蓝缎嵌金边女官服色彩图

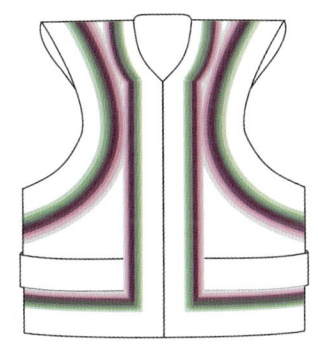

图四　清代哈密维吾尔族蓝缎嵌金边女官服局部分析图

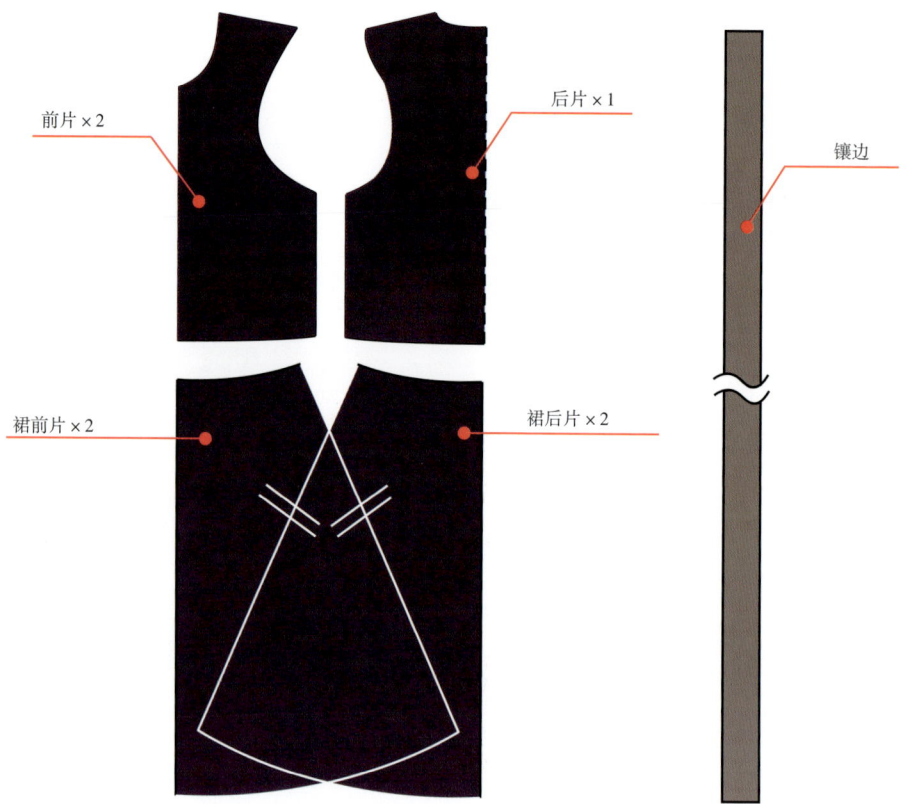

图五　清代哈密维吾尔族蓝缎嵌金边女官服开片图

图六　清代哈密维吾尔族蓝缎嵌金边女官服操作示意图

维吾尔族女式串珠项链

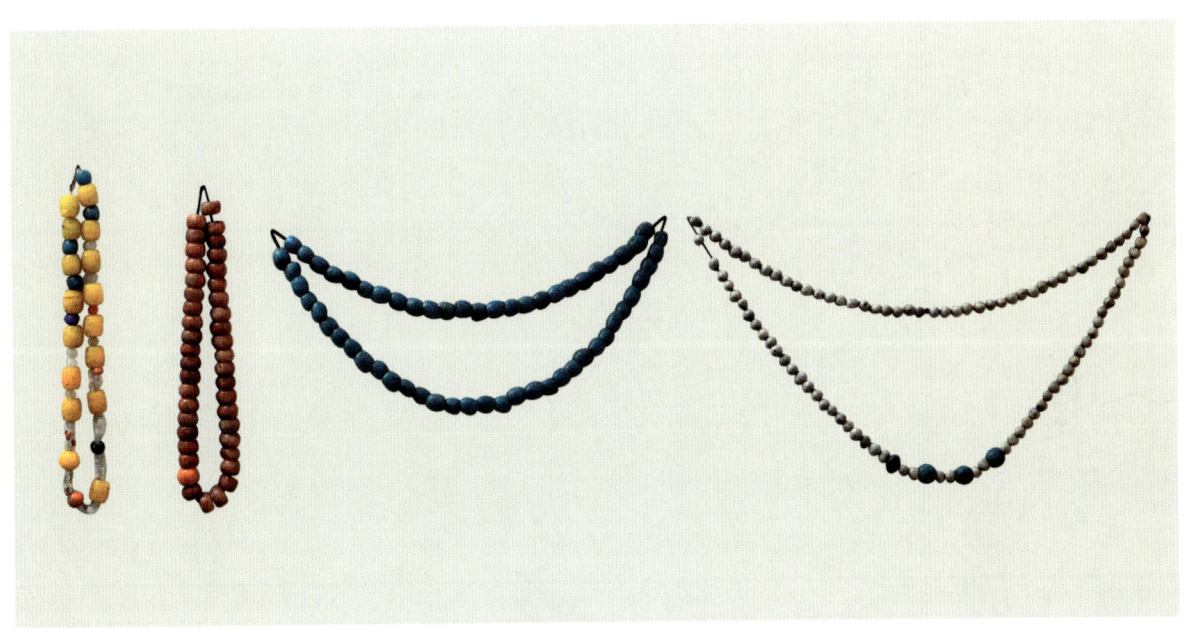

图一　维吾尔族女式串珠项链主图

维吾尔族女性喜爱佩戴项链，其中串珠项链颇具民族特色。串珠项链造型不一，有的是天然圆形，也有云形、梯形、扁圆形等不规则形状。通常镶有宝石、珍珠之类的饰物，纯手工串连而成。

维吾尔族人把猫眼石、琥珀珠球和珊瑚珠视为最华贵的三种饰物，女性常以能戴上这几种满串项链而感到荣耀。经济条件好的人家通常把项链做得比较长，套于脖项，坠饰垂于胸前。一粒粒不规则的玉石经过一番打磨，同样可以跻身到华丽宝贵的行列，表现出穿戴者朴实的感觉。串珠项链的另一个魅力在于串法简单，打磨好的带孔的玉石用棉线串起即成项链，还可利用基本形搭配不同的串制方法变换出多种花样，再加上可以搭配挑选各种颜色与款式的珠珠、水晶及金属配件搭配，根据个人喜好，充分发挥个人的创造力与品味，个性十足。维吾尔族女性戴的各种项链皆用各种珠宝玉石串连而成。玉珠、玛瑙珠多单独串连；珊瑚珠、琥珀珠除单独串连外，还多用猫眼石配合串连；珊瑚珠常与松耳石串连。此外，另有一种项链是银质，常与猫眼石、琥珀珠和珊瑚配合串连，显得更加大方美观，也有一些稀有木质的串珠项链，木质散发出独特的香味，古朴本真，有益身心健康。

维吾尔族女性佩戴串珠项链时多穿着浅领口衬裙，也多搭配几种长短、色彩或质感不同的串珠，增添层次感，表现了维吾尔族女性独特的装饰审美。

图片来源

图一　雷启兴　摄影

图二至图四　刘姣姣　制图

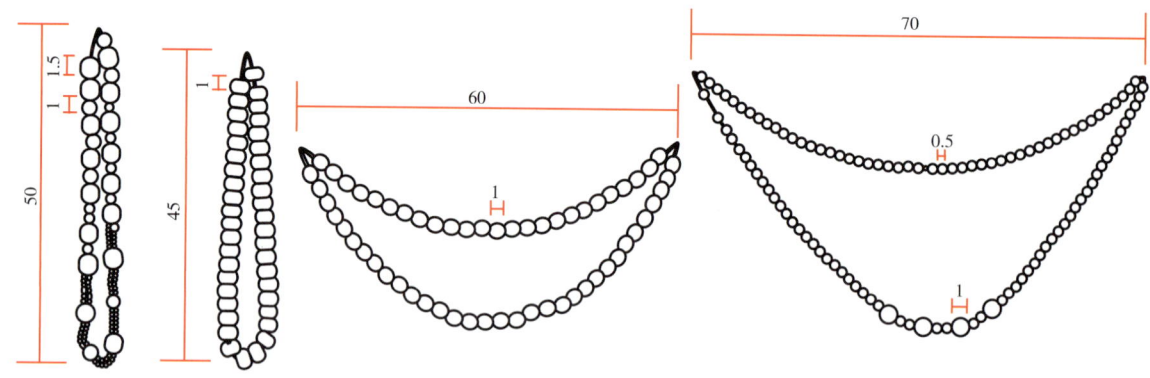

图二　维吾尔族女式串珠项链尺寸图（单位：cm）

图三　维吾尔族女式串珠项链色彩图

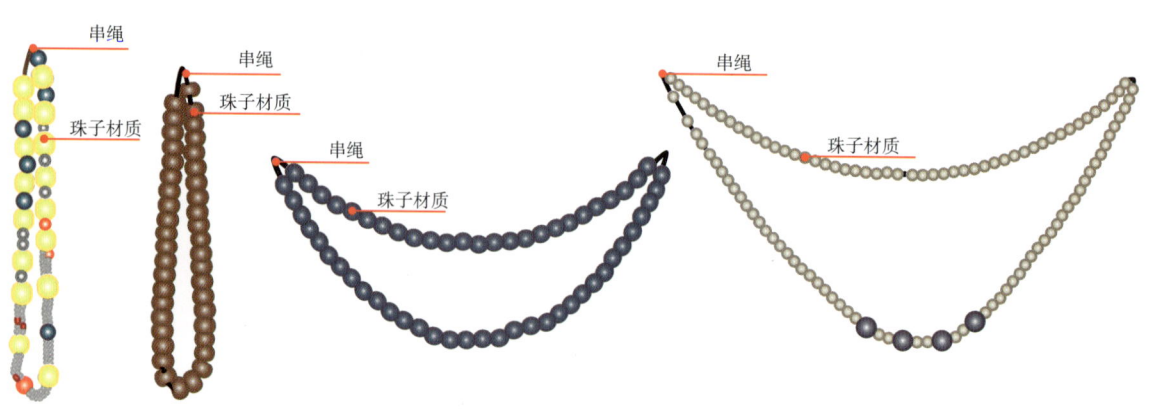

图四　维吾尔族女式串珠项链结构布局图

维吾尔族戒指

图一 维吾尔族戒指主图

维吾尔族佩戴首饰历史悠久，女性非常喜欢戴金、银、玉和用各种天然宝石制作的首饰。

在维吾尔族婚礼习俗中，男方要在婚礼中给妻子戴戒指，女方父母则给女婿戴戒指，新人们许下相守诺言。维吾尔族女性喜欢把戒指戴于左右两手的食指、中指和无名指上，大多数情况下，首饰是已婚女性佩戴的，戒指向别人示意自己已经结婚。

随着各民族的交流增多和外部文化的影响，维吾尔族男性也出现了佩戴戒指的现象，这是受到了西亚、中亚等地穆斯林地区男性首饰习俗的影响。维吾尔族戒指多由金或银铸成，上面镶有宝石、珍珠和玛瑙等。维吾尔族戒指类型多种多样，有盾牌形、印章形、嵌宝石形、圆环形、马镫形和圆簧形，多嵌钻石、晶光灼目、艳冶跌宕。通常，带戒托的金属基座上一般镶嵌有珊瑚珠、松耳石等名贵珠宝，镶嵌物多为长圆形；有的戒指正面大多有个约一厘米直径的印章，上面刻有几何纹样或符号，具有辟邪功能。戒指上的纹样多以大自然物象为内容的图案艺术创作，有的图案只是几何、文字、符号、标记等抽象内容，表现出极其明快和谐的艺术风格。

图片来源
图一 雷启兴 摄影
图二、图三 刘姣姣 制图

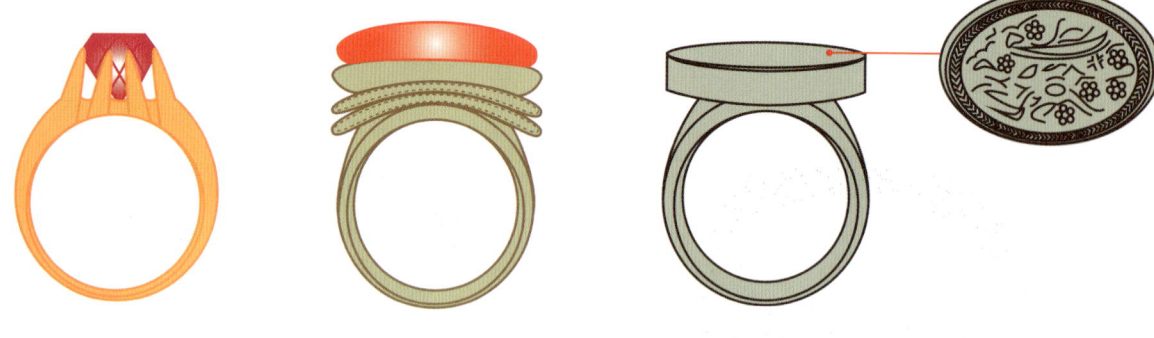

图二　维吾尔族戒指色彩图

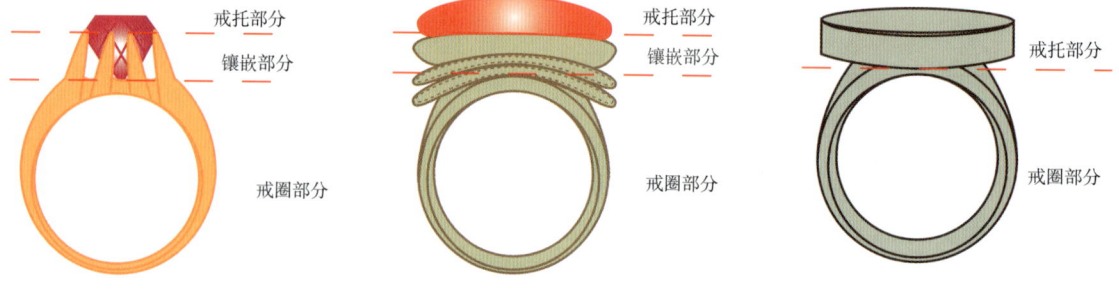

图三　维吾尔族戒指结构布局图

当代维吾尔族女子妆扮

图一　当代维吾尔族女子妆扮主图

维吾尔族妇女化妆习俗是维吾尔族民俗的一个重要组成部分。维族女性天性爱美，崇尚纯天然的植物提取的美容产品。她们喜欢用奥斯曼草染眉生眉，用海纳花涂红指甲，用托特库拉克花作胭脂，用沙枣树油作头油。维吾尔族人五官的突出特征就是双眼皮长睫毛，乌黑浓密的眉毛。维吾尔族女性通常用奥斯曼叶青色的草汁涂抹眉毛，这种神奇的生眉方法代代相传，寄托了母亲对女儿的牵挂和不舍。现在，奥斯曼草汁和羊油混合制成眉笔或眉膏，价格很贵，是旅游者首选的纪念品之一。

维吾尔族姑娘还用一种神奇的植物海娜花涂指甲，它带有天然红棕色素，将花瓣捣成泥，抹在指甲上，晾干数小时之后，艳红的颜色就印在指甲上，可以保留几日。海娜花还作为一种纯天然的染色剂，染出的头发光泽自然，飘逸动人。

维吾尔族姑娘以长发为美，少女多辫头饰，个个打扮得楚楚动人。她们婚前将头发分股编成十几条细发辫，垂于脑后，戴小花帽。婚后一般改梳两条长辫，辫梢散开，头上别新月形梳子为饰品，也有人将发辫盘系成发结。维吾尔族少女的多辫象征着繁茂的树木，也象征着少女的青春和活力。现在，很少能见到小女孩梳着满头小辫儿。维吾尔族少女小辫的数目亦有宗教色彩，维吾尔族将奇数看作吉祥之数，小辫根数多者可达41根。她们平时用沙枣树胶自制发胶，维吾尔语叫"依里穆"。她们把这种树胶收集起来，每逢过节过年或拜访亲友时，把树胶用水溶化，用梳子或手涂在头发上，等干后头发就

第二章　维吾尔族传统服饰

125

变得硬且光亮，梳好的小辫子保持一周不会变形，方便省事。

维吾尔族女性充分发扬天然的化妆原材料的优势，展现了维吾尔族特有的审美形式。

图片来源

图一　雷启兴　摄影
图二、图三　刘姣姣　制图
图四　罗小韵　摄影（fotoe）
图五　宋士敬　摄影（fotoe）

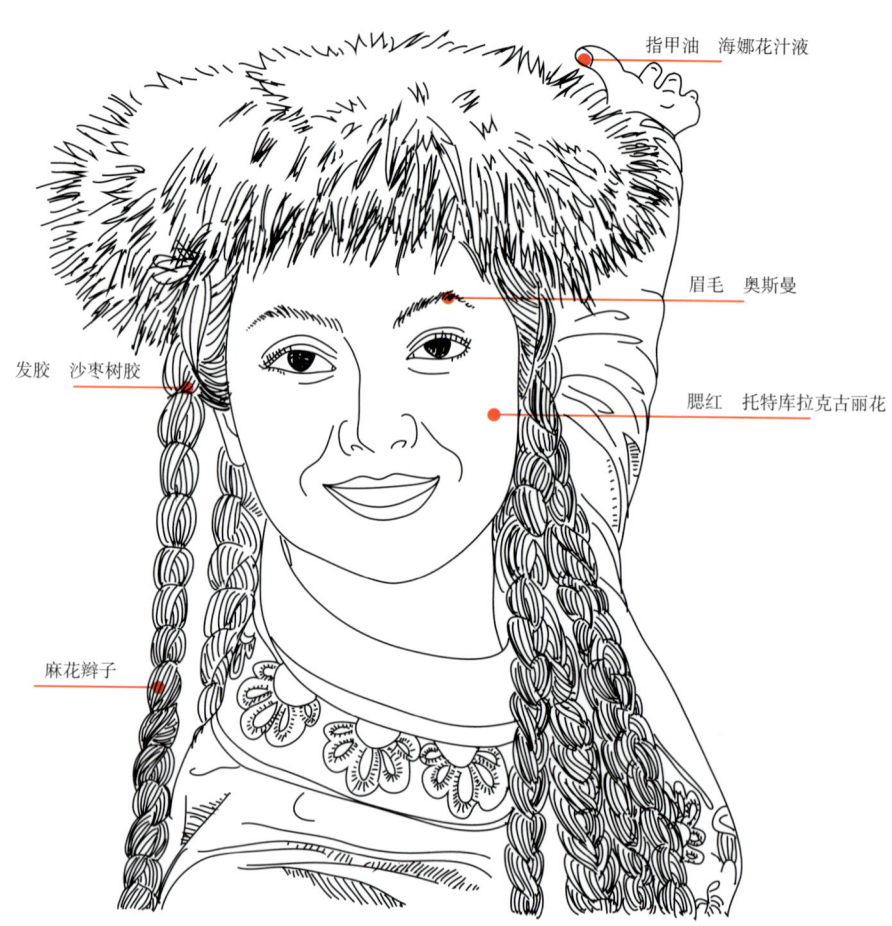

图二　当代维吾尔族女子妆扮化妆分析图

图三　当代维吾尔族女子妆扮　发型分析图

图四 当代维吾尔族女子妆扮编辫子图

图五 当代维吾尔族女子妆扮效果示意图

维吾尔族男性胡须妆容

图一　维吾尔族男性胡须妆容主图

维吾尔族男子相貌特征明显，他们多数是高鼻梁、深眼窝，毛发较浓密，甚至有些是卷发。维吾尔族男子一般多留胡须，特别是20岁以后，"剪齐上唇须，谓之净口"，"不蓄发辫，不剃髭须、惟剪唇须，便于饮食"，对留胡子认真讲究。

在新疆，随时都可以看到留着各式形状胡须的维吾尔族男人，留胡须与身份没有必然的联系。那长长的胡须配着维吾尔族人宽宽的前额、大而深的眼睛以及高高的鼻梁，成为新疆一道独特的风情。维吾尔族年长老人喜欢留着长长的胡须，连到鬓角。留胡须的男人不一定都是老者，中年人青年人都有。青年人的胡须一般不长，主要是留在嘴唇上部，黑而浓密，向两边分长。中老年人的胡须则有长有短，多是连腮胡，从耳鬓连着两腮直到下巴整个连在一起，最长的可达四五十公分。那胡须有的纯白，有的乌黑，有的黑白相间；有的卷曲，有的呈波浪状，有的直而柔软。维吾尔族男人留胡须不像西方留胡须的男人那样头发与胡须连在一起。

维吾尔族人头上戴着小花帽，压住了那厚厚的头发，两腮和下巴的胡须尽情地伸展，头顶与胡须对比鲜明，因此维吾尔族男人的胡须显得更有味道，体现了一种阳刚之美、民族风情。

图片来源
图一　谢光辉　摄影（fotoe网）
图二　雷启兴　制图

大胡子

络腮胡

八字胡

图二　维吾尔族男性胡须妆容类型分析图

第三章 维吾尔族传统餐饮

维吾尔族擀面杖

图一　维吾尔族擀面杖主图

擀面杖，维吾尔族人制作面食的主要工具之一，被广泛应用于面点、面条等的延展或制作。器物形态基本为两端细、中间较粗的形状，即两大部分，中间为擀面部分，一般为 23 至 26 厘米长；两端为手持部分，各 5 厘米。通高为 6 至 9 厘米。木质材质。擀面杖是维吾尔族人家必备的饮食工具，一般用一种或几种不同食材和面，用擀面杖擀薄，切成条状。擀面杖作为维吾尔族面食的基本制作工具，维吾尔族人民应用广泛。

针对面食的易延展性，面粉遇水后经过手工不断揉捏形成柔韧性较好的面团，借助工具与手的力量可以不断改变面团的基本形态，趋于薄和大，便于下一步的制作。擀面杖一般选材为木头，木质材料的摩擦力较大，体积适合在案板上进行操作。借助人力，结合工具，制作各种面食。擀面杖的形状易于面食的制作，制作工艺上大多为一次成型，进行一定的砍削。使用过程是与人力紧密结合的，运用手腕和上肢的力量不断推展面团。配套的工具为案板及盛水的碗等，案板作为和面及擀面的主要工具平台，是与擀面杖同时使用的。

其设计价值体现于造物的适宜性，对于工作对象的属性充分了解之后，从人类的便于操作性出发，设计出制作工具。所以，擀面杖吸取了饮食器具制作的基本规律，是较为成功的设计案例。擀面杖适应了长期的生产生活的需要，整体外观简洁，与厨房的整个空间相吻合，从而在设计心理上符合当地长期形成的制作面食的日常需求。

图片来源
图一　雷启兴　摄影
图二至图四　丁诗瑶　制图
图五　丁诗瑶　摄影

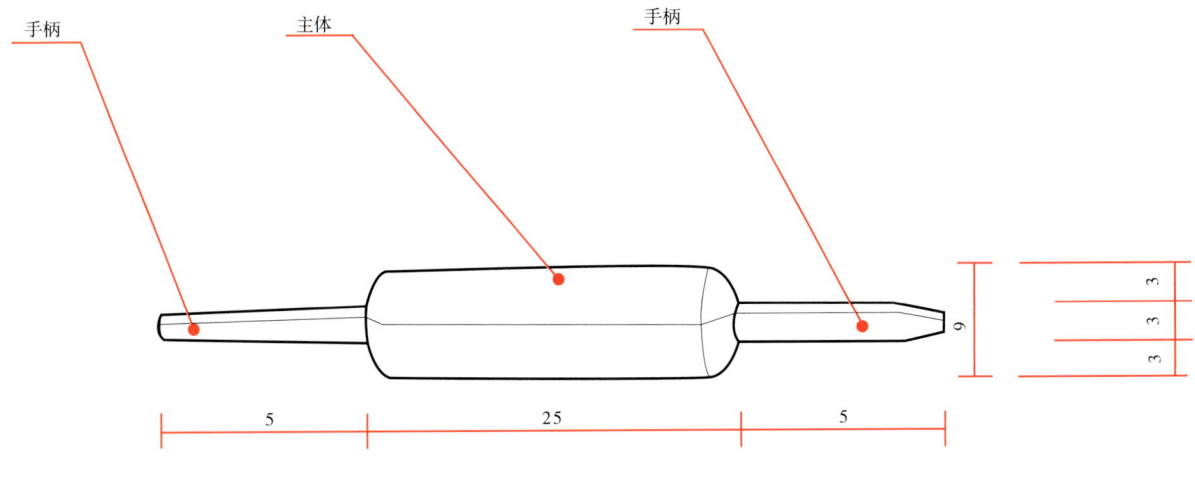

图二　维吾尔族擀面杖尺寸图（单位：cm）

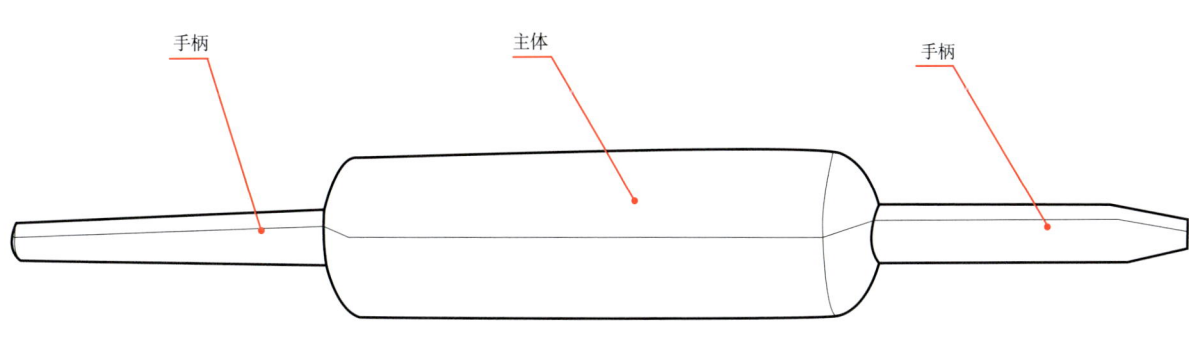

图三　维吾尔族擀面杖结构名称图

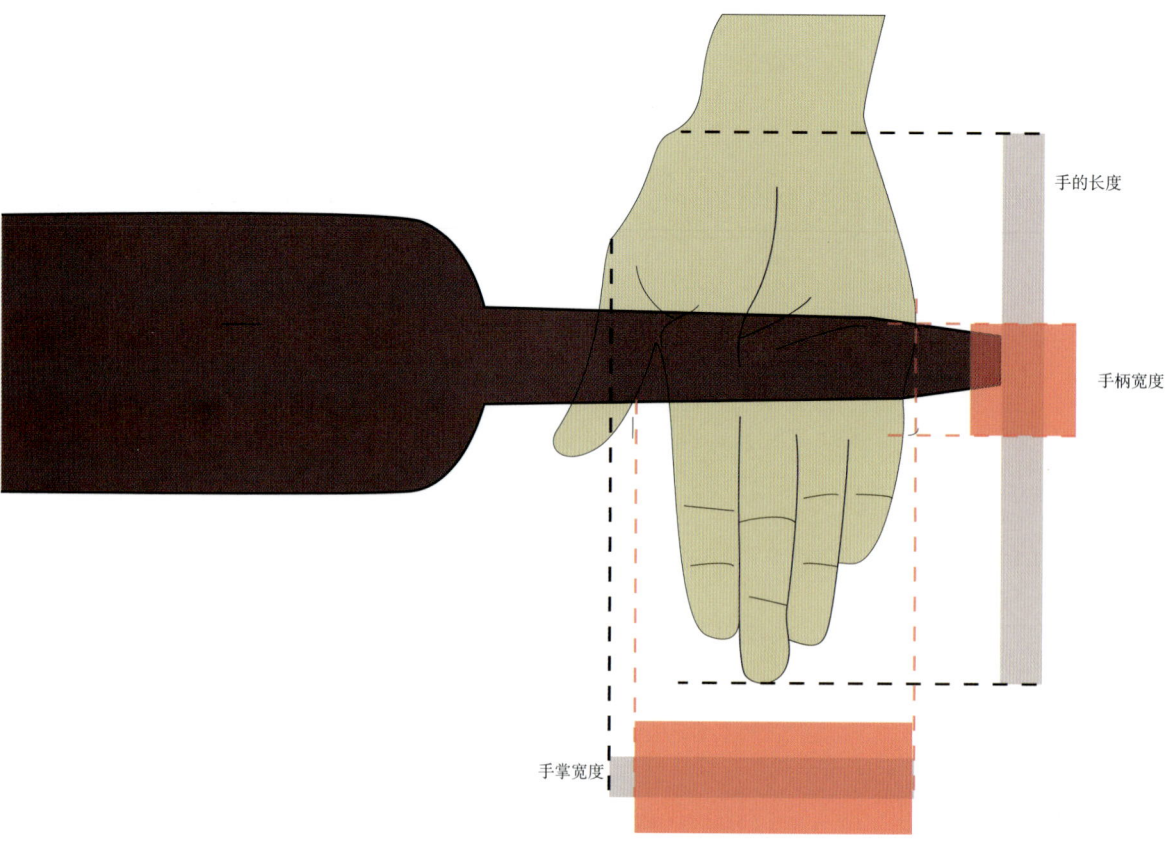

图四　维吾尔族擀面杖操作图

手的长度
手柄宽度
手掌宽度

图五　维吾尔族擀面杖使用情景图

维吾尔族大型食物罐

图一　维吾尔族大型食物罐主图

食物罐是新疆彩陶器当中的一个代表器型，新疆彩陶器包括陶罐、陶壶、陶盘等，罐身带耳是其特征。案例中的陶罐色彩是橙黄色陶衣之上绘红色或黑色图案，一般彩陶器有墨绿、浅绿、红、黑等，花纹以倒三角形为主，也结合有弧线纹样或水波纹样等。食物罐的产生与维吾尔民族在饮食文化中崇尚食物的自然属性有关，在制作和食用的过程中，以保留食物中固有特性为原则，同时满足日常饮食结构的平衡。在相对密闭的空间内，适合长期存放的食物被放入大型食物罐保存。利用陶器自身的物理属性，结合维吾尔族人民的传统饮食习惯，陶制罐有着贮存和保鲜食物的功能。

食物罐的制作主要采取手工制作的方式，材料来源简单易取，维吾尔族的土陶作坊基本沿用传统的生产方式，利用传统机械原理，脚蹬结合手拉成型。一般是就地取材作为原料，对胶泥进行初步筛选并泡制之后，经过人力加工制成适合成型的泥团。之后上机器手工拉坯并成型，经过削、刮、刻和连接等进一步精细加工，陶器形制基本完善和确定。陶器晾干之后再在器物表面进行雕刻和上釉，进行彩绘。之后放入窑中烧制。

食物罐体现了维吾尔族在长期的生产生活中的审美倾向和造物习惯，在维吾尔族饮食器具中是成功的设计案例之一。同时是在适应气候特点条件下的器物设计，其制作工艺保留了手工制作的特质。与未来设计中强调人性化相吻合，在装饰纹样等方面有着民族特性。此案例充分体现出少数民族地区的造物智慧。为今后的设计发展提供了可参照的方式，大型食物罐满足了日常生活中储存食物的基本要求，从外形到内部装饰都具有较高的设计参考价值。

图片来源

图一　雷启兴　摄影

图二至图四　丁诗瑶　制图

图二　维吾尔族大型食物罐尺寸图（单位：cm）

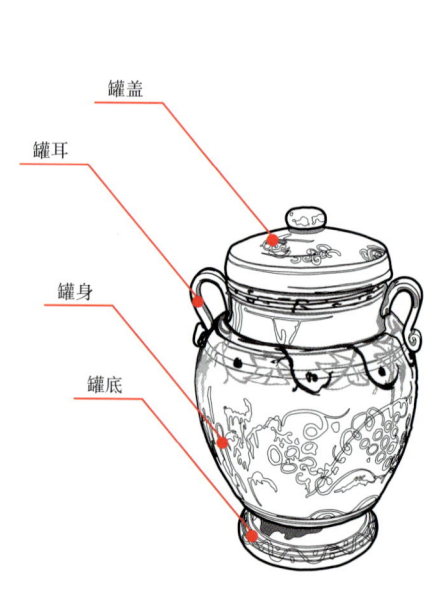

图三　维吾尔族大型食物罐结构名称图

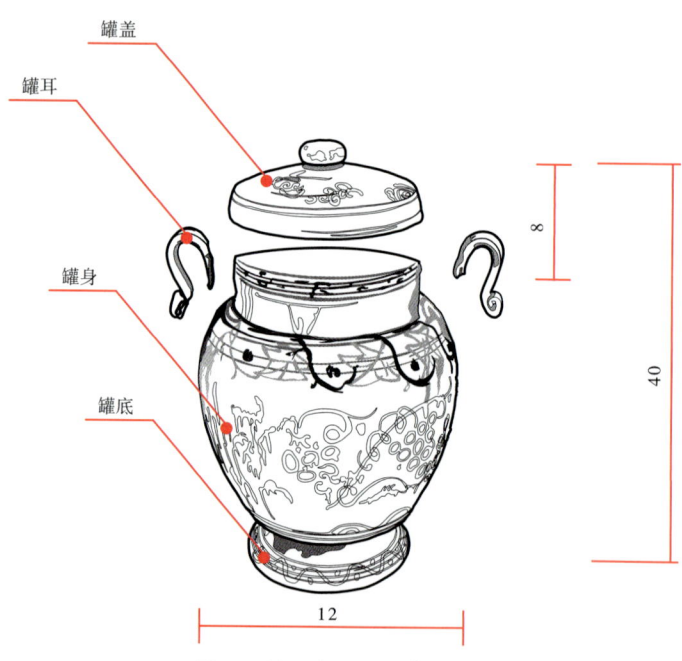

图四　维吾尔族大型食物罐分解图

维吾尔族和面盆

图一　维吾尔族和面盆主图

　　面食是维吾尔族饮食结构中较为重要的种类，所以制作面食的工具也较为常见。和面盆是制作面食的辅助制作工具，揉制面团的主要工具。器物形态为敞口大型盆，四周为边沿，用于手握或保护食物。长为60至65厘米，宽为14至18厘米。和面盆的设计保证了饮食的卫生，利于面食在成型过程中的人工操作。盆的形制较为扁平，方便面团的延展和揉制。四周的沿口稍高于底部，利于使用者的拿握和固定盆体。

　　面粉成为可以变化形状的面团需要经过和制的过程，讲究面粉与水的比例和施加的力量。对于面粉吸收水分的属性充分了解之后才能更好地制作出口感劲道的面食，和面盆从材质上选用木质，其遇水或面粉时不易粘连，是较好的材质。日常生活中和面盆也经常采用铜质或者铝制的，器壁较厚，在人力施加压力时不易变形。此案例当中的和面盆体积较大，适合于多人聚餐或餐馆后厨使用，以满足整个大群体的食用需要。

　　在维吾尔族的造物文化体系当中，和面盆作为日常生活工具伴随人们的一日三餐的制作，成为全家在制作面食过程中不可缺少的部分。是人们不断摸索形成的制作工具。和擀面杖有类似的饮食文化心理地位，与面食的制作密切相关。

图片来源
图一　雷启兴　摄影
图二至图五　丁诗瑶　制图

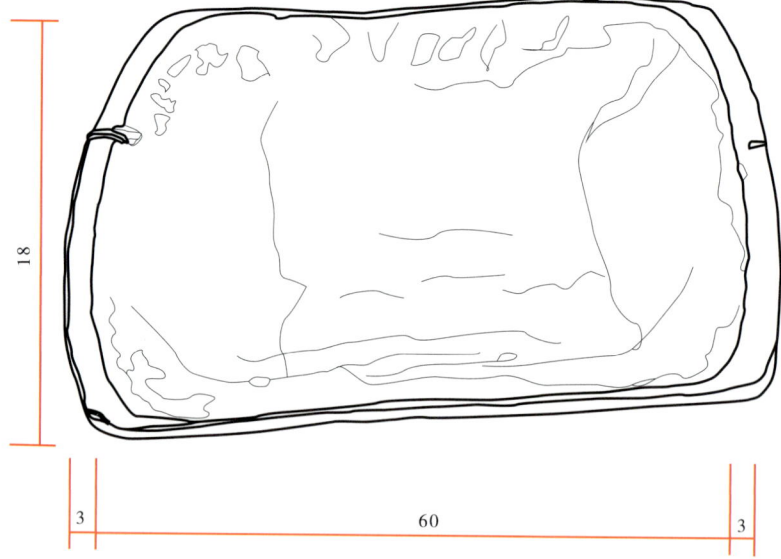

图二 维吾尔族和面盆尺寸图（单位：cm）

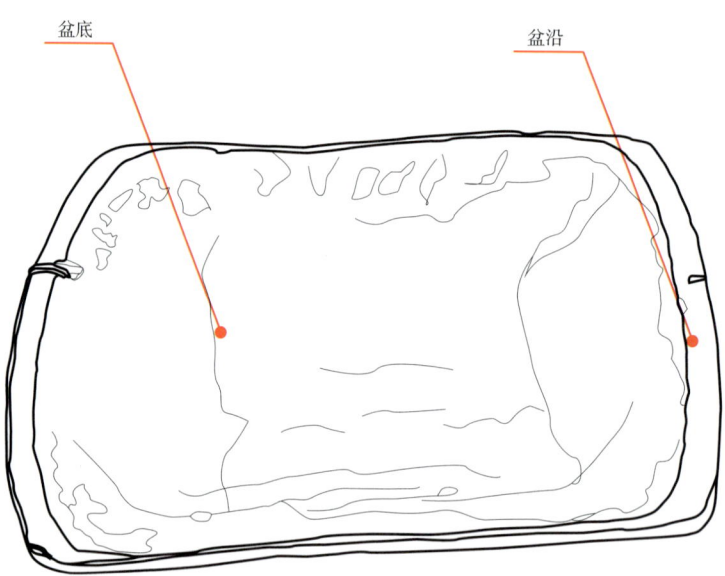

图三 维吾尔族和面盆结构名称图

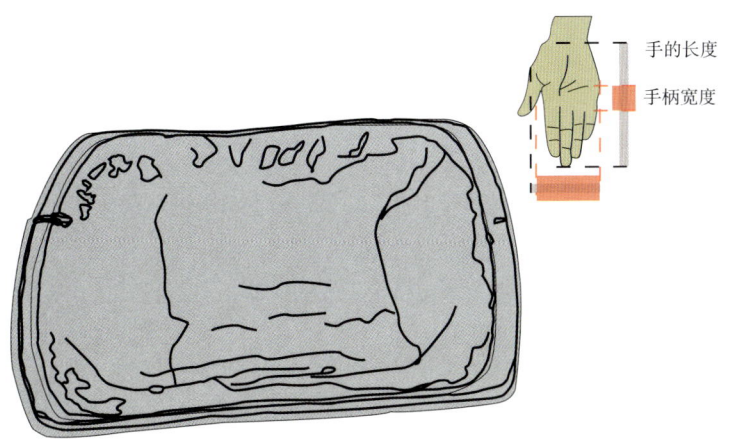

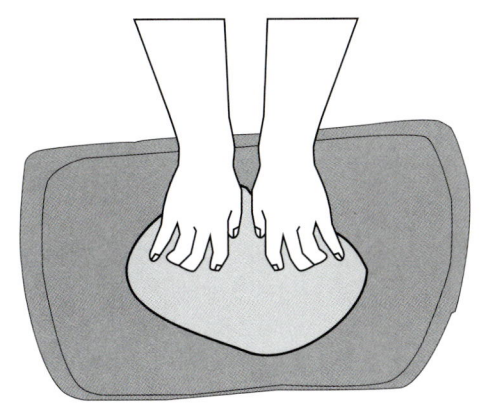

图四 维吾尔族和面盆操作图

图五 维吾尔族和面盆使用气氛图

139

维吾尔族盘

图一 维吾尔族盘主图

盘是与其他饮食器具配合使用的常见的维吾尔族家居用品。从外形看,盘一般敞口、较浅、平底,适合盛放食品、瓜果等。并且,根据盛放食物的体积不同而有不同的造型。它的造型与材质变化丰富,是随着使用需要而相应变化的。在维吾尔族人民日常饮食中,铜盘、木盘等也较为常见。

从本案例来看,其材质是陶土制成,反映了就地取材的一般造物规律。陶制用品在维吾尔族人的日常生活中已经被广泛应用,有陶盆、陶罐等,有着易于移动、不易变形和方便绘制图案的特点。制作工艺则遵循着一般的陶制品制作规律,以手工制作为主。从现今的考古发现来看,盘有着悠久的制作以及使用的历史。案例中盘的装饰风格值得关注,从色彩上看,是深褐色与中黄色相间为主,而在纹样上反映了不同文化之间的交融和碰撞。花纹较为繁复,互相交织,并且形成一个向心的连续性格式。在盘的使用过程中,其大小材质是与食用的不同场景相适应的,人数较多的宴请就安排几个形制较大的盘以盛放水果等。如果在一日三餐的情况下,盘的所占空间较小为宜。

盘的设计体现出了维吾尔族的基本造物

规律和装饰心理,在兼顾外来文化与本土文化的综合因素之后,盘的设计主旨是在综合了造物环境、造物对象和审美心理等多个层面的因素之后在器物之中体现。

图片来源
图一、图三　雷启兴　摄影
图二　丁诗瑶　制图

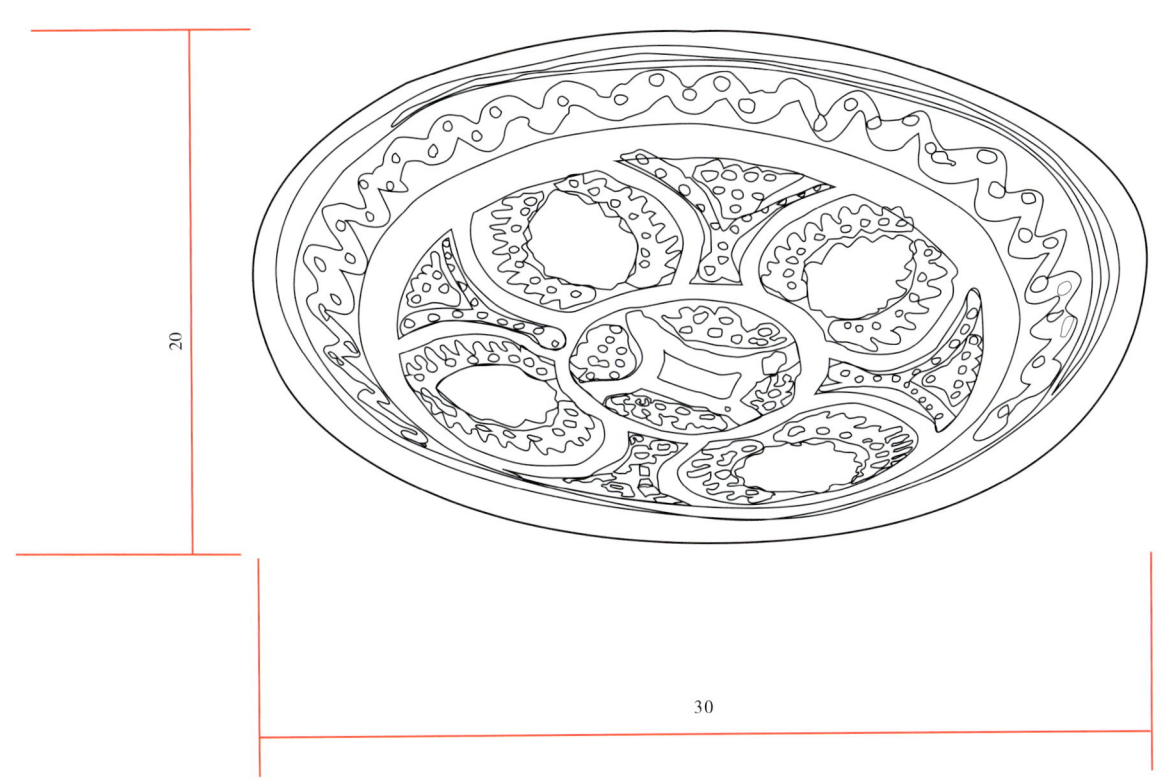

图二　维吾尔族盘尺寸图（单位：cm）

维吾尔族刻花白铜碗

图一　维吾尔族刻花白铜碗主图

维吾尔族地区传统饮食器具，从器型上看，与木碗或陶制碗一样基本遵循敞口小底和斜腹的造物规律，足圈较宽，便于手持和隔温。从体量上看，碗的设计适应于手的触感和持握，其尺寸上的合理性是人机工学的体现。

材质上富有特色，这与当地兴盛的制铜产业紧密相关。铜质品在新疆地区有着较长的发展历史，例如铜壶、铜盘、铜盆等生活器具，在生产生活中也担当着重要角色，其兴盛发展的原因也取决于铜的特性，有着易于保存和携带、不易变形等特点。在制作工艺上，其主要是用锻造等手段，不同于木质和陶制品。铜碗的制作与设计根据材料的特性进行，体现出适用性的基本原则。铜碗的制作工艺在长久的历史发展中，结合维吾尔族的审美趣味在装饰特性上具有民族风情。刻制的花纹体现了外来文化与本地文化相结合的特色，有着很强的艺术欣赏价值和研究价值。案例中的刻花白铜碗做工精细，造型别致，图案纹样设计合理，疏密有致，体现出装饰与功能的结合原则。

刻花白铜碗充分体现了维吾尔族的造物理念，从装饰性和实用性两个方面兼顾了设计的基本要素。铜制品的广泛应用和特定的造物环境和民族审美紧密结合，器物存在的文化背景体现于器物的造型和装饰纹样中。

图片来源
图一　雷启兴　摄影
图二至图五　丁诗瑶　制图

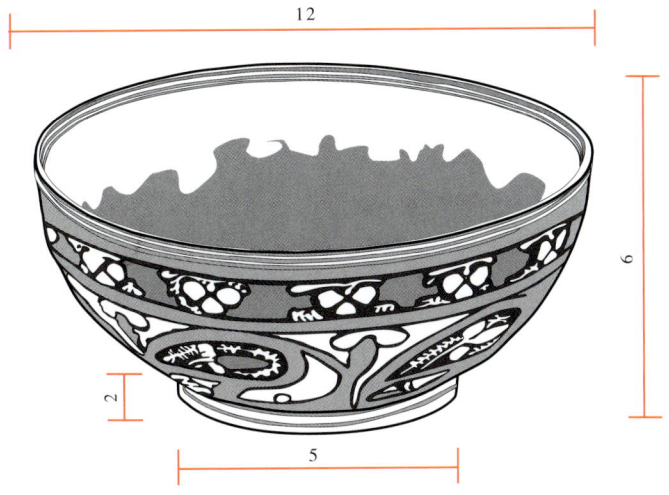

图二　维吾尔族刻花白铜碗尺寸图（单位：cm）

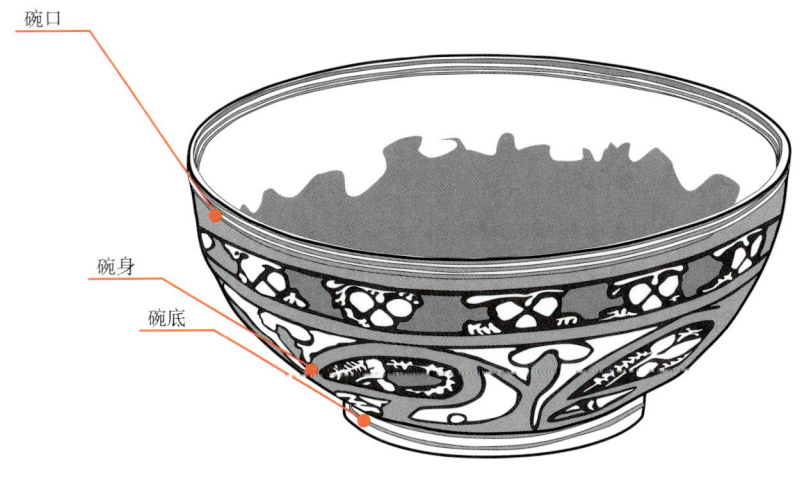

图三　维吾尔族刻花白铜碗结构图

维吾尔族木勺

图一 维吾尔族木勺主图

木勺是木质器具的一种,在饮食器具当中作为必不可少的一个组成部分,木勺的设计形态和原理也需要适应民族的审美需求和使用习惯。除了木勺在使用过程中的便捷性,还有着小器物反映出的造物规律。

木勺在与其他饮食器具配合使用的过程中需要从形态和适用性方面考虑充分,不同于其他材质,木质器具有自身的独特性,轻便、使用自如。便于持握的特性也是基本特征,除铜质器皿受到维吾尔族人民的喜爱,木质器具也在日常生活中得以普遍使用。在传统生活中,木勺占有重要地位,一般与其他木质器具一同使用,形成风格统一的设计形式。一般与木碗配合使用,根据需要的差别,选择不同材质的饮食器具是设计系列化的体现和整体设计的体现,也是区分不同类别的标准之一。其制作工艺一般为刀刻的方式,直接成型。运用手工的制作形式,雕刻成为不同造型的木勺,一般根据操作需求,设计不同长度和体积的木勺。

木勺作为设计学原理在日用品中的成功个案,具有轻巧、便携性等特点,在与其他食用器具相互配合使用的过程中,凸显出木质食器的特殊性。木质器具得以广泛应用的一个重要原因也是与一地的自然资源优势或特色有关,也是因地制宜的成功案例。

图片来源

图一 雷启兴 摄影

图二至图四 丁诗瑶 制图

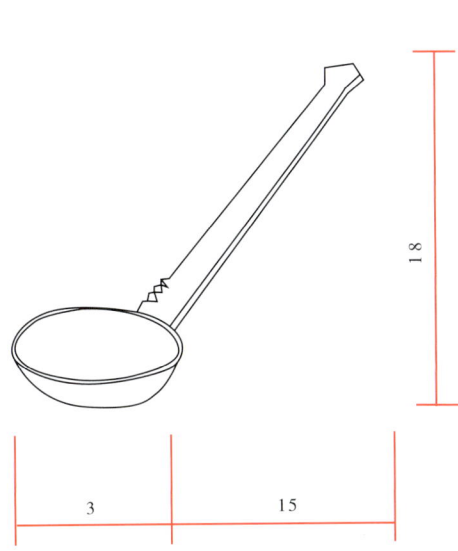

图二 维吾尔族木勺尺寸图（单位：cm）

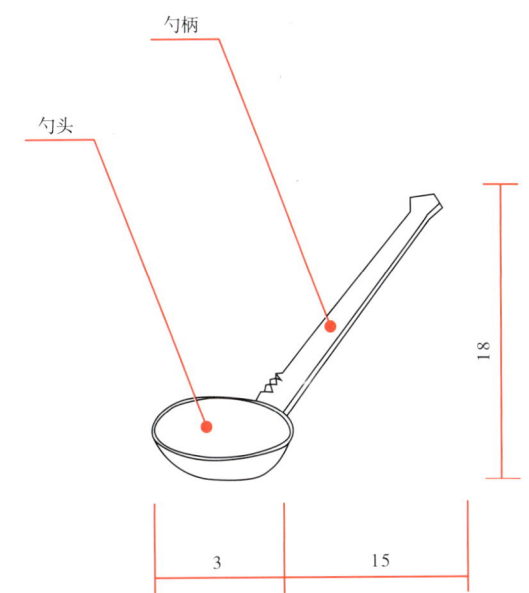

图三 维吾尔族木勺结构名称图

图四 维吾尔族木勺工艺分析图

维吾尔族木碗

图一　维吾尔族木碗主图

　　木质的饮食器具在维吾尔族的日常生活中有着相当大的比例，体积轻便，易于绘制花纹，便于与其他器物配合使用。木材的原料易于采集，是适应于地理条件的合理设计，相比较金属制品的碗，木质的碗对于技术和经济要求较低。木碗的形状大多为圆形、椭圆形，用于储存牛奶等食品。是维吾尔族饮食器具中较为成功的案例。其敞口的直径一般为20-25厘米，高度为15厘米左右。

　　木碗体积较小，加工工艺相对简单，采用砍、凿及刻的手法。木碗是日常生活中常见的食器，在外壁一般刻有精美花纹及图案，也可用于饮水，还有烧奶的功用。其用途主要是盛放食物，也用于吃饭。从木碗的雕刻工艺看，虽然基本制作工具和技术较简单，其装饰价值需要得到关注。在满足基本使用功能的基础上，器具的装饰属性对于使用者的心理作用同样重要。整体形态上看，木碗易于持握，兼具食器和基本的装饰意义。从饮食习俗看，维吾尔族人比较重视器具的洁净，在清洗时，要保证碗的里面和外侧干净，在用完碗之后用布包好，这些习俗保留至今。

　　在传统的维吾尔族日常生活中，木碗成为生活中的必备品，面对不断变化的生存环境，人们通常使用上手性好、不易变形的饮食器具，木碗满足了基本的食器要求。木碗的设计成就体现在就地取材的造物理念和人与环境之间的有效调和，成功的设计兼具易用性和审美价值，木碗的设计充分考虑到两者的关系，成为日用品中相对经典的案例。

图片来源
图一　雷启兴　摄影
图二至图五　丁诗瑶　制图

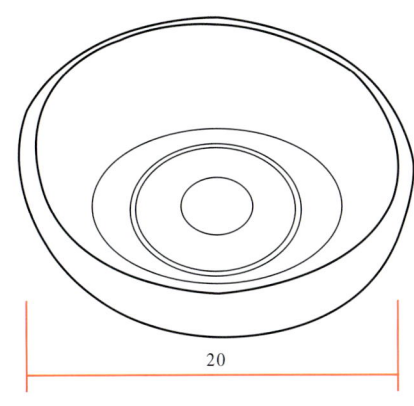

图二　维吾尔族木碗尺寸图（单位：cm）

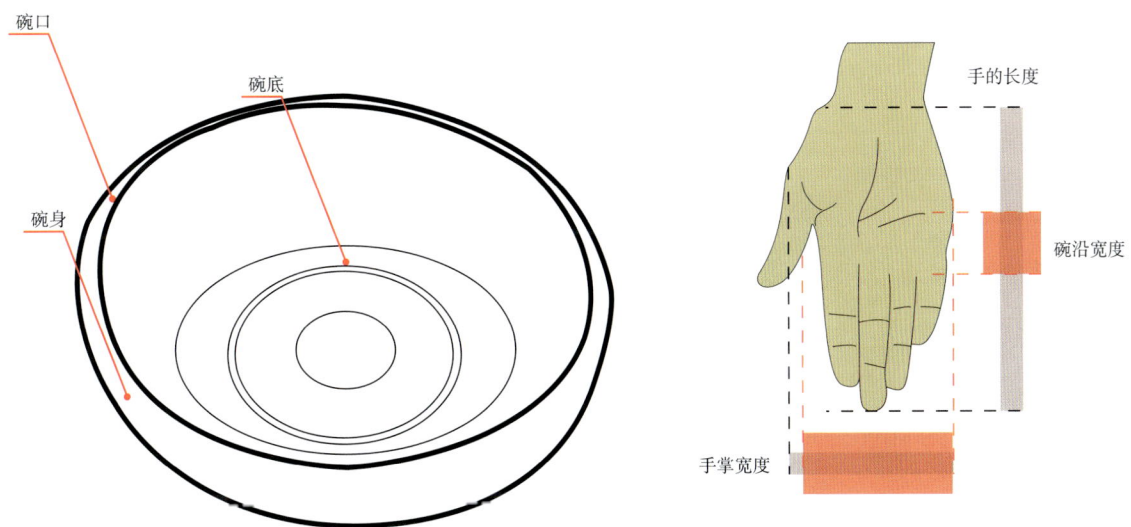

图三　维吾尔族木碗结构名称图

第三章　维吾尔族传统餐饮

147

图四 维吾尔族木碗操作分析图

图五 维吾尔族木碗工艺分析图

维吾尔族馕锤子

图一　维吾尔族馕锤子主图

"切库取",是汉译维吾尔语发音,为维吾尔族制馕用具,即馕锤子。由于馕在维吾尔族人民的日常生活中有着重要民俗意义和饮食价值,制作馕的程序较为复杂,为达到馕的特殊口感要求,"切库取"的应用也较为普遍。作为维吾尔族日常生活中喜爱的馕的制作工具,主要应用在馕饼塑形过后、烤制贴壁之前,依照从中间向四周扩展的原理,刻画花纹。有着美化食物外形和易于烤制的实际需要两方面的原因。其基本造型分为两大部分,手持部分和扣花部分。

其形状类似于圆形长把印章,直径为3~4厘米,主要分为把手部分和装有铁钉的制作部分。铁钉部分的空隙有0.5厘米左右。材质主要有木头及铁,木质的采用考虑到持握的可操作性和人机工学交互性,而铁钉的采用体现了提高工作效率的设计智慧。馕饼揉制成型之后,于馕的中心部分普遍扎眼,以便烤制时馕在热胀时不易破裂。在新疆的自然环境下,气候偏干燥、日照时间长等条件使得维吾尔族的饮食习俗、饮食礼仪以及饮食规则自成体系。这些因素受限于加工条件、食用过程和制作流程,馕锤子的使用对于食物的外形美观、食用口感等有设计学层面的实用价值。

"切库取"体现出的设计学思维及理念值得深入研究和重视。从较小的日用品设计折射出地域特色和造物智慧值得现代设计师深思，造物环境和器物设计的基本出发点都应遵循设计规律。对于现代及未来日用品尤其是小体积物件的设计有着积极的启发意义。

图片来源

图一　雷启兴　摄影
图二至图五　丁诗瑶　制图

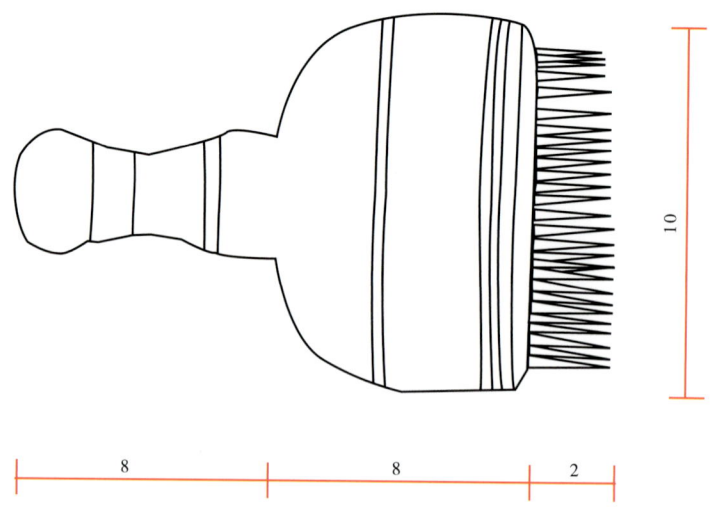

图二　维吾尔族馕锤子尺寸图（单位：cm）

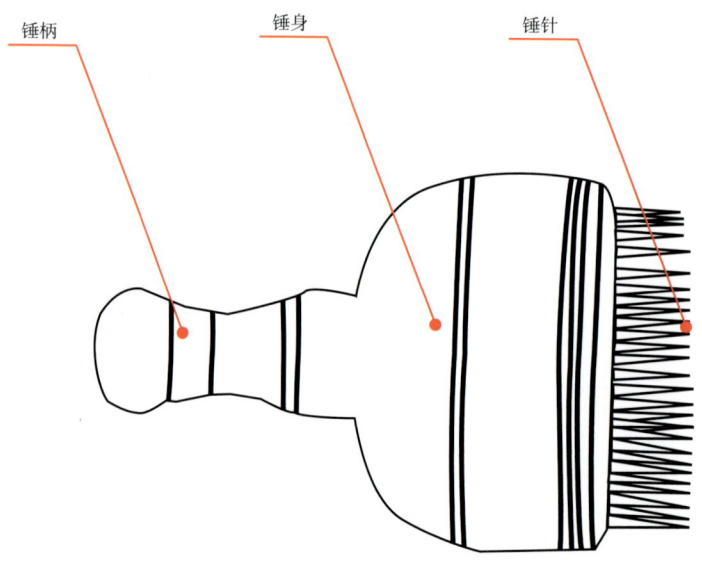

图三　维吾尔族馕锤子结构名称图

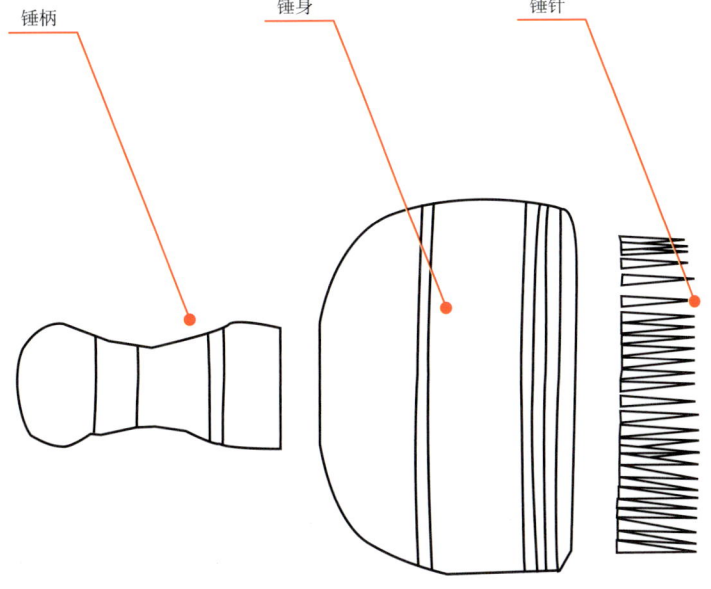

图四　维吾尔族馕锤子分解图

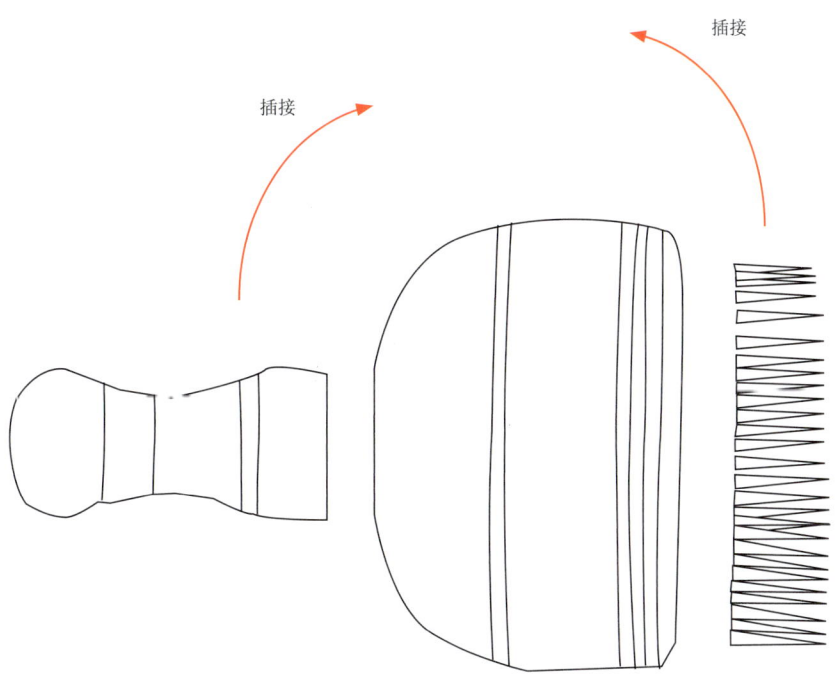

图五　维吾尔族馕锤子工艺分析图

维吾尔族铜盆

图一　维吾尔族铜盆主图

"其拉布其"是铜盆的汉译维吾尔语发音,做接水盆用,在圣殿中用作洗涤仪式的铜制器皿。维吾尔族制铜的历史悠久,在众多的铜器当中有家具、装饰品和日常用具等,比如锅灶、盘、水壶、碗、马鞍和门窗装饰等。

铜盆是维吾尔族人生活中的日常工具,到传统维吾尔族人家做客,主人在就餐前会端出"阿布都瓦壶"给客人洗手,同时用"其拉布其"(接水盆)接水。按照伊斯兰教的传统习惯,用流水方式洗手。盆盖是带活页的,水满时可以揭开盖子把水倒出,非常方便。铜器的制作工艺依靠手工,铜盆较大,铜盆放在精雕细刻的铸铜盆座之上。作为维吾尔、哈萨克等民族的生活用品,使用时以壶倾水洗手,下有盆接水,是伊斯兰教影响下的一种文化习俗。壶和盆有铜制和陶制两种,前者多为家用,后者在清真寺里公用。维吾尔族工匠制作的壶、盆最为精美,先用锤将铜板打制成形,再进行焊接、磨光、刻花等。壶、盆搭配,是一种地方色彩浓郁的手工艺品。

铜盆是维吾尔族日常生活用品的成功设计案例,符合设计伦理和设计的人性化的要求。铜盆的设计满足了维吾尔族对于饮食器具的基本卫生要求。

图片来源

图一　雷启兴　摄影

图二至图四　丁诗瑶　制图

图五　于治波　摄影（微图网）

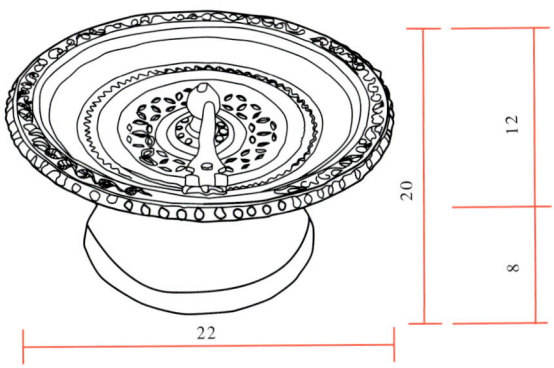

图二　维吾尔族铜盆尺寸图（单位：cm）

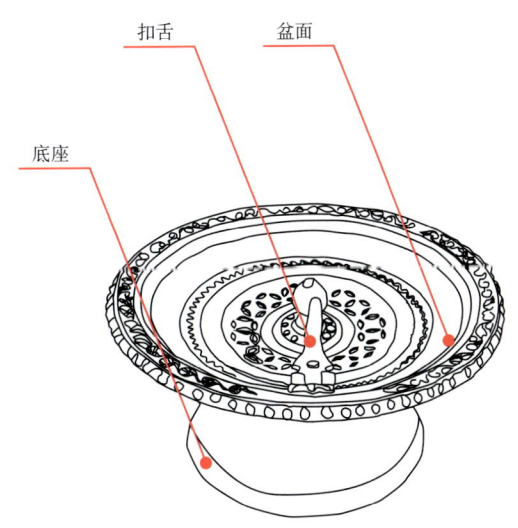

图三　维吾尔族铜盆结构名称图

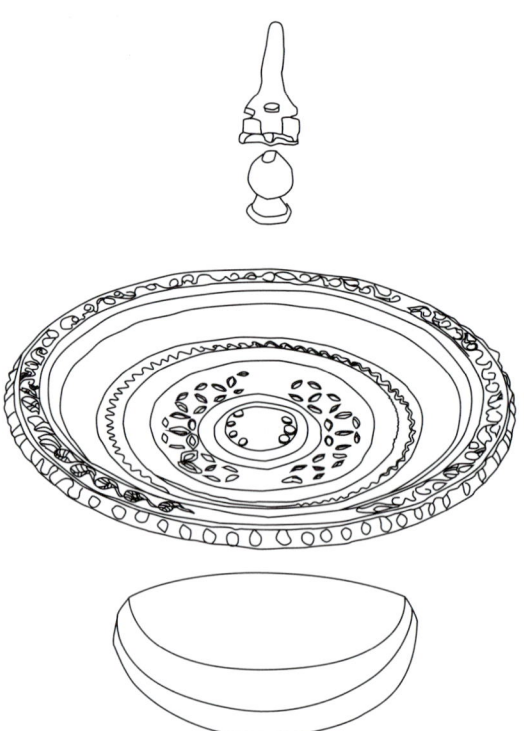

图四　维吾尔族铜盆分解图

图五　维吾尔族铜盆使用情景图

维吾尔族洗手壶

图一　维吾尔族洗手壶主图

"阿卜吐勒"为维吾尔语音译，意为洗手壶。洗手壶是维吾尔族家庭普遍使用的一种盛水器具。从自然条件出发，选取日用器具的材质就与气候、季节等因素密切相关。洗手壶的材质分两种，陶质和铜质，在空气湿度低、降水量少的气候条件下不易开裂和变形，在适应自然条件的前提下同时满足了日用品耐用、易用的设计要求。陶制洗手壶和接水盆在清真寺里比较多见，装满清水，以备人们在做礼拜之前"净手"等用。

洗手壶脖细肚大，形状类似花瓶，锥形长颈，壶身较扁，圈足较高，壶嘴偏于细长。壶身上刻有传统花纹，做工精细，全部手工制作。"阿卜吐勒"并不是冶炼铸造的，而是用铁锤或木槌锻打现成的铜板制作而成。在制作的时候不用图纸和磨具，主要依靠工匠的技艺。从装饰工艺看，以缠枝花卉作为装饰纹样，结合几何形纹饰作陪衬。充满浓郁的民族风格和地方特色，通常可以作为点缀家居的工艺品。铜质的色调与维吾尔族的日常用具色调相呼应，具有较高的审美价值及观赏价值。洗手壶结实耐用。制作精美，不易生水锈，成为维吾尔族传统的工艺品之一。维吾尔族的饮食文化特点通过其饮食器具和日用物品得以充分体现。

洗手壶做工精细、纹饰美观，以繁复的图案为主体，玫瑰和葡萄藤花纹交错纵横，形成了华美的视觉效果。兼具神秘的色彩，疏密结合，形式法则运用自如。洗手壶的设计反映出维吾尔族饮食文化的心理因素，对于食物的清洁和食用者参与饮食活动中卫生的要求尤其看重，从而显现出维吾尔族饮食文化中的基本原则。

图片来源
图一　雷启兴　摄影
图二至图五　丁诗瑶　制图

图二　维吾尔族洗手壶尺寸图（单位：cm）

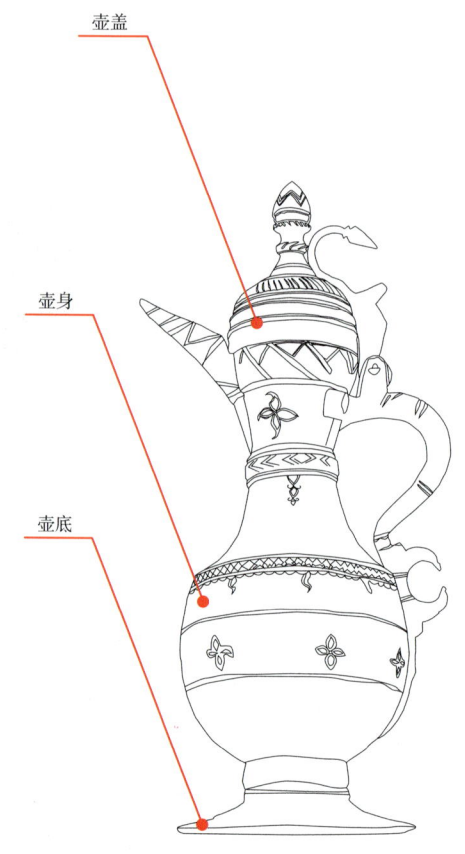

图三　维吾尔族洗手壶结构名称图

图四　维吾尔族洗手壶分解图

图五　维吾尔族洗手壶操作分析图

维吾尔族爆炒羊肺

图一　维吾尔族爆炒羊肺主图

羊肉在维吾尔族的饮食结构中有着重要分量，从营养和搭配上看，羊肉与其他蔬菜搭配制作满足了基本的营养要求。利用动物内脏制作的菜品口感独特，食用羊肉及羊内脏与新疆天然的地理环境紧密相关，其细腻的口感、多样的食用方式和温热取暖的物理功效都使得羊肉成为维吾尔族家庭饭桌上的必备菜肴。本菜品取材于羊肺片，与当地多种蔬菜搭配，在爆炒的形式下形成了独特的食用体验。

其具体制法为：1.洋葱、青红辣椒、姜切好，羊肺洗净切成片。2.锅里油热后加入花椒、姜丝、干红辣椒、洋葱爆炒后加羊肺片翻炒几分钟。3.加青红辣椒、蒜末、胡椒粉等作料，炒熟即可。其制作方式是充分运用火的大小来掌握肉质的口感。在其中加入的配菜，比如洋葱、辣椒在口感的搭配上试图更为丰富。通过食材和调料之间的互相影响，形成了这道菜的口味。

制作中需要注意辅料味道的突出，选用

的洋葱、辣椒、姜、花椒等都属于刺激味蕾的配料，是强化菜品特点的较好选择。配菜在充分加热和翻炒过后，再加入羊肺片可以保持羊肺的本来口感，避免时间过长消减各自的质感及口感。从中可以发现，运用火候制作菜品是设计的一大亮点。食材之间的合理搭配和火的强弱直接影响着最终效果。

图片来源
图一　丁诗瑶　摄影
图二至图五　丁诗瑶　制图

图二　维吾尔族爆炒羊肺配料

图三　维吾尔族爆炒羊肺制作工具

图四　维吾尔族爆炒羊肺制作过程

图五　维吾尔族爆炒羊肺食用示意图

维吾尔族馕

图一　维吾尔族馕主图

馕是维吾尔族人民饮食当中重要的食物。唐代诗人白居易在诗中对馕有所描述。馕有着悠久的历史，馕的品种很多，《突厥语大辞典》中就记载了十多种馕。艾曼克馕最大、托喀其馕最小、格尔德馕最厚，但都是四周厚、中间薄的形状，口味酥脆，深受人们喜爱。

馕的制作原料和方法古今大体一样。以制作芝麻馕为例，大体分四个步骤：1. 揉面。用淡盐水和面，加入已发酵好的面。2. 发面后将混合油揉到面中和匀，分成若干等大面团。3. 把馕坑烧热。4. 把面团揉成边缘厚中间薄的饼状，扎小洞后扣在盘子里并撒少许盐水，贴到馕坑里烤制，呈现杏黄色时用馕钳取出。等待馕晾凉之后用布包裹，并且放置。在卖馕时，馕取出后摆放整齐，方便售卖。

馕的制作工艺反映出食品设计的完整性，其中馕的捏塑过程除具有便于利用热源烤制食品之外还有一定的美学价值，馕表面的图案大小错落有致，从中心向四周扩散，在视觉上突出了地域的风格。与维吾尔族的民族审美相符合，是在食品之上加入图案的典型案例。馕代表了维吾尔族饮食文化的核心，馕的发生发展与人类使用热源的技术相适应并相应发展。在食用习俗上也较为讲究，在食用时要用手把馕掰开，可以泡在茶水中或者蘸着茶水吃。馕是维吾尔族文化历程、生活方式的综合体现，有着极高的设计观念借鉴价值。

图片来源
图一至图三　丁诗瑶　摄影
图四　雷启兴　摄影
图五　吴平关　摄影（fotoe网）

图二　维吾尔族馕制作工具（1）

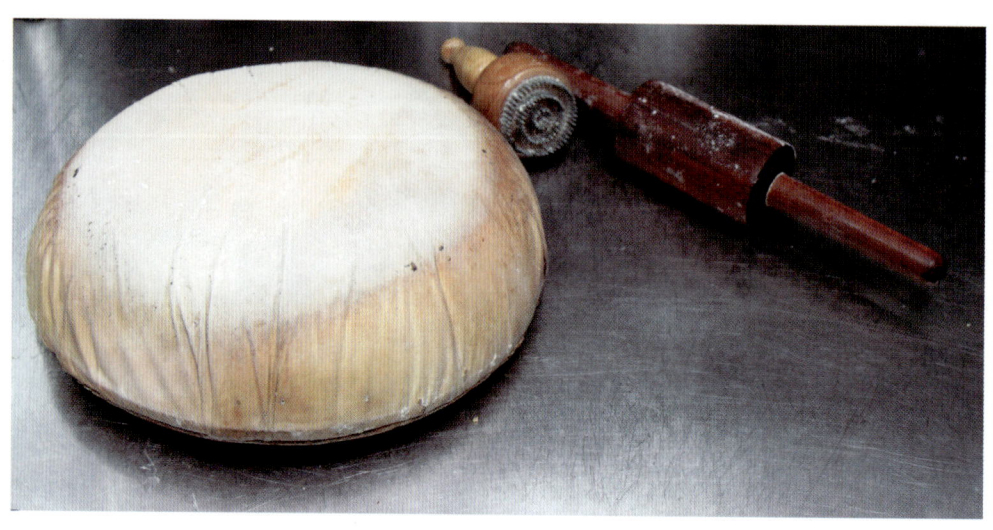

图三　维吾尔族馕制作工具（2）

图四　维吾尔族馕制作过程图

图五　维吾尔族馕售卖场景图

第三章　维吾尔族传统餐饮

维吾尔族手抓羊肉

图一　维吾尔族手抓羊肉主图

吃手抓羊肉时，要用手抓、刀割而得名。手抓羊肉源远流长，是生活在我国西北地区许多民族喜爱的食物，这与当地居民的生活环境和生活习惯有很大的关系。

其具体制法是：1.羊肉切丁，加入鸡蛋、盐、花椒粉、淀粉等搅拌均匀。2.酱油、肉汤、淀粉、盐等调成汤汁，辣椒和葱切丁。3.锅中放油后加热，放入肉片，大概七八成熟的时候，放入辣椒、葱、醋和汤汁翻炒，炒熟即可。

羊肉作为新疆少数民族地区受欢迎的食品，它的吃法及制作方法也相应丰富。它的特色主要体现在食用方式上，有着淳朴的民风及特点。饮食的设计是一个完整的流程，设计的结果也影响着设计的过程，为了便于手抓的结果，制作之中也应考虑到突出羊肉的完整和汤汁的收放。考虑到羊肉在切块时所具有的特点，羊骨应切成较大的块状，便于在不使用筷子的情况下为食用过程增添方便性，即人机工学原理，便于持握。

图片来源

图一、图三　丁诗瑶　摄影
图二　丁诗瑶　梁汐　摄影
图四　丁诗瑶　许江　摄影
图五　Photobase　摄影（fotoe网）

图二　维吾尔族手抓羊肉配料

图三　维吾尔族手抓羊肉制作工具

图四 维吾尔族手抓羊肉制作过程示意图

图五 维吾尔族手抓羊肉食用场景图

维吾尔族大盘鸡

图一　维吾尔族大盘鸡主图

　　大盘鸡由于用体积较大的茶盘盛放鸡块而得名，其荤素搭配适宜，既可以作为主食，也作为与其他食品的搭配进行食用。配菜在制作过程中较为重要，包括释放各个部分的独特口味，形成鸡肉与调料等其他口味的配合。配菜在其中尤其丰富多样，而土豆可以中和鸡肉当中的油腻，西红柿在色彩上有所提升，在口味上较为开胃。胡萝卜在炒制之后不容易变形或更能增添菜品的丰富感。微甜，鸡肉肉质鲜嫩。

　　其制作方法如下：1.锅中放油，煸花椒后捞出。放入辣椒、姜、蒜、八角、桂皮等爆炒。放入鸡块炒至变色时放入酱油上色。
2.加入料酒、豆瓣酱、辣椒、糖等用小火炖。
3.往锅里放切好的土豆、西红柿、胡萝卜、香菇和孜然粉等继续炖。收汁时放入青红椒。
4.另一锅中加水，把宽面条煮熟后捞出盛盘。
5.把锅里的菜收汁后倒在面条上即可。

　　在制作大盘鸡时，面条放置于菜肴下，面条可以吸收菜品中的咸辣味道，形成有力的配菜呼应。满足互补的原理，在素淡与油腻、咸辣与甜甘之间达到正确的搭配。同时在形制和口感之上都满足食用的感受。从设计原理上看，大盘鸡的制作及配料合理、丰富，讲究多种食物的合理搭配和整合。从中可以发现，其中蕴含的设计思想是与其他门类的设计活动有相似之处的。

图片来源
图一、图二　丁诗瑶　摄影
图三　许江　摄影

图二　维吾尔族大盘鸡制作过程示意图

图三　维吾尔族大盘鸡食用场景图

维吾尔族丁丁炒面

图一　维吾尔族丁丁炒面主图

丁丁炒面以面的丁状而得名。丁丁炒面的特色就在于把面切成小段，形成易于咀嚼的丁状，从食物外形上作了革新。维吾尔族饮食之中的面食制作丰富多样，从制作、配菜选择等方面都独具特色。

其具体制法分为以下几步：1. 在面中加盐和匀，呈筷子粗细，切成丁，为防止粘连撒少许面粉。2. 锅中加水，把面煮熟后捞出，过凉水。3. 把羊肉切成丁，辣椒、莴笋、菠菜切成丝或段。4. 锅中放油后加热，放入羊肉、辣椒、莴笋、菠菜翻炒，加入盐、醋等调料，最后加少许香油。它的独特性就表现在对于面食的灵活调整，不拘泥于个别常规的主食形式。面食与蔬菜分开单独炒制，保证了面的自然口味，反映出维吾尔族饮食文化中的文化心理，既崇尚食材的天然性。

为把面煮熟煮透，煮面丁时火应开大点，时间稍长点。更加强调食用感官性和体验，与其他条状、粗大的面食相比，丁丁炒面在形式上较为轻巧，从设计心理学上讲，更易于拉近食品与人的心理距离，从外形到功能都同时跨越一大步。

图片来源
图一、图三　丁诗瑶　摄影
图二　雷启兴　摄影

图二　维吾尔族丁丁炒面制作工具

图三　维吾尔族丁丁炒面制作过程示意图

维吾尔族黄面

图一　维吾尔族黄面主图

新疆凉面又称黄面，是新疆地区的夏令食品。这种细面条颜色发黄，得名黄面。因浇汁凉吃，也叫凉面。这是在冬夏气候温差变化的情况之下，在饮食上所做的设计，相对于冬秋季需要保暖的经典面食，夏季的面食突出了易于消化、形状偏细，以卤代汤等特色。和面时加入的蓬灰是取材于戈壁的一种野生植物，对于黄面的口感有着较大影响。口感咸辣适中，清凉入味，是维吾尔族面食中又一具有特色的食品。

从黄面的制法看大概分以下几个步骤：1.在面粉中加入淡盐水、碱水和好，加入蓬灰水揉面。2.把面拉成细条，煮熟后捞出，之后把面放入凉水。3.放入鸡蛋花、菠菜、盐、淀粉等调制成汁。4.盛盘，浇上卤汁、醋、蒜泥、油辣椒等即成。

从食用功能看，利于消暑健胃，加入少量夏季蔬菜，更是从选材上独具一筹，对于当地饮食结构主要以肉食为主，夏季食品加入的蔬菜成为饮食风貌的有益补充。而卤汁的使用更具设计人机学的意义，考虑到人体夏季体感温度较高，采用凉水过面，以拌面的形式食用，正是黄面成为夏季受欢迎面食的原因。同时，这也反映出饮食的季节性，和饮食文化中顺应自然、以时令而变的特点。

图片来源
图一至图三　丁诗瑶　摄影

图二 维吾尔族黄面原料

图三 维吾尔族黄面制作过程示意图

维吾尔族烤全羊

图一　维吾尔族烤全羊主图

烤全羊是在畜牧经济的大环境下维吾尔族人民喜爱的烤制食品。当地的地理条件和自然环境为畜牧业提供了基本条件，地域广阔为畜牧养殖提供了场所，风沙较大、温差大的特点也限制了其他蔬菜的种植，所以羊肉成为人们餐桌上的一道常见菜肴。一般用以招待贵客，也直接出售。

烤全羊的制作过程为，首先把羊羔宰好，内脏清洗干净后，用木棍从羊尾部穿入从颈部穿出，并且进行固定。把盐撒在羊的表面和腹腔，把鸡蛋、面粉、孜然等混合制成糊状涂抹在羊的体表。然后，放入馕坑烤制，盖上馕坑盖子，烤制40分钟。使受热均匀，口感更佳。最后，从馕坑中取出，并且切成小块，装盘后即可食用。在招待客人时，厨师将全羊放在特制餐车上，让宾客参观之后再回厨房切块装盘。

从烤全羊的饮食习俗、文化背景看，它反映了一个区域的独特饮食文化环境。从制作的过程到食用的习俗，都具有典型的地方特色。尤其从烤制工具上看，馕坑是维吾尔族最具代表性的饮食器具，与之相关的羊肉口感等方面就会不同。烤全羊是维吾尔族有代表性的食品，从中我们发现设计所依托的文化背景、社会基础极为重要，并依此来指导其他设计门类的发展。

图片来源
图一、图三　李晓鸣　摄影（微图网）
图二　丁诗瑶　制图
图四　俞遵义　摄影（微图网）

宰杀并清理全羊，涂沫全羊

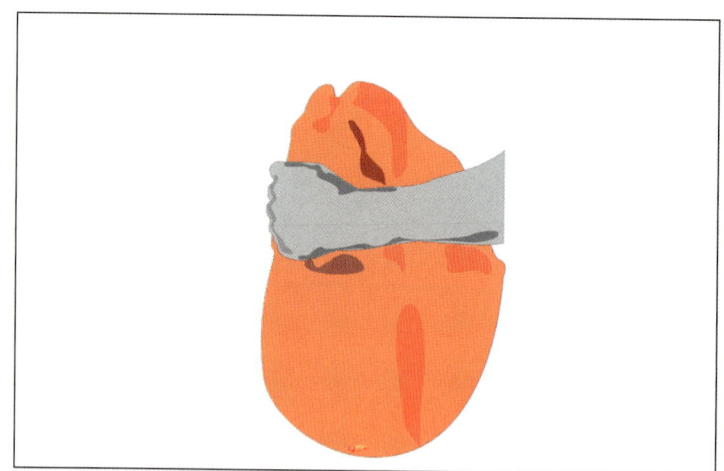

烤制全羊

食用全羊

图二　维吾尔族烤全羊制作过程示意图

图三 维吾尔族烤全羊食用场景图

图四 维吾尔族烤全羊销售场景图

维吾尔族烤羊肉串

图一 维吾尔族烤羊肉串主图

烤肉的习俗历来是北方各个地区所喜爱的一种饮食形式,也表现在烹饪的形式和特色上。羊肉切开、切薄,根据地区风味添加调料是制作的准备步骤,在相对开阔的空间内聚集人群,形成食用的轻松气氛。手握铁钎,围坐烤炉前,进行烤制。同时可以根据个人口味添加作料或调整烧烤时间,在制作之中更具灵活性和趣味性。

烤羊肉串的具体制法为:1.把切成厚片的羊肉和切碎的洋葱拌在一起,腌制约半小时。2.把羊肉片穿在铁钎上。3.烤肉槽内加木炭,将肉串架在上面,撒上盐、辣椒粉、孜然粉等,烤约5分钟。4.把肉串翻个,撒上盐、辣椒粉、孜然粉等,继续烤,烤熟即可。

从烧烤工具的功能看,烤架的工作原理是使用炭火为主要热源,在炭火之上放置铁丝笼作为放置羊肉串之用,随肉串烤制的成熟程度而翻烤,使其充分受热并且均匀。设计铁钎时应在持握部分加入隔热的材质,如木质把手等,也有设计为骨质的手柄。所以从肉串的持握到烧烤的食用氛围,都突破了传统意义上的烹饪方式,打破了后厨的格局,把制作过程搬到食客面前,增强了食用的观赏性和参与性。从食品的形态上看,为食用带来了极大的方便性，肉穿制在牢固的钎子上，自主性极强，同时在使用过后方便循环利用，是设计经济原理的生动体现。

图片来源
图一、图二　丁诗瑶　摄影
图三　许江　摄影

图二　维吾尔族烤羊肉串配料

图三　维吾尔族烤羊肉串制作过程示意图

维吾尔族"皮特尔曼吐"

图一 维吾尔族"皮特尔曼吐"主图

维吾尔族传统食品,"皮特尔曼吐"为维吾尔语音译,即"薄皮包子、蒸包",当地人民根据它皮薄如纸的特点而命名。薄皮包子的馅和烤包子相似,只是不在馕坑里烤,而是用笼蒸制,这种包子皮薄,透过皮几乎可以看到馅。除可以单独食用外,还可在每碗抓饭里放几个薄皮包子,跟抓饭混着吃。

"皮特尔曼吐"的制作工艺可分为以下几步:1. 把羊肉、洋葱切成丁,加入胡椒、盐等作料,拌成馅。2. 和面后切成若干等大剂子,擀成包子皮。3. 包子皮放馅后在笼屉里蒸制20分钟取出。主要在烹饪形式上与烤包子有所区别,其口感也相应不同,给维吾尔族人民日常食品的种类上有增添了一种新的形式。此时的包子皮不加入发酵成分,使得食物形成了另外的食用效果。

在热源的选择上,包子的形制也发生了巨大变化,皮薄成为薄皮包子的特色,在维吾尔族饭桌上适合及时食用。这对于设计形态学也是新的启示,从设计之初的方案调整达到食品形态的变革是食物制作带给设计学的一笔财富。薄的特点就形成设计的焦点,烹饪的要领也是集中在这一两个焦点上,薄皮的形式也具有一定的外在装饰性,这起源于人类对于视觉形式与内在结构的紧密结合上。

图片来源
图一、图二 丁诗瑶 摄影
图三 丁诗瑶 制图

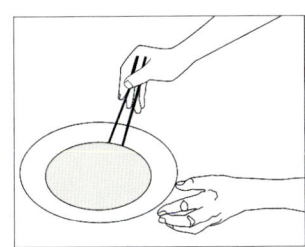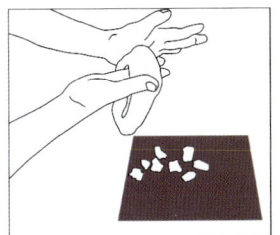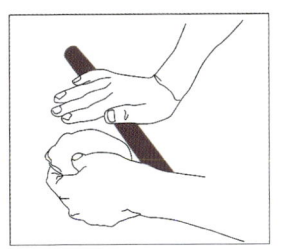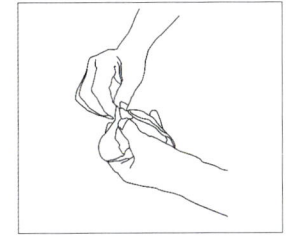

图二 维吾尔族"皮特尔曼吐"主要原料

图三 维吾尔族"皮特尔曼吐"操作示意图

维吾尔族"沙木萨"

图一 维吾尔族"沙木萨"主图

"沙木萨"为维吾尔语音译,又称"维式烤包子"。维吾尔族传统食品,在馕坑里烤制。分为圆形、长方形等形制。在维吾尔族烤制食品中具有代表性。"沙木萨"皮脆肉嫩,除用于招待贵宾和亲朋,还可用作重要节日中互相馈赠的礼品。

选取食材与其他维吾尔族食品相似,在配料上有新的特点。首先在包子的馅料上,由于加入了胡椒、孜然以及洋葱,使得食用口味有了与其他面食不同的地方。调料与羊肉在充分搅拌之后形成了独特的口感。沙木萨的制作过程:1. 把羊肉、洋葱、生姜、羊尾油等切成丁,加入孜然、胡椒、盐等佐料,拌成馅。2. 用淡盐水和面,分成若干等大面团,擀成包子皮,放馅后折成方形的包子。3. 把馕坑烧热,堵住通风口,馕坑内洒些盐水。4. 包子底部洒盐水后贴在馕坑壁上,馕坑上加盖烤制10分钟,去盖后再烤制包子至发黄时取出。

"沙木萨"讲究包子的酥脆、肉质鲜美程度以及口味的略咸,所以烤制的时间控制比较严格。馕坑加盖烤后再去盖,等待包子表皮泛出黄色，同时保证包子皮的酥脆。充分利用馕坑的加热原理和散热功能，从设计伦理学的角度看，有着节约能源的理念。从设计形态上讲，有着易于持握的人机工程的科学性，适合大型筵席及家庭聚餐等多种场合，有着实用简单的特性。

图片来源

图一、图三、图四　丁诗瑶　摄影

图二　梁汐　摄影

图五　许江　摄影

图二　维吾尔族"沙木萨"原料

图三　维吾尔族"沙木萨"配料

图四 维吾尔族"沙木萨"制作工具

图五 维吾尔族"沙木萨"制作过程图

维吾尔族"托克逊"炒面

图一 维吾尔族"托克逊"炒面主图

"托克逊炒面"为维吾尔语音译,也叫"拉条子",是新疆地区的特色美食。炒面是维吾尔族传统的食品之一。炒面是指将牛肉或羊肉烹炒至刚熟时,烩入煮熟的拉条子而成;而拌面则是将炒熟的牛肉或羊肉与煮熟的面条分别装盘上桌,由食者按口味调拌食用。两种方式的不同在于面条的放入时间上,炒面的制作更早地加入面条,与羊肉等共同翻炒,二者更多地借助口味上的不同。而拌面则根据食用需要调制。

"托克逊炒面"的制法为:1.和面时要加盐,在和好的面上抹油后醒面半小时以上。2.醒好的面用刀切成条,然后押面,下到锅里煮熟。为防面粘连,煮熟的面可以过一下冷水,拌入少许食用油。3.把羊肉切片后用盐和料酒浸着,配菜切丁。4.锅里放油烧热后放羊肉片,然后捞出来。5.锅里放入配菜和佐料翻炒,倒入过了油的羊肉片,最后把煮熟的拉面倒进去,炒熟即可。

"托克逊炒面"的制作有严格的工序,固守传统的烹制方法,并不断推陈出新,使"托克逊"炒面常吃常新。面与菜在前期是分别制作的,体现了饮食中对于时间的把握,食材在不同的火候下呈现出来的色彩形式也依托着人类造物的基本习惯和经验。

图片来源
图一　丁诗瑶　摄影
图二、图三　梁汐　摄影

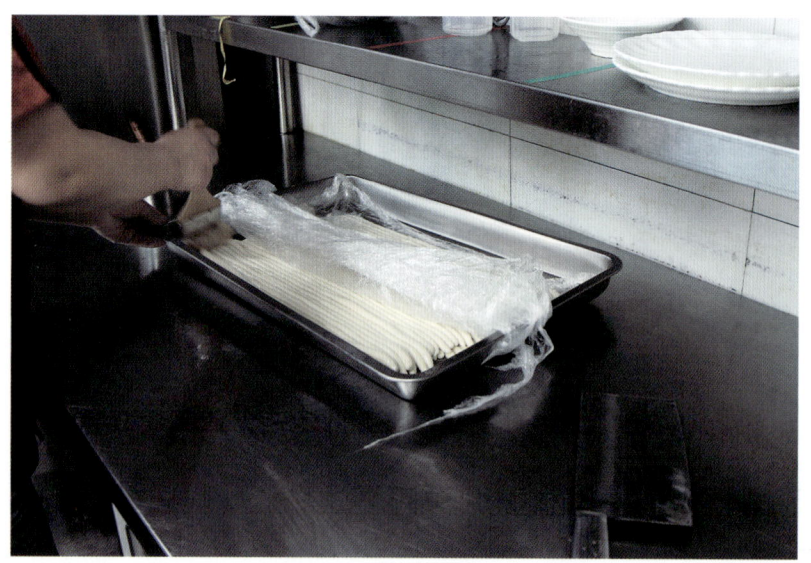

图二　维吾尔族"托克逊"炒面原料

图四　维吾尔族"托克逊"炒面制作过程示意图

维吾尔族手抓饭

图一　维吾尔族手抓饭主图

手抓饭是维吾尔族人日常餐桌上不可缺少的食物之一，手抓饭在招待客人、吉庆时节、祭祀活动中一般作为重要的饮食礼仪。食用时不用勺等工具，把手洗净，用手把饭抓起食用。抓饭被维吾尔族认为是招待客人的最好方式，也满足了大量宾客同时出席的场合。这一特殊饮食习惯成为民族习俗及文化的又一标签，具有更多的礼仪性。

基本原料有羊肉、胡萝卜、洋葱，米和几种调味品。羊肉抓饭的制作方法如下：1.大米洗净，在水中浸泡1小时左右。羊肉切丁，胡萝卜切丝，葡萄干洗净。2.锅中放羊油烧热，放入羊肉丁和盐，炒至肉丁变色，放入胡萝卜、盐、孜然等翻炒后倒入清水，焖煮半小时。3.把泡好的大米倒入锅内，米在上菜在下焖煮数分钟后翻过来，反复翻铲几次，直至水干。4.撤火后再焖半小时左右。食用时可撒上一些葡萄干。

由于食用方法的特殊性，抓饭的制作上讲究不留水分，便于食用，同时在口感上达到蔬菜与主食的味道突出，菜的制作不影响米的风味。待基本成型，再充分搅拌，形成抓饭的地域风味。在配料的选择上，胡萝卜、葡萄干等是一大特色。羊肉抓饭中羊肉的咸味、胡萝卜和葡萄干的甜味、米饭的香味相互浸透。

图片来源

图一　梁汐　摄影

图二　丁诗瑶　制图

图三　许江　摄影

图四　秋　摄影（微图网）

1. 切制原料

2. 加入胡萝卜翻炒

3. 倒入米饭焖制

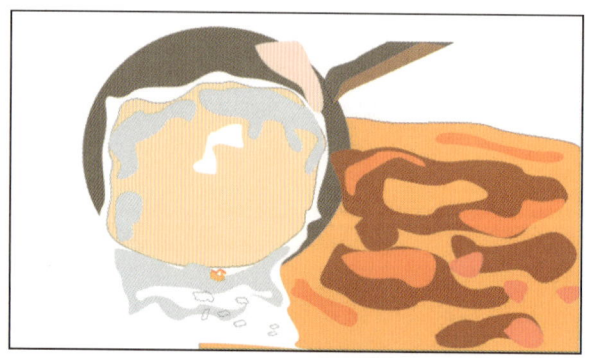

4. 加入葡萄干

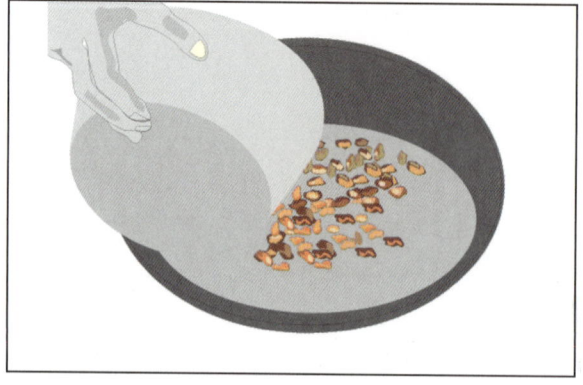

图二　维吾尔族手抓饭制作过程示意图

图三　维吾尔族手抓饭食用场景图

图四　维吾尔族手抓饭销售场景图

维吾尔族油塔子

图一　维吾尔族油塔子主图

油塔子因形状像塔而得名，其制作工序较为复杂，保证了食品的独特风味，颜色亮白、层次极细，口感香软，受到维吾尔族人民的喜爱。油塔子也是维吾尔族面食当中有代表性的食品。主要是借助蒸气的原理进行制作，从能源的选择上较为合理，满足了大量制作当中热源的充足供应问题。

菜品从工艺制法上看有以下几个步骤：1. 温水和面，加发酵粉揉成软面，留出充分的发面时间，大约一个小时。把面揪为数个小块，抹清油。2. 把面擀薄，借助面的延展性和韧性使其拉薄。同时，加入羊尾油，视天气情况改变用法。3. 撒少量精盐和花椒粉，抻面的同时卷面，切为小段，拧为塔的形状。放入笼屉蒸半个小时，即可食用。面食作为维吾尔族主要的饮食形式，从面的和制方式看，留出合理的发面时间是食物制作的关键，尤其是对于面的形状及口感有新的要求的前提下，水的温度和醒面的过程对于面食的食用效果具有较大影响。

运用蒸的方法有其设计学的合理性，食物的细腻口感需要不直接接触水，烹制的方式反映了造物的完整性，以保持食物的食用美观及口感。面点对于面的柔韧性及延伸性要求较高，皮薄成为油塔子的必备要求。在面粉转化为可塑的面点过程中，水和油的加入融合了人们烹饪经验及智慧，从自然物之中提取可用之物，并进行手工塑形，即形成了具有地域特点的又一美食。

图片来源

图一　宋士敬　摄影（fotoe网）

图二、图三　丁诗瑶　制图

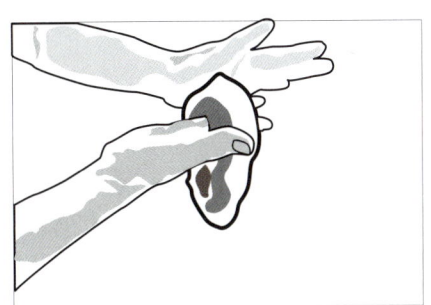
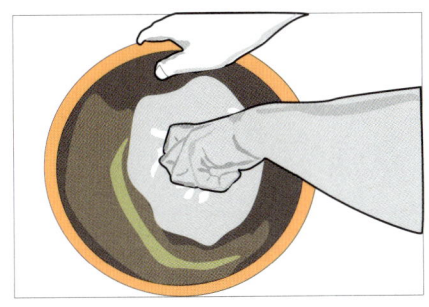
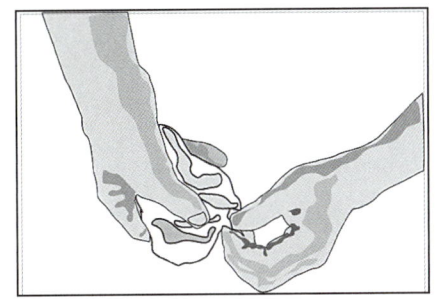

图二　维吾尔族油塔子制作过程示意图

图三　维吾尔族油塔子食用情景图

维吾尔族过油肉拌面

图一　维吾尔族过油肉拌面主图

拌面类食品不同于炒面等类别，在形制上区别于其他类别的拌面，整个制作流程上有相似之处。一般采用小麦，依靠人工的方式，通过磨房中工具的加工，碾制成粉状。面粉的磨制加工过程体现出传统生产条件下的特色。拌面的食用口感有自身的特点，去除了汤，面和蔬菜的营养保留更全面，风味独特。

过油肉拌面的制法分为以下几个步骤：1.在面中加盐和匀，呈筷子粗细，为防止粘连撒少许面粉。锅中加水，把面煮熟后捞出，过凉水，盛盘。2.锅中放油后加热，放入切好的羊肉片过油，炒至变色，盛到盘子里。3.在锅底的油里放入西红柿、葱蒜、木耳、醋和肉片翻炒。4.过油肉炒熟后，倒入放面条的盘中即可。

过油肉拌面适合不同季节食用，随着季节的变化，所选用的配菜也不同，如夏季的配菜有西红柿、豆角、茄子等，冬季的配菜有大白菜等。拌面的制作方式是对维吾尔族日常面食制作方式的一种新的尝试，与其他维吾尔面食一样，在当地的饮食结构中有着重要地位。根据不同时节去变换拌面中的配料也是设计思想的体现。

图片来源
图一　丁诗瑶　摄影
图二、图三　许江　摄影

图二　维吾尔族过油肉拌面配料

图三　维吾尔族过油肉拌面制作过程示意图

维吾尔族馕包肉

图一　维吾尔族馕包肉主图

　　馕包肉是新疆对于馕的一种食用方式，配合炒菜，用菜汁的味道浸透在馕上，形成了新的饮食方式。馕对于维吾尔族人的生活非常重要，作为日常主食，通常与茶等饮品共同食用，在面食的基础上搭配羊肉等辅助食用，为丰富当地饮食文化增添了更多可取的发展方向。

　　馕包肉的制法是：1.锅里油热后放入切好的羊骨肉、配菜和佐料翻炒。2.锅中加水，烧开后小火焖约1小时，至肉熟。3.把做好的馕切成八块左右放在锅里入味或直接放在盘子里，把羊肉放在馕上。4.锅里留少许汤汁，加入孜然粉、辣椒粉、洋葱丝等佐料，用淀粉勾芡浇在羊肉上。在羊肉经过与配菜的初步接触和加热后，继续小火焖煮，可以在味道形成的基础上使得羊肉的口感更柔滑，在羊肉与汤汁的充分融合后，保留了炒制过程中的基本口味，还增强了馕在口感上的丰富程度。

　　馕是维吾尔族的主食之一，羊肉则是维吾尔族的主要肉食之一，馕包肉则是属主副合一的产物。在食用前，馕的大小和肉的多少都可随机而定,立等可食,方便快捷,是一道不可多得的维吾尔族风味佳肴。

图片来源
图一　丁诗瑶　摄影
图二、图三　许江　摄影

图二　维吾尔族馕包肉配料

图三　维吾尔族馕包肉制作过程示意图

维吾尔族"帕尔木丁"

图一 维吾尔族"帕尔木丁"主图

维吾尔族风味食品，色泽金黄、皮酥肉嫩。

"帕尔木丁"的制作工序分为以下几步：1.把肥羊肉、洋葱切成丁，加入孜然、胡椒、盐等作料，拌成馅。2.和面时加入鸡蛋，揉好后切成若干大小相等的面团，擀成面皮。3.面皮加馅，呈饺子状，右手大拇指压在饺子合口处，左手四指回握成拳，压出三个指印。4.把饺子蘸醋后贴在烧热的馕坑中，馕坑上加盖烤制5分钟，去盖后再烤制包子至发黄时取出，表皮可抹少许炼羊油。其中馅料中加入肥羊肉是区别于其他包子的特点之一，主要是考虑到口感的特色，羊肉的肥瘦不同决定了馅料的口味。这与烤包子是一个重要的区别。还有烤制时间也不同，烤包子加盖焖制时间更长，加热时间的长短决定了食物的口感，较短的焖制时间是包子质感的重要因素。

"帕尔木丁"的设计价值从运用烤制工具的功能看，通过灵活运作馕坑的加热过程，从而掌握食品的成熟程度和口感。它的制作与馕及烤包子相区别，就是通过烤制的时间而不同的。而面的质地不同也决定了外在肌理的变化，对于面的发酵与否就形成了食物的形态变化。

图片来源
图一、图二　丁诗瑶　摄影
图三　雷启兴　摄影
图四、图五　丁诗瑶　制图

图二 维吾尔族"帕尔木丁"配料

图三 维吾尔族"帕尔木丁"制作工具

第三章 维吾尔族传统餐饮

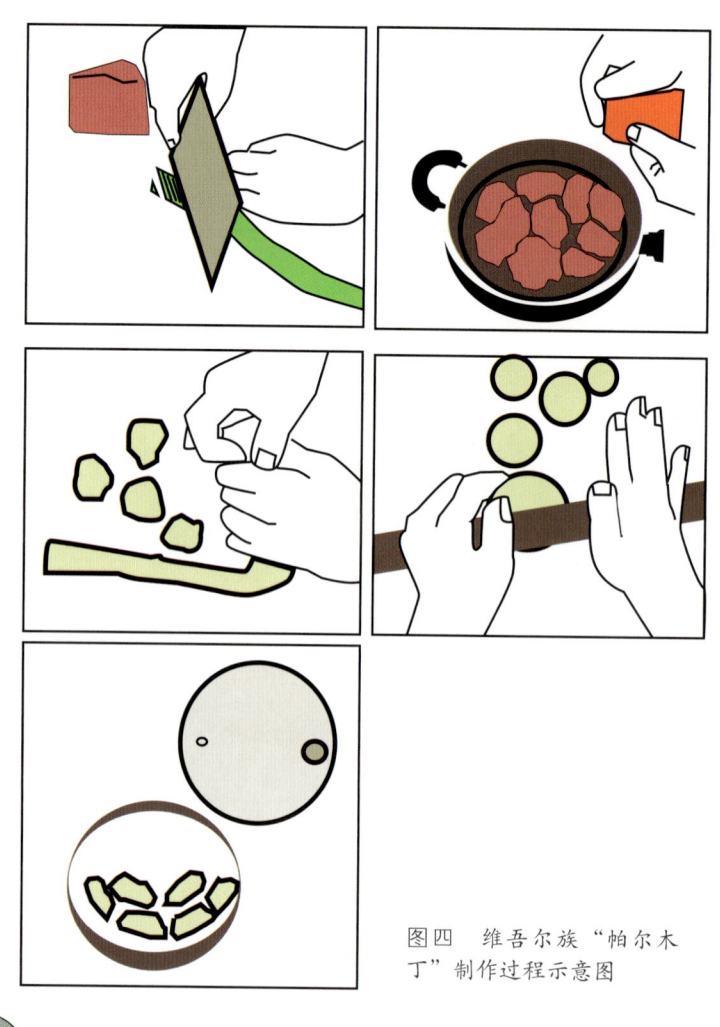

图四 维吾尔族"帕尔木丁"制作过程示意图

图五 维吾尔族"帕尔木丁"食用情景图

中国少数民族设计全集·维吾尔族

196

维吾尔族馓子

图一　维吾尔族馓子主图

"馓子"是环形栅状油炸食品，贾思勰在《齐民要术》中就记载了三国两晋南北朝时的制作方法。由于新疆的自然地理位置，盛产小麦，面食就成为当地的主要食物，除制作面条类食物，煎炸的形式也是一个补充。馓子就是具有代表性的油炸食品。在维吾尔族生活的地区，许多食品在制作时需要考虑方便保存。馓子就是没有水分，利于长期储存的食品，是顺应了气候条件的饮食设计。

馓子的制法主要是：1. 热水泡花椒，只留花椒水。2. 清油、鸡蛋、花椒水、盐和面，分成若干小块。3. 锅中加油热后，把面团捅成面圈，拉成长条，盘数层并刷油。4. 用筷子把面撑好，下锅炸定型，至金黄色即可。

把柔软的面条状通过油的高温烹炸，形成了便于携带、不易腐烂，同时口感香甜的油炸食品。在干燥的自然环境下，此类食物更是容易储存，是亲朋相互馈赠的不错选择。与馕有着相似之处，二者都是在当地的干燥少雨的自然条件下，经过人们对于自然不断认知和适应之后的结果，是适时和适地的智慧选择。以前馓子常出现在节日场合，现在已成为常见食品。

图片来源
图一　丁诗瑶　摄影
图二、图三　丁诗瑶　制图

图二　维吾尔族馓子制作过程示意图

图三　维吾尔族馓子食用情景图

维吾尔族葱爆羊肉

图一　维吾尔族葱爆羊肉主图

这是典型的炒制类菜肴，大火急炒，用时较短。利用葱的天然物理性质达成整体的口味提升。炒制的过程可以形成不同于食材本身的新的味道，是开拓部分食材味道的同时形成额外新奇体会的过程。在温度达到一定程度时为食材的相互充分混合展开施展的舞台。

其具体制法：1.羊肉切片后加少许盐和淀粉，在开水中余熟。2.汤中加入酱油、淀粉等勾成汤汁。3.锅中放油后加热，先放葱花后放肉，爆炒。4.把汤汁倒进锅里，翻炒收汁。羊肉与葱的搭配也是一种互补，不论从形制到口感上，在葱的浓烈影响下，羊肉与配菜形成互相影响。在羊肉的材质选择上，选取的肉质要注意，包括选取羊的瘦肉部分，要保持肉质的鲜嫩和口感。从工具的选择上，一般以铁锅为主，针对炒制的高温条件和菜肴的口味要求看，铁质的工具有利于菜品的口感保持和营养成分不流失。

在炒制类食品中，维吾尔族的羊肉一直是主体，而羊肉的选用和烹制方式各有不同，整体突出肉质的鲜嫩和浓烈的口感。从民族造物文化体系当中的价值评述而言，丰富了造的含义和制作意义，在专有的本民族饮食体系之上更具有启发意义。

图片来源
图一　丁诗瑶　摄影
图二、图三　丁诗瑶　制图

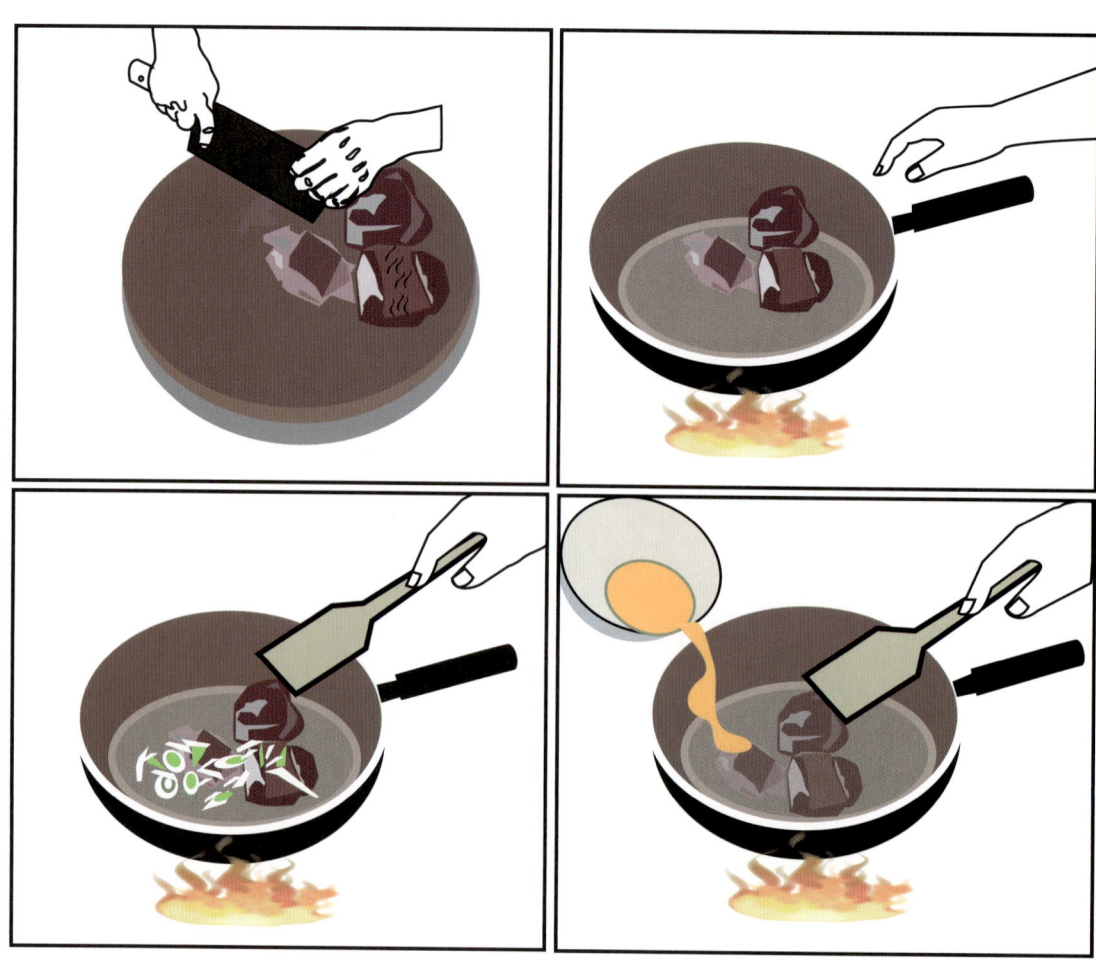

图二　维吾尔族葱爆羊肉制作过程

图三　维吾尔族葱爆羊肉食用情景图

维吾尔族葡萄干

图一 维吾尔族葡萄干主图

葡萄干即晒干的葡萄。葡萄干作为新疆地区独具特色的食品与当地的自然环境有着直接联系,新疆吐鲁番地区盛产葡萄,皮薄汁多,口感极佳。吐鲁番地势较低、日照强、降水极少等条件使得当地的葡萄有着极高的含糖量,成为新疆葡萄干的主要产地,在新疆其他地区也晾制葡萄干。当地的无核葡萄是制作葡萄干的优质原料。

其加工制作方法有两种,其中一种是晾制而成,晾房是晾制葡萄干的专用房屋。一般建造在房顶或高处以及通风处。晾房面积一般高3米、宽4米,长5~8米,房顶建造严密,四壁用土坯制成,留出通风口,砌成花墙,并且大小均匀。在室内树立带钩木架,把新鲜葡萄挂在木架上。自然风干。一般要30天到40天就可以晾晒成葡萄干。另外一种方法是直接摊晾在屋顶,阳光直接曝晒。

葡萄干的制作工艺显示了基本的设计智慧,就地取材,顺应自然的造物原理凸显出来。在充分利用地区气候条件和种植优势的情况下，葡萄干的原料供应充足，为完成整个晾制过程提供了便利条件。也使得葡萄干成为具有地域特色的传统食品，成为在主食之外调节饮食构成的组成部分。在体现地区饮食特色方面，葡萄干也具有设计学意义下的品牌效应。这与葡萄干制作过程所依赖的自然条件紧密相关，同时，新疆制作葡萄干有着悠久历史，在考古过程中也有相关发现。

图片来源
图一至图四　雷启兴　摄影
图五　樊甲山　摄影（微图网）

图二　维吾尔族葡萄干晾晒制作工具

图三　维吾尔族葡萄干晾晒晾房

图四 维吾尔族葡萄干制作过程

图五 维吾尔族葡萄干售卖示意图

维吾尔族馕丁炒肉

图一　维吾尔族馕丁炒肉主图

炒制的形式不同于煮制、油炸、烤制等，炒制突破了调料放置不多，口味较为单一的现状。这与所烹饪的菜肴形制本身有关，叶茎类蔬菜就不宜直接高温炒制时间过长。炒的过程核心是收汁，减少食材中的水分，凸显本身的口味。除调料之外，油的使用也很关键，在用量合适的前提下，加入加工过后的肉以及菜，使得肉菜均匀受热，在炒制的过程中可以为肉和馕提供充分的入味的机会。

其具体制法为：1.把馕切成丁，过油炸一下。2.锅中倒油，烧热，下羊肉，大火翻炒。3.馕丁与羊肉一起翻炒后盛出。4.洗净锅后，放油，放入洋葱丝、辣椒丁爆炒，然后把馕丁和羊肉倒入锅中翻炒。5.在锅中加入盐、酱油、孜然粉等，炒熟即可。

馕切丁就为炒制过程中佐料充分浸透在馕之中提供了基础，肉作为馕的配菜较为关键，二者搭配应形成口味上的有利互补。除考虑到菜肴的外形美观之外，还应充分配比营养结构,达到形式与功能之间的完整融合。羊肉作为主要食用的种类,在与其他配料的不同结合过程中可以形成新的食用体验。羊肉的温和滋补和馕的敦实就形成了合理的饮食补充。馕丁炒肉作为对于馕的吃法的探索,弥补了馕在口感上的缺点,配合羊肉,一同食用。馕丁炒肉是较为成功的设计案例,拓宽了设计的思维,为设计思路的开发起到了促进作用。

图片来源
图一　丁诗瑶　摄影
图二、图三　许江　摄影

图二　维吾尔族馕丁炒肉配料

图三　维吾尔族馕丁炒肉制作过程示意图

维吾尔族石榴汁

图一　维吾尔族石榴汁主图

石榴汁是以就地取材为设计原则，应用当地出产丰富的石榴为原料，经过简单加工即可食用的解暑饮品。维吾尔族制作出了多样的水果制饮料。石榴汁饮料就是维吾尔人利用取材方便的石榴制作而成的饮品，石榴有着较高的营养价值。维吾尔族人民在饮食文化和审美心理上对于石榴尤为钟爱，石榴也可以作为礼物进行馈赠，并且是流传已久的习俗之一。

石榴汁主要原料是石榴和砂糖，首先清洗水果，去掉石榴的皮。通过人工操作工具，进行榨汁。从气候因素看，水果类饮品是主食的有力补充，可以及时补充身体所需维生素，尤其在炎热的夏季，这类饮品是备受欢迎的天然饮品。石榴汁一般作为日常饮品售卖，因为易于操作，成本低廉，成为维吾尔族人民非常喜爱的饮料。也成为大街小巷较为常见的食品之一。在新疆地区的饮食结构中，果汁类饮品备受亲睐，有较高的药用价值。

石榴汁的制作原理反映出维吾尔族的饮食观念，较为推崇符合地区特点的食品，并且加工过程以简单为佳。反映出当地朴素的饮食理念，不崇尚珍奇的食物，较为依赖自然条件。石榴汁对于设计原理的探讨有着积极的作用，可以从中吸取有利于当今设计发展的因素。

图片来源
图一、图三　梁志平　摄影（微图网）
图二　Sabinoparente　摄影（微图网）

图二　维吾尔族石榴汁制作过程示意图

图三　维吾尔族石榴汁销售场景图

第三章　维吾尔族传统餐饮

维吾尔族新疆酸奶

图一　维吾尔族新疆酸奶

维吾尔族以鲜奶作为主要原料制作酸奶，早期的酸奶可能是游牧民族装在羊皮袋里的奶自然发酵而成的。由于气候干燥，酸奶有解渴的功用，一般是夏季解暑的饮品。为了起到降温的作用，有时也加入碎冰块。

新疆酸奶的制法是：1.新鲜纯牛、羊奶消毒、过滤。2.在奶中加入由酸奶发酵而成的乳菌，搅拌均匀，放在密闭的容器里发酵。3.放置在阴凉干燥处，一至两天后，就可制成酸奶。食用时可根据个人口味添加蜂蜜、白糖等调味。从制作方法来讲，依靠气候条件，尽量少地加入其他食材起辅助作用，体现了朴素简单的饮食理念。

酸奶的制作过程是发酵技术的体现，这一技术主要体现于面食和酒的酿造中，主要在于发酵方式的不同。酸奶的发酵依靠温度及少量引子。从饮食习俗看，维吾尔族人为了避免浪费，把剩余的酸奶放在布袋里，在较高的气温中让水分蒸发，制成奶酪。这也是当地常见的一种加工方式，利用自然条件进行干燥，把食物中的水分蒸发出去。干燥的方法利于储存食物，不易变质。体现了当地长期以来形成的生活习惯及饮食倾向。

图片来源
图一、图三　许江　摄影
图二　丁诗瑶　摄影

图二 维吾尔族新疆酸奶配料

图三 维吾尔族新疆酸奶制作过程示意图

第三章 维吾尔族传统餐饮

209

第四章
维吾尔族传统生活用具

喀什维吾尔族英吉沙小刀

图一　喀什维吾尔族英吉沙小刀主图

英吉沙小刀因产地在新疆喀什的英吉沙县而闻名，距今约 400 年历史。其传统制刀工艺，因手工打制，整体造型不一，锋利的刃口、刀柄选材多样、装饰丰富而跻身于新疆四大名刀之列，在 2006 年，被国务院授予中国非物质文化遗产称号。本案例拍摄于新疆维吾尔自治区博物馆，全长 24 厘米（带刀鞘）、宽 4 厘米、刀柄厚度 2.5 厘米，现代制品。

英吉沙县位于新疆塔里木盆地西部边缘，生活于此的维吾尔族人祖先以游牧生活为主，造就其尚刀的民族传统，刀具成为日常生活与生产活动中的必需品，既可宰剥牛羊又可切削果皮和熟的牛羊肉。一把普通小刀的制作时间大约六至八个小时，而优质的小刀，则需要一个熟练工人花二至三天的时间。所以英吉沙小刀的制作流程与工艺直接影响着小刀的质量与价值。具体工艺流程如下：选择优质钢材（轴承钢）——锻烧——捶打成刀柄、刀身——接合刀柄刀身——再次锻打——淬火——打磨——锉平——装饰刀身、刀柄等部位——缝制刀鞘并加以装饰——完型。装饰手法有拼贴法、镶嵌法、錾刻法，充分体现出工匠们精湛的技艺，同时也能体现地域特色。英吉沙小刀一般长十几二十来厘米，最大的达五十厘米以上，最小的仅六七厘米，兼具精美的装饰与优良的功能，形制总体形成弯式、直式、箭式、鸽式四大类。小刀的主体由刀柄与刀身两大部分构成。刀身又可分为刀背与刀刃，选用优质高碳钢材打制而成，削铁如泥；锋刃锐利，用其削刮铁条，而刀锋却不曾崩口、卷刃；为了美观，刀柄造型或弯或直，主体传统的装饰材料以常见牛羊鹿角为主，也有铜、银、玉质甚至宝石等昂贵的材质。一般的刀鞘多为铜制或者皮革制成，铜制的刀鞘上则有用各色的玻璃或塑料饰品镶嵌而成的各式各样的图案。另外刀与鞘带弹簧闭锁，乘马奔驰时不易丢失。皮革刀鞘对于保护刀具是非常重要的，但装饰较少，所

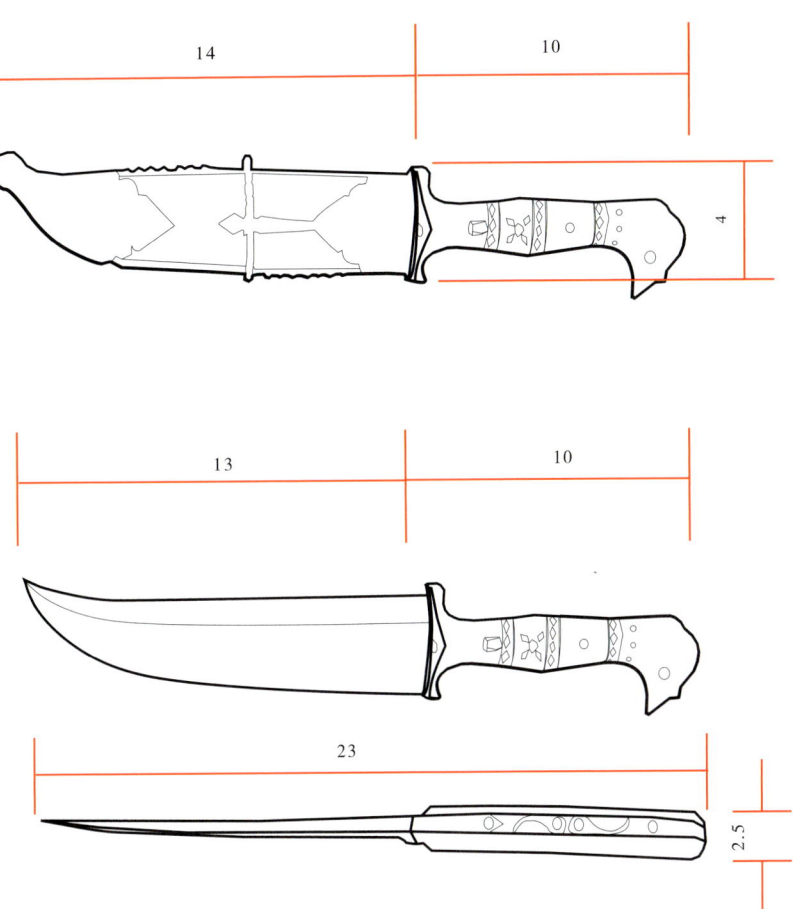

图二　喀什维吾尔族英吉沙小刀尺寸图（单位：cm）

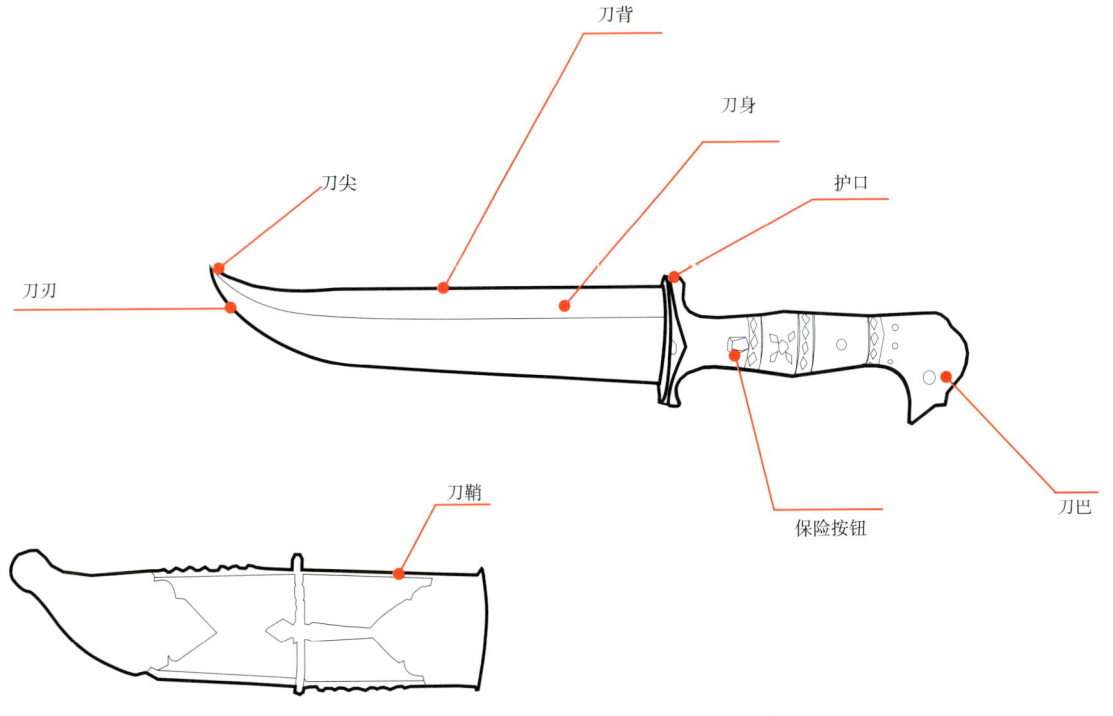

图三　喀什维吾尔族英吉沙小刀结构名称图

以皮革刀鞘多。刀鞘的制作是由艺匠们根据不同的刀型，量体施材，先用木片制作一个合体的内套，然后再用牛、羊皮缝在内套上。皮子事先要用模戳压制成简单朴素的适合纹样，再涂染以暗西洋红、玫瑰红、褐色、橙色或黑色，制成美丽的刀鞘。也有的刀鞘用银、铜和铝制作，显得更为珍贵。

英吉沙小刀作为维吾尔族人日常生活的重要组成部分，被应用于生产与生活之中，具有浓郁的民族和地域特色，其选材和装饰都体现出游牧民族的特点。

图片来源

图一　雷启兴　摄影

图二至图五　姚丹　制图

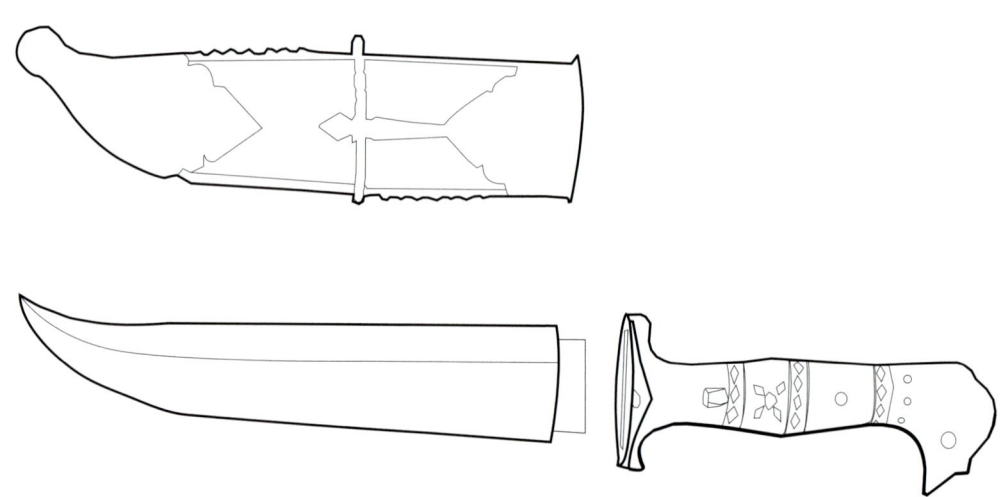

图四　喀什维吾尔族英吉沙小刀分解图

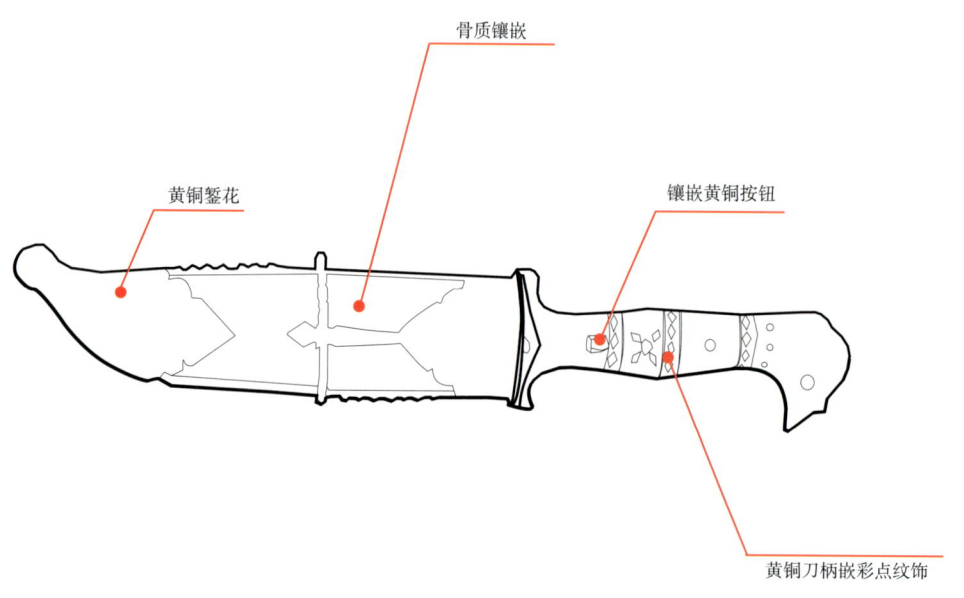

图五　喀什维吾尔族英吉沙小刀工艺分析图

龟兹维吾尔族库车小刀

图一 龟兹维吾尔族库车小刀主图

库车小刀因产地库车县而闻名，其制作历史约有300年。本案例通高32厘米，宽4厘米，手柄厚度为2.5厘米，现藏于新疆维吾尔自治区博物馆，现代制品。其经典造型为刀尖略向上翘，刀尾部后倾呈弯形。此类库车小刀即可作为配饰、亦可切削瓜果和牛羊肉。

库车小刀在维吾尔族刀具中独树一帜，它与驰名中外的英吉沙小刀相比而言：共同之处在于功能、材料和制作工艺流程基本一致；区别是在样式和设计美学上又存在明显区别，前者刀背较宽、整体感觉古朴实用，而后者造型多样、刀背窄、通体透着一种灵气。库车小刀用优质弹簧钢板锻打成型，刀锋锐利，削刮一般金属却并不卷刃。整体形态俏丽，刀柄纹饰多样，造型多鹰嘴型、鱼身型和流线型，其材质多选用铜、银、玉、骨、宝石和牛角等，配以镶嵌或雕刻工艺，形成圆、方、菱等几何图形，点线面相配合，并被涂以黑、白、红、绿、蓝、黄等色，使其外观晶莹剔透。

库车小刀在工艺方面坚守游牧民族传统，又吸收其它民族制刀工艺之精华，一方面融汇汉族刀具造型特色，另一方面又遵循伊斯兰工艺美术的审美趣味。库车小刀是维吾尔族为代表的草原文化与其它外来文化交融、碰撞、沉淀、继承与创新的产物。

图片来源
图一 雷启兴 摄影
图一至图四 姚丹 制图

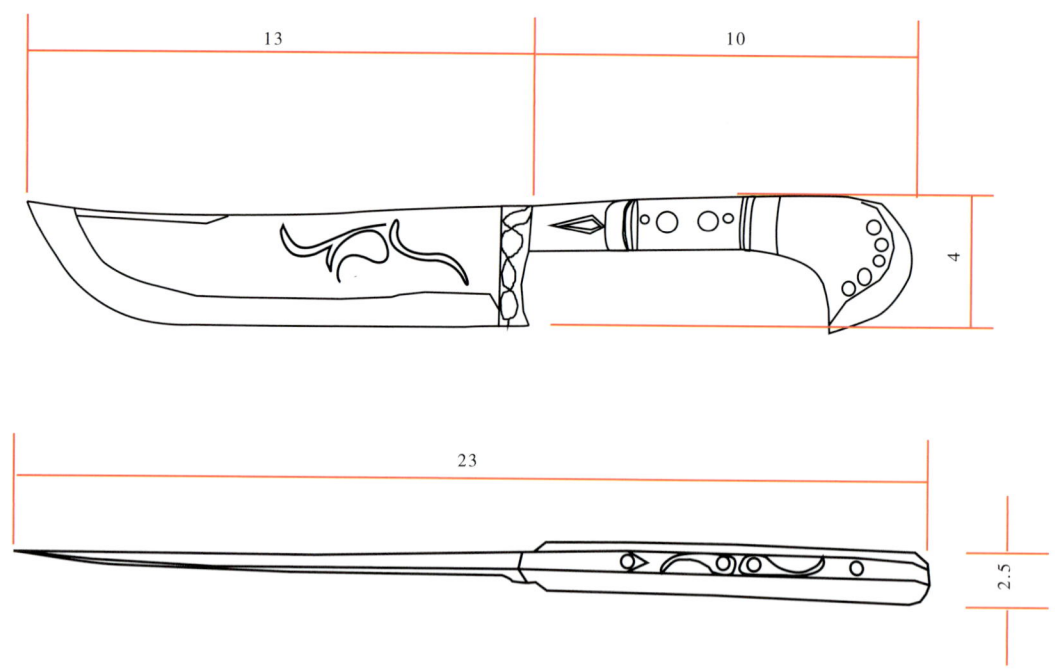

图二　龟兹维吾尔族库车小刀尺寸图（单位：cm）

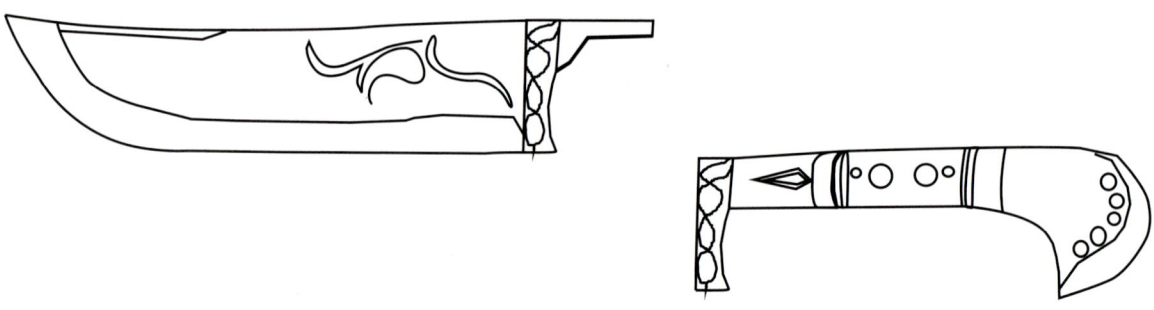

图三　龟兹维吾尔族库车小刀分解图

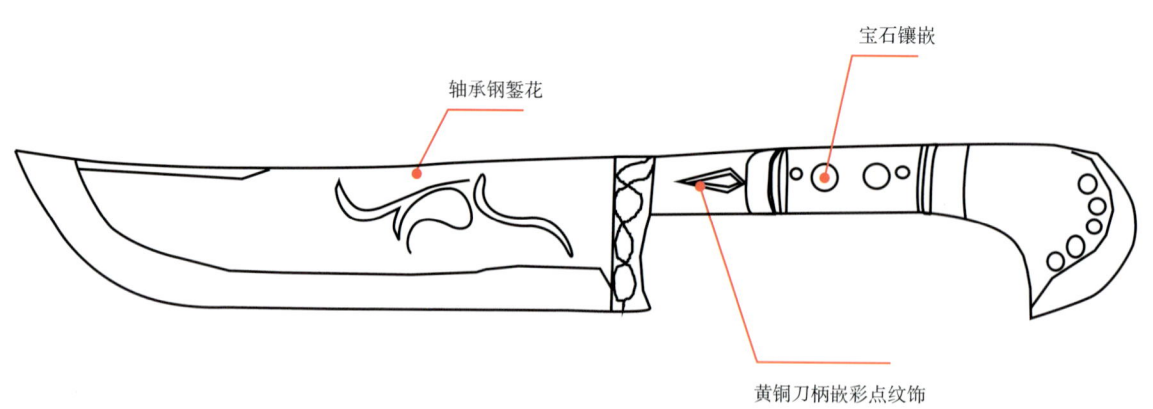

图四　龟兹维吾尔族库车小刀工艺分析图

维吾尔族腰刀

图一　维吾尔族腰刀主图

维吾尔族腰刀因佩戴于腰间而得名，是单面长刃的短兵器，广泛流行于新疆各地，多为维吾尔族青壮年男性所佩戴。本案例通体长49厘米、刀身长37厘米、刀柄长12厘米、宽5.5厘米、厚2.5厘米，现代制品，现藏于新疆维吾尔自治区博物馆。

此类腰刀刀身兼顾强度和韧性的特点，具体表现在刀刃处强度高而锋利，刀背则韧性强而不易于折断，这样适度设计的优点在于刀刃强度提高的同时保证其突出的砍切功能，而优异的韧性则可保证其较长的使用寿命。工匠们为了达到这一设计效果往往通过反复锤打钢铁合金得到。因此，合格的工匠通常集经验、技术和劳力三者于一身。另外，还要通过加钢淬火和刀体的修饰使得腰刀具有精美大气、持久耐用的特点。腰刀刀柄装饰多用优质的红铜片或黄铜片、铝片、牛角等材料搭配叠合而成，再经过多次打磨后形成色彩绚丽自然的特点。而刀鞘除以皮革为主外，还有铁鞘铜箍和铜鞘银箍两种，无论采用何种材质，其装饰通常配以简洁的抽象纹样，凸显其优异的使用功能。

维吾尔族腰刀体现出维吾尔族男性阳刚雄强的一面，这一特征通过腰刀精湛的工艺、考究的选料和精致的装饰表现的淋漓尽致，也是草原文化对维吾尔族民族性格影响的具体展现。

图片来源
图一　雷启兴　摄影
图二至图五　姚丹　制图

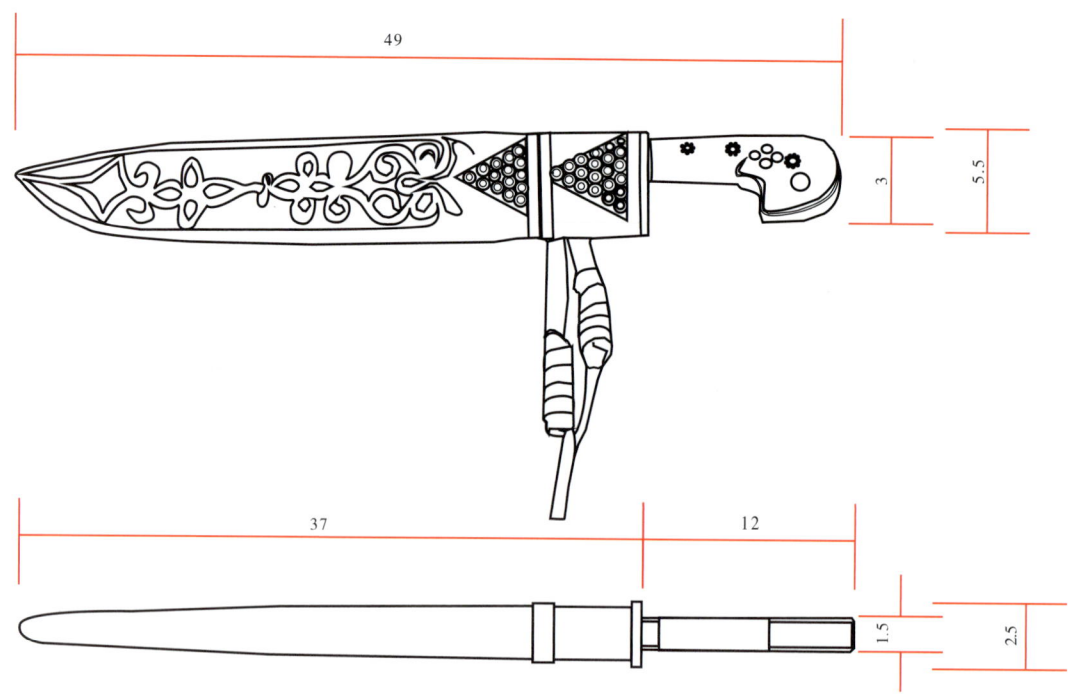

图二　维吾尔族腰刀尺寸图（单位：cm）

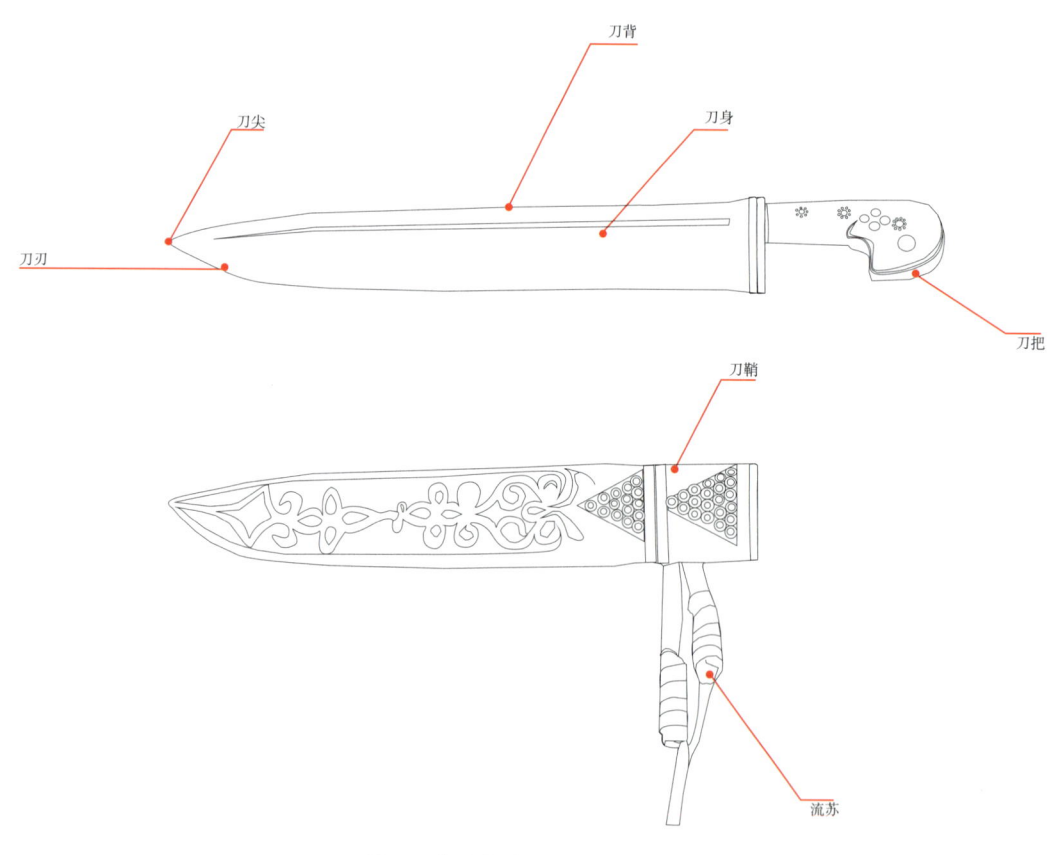

图三　维吾尔族腰刀结构名称图

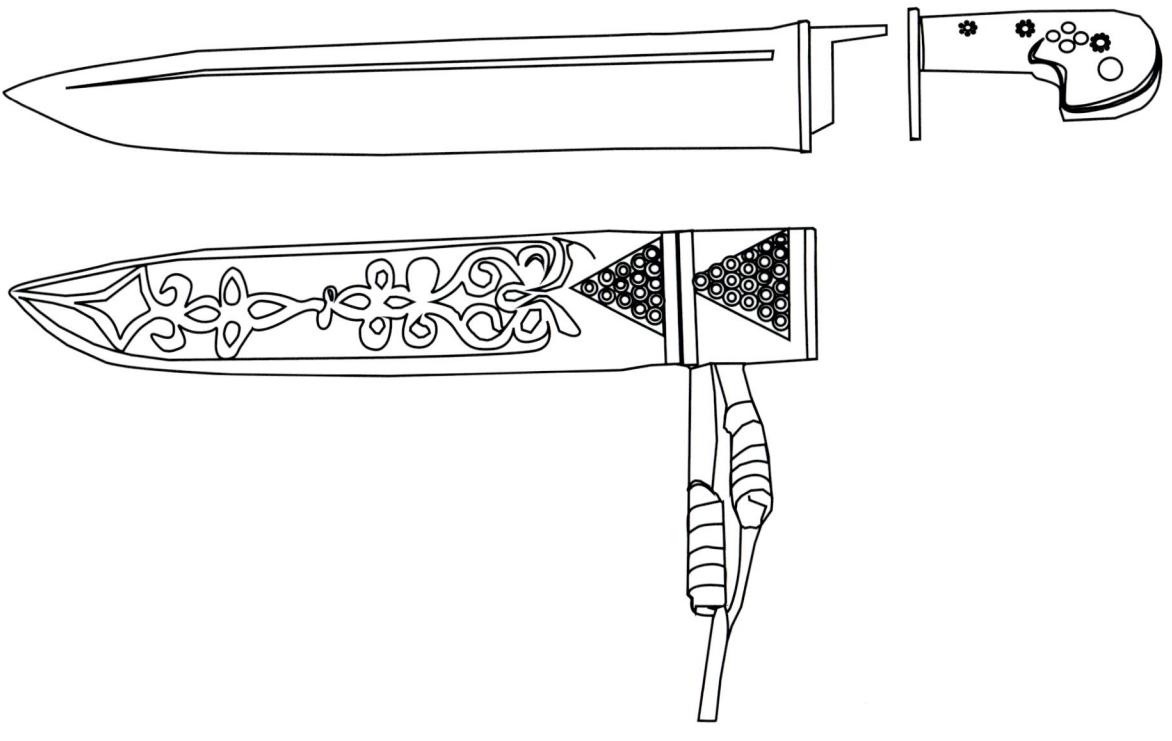

图四　维吾尔族腰刀分解图

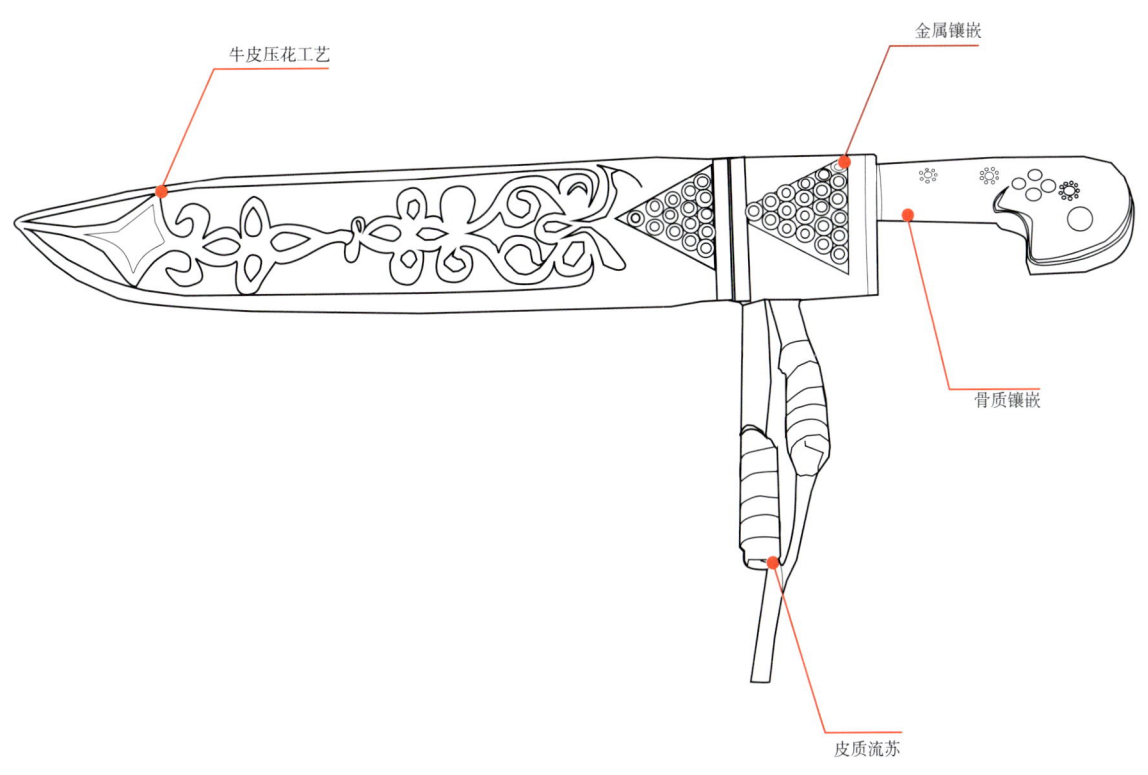

图五　维吾尔族腰刀工艺分析图

维吾尔族铜瓶

本案例作为维吾尔族人民日常必不可少生活用品，主要用于盛装酒水，高 25.5 厘米，瓶腹直径 8 厘米，现藏于新疆维吾尔自治区博物馆，当代制品。

此例材质以选用红铜，因其质地软而熔点高，具有很好的导热性能，故能节省燃料、缩短加温时间，又有良好的延展性，易于冷热锻造成型，相对于白铜和黄铜来说更易于加工，这也是维吾尔族人基于对铜的物理属性认识上对材料的能动性选择。在造型上，整体形态流畅，轮廓多曲线，瓶口呈花瓣状，颈部纤长，圆腹，有底座。器体表面多装饰以植物纹样为主的浅浮雕，配合以磨砂与抛光工艺使其富于金属光泽的同时增添些许粗糙的质感，使得视觉感受丰富而有层次，反映了人们的精神追求和审美追求，体现出伊斯兰教影响下审美特征和世俗生活中的浪漫主义气息，人们在使用铜器的过程中，体验的不仅仅是一种审美上的愉悦感，还带来一种精神上的享受，而且使信仰与行为神圣化、虔诚化，蕴含丰厚的民俗和宗教文化内涵。

综上所述，新疆维吾尔族传统铜瓶在其装饰纹样和造型上均体现出维吾尔族民族特征和伊斯兰艺术的审美情趣，在器物整体设计上兼顾了实用性和趣味性的统一。

图片来源
图一　雷启兴　摄影
图二至图五　姚丹　制图

图一　维吾尔族铜瓶主图

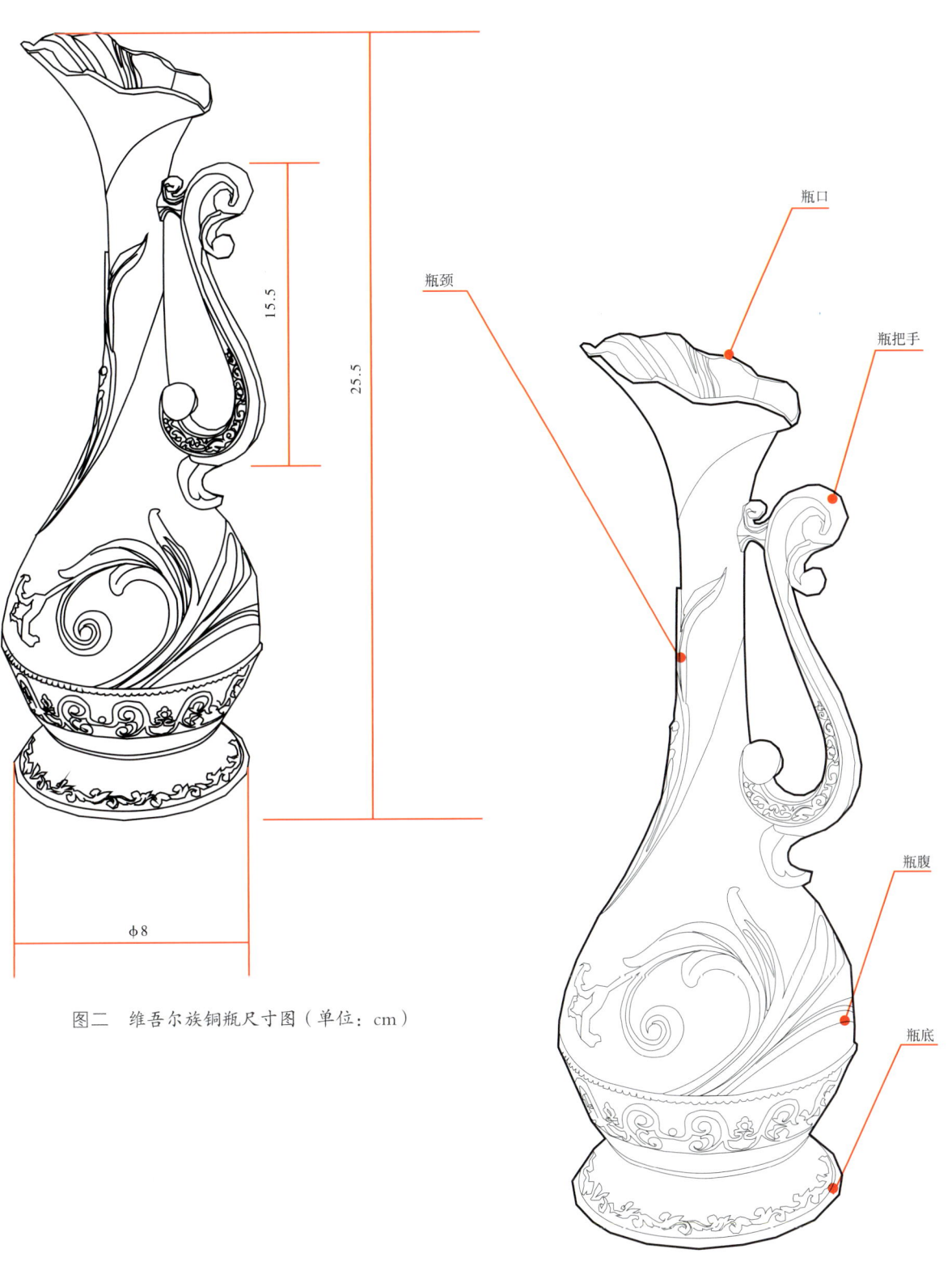

图二　维吾尔族铜瓶尺寸图（单位：cm）

图三　维吾尔族铜瓶结构名称图

第四章　维吾尔族传统生活用具

221

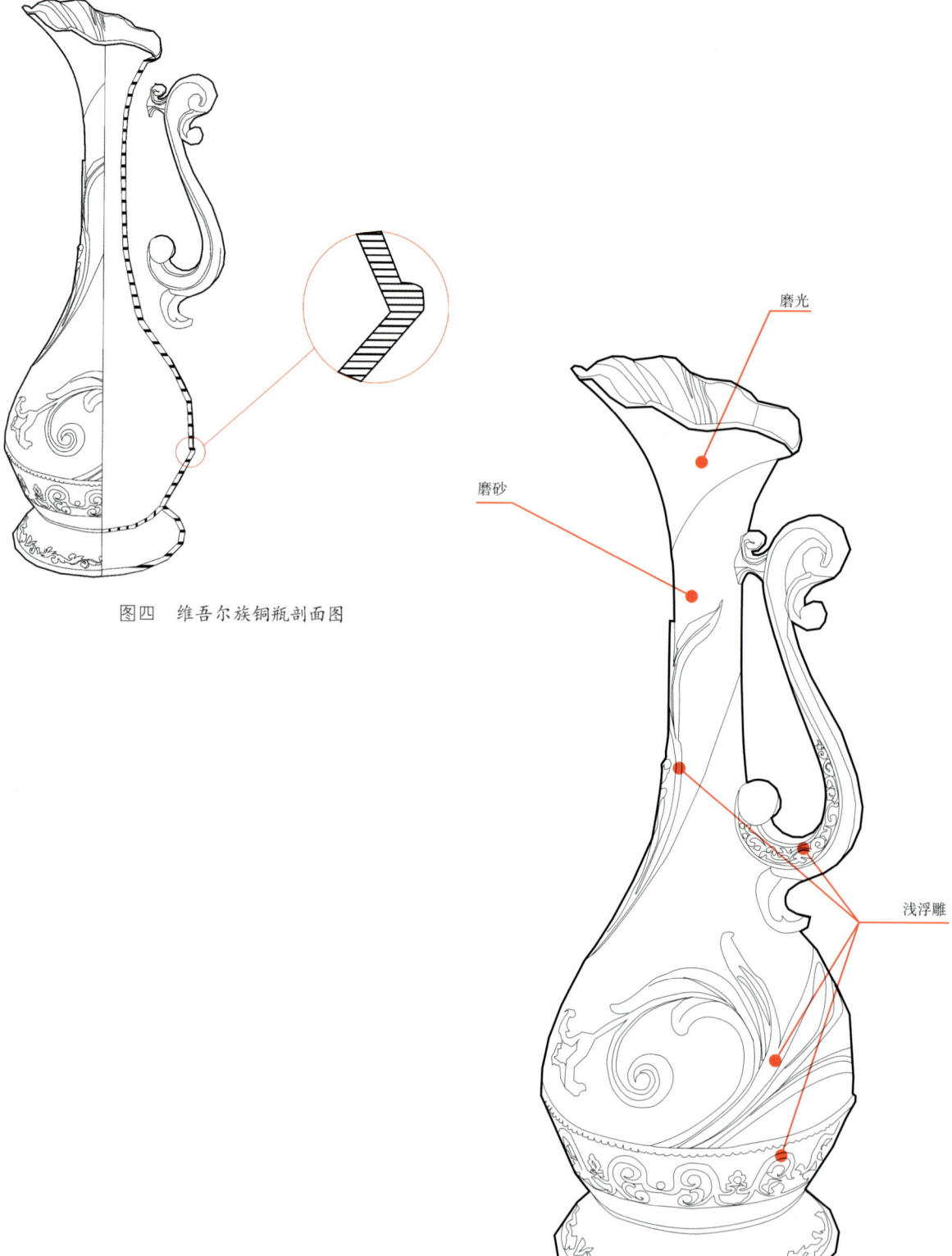

图四 维吾尔族铜瓶剖面图

图五 维吾尔族铜瓶工艺分析图

维吾尔族木梳

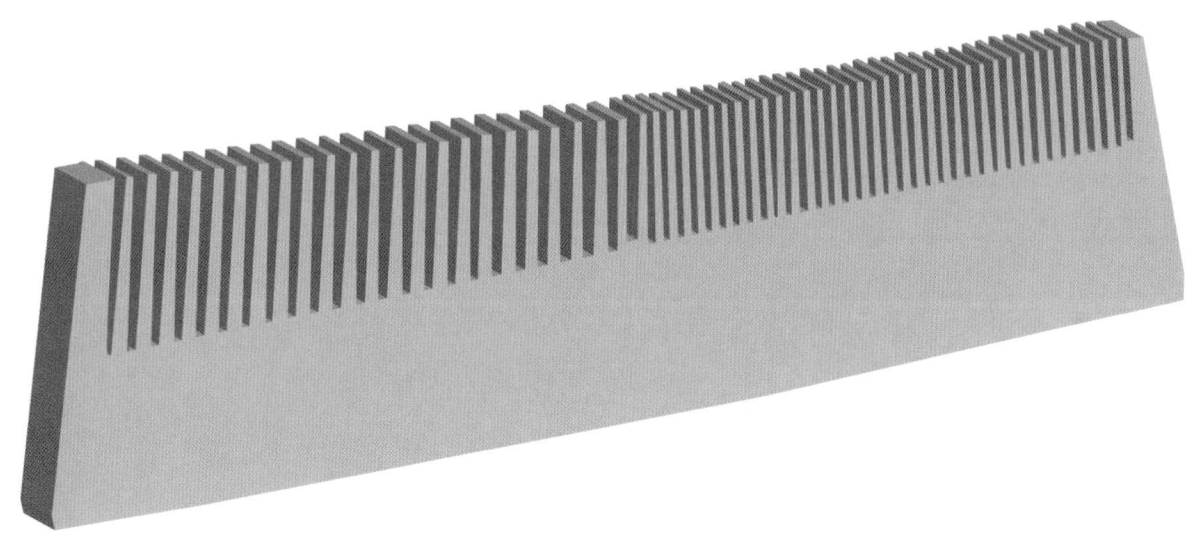

图一　维吾尔族木梳主图

维吾尔族木梳作为人民日常必不可少的生活用品，用于整理仪容，梳理须发，常见于新疆各地集市梳妆用品店铺中。本案例的木梳长 15 厘米，最宽处为 4.5 厘米、最窄处为 3 厘米，厚度 0.5 厘米，属于现代制品。

早在两汉文献中首次将"栉"区分为"梳"与"篦"，其形制不变，只是齿数有了疏密之分，齿相对疏者为"梳"，而密者为"篦"。由此可见，新疆维吾尔族百姓所用梳子与汉族并无明显差别，在制作材料的选择上，多就地取材，以该地区常见的杨木为主。在具体制作工艺流程中，首先是出料制坯，具体做法是将整块木料切分成若干适宜制梳的小块木料；其次，将这些小块木料（即梳坯）切割并定型；再次，用割锯挫齿和扦口，并将梳齿挫尖成鸡舌状，保证齿距一致，齿长适宜；最后，用细沙抛光梳背和梳齿，再涂上两遍油漆后，一把内厚外薄的木梳就基本完成了。本案例造型简洁实用，无任何装饰。但是，还有一部分梳子制成后还会在梳背处加以印花、刻花或者烙花等装饰。

在维吾尔族传统造物体系中，虽然存在大量具有本民族造型和装饰"独特性"的传统日常用品，但也有一些"普适性"的传统造物种类，它们常见于满足基本衣食住行用的诸多方面，构成其最为广泛的造物基础。

图片来源
图一至图五　姚丹　制图

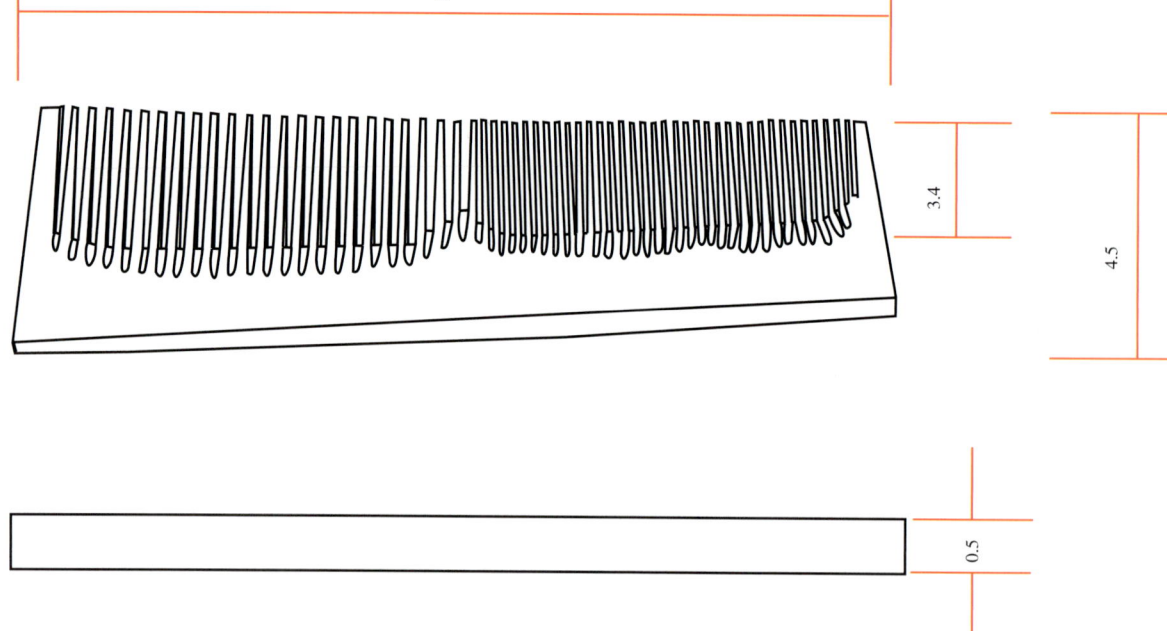

图二 维吾尔族木梳尺寸图（单位：cm）

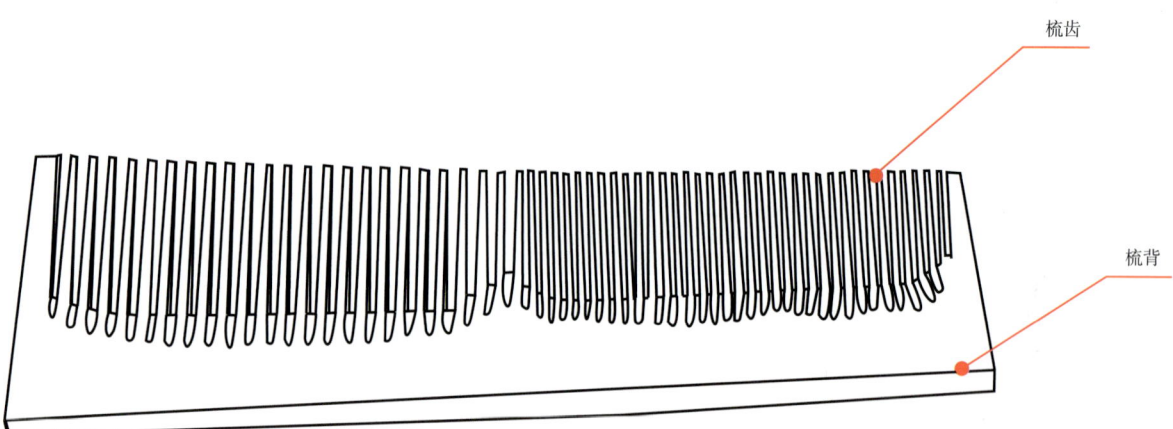

图三 维吾尔族木梳结构名称图

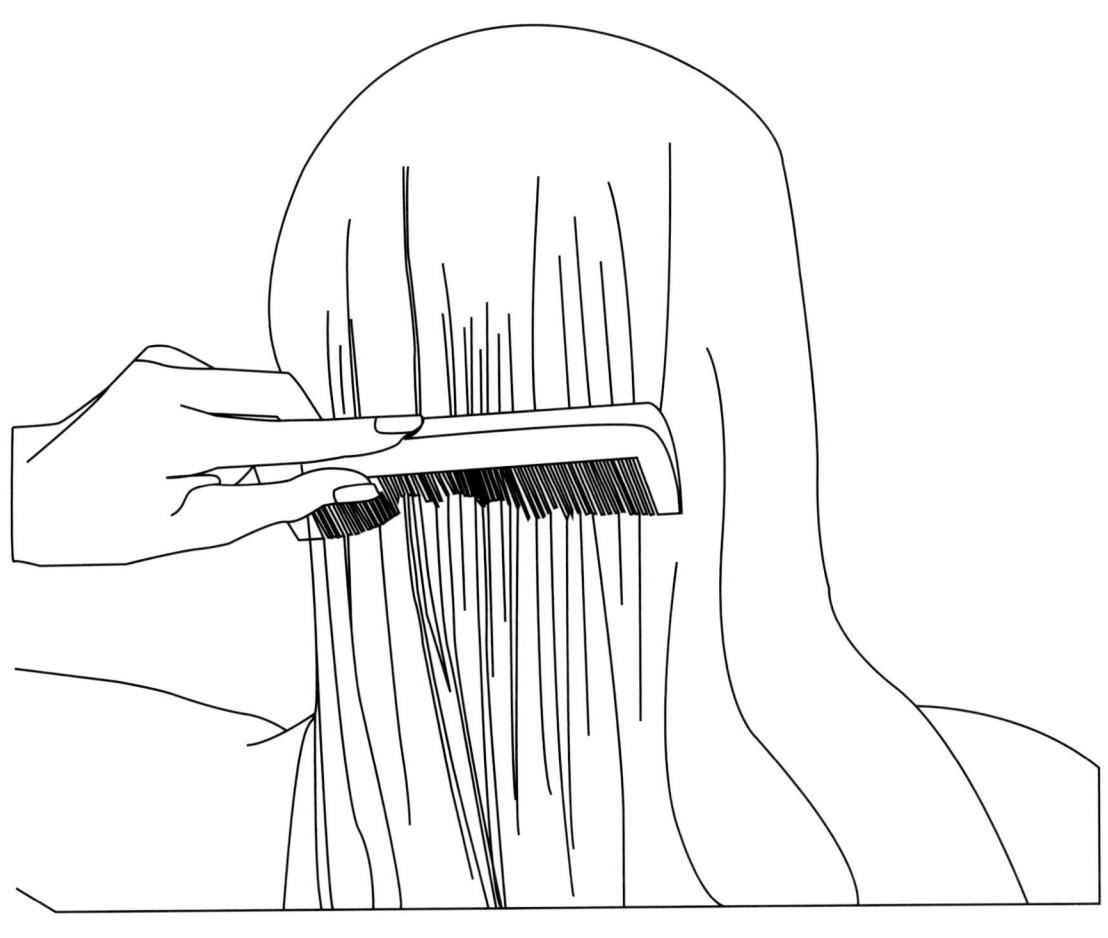

图四　维吾尔族木梳操作图

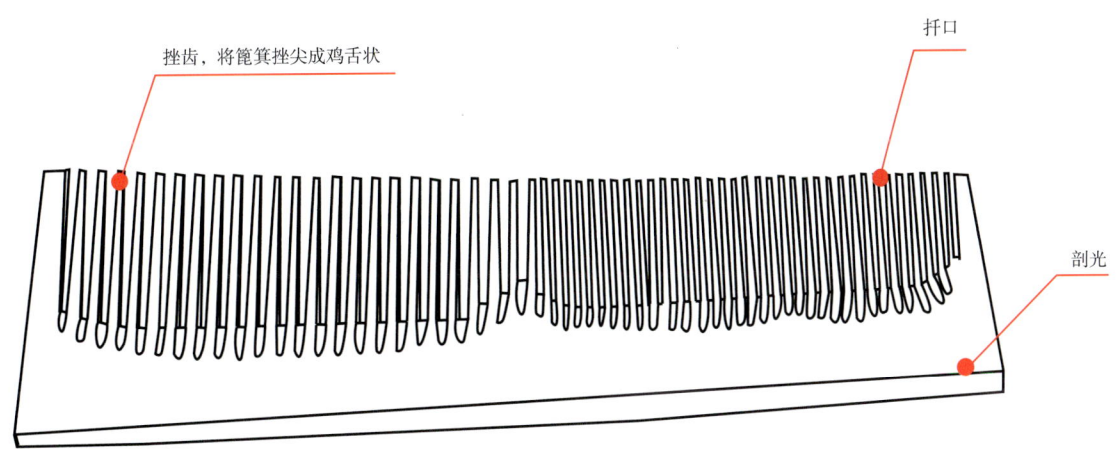

图五　维吾尔族木梳工艺分析图

挫齿，将篦箕挫尖成鸡舌状

扦口

刨光

第四章　维吾尔族传统生活用具

吐鲁番维吾尔族油灯架

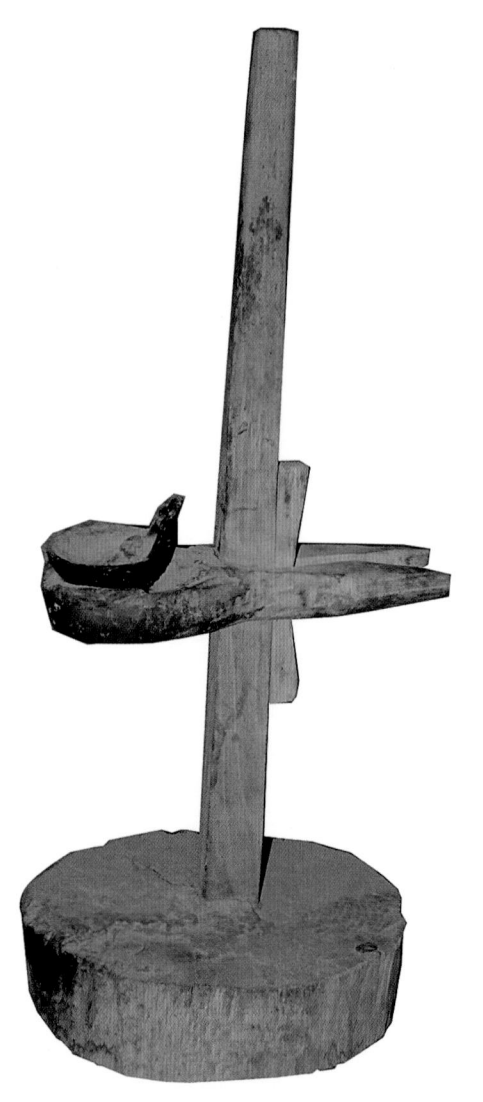

图一　吐鲁番维吾尔族油灯架主图

本案例为现代制品，作为灯具配件，用于托举灯台。此物现收藏于吐鲁番市维吾尔古村落。除灯台为陶制外，其余各部均为木制，整体长 50 厘米，底座直径 22 厘米。

本案例由灯柱、灯台、灯夹和灯座四个部分组成，各部分通过穿插榫接而成。它的基本形态是由灯柱底端垂直插入灯座中心，由此处支撑起灯台和灯夹，灯夹位于灯柱中部，与灯座平行，一端托起灯台，灯台为瓷质小圆碟，其中盛有灯油，在灯油中浸有灯芯一根，需要使用时，点燃即可。由图可知，案例中的灯具造型简朴，以凸显其功能，适用于平民百姓日常生活起居照明之用，在新疆部分边远地区至今仍在使用。

总之，此物遗留着吐鲁番地区人民日常生活的历史面貌，其质朴的选材、简洁的结构、低廉的生产成本，反映出为满足中国古代灯具设计中"近取诸身，远取诸物"造型特征而设计的初衷，同时又折射出维吾尔族民众的杰出造物智慧。

图片来源
图一　雷启兴　摄影
图二至图五　姚丹　制图

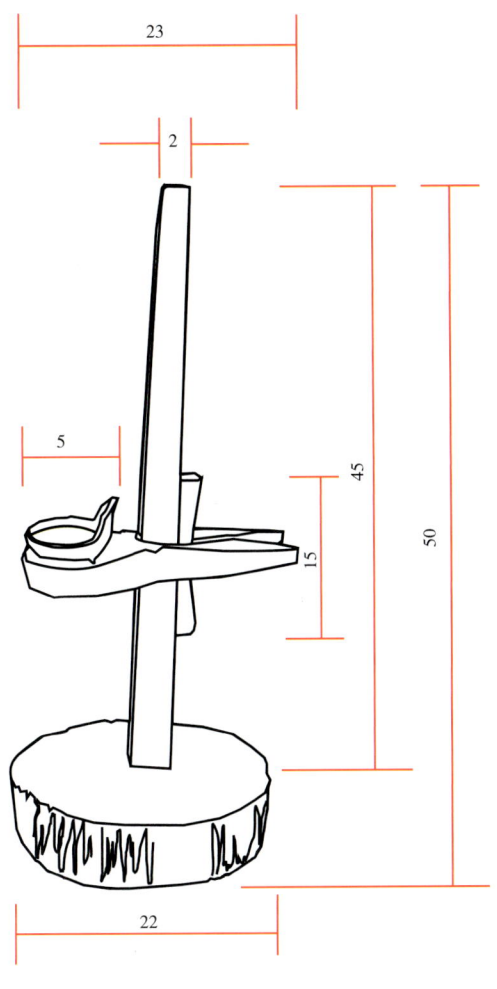

图二　吐鲁番维吾尔族油灯架尺寸图（单位：cm）

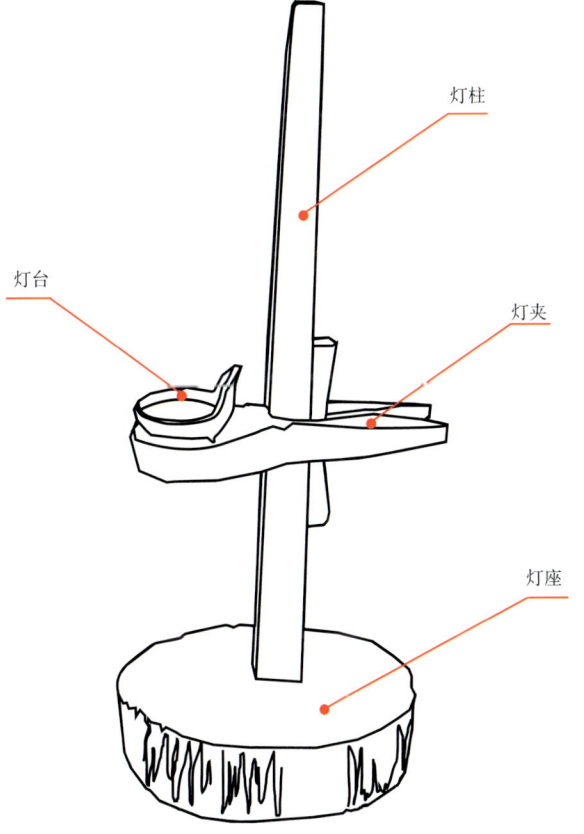

图三　吐鲁番维吾尔族油灯架结构名称图

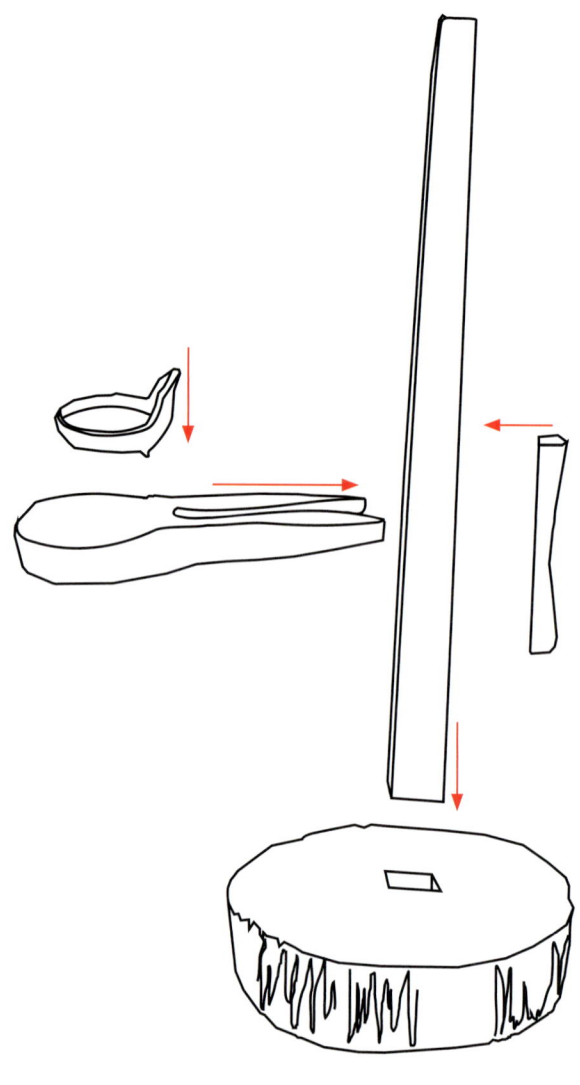

图四 吐鲁番维吾尔族油灯架分解图

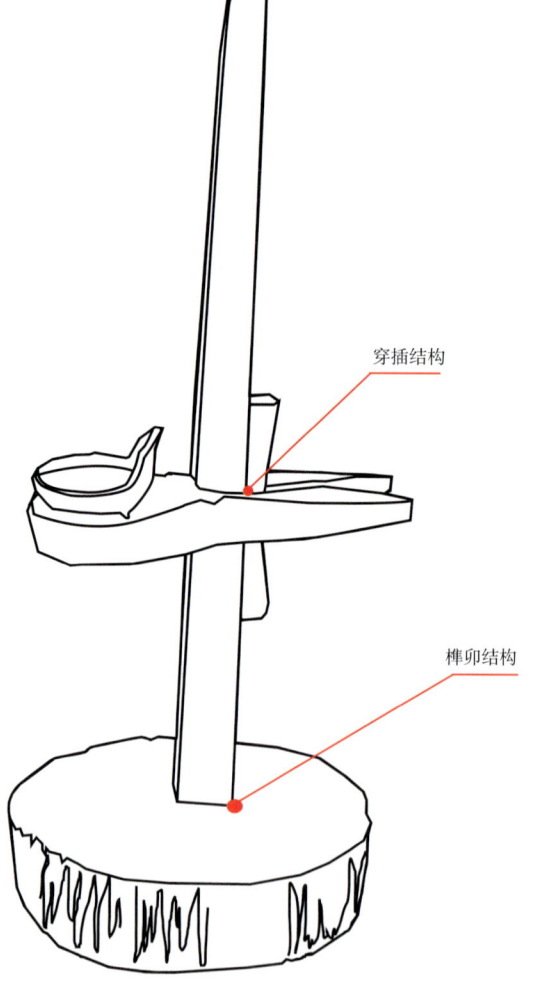

穿插结构

榫卯结构

图五 吐鲁番维吾尔族油灯架工艺分析图

吐鲁番维吾尔族木箱

图一 吐鲁番维吾尔族木箱主图

本案例是维吾尔族家庭居室内常见物品，同时也是维吾尔姑娘婚嫁时不可缺少的嫁妆之一，用于储放衣物、被褥等，其形制多样、大小各异，当代制品。本案例长木箱长80厘米、宽30厘米、高40厘米，现陈设于吐鲁番市维吾尔古村落。

此物是金色镶嵌花木箱，另外还有以银白色马口铁皮细条制成的款式。此箱表面装饰以网格、方形和菱形纹样，花纹细密紧凑，抛光后的金属部件熠熠闪光，给人以富丽堂皇之感。此外，还有彩绘、雕花木箱两种彩绘类型。彩绘花木箱多是在箱面中心绘一组花篮式纹样，加角隅纹，花纹多用各种花卉、蓓蕾、果实、枝蔓，自由组成。雕花木箱图案一般不着色，用各种花卉、几何纹、壶、罐、瓶等组成纹样雕刻在本色木箱面上，显得朴实无华，古香古色。金色镶嵌花木箱的大致流程为选材、定型、镶铜皮和镶图案。具体工序如下：首先，用白杨木制作白皮木箱，基本形成箱盖和箱体两大部分；其次，在箱体表面打上一层石膏，然后在四周钉上铜皮；再次，用冲子在铜皮上刻出图案，然后用小铁钉将依据所需图案的形状与颜色进行裁剪铁皮细条，镶嵌成各种图案；最后，安装提手、拍子和锁扣等配件。按照这一流程完成的维吾尔族镶嵌画木箱大概要花费一个熟练工匠三至五天的时间。

维吾尔族传统木箱兼具实用与装饰作用，是具有本民族审美特征的典型家具。

图片来源

图一、图七　雷启兴　摄影
图二至图六　姚丹　制图

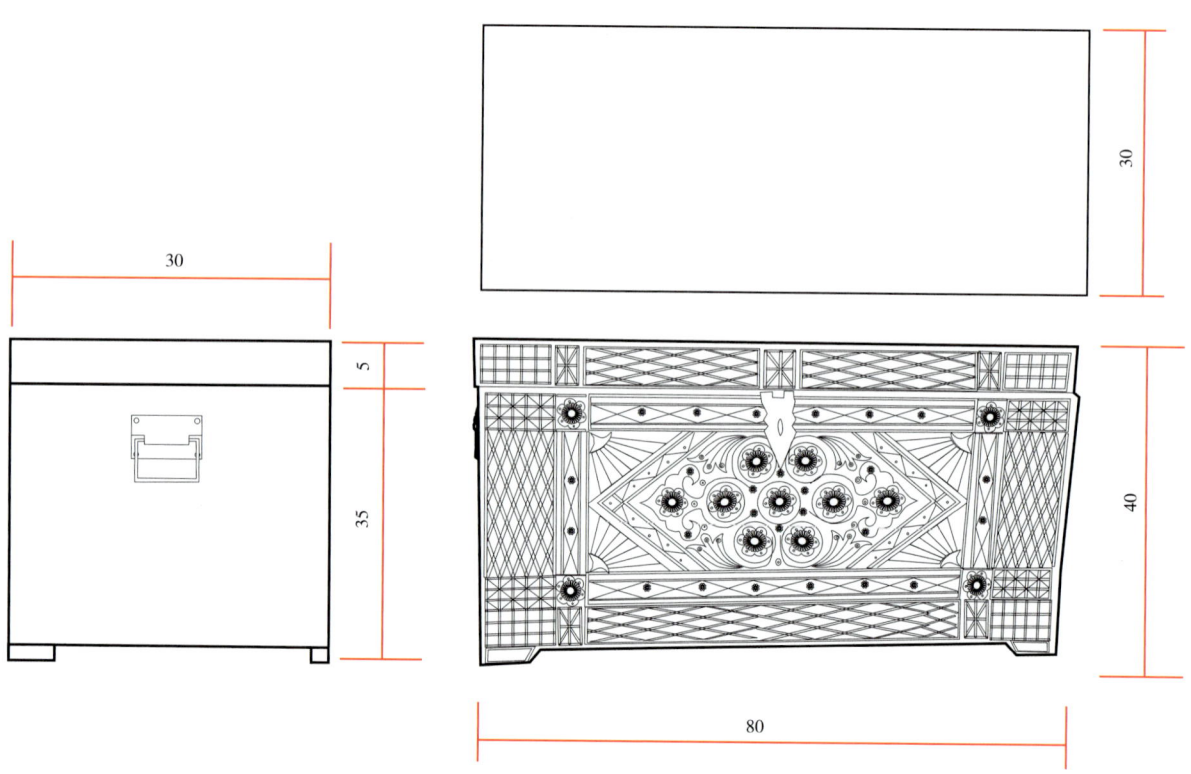

图二　吐鲁番维吾尔族木箱尺寸图（单位：cm）

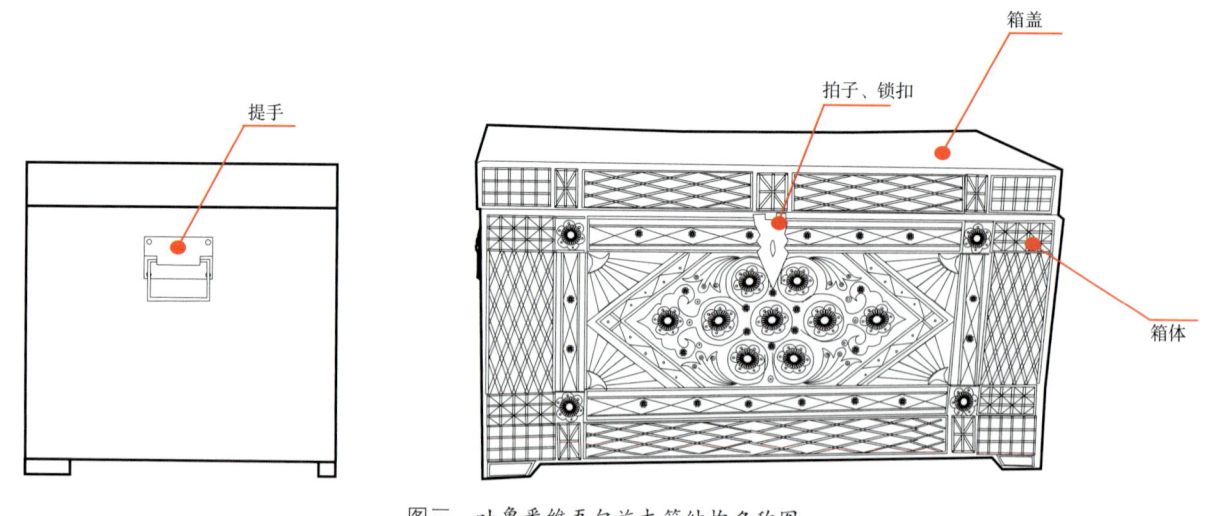

图三　吐鲁番维吾尔族木箱结构名称图

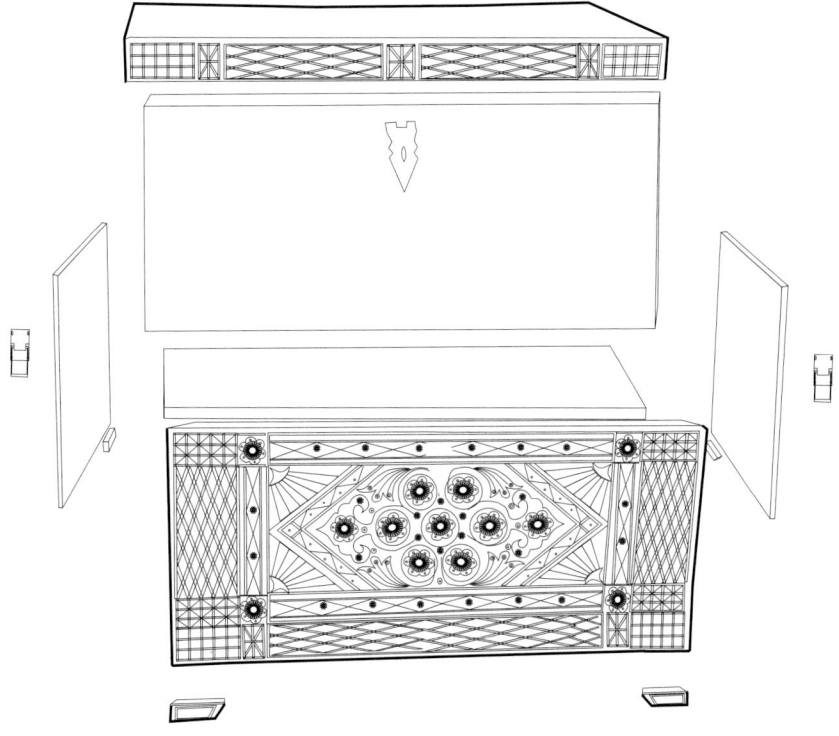

图四　吐鲁番维吾尔族木箱分解图

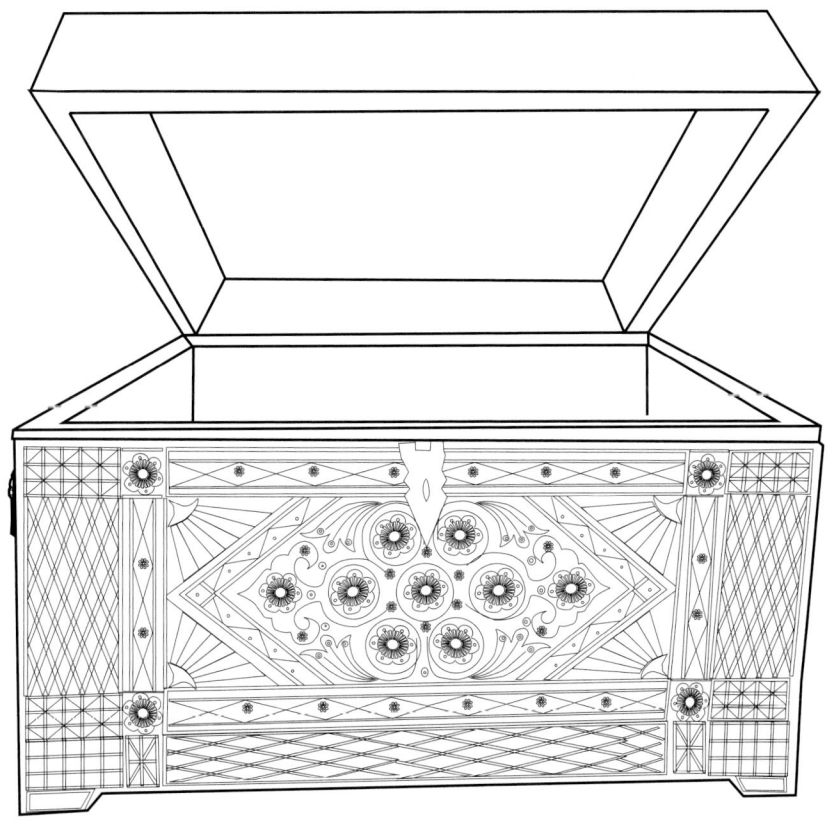

图五　吐鲁番维吾尔族木箱操作分析图

第四章　维吾尔族传统生活用具

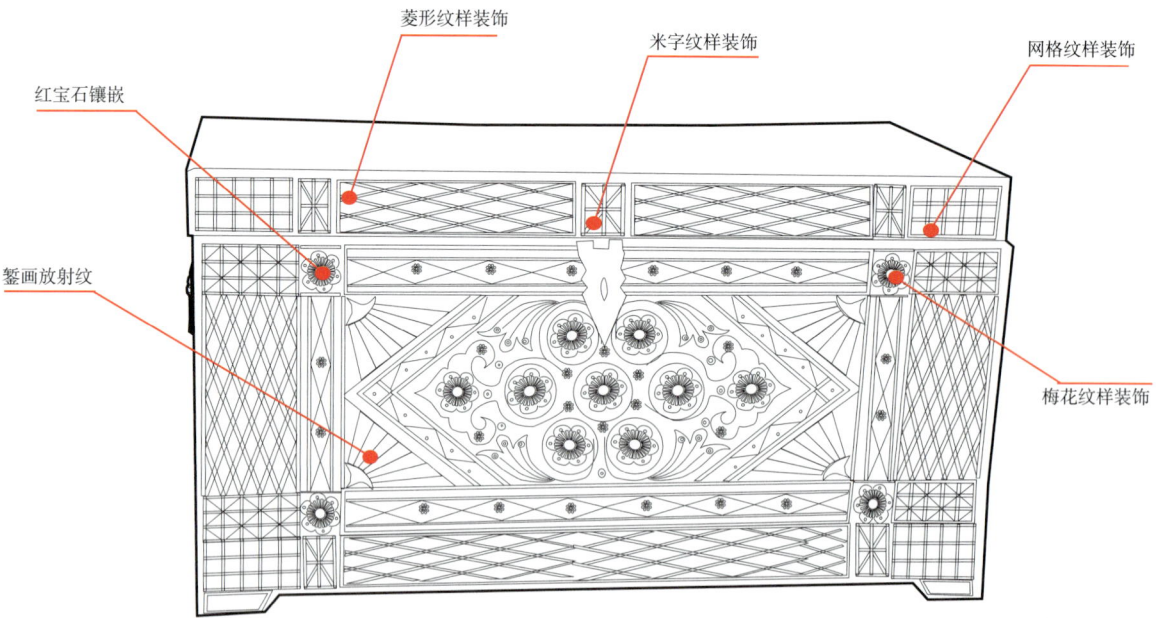

图六 吐鲁番维吾尔族木箱工艺分析图

图七 吐鲁番维吾尔族木箱使用气氛图

吐鲁番维吾尔族梳妆镜

图一　吐鲁番维吾尔族梳妆镜主图

本案例为木制梳妆镜，当代制品，长 25 厘米，宽 12 厘米，高 35 厘米，现陈设于吐鲁番市维吾尔古村落。

此物由镜框、镜面和镜座三部分构成，除镜面外，其余部分均为木质。镜框上由深浅浮雕装饰，连带镜面插入镜座。镜座造型宽厚，视觉上给人以平稳之感，功能上则用于稳固镜面便于摆放。此类物品通常被置于女性居室中，因此细节多以有机的造型、蜿蜒的植物纹样装饰，一方面折射出使用者柔美的气质和爱美心态，另一方面反映出使用者的生活情趣以及对美好生活的向往，故至今还流行于维吾尔族聚居的乡村地区。

维吾尔族传统梳妆镜在功能上不仅表现

在鉴容与装饰，同时在装饰细节处理上的别具匠心反映出设计者对年轻女性审美心理的关注。但从形制和制作工艺上比较而言与汉族同类型梳妆镜的特征基本吻合，体现出维吾尔族与汉族间造物文化的移植与借鉴。

图片来源

图一　雷启兴　摄影

图二至图五　姚丹　制图

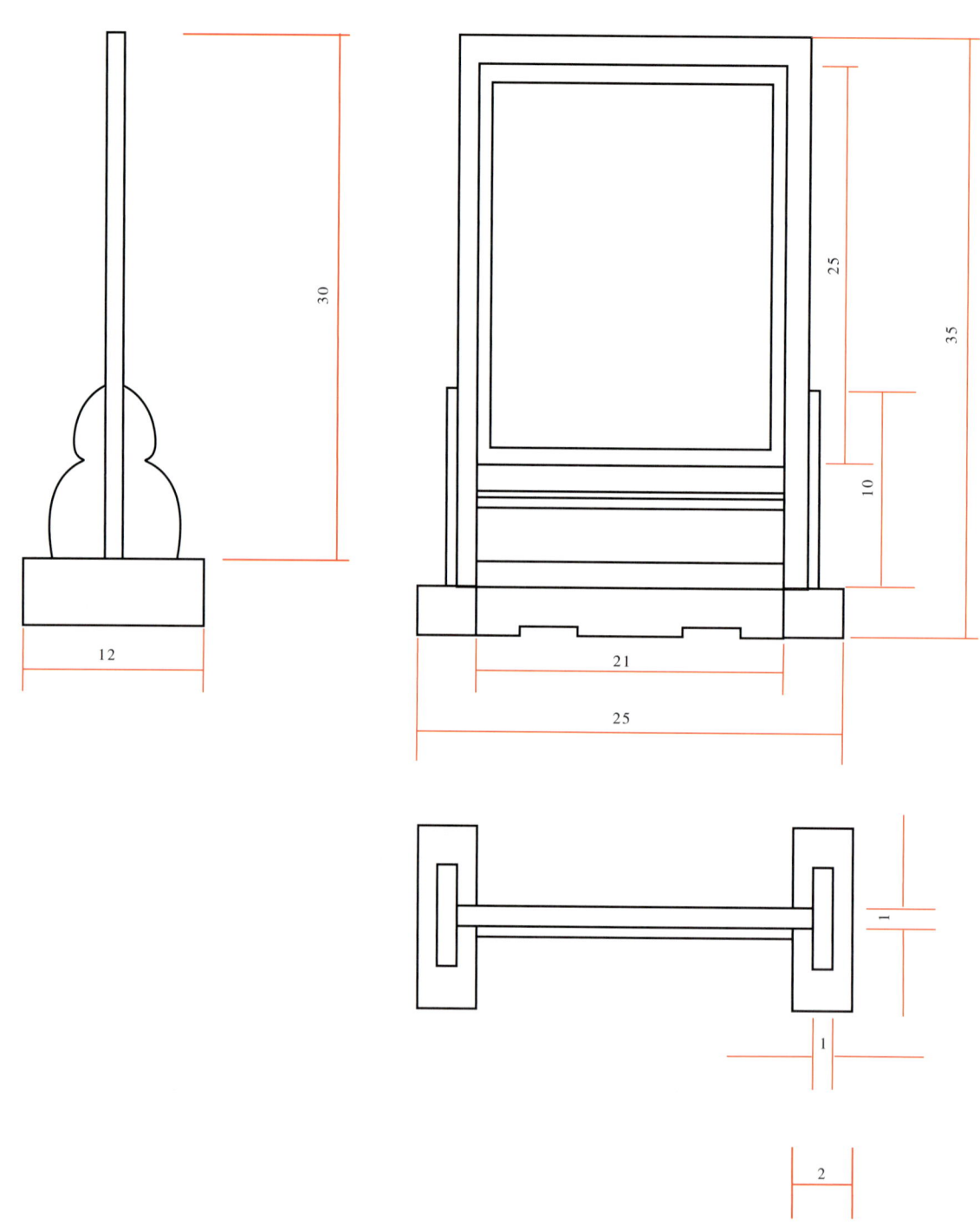

图二　吐鲁番维吾尔族梳妆镜尺寸图（单位：cm）

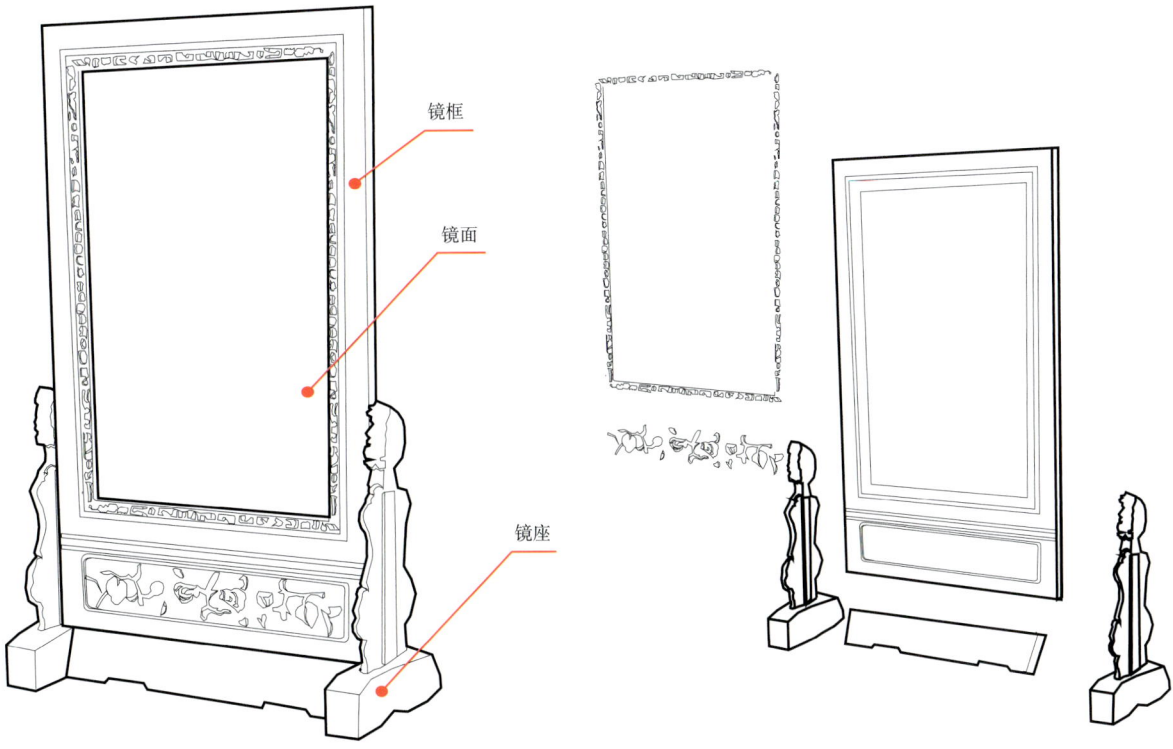

图三 吐鲁番维吾尔族梳妆镜结构名称图

图四 吐鲁番维吾尔族梳妆镜分解图

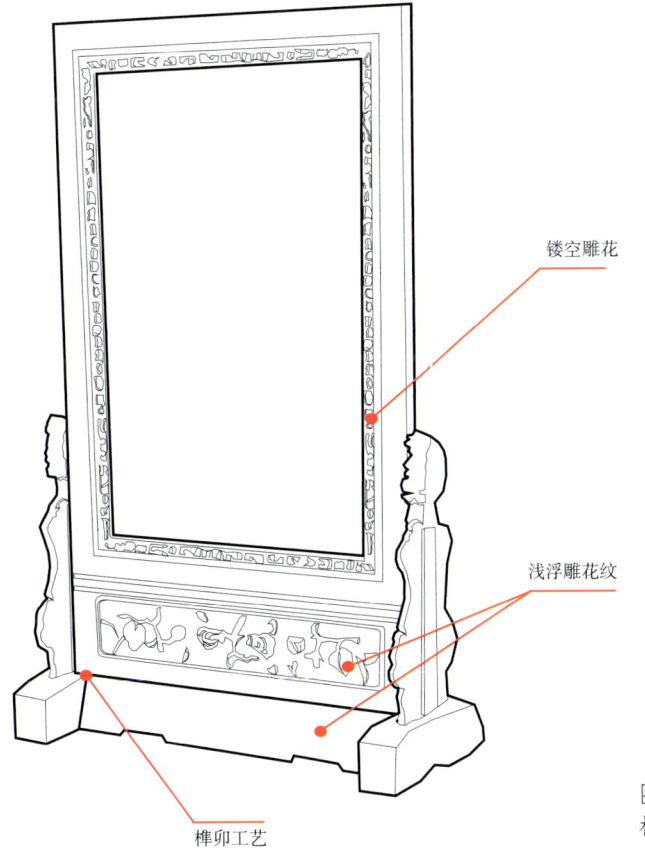

图五 吐鲁番维吾尔族梳妆镜工艺分析图

第四章 维吾尔族传统生活用具

吐鲁番维吾尔族木橱

图一　吐鲁番维吾尔族木橱主图

本案例现陈设于吐鲁番市维吾尔古村落，整体结构简洁、形与桌案相似，其结构由橱面、橱门、抽屉、牙板、底枨、四足、旁板、背板和吊牌组成，长60厘米、宽40厘米、高80厘米，从装饰和细节上体现出浓郁的生活气息。综合工艺、形制和装饰等因素可推测出制造时间为现代。另外，从此案例组合搭配推测，也能作为床头柜使用。

其中，橱面无翘头，为平头案式样。橱体有三屉和一扇橱门，属于连三橱类型。橱面左右两侧各有呈垂直状旁板（或称"墙板"）一片，在其背部则有背板一片。此外，橱面与前足相交处有装饰牙板两片，用暗榫相接。此橱分为三层，中间加横枨隔开。上层设有两个抽屉，抽屉以短柱间隔；中间有抽屉一个；下层则配有橱门一扇。上中下三层上均配有铜质吊牌一枚，与抽屉和橱门串联构成活动拉手，使用方便，体现出民间匠师的巧思。通体部件之间均使用榫卯结构，基本工序为：首先制作完成各部件，然后拼接组合，最后上漆及装饰。

这类维吾尔族传统木橱不仅可以用于存

放衣物，也可扩展存放杂物。此物在立足于储物功能基础上，追求与其它家具的搭配使用，便于组合，体现设计者对生活空间布置的聪明才智。但从样式和工艺上看，有汉族橱柜的某些特征，体现出民族间的借鉴与融合。

图片来源

图一　雷启兴　摄影

图二至图五　姚丹　制图

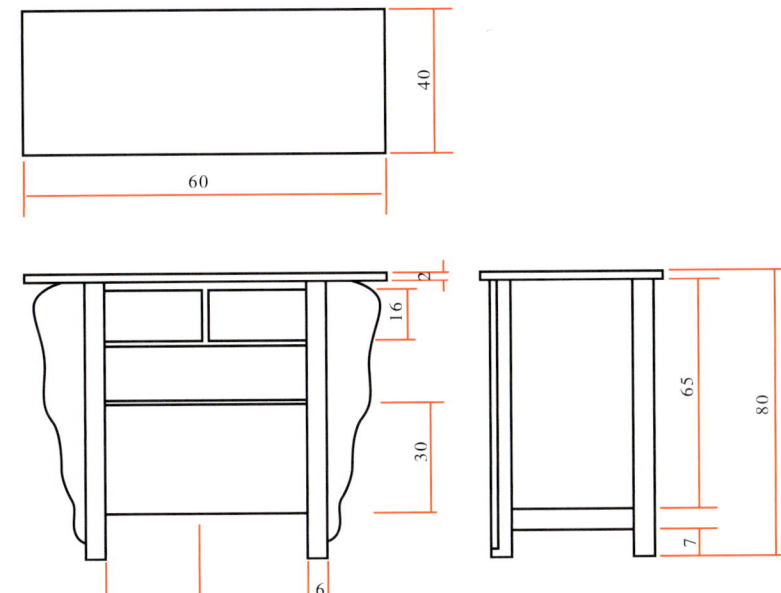

图二　吐鲁番维吾尔族木橱三视、尺寸图（单位：cm）

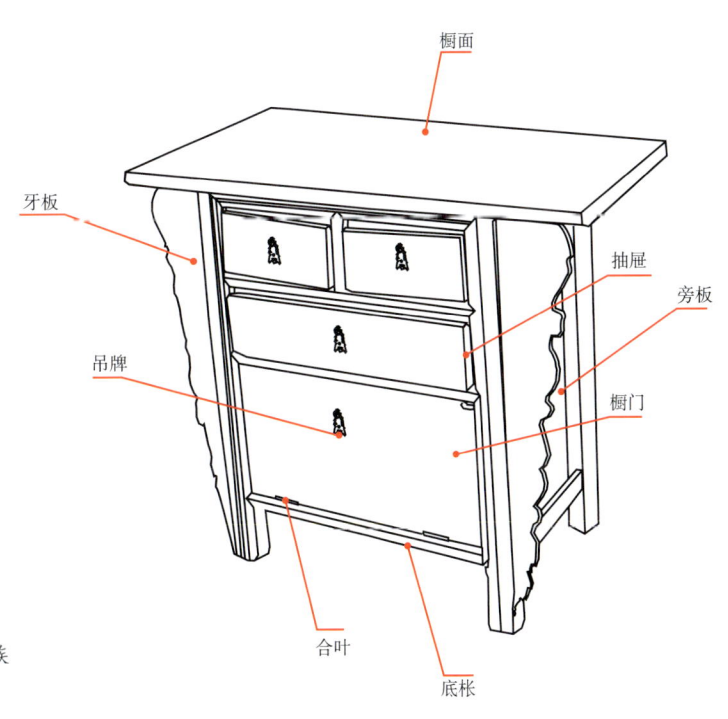

图三　吐鲁番维吾尔族木橱结构名称图

第四章　维吾尔族传统生活用具

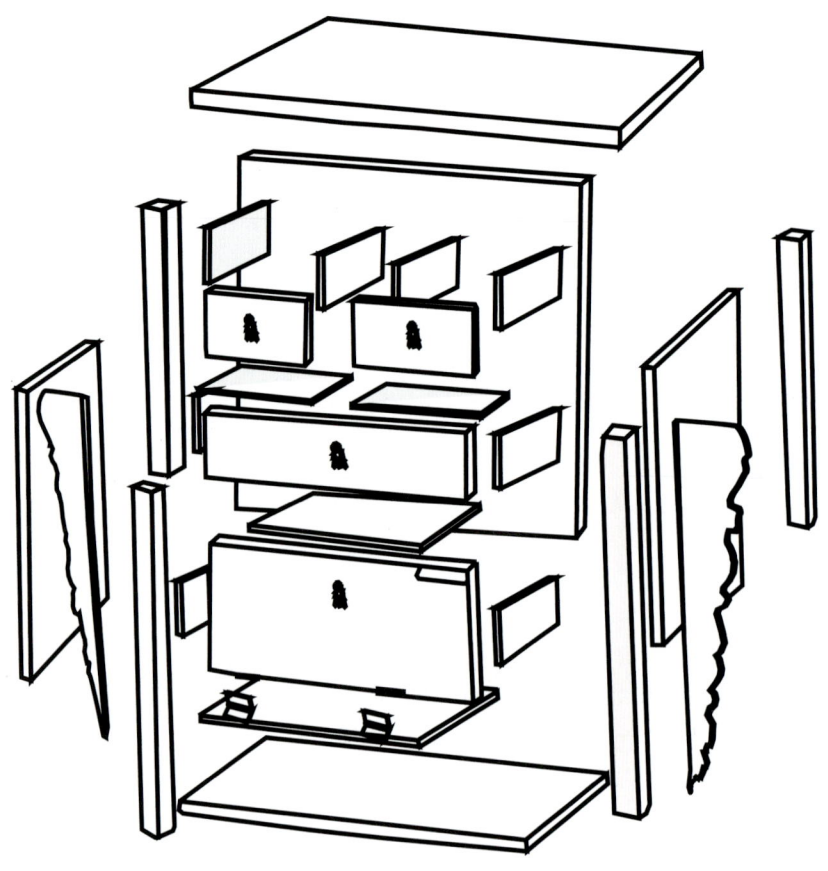

图四　吐鲁番维吾尔族木橱分解图

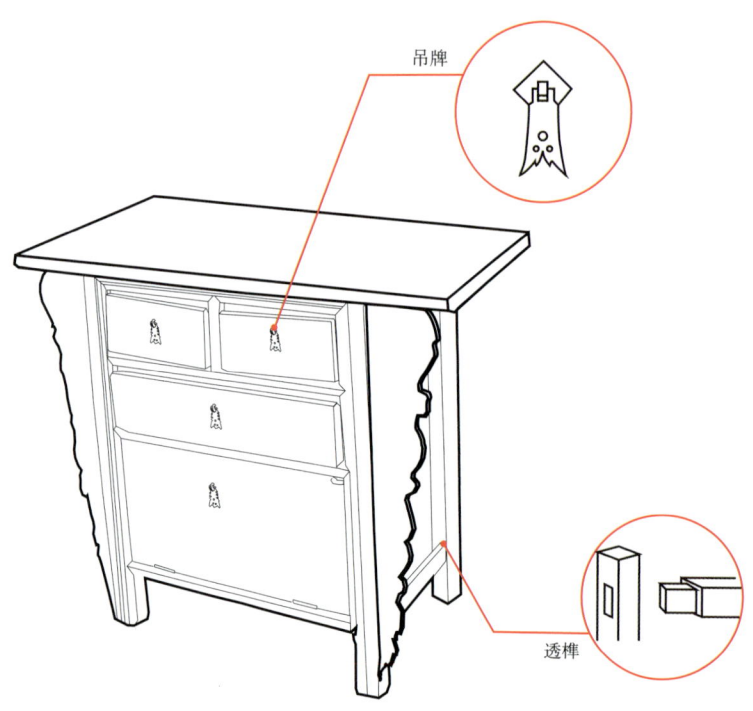

图五　吐鲁番维吾尔族木橱工艺分析图

吐鲁番维吾尔族木案

图一　吐鲁番维吾尔族木案主图

本案例是一种案面呈长方形下有四足的承托木制家具，现陈设于吐鲁番市维吾尔古村落，现代制品，全长290厘米、宽62厘米、高105厘米。

其主要结构由案面、抽屉、四足、牙板和枨五大部分构成。其中，案面中部平整，两端微微翘起，为翘头案典型特征，但与汉族地区的同类物品相比多出四个抽屉，故又与桌子形式相近易被大众混淆。但此物形体更大、四足并不在四角，案面与四足的衔接呈插肩榫。故综合分析，可初步判定为具有储物功能的非典型翘头案。由考古发掘证实，早在新石器时代就有作为放置餐具和食物的食案，而后此物普遍使用于春秋战国至秦汉时期的贵族阶层中，至今还流传着东汉贤妇孟光"举案齐眉"的历史典故，由此亦可推断当时的食案轻便不同于今。随着历史的发展，长条案成为流行于明清时期的一种长方形承具，本案例很有可能来源于此，除案面两端的"翘头"外，还有牙头与牙条的造型与镂空装饰也颇为精彩。这两处均位于面框下，前者处于立木与横木的支架交角处，运用棂格和花卉纹的组合形状结合镂空雕刻的手法进行装饰，即加固了四足的稳定性，又在厚重之中增益玲珑空透之气；牙条则处在正面的两腿之间，除美观外还起到连接两腿的作用。另外，在案的侧面各有一个枨子，连接前后腿，且位于中端，兼具加固与美观的功能。在用色方面，整体漆以红绿二色，对比鲜明，在汉族式样的桌案中少见，体现出维吾尔族独特的审美趣味。

吐鲁番维吾尔族传统木案在造型与制作

工艺上与汉族同类物品近似，只是根据使用者的实际需要扩展了实用功能，增添储物空间。用色鲜艳，对比强烈，体现出维吾尔族的审美习惯。因此，本案例是维吾尔族与汉族家具设计折衷形成的产物，是两个民族传统造物思想碰撞的结果。

图片来源

图一　雷启兴　摄影

图二至图五　姚丹　制图

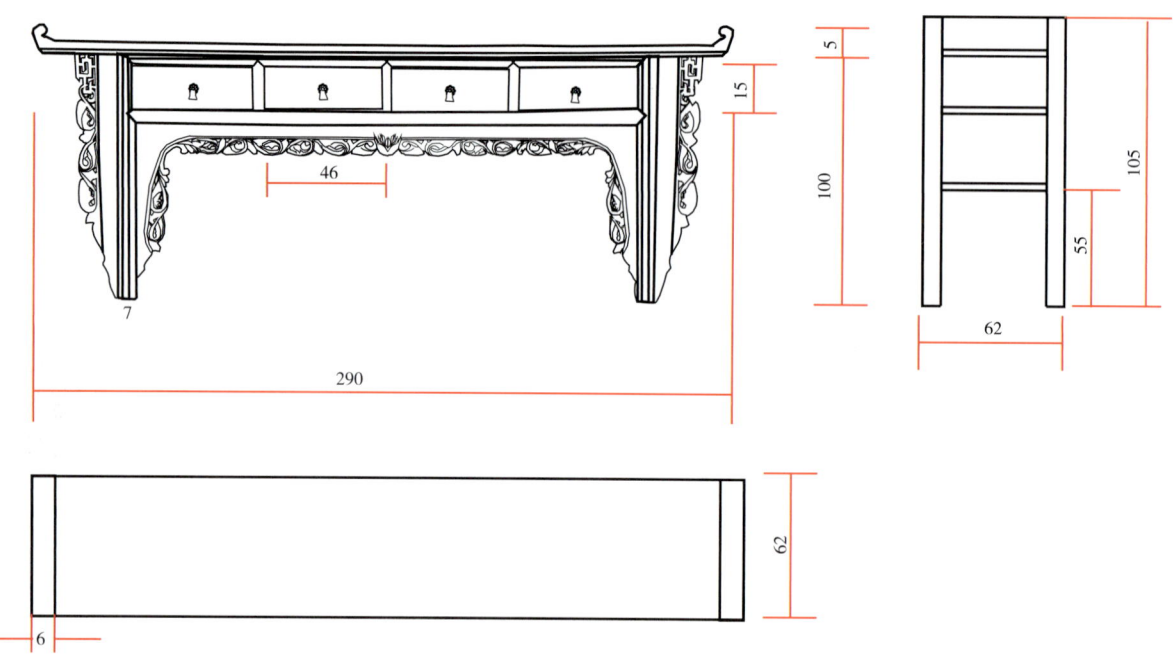

图二　吐鲁番维吾尔族木案三视、尺寸图（单位：cm）

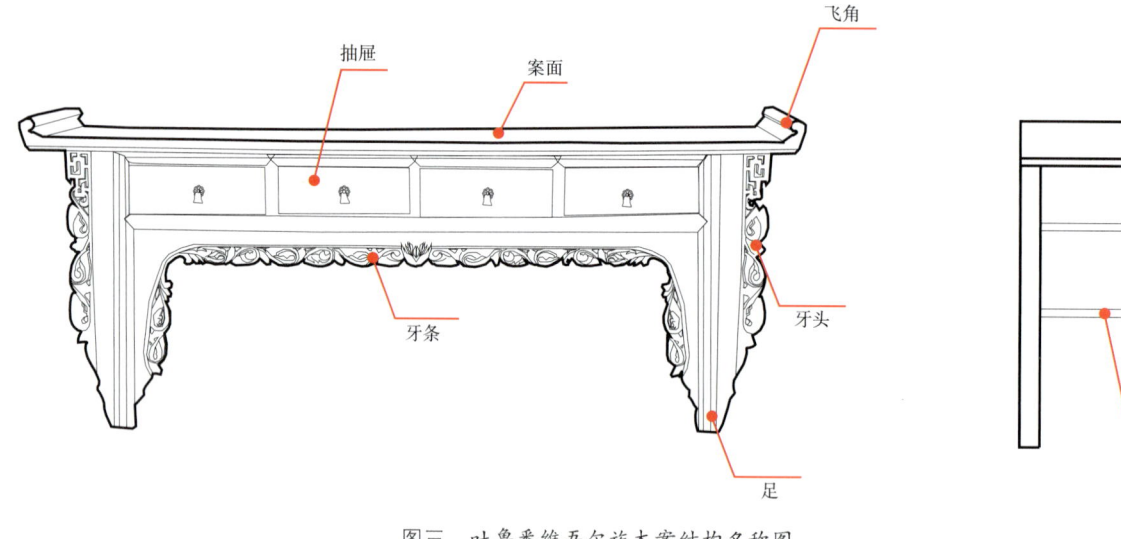

图三　吐鲁番维吾尔族木案结构名称图

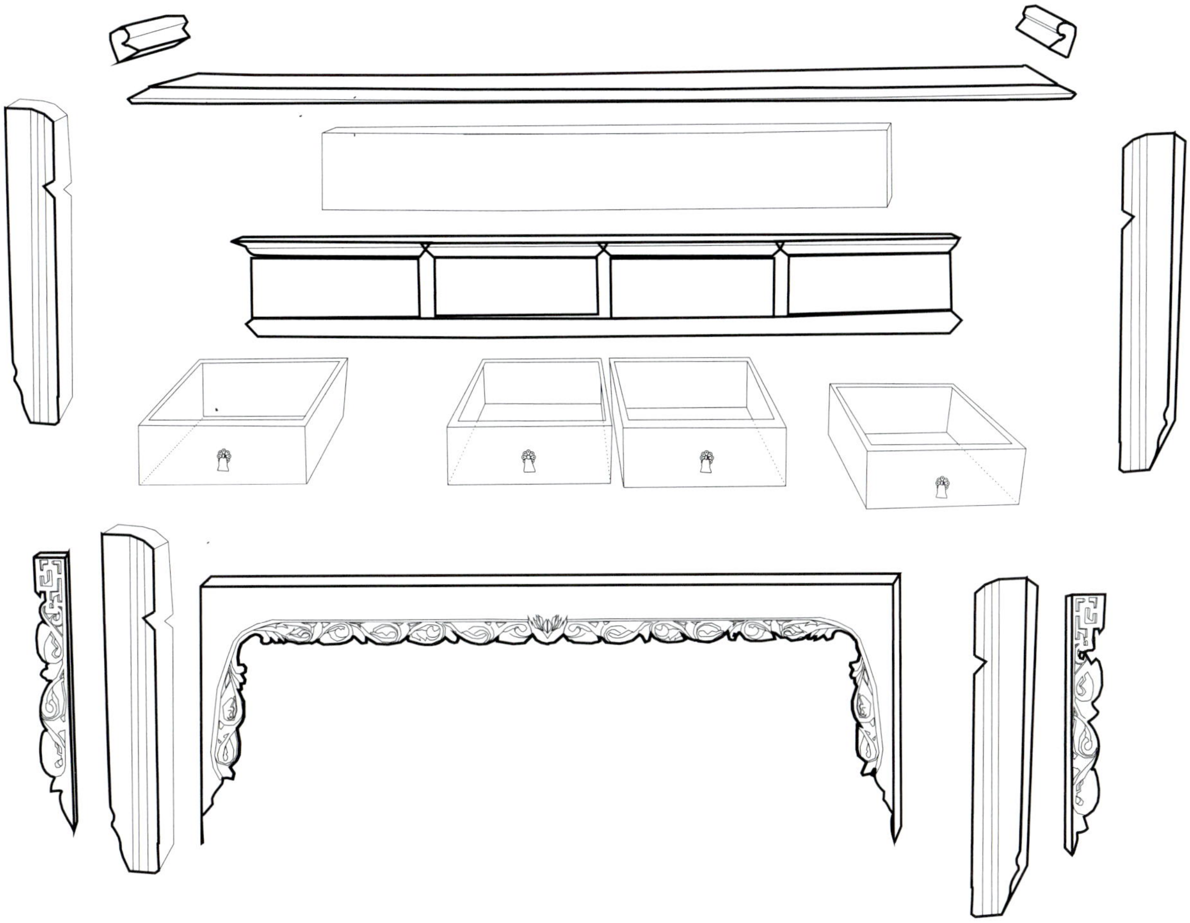

图四 吐鲁番维吾尔族木案分解图

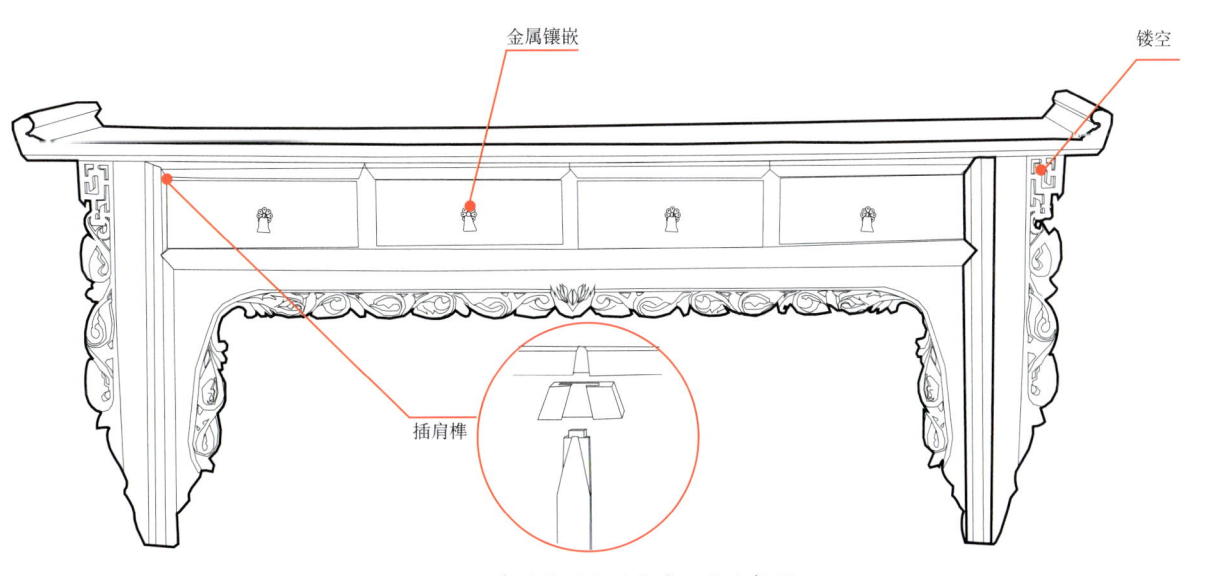

图五 吐鲁番维吾尔族木案工艺分析图

维吾尔族木椅

图一　维吾尔族木椅主图

本案例为典型的直搭脑扶手椅,又称南官帽椅,现代制品,收藏于吐鲁番市吐鲁番博物馆,长55厘米,宽50厘米,通体高100厘米。

此物由椅背、扶手、座面和束腰、支架五大部分构成。其中,椅子背面部件采用最为简洁的直角形搭脑样式,矩形的背板构件置于椅背的中部,并与搭脑和座面相接,其间镂刻"卐"字符号,构成重要的装饰部件。另外,常见的扶手部件,主要由扶手、鹅脖和联帮棍构成,本图中为无装饰的直线形态。由此图可知此椅为直角座面,这一部分是扶手椅中重要的承托部件,无束腰。支部构件又可分为牙子、枨子和腿足。枨子构成"步

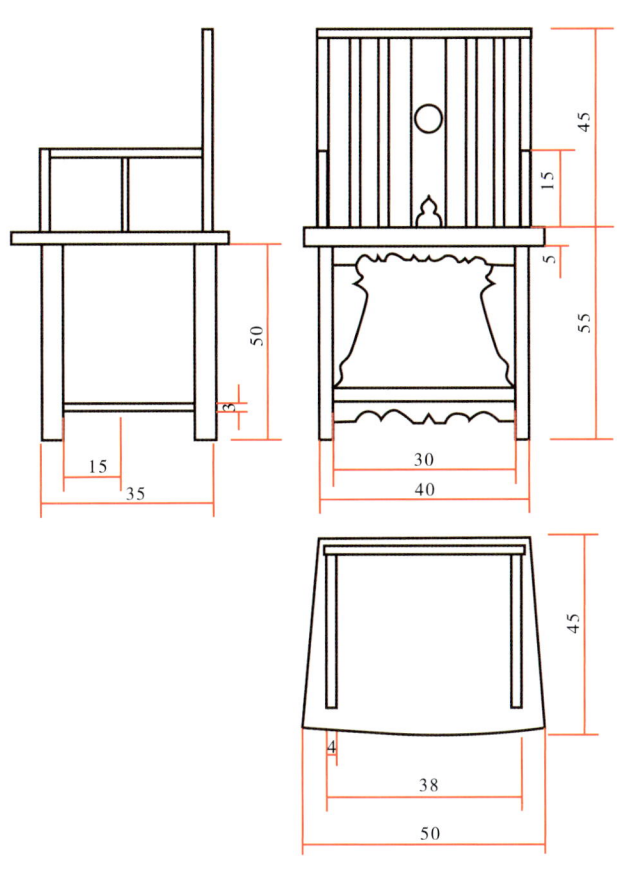

步高"式,即前枨最低、两侧枨次之、后枨最高的一种做法。前脚底枨也叫踏脚枨,其下有曲线牙子配合直线形态的枨子和腿足是其重要的外形特征之一。

此椅子从样式、工艺和装饰上考察有汉族明清时期椅子的所有基本特征,维吾尔族特色不明显,因此可推断其造型直接借用于汉椅。

图片来源

图一　雷启兴　摄影

图二至图五　姚丹　制图

图二　维吾尔族木椅三视、尺寸图(单位:cm)

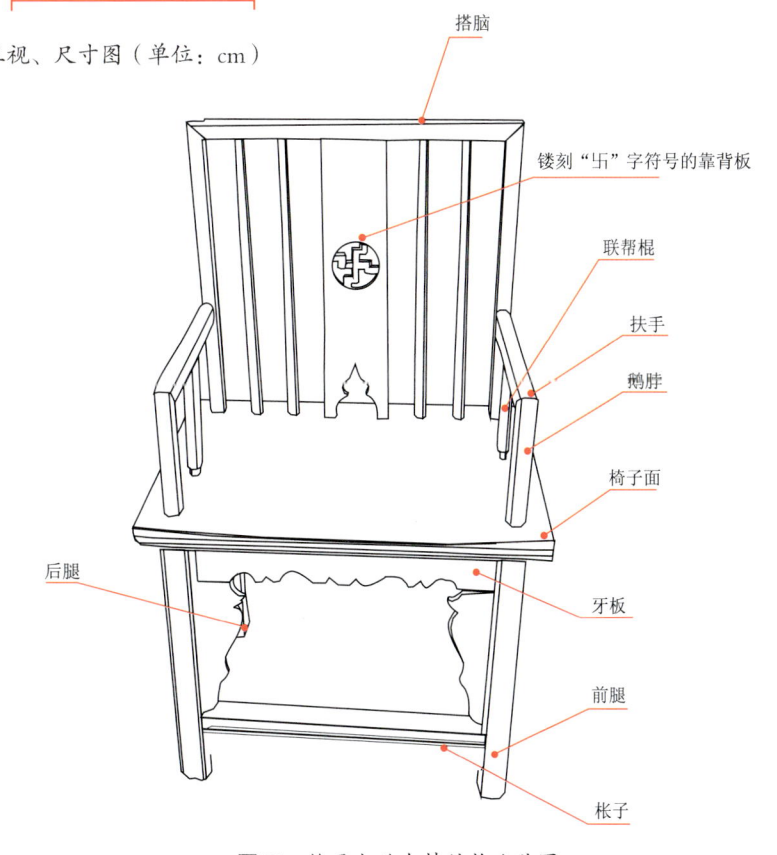

图三　维吾尔族木椅结构名称图

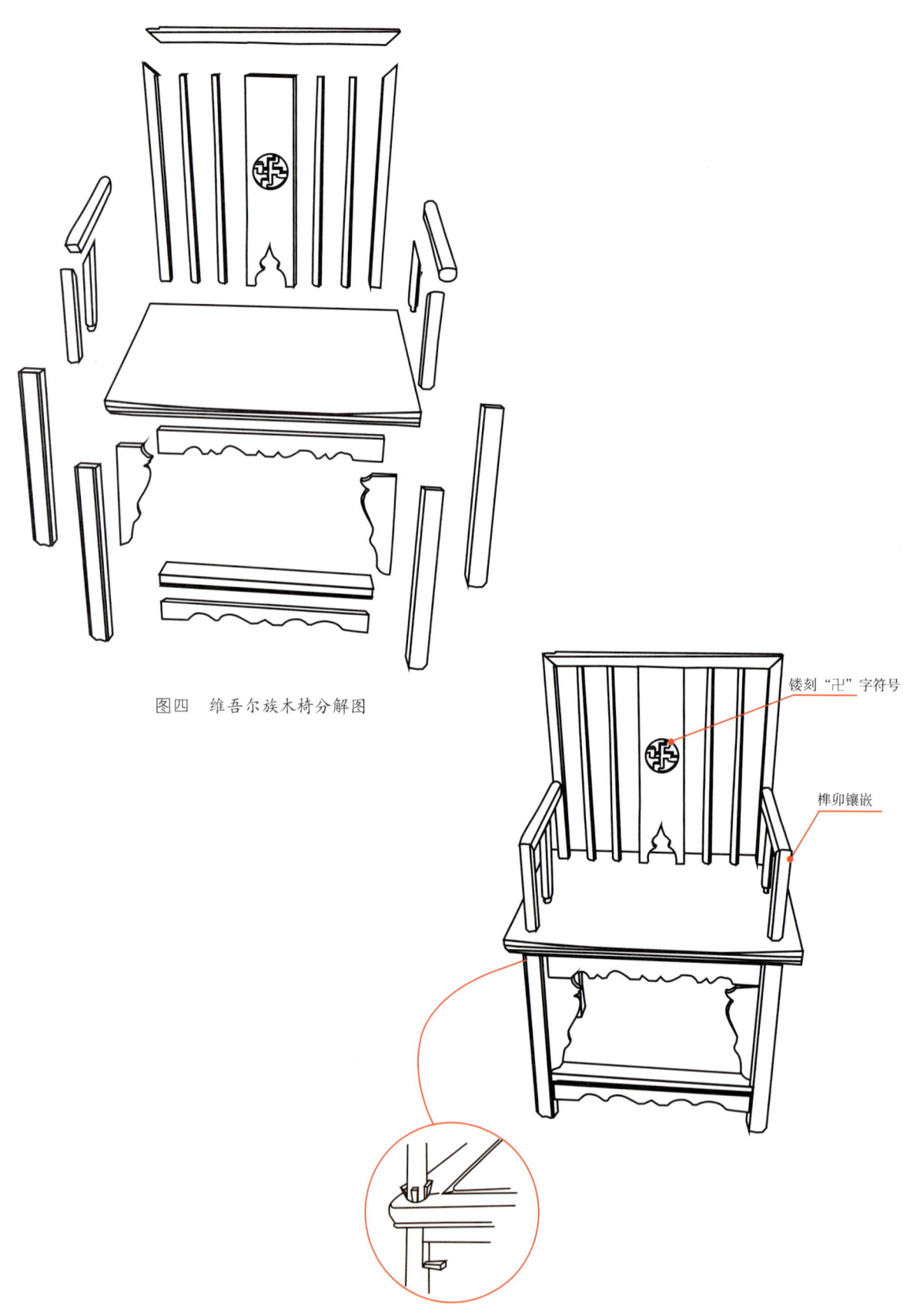

图四 维吾尔族木椅分解图

图五 维吾尔族木椅工艺分析图

维吾尔族木摇床

图一 维吾尔族木摇床主图

　　本案例作为婴儿卧具，长 85 厘米，宽 52 厘米，高 65 厘米，现藏于吐鲁番市维吾尔古村落，现代木制品。

　　维吾尔语将其称为"毕须克"，原料取自当地的银白杨、毛白杨、新疆杨、泡桐、柳树、核桃、枣树、桑树等树龄长、直径粗、树干直的干木。床体由摇把、连杆、围栏、支架旁板、摇篮床板和摇篮弯板构成。婴儿卧于床板上时，两旁的布条可用于固定以免其滑落。婴儿上方的连杆设计不仅易于提拿，同时可搭绸布以供遮挡风沙和阳光之用。而连杆两端或中部的凸起钮状物还可供在驮行过程中的绳索绑定。作为婴儿的卧具，常见有素色和彩绘两类，前者雕刻精致、造型多样；后者则色彩艳丽、形态简洁大方。在装饰手法上多采用雕刻和拼接等，具有浓郁的地域特色。

　　此物不仅是婴儿的摇床，还承载着维吾尔族独特的礼俗活动，摇篮礼便是具体反映。有了摇床，并不是马上将婴儿放入，还必须举行隆重的"毕须克托伊"（谢绝男性参加），意为"入摇床礼"，由母亲主持举行"毕须克托依"。请来女客人和小孩,正式举行把小孩放进摇床的仪式。在这天,母亲脱掉婴儿的衣服,用小木勺把水浇在婴儿身上,并叫着婴儿的名字,说一句祝福的话。同时,还要请一位剃头匠为他剃除胎毛,再给婴儿穿上漂亮的衣服放入摇床中。而男方家人请女宾携带礼物,慰问娘家人,并把产妇接回婆家。届时,大请宾客,举行"麦西来甫"。

图片来源

图一　雷启兴　摄影

图二至图五　姚丹　制图

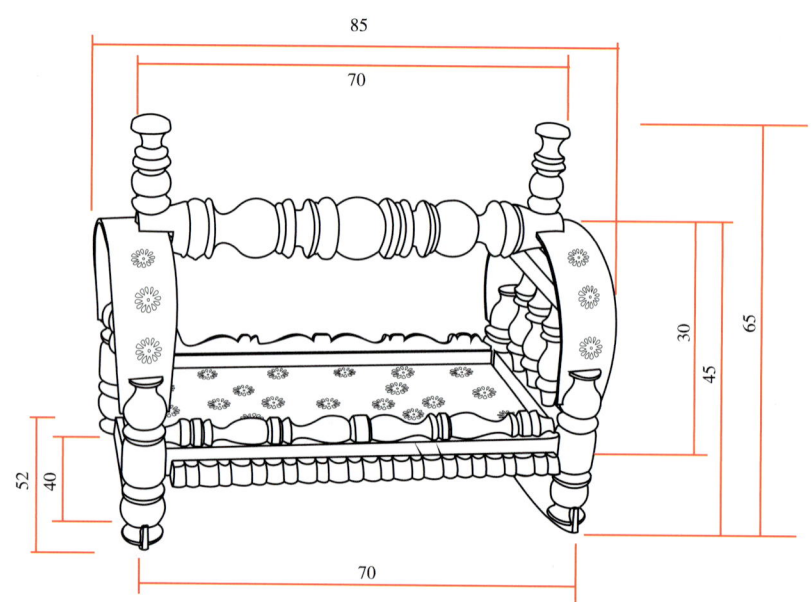

图二　维吾尔族木摇床三视、尺寸图（单位：cm）

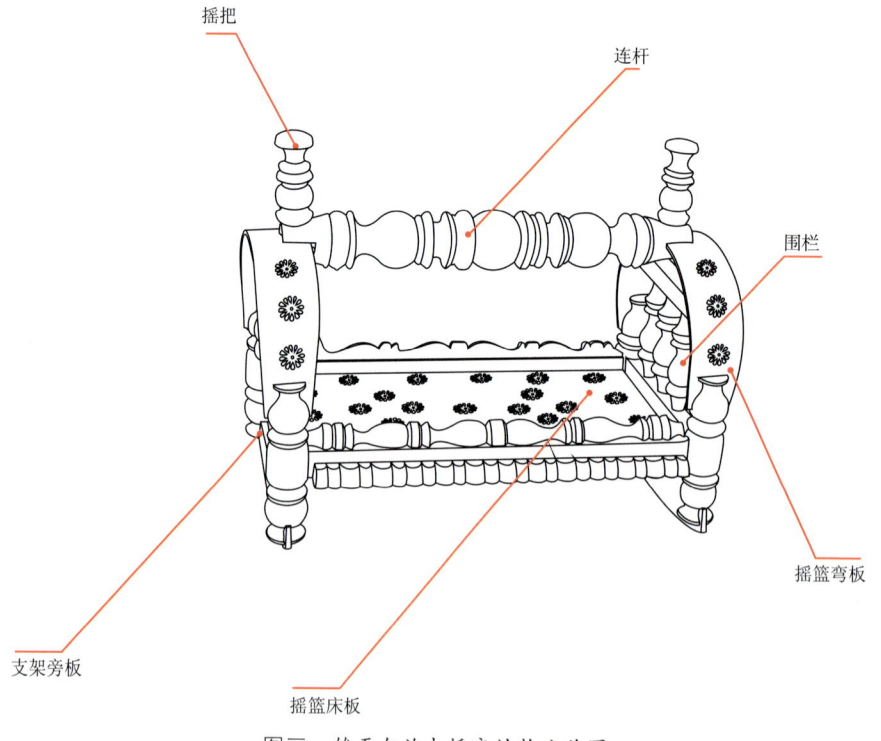

图三　维吾尔族木摇床结构名称图

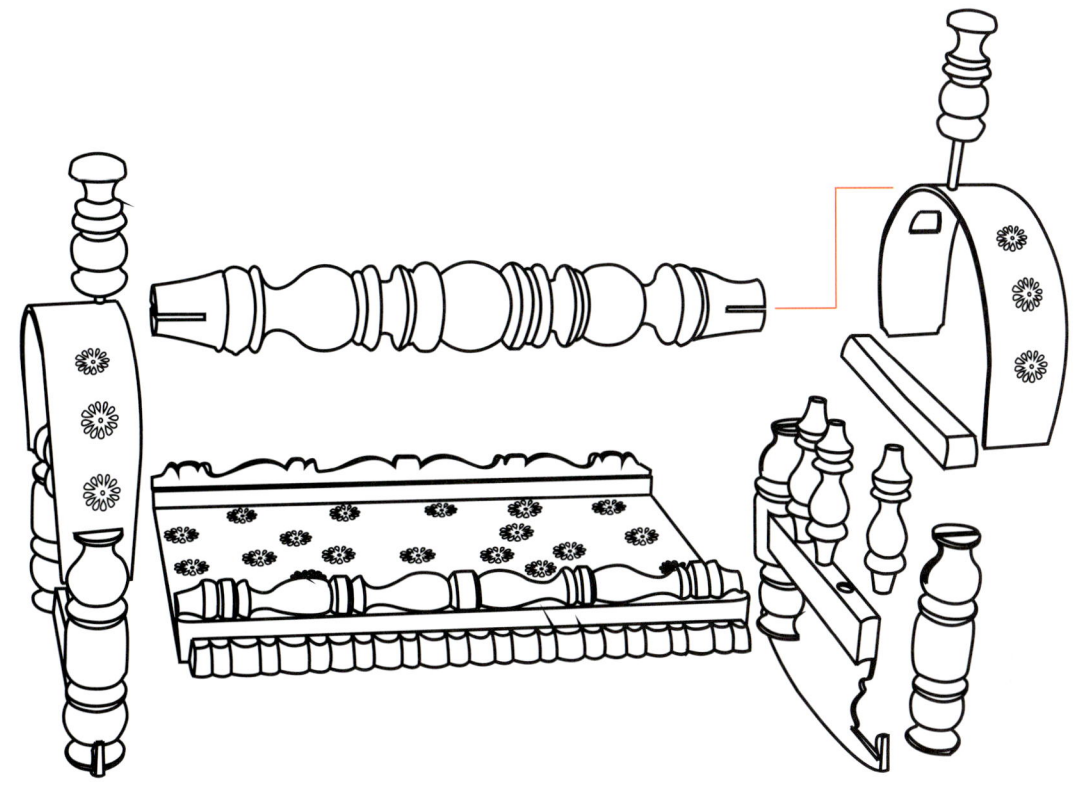

图四　维吾尔族木摇床分解图

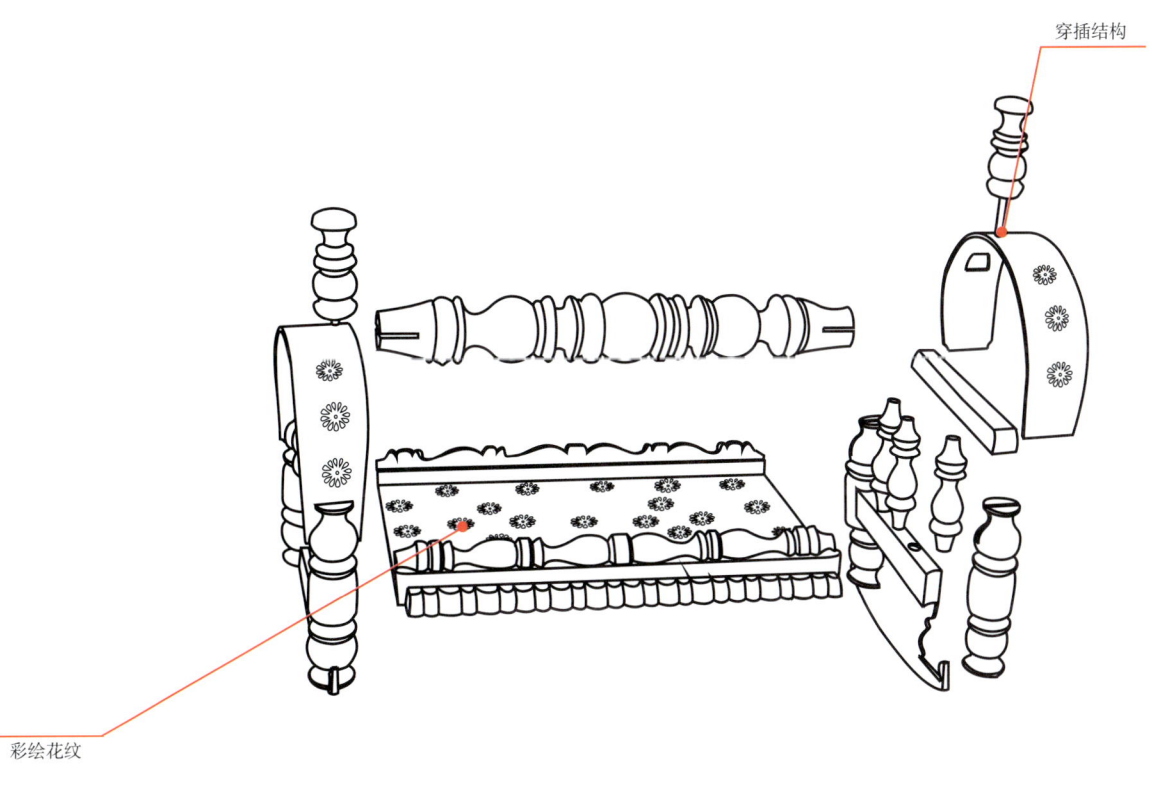

图五　维吾尔族木摇床工艺分析图

维吾尔族木床

图一　维吾尔族木床主图

本案例为供人睡卧的现代木制家具，图中实物长 200 厘米，宽为 180 厘米，高 120 厘米，现藏于吐鲁番市吐鲁番博物馆。

此物由床身、床栏、床足三部分组成，三面围栏，其间又有间柱和角柱分割。而角柱为栏杆床四角上的撑柱，一般用卯榫固定在床板上。另外，间柱通常在角柱之间，配以雕饰。可坐可卧，装饰主色为大红，配之以黄、蓝、绿等纯色，色彩对比强烈。床面通常铺有织毯以增添舒适性。

新疆维吾尔族传统木床，从功能和装饰上均体现出鲜明的维吾尔族民族特色，符合维吾尔族的坐卧习惯和审美倾向。

总之，维吾尔式家具的形态、装饰和工艺受所处地理位置、经济、文化、宗教、习俗及生产、生活方式等因素的影响，其配置灵活，造型各异，结构极富民族个性，色彩丰富，就地取材，布置因环境而设，故形成了适应当地气候条件的炕铺，也有融合建筑内外结构的组合壁龛，家具类型则以席地而坐型为主。从历史的演变与民族的交往看来，维吾尔族家具吸收和借鉴其他民族，尤其是汉族家具的特征明显，以至难于严格区分家具的内容与形式为那一民族所独有。但是，维吾尔族家具也还具有本民族的某种特点，如以席地而坐方式影响下的维吾尔族式样的床，以及带有伊斯兰风格装饰的维吾尔式木箱，都是值得深入研究的关键点。

图片来源
图一　雷启兴　摄影
图二至图五　姚丹　制图

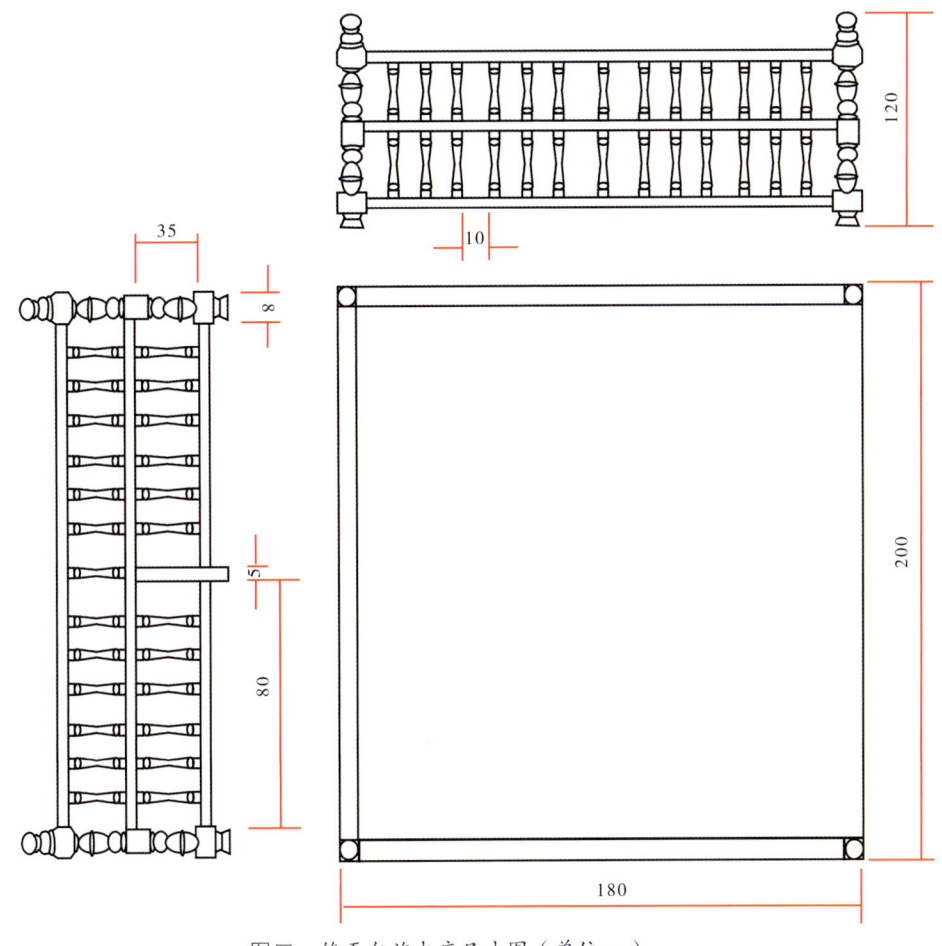

图二 维吾尔族木床尺寸图（单位cm）

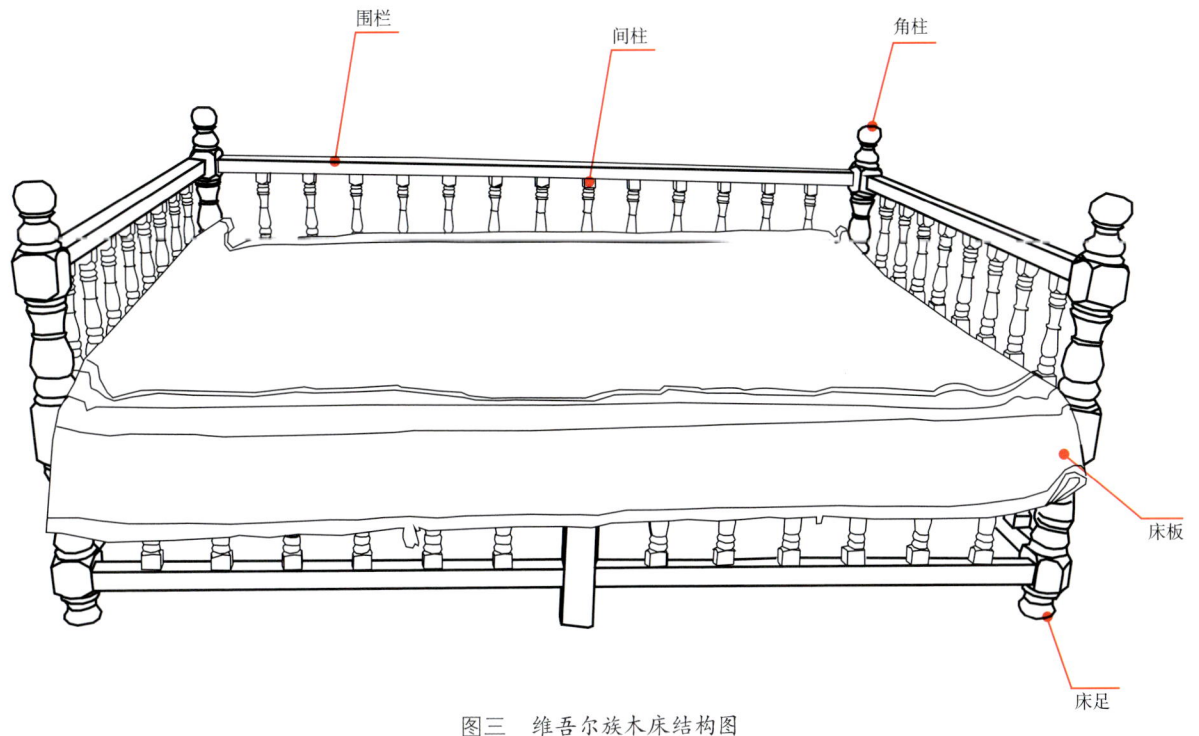

图三 维吾尔族木床结构图

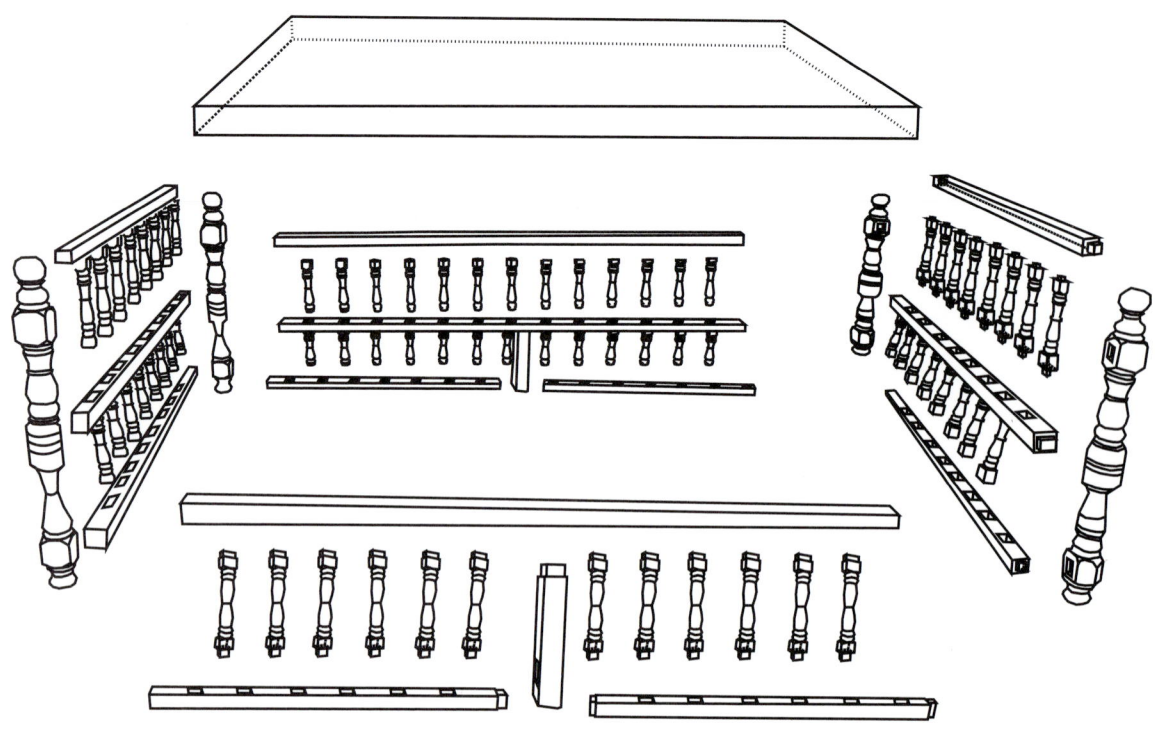

图四　维吾尔族木床分解图

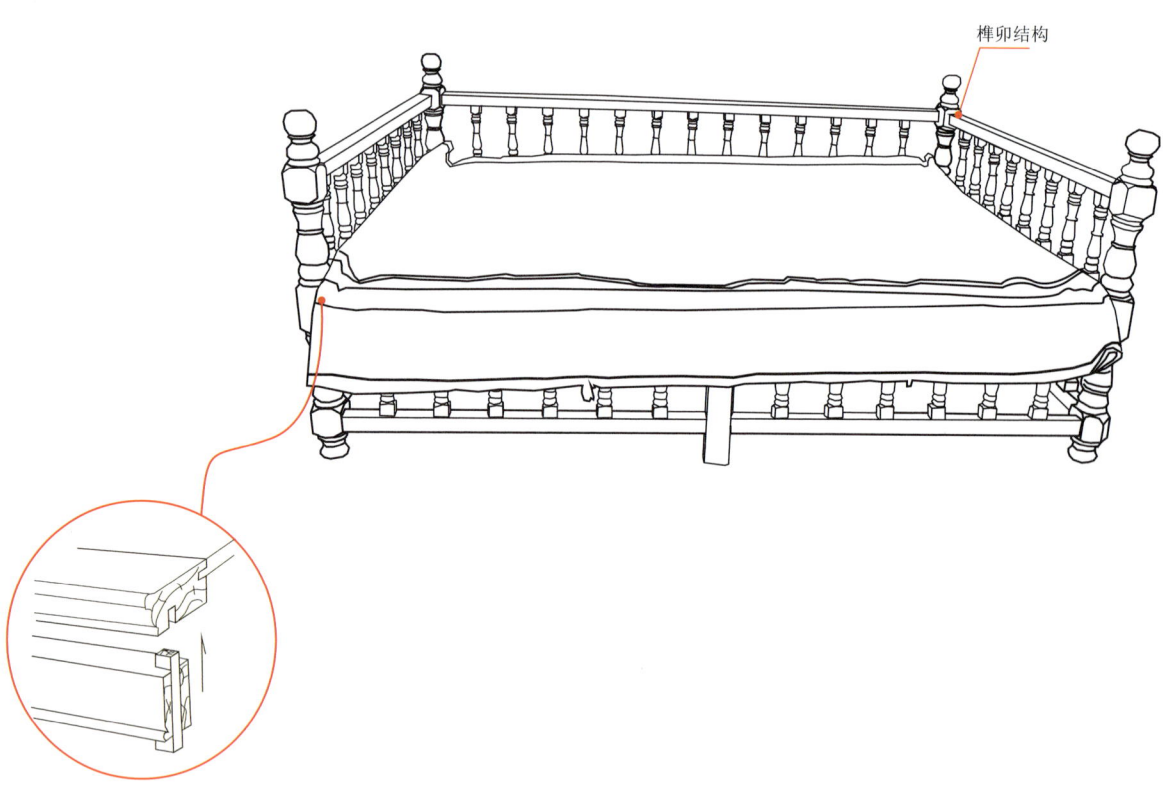

图五　维吾尔族木床工艺分析图

维吾尔族小圆镜

图一　维吾尔族小圆镜主图

本案例拍摄于新疆乌鲁木齐市的国际大巴扎，属当代金属制品，直径 6.5 厘米，厚度 1.5 厘米。因其小巧精美便于随身携带与梳妆，故受到维吾尔族女性的喜爱。

此物由镜盖、镜背、五段活页、锁钮锁扣和镜面构成。其中，镜盖边框金属部分由不锈钢合金锻造而成，表面有贵金属电镀层，不仅美观，还能有效防止氧化褪色，市面上以金色与银色两款最为常见。而镜盖外观装饰先后经过磨砂、镶钻、浅浮雕、珐琅等工艺步骤完成，以此达到精美绝伦的视觉效果，满足女性消费者的审美需求。镜盖与镜子背部通过五段活页连接，构件均隐藏于镜内，设计巧妙，打开时按锁钮，可根据实际需要展开，最大可呈 180 平方厘米，将镜盖和镜背闭合即可合为一体。另外，镜子背部经由抛光处理，形式简洁，同时也便于持握与清洁。镜片则经过防雾处理以便应对当地温差变化产生的雾气。

维吾尔族传统小圆镜针对本民族年轻爱美女性所设计，其配色、装饰纹样、造型和工艺均考虑到她们的消费能力、生活习惯、群体喜好，使其成为这一群体希望拥有的物品。

图片来源
图一　雷启兴　摄影
图二至图五　姚丹　制图

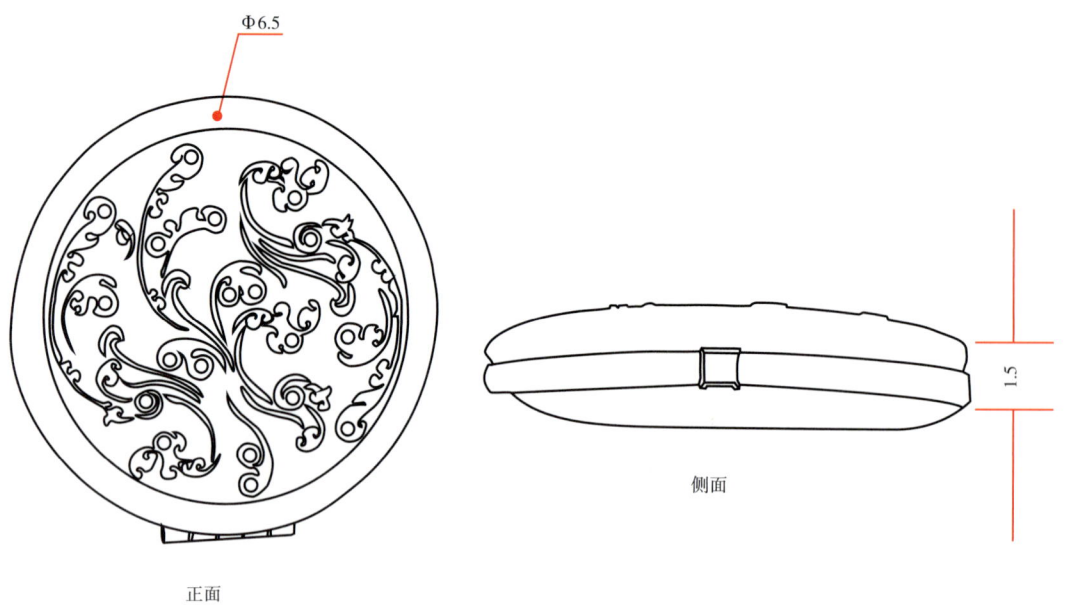

图二　维吾尔族小圆镜视角尺寸图（单位：cm）

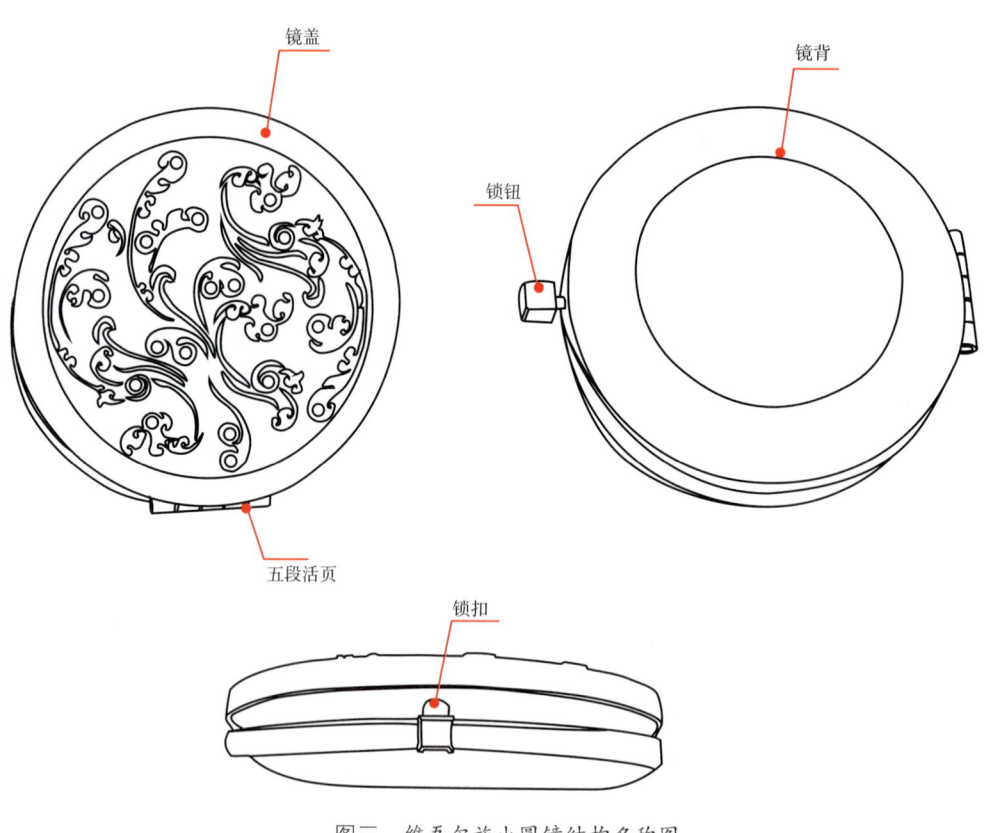

图三　维吾尔族小圆镜结构名称图

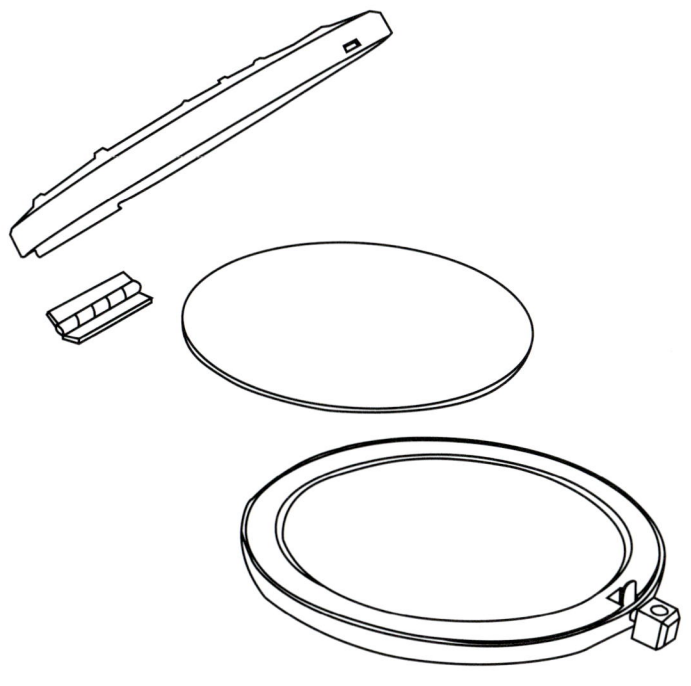

图四　维吾尔族小圆镜分解图

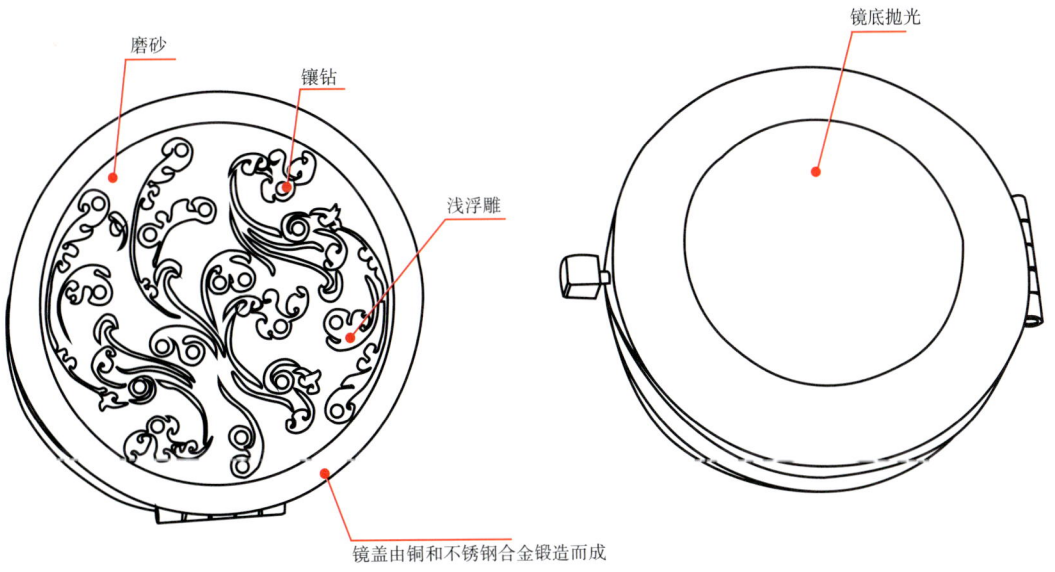

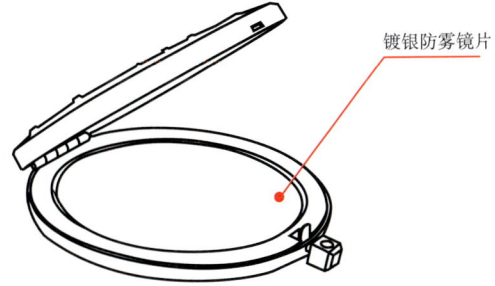

图五　维吾尔族小圆镜工艺分析图

清代喀什维吾尔族雕花书架

图一　清代喀什维吾尔族雕花书架主图

本案例是人们盘腿祷告时搁放经书的小型书架，长 62 厘米、宽 18.5 厘米、高 22 厘米，原物征集于喀什，清代木制品，现藏于新疆维吾尔自治区博物馆。

此物可分为搁书板、架身和齿口。特别需要注意的是两块木板交叉处的多榫穿插设计，闭合时呈折叠状便于收纳，展开后自然形成的交叉部位可用于放置经书，也可因使用者的实际需要调节高低，下端为支撑足。架身两面布满浅浮雕图案，木质考究，花纹雕刻精细，具有浓厚的民族特色，此类图案广泛流行于中东、西亚、中亚及中国新疆大部地区。

清代喀什维吾尔族雕花书架作为具有典型伊斯兰特色的小型家具，为研究当时新疆地区的科学、文化、工艺技术及民族生活方式、习俗以及该地域宗教文化及其相关地区间的联系提供了实物依据。

图片来源

图一、图二　伊斯拉菲尔·玉苏甫.新疆维吾尔族自治区博物馆.香港：香港金版文化出版社，2006.

图三至图七　姚丹　制图

图二 清代喀什维吾尔族雕花书架

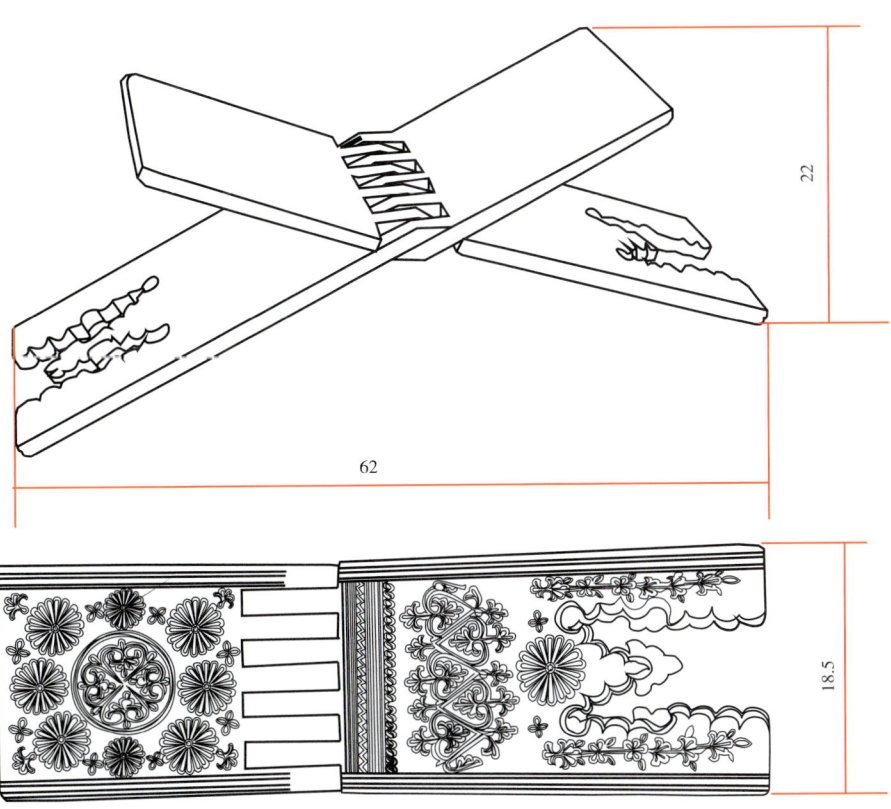

图三 清代喀什维吾尔族雕花书架尺寸图（单位：cm）

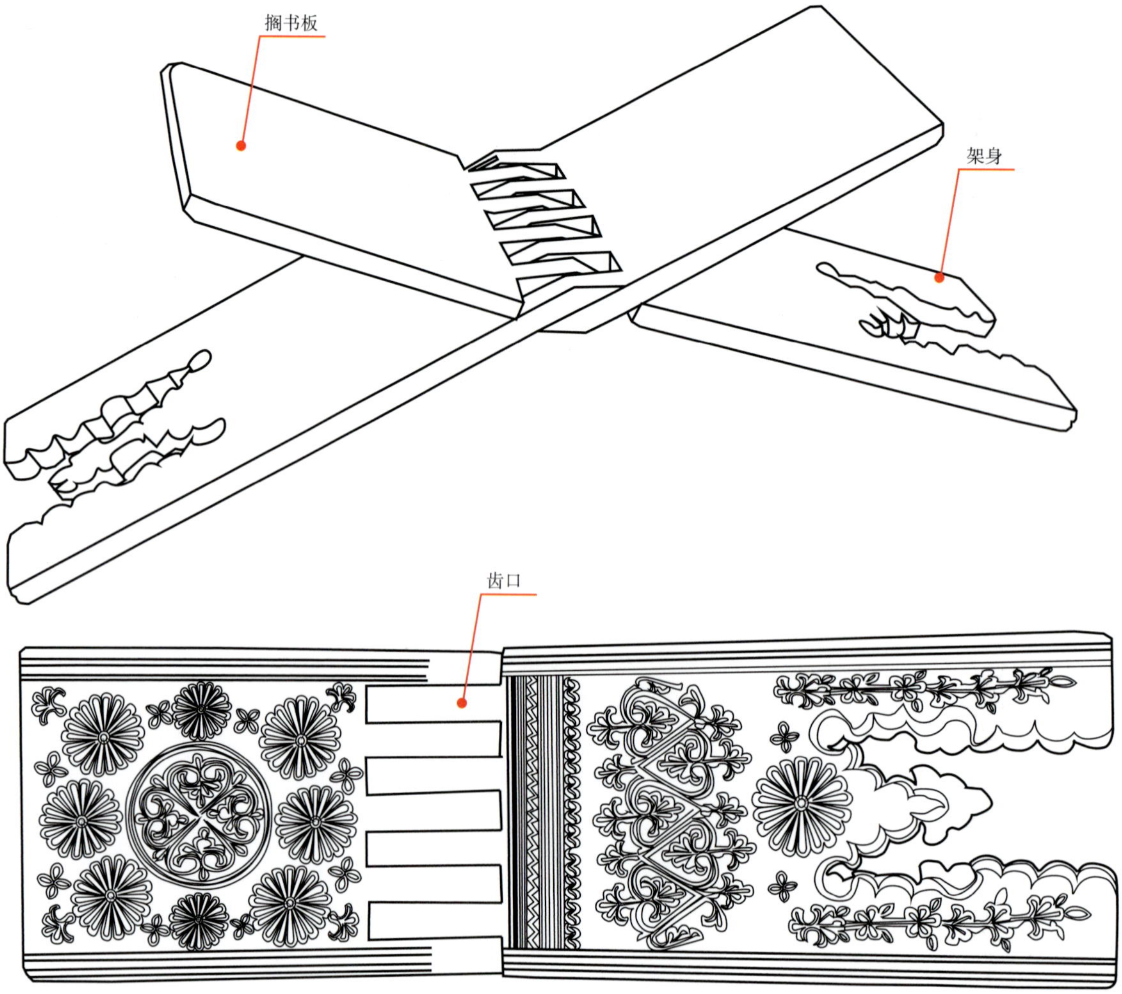

图四 清代喀什维吾尔族雕花书架结构图

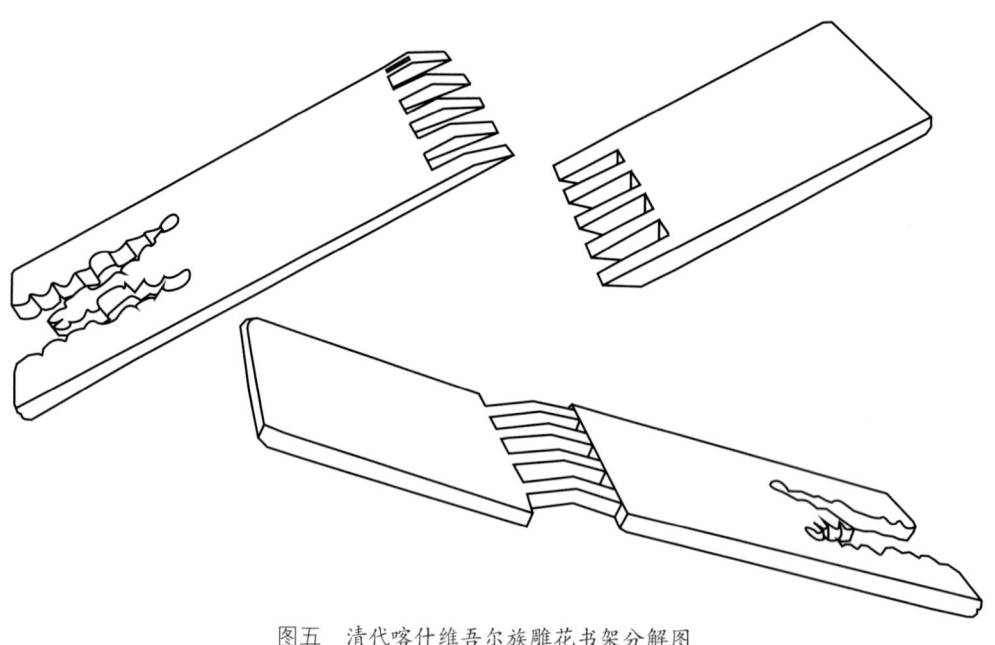

图五 清代喀什维吾尔族雕花书架分解图

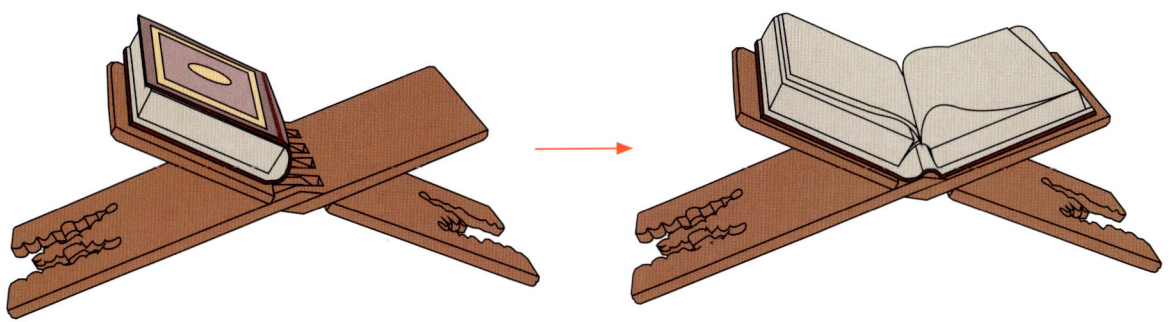

图六 清代喀什维吾尔族雕花书架操作分析图

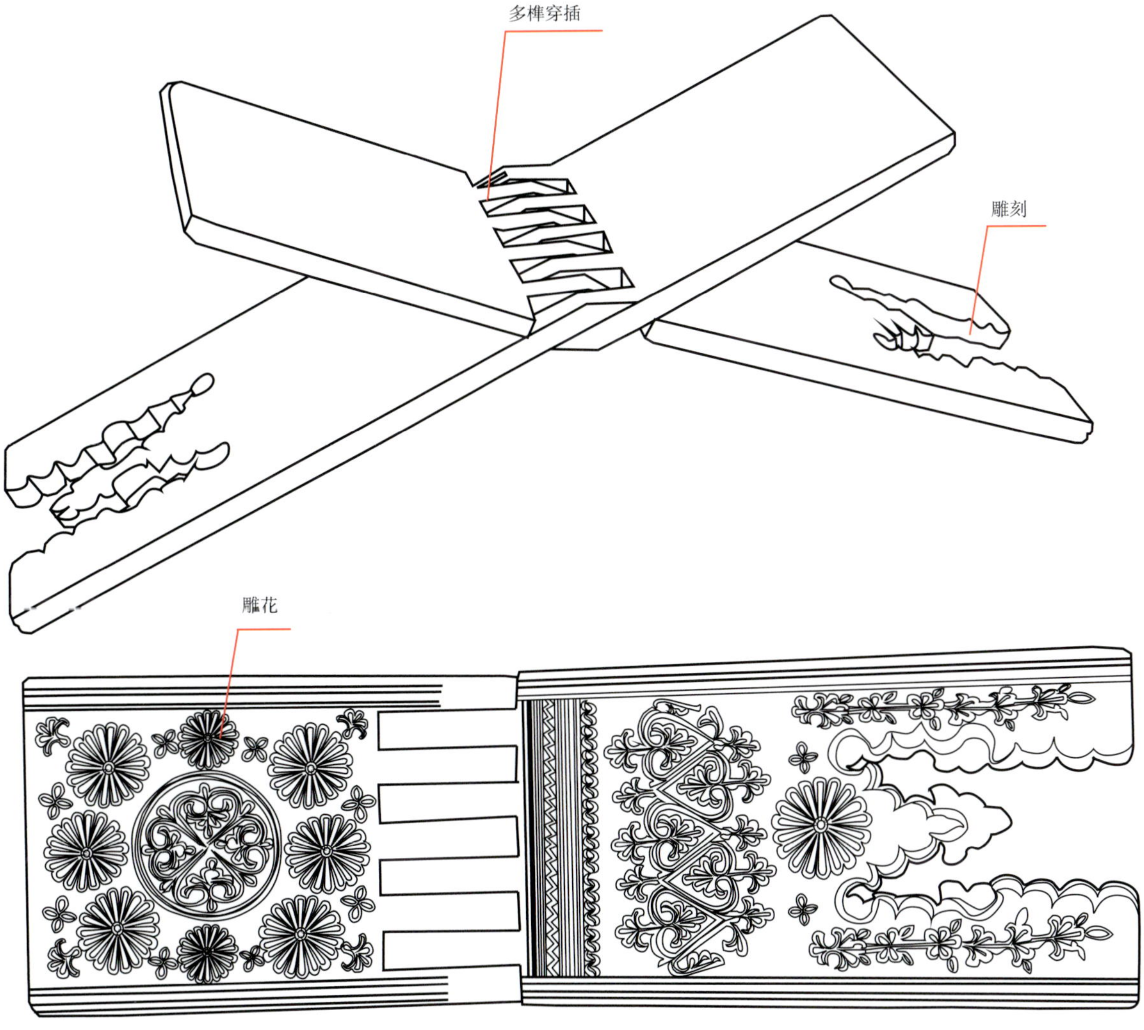

图七 清代喀什维吾尔族雕花书架工艺分析图

维吾尔族铜制化妆盒

图一　维吾尔族铜制化妆盒主图

　　此物拍摄于新疆乌鲁木齐国际大巴扎，为当代金属制品，兼具存储女性化妆用品和化妆镜的功能，长22.5厘米、宽15厘米、厚9厘米。

　　本案例整体大小适中，即可放置于化妆台，又能放于手提包中携带。主体部分可分为盒盖、合页、盒身、锁扣、化妆镜和储物格。外壳材质为红铜作底，内饰为高档绒布。其中，盒盖与盒身上布满浅浮雕，浮雕图案为清真寺建筑为主，并大量使用粗细长短不同的线性元素，使得整体感觉丰满紧密，还辅助以植物纹，细节部分则以镶钻和珐琅等工艺点缀。另外，整体配色考虑到女性消费者的审美因素，配色丰富，显得精致华丽，主体色以红铜固有色为主，零星搭配些红黄绿于其间。而内部储物格被分为左右两块储物空间，功能划分明确，左侧较为整体，适宜于存放项链饰品，右侧部分则被分为若干紧密夹层，宜于存取耳饰与戒指类的配饰。储物格均被质地细腻的黑色绒布包裹，以此突出金银首饰的珠光宝气。

维吾尔族传统铜质化妆盒兼顾实用功能与装饰，深受女性喜爱。设计师在考虑装饰题材时也不忘凸显本民族的虔诚宗教信仰，丰富而精美的装饰纹样又能暗示其实际功能，匠心独具。

图片来源
图一　雷启兴　摄影
图二至图六　姚丹　制图

图二　维吾尔族铜制化妆盒三视、尺寸图（单位：cm）

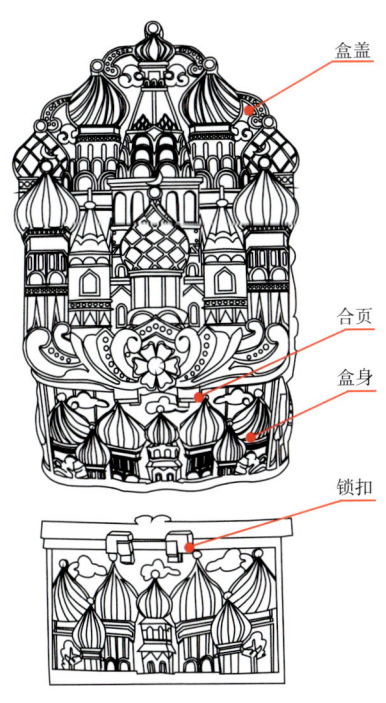

图三　维吾尔族铜制化妆盒结构名称图

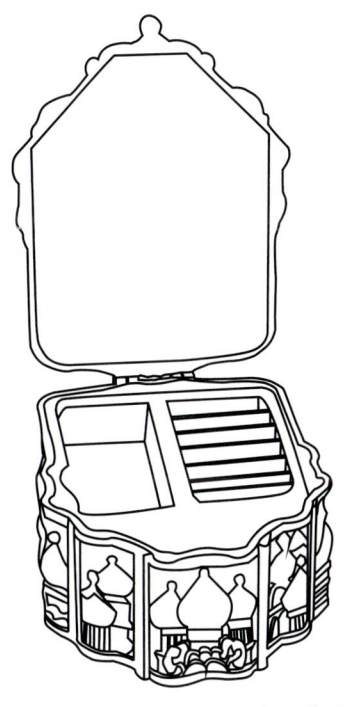

图四　维吾尔族铜制化妆盒操作图

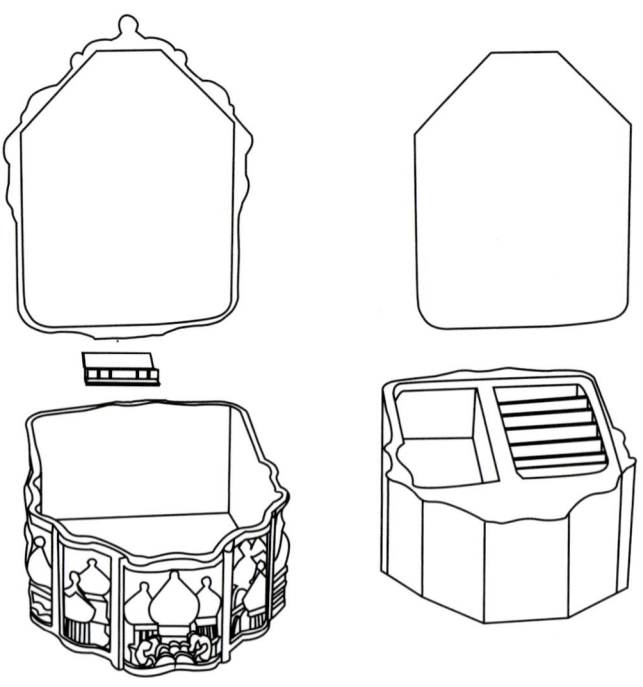

图五　维吾尔族铜制化妆盒操作分解图

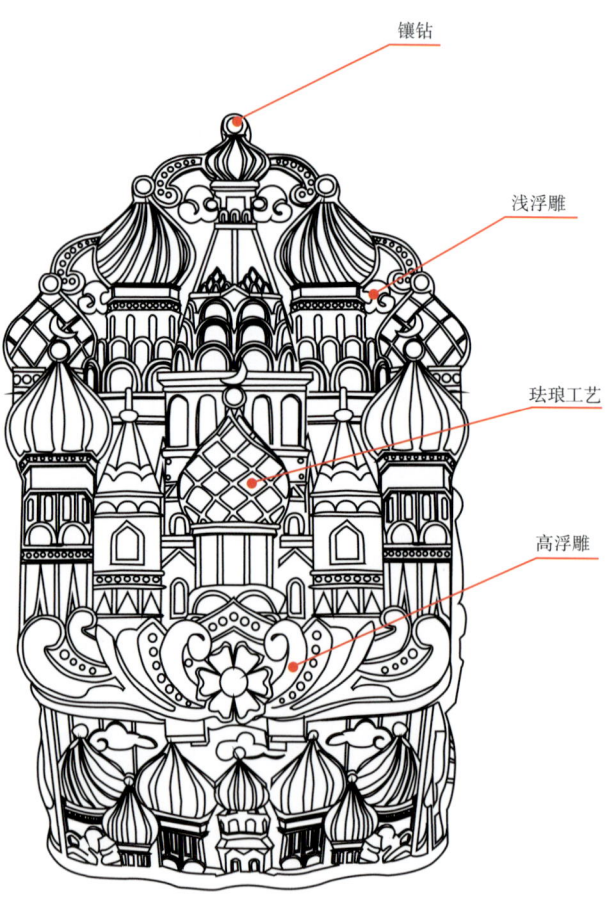

图六　维吾尔族铜制化妆盒工艺分析图

维吾尔族木雕食品柜

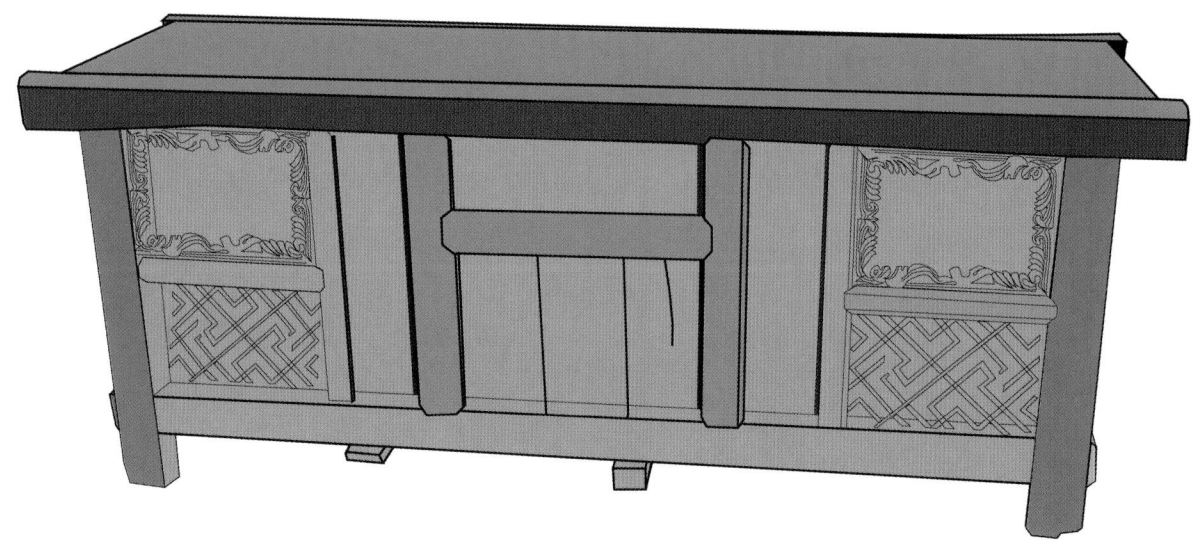

图一 维吾尔族木雕食品柜主图

此柜拍摄于吐鲁番市维吾尔古村落,为现代木制品,用于存放食品,全长150厘米、宽60厘米、高80厘米。

本案例主体由柜顶、柜体、抽屉、背板和柜足等部分组成,配以铜质配件和面叶等细节,使得整体造型敦实、耐用。其中柜顶顶面平整、尺度适宜,便于操作。柜顶下设有四个抽屉,可用于收纳烹饪工具,而柜体内由隔板区分上下两层,宽大的工具可用于储存各类食材。柜门为双扇门设计,采用明合页构造,便于开合。此外,抽屉拉手以及柜门连接处均为铜质配件,不仅实用,还因铜性光亮平滑,与木材在色泽、体量的强烈对比中产生了良好的装饰效果。背板两边均配有上下两扇镂雕纹饰花格,在整体中增添了些许细节。用色方面以木材的自然纹理为主,令使用者感觉清新自然。在制作工艺上,大量使用榫接,使其坚固牢靠。

维吾尔族传统木雕食品柜略带木雕装饰,侧重于实用功能,无论从整体的设计,还是精致的工艺,均体现出设计者务实的设计初衷。

图片来源
图一至图五 姚丹 制图

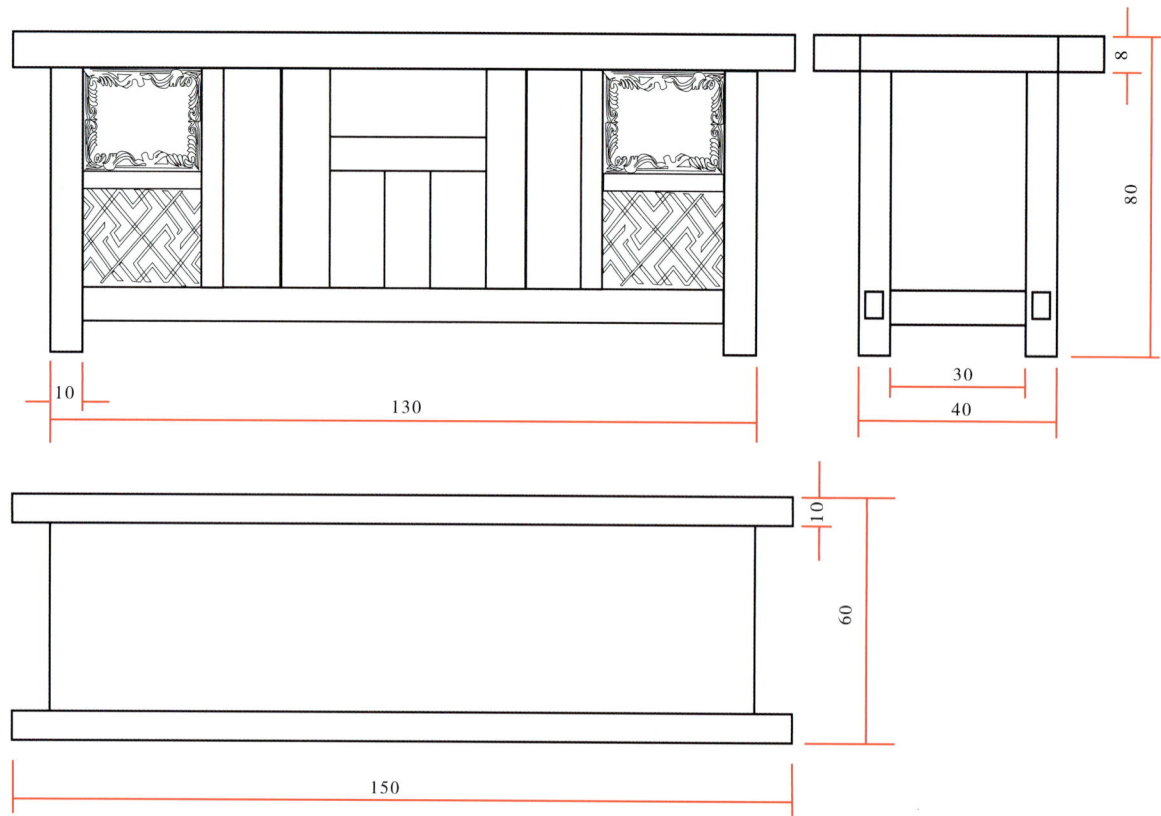

图二 维吾尔族木雕食品柜三视、尺寸图（单位：cm）

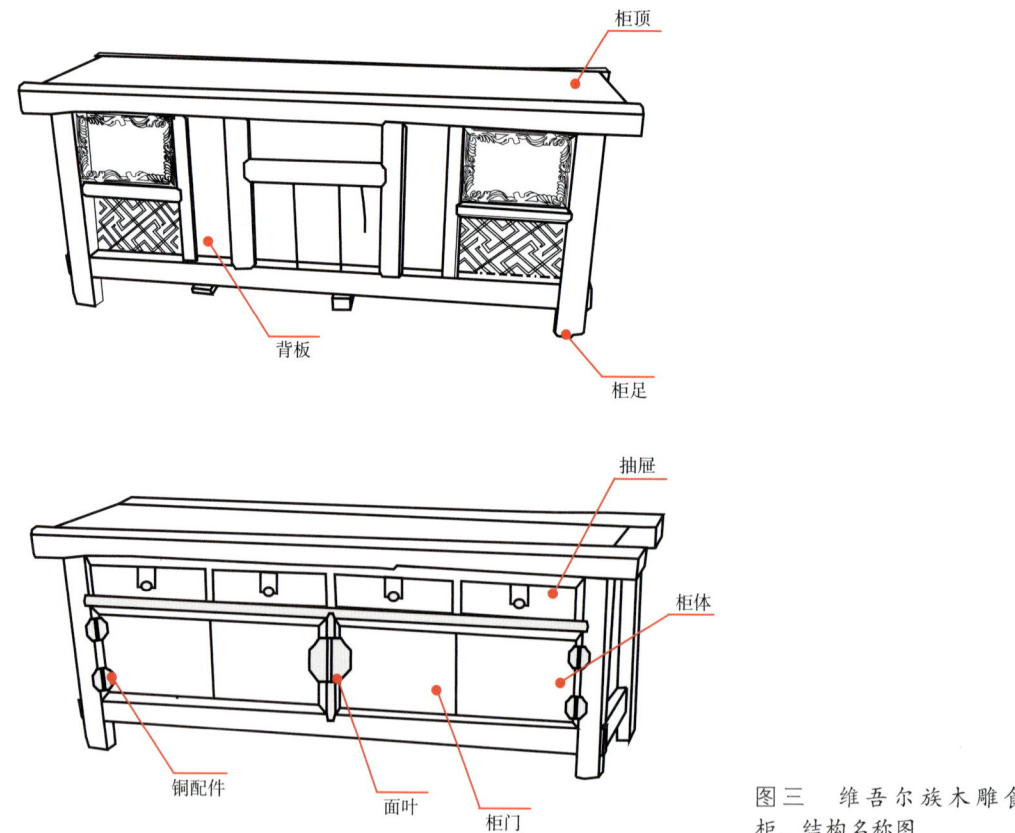

图三 维吾尔族木雕食品柜、结构名称图

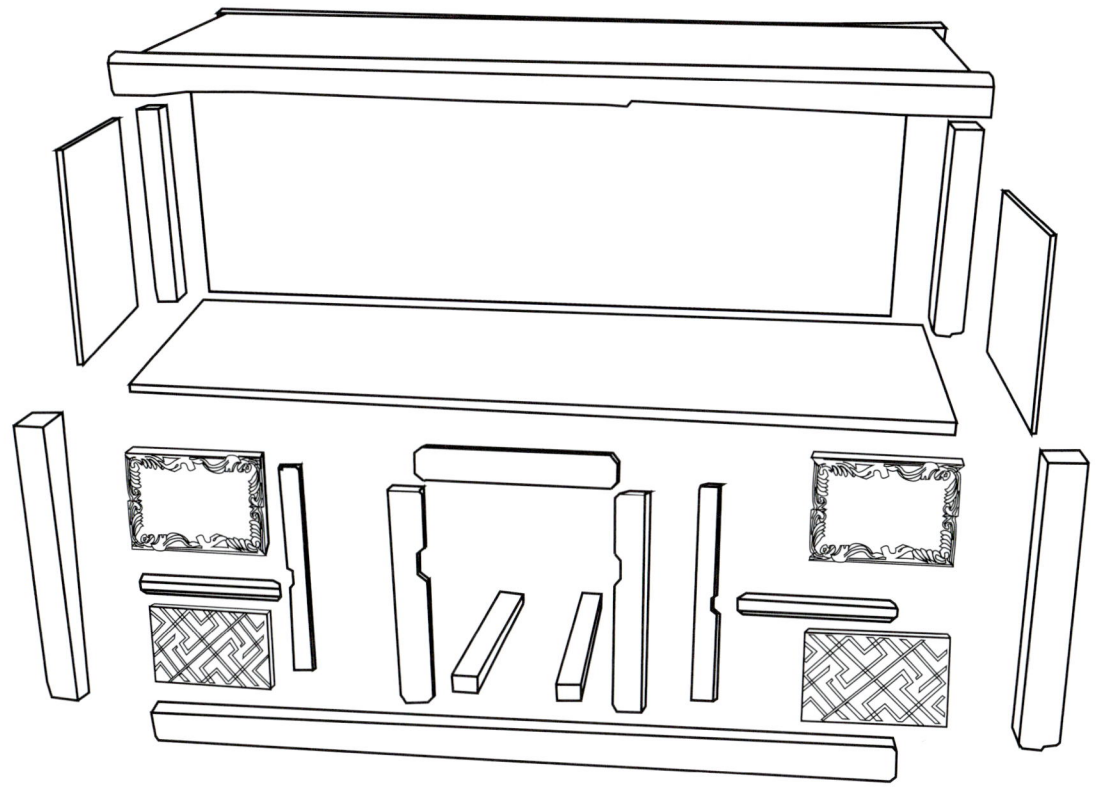

图四　维吾尔族木雕食品柜分解图

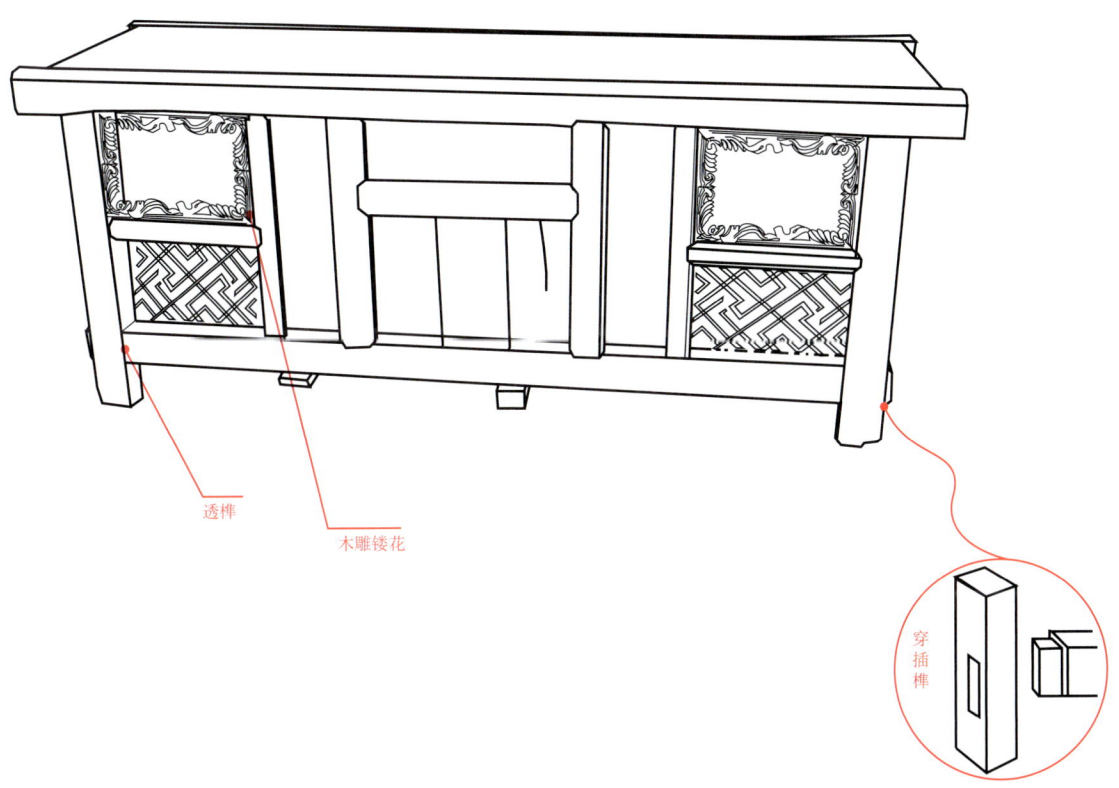

图五　维吾尔族木雕食品柜工艺分析图

清代维吾尔族铜制笔墨盒

图一 清代维吾尔族铜制笔墨盒主图

铜制笔墨盒由笔盒与墨瓶两个独立部分组成，笔盒长24厘米，宽3厘米，高4厘米。墨瓶瓶身高7厘米，瓶顶直径4厘米。此组文房用具现藏于乌鲁木齐市新疆维吾尔自治区博物馆，是清代的金属制品。

铜制笔盒结构可分为盒帽、盒身和锁扣，首尾盒帽四面满饰植物纹样，由锁扣联接盒帽与盒身。盒身为长方体，顶面与底面被植物藤蔓状纹样填满，呈现二方连续状，两侧面则各有七个相切的铜钱状同心圆；另外墨瓶又可分为：扣、钮、身、盖四个部分，其瓶身满饰植物纹样。维吾尔族工匠以质地软而熔点高的红铜作为本案例的主要材料，在维吾尔族铜制器物中也有少数以黄铜和白铜制作。选择红铜的原因除其天然的物理特性外，其材料质感特征给予使用者温暖、稳重感，与维吾尔族钟爱暖色调的审美心理一致。

总之，这组文书器物整体造型简洁，装饰手法以錾刻为主，纹样繁饰。这一特点深受伊斯兰艺术的影响，繁复与密不透风的装饰体现出新疆维吾尔族艺术的主要装饰风格特征，同样也体现在维吾尔族铜器装饰中。装饰纹样多取材于生活中植物花卉的变形纹样，如巴旦木、石榴花、四瓣花等，纹样一般多采用连续纹样。

图片来源
图一　雷启兴　摄影
图二至图七　姚丹　制图

图二 清代维吾尔族铜制笔墨盒笔盒

图三 清代维吾尔族铜制笔墨盒墨盒

第四章 维吾尔族传统生活用具

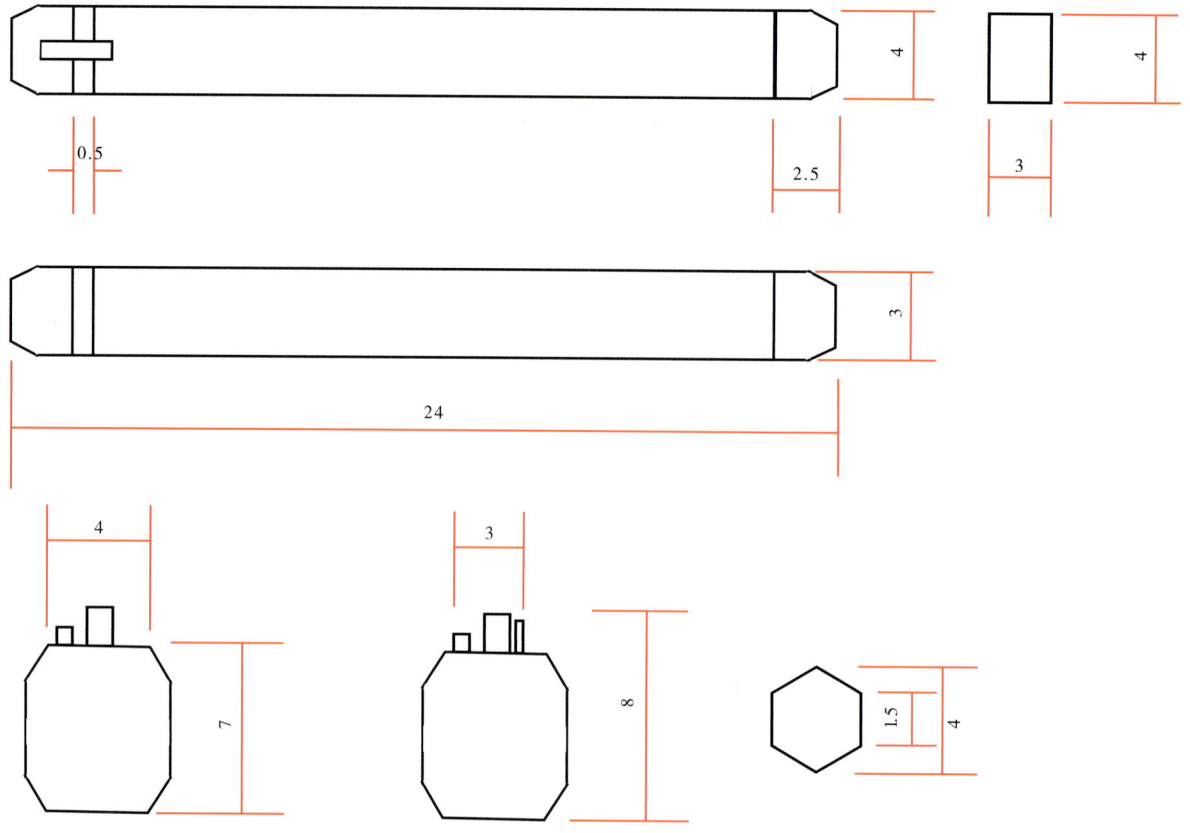

图四 清代维吾尔族铜制笔墨盒三视、尺寸图（单位：cm）

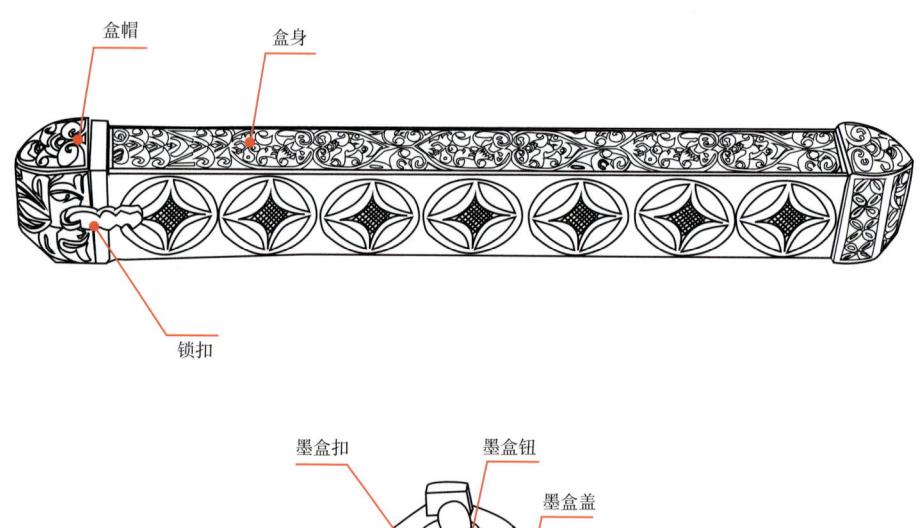

图五 清代维吾尔族铜制笔墨盒结构名称图

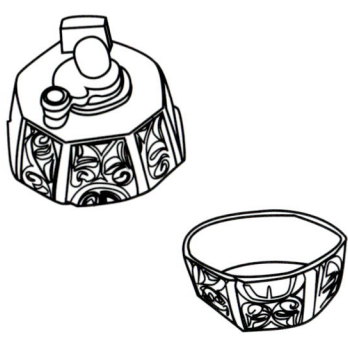

图六 清代维吾尔族铜制笔墨盒分解图

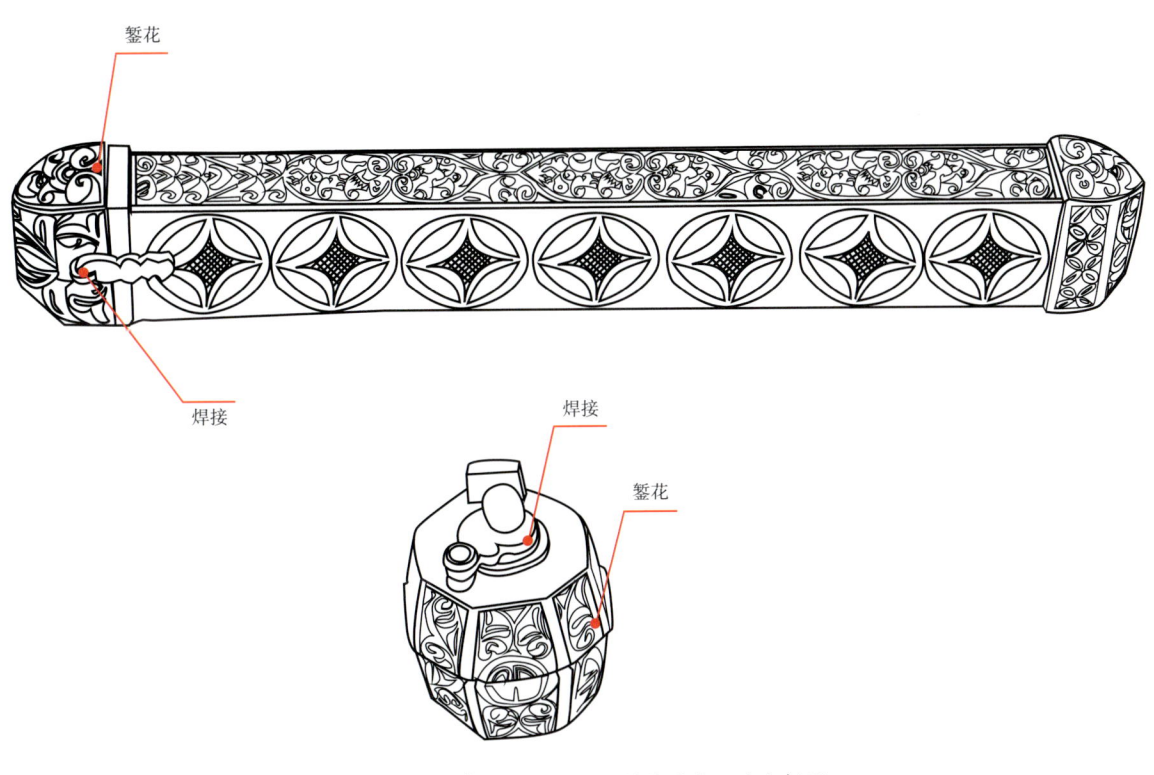

图七 清代维吾尔族铜制笔墨盒工艺分析图

清代喀什维吾尔族彩绘文具盒

图一　清代喀什维吾尔族彩绘文具盒主图

本案例属于清代木制品，用于存放文房用品，长 31.5 厘米、宽 5.3 厘米、高 6 厘米，喀什征集，收藏于新疆维吾尔自治区博物馆。

此物为抽拉式套盒，由盒面、盒腔、盒身和盒底四部分构成，盒面与盒身表面主要通过髹漆工艺完成，并辅助以线描和彩绘，装饰有繁饰的植物纹样，满花呈现。开口制作特别，呈不规则状，但将盒腔推进盒身后，恰好合二为一。其盒制作别具一格，不但纹饰绚丽多彩，而且造型独出心裁，既是实用品，又是具有维吾尔族风格的装饰品。

清代喀什维吾尔族彩绘文具盒的繁缛、华丽装饰之风与清整体工艺美术风格基本一致，反映出不同地域游牧民族的审美共性。

图片来源

图一　伊斯拉菲尔·玉苏甫.新疆维吾尔族自治区博物馆.香港：香港金版文化出版社，2006.

图二至图六　姚丹　制图

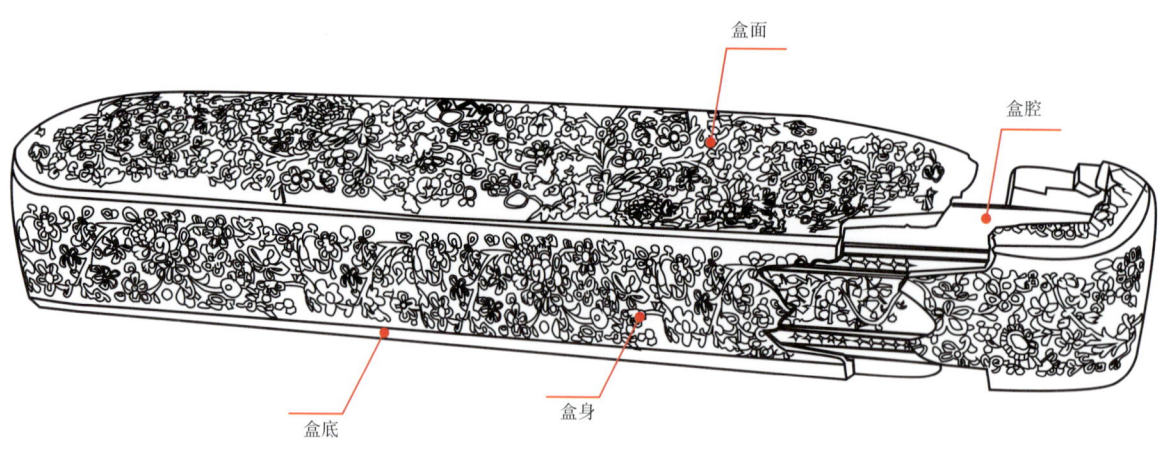

图二　清代喀什维吾尔族彩绘文具盒结构名称图

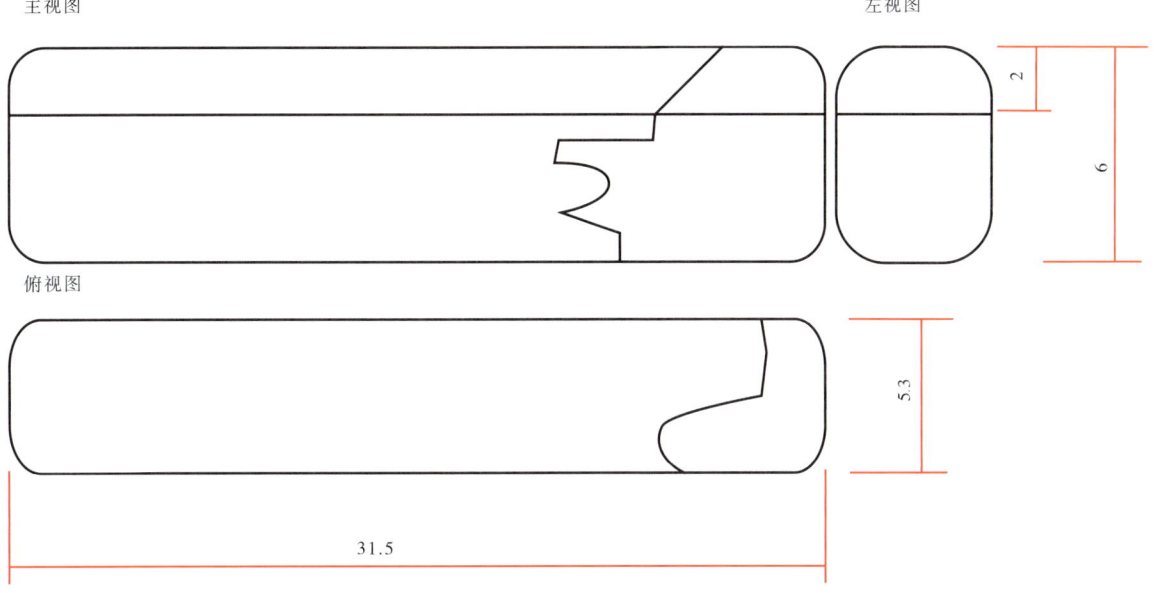

图三 清代喀什维吾尔族彩绘文具盒三视、尺寸图（单位：cm）

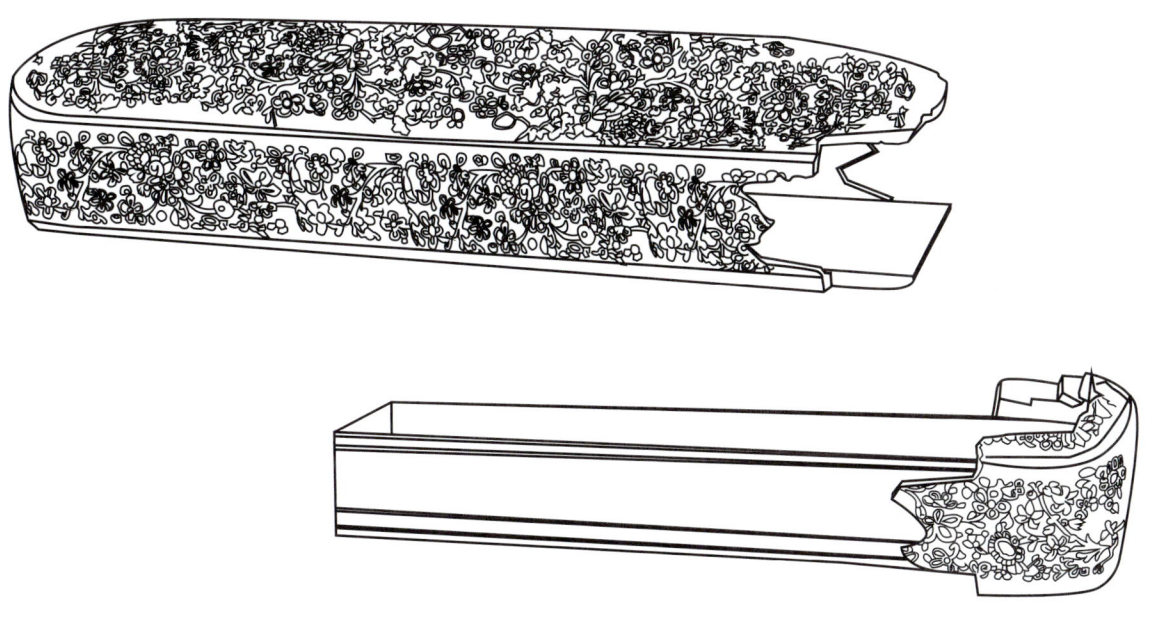

图四 清代喀什维吾尔族彩绘文具盒分解图

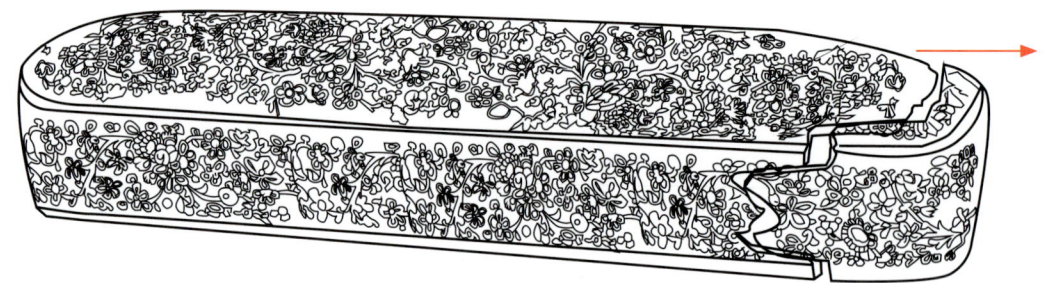

图五 清代喀什维吾尔族彩绘文具盒操作分析图

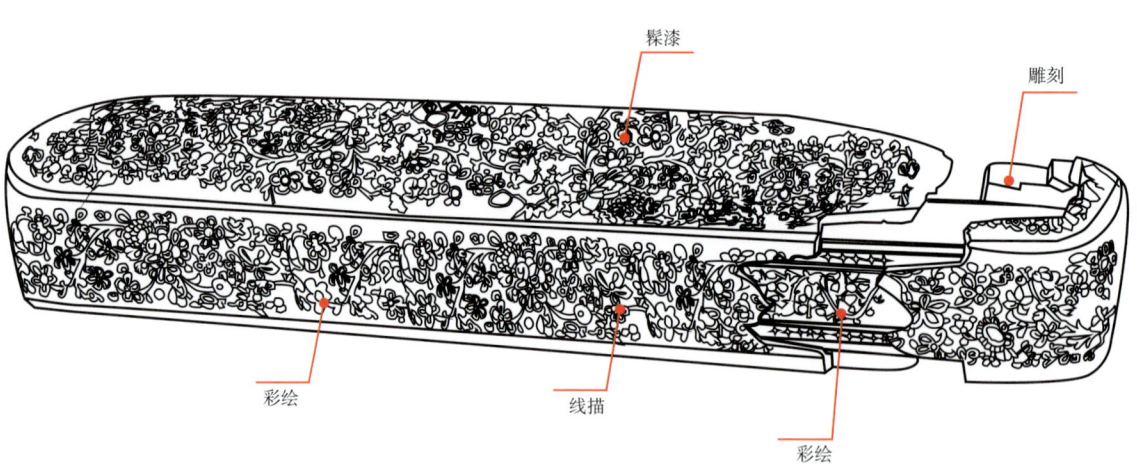

图六 清代喀什维吾尔族彩绘文具盒工艺分析图

维吾尔族木制矮柜

图一　维吾尔族木制矮柜主图

本案例为现代木制品，用于储藏衣物，长60厘米，宽25厘米，通高91.5厘米，2010年拍摄于新疆乌鲁木齐市国际大巴扎。

此物的由柜顶、背板、搁板、柜立柱、足、开门和铜饰件构成。在开门与立柱正面由红黑黄蓝四色彩绘而成，典雅醒目。而彩绘图案取自花草，整体装饰精巧、对比强烈、匀称和谐，折射出维吾尔族人民对大自然的向往和生活的热爱。维吾尔族矮柜通常被放置于居室中，有时被放于炕台上，其低矮的设计符合席地而坐的传统生活习惯，且兼具实用与美化环境的功能。

维吾尔族传统木制矮柜因其彩绘装饰和绚丽的色彩，独具民族特色。同时在注重使用功能的前提下，具有"题材赋色的理想化和感性化"，又能兼顾点缀家居环境，反映出维吾尔族传统造物思想中文质彬彬的一面。另外，这种充满智慧和创造的原生态维吾尔族家具是中国传统家具的重要组成部分。

图片来源

图一　赵凯　摄影
图二至图六　姚丹　制图

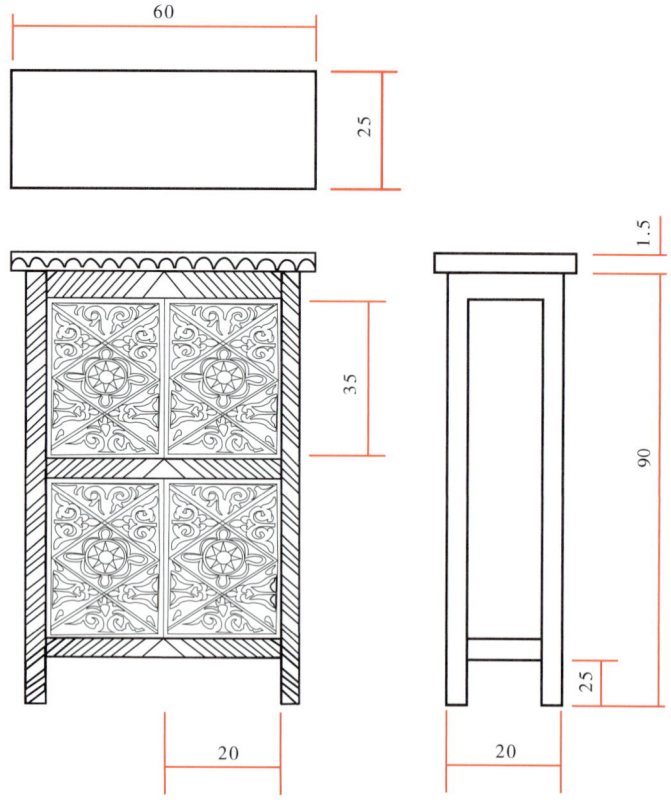

图二　维吾尔族木制矮柜三视、尺寸图（单位：cm）

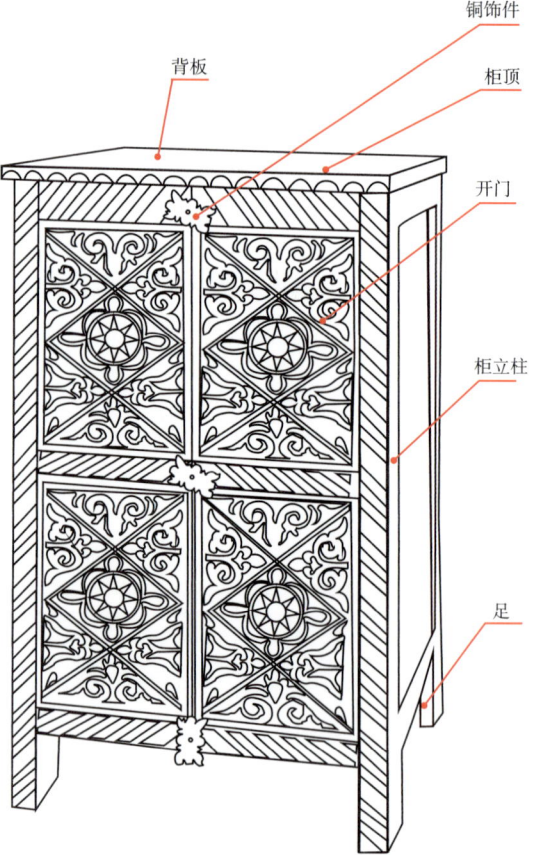

图三　维吾尔族木制矮柜结构名称图

图四 维吾尔族木制矮柜分解图

图五 维吾尔族木制矮柜操作分析图

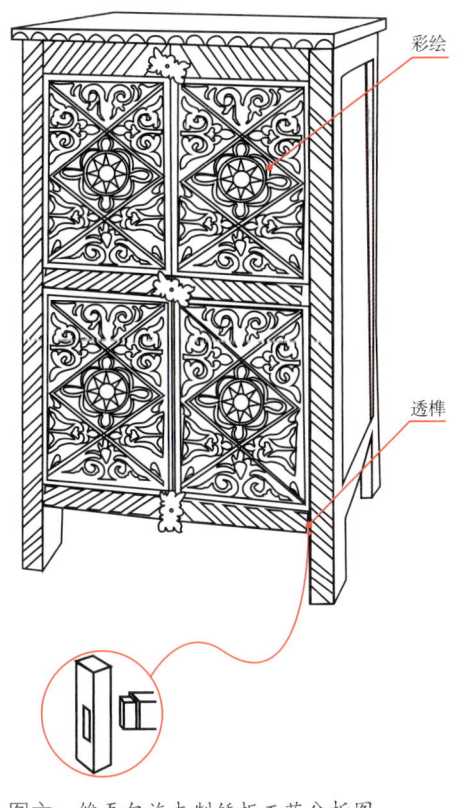

图六 维吾尔族木制矮柜工艺分析图

第四章 维吾尔族传统生活用具

清代维吾尔族铜盘

图一　清代维吾尔族铜盘主图

本案例直径为35厘米，属于清代传世金属制品，用于承装食物，现藏于乌鲁木齐市新疆维吾尔自治区博物馆。

作为维吾尔族人民日常生活器具，维吾尔式铜盘可分为盘沿、盘壁和盘底三部分，具有体积大、深底、造型敦厚的特点，这是与他们喜食拉面、抓饭和多汤汁的菜有关，便于调拌菜面。铜盘以黄铜为原料，经过工匠们应用冷砸工艺锻打成型，关键工艺步骤如下：首先，将铜板材料按照器物的结构剪裁，敲打焊接成形；其次，将盘体表面打磨光洁；最后，在盘中心錾刻纹饰。铜盘上的花纹设计受到本民族生存的自然环境和宗教信仰的影响，具体创意灵感来自于当地植物花或叶的启发，植物不仅是他们生存重要的饮食来源，也是黄沙戈壁干旱单调生活环境中带来生命气息的重要装饰元素。另外，伊斯兰艺术中的几何和文字纹样也是其中常见图案。在本案例中以巴旦木果实及巴旦木花作主纹样，并适当地进行艺术夸张、变形，布局巧妙。整体图案优美、流畅。铜盘边沿配以镂空的花边纹饰，这样铜盘既符合了功能要求又通过简单的加工达到形式美，体现出满饰耐看的装饰理念。

清代维吾尔族铜盘在其装饰纹样和造型上均体现出维吾尔族民族特征和伊斯兰艺术的审美情趣，铜材较廉价，体现出伊斯兰教中适度的消费观，并在器物整体设计上达到了实用性和装饰性的完美统一。

图片来源

图一　伊斯拉菲尔·玉苏甫.新疆维吾尔族自治区博物馆.香港：香港金版文化出版社，2006.

图二至图五　姚丹　制图

图二　清代维吾尔族铜盘尺寸图（单位：cm）

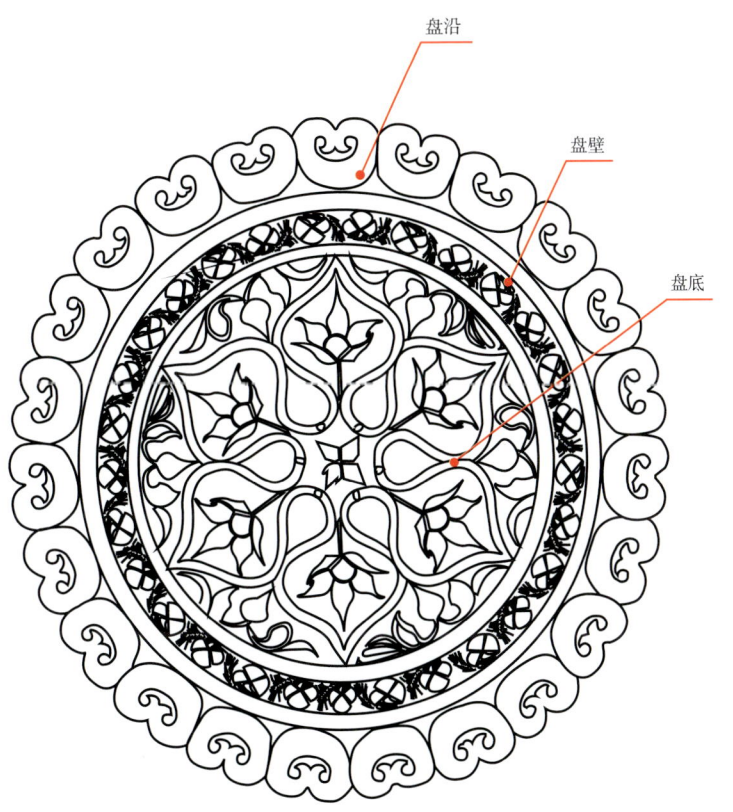

图三　清代维吾尔族铜盘结构名称图

图四　清代维吾尔族铜盘剖视图

新疆维吾尔族黄铜盘

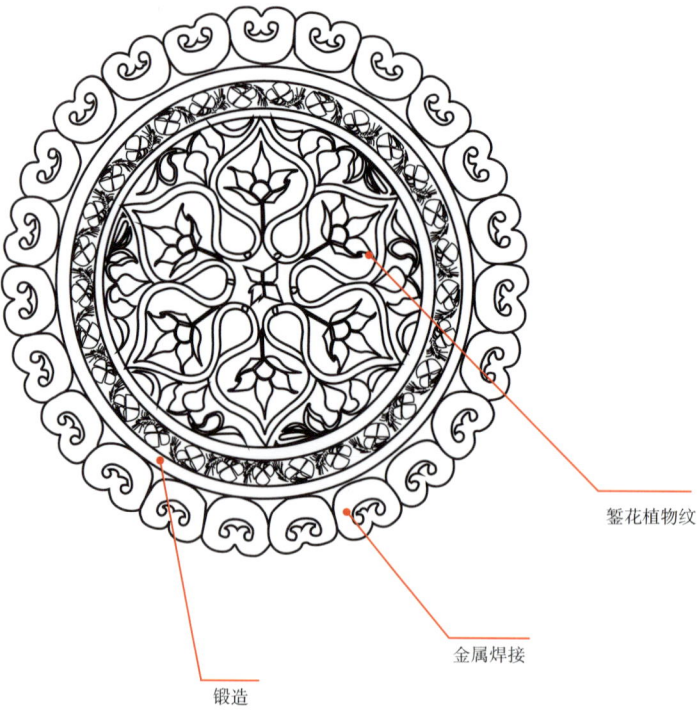

图五　清代维吾尔族铜盘工艺分析图

维吾尔族木制儿童学步车

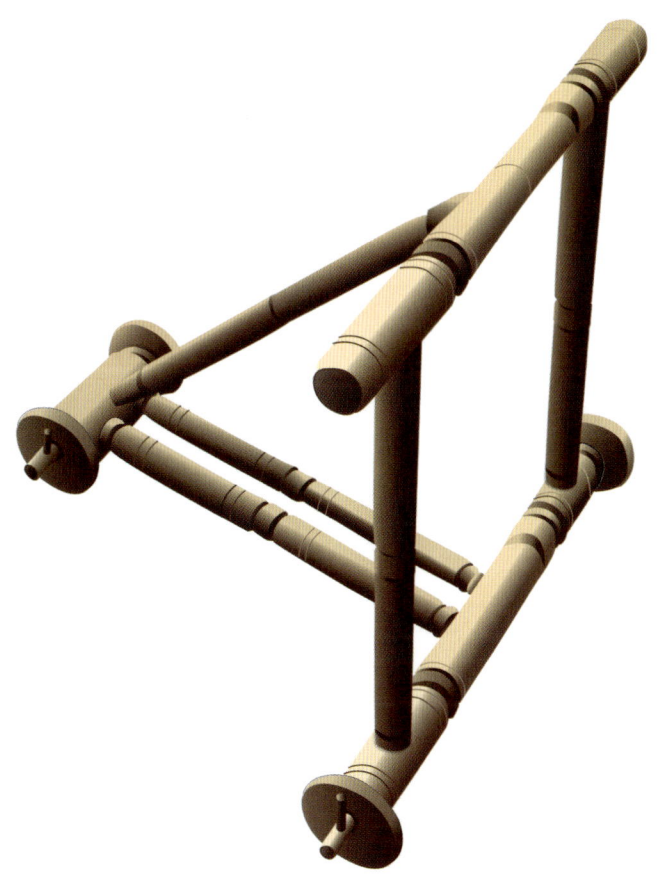

图一　维吾尔族木制儿童学步车主图

本案例为现代木制品，作为幼童学步之用，全长60厘米，宽45厘米，通高50厘米，2010年拍摄于新疆乌鲁木齐市。

此物可辅助七八个月的幼童学习走路，整体造型轻巧，细节处理简洁。其结构由若干圆杆构成，分别为把杆（用于幼童推握）、撑杆（用于连接把杆和底杆）、底杆（受力并配有双轮）。各部分圆杆均采用具有维吾尔族民间特色的旋木工艺，其独特的曲线造型，反映了本民族的审美意识和追求动态美的造物思想。其中，在把杆、撑杆、底杆的两端则是由外旋切（旋切技术在新疆已有2000多年历史）工艺完成，具体工艺流程为：1.选材，确定有待加工的木材；2.固定，将木材固定在旋轮上，旋轮快速旋转带动木料均匀转动；3.切削成型，木匠紧握平板刀，靠在木头要削去的部分，从而形成具有"S"流线型的优美旋木。综上所述，旋木工艺不仅限于木质日常杂具之中，还广泛应用于家具与民宅装饰之中。

维吾尔族传统儿童木制学步车大体结构与豫东民间同类物品近似，但后者在制作工艺与美观上不及前者。由于此类用品间的起源与传延暂未查阅到史料以佐证，故难下定论。但从"丝绸之路"的路线看来，可大胆推测两者间存在必然联系。

图片来源

图一　赵凯　摄影

图二至图图六　姚丹　制图

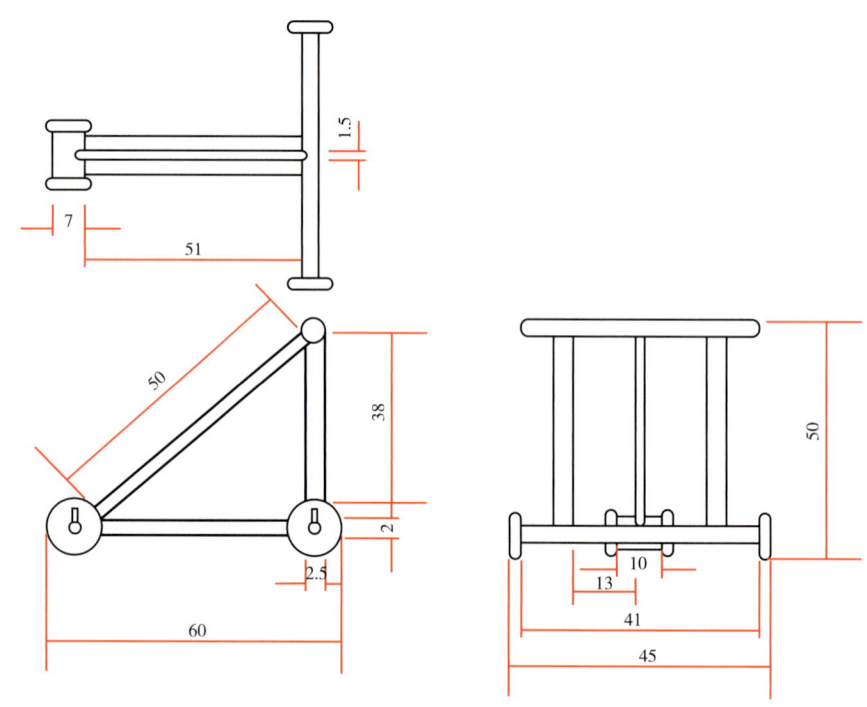

图二　维吾尔族木制儿童学步车三视、尺寸图（单位：cm）

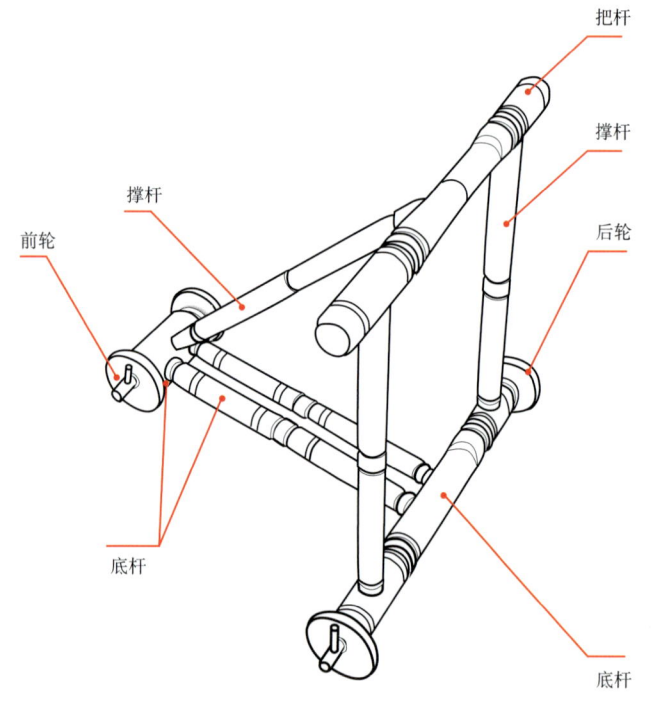

图三　维吾尔族木制儿童学步车结构名称图

图四　维吾尔族木制儿童学步车分解图

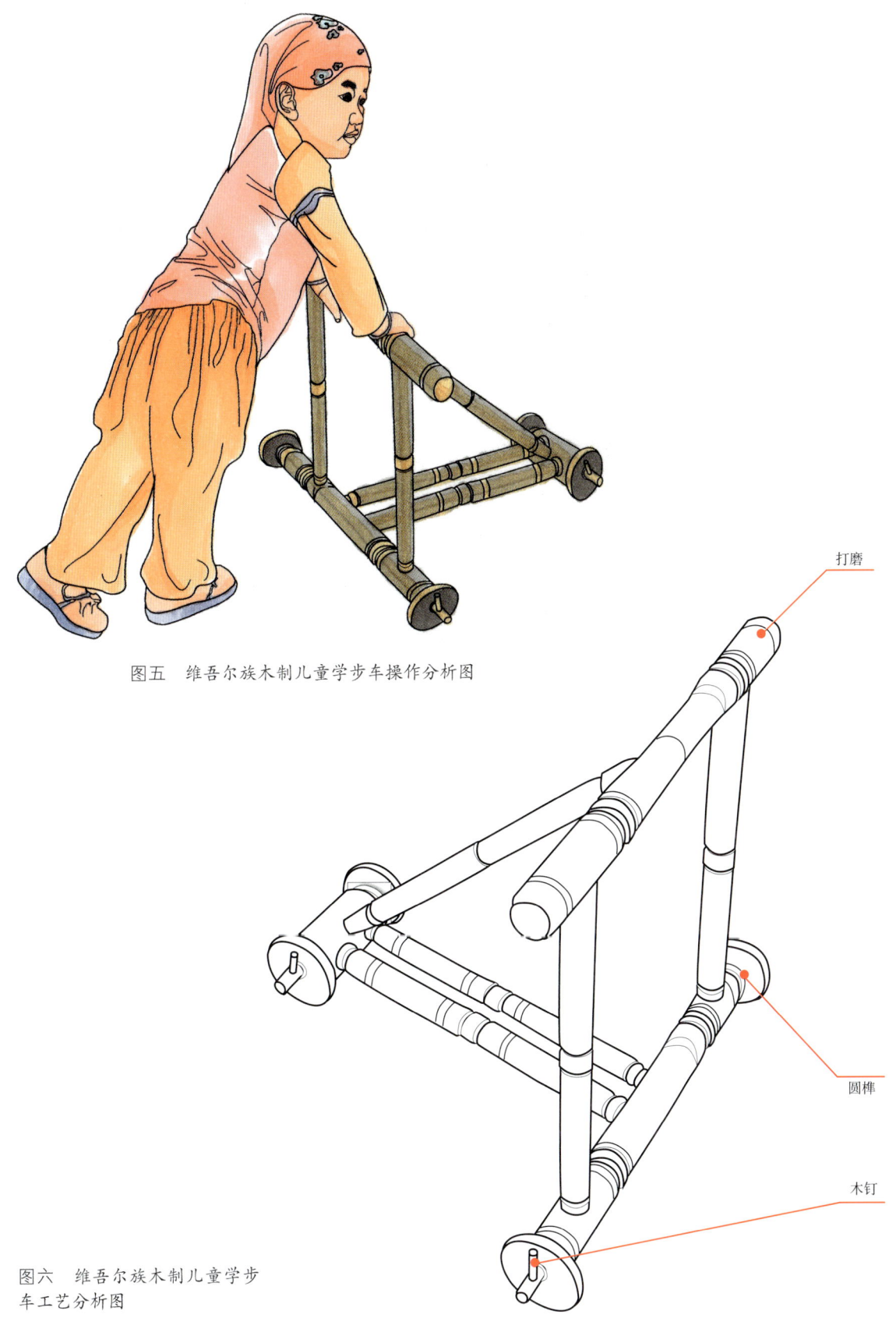

图五　维吾尔族木制儿童学步车操作分析图

图六　维吾尔族木制儿童学步车工艺分析图

打磨

圆榫

木钉

第四章　维吾尔族传统生活用具

维吾尔族彩绘烛台

图一　维吾尔族彩绘烛台主图

　　本案例是具有鲜明维吾尔族风格的现代木制品，高 15 厘米、直径 4.5 厘米，可用于室内照明与装饰之用，拍摄于乌鲁木齐市国际大巴扎。

　　此物结构相对简单，整体呈剑柄状，从上而下分别是烛座、烛身和底座。其中烛座稍细用于支撑与放置蜡烛。而烛身为两端粗中间细的形体。其顶端粗，便于承接蜡油，中间细便于人手能舒适持握。底座部分较为宽大的设计则是增添整体的稳定性。从制作工艺分析，烛台是由整块木料切削而成，然后经过雕琢和打磨确定造型，再将装饰纹样定稿，最后色彩调配并上色完成。维吾尔族用色好强烈，故烛台着色多用纯色红绿对比，视觉冲击力强，呈现出整体的和谐与秩序，故艳丽的用色成为此类物品的一大特色。另外，在装饰纹样上多选用自然环境中的花草植被等，经由工匠的体验、主观加工和抽象提炼完成。

　　关于维吾尔族木器的赋色，具有理想化和感性化的特点。在实际的装饰手法中则惯用冷暖和互补色对比。因此，在这类作品中的赋色反映出维吾尔族地域性和民族性特点，体现出与生活习俗、民俗风情和审美观念的直接联系。

图片来源
图一　赵凯　摄影
图二至图四　姚丹　制图

图二 维吾尔族彩绘烛台尺寸图（单位：cm）

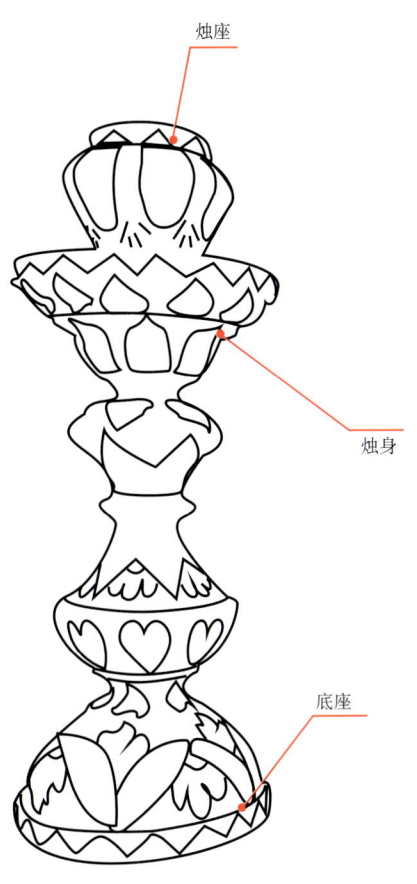

图三 维吾尔族彩绘烛台结构名称图

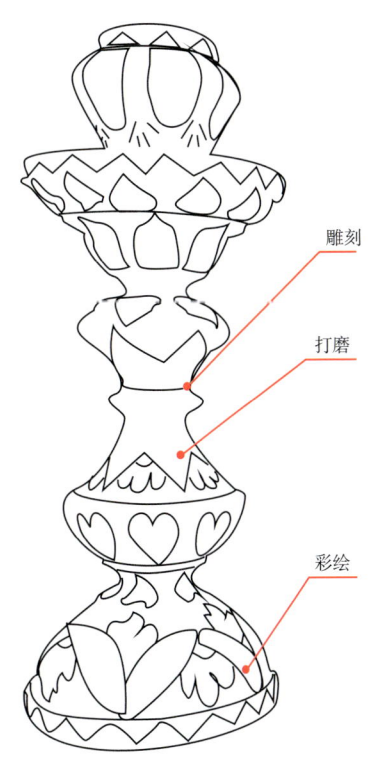

图四 维吾尔族彩绘烛台工艺分析图

维吾尔族乐器·卡龙琴

图一 维吾尔族乐器·卡龙琴主图

卡龙琴是一种弹拨弦乐器，其名字最早起源于希腊，艾布·乃斯尔、法拉比的《音乐全书》中，称它为45弦"米兹阿夫"。传入我国的时间约为10世纪以后，由中亚而来，主要流行在新疆的喀什、和田、莎车以及叶尔羌河流域地区。我国中原地区曾将其称作72弦琵琶。

在历史上，作为维吾尔族古典音乐套曲"木卡姆"的主要演奏乐器，卡龙琴曾经在喀什、和田等地区风靡一时，而随着"锵"的传入，卡龙琴逐渐走向没落。到本世纪40年代，仅在和田、麦盖提地区有苏来曼阿供、托合达洪、阿合买提、司马益·阿合买提等三、五人能够演奏卡龙琴，濒于即将失传的处境。

卡龙琴琴身采用桑木制成，中空的音箱整体呈梯形，前窄后宽，左曲右直。它由琴框、面板、底板、弦轴、弦栓、弦枕、弦码以及琴弦等组成。琴框是音箱的四周边框，曲面部分通过水的浸泡，再用火烘烤制成需要的弯度。面板与底板通过粘合与琴框形成中空的音箱。面板左侧装有两层弦轴，弦轴的右侧为弦码与弦枕，琴弦通过弦码与弦枕固定到音箱右边的弦栓，弦栓的数量与弦轴一一对应。卡龙琴一般配以16组至18组琴弦，每组为两条同音弦，过去通常采用铜丝弦，现以钢丝弦为主。

演奏卡龙琴时，一般盘腿而坐，将卡龙琴置于地上或支架上。右手拇指和食指执竹制或木制拨片，或食指戴指套拨弹琴弦发音、演奏旋律，左手执制音器，配合弹奏。由于卡龙琴既可以演奏速度较快的乐曲，又能自如地弹奏出不同音程的双音，因此在维吾尔族"麦西莱甫"中成为演奏"十二木卡姆"的不二选择。

图片来源

图一　孙继虎　摄影（微图网）

图二至图六　许江　制图

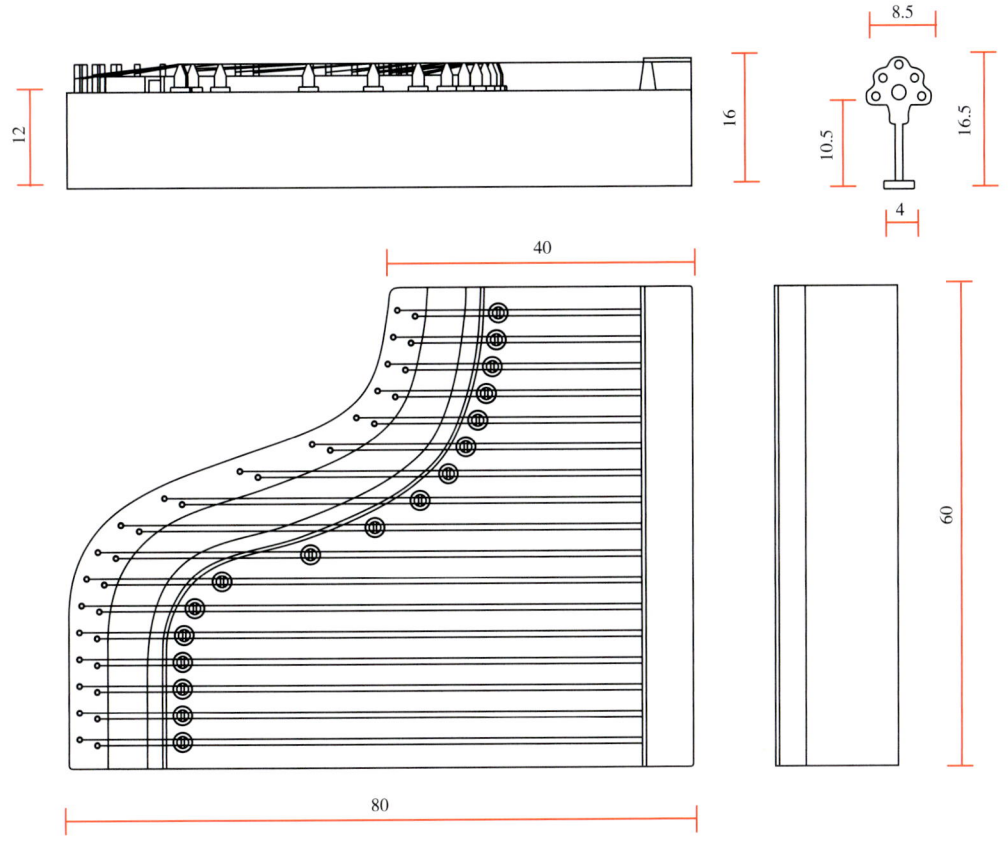

图二　维吾尔族乐器·卡龙琴三视、尺寸图（单位：cm）

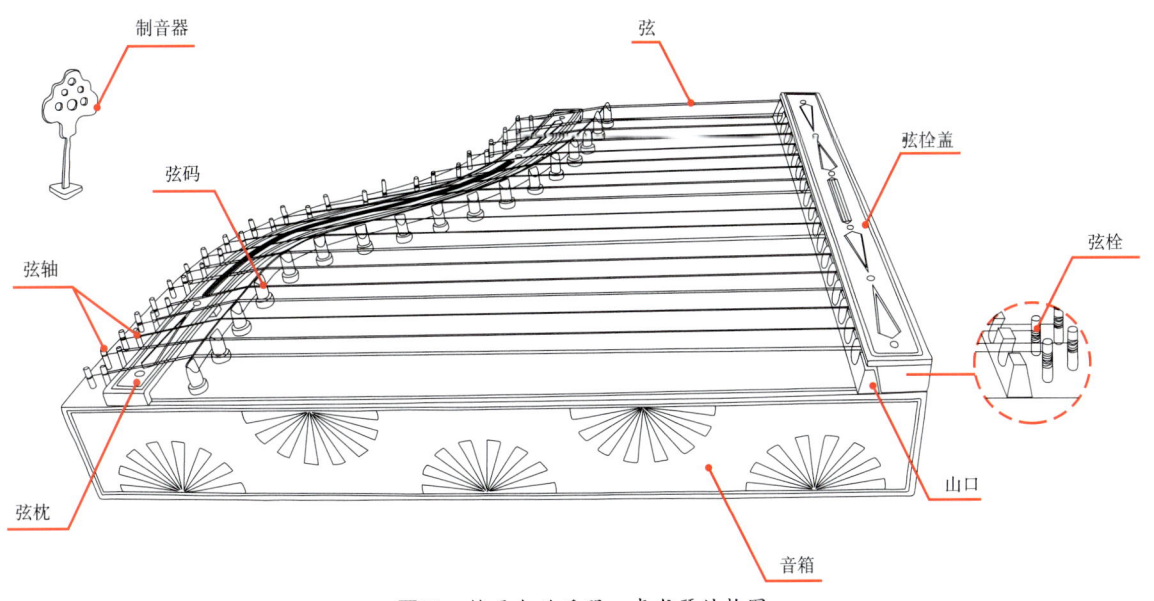

图三　维吾尔族乐器·卡龙琴结构图

图四 维吾尔族乐器·卡龙琴分析图　　　　图五 维吾尔族乐器·卡龙琴使用气氛图

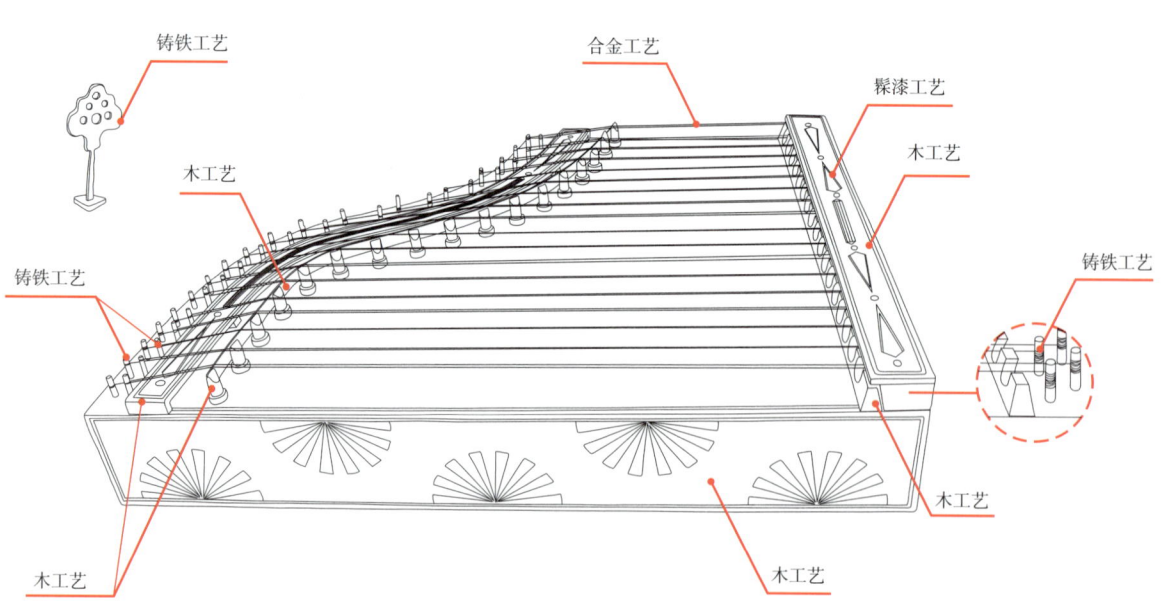

图六 维吾尔族乐器·卡龙琴工艺分析图

维吾尔族乐器·锵

图一　维吾尔族乐器·锵主图

锵是新疆维吾尔族的一种击弦乐器，也译作昌，又称作新疆扬琴。

据有关学者的考证，扬琴最早出现在欧洲，流行于14世纪。17世纪中，从海路传至中国广东省沿海，叫洋琴、蝴蝶琴和扇面琴，后广泛流传，约18世纪传到哈密；与此同时从另一路中亚传到喀什。作为双手击弦演奏的乐器，锵能够演奏出丰富多变的曲调，非常适合演奏节奏明快的乐曲，特别能够迎合维吾尔族节日庆典的欢乐气氛，因此，锵在传入新疆后不久，便很快在天山南北流行开来。

在流行于新疆民间的"十二木卡姆"音乐表演中，锵与其他维吾尔族乐器，如弹布尔、卡龙琴、达卜等，是演奏"十二木卡姆"音乐不可或缺的乐器。同时，锵也时常与其他弦乐器搭配出现在城市的茶馆与饭店中。

锵是一面扇形木箱，也有梯形，前窄后宽，右边装弦轴，左边装弦栓，音箱表面有音孔，数量不一，但皆成对出现。锵最早有8至10组弦，后增至13至18组弦，每组有3至4根弦，弦用钢丝或铜丝。

演奏锵的小棰称为"琴竹"。锵的琴竹与内地扬琴琴竹有所区别，长度一般为24厘米左右，竹头为2.5厘米，竹头一般多套医用听诊器胶管或贴毡条，这种琴竹的特点是短而硬，运用灵活，演奏起来刚健有力，与新疆各民族欢快、热情、奔放的音乐特色相符。

演奏锵时，多采用坐姿。将锵置于琴架或桌面上，演奏者双手各持一只琴竹，分别敲击琴码两侧的琴弦而发音。

图片来源
图一　雷启兴　摄影
图二至图五　许江　制图

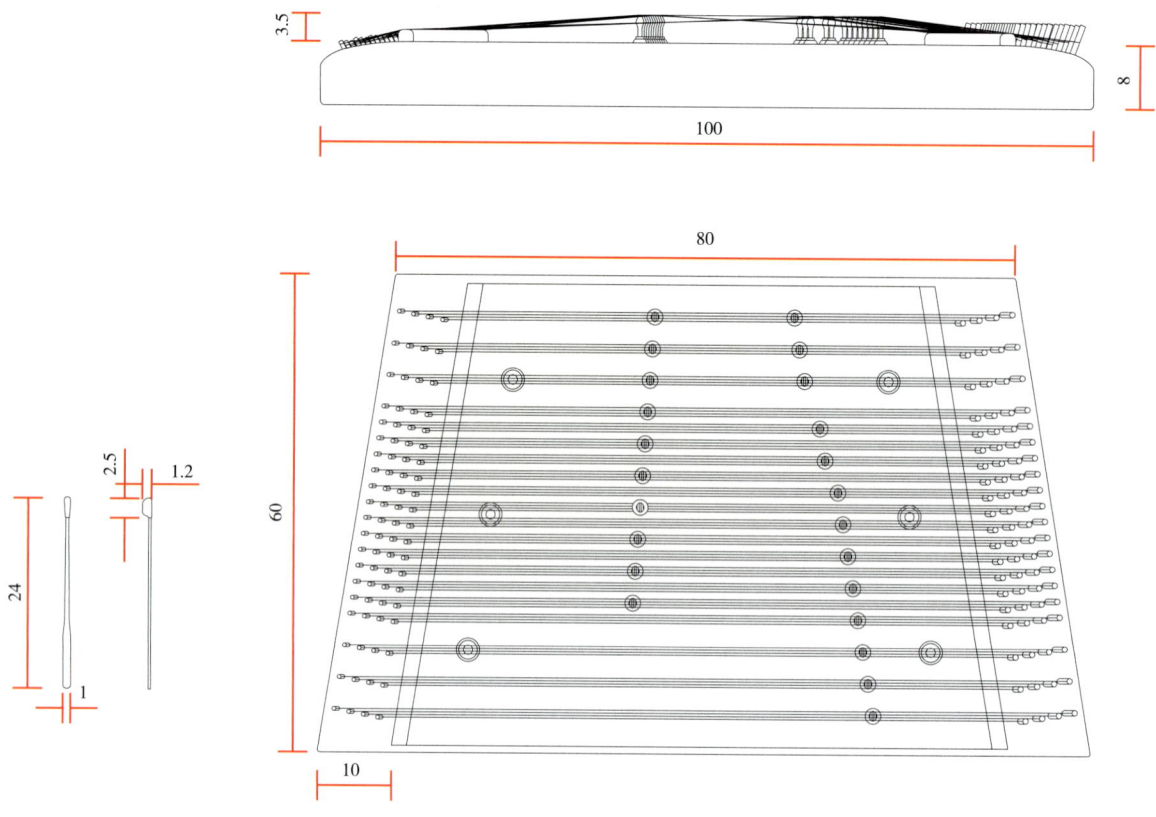

图二 维吾尔族乐器·锵尺寸图（单位：cm）

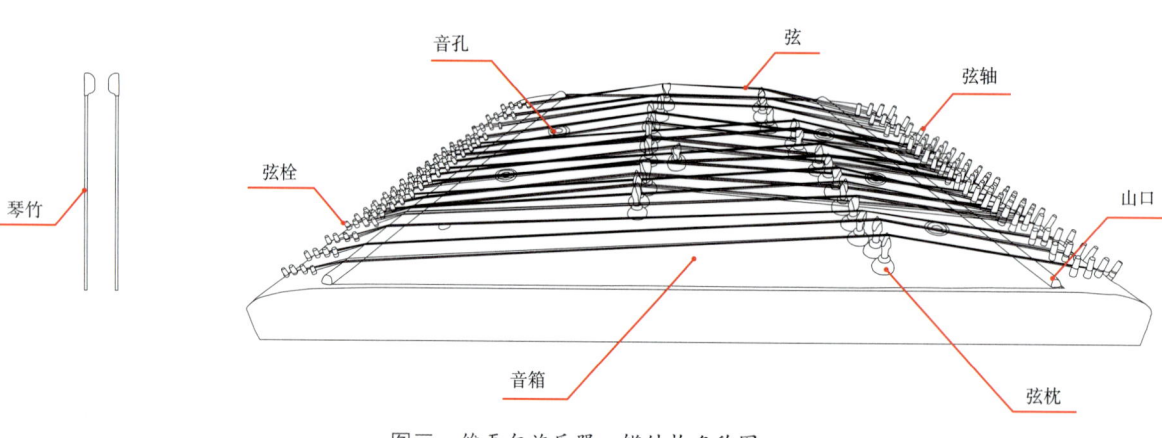

图三 维吾尔族乐器·锵结构名称图

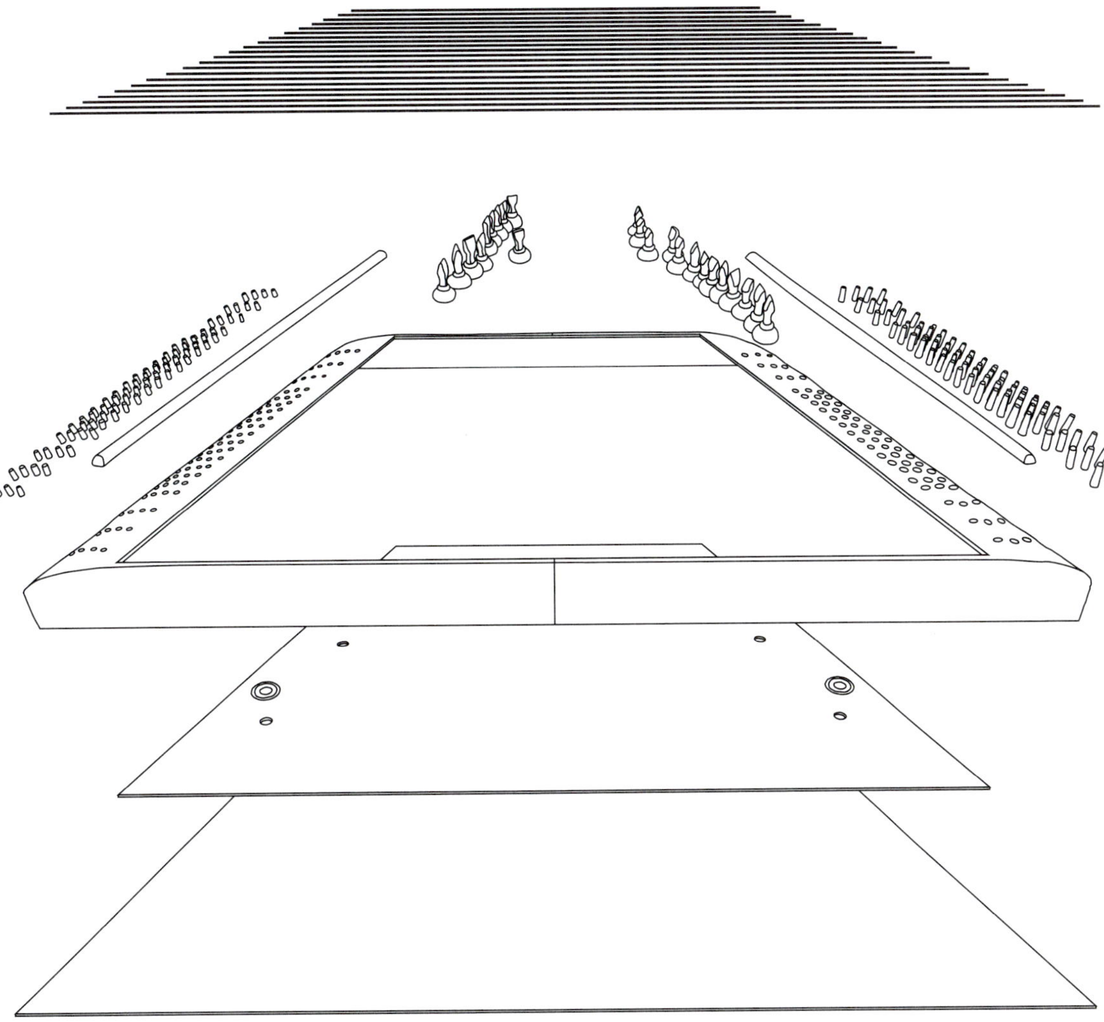

图四 维吾尔族乐器·锵分解图

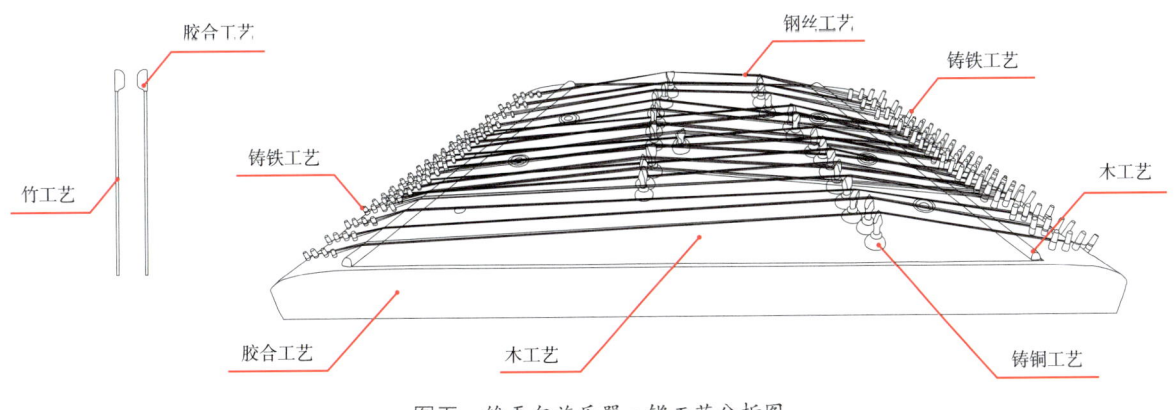

图五 维吾尔族乐器·锵工艺分析图

维吾尔族乐器·苏尔奈

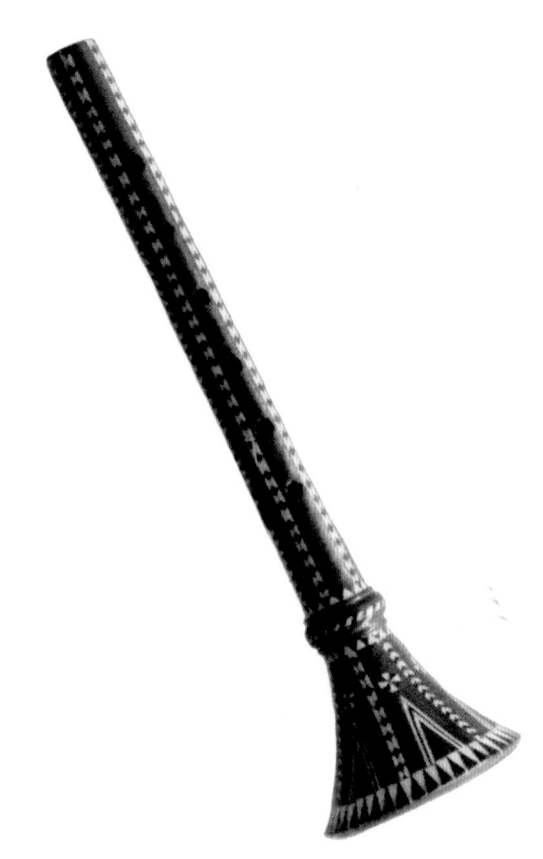

图一 维吾尔族乐器·苏尔奈主图

苏尔奈是维吾尔族乐器中的气鸣木管乐器,亦称苏乃依,汉族又称其为新疆木唢呐。其与中原地区的唢呐、喇叭同根同源,尽管名称有别,但乐器本身则大同小异。苏尔奈常见于南疆、北疆、东疆等地,尤其以南疆最为流行。

关于苏尔奈的历史,在《阿拉伯音乐史》一书中有所记载:"6世纪,阿拉伯人常用它与其它乐器搭配在一起演奏,7世纪在军乐中占有显著地位。8世纪后作用一落千丈,原因是伊斯兰教不提倡。"在汉文史料中,苏尔奈的相关记载则出现得更晚,直到明代的《武备志》中才有所记述。

如上所述:阿拉伯史书中的"苏尔奈"出现于6世纪,汉文史料中出现是在我国的明代,但这些记载均不符合历史事实。根据相关研究人员的考古发现,在新疆克孜尔千佛洞第38窟中已有与现今"苏尔奈"形制基本相似的锁呐的描绘。该窟开凿于3世纪，说明至迟于3世纪"苏尔奈"已在西域使用。

维吾尔族民间苏尔奈，通常采用枣木或桐木制作，哨头采用苇片，尾部形似小喇叭，管内圆周直径约10毫米左右，由上至下约在管身的四分之三处逐渐扩大。苏尔奈管身上一般开八指孔，正七背一，背面一孔位于上端第一孔的下方，哨头可换。新疆各地的苏尔奈形制大体相同，只是在管体长短、音域高低方面有所差别。

以苏尔奈为主的鼓吹乐表演是维吾尔族传统宗教节日库尔班节、肉孜节或婚礼喜庆活动中必不可少的娱乐活动。每逢节日庆典来临之际，都能听见苏尔奈高亢宏亮的曲调。除了用于鼓吹乐之外，苏尔奈还可用于独奏或为歌舞伴奏，它能独奏出所有能够演唱出来的调子。因此在民间流行的木卡姆和赛乃姆音乐中，时常能够见到它。

图片来源
图一　雷启兴　摄影
图二至图六　许江　制图

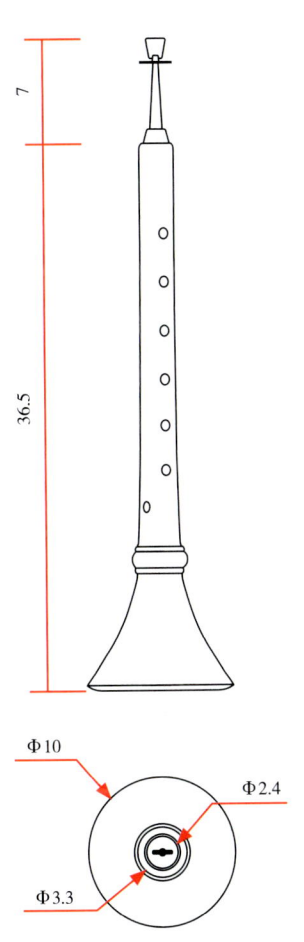

图二　维吾尔族乐器·苏尔奈尺寸图
（单位：cm）

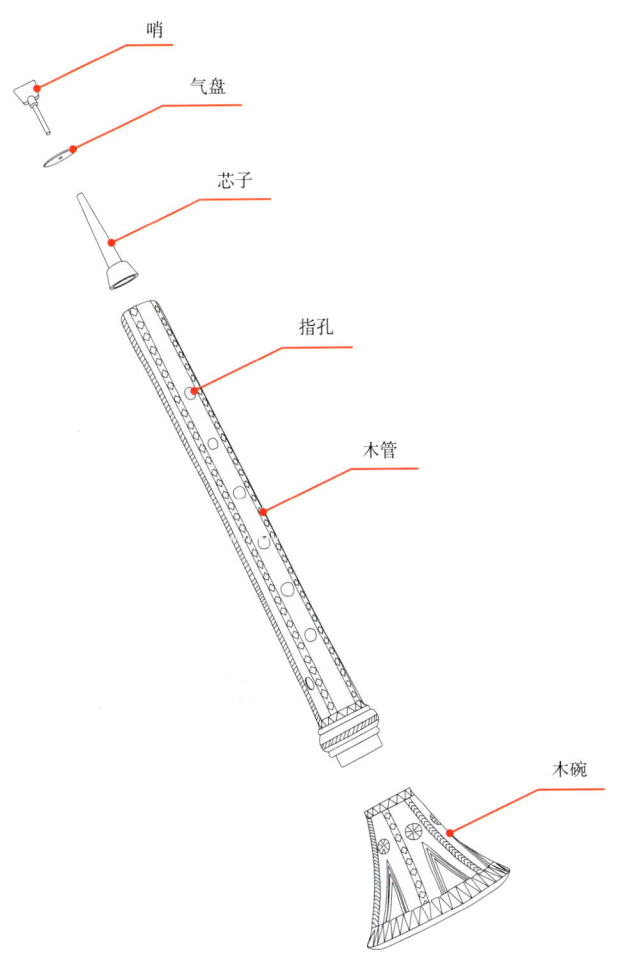

图三　维吾尔族乐器·苏尔奈结构名称图

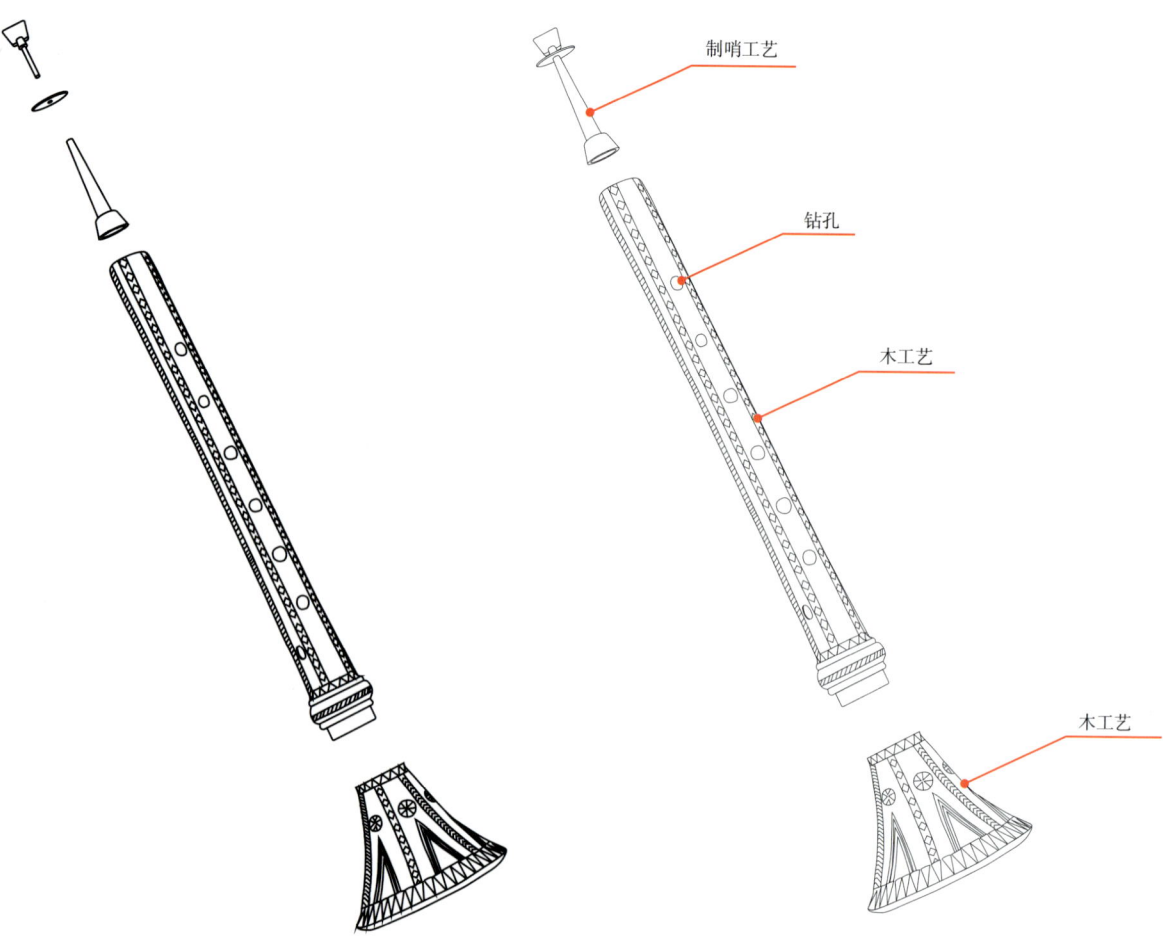

图四 维吾尔族乐器·苏尔奈分解图　　图五 维吾尔族乐器·苏尔奈工艺分析图

图六 维吾尔族乐器·苏尔奈使用情景图

维吾尔族乐器·乃依

图一　维吾尔族乐器·乃依主图

乃依，又称木笛、横笛，是维吾尔等族的边棱气鸣乐器。它是古老的木管乐器，公元3世纪以前，笛已流传在天山南部地区，在拜城、库车和吐鲁番等地的石窟壁画中，有很多乃依的图形可资考证。乃依分布地区很广，除伊吾及塔里木河流域的个别地区外，很多地方都可以见到。

乃依一般用枣木或桐木制成，它有一个吹孔，六个指孔。尾部另有一个气孔。管的长度与管的内径不尽相同，因此，音域高低不完全相同。喀什乃依全长 43.4 厘米。头端至吹孔 14 厘米。乃依音域宽广，音色优美，常常作为独奏乐器，吹奏节奏舒展悠扬动听的乐曲，如《放牧人》《商队》《幸福的孩子》等，它是牧羊人、赶骆驼人的良伴。小伙子们也常常在月夜的河畔林边，吹着它以抒情怀。乃依有时也常常与弹布尔、独他尔、锵、打甫一起，吹奏民歌或是旋律跳跃而明快的舞曲。

乃依精致易携、制作简单，是维吾尔人生活中不可替代的乐器，能够随时满足维吾尔人的精神生活需要，表达着维吾尔族独特的民族文化内涵。

图片来源
图一　孙继虎　拍摄（微图网）
图二至图六　郑倩倩　制图

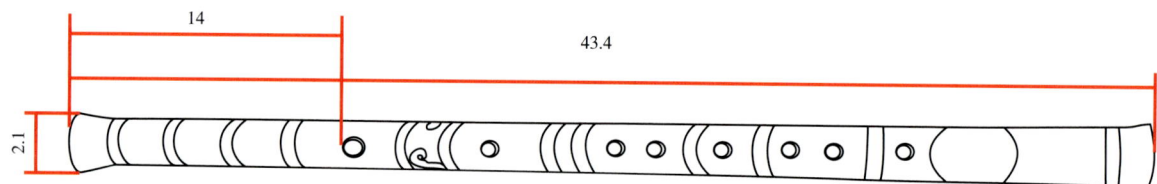

图二 维吾尔族乐器·乃依尺寸图（单位：cm）

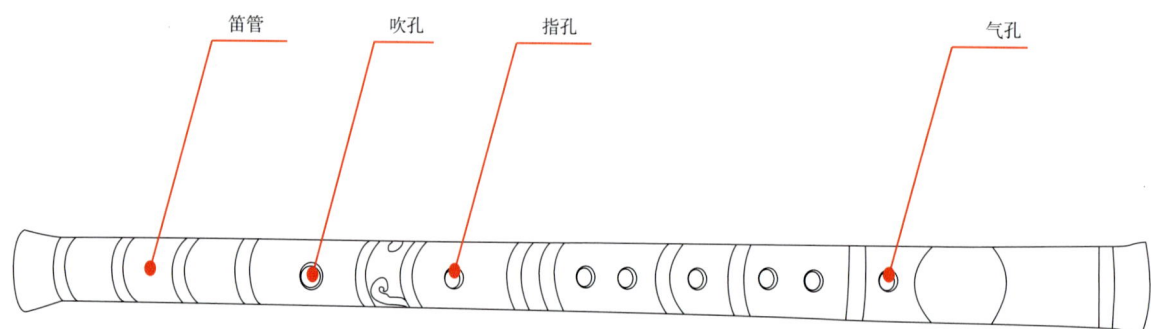

图三 维吾尔族乐器·乃依结构名称图

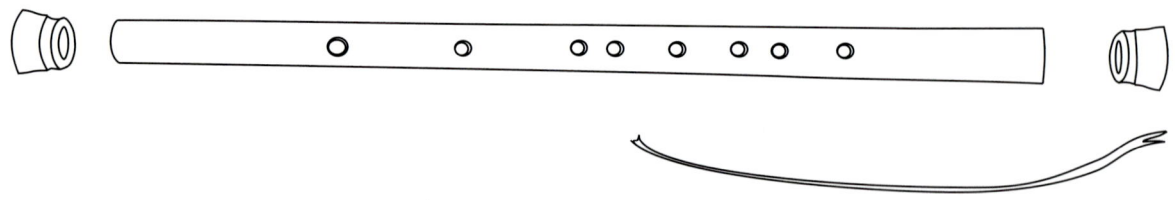

图四 维吾尔族乐器·乃依分解图

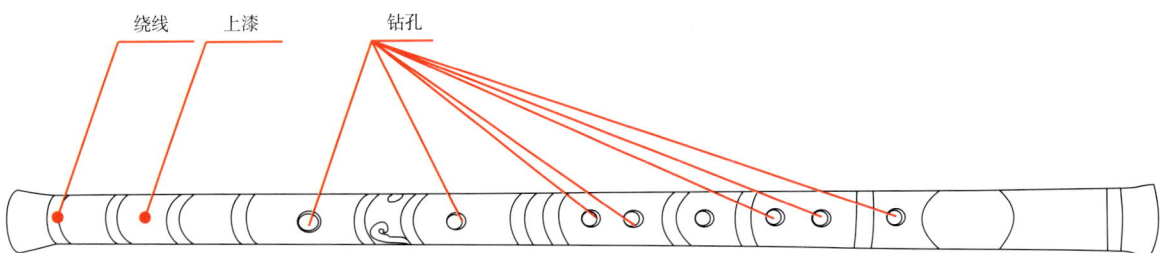

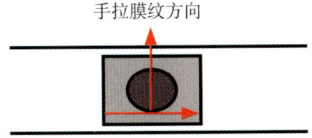

笛膜原有的皱纹及皱纹方向
贴笛膜的方法

图五　维吾尔族乐器·乃依工艺分析图

图六　维吾尔族乐器·乃依使用情景图

第四章　维吾尔族传统生活用具

维吾尔族乐器·艾捷克

艾捷克是弓弦乐器。艾捷克最早起源于伊朗，14世纪以前传入中亚，流传在撒马尔罕、布哈拉等地。后转入喀什，增加了共鸣弦，形成有共鸣弦的艾捷克形制。艾捷克一般用柳木作柄，沙枣木作木箱，音箱半圆球形，面蒙马皮或驴皮。艾捷克全长103厘米。琴头长29.8厘米，柄长43厘米，底柱长16厘米。共鸣箱平面圆直径14.2厘米，弦长50厘米。流行于新疆维吾尔自治区各地，广泛用作独奏、合奏与伴奏。

制作艾捷克的第一步是将圆形的琴桶做好，第二步是在正面松薄板和琴箱中部装衬梁，再把正面松薄板上蒙上蟒皮做皮膜。第三步是制作琴头、琴杆。琴头为圆柱形，顶端呈圆球状，下开弦槽，两侧横置四个弦轴，轴柄为圆球形。琴杆呈半圆形柱状体，前平后圆、上窄下宽，正面粘有红木按弦指板。演奏时，将底柱立于左腿之上或夹于两腿之间，左手持琴按弦，右手持弓拉奏。通过音柱与桐木板连接，使共鸣体形成两个半球形，周围有发音孔，琴托转动，用以调整弓与弦的角度，音色具有板面振动与皮面振动相结合的效果。

艾捷克是维吾尔族文化的载体，其制作工艺体现了维吾尔人传统的审美和观念。维吾尔族文化既有古代北方民族文化的底蕴，又在其发展过程中不断受到中原文化与波斯、阿拉伯等文化的影响。这些影响也在艾捷克的形成、发展和变化过程中留下了印记。在长期的民间音乐活动中，形成独特的乐器

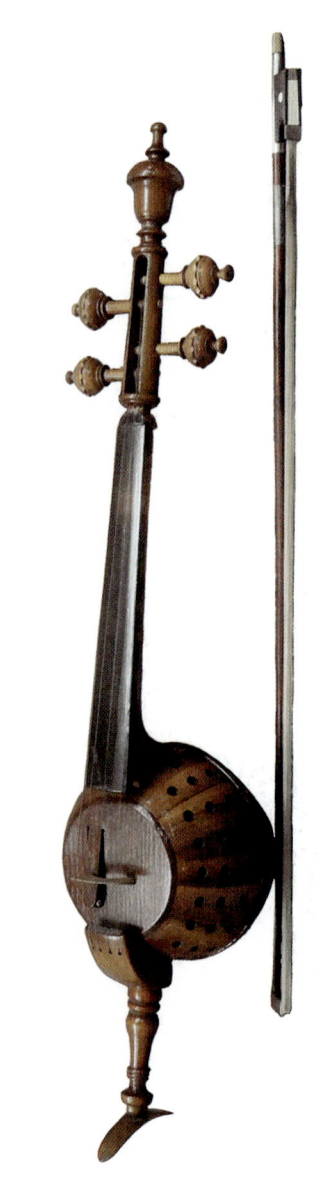

图一　维吾尔族乐器·艾捷克主图

体系，成为优美的传统音乐文化，也是中华民族绚丽多彩的传统音乐文化的组成部分。

图片来源

图一　雷启兴　摄影
图二至图图六　孙侨　制图

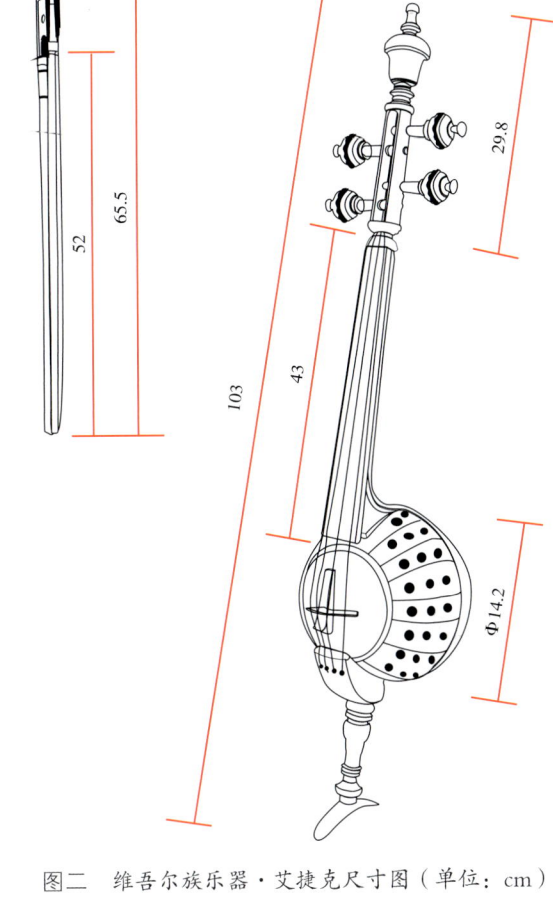

图二　维吾尔族乐器·艾捷克尺寸图（单位：cm）

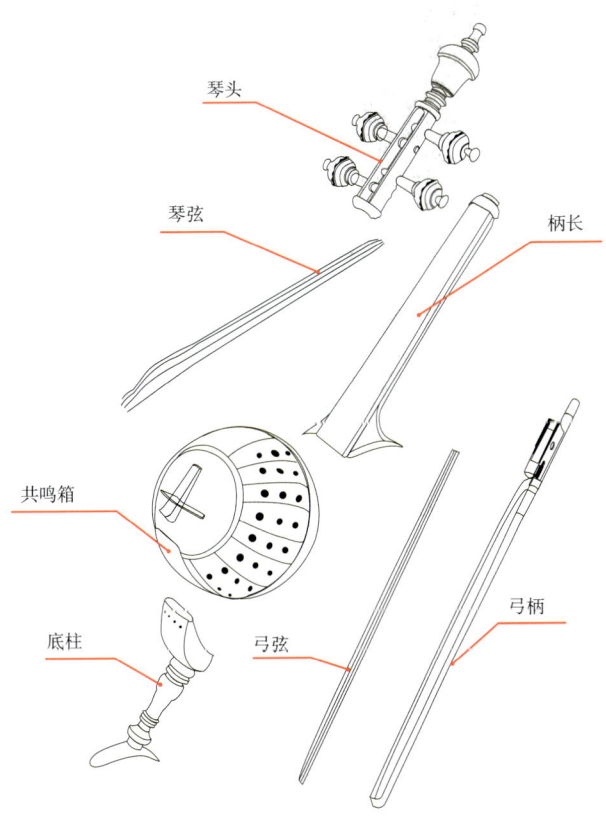

图三　维吾尔族乐器·艾捷克结构名称图

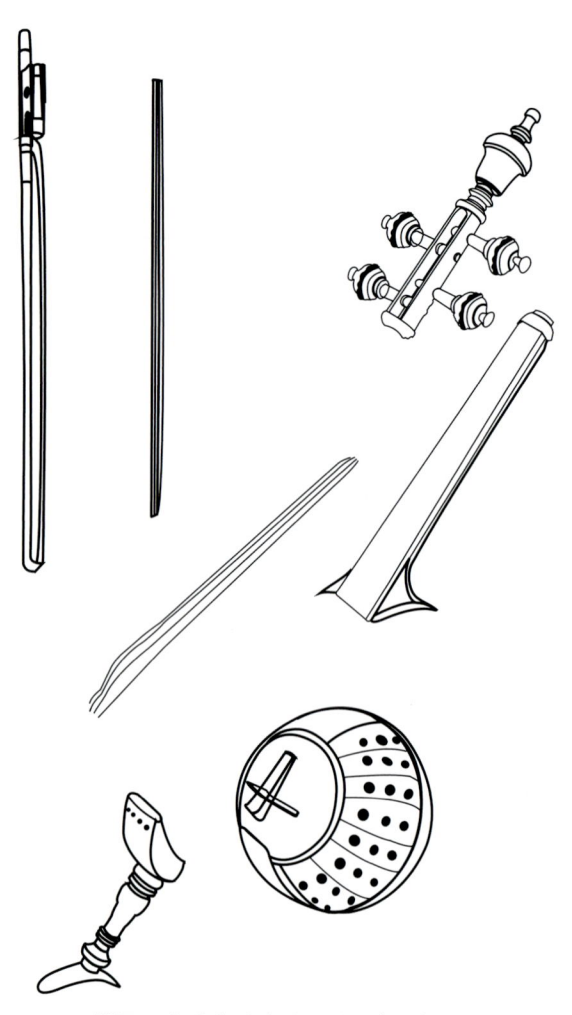
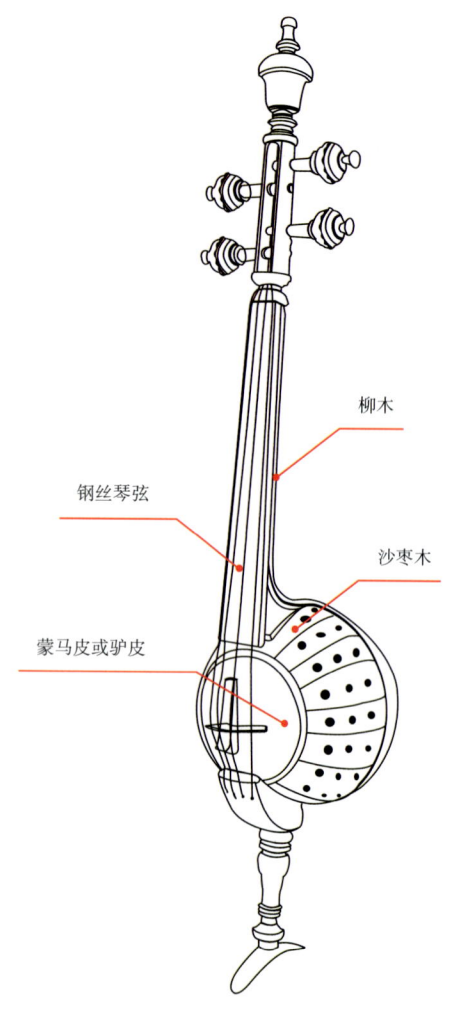

图四　维吾尔族乐器·艾捷克分解图

图五　维吾尔族乐器·艾捷克工艺分析图

柳木

钢丝琴弦

沙枣木

蒙马皮或驴皮

图六　维吾尔族乐器·艾捷克使用气氛图

维吾尔族乐器·弹布尔

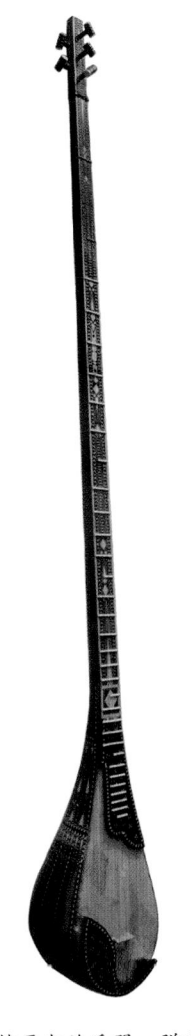

图一 维吾尔族乐器·弹布尔主图

弹布尔是维吾尔族的拨弹弦乐器，常用作独奏乐器，也经常用于家庭聚会和婚礼中，与其他乐器组合为歌舞伴奏。在库木吐拉第24窟中的曲颈琵琶和克孜尔新1窟的三弦琵琶，都为后世维吾尔族弹拨乐器的出现提供了历史渊源。弹布尔的演奏形式较为灵活，演奏曲目也较为丰富且完整，广泛地分布在喀什、阿克苏、伊犁、和田等地区，流行各地的弹布尔，形制相同，但有长有短，长的约140厘米，短的约110厘米。

弹布尔由桑木或核桃木制作。由共鸣箱、琴头、琴杆、弦轴、琴马和琴弦等部分组成，音箱为小瓢形，面板上有一对眉状音孔，琴杆较长。有五根钢丝弦，分三组，内弦两根一组，外弦两根一组，中间一根为一组。内二弦及外二弦调成同度音，与中弦成四五度关系。两根外弦为主奏弦，其他为合音伴奏弦。弹布尔一般多为坐姿演奏。演奏时，右腿放在左腿上，琴体斜放于右腿，音箱靠近腹部，左手持琴斜立，可以自由灵活地上下移动、变换把位，以食指、中指、无名指按弦，拇指奏和弦时也偶尔使用。右手执拨子弹奏，右手腕部接触垫板，在北疆和东疆，将钢丝指拨绑于右手食指第一关节处，单向弹奏或往复弹拨，在南疆则用牛角或塑料拨片弹奏，演奏技巧丰富多样。

弹布尔的传统曲目有《艾介姆》《林派特》《沙巴》等，是演奏维吾尔族传统音乐"十二木卡姆"的重要乐器，是维吾尔族的非物质文化遗产的载体。它别致的形制、精美的花纹、声音的音质与乐器的性能，都具有浓郁的民族风格，承载着维吾尔的民族个性、积淀着民族审美。

图片来源
图一 雷启兴 摄影
图二至图六 孙侨制图

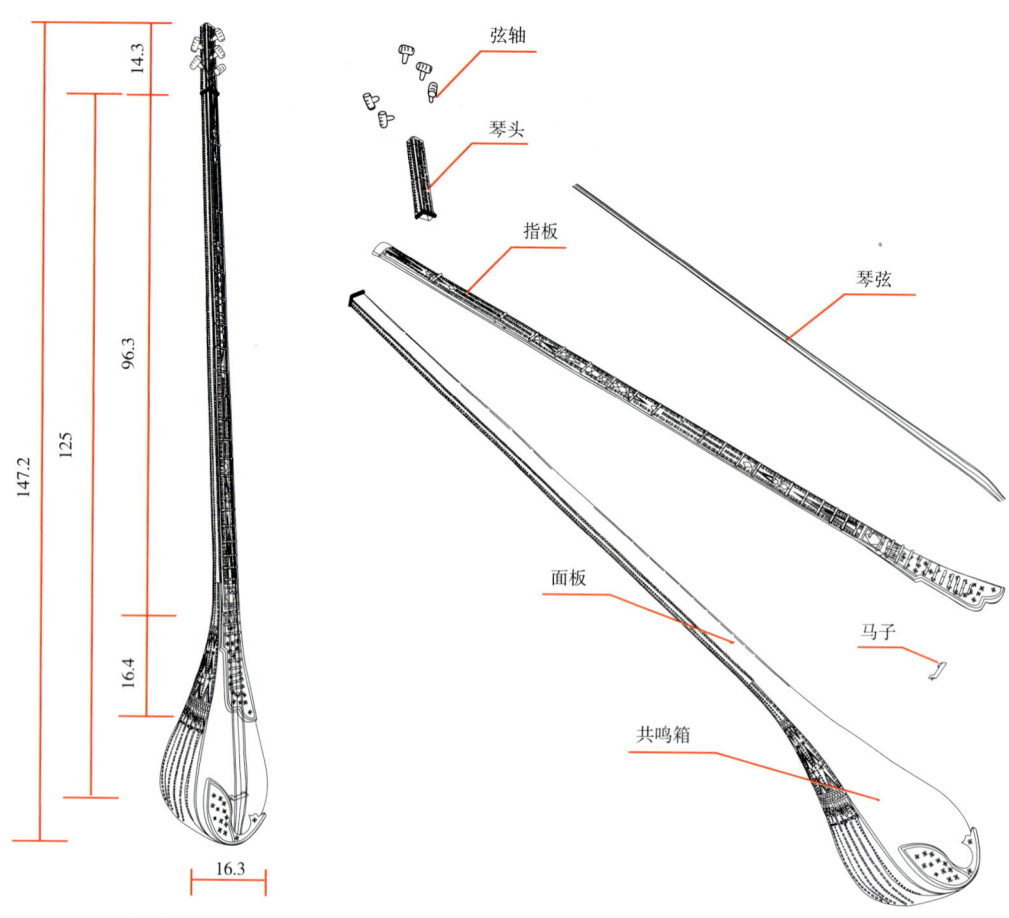

图二 维吾尔族乐器·弹布尔尺寸图（单位：cm）

图三 维吾尔族乐器·弹布尔结构名称图

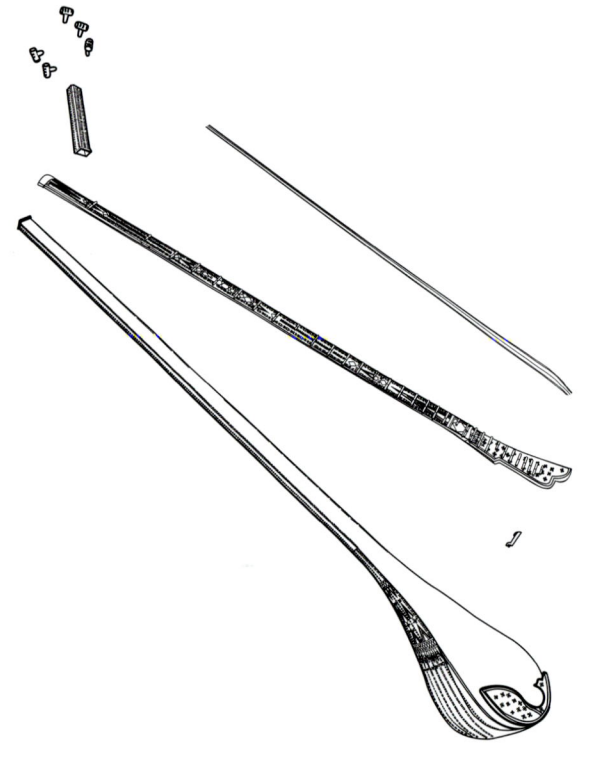

图四 维吾尔族乐器·弹布尔分解图

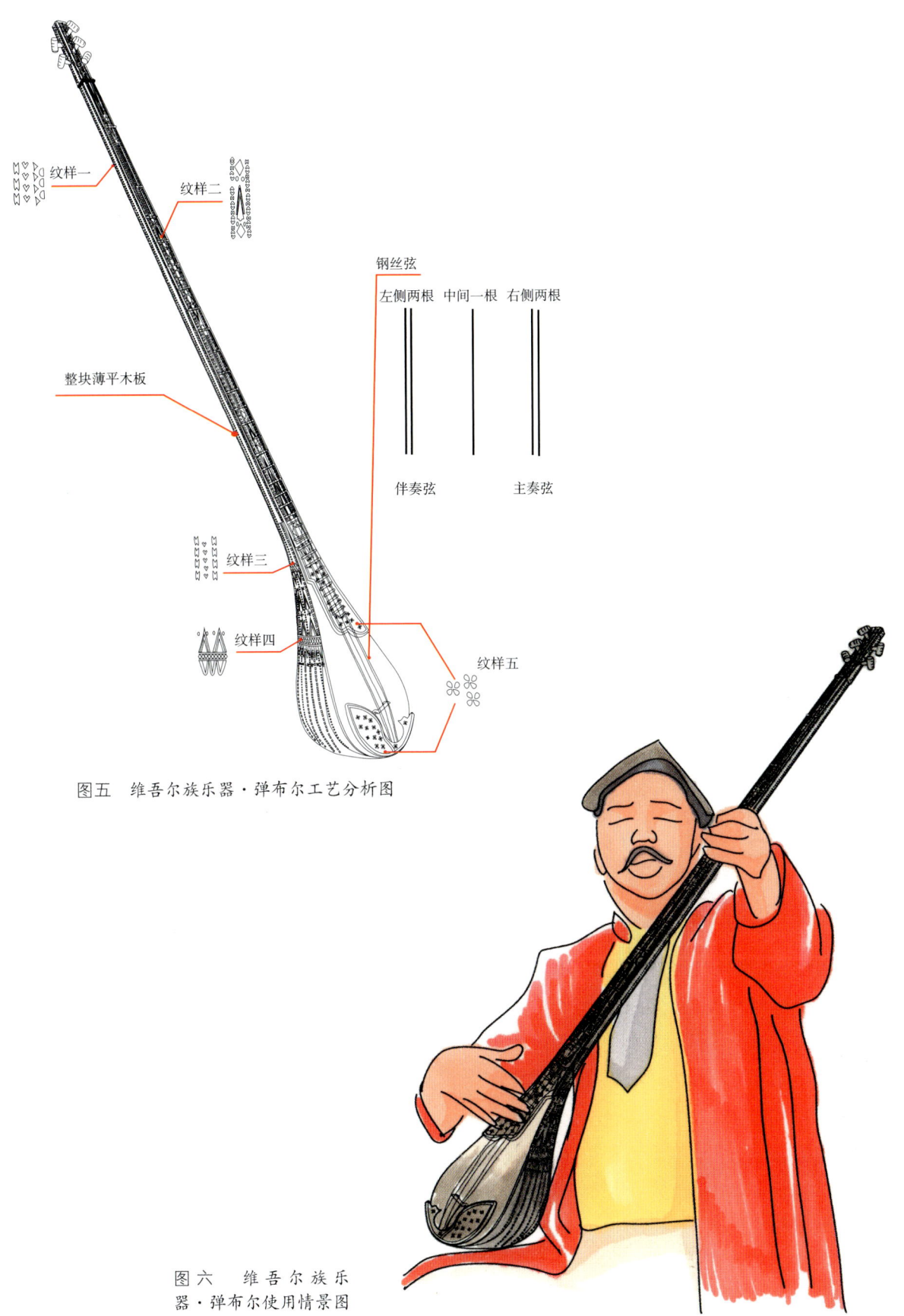

图五　维吾尔族乐器·弹布尔工艺分析图

图六　维吾尔族乐器·弹布尔使用情景图

第四章　维吾尔族传统生活用具

维吾尔族乐器·纳格拉

图一　维吾尔族乐器·纳格拉主图

纳格拉是用木棍敲奏的乐器，因鼓身用铁铸成，故纳格拉汉译名叫铁鼓。它是维吾尔族古老的乐器之一，10世纪以前俗称库夫鲁克。纳格拉鼓最早用于狩猎，伊斯兰教产生后的阿拉伯帝国吞并了波斯帝国的同时，也大量地吸收了波斯文化，纳格拉鼓因其声响宏大、极具穿透力的特征被作为军乐器。以后逐渐流传在民间，成为维吾尔族的打击乐器。广泛用于维吾尔族的开斋节、古尔邦节、婚礼、歌舞集会等场合。6个纳格拉鼓为一套，每套分大中小3组，每组两个，由一大一小两只鼓组成一对，一奏高音一奏低音，用木棒敲击。鼓体高从35厘米到19厘米，鼓面直径从38厘米到25.3厘米不等。敲奏纳格拉，一般是低音小鼓在右，高音小鼓在左，并排放在演奏者前面，演奏者两手各执一棍击鼓。

纳格拉鼓身呈半圆锥形，形如花盆，上面蒙骆驼皮、驴皮或小牛皮，用皮绳穿在皮的周沿，系在鼓下部，绷紧鼓面。鼓的制作由铁匠和乐器艺人共同完成，铁鼓框由铁匠制成，现今是由工厂机器制成。乐器艺人取颜色均匀的皮将毛刮净，将有毛的一面向外蒙于铁框上，用皮条绷紧皮面系于鼓身中部的铁圈或皮圈上。铁圈焊接于鼓身上，皮圈是使用皮革打结固定。附加的把手是用铁丝或皮条连接于鼓圈上做成的。拉紧鼓皮的皮条采用交叉法连接在鼓圈上，交叉的次数少，较为美观。

纳格拉是维吾尔族人民生活中不可缺少的一部分。无论是在庆祝古尔邦节的歌舞表演中，还是年轻人的婚礼上，都少不了纳格拉鼓的身影。

图片来源
图一　雷启兴　摄影
图二至图四　孙侨　制图

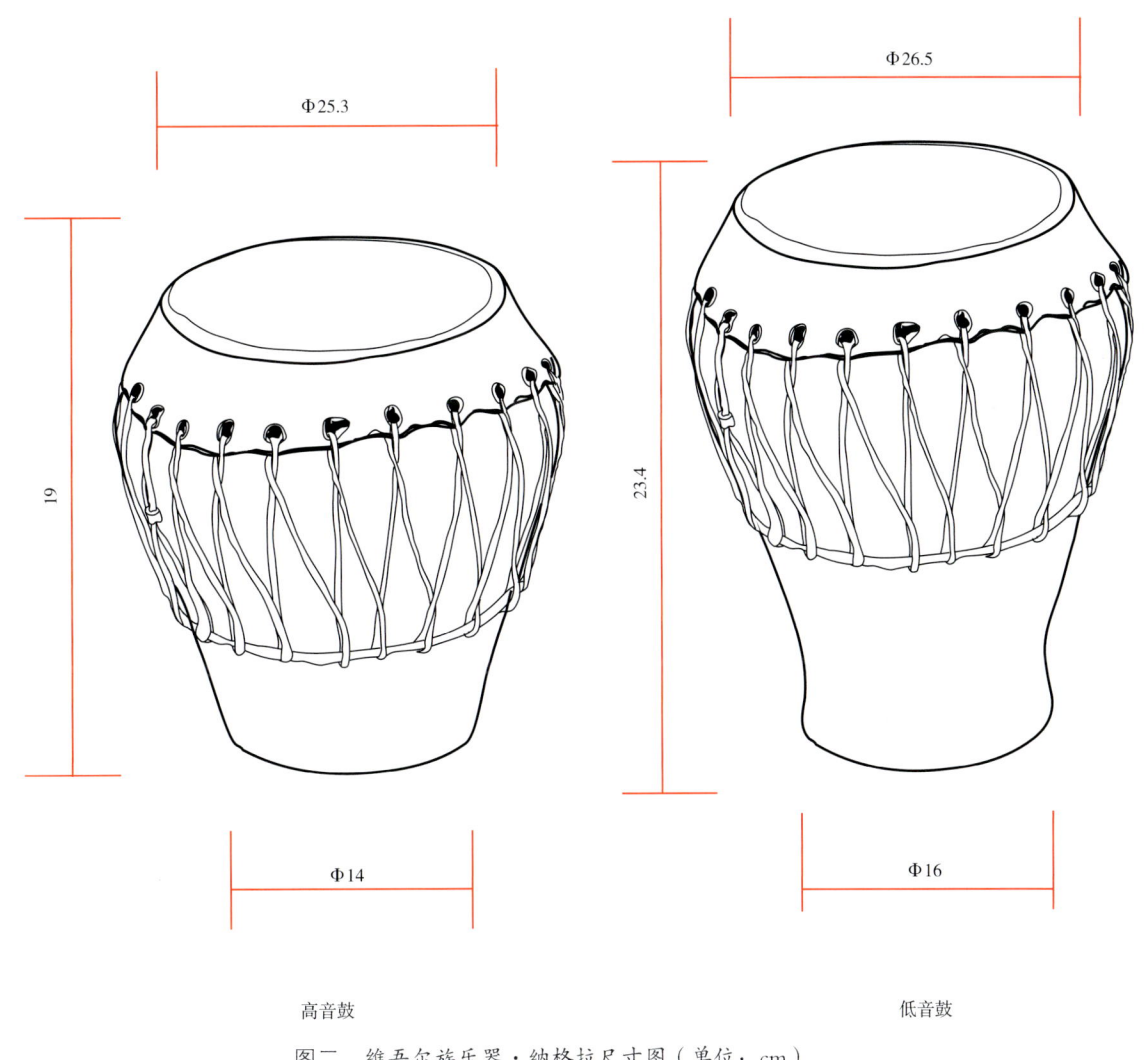

高音鼓　　　　　　　　　　低音鼓

图二　维吾尔族乐器·纳格拉尺寸图（单位：cm）

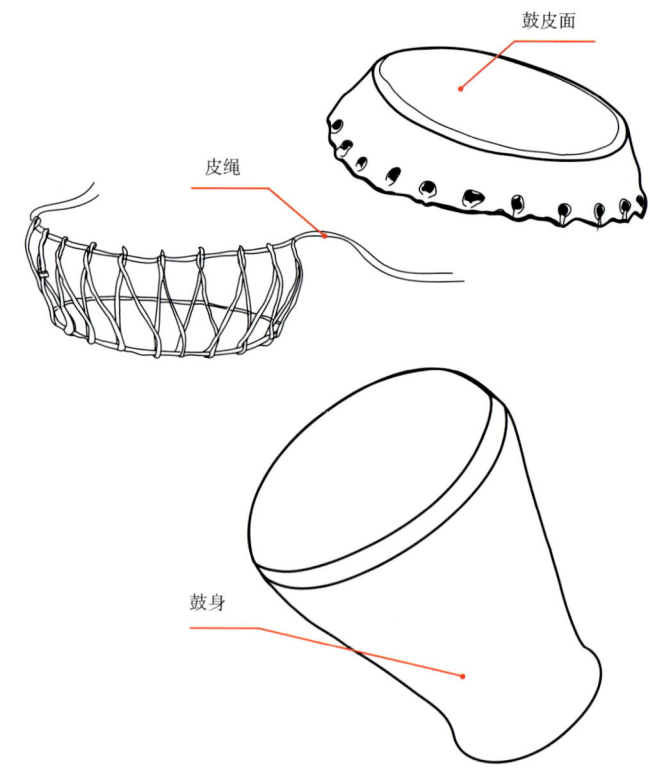

图三　维吾尔族乐器·纳格拉结构名称图

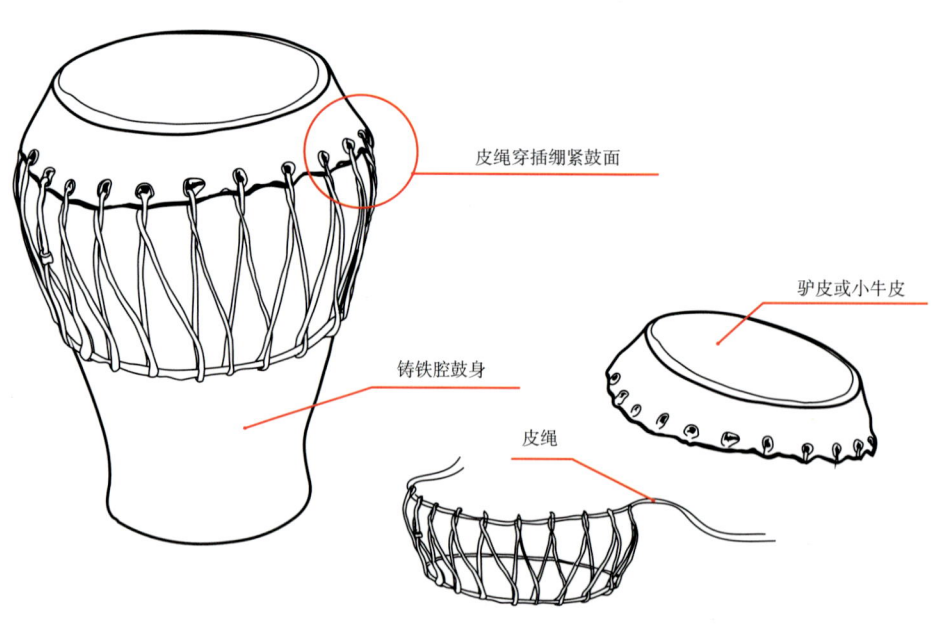

图四　维吾尔族乐器·纳格拉工艺分析图

维吾尔族乐器·萨巴依

图一　维吾尔族乐器·萨巴依主图

萨巴依,汉族称铁环,是维吾尔族的打击乐器,声音清脆响亮,常用于歌舞伴奏。黑色羊角制作,上置铁环,现代则用硬木制作。演奏时,右手持木棒的下端摇震或碰击左手、双肩等部位,使大铁环撞击木棒上的铁皮而发音,小铁环也随之发出有节奏的音响。《萨巴依舞》就是舞者手持萨巴依表演的维吾尔族民间舞蹈。其表演形式多为边奏边舞,它既是重要的节奏乐器,又是男舞者的道具。

以往,有些在生活上遭受苦难的人,披散须发,手执萨巴依悲愤歌唱。也有的乞讨者,把萨巴依作为演奏的乐器。另外,它也称巴克西,作为病人"驱邪"治病的乐器之一。过去的萨巴依,多用羚羊角制成,在羊角的中部缀着一个大铁环,并在大铁环中串以五六个小铁环。现代的萨巴依,常用檀木制作,为两根长35~50厘米的檀木棒并排联成一体,上面缀有两个用铅丝拧成的直径11厘米的大铁环,并在每个大铁环中又套有八至十个小铁环。在大铁环碰棒处镶有薄铁皮，起保护木棒和使音响脆亮的作用。

从流浪汉、残疾人、苦修者、穷苦农民的乐器，如今登上了大雅之堂，奏响欢快的乐曲。

图片来源

图一　雷启兴　摄影

图二至图六　孙侨　制图

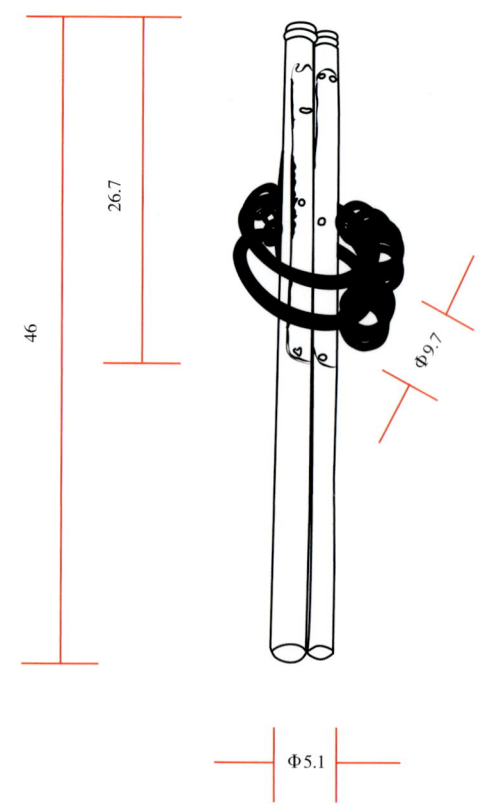

图二　维吾尔族乐器·萨巴依尺寸图（单位：cm）

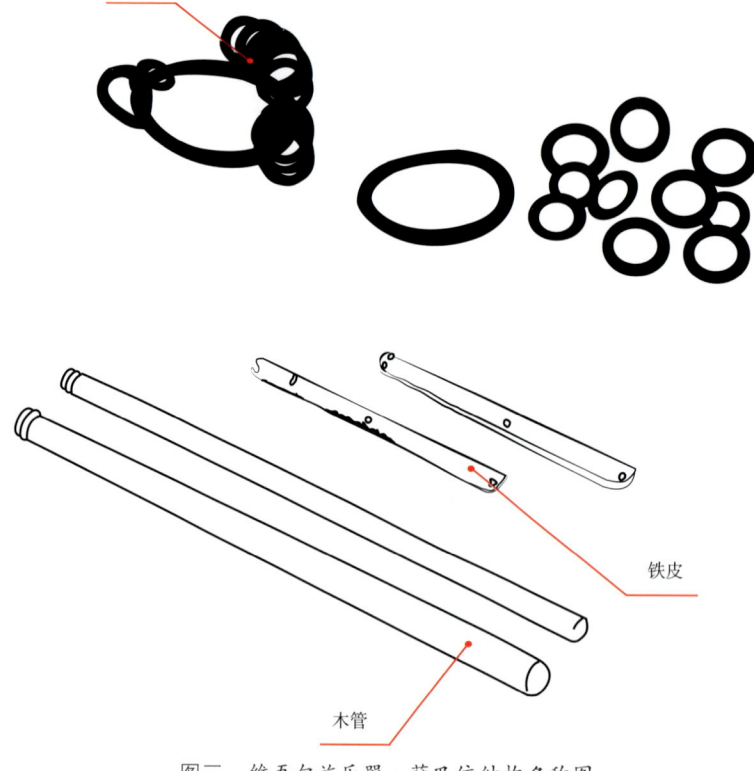

图三　维吾尔族乐器·萨巴依结构名称图

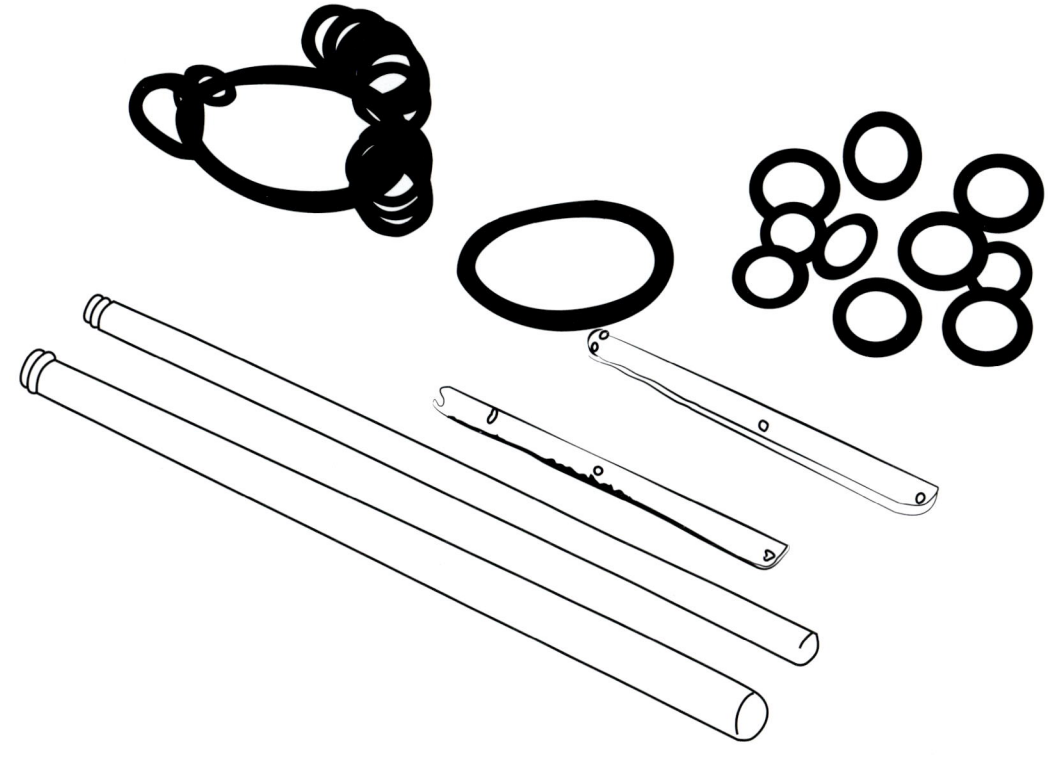

图四　维吾尔族乐器·萨巴依分解图

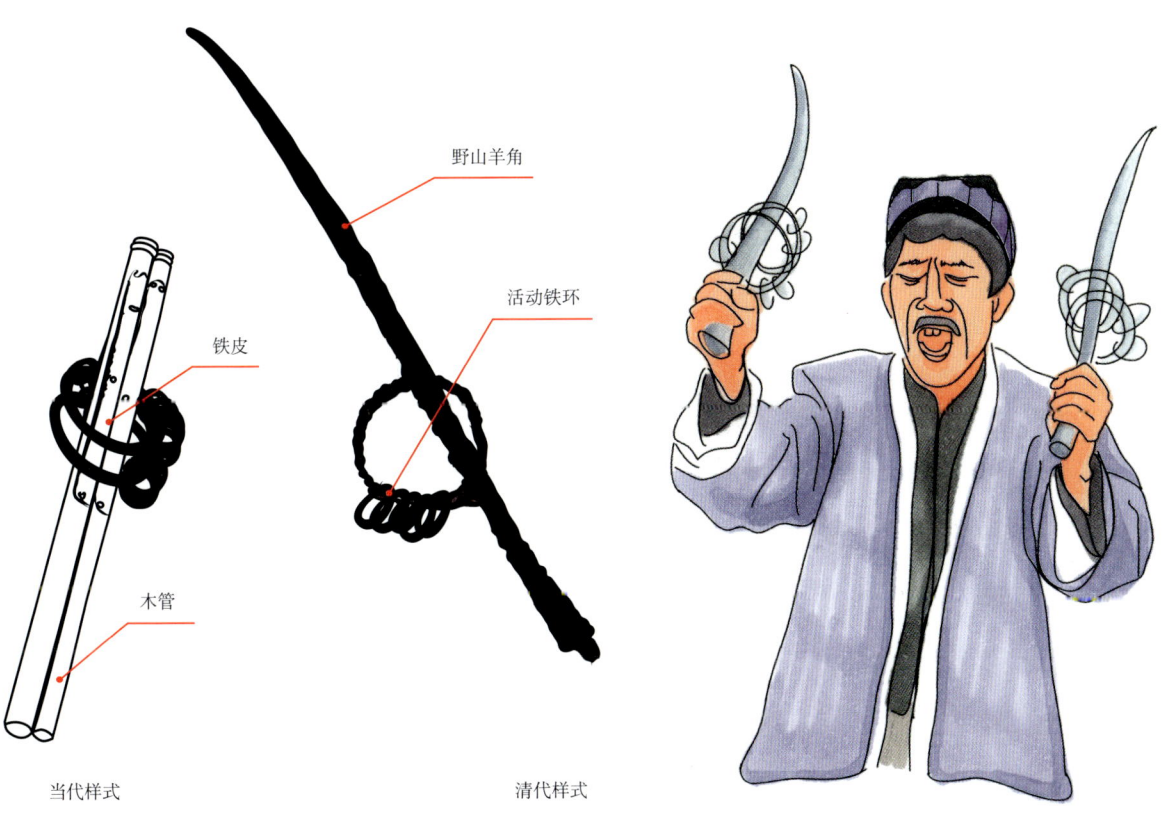

当代样式　　　　　　　　　清代样式

图五　维吾尔族乐器·萨巴依工艺分析图　　　图六　维吾尔族乐器·萨巴依使用情景图

第四章　维吾尔族传统生活用具

305

维吾尔族乐器·巴拉曼

图一　维吾尔族乐器·巴拉曼主图

巴拉曼在新疆民间又称皮皮、毕毕、巴拉曼皮皮，汉文史籍中曾译为巴拉满，是维吾尔族和乌孜别克族特有的双簧气鸣乐器。它主要流行于新疆南部和东部，如和田、麦盖提、莎车、鄯善、吐鲁番等地。巴拉曼由筚篥演变而来，在库木吐拉第13、16、24窟中均有描绘。其中第13窟中出现两个筚篥。乐器指孔没有描绘，用彩绸系着，吹口哨片很清楚。在第24窟中的筚篥也没有画指孔，但吹口处的哨片用两个苇片相夹，用以固定，与现今维吾尔人使用的"巴拉曼"基本相似。巴拉曼广泛用于维吾尔乐曲的独奏、合奏与伴奏。

巴拉曼的管长一般28厘米~34厘米，尾端外径1.2厘米、内径0.8厘米，管壁厚0.2厘米。管的上端削薄压扁后成为双簧哨片吹口，簧片部分长约4厘米，为使双簧哨片不致变形，簧哨下方还用两根竹片或木片夹住，用绳捆紧，夹片两端系以红色绸带为饰，所以巴拉曼的上端呈十字形。管身中下部的正面，开有八个正方形按音孔，各孔长、宽均为0.7厘米，孔距均为1.8厘米。演奏时，管身竖置，双手持握巴拉曼，右手小指、无名指、中指、食指按一、二、三、四孔，左手小指、无名指、中指、食指按五、六、七、八孔，口含管首簧片吹奏。巴拉曼制作简便，取一节20多厘米长的粗细合适的苇管，上端削薄成双簧哨片状，管口下四、五厘米处，横夹一对苇条，避免哨头湿润变形。在哨头正面的管体上挖开指孔即成。

巴拉曼取材方便，制作简单，轻便易携，音色柔和、优美，是维吾尔族富有特色的吹奏乐器。

图片来源

图一　王琼　摄影（fotoe网）

图二至图五　周圆　制图

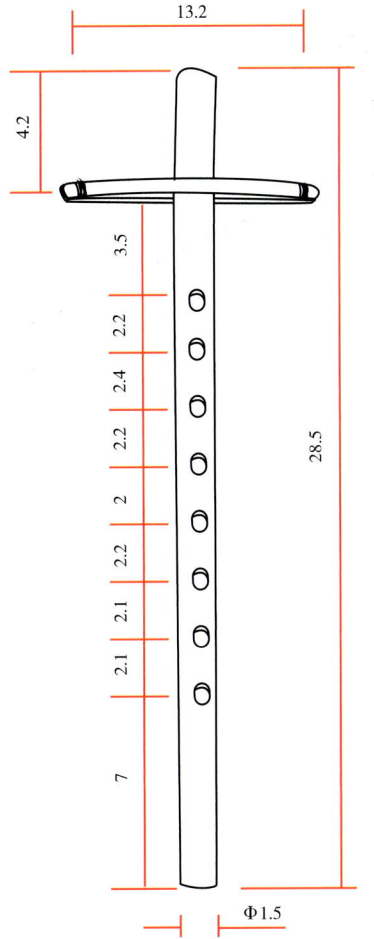

图二　维吾尔族乐器·巴拉曼尺寸图（单位：cm）

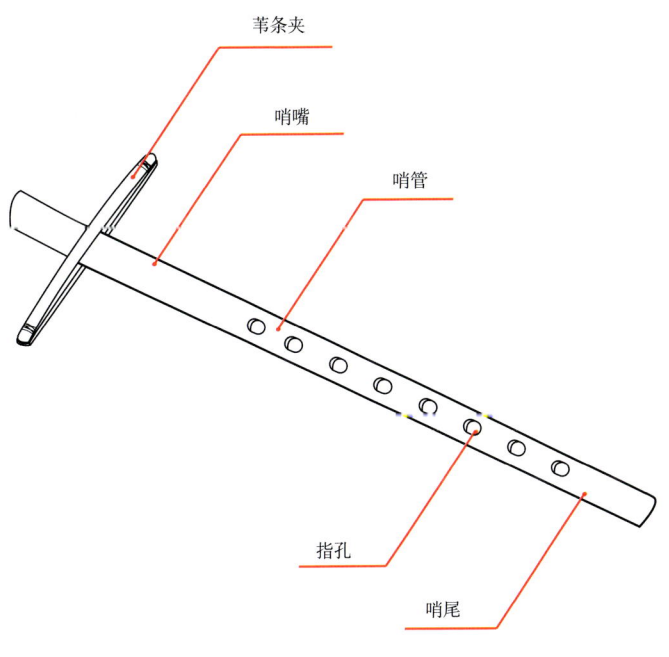

图三　维吾尔族乐器·巴拉曼结构名称图

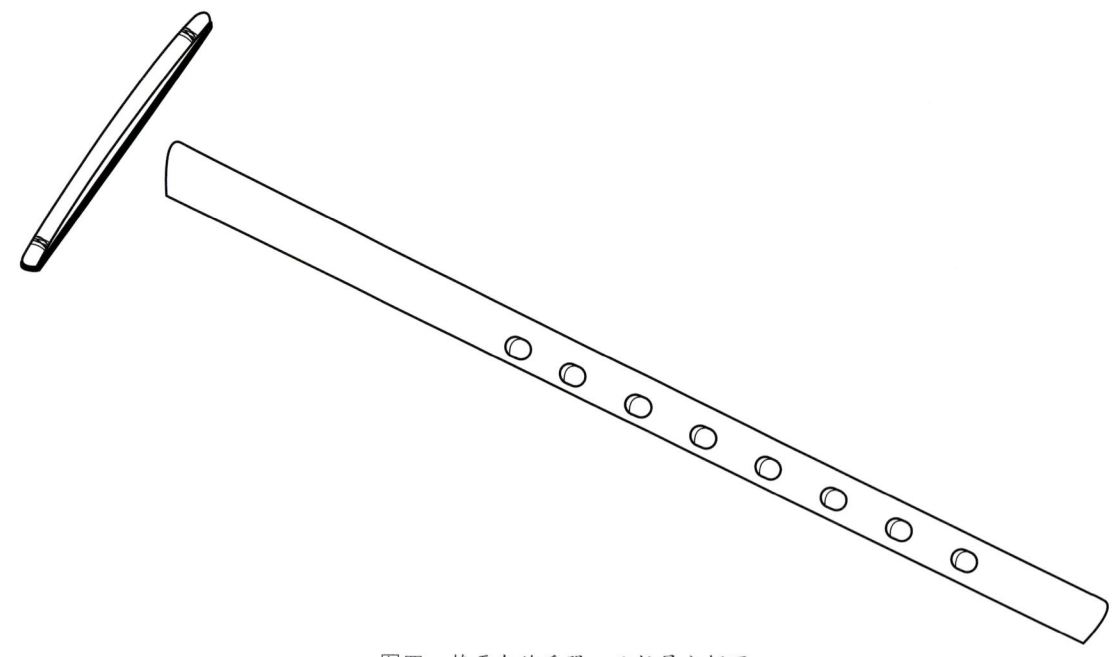

图四 维吾尔族乐器·巴拉曼分解图

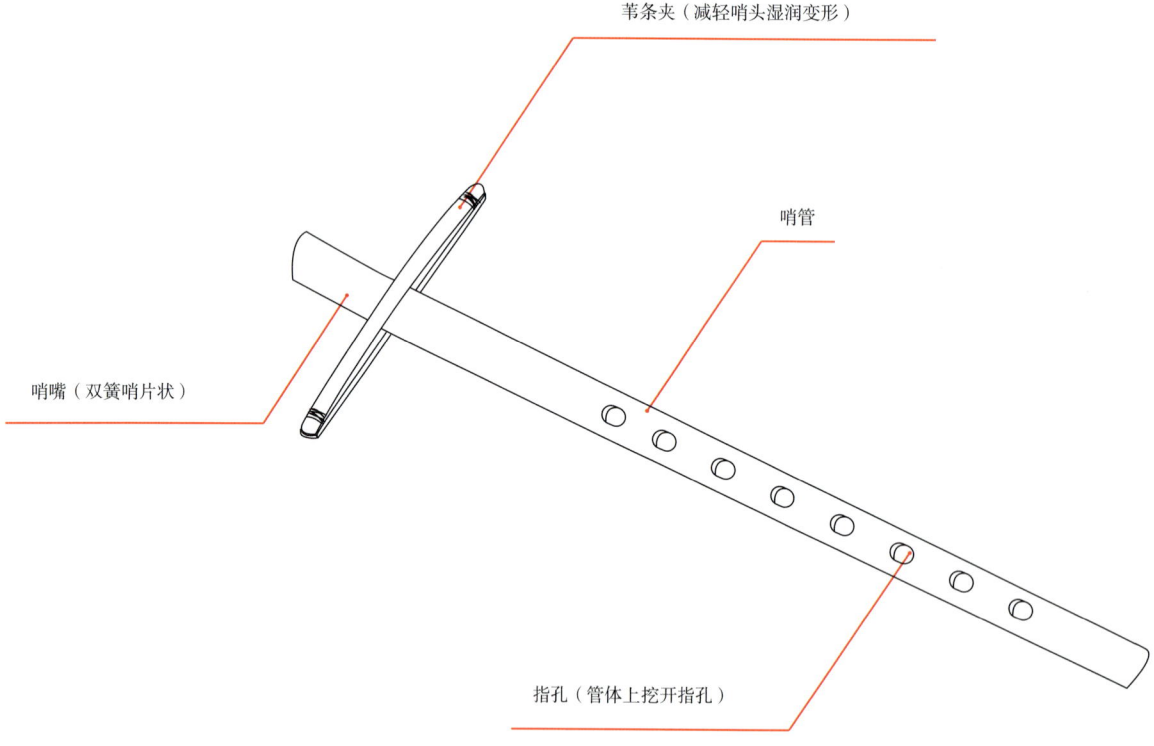

图五 维吾尔族乐器·巴拉曼工艺分析图

维吾尔族乐器·达卜

图一　维吾尔族乐器·达卜主图

达卜,也作"打甫",是用手击奏的鼓,又叫手鼓,是拍击膜鸣乐器,流行于新疆维吾尔自治区各地,深受维吾尔族人们的喜爱。达卜起源于阿拉伯,经"丝绸之路"传入我国。南北朝时我国已有了达卜,敦煌千佛洞北魏壁画中,已绘有鼓形扁圆、单面蒙皮、背面有许多小铁环的单面鼓。早在公元10世纪以前,已在维吾尔族民间广泛使用,俗称吐姆鲁克。达卜大小分三种,小达卜扁圆鼓面直径约25~27厘米,是民间职业歌唱家的专用乐器之一,也常常在"麦西热甫"中伴奏歌舞;一般达卜扁圆鼓面直径约30~38厘米,使用比较普遍;大达卜扁圆鼓面直径约40~46厘米,是民间用作"驱鬼"治病的乐器。达卜在维吾尔民间生活中占重要的位置。

达卜造形扁圆,鼓框用桑木制作,鼓面蒙马皮、山羊皮,框里边装有若干小铁环。其制作过程的第一步是选择无枝的、平直的木料锯成板、刨平,制作轮圈。第二步是整体的组装，将锯好的轮圈固定成型。第三步是图案的制作，达卜的花纹不太复杂，常用的花纹有雪鸟眉毛、长菱形、黑白尖子、蝎、方块、阿克图古马（白色纽扣）、卡拉图古马（黑色纽扣）等。紧接着就是嵌花，将上述花纹选好后，用胶粘贴，胶干后，用锉刀锉平，再用砂纸磨光表面，然后用石灰水使木头颜色变红，最后再用细砂纸磨光表面。第四步，把皮子蒙上，最后上铁环。演奏时，两手执鼓边，左右手的手指交替击鼓面。传统的演奏技巧主要有鼓心音、鼓边音、掌音、指音、挫音和弹音等，奏出的音响高低顿挫，击鼓心用重拍，击鼓边用轻拍，振动铁环发"沙沙"响声。现在的达卜还多蒙以蟒皮，使发音清脆响亮。

维吾尔族能歌善舞，达卜能够很好地烘托欢乐的气氛。每逢肉孜节、古尔邦节、婚礼或集会，就可以听到动人的达卜声。欢乐的鼓点，能让人深受感染，因此，达卜也被称为"灵魂的演奏者"。同时，精致的达卜框边镶有美丽的骨质花纹，鼓面绘有装饰，可作为风格独特的装饰品。

图片来源
图一　雷启兴　摄影
图二至图五　周圆　制图

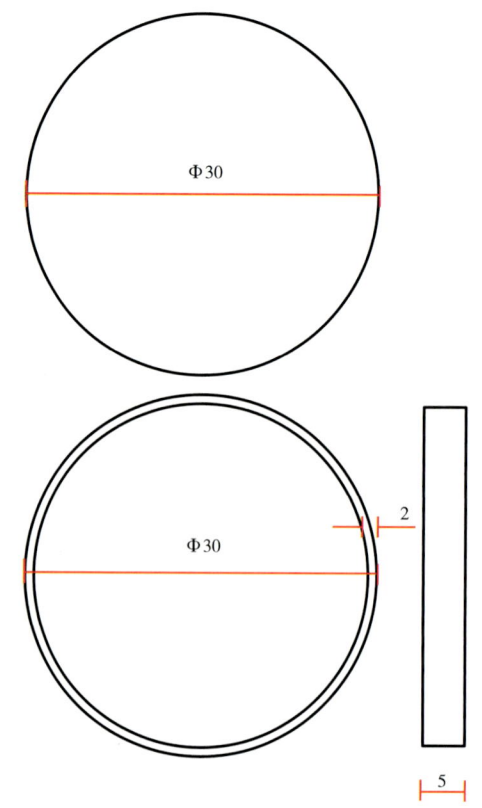

图二　维吾尔族乐器·达卜尺寸图（单位：cm）

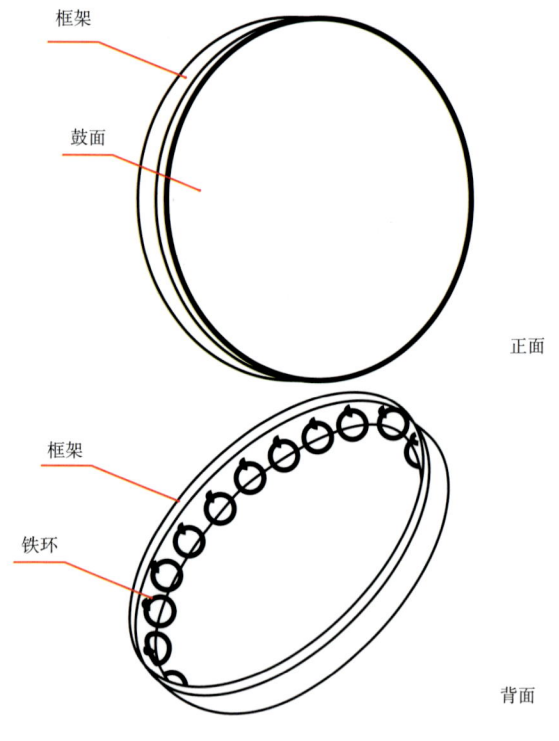

图三　维吾尔族乐器·达卜结构名称图

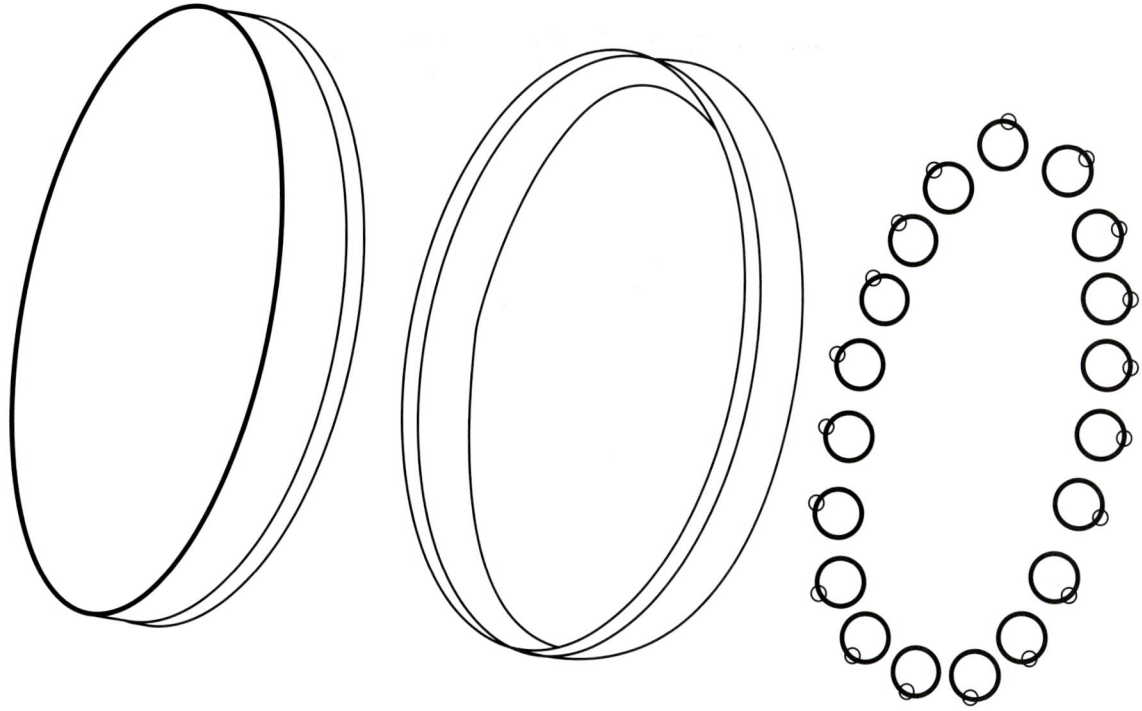

图四　维吾尔族乐器·达卜分解图

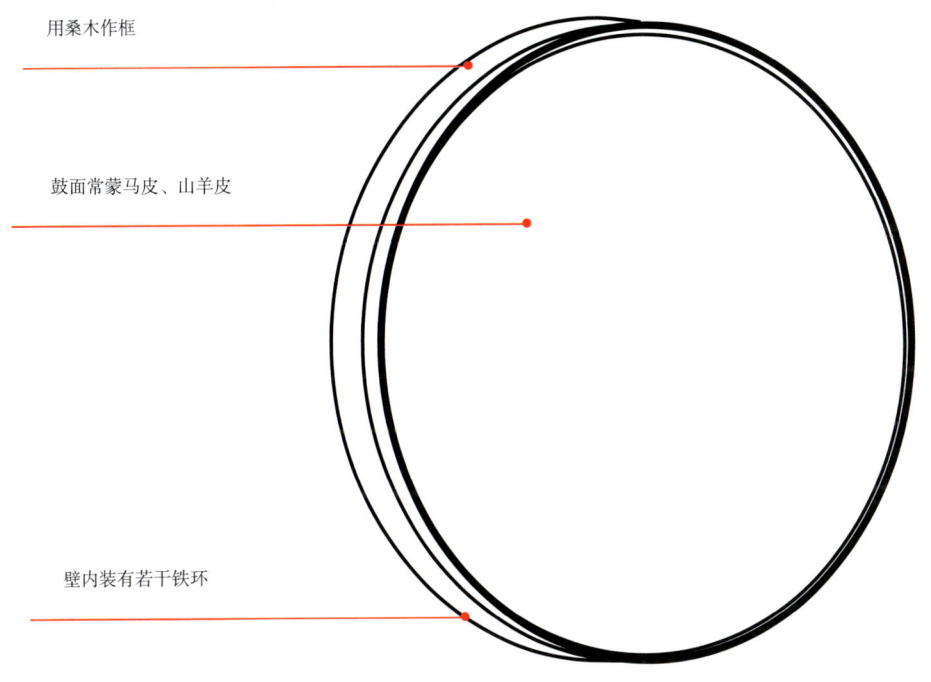

图五　维吾尔族乐器·达卜工艺分析图

用桑木作框

鼓面常蒙马皮、山羊皮

壁内装有若干铁环

第四章　维吾尔族传统生活用具

维吾尔族乐器·都塔尔

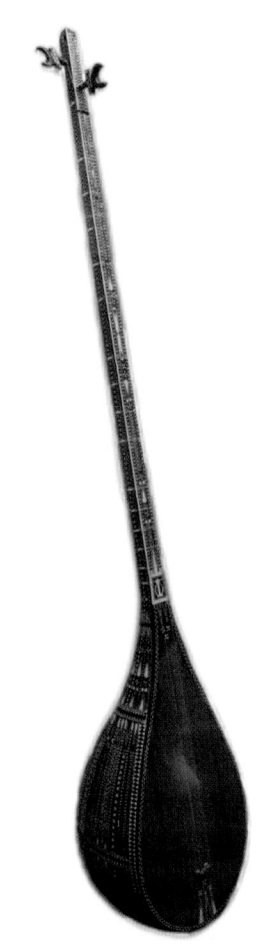

图一 维吾尔族乐器·都塔尔主图

都塔尔是维吾尔族的弦乐器,用手指弹奏。它流行于新疆南北各地,成为维吾尔族人民普遍使用的民间乐器,据说90%的家庭都有都塔尔,不论男女老少,几乎都能弹奏几曲。在新疆各民族的众多民间乐器中,就其流行的广泛程度而论,都塔尔当独占鳌头。都塔尔有大、小两种,一般大的长125厘米上下,小的长约110厘米。

都塔尔的名字来源于波斯语,"都"意为"二","塔尔"是"琴弦"之意,顾名思义,都塔尔是两条弦的乐器。其结构和弹布尔差不多,外形像个长柄的大水瓢,琴身由共鸣箱、琴头、琴杆、弦轴、琴马和琴弦等部分组成,原材料主要为干燥的桑木、杏木、核桃木。制作过程中,首先把桑木板子的两面锯平,再把原料按木纹的方向用冲子或劈眼榫裁切。然后制作共鸣箱，把每块木料的面板部分刨平，在木料上画出都塔尔头部正面样式，再将侧面刨平，画出其侧面样式。第二步是琴杆、琴柱的制作，在木料上画出琴杆、琴柱的样式，用小锯子按样式锯出琴杆，拿小刀削琴柱。第三步是用锉刀把琴柱、琴杆锉光。确定支撑的琴马，并确定琴柱的位置后，用钻头钻孔，琴柄正面钻三孔，琴柄左侧面钻两孔，共安装五个琴柱。第四步是面板的粘接以及护板和托手的安装，然后把琴杆上需要的图案镶嵌进去之后再定弦，一把都塔尔就完成了。弹奏时，乐器面板向前，音箱放在右腿与腹右侧之间，乐器左斜向上。左手执柄拨弦，右手在弦码上部位置弹奏。

都塔尔在维吾尔族的音乐活动中占有重要地位，是古典音乐《十二木卡姆》的主要伴奏乐器。其形制和装饰都体现出浓郁的民族风格，表现出独特的民族审美。

图片来源
图一　雷启兴　摄影
图二至图六　周圆　制图

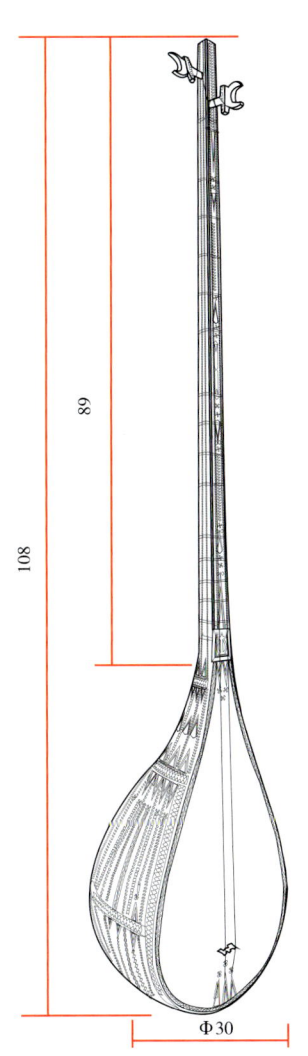

图二　维吾尔族乐器·都塔尔尺寸图（单位：cm）

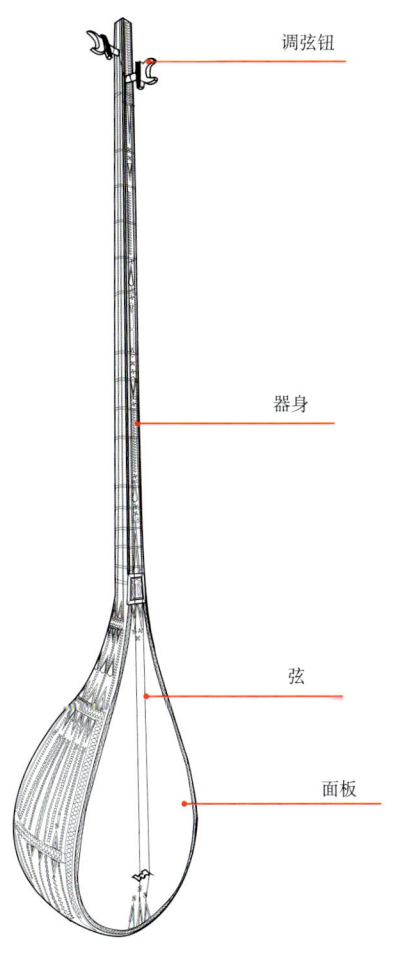

图三　维吾尔族乐器·都塔尔结构名称图

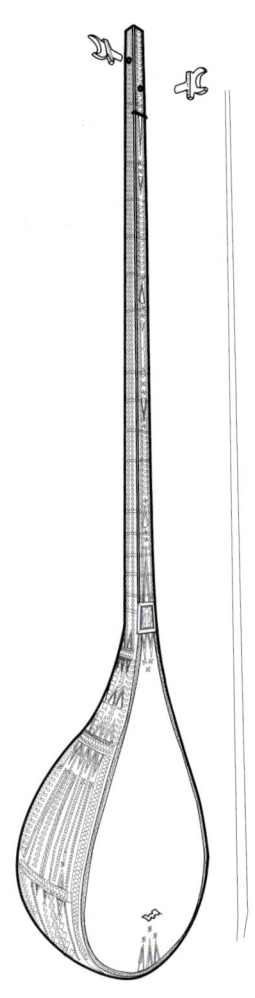
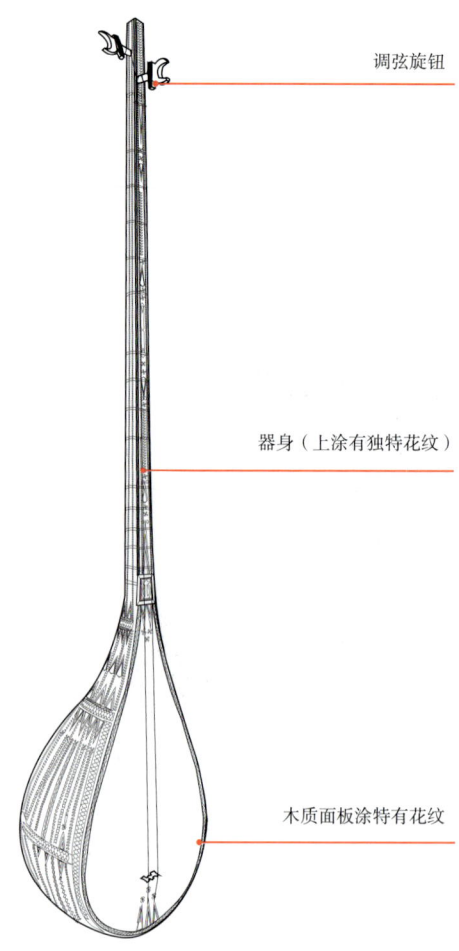

调弦旋钮

器身（上涂有独特花纹）

木质面板涂特有花纹

图四　维吾尔族乐器·都塔尔分解图　　　图五　维吾尔族乐器·都塔尔工艺分析图

图六　维吾尔族乐器·都塔尔使用情景图

维吾尔族乐器·热瓦甫

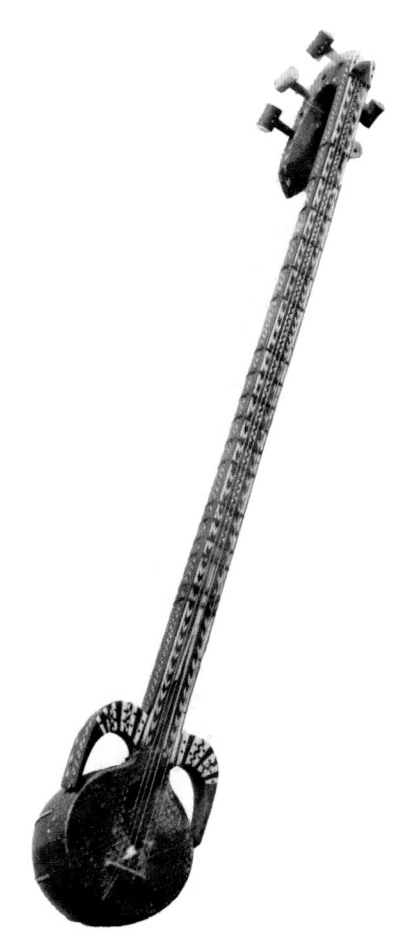

图　维吾尔族乐器·热瓦甫主图

热瓦普，又称热瓦甫、拉瓦波、喇巴卜，是拨弹弦乐器，广泛流行在喀什、阿克苏、麦盖提、巴楚、若羌、哈密等地。在维吾尔族人民音乐生活中，热瓦甫常常与弹布尔、艾捷克、锵、达卜等乐器一起为歌舞伴奏。相传热瓦普创制于14世纪。毛拉·艾斯木吐拉穆吉孜《乐师史》中记载，热瓦普起源于南疆喀什。早期的热瓦甫有三根弦，以后发展到四根、五根。乐器右侧的主奏弦是双弦，其中一根是肠弦，其余都钢丝弦。流行在喀什一带的热瓦甫一般尺寸为：全长91.5厘米，头长6.3厘米，从头码到弦长77.4厘米，共鸣箱圆膜面直径13.5厘米，弯头端宽3.35厘米，头码柄宽3.1厘米，柄下部宽4.5厘米。

最早的热瓦普，用一整块桑木挖成，琴箱扁圆形，正面蒙以驴皮，体积硕大，琴杆短，指板宽，琴头在弦槽处向后呈直角弯曲，与古代曲项琵琶相似，琴箱与琴杆相接处两侧，设有长方形木角装饰，这是热瓦普的显著特征和标志。公元14世纪，维吾尔族人民在原有民间乐器的基础上，吸收外来乐器，创制出喀什热瓦普，在民间盛行不衰。传统喀什热瓦普，全长100厘米，琴箱为中空的半球形，正面蒙以驴皮、羊皮或蟒皮，面径18厘米，琴杆细长，上端设有5轴或7轴，指板上缠有弦品，琴箱上端两侧设有鹰翅形木制弯角，张以钢丝弦。在南疆叶城和昆仑山、阿尔金山腹地，山里人使用的牧羊人热瓦普小巧玲珑，琴杆短，不设品，有3条钢丝弦，是牧羊人随身携带、用于自弹自唱的伴奏乐器。热瓦甫头弯、柄细、丝弦缠品、音箱半圆，用驴、羊或蟒皮蒙面。柄与音箱连接部位两侧有一对羊角形，它保留着游牧生活的痕迹。流行在民间的喀什热瓦甫的形制都相同，但长度不完全一样。其弹奏法与弹布尔弹奏法相同。

热瓦甫是维吾尔族的代表乐器，其形制与维吾尔族的宗教和生活息息相关。有学者认为，热瓦甫音箱呈圆型是模仿太阳，柄与音箱连接部位两侧有一对羊角形装饰是模仿半月，热瓦甫顶端的弯形是模仿牛角。热瓦普既是民族乐器又可作为工艺品，其琴身上以兽骨镶嵌着的民族图案装饰，具有极高的工艺水平，是维吾尔族文化艺术的重要载体。

图片来源

图一　雷启兴　摄影
图二至图六　周圆　制图图

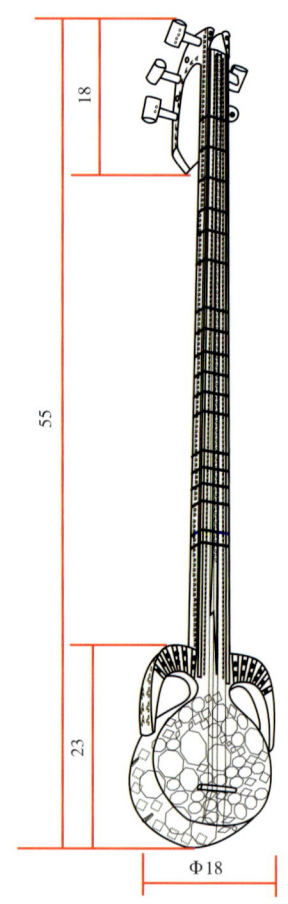

图二　维吾尔族乐器·热瓦甫尺寸图（单位：cm）

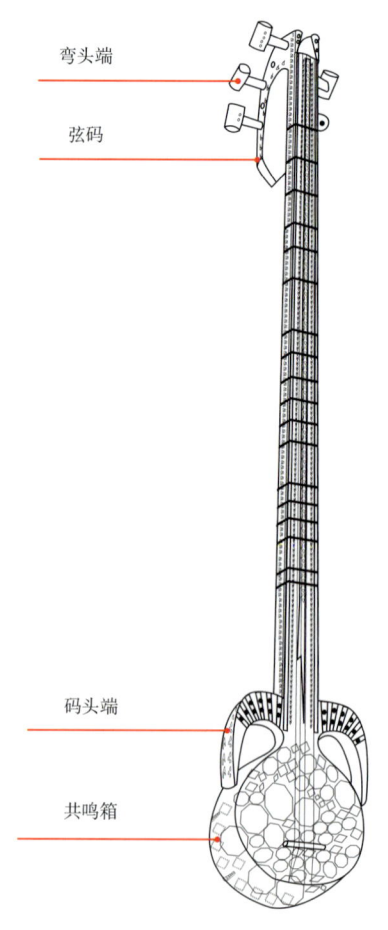

图三　维吾尔族乐器·热瓦甫结构名称图

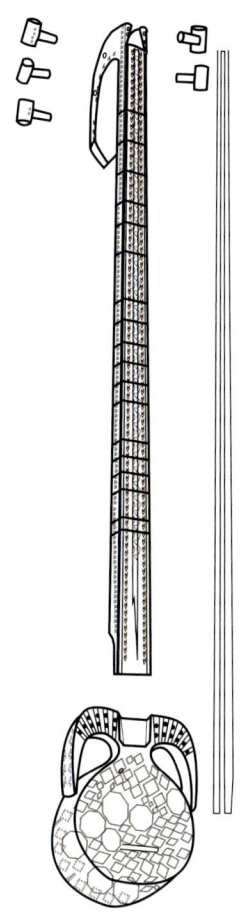

图四　维吾尔族乐器·热瓦甫分解图

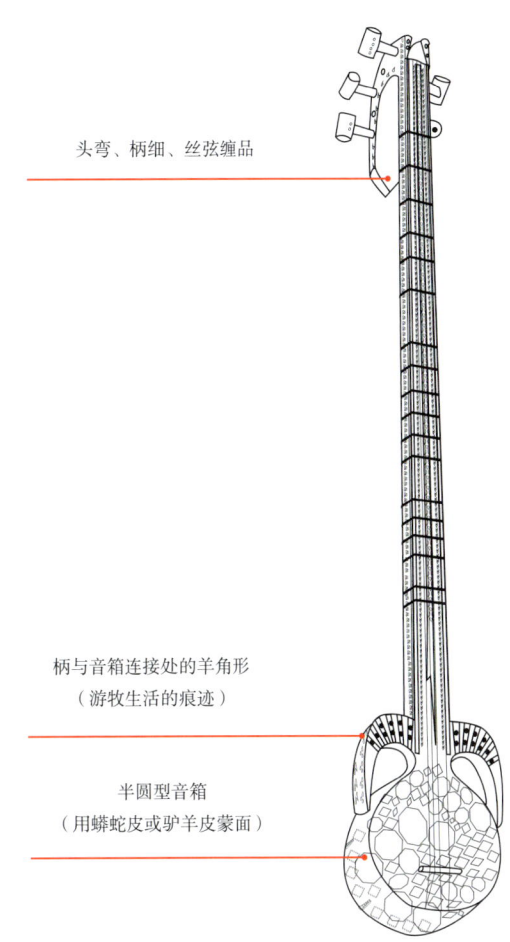

头弯、柄细、丝弦缠品

柄与音箱连接处的羊角形
（游牧生活的痕迹）

半圆型音箱
（用蟒蛇皮或驴羊皮蒙面）

图五　维吾尔族乐器·热瓦甫工艺分析图

图六　维吾尔族乐器·热瓦甫使用情景图

第四章　维吾尔族传统生活用具

317

柯坪县维吾尔族乐器·库修克

图一　柯坪县维吾尔族乐器·库修克主图

维吾尔族打击乐器库修克是古老手工技艺传承的产物，这种用来吃饭的勺子，实际上也是一种打击乐器，在"麦西莱甫"中与其他乐器相伴，可以合奏出美妙的旋律。新疆各地区皆能寻觅到库修克的踪影，但是要说以传统技艺制作而成的库修克，还要数柯坪县的库修克最为有名。

柯坪县地处新疆南部，阿克苏地区的最西端，塔里木盆地西北边缘，盛产杏木，有"杏子之乡"的美誉。这里的库修克正是依托了柯坪县的自然资源，以自然杏木为材料，制作过程中不添加任何的化学成分，属于纯天然手工制品。

库修克的制作过程主要分为四个步骤。第一步是准备木料阶段，首先是挑选晾干的杏木，接着需用锯子和斧头将杏木切割成制作库修克需要的长度。第二步是制成雏形的阶段，这一步需要用"砍砍子"（类似于斧头的工具）将杏木砍出库修克的大致形状来。第三步是挖勺头阶段，此阶段需用"阿塔勒嘎"（一种特制"砍砍子"，前部起翘的工具）挖出勺子的勺心。第四步是精修阶段，使用特制的工具"卡西卡特"（头部可以掏挖勺内部分，下部刀刃部分用来精细加工勺把和勺头的工具）将库修克打磨得平整光滑。

在作为乐器参加演奏时，需要同时使用两把库修克，单手握持，勺面相对，演出时，通过勺面互相击打发出声响。为了方便敲打，有时艺人们会将两支库修克于勺柄末端捆绑在一起。通常情况下，库修克会与另一种打击乐器它石石片配合使用。

图片来源
图一　孙继虎　摄影（微图网）
图二至图四　许江　制图

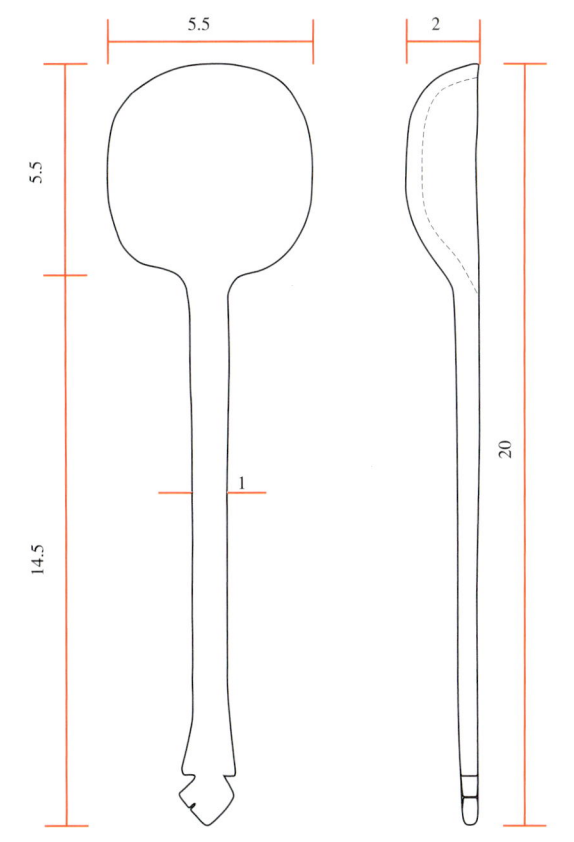

图二　柯坪县维吾尔族乐器·库修克尺寸图（单位：cm）

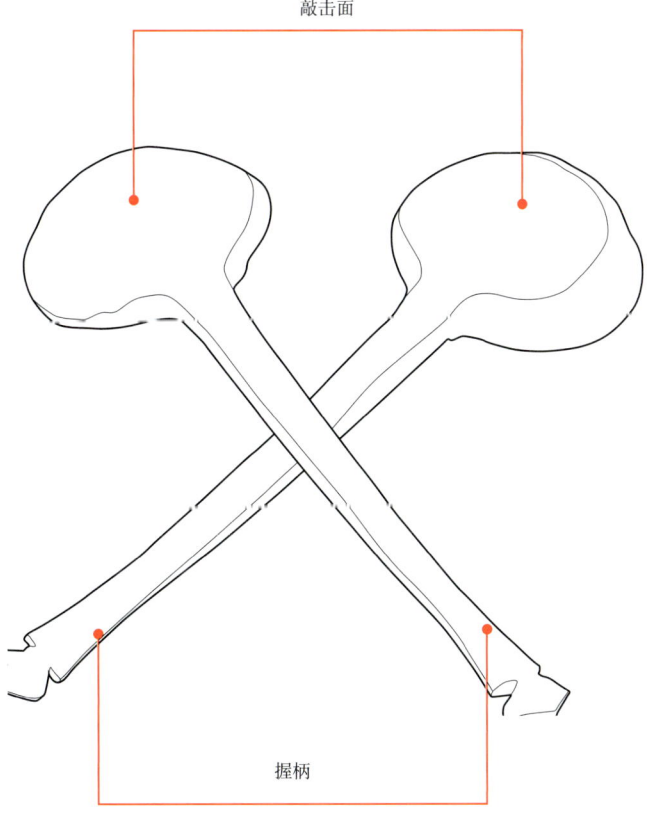

图三　柯坪县维吾尔族乐器·库修克结构名称图

第四章　维吾尔族传统生活用具

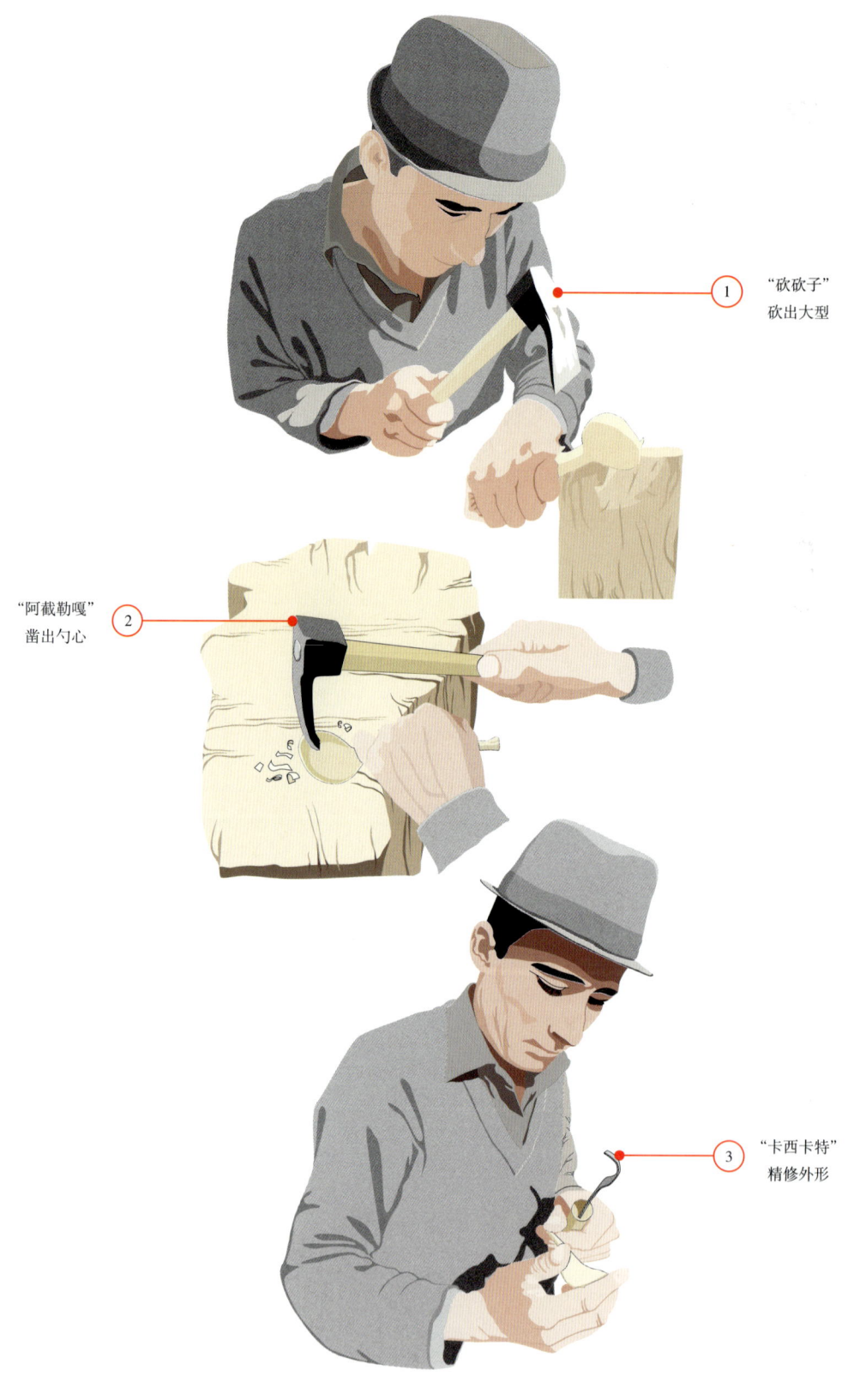

图四 柯坪县维吾尔族乐器·库修克工艺分析图

维吾尔族轻便木轮车"亚日亚"

图一 维吾尔族轻便木轮车"亚日亚"主图

木轮车过去属于维吾尔族大型陆地交通运输工具,根据车身制作材料以及车轮的形状可分为轻便木轮车——"亚日亚"、粗轮车——"库太克"、铁轮车三种;根据套车牲畜的不同,可分为马车、牛车、骡车和驴车四种。

"亚日亚"是一种轻便木轮车,整车除部分固件以外,包括轮子本身,皆由木制。木轮近似于圆形,直径约1.2米至1.3米,辐条根据车轮的大小设12至18根不等,轮距约1.5米至1.7米,车长约3米,有效载货(人)面积约1.5平方米,载重约500千克。套车牲畜主要为骡子与驴。轻便木轮车主要以运送蔬菜水果等田间作物为主,因此在木轮车板两侧会加装木板以防止车载物的旁落,木板高度根据车主日常所拉货物类型而定,基本高度在0.3至0.4米之间。在轻便木轮车载货区的前端有一块长条型木板,横于车辕之上,是驾车者乘坐的区域。木板前端设一"十字"木架,架于车辕之上,在行车与上下车时,供驾乘者把扶,同时也起到固定皮鞭与缰绳的作用。轻便木轮车的车辕贯穿于整个车体,下连车轴、上连车舆,这样的构造使整个车身更加牢固,且能增加车体的载重量。在木轮车两辕的前端,各设三颗销钉,用以固定套畜身上的套具。车辕的长短与平斜几乎随地而异、随人而异，没有一个标准的尺寸。

随着社会经济的发展，我们已经很难在新疆的各大城市中觅得轻便木轮车的踪影，但在乡镇农村交通运输方面，轻便木轮车仍然发挥着余热，在维吾尔族集中生活的吐鲁番、莎车、喀什、托克逊、库车等南疆地区的乡村中，仍然能够看到它为维吾尔族人民生产生活服务的身影。

图片来源
图一至图七　许江　制图

图二　维吾尔族轻便木轮车"亚日亚"视角图

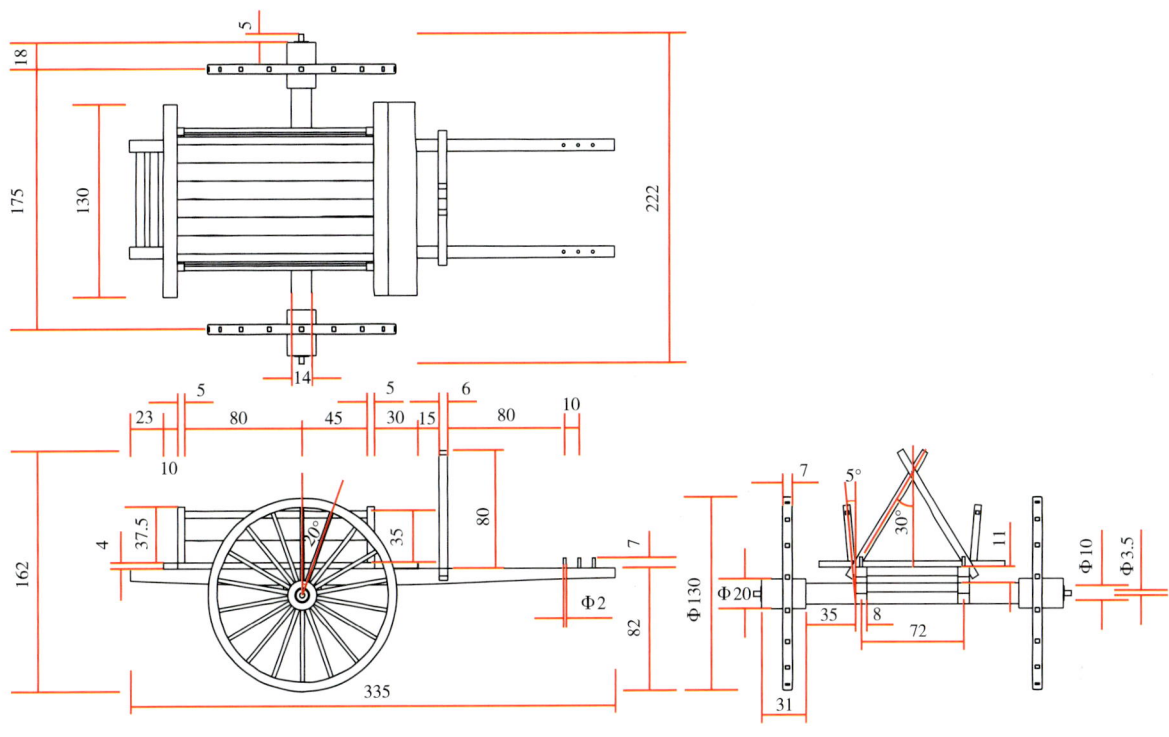

图三 维吾尔族轻便木轮车"亚日亚"尺寸图（单位：cm）

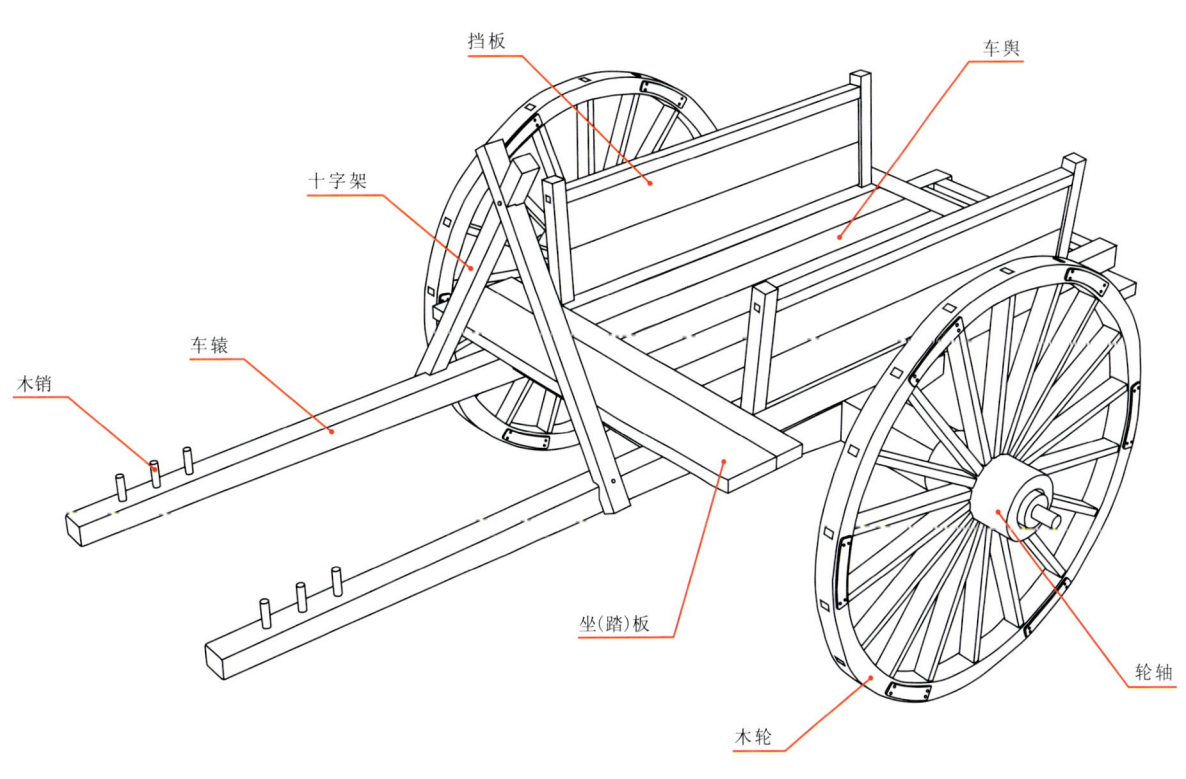

图四 维吾尔族轻便木轮车"亚日亚"结构名称图

第四章 维吾尔族传统生活用具

323

图五 维吾尔族轻便木轮车"亚日亚"分解图

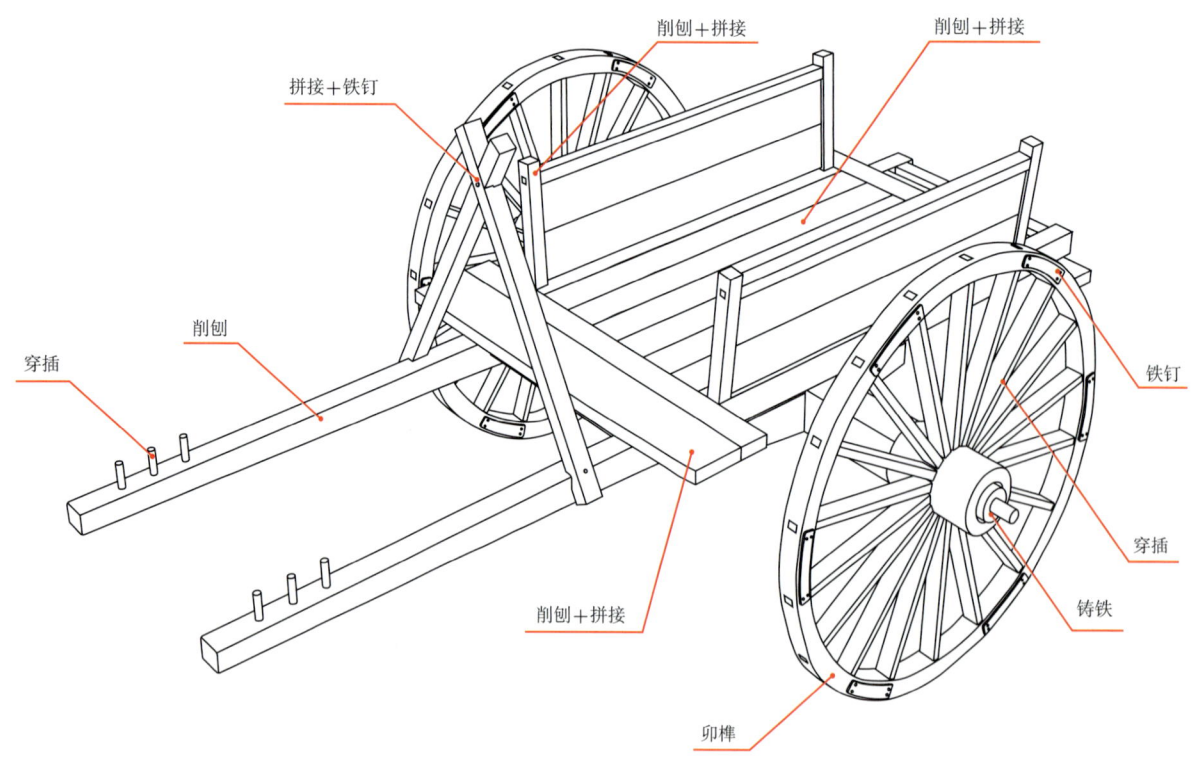

图六 维吾尔族轻便木轮车"亚日亚"工艺分析图

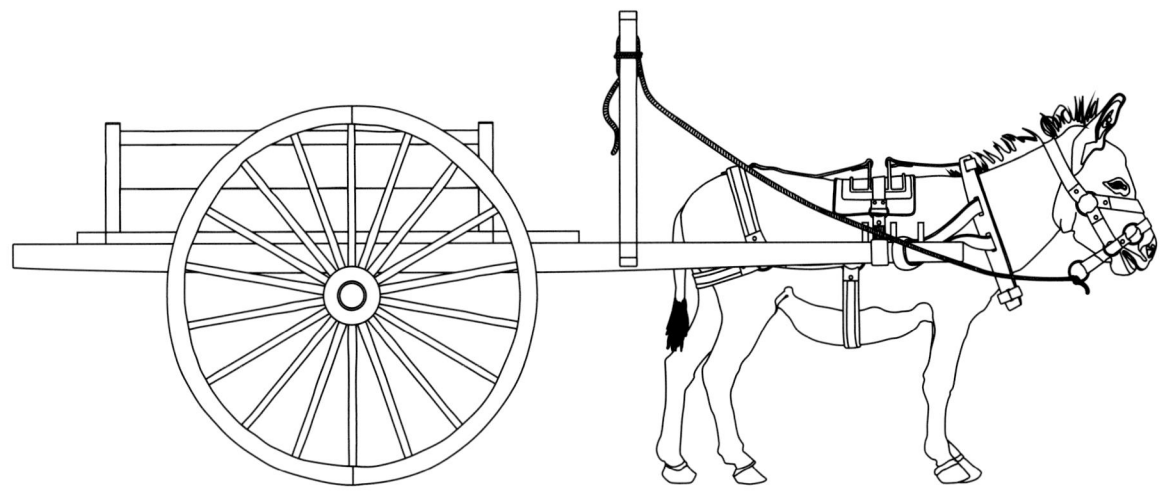

图七　维吾尔族轻便木轮车"亚日亚"套畜图

罗布维吾尔族胡杨独木舟"卡盆"

图一　罗布维吾尔族胡杨独木舟"卡盆"主图

在新疆的维吾尔族群中，有一支生活在罗布地区、操土著罗布方言、以渔猎为生的族群，被称为"罗布人"。据相关文献记载，罗布人原是单一的食鱼族群，通过"卡盆"在罗布泊地区、孔雀河及塔里木河内捕鱼为生。"卡盆"作为罗布人重要的捕鱼及水上交通工具，在罗布人的日常生活中扮演着重要的角色。

罗布人口中的"卡盆"其实是一种用胡杨木制作而成的独木舟。其尺寸大小完全根据采伐到的胡杨木的大小而定，一般情况下，罗布人会选择直径在半米以上、长度在3至5米不等、树干直挺的胡杨木制作"卡盆"，直径超过1米的胡杨木对半剖开，一次可制作两个"卡盆"。为了防滑，罗布人会在"卡盆"底部铺上一层枯枝。小"卡盆"通常作为单人渔猎工具来使用，有时罗布人也会将两个或多个大"卡盆"并排捆绑在一起当作水上货运工具来使用。现在，闲置或废弃的"卡盆"常常被罗布人用作牲畜的食槽，作为牛羊饮水和进食的工具来使用。

胡杨是当今世界上最古老且珍贵的、唯一能在荒漠中生长的大乔木，被称为"活化石"，地球上90%的胡杨生长在中国，中国的胡杨90%生长在新疆，在新疆孔雀河的中下游地区，至今仍然能够看到许多茂密的胡杨林。据说，生长在沙漠中的胡杨可活千年而不死，死后仍能屹立千年而不倒，即时倒下也能千年不朽。传说归传说，但通过传说，我们能够发现胡杨木具有经久耐用的特点，罗布人正是看中了胡杨木的这一特性，将那些既粗又长的胡杨木剖开掏空制作成渔猎与水上交通的工具——"卡盆"。

图片来源
图一　宋士敬　摄影（fotoe网）
图二至图六　许江　制图

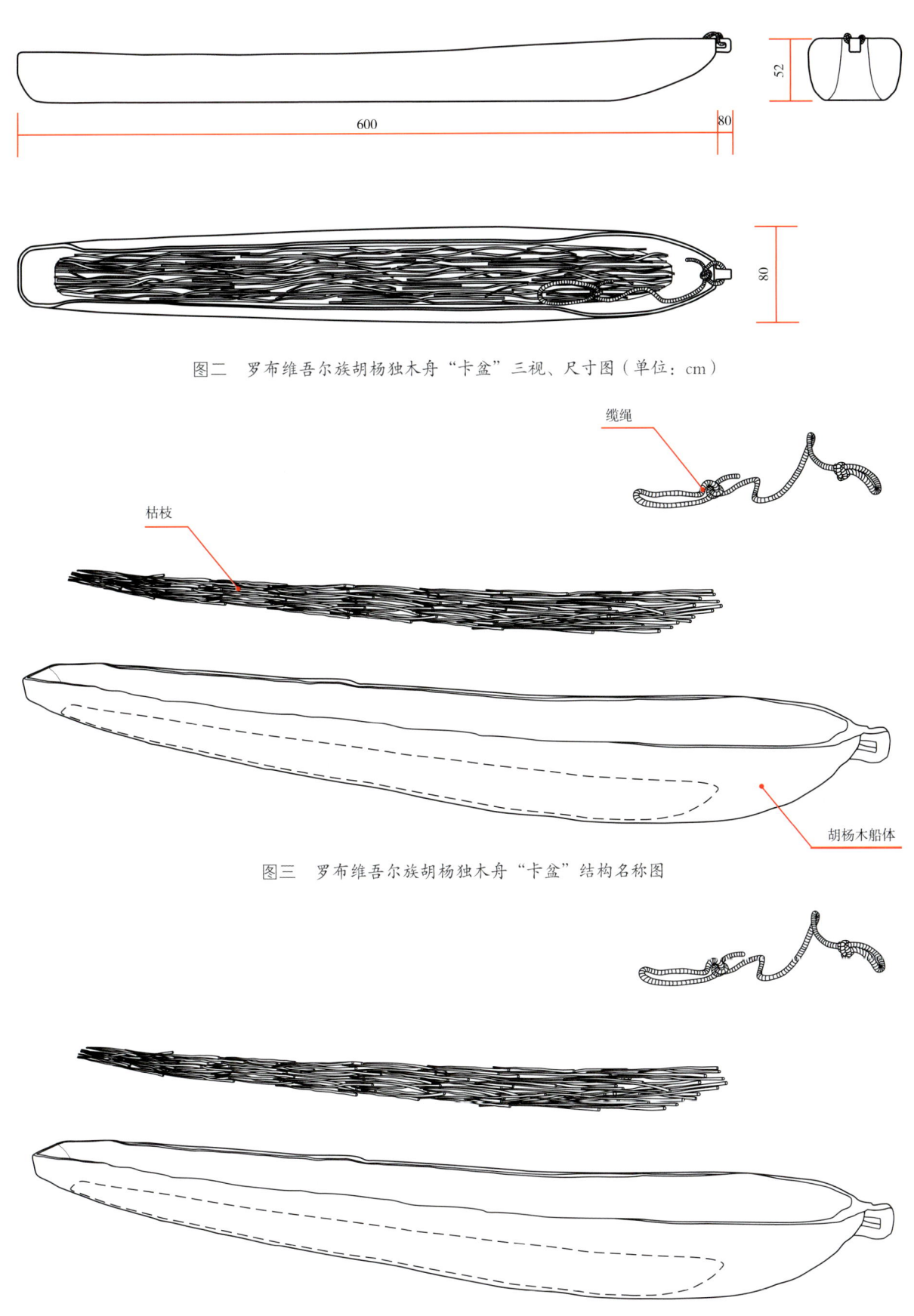

图二 罗布维吾尔族胡杨独木舟"卡盆"三视、尺寸图（单位：cm）

图三 罗布维吾尔族胡杨独木舟"卡盆"结构名称图

图四 罗布维吾尔族胡杨独木舟"卡盆"分解图

327

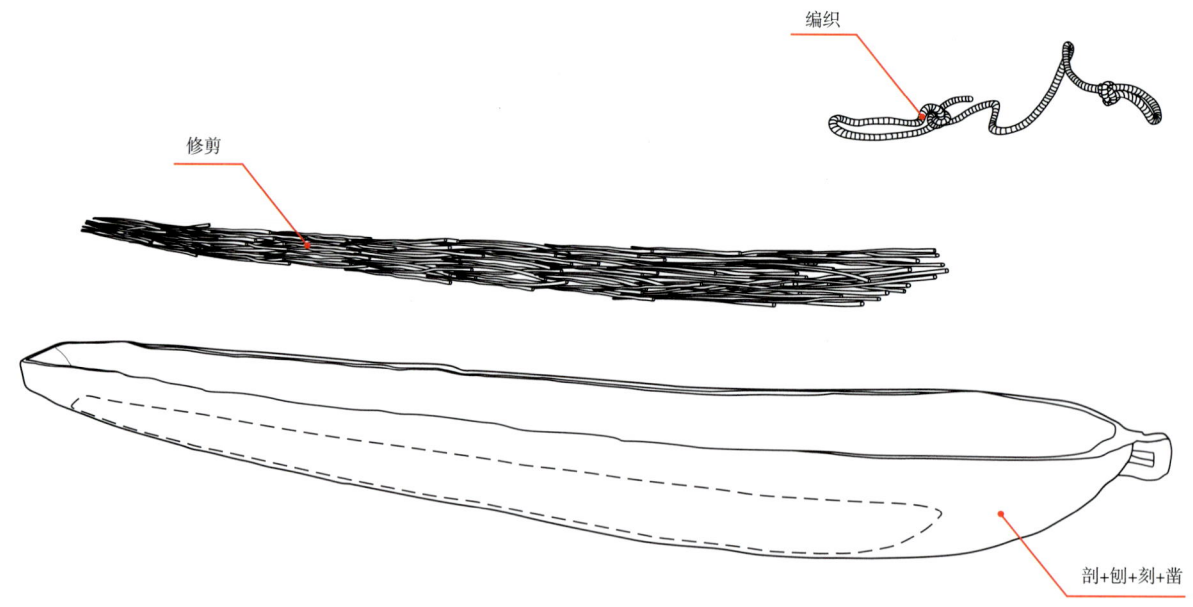

图五　罗布维吾尔族胡杨独木舟"卡盆"工艺分析图（1）

图六　罗布维吾尔族胡杨独木舟"卡盆"工艺分析图（2）

328

维吾尔族皮筏

图一 维吾尔族皮筏主图

皮筏，古称"革船"或"革筏"，是用充气的牛羊皮囊捆绑在竹筏上制作而成的一种水上交通工具，是新疆维吾尔族民间流行的一种传统交通工具。随着科技的进步，皮筏已经逐渐地退出了历史的舞台，现已不常使用。

维吾尔族人皮筏的一般制法为，将原木捆绑成排，排上拴数个或数十个皮囊即成。使用皮筏时，木排在上，皮囊在下，可作为乘人的代步工具，也可作为水上运输货物的运载工具。小的皮筏可载重2000至3000千克，大的可载重10000余千克，载重的大小根据木排的大小、皮囊的多少而定。据说最大的皮筏有600多只皮囊，能载重20000至30000余千克。用于水上载人的皮筏一般由13~14只皮囊组成，皮囊成"454"（13只）或"545"（14只）形制排列捆绑在木排下，重10余千克，一次可乘坐5~6人（含舵手）。考虑到乘坐的舒适性，皮筏主人会在木排上放上一些座垫供乘客使用。

皮筏根据皮囊的不同，可分为羊皮筏和牛皮筏。羊皮筏多采用山羊皮制成。制作羊皮囊需要具备高超的宰剥技巧，将羊宰好祛头后，由颈部入手取出内脏与骨肉，将整张羊皮囫囵剥脱下来，不能对羊皮有丝毫的损伤。尔后，将羊皮脱毛并吹气使其膨胀，再将少许清油、食盐与水灌入皮囊中。最后将皮囊的头尾四肢扎紧，做一定的防腐处理，在烈日下晾晒成略微透明的黄褐色即成。制作牛皮囊的方法与羊皮囊大致相同。皮囊做好后，用麻绳将坚硬的曲水柳木捆绑成筏，再将皮囊依次拴在木筏上，皮筏便制成了。

皮筏只能顺流而下，无法逆水行舟，有"下水人乘筏、上水筏乘人"之说。维吾尔族人一般在上游用皮筏将乘客或货物载往下游，若行程不远，返回时则可将皮筏扛于肩头带回。若行程较远，回程时可放掉皮囊中的气体，将整个皮筏拆卸，打包带回。由于皮筏体积小而轻，吃水浅，十分适宜于新疆内陆浅滩河流的民用航运，因而得到包括维吾尔族在内的多个少数民族的青睐，成为过去新疆地区水上重要的交通工具。

图片来源

图一　傅光　摄影（fotoe网）

图二至图六　许江　制图

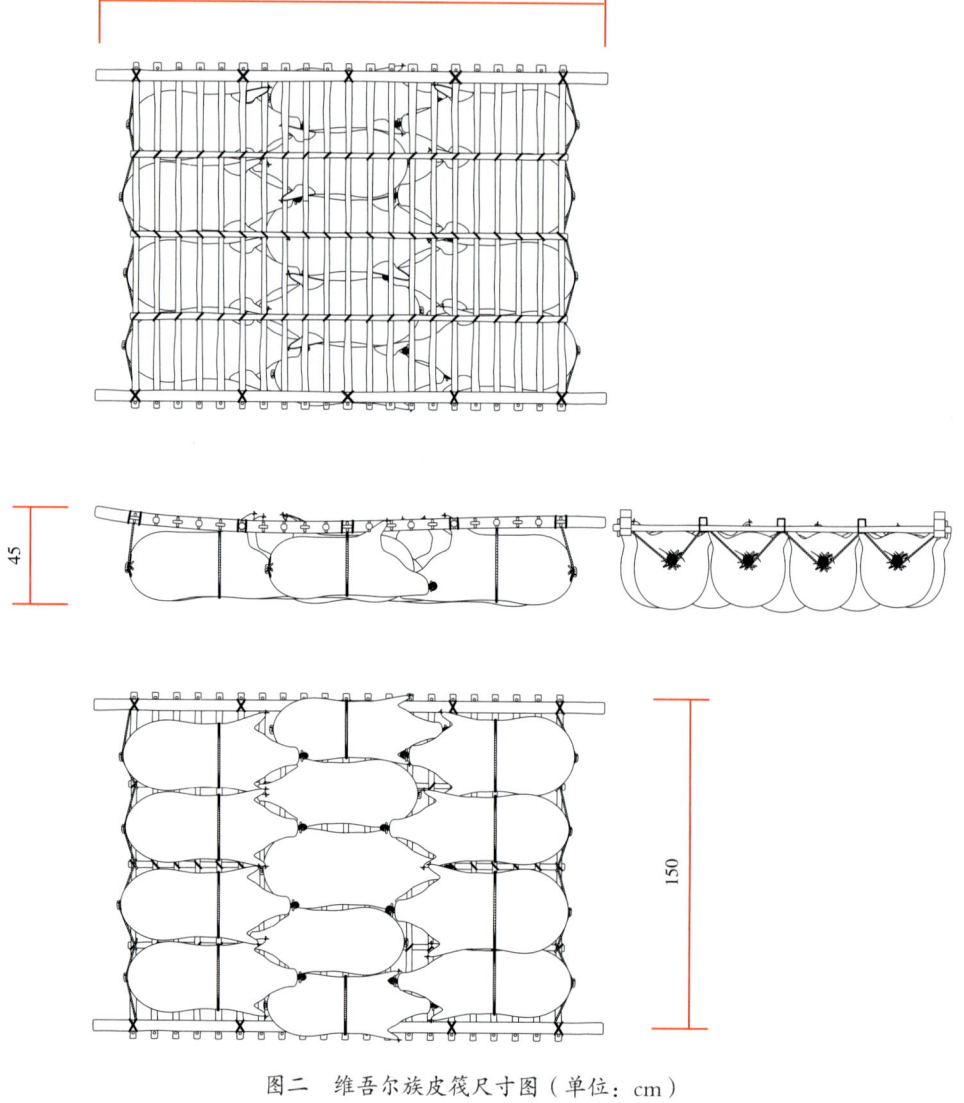

图二　维吾尔族皮筏尺寸图（单位：cm）

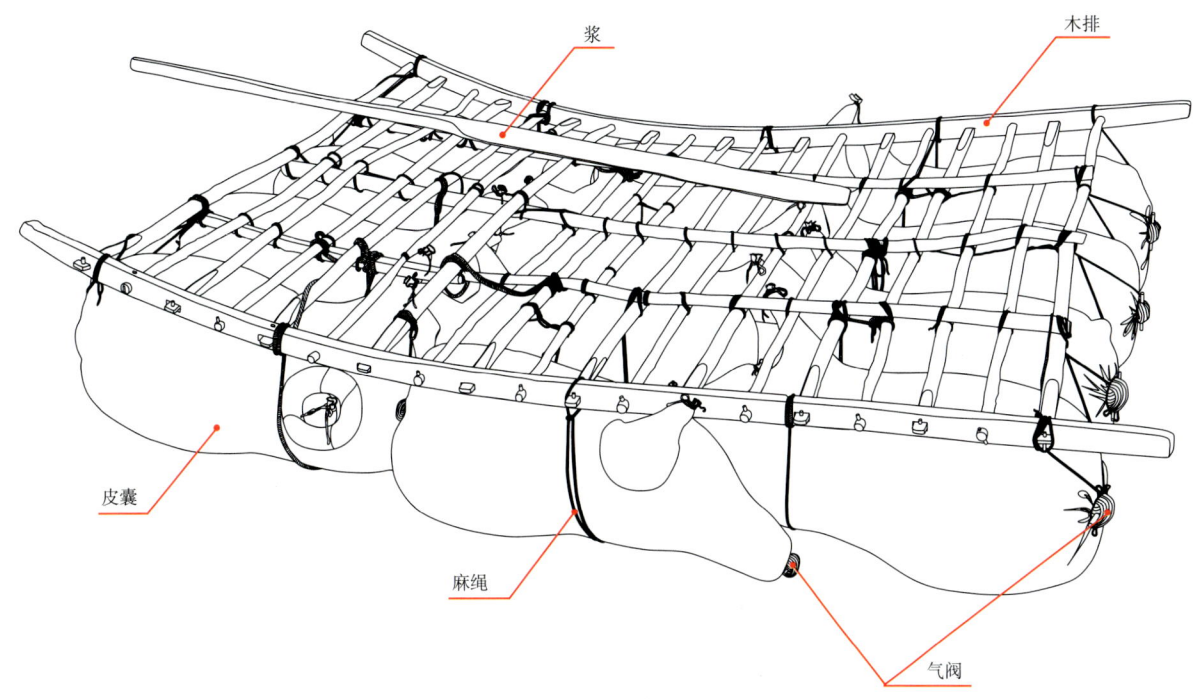

图三　维吾尔族皮筏结构名称图

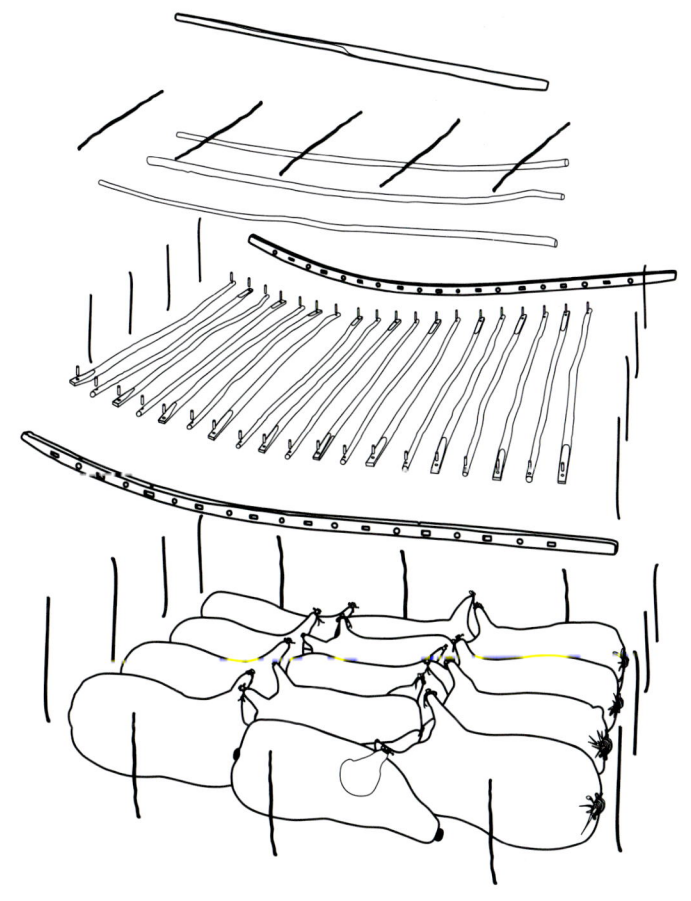

图四　维吾尔族皮筏分解图

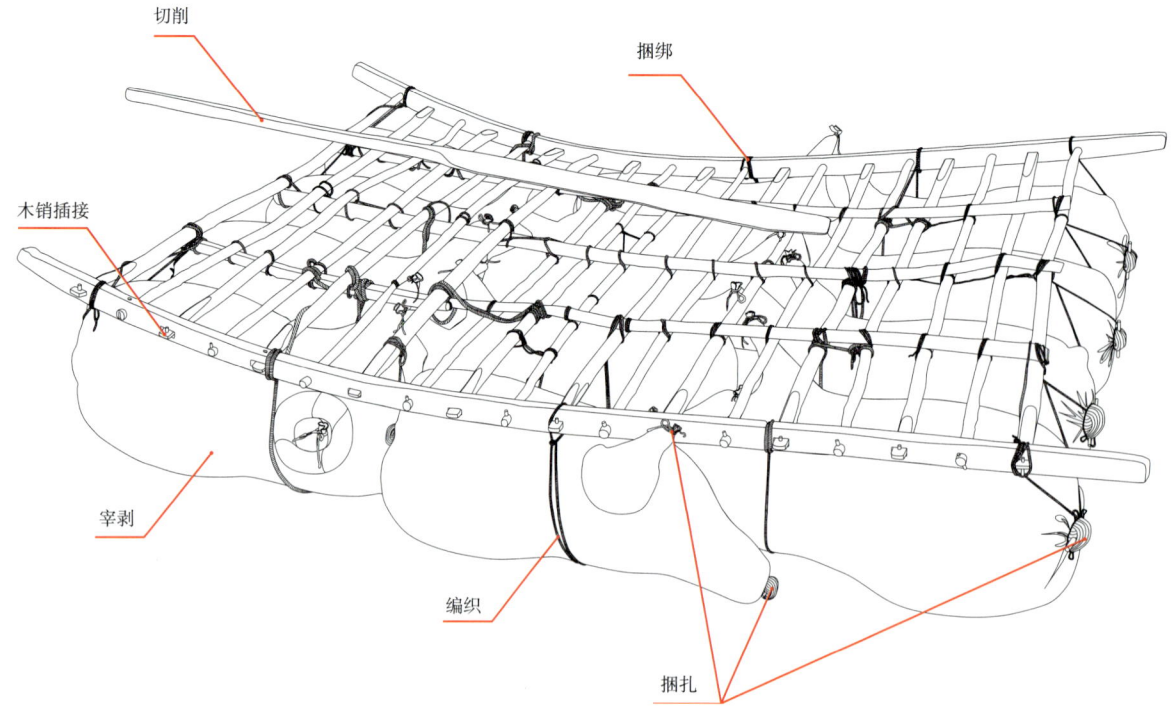

图五 维吾尔族皮筏工艺分析图

图六 维吾尔族皮筏使用情景图

维吾尔族马车·套具

图一 维吾尔族马车·套具主图

维吾尔族马车套具主要以汉族地区畜力交通工具中用以扼畜之颈的工具——车轭构成。不同之处在于,汉族地区所用车轭一般为"人"字型,由一块整木切削而成,多用于马车和牛车上,而维吾尔族马车套具中常用车轭则是由两根圆木组成,在使用时,多呈"八"字型。

维吾尔族车轭的制作颇有讲究,从整体上看,木条中间粗两头细,周身光滑,从中段逐渐向两端弯曲,形成一定的弧度,这样设计的目的一方面是为了保护牲口,另一方面也是为了使车轭更加贴合牲畜的脖子曲线,提高畜车的运力。

除了车轭这一主要部件外,维吾尔族人常用牛皮或羊皮(牛皮较为常见)制作马车套具中的辅件与连接件。为了保证套具经久耐用,用于制作套具皮带的牛皮以耐磨的头层皮为主,那些用于捆扎皮带或连接两车轭的牛皮,通常也会以两股或三股为一组编制成绳,增加捆绑的牢固度。值得注意的是,维吾尔族马车套具中各部件的连接几乎不采用铆钉等金属物件,而是更多的依靠牛皮材料本身的特点,通过巧妙地穿插与捆绑成型。车轭的上端一般用牛皮捆成死结,而下端则通过巧妙的设计，形成一个开合自如的活结，方便其套用于不同身材的马匹上。

维吾尔族马车套具使用时，车轭架于马颈两侧（一般情况下，车轭与运膊配合使用，车轭架在运膊上），下端锁紧，皮带一端套在车辕上。有些套具还和马鞍上的配件相连，增加套具的稳定性。

图片来源

图一　雷启兴　摄影

图二至图五　许江　制图

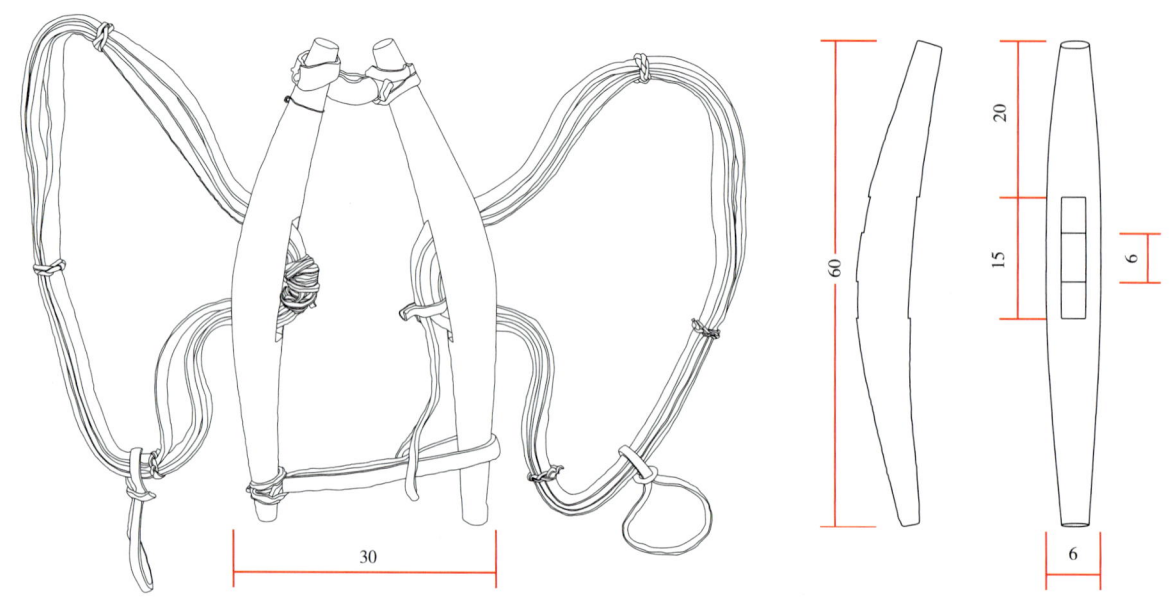

图二　维吾尔族马车·套具 尺寸图（单位：cm）

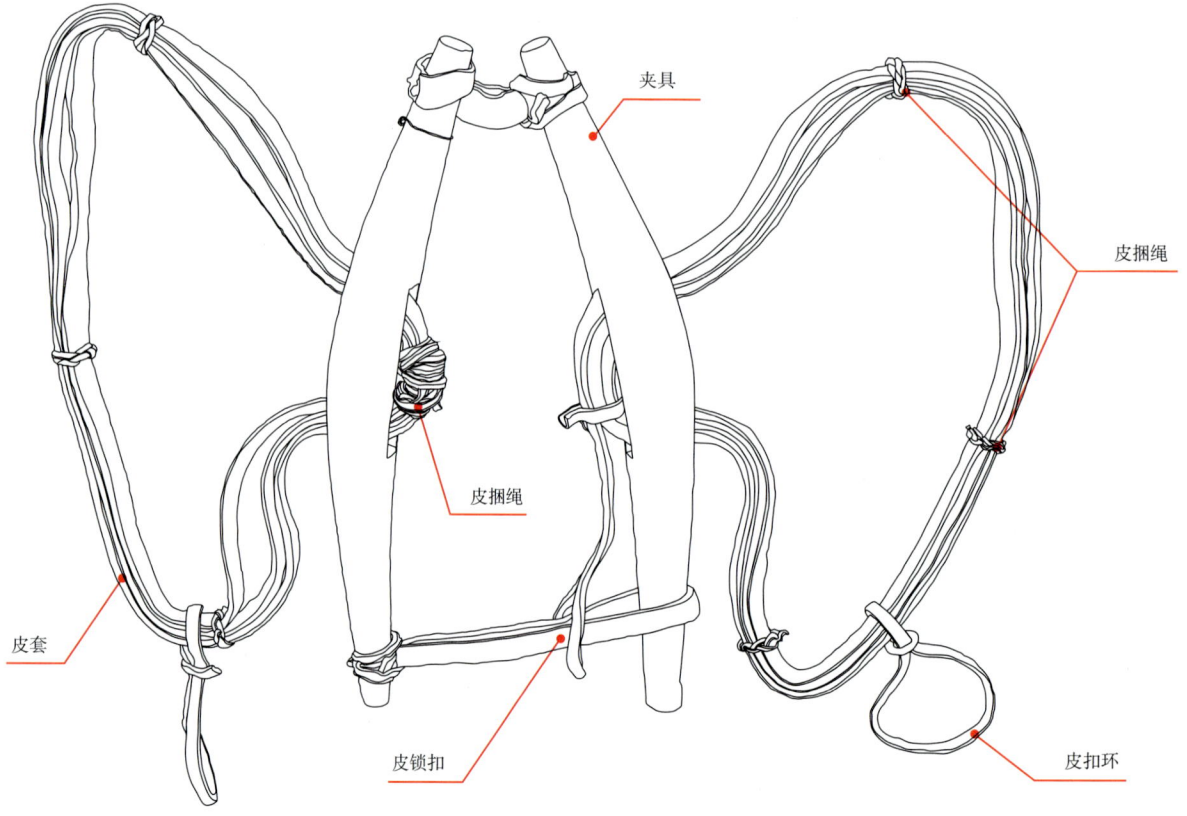

图三　维吾尔族马车·套具结构名称图

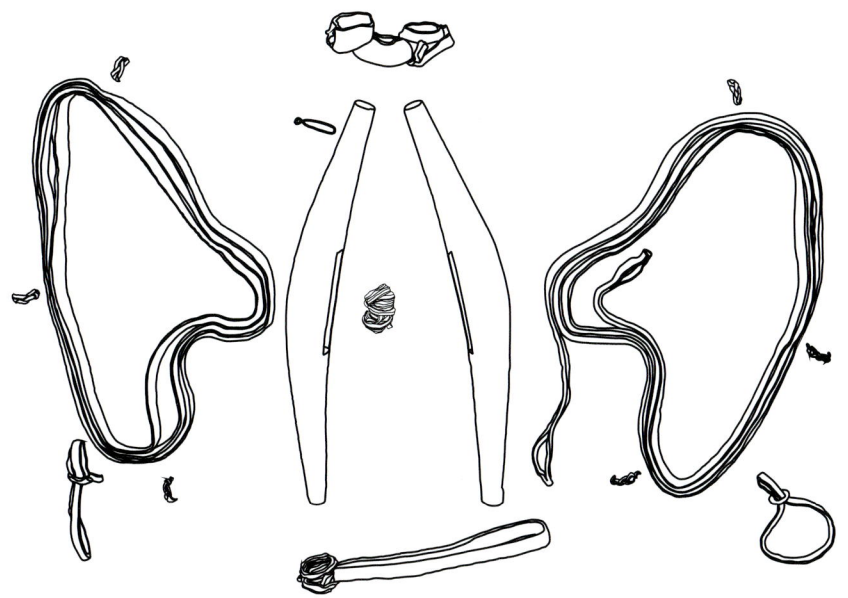

图四　维吾尔族马车·套具 分解图

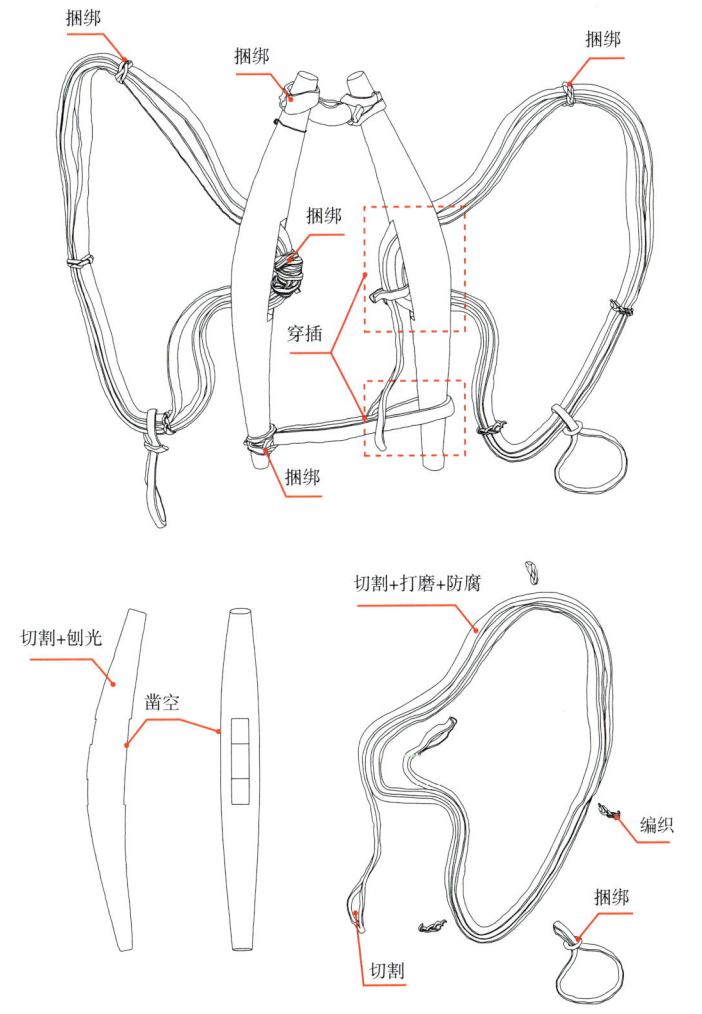

图五　维吾尔族马车·套具工艺分析图

第四章　维吾尔族传统生活用具

335

维吾尔族马车·运膊

图一　维吾尔族马车·运膊主图

运膊是新疆维吾尔族传统畜力交通工具中最为常见的一种辅助工具，常常与牲口套具，如车轭配合使用。其主要功能是为了起到保护牲口脖子的作用，避免被套具所伤。一般情况下，凡是使用套具的畜力交通工具（牛车除外，因为牛的脖子较短无法使用运膊），如马车、驴车等，皆会配合套具使用运膊。

运膊除了起到保护牲口的作用，同时也兼具装饰的功能，我们常常可以见到运膊套圈上曼妙的花纹，以及运膊下端悬挂的带有浓郁维吾尔族风格的装饰布，部分装饰布下端还有少许的流苏与挂坠，当交通工具随着牲口飞奔时，迎风飘扬的装饰布显得格外引人注目。

运膊的主体由质地较软的二层牛皮或三层牛皮制成，中间灌以棉花或干草，使其饱满、柔软，以保证牲口套膊时的舒适度。两头以绳捆扎，形成一个闭合的椭圆形，为了保证运膊的牢固度，在捆绳的基础上，工匠们还会在顶端手工缝纫一圈牛皮。为了抗击套具的摩擦，在运膊主体基础上，与套具接触的那一面，工匠师傅们还会附加上一层头层牛皮，为了美观起见，在这层耐磨的牛皮上面会刻画出少许的花纹。运膊的大小根据牲口的大小而定，马车使用的运膊较大，骡车次之，驴车最小。

尽管畜力交通工具已经逐渐退出了历史舞台，但是在新疆农村以及偏远的边疆地区，畜力交通工具仍然奔驰在乡间小路上，运膊还在发挥着它保护牲畜的作用。

图片来源

图一　雷启兴　摄影

图二至图五　许江　制图

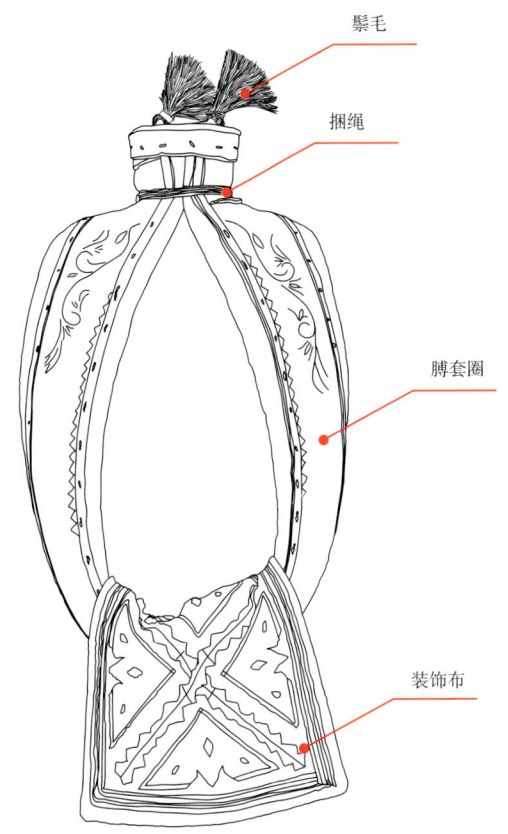

图二　维吾尔族马车·运膊结构名称图

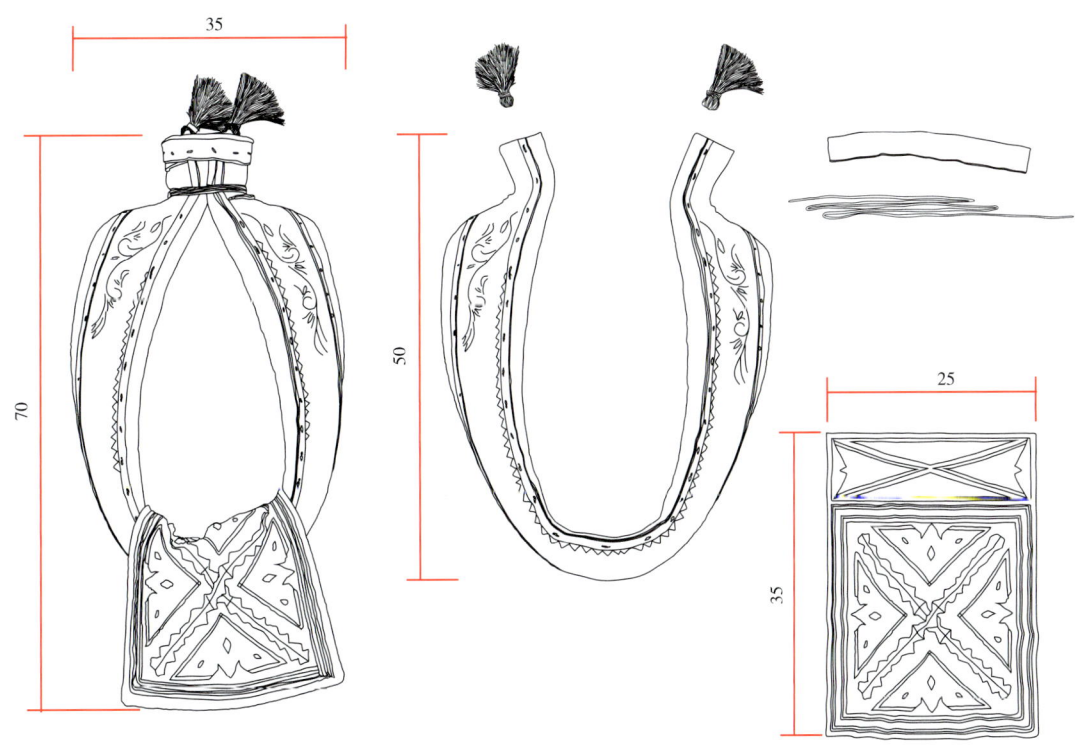

图三　维吾尔族马车·运膊尺寸图（单位：cm）

第四章　维吾尔族传统生活用具

337

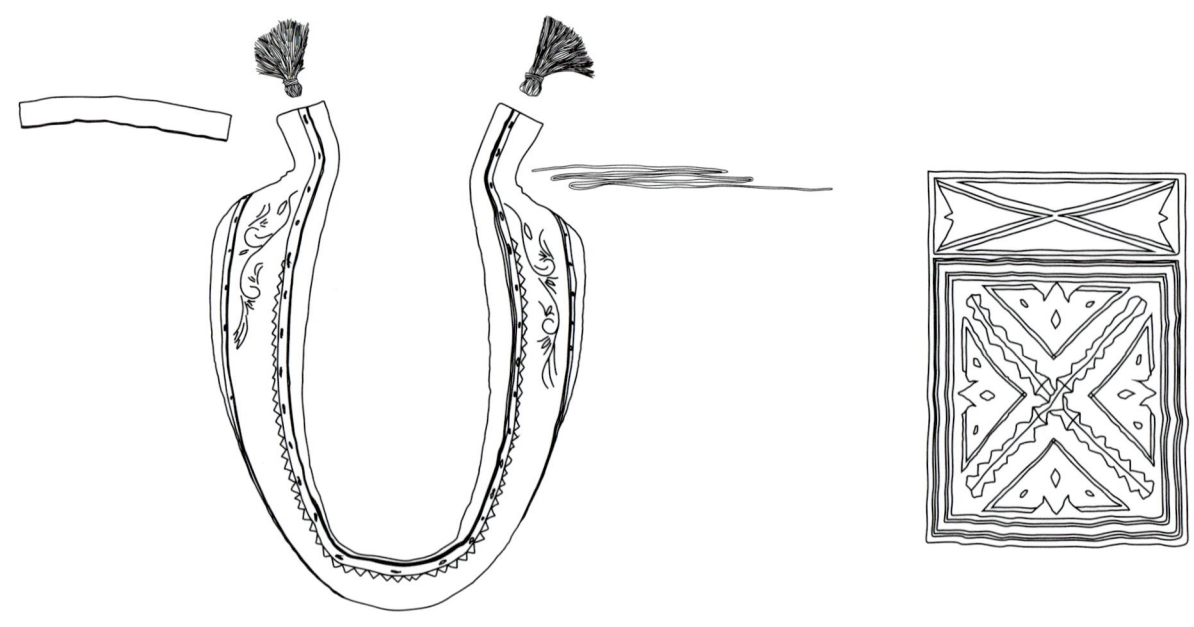

图四 维吾尔族马车·运膊分解图

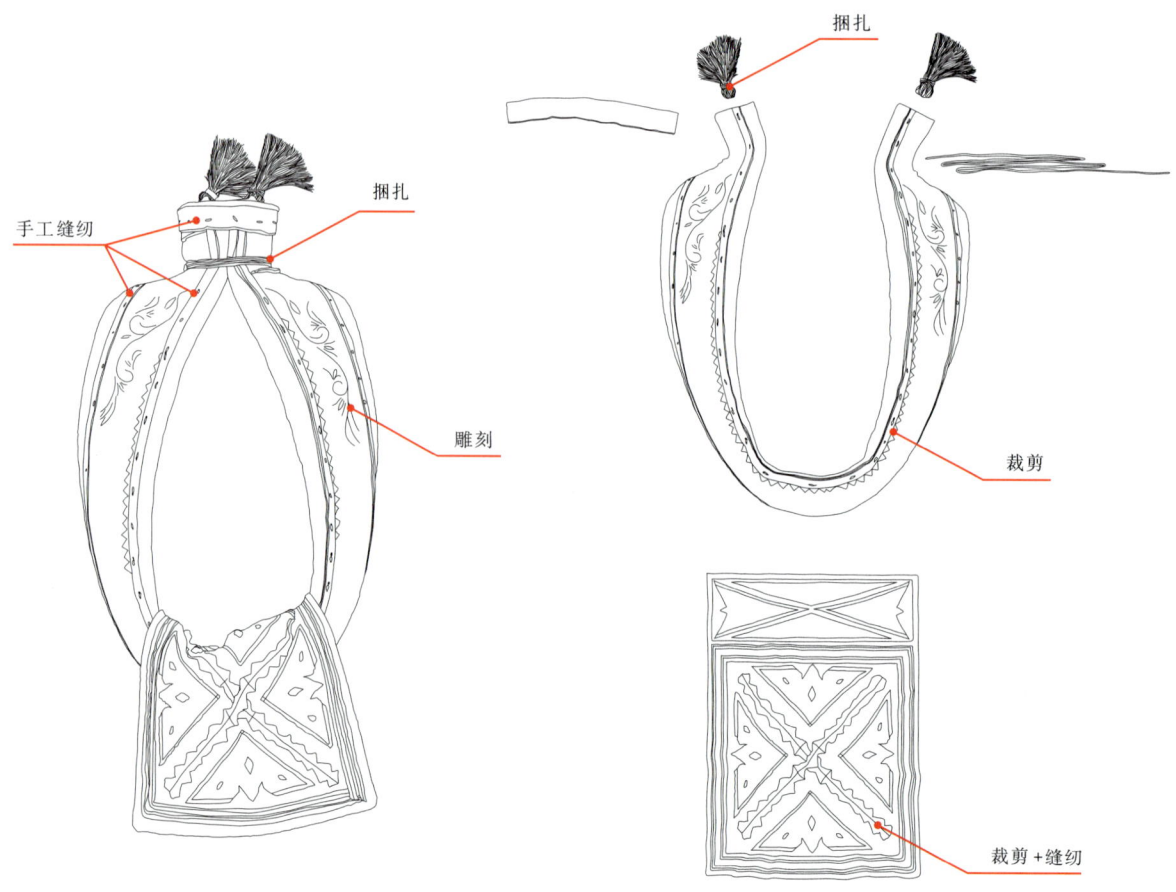

图五 维吾尔族马车·运膊工艺分析图

中国少数民族设计全集·维吾尔族

20世纪上半叶喀什维吾尔族彩绘漆马鞍

图一 20世纪上半叶喀什维吾尔族彩绘漆马鞍主图

作为农耕民族的维吾尔族，与身为游牧民族的蒙古族、柯尔克孜族相比，马鞍制作并非其擅长的技艺，但在新疆西北部地区，由于多民族的杂居，多元文化的交融，游牧民族的生活习惯、生产技艺逐渐影响了以农耕生产为主的维吾尔族。马鞍的制作技艺在维吾尔族中的推广，便是其中最具代表性的一例。

彩绘漆马鞍是维吾尔族马鞍制作中的一类典型代表，这是一种全凭手工打造的木质马鞍。从外形上看，其造型与装饰带有明显的伊斯兰风格，和我国的哈萨克族、邻国如乌兹别克斯坦所制作的马鞍在形制上几乎无异，但装饰纹样上略有不同。

彩绘漆马鞍选用的木料，北疆常用桦木与榆木，南疆则常用杨木与松木。制作时，首先用刨子将原木刨削出马鞍的基本形状，再用锉刀、刮刀精雕细琢，逐步将马鞍打磨光滑，最后再用刻刀在马鞍上开出用来固定脚蹬系带的孔、固定肚带系扣的孔，以及鞍头与鞍座间的孔洞。在所有造型工作完毕后，便进入了彩饰的环节，技艺娴熟的维吾尔族

第四章 维吾尔族传统生活用具

匠人会用彩漆在木质马鞍上绘制出带有伊斯兰风格的装饰纹样。除了贴近马背的那一面未有上漆外，马鞍的其他部位均由彩漆覆盖。

马鞍使用时，一般配以笼头、脚蹬、肚带、与鞍毯。有些还配以侧襟（障泥）。笼头是马的头饰，配以缰绳起到控制马匹的作用，缰绳在闲置时，可以系在马鞍的鞍角上；脚蹬是系在马鞍上供骑马者上马的工具；肚带则是将马鞍固定在马背上的配件，维吾尔族彩绘马鞍单侧提供前、中、后三个肚带系扣；鞍毯穿过鞍头覆盖在马鞍之上，为骑马者提供更加舒适的乘坐感受。

图片来源

图一、图六　许江　摄影
图二至图五　许江　制图

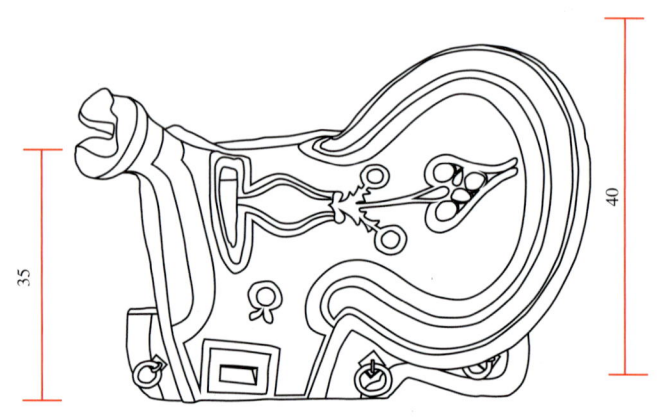

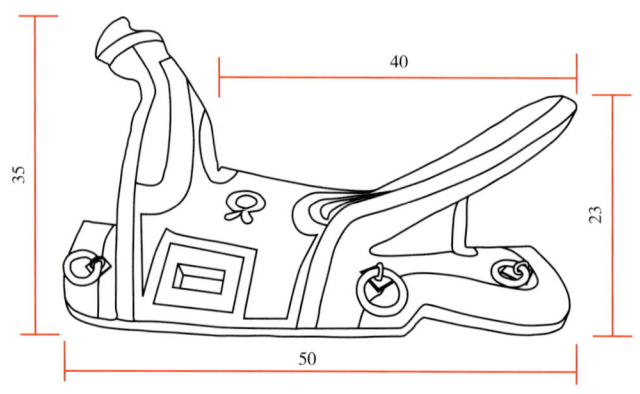

图二　20世纪上半叶喀什维吾尔族彩绘漆马鞍尺寸图（单位：cm）

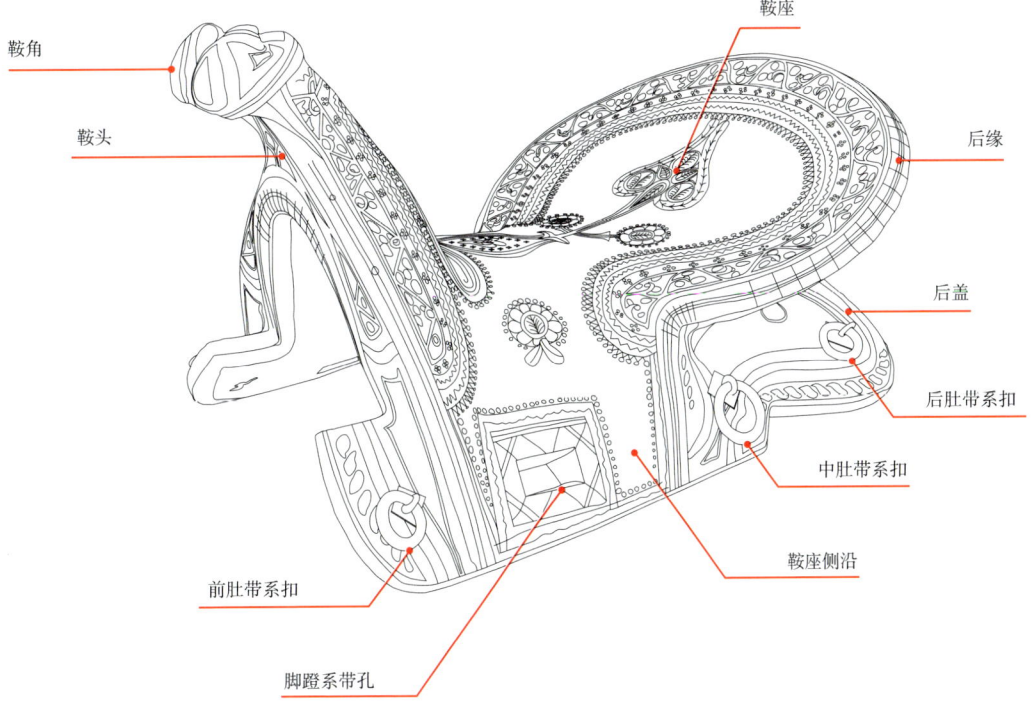

图三 20世纪上半叶喀什维吾尔族彩绘漆马鞍结构名称图

图四 20世纪上半叶喀什维吾尔族彩绘漆马鞍分解图

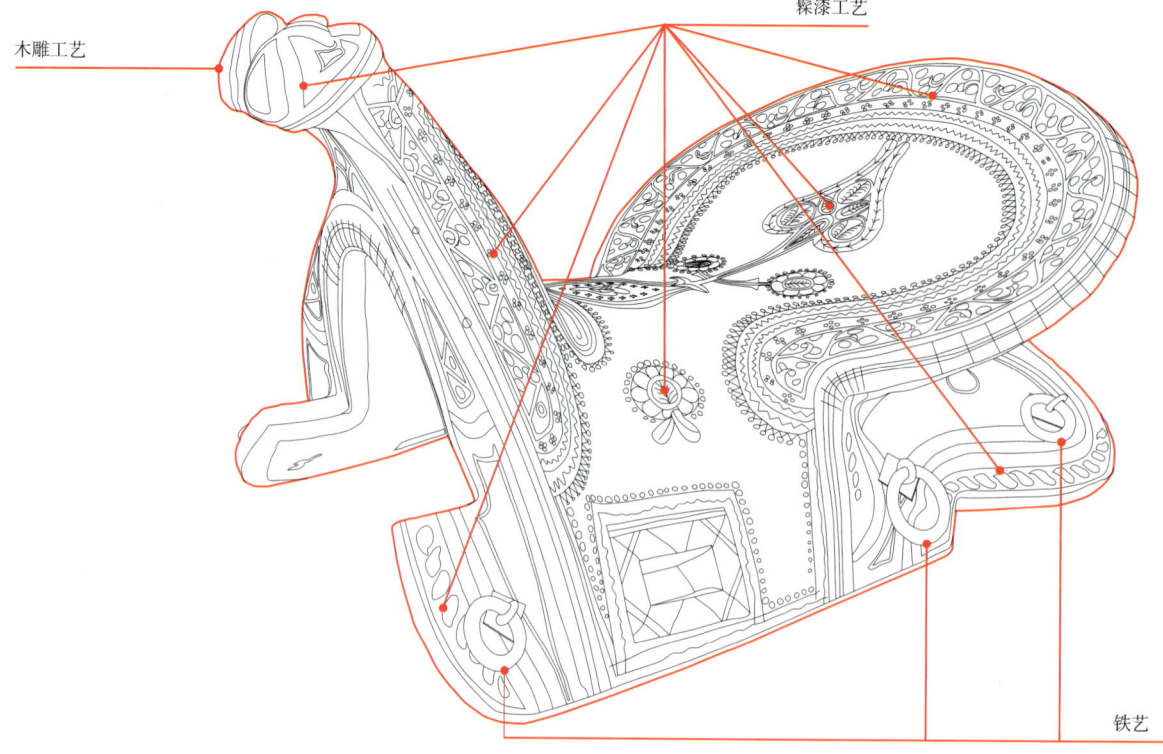

图五　20世纪上半叶喀什维吾尔族彩绘漆马鞍工艺分析图

图六　20世纪上半叶喀什维吾尔族彩绘漆马鞍其它样式

第五章 维吾尔族传统生产工具

吐鲁番维吾尔族"坎土曼"

图一　吐鲁番维吾尔族"坎土曼"主图

"坎土曼"又名"砍土镘",新疆维吾尔族的一种传统铁制农具,由木柄和铁头两部分构成。木柄长约100~120厘米。铁头大小不等,大的长约30厘米,宽约25厘米,重约3~3.5公斤;小的长约25厘米,宽约20厘米,重约2~2.5公斤。

"坎土曼"同时具备了铁锨和锄头两种工具的功能,在手工农具中有"万能工具"之称。虽然它的样式有点像锄头,但比锄头要宽得多。"砍土"和"刨地"是它主要的功能。因土质和耕作习惯不同,"坎土曼"的形状有方头、圆头、舌形头等多种。

"坎土曼"的木柄多数是用硬度和韧度较强、又很光滑的杏树、梨树、桑树等木材做成的。"坎土曼"的铁头呈盾形,由铁打制而成,硬度由铁质、火候、淬火等因素决定。"坎土曼"铁头的锻造很讲究,要打出锅底形的弧度,以便"兜得住"土,也要打得肩宽、背厚、刃薄,才能使得上劲"砍"得下土,刃口要加钢,以保持锋利,要掌握好热处理,以免卷刃、崩刃。"坎土曼"也有样式的区别，或趋方或趋圆或弧度大或弧度小。铁头的打制过程很普通，一般在铁匠铺院子一角，用电动风扇燃起熊熊炉火，煅烧、反复锤打、淬火……铁头就逐渐成形了。不过，如今打制的坎土曼比从前要少一些。

"坎土曼"的使用与铁锹大不相同，铁锹工作方向是往后方前进，而"坎土曼"是往前方前进。操作"坎土曼"要使上胳膊和腰上的劲，双手挥动朝后刨土，动作大开大合。

图片来源
图一　雷启兴　拍摄
图二至图六　郑倩倩　制图

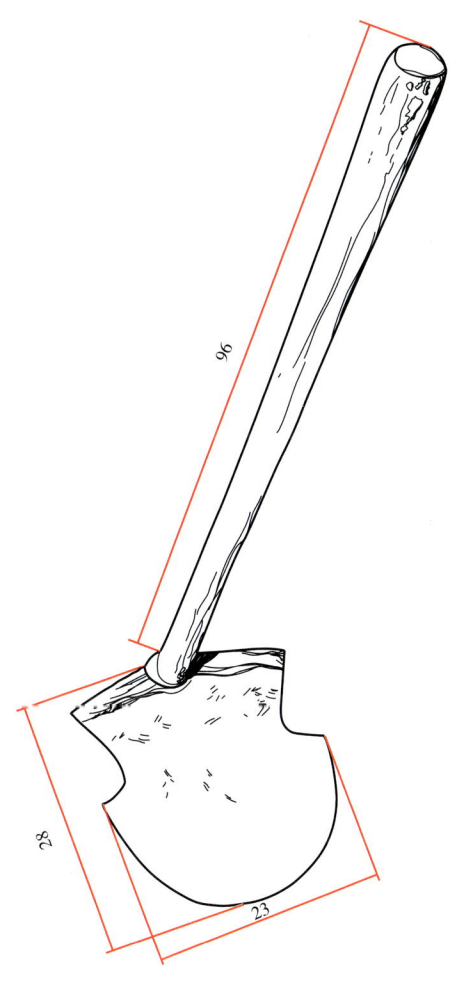

图二　吐鲁番维吾尔族"坎土曼"尺寸图（单位：cm）

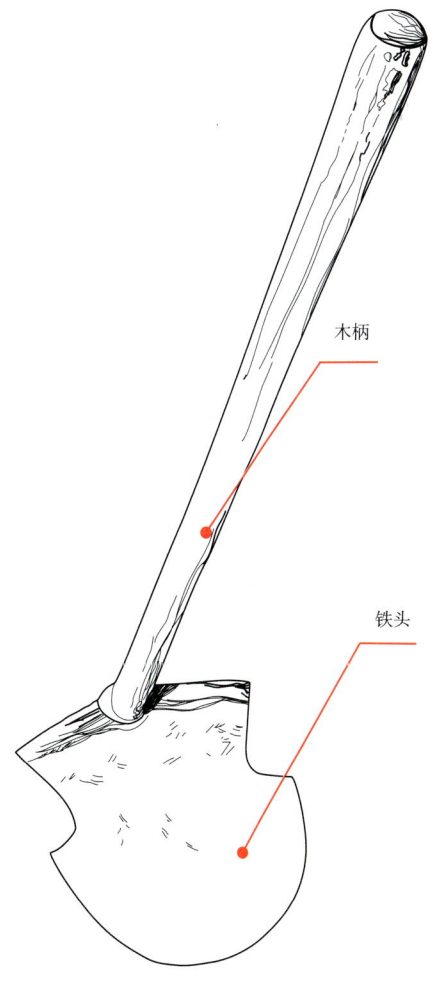

图三　吐鲁番维吾尔族"坎土曼"结构名称图

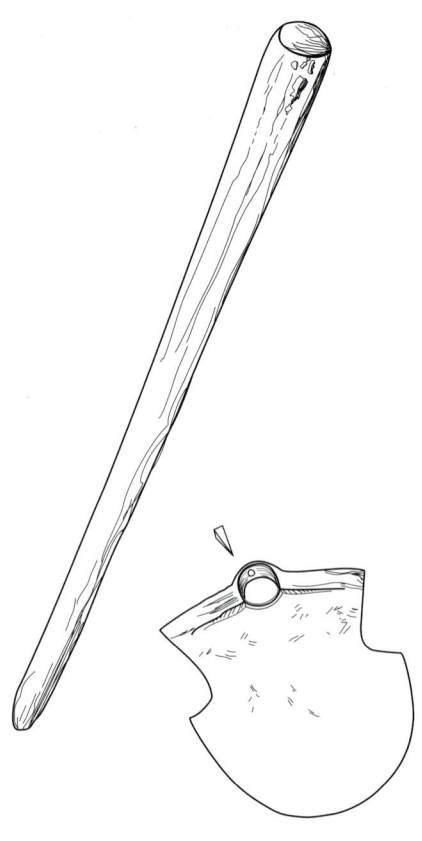

图四 吐鲁番维吾尔族"坎土曼"分解图

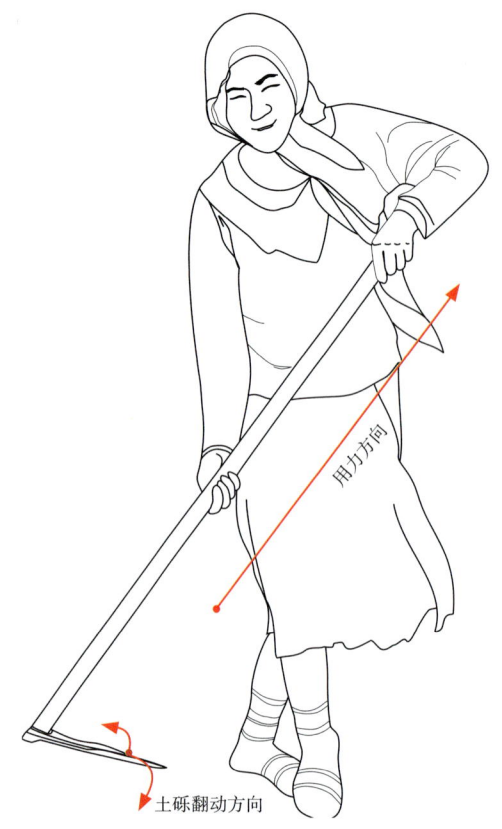

图五 吐鲁番维吾尔族"坎土曼"操作分析图

图六 吐鲁番维吾尔族"坎土曼"使用情景图

吐鲁番维吾尔族"乌修尔"

图一 吐鲁番维吾尔族"乌修尔"主图

维吾尔式镰刀"马修尔",新疆维吾尔族的一种传统铁制农具,整体形状多弯曲如钩,由镰头和木柄构成,镰头呈月牙状,薄而锋利,刀口有斜细锯齿,尾端装木柄,用以收割稻麦。

镰头大小不等,大的长约 35 厘米,宽约 20 厘米,重约 1.5~2 公斤;小的长约 20 厘米,宽约 15 厘米,重约 1~2 公斤。镰头制作早期多用石制,也有少量骨制、蚌制、牙制等,金属发明后,逐渐演变为铜制,并最终完全过渡为铁制。镰头的硬度由铁质、火候、淬火等因素决定,镰刀木柄长约 15~25 厘米,根据功用不同有长有短,有粗有细,有圆有方,有曲有直。装柄的方法有裤装,有夹装,有铆钉装,也有柄头一体全金属。乌鲁木齐市的乌修尔镰刀是比较著名的维吾尔式镰刀品牌,是维吾尔族工匠艾米丽·乌修尔制作的,在维吾尔族家喻户晓。

维吾尔式镰刀各种各样,根据功能可大体分为割麦镰刀(田镰)、砍柴镰刀(柴镰)。两种镰刀的不同在于刀口、刀背的薄厚和刀的轻重。割麦镰刀较轻,刀背较薄。柴镰较重,刀背较厚。

镰刀主要用来收割草、稻子、小麦。也可以用来聚集所割下的麦草，以便捆好之后运输。使用镰刀时手握木柄，镰头紧贴地面，刀刃朝向麦秸或者植物茎秆，镰头与地面的角度成 30~45 度。用力由外向内，自下及上，快速隔断茎秆。

图片来源

图一　雷启兴　拍摄

图二至图七　郑倩倩　制图

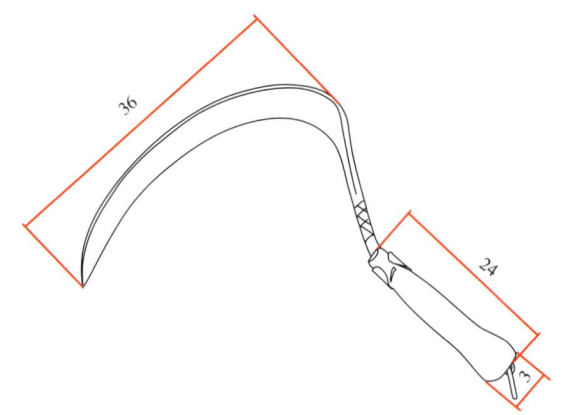

图二　吐鲁番维吾尔族"乌修尔"尺寸图（单位：cm）

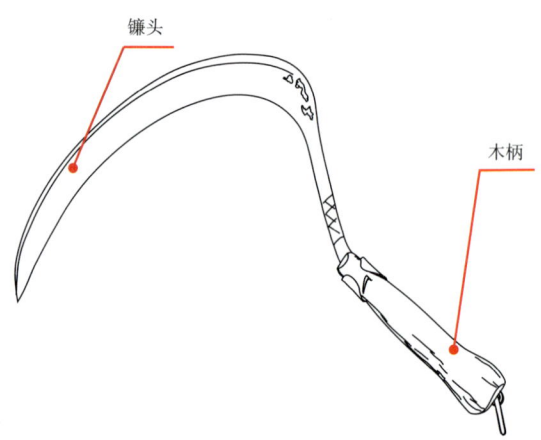

图三　吐鲁番维吾尔族"乌修尔"结构名称图

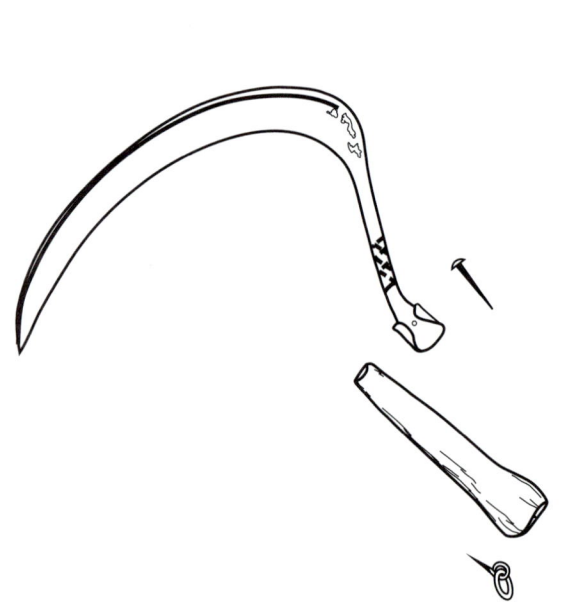

图四　吐鲁番维吾尔族"乌修尔"分解图

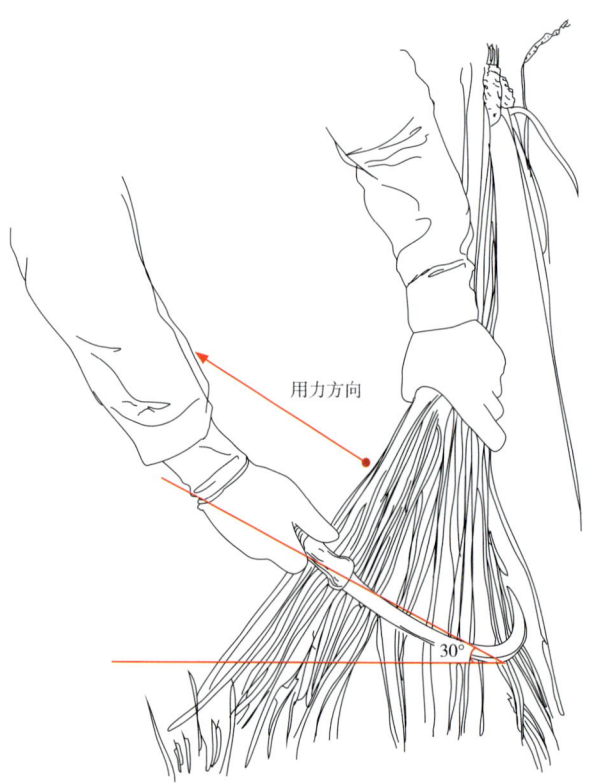

图五　吐鲁番维吾尔族"乌修尔"操作分析图

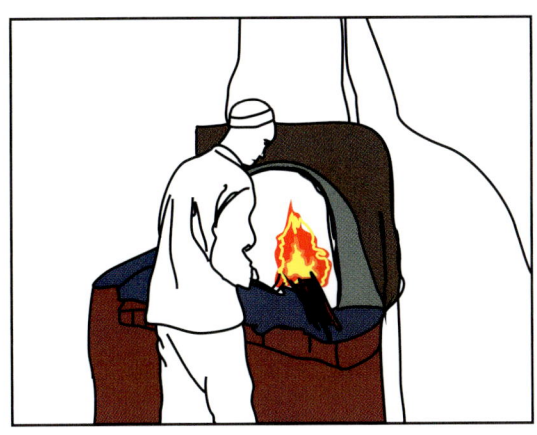
1、高温烧制

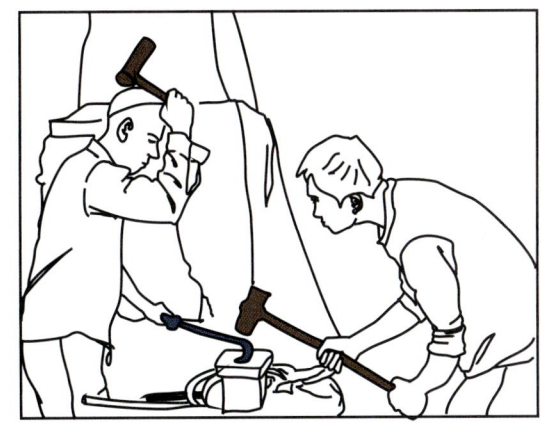
2、锻造

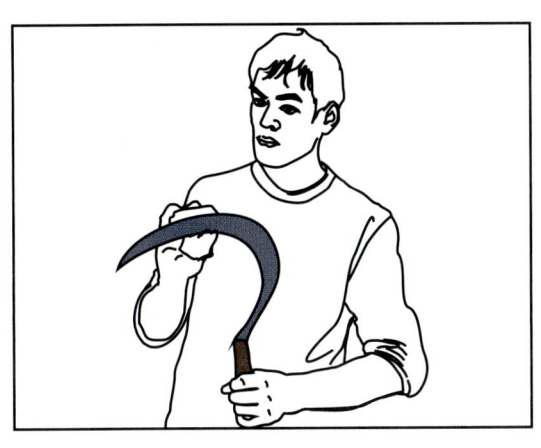
3、打磨

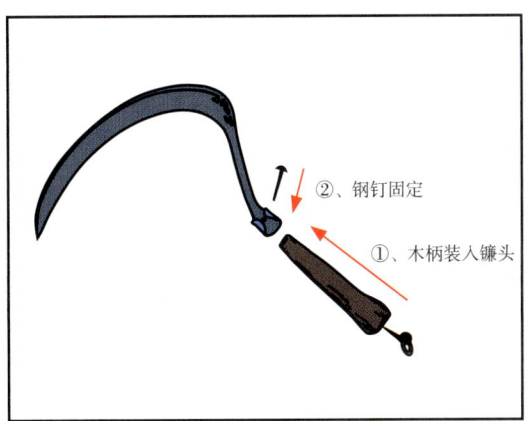
②、钢钉固定
①、木柄装入镰头
4、组装

图六 吐鲁番维吾尔"乌修尔"工艺分析图

图七 吐鲁番维吾尔族"乌修尔"使用情景图

第五章 维吾尔族传统生产工具

维吾尔族木杈

图一 维吾尔族木杈主图

木杈是维吾尔族农用工具中最普通、最原始、制作程序最简单的农用工具,主要用于打场、垛草、晒庄稼等农业生产。

木杈结构部件特别简单,主要包括杈齿、木柄、固定横木三个部分。按照杈齿的多少,木杈可分为三杈、五杈、七杈等。杈齿长大约35~50厘米,单根杈齿宽约2~3厘米,由下及上变窄变尖。木柄长约90~120厘米,宽约3~5厘米。固定横木长约25~30厘米,宽约5~7厘米。杈齿一般使用柳木制作,新疆地区主要生产柳木,取材方便,柳木木质结构细密,质软,刨光后光滑,适合加工农具。木柄大多选用柳木、果木等木材制作。木杈的制作相对而言并不复杂,杈齿经过选材,弯曲,打磨,最后由油绳捆绑固定在木柄上,一根木杈就成形了。

木杈主要是用于翻晒庄稼和秸秆,一是使用轻便灵活;二是木杈两边的杈齿比较粗长,它随着木杈齿的弯曲贴着地皮向前推进,不易扎进土里,不会把泥土带进粮食里面。

操作木杈时两手握把,一前一后,翻动秸秆时上臂用力,用力方向往前,将秸秆轻轻前推后翻起。使用木杈垛草时,整个手臂用力,将秸秆挑起移至草垛。

图片来源
图一　雷启兴　拍摄
图二至图六　郑倩倩　制图

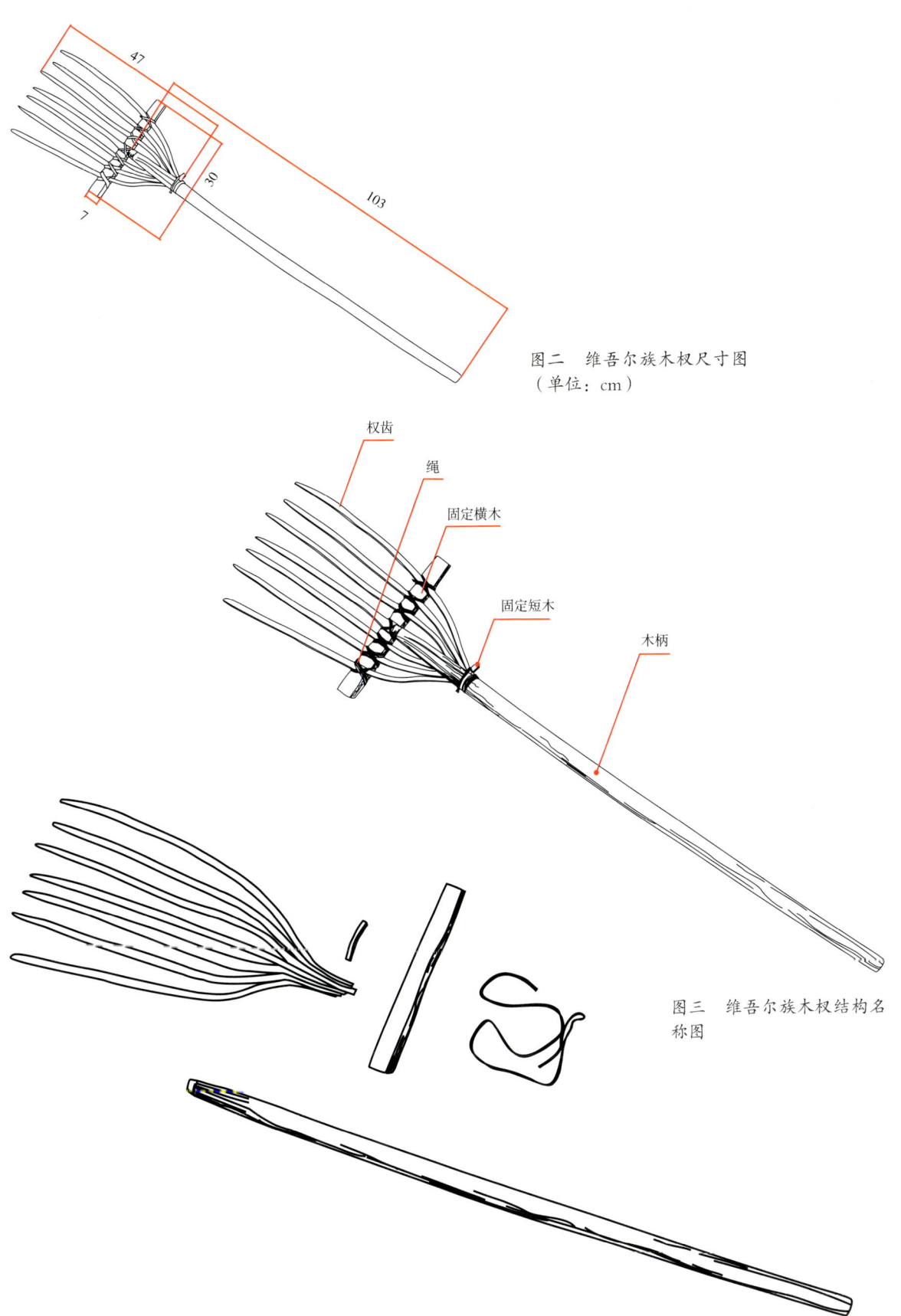

图二 维吾尔族木杈尺寸图
（单位：cm）

图三 维吾尔族木杈结构名称图

图四 维吾尔族木杈分解图

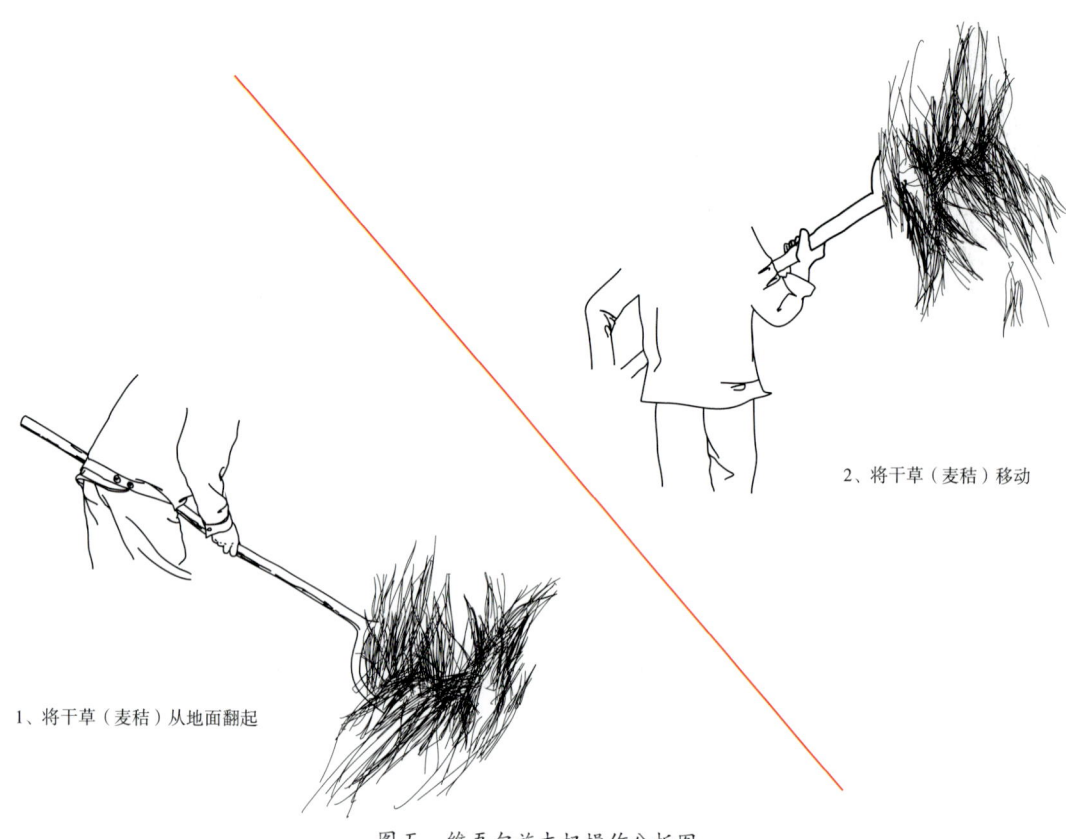

1、将干草（麦秸）从地面翻起

2、将干草（麦秸）移动

图五　维吾尔族木杈操作分析图

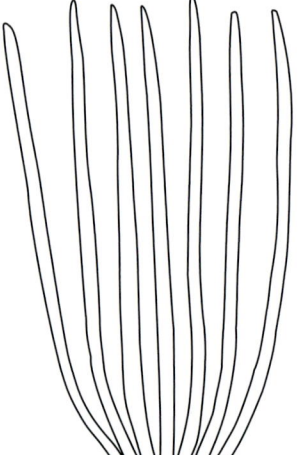

1、横木固定

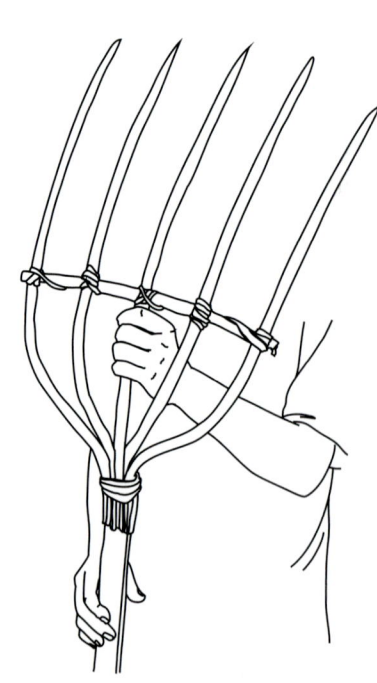

2、选取木材，压弯，杈齿成型

图六　维吾尔族木杈工艺分析图

北疆维吾尔族木犁

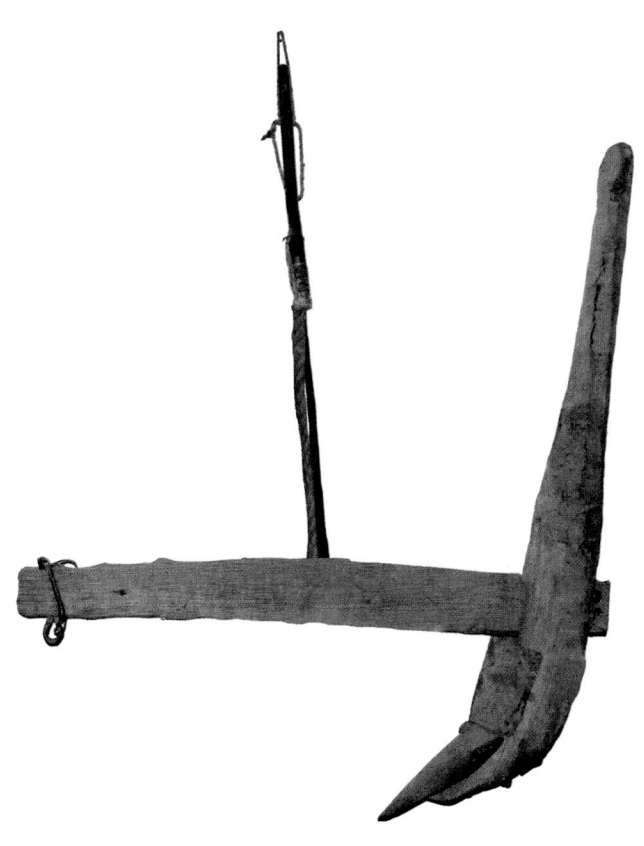

图一 北疆维吾尔族木犁主图

维吾尔族木犁是传统的耕作农具，主要用于翻耕土地。新疆地区气候干旱，土质松软，沙土居多，木犁犁深较浅，适用于维吾尔族地区的土质开垦。

传统木犁一般用畜力或人力牵引。木犁由一张犁铧、犁镜、犁柱、把手等多部件组成，木犁的下端有用来翻土的略呈三角形的铁器，称作犁铧。木犁后端竖起弯曲的木柄可以供人手扶，掌握方向。犁柱长约90~120厘米，宽约10~15厘米。木柄长约100~120厘米，靠近把手的宽度约8~10厘米，连接犁铧的宽度大约10~20厘米。犁铧长约20~25厘米，犁镜长约13~16厘米，犁铧顶端宽度与犁镜宽度相当，约10~15厘米。

犁铧主要是V形铁刃，俗称铁铧。犁铧体积小，轻便灵活，更可以调节深浅，大大提高了耕作效率。纯木质犁铧犁深为8厘米，铁铧木犁犁深为15厘米。犁铧主要起入土和切开土垡的作用，并和犁镜构成犁体工作面，用以碎土和翻土。犁柱前端有钢钉楔入，用以固定绳索，犁柱是主要受力体，牵引力主要施于其上。竖起的木柄上窄下宽，主要连接犁铧和犁柱。

木犁操作时需要较大的牵引力，一般由强壮的劳工或者畜力向前拉动。木犁竖起的木柄上面有把手，需要技术熟练的农民掌握，手扶把手，向下用力，主要控制犁铧入土壤的深度和前行方向。

图片来源

图一　雷启兴　拍摄

图二至图五　郑倩倩　制图

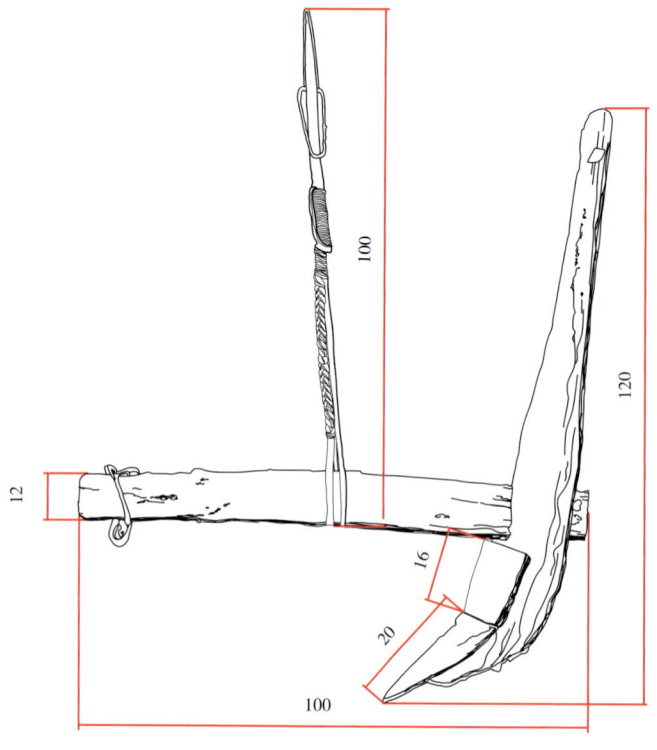

图二　北疆维吾尔族木犁尺寸图（单位：cm）

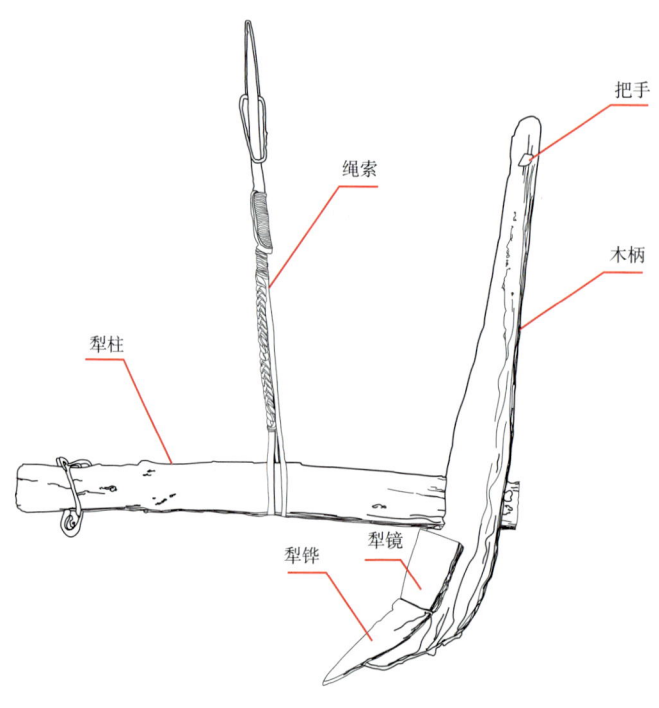

图三　北疆维吾尔族木犁结构名称图

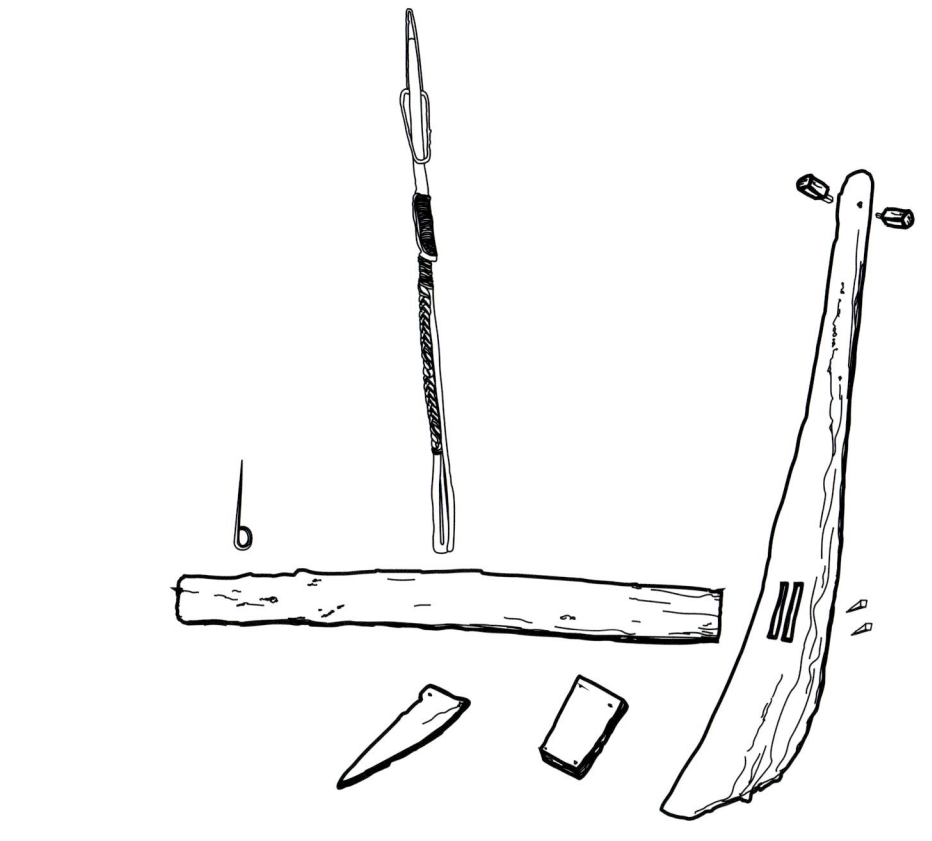

图四　北疆维吾尔族木犁分解图

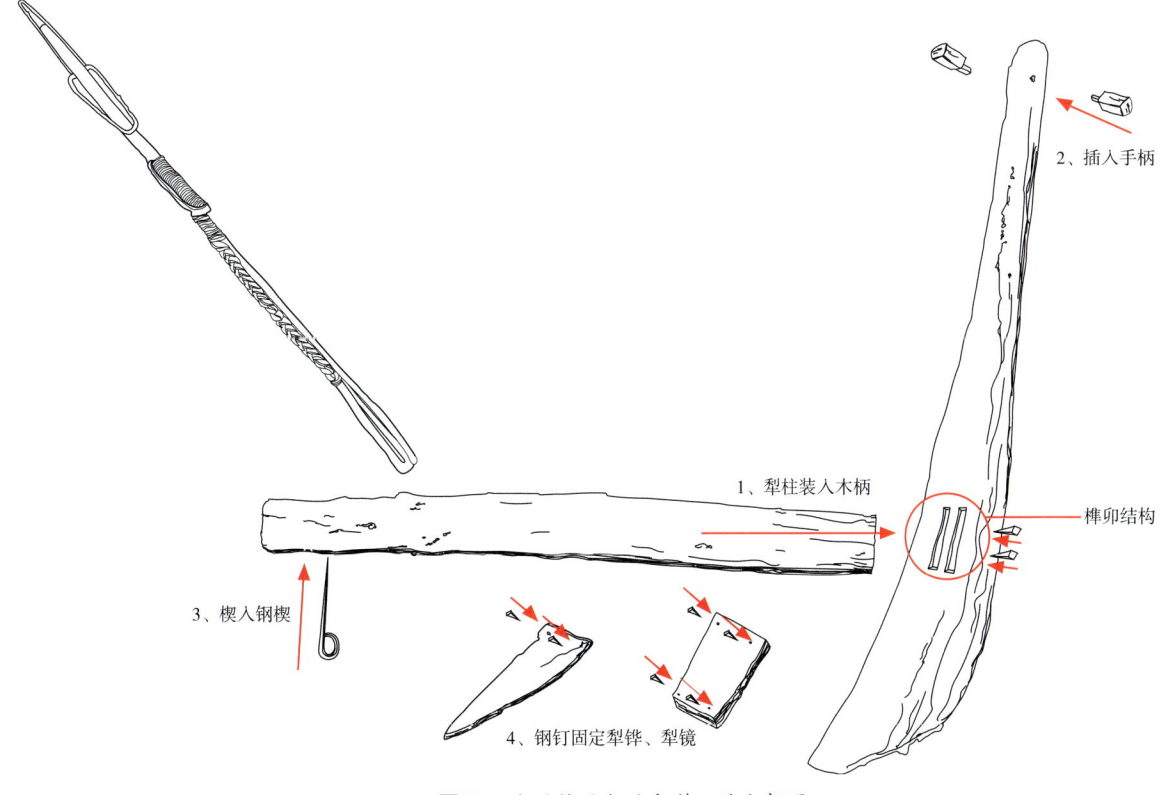

图五　北疆维吾尔族木犁工艺分析图

吐鲁番维吾尔族藤筐

图一　吐鲁番维吾尔族藤筐主图

维吾尔族藤筐的使用很普遍,几乎大街小巷,家家户户都有几个藤筐。维吾尔族藤筐编织精美,样式繁多,功能齐全。

根据使用功用不同,形状各式各样,有上、下底不同圆状,有上、下底同圆状,有长方形的,也有正方形但上、下底不同尺寸的,近乎倒梯形的。维吾尔族藤筐普遍的形状为元宝状,大部分前后两端高起。

藤筐一般由把手和筐体两部分组成,把手高约15~20厘米,总长约80~100厘米,弯曲成拱形安装在筐体上,用藤条固定。筐体,长约70~100厘米,宽约30~45厘米,深约25~30厘米。筐口,横长约70~100,宽约30~45厘米。筐底,长约40~45厘米,宽约17~20厘米。

藤筐大多用红柳条编制而成。红柳条俗名戍亥,是野生灌木,一般取其细条做藤筐,以紫红色、条直、径粗、性坚韧者为佳。柳条一般分剥皮条和不剥皮条两种。就剥皮条而言,又称白柳条,以色白、质地柔韧、干货、无疤痕、无枝杈，不霉烂，无黑斑者为佳，一般用来做藤筐的把手。筐体的柳条多采用不剥皮条。编织工艺有花格和密纹两种。筐底一般采用密纹，增强其牢固性。筐体大部分采用花格，保证其透风通畅以及美观。

藤筐多用于水果的盛装，葡萄园采摘葡萄时基本用藤筐来盛放剪下的葡萄。藤框内增加衬布后还可存放馕、馍馍等熟面食。藤筐有通风的特性，水果、食物不易腐烂。

图片来源

图一　雷启兴　拍摄

图二至图六　郑倩倩　制图

图七　宋士敬　摄影（fotoe网）

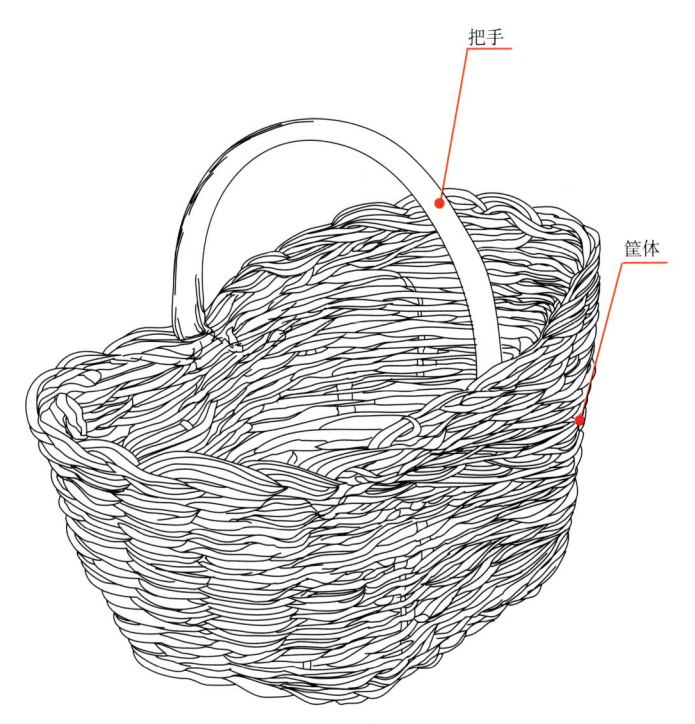

图二　吐鲁番维吾尔族藤筐结构名称图

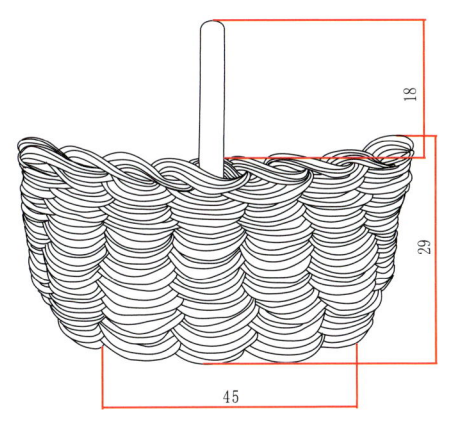

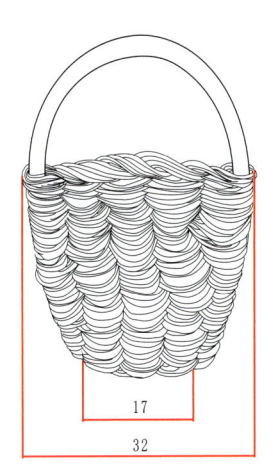

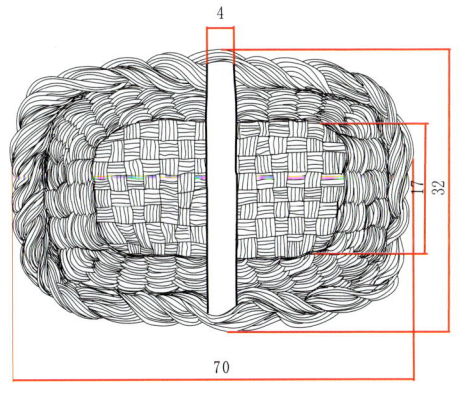

图三　吐鲁番维吾尔族藤筐尺寸图（单位：cm）

图四　吐鲁番维吾尔族藤筐分解图

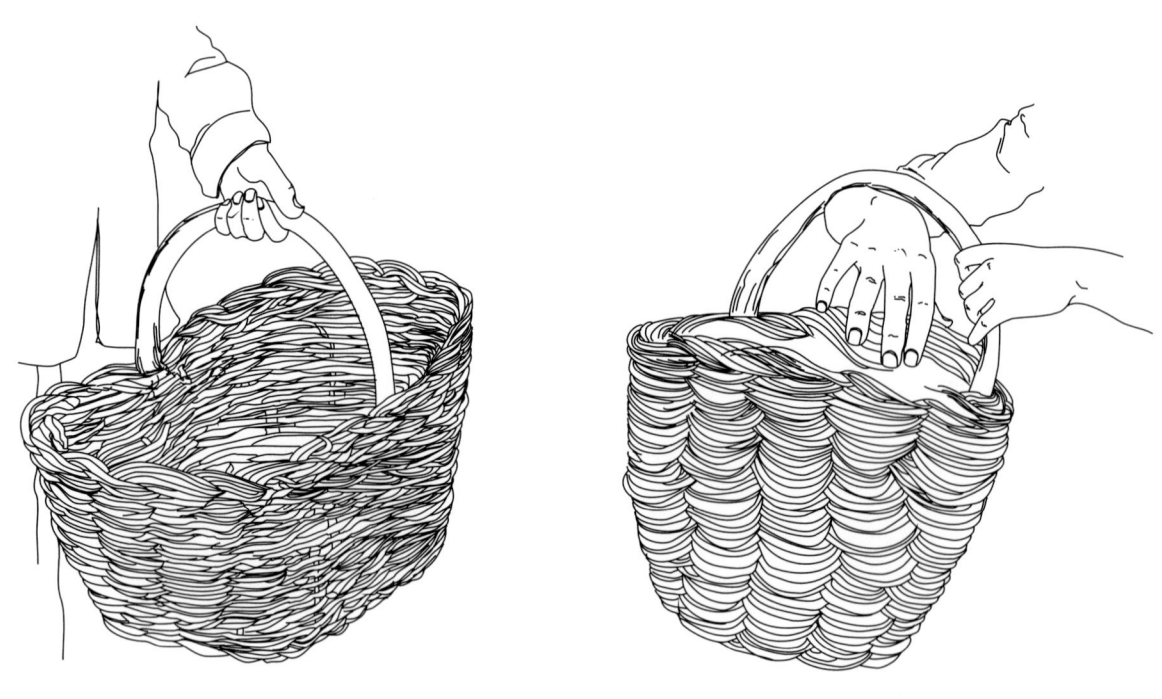

图五　吐鲁番维吾尔族藤筐操作分析图

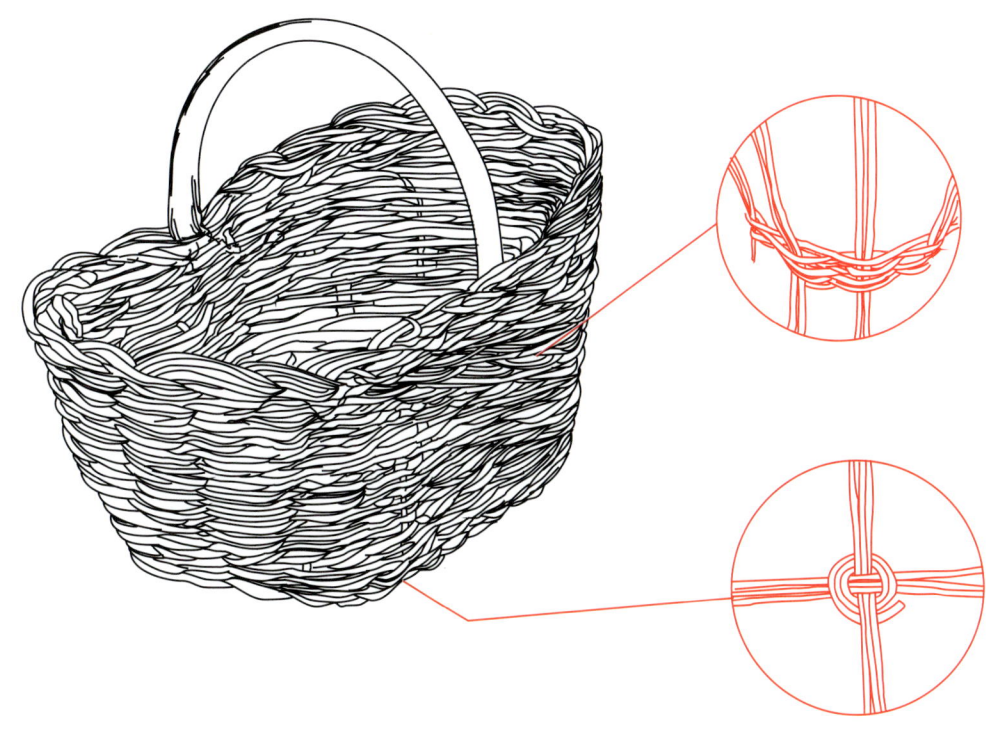

图六　吐鲁番维吾尔族藤筐工艺分析图

图七　吐鲁番地区维吾尔族藤筐使用情景图

吐鲁番维吾尔族量斗

图一　吐鲁番维吾尔族量斗主图

量斗是一种常见的量器，为旧时官府和农家常备之物，材料多为竹木。在农业生产中担当着重要角色，在钱粮交易中，多用作容量量器而非重量量器。作为一种旧量器，不仅是容量单位，也是计算多寡的量器。

量斗多为方形，形状大多上敞下收，由木匠选用上等的硬质、耐磨的木料做成，经久不坏。经测量，一升米重量约为三市斤。升、斗、斛、石，都是我国量器的传统名称和计量单位，大体10升为斗，5斗为斛，2斛为石。升以下还有合、勺、撮等等。

量斗由把手和斗身两部分组成。把手是一根横木，以榫卯结构固定在斗身上，长大约15~20厘米。斗身由木料拼接而成，有的会刷一层漆，包上铜脚，避免磨损。有的斗身还会刻上工工整整的宋体字，说明是那个官府衙门。斗口边长约20厘米，厚度约1.5厘米，斗深约15厘米，斗底边长约14厘米。斗本为西汉量器的单位，后来出现量器，就以斗命名。斗的主要功用是测量粮食多少，征收赋税、漕粮，古代交赋税时常用。

斗本来只有地主、富农、商人家才有，普通百姓家很迟才用上这种量具。一些商人，认为量斗是财源广进的象征，做生意求个"彩头"，"斗出斗入"，喻日进万金。现在维吾尔族家庭已经很难找到量斗，量斗日益走进收藏家的视野，成为热门收藏品。

图片来源
图一　雷启兴　制图
图二至图四　郑倩倩　制图

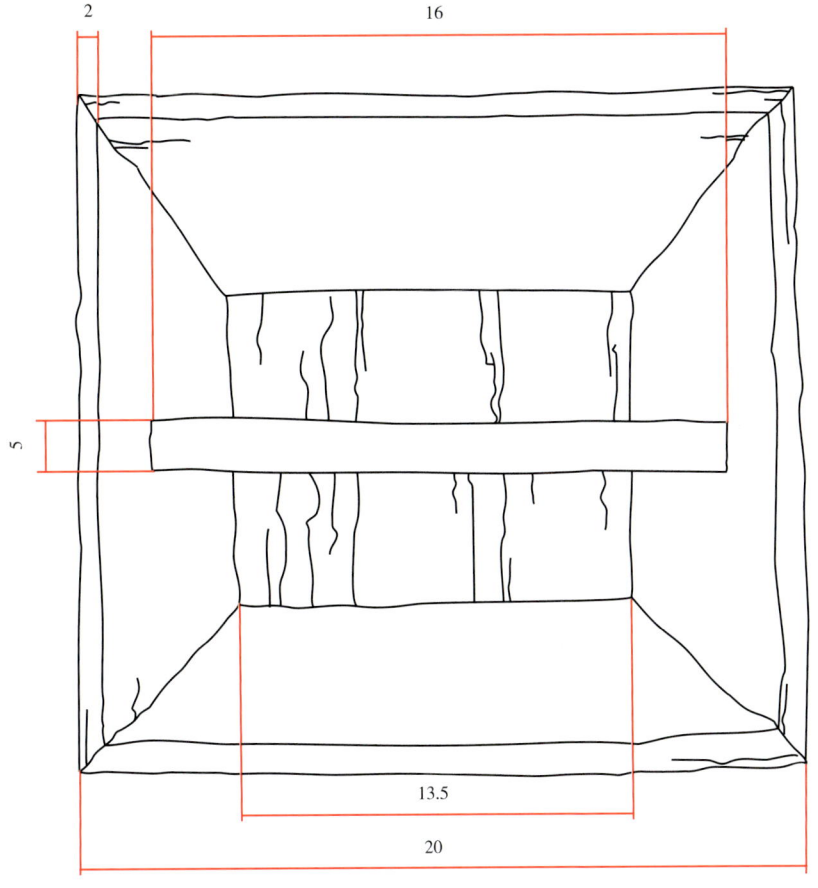

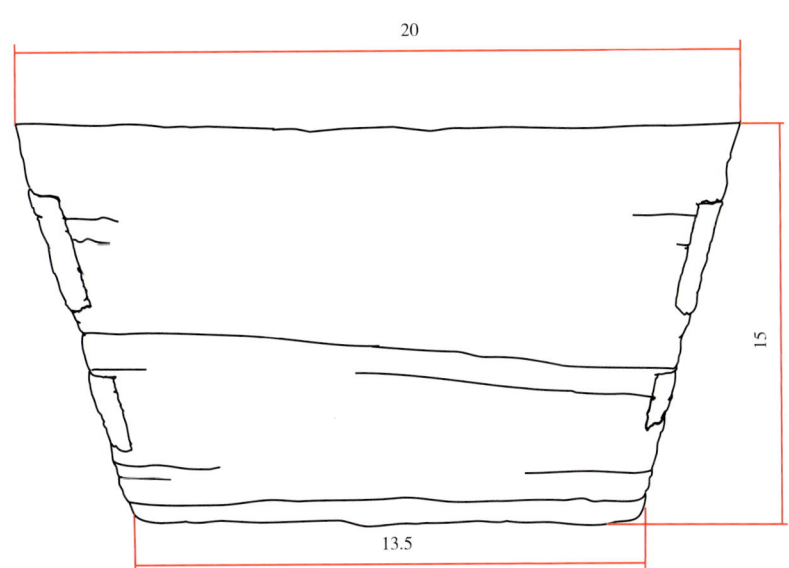

图二　吐鲁番维吾尔族量斗尺寸图（单位：cm）

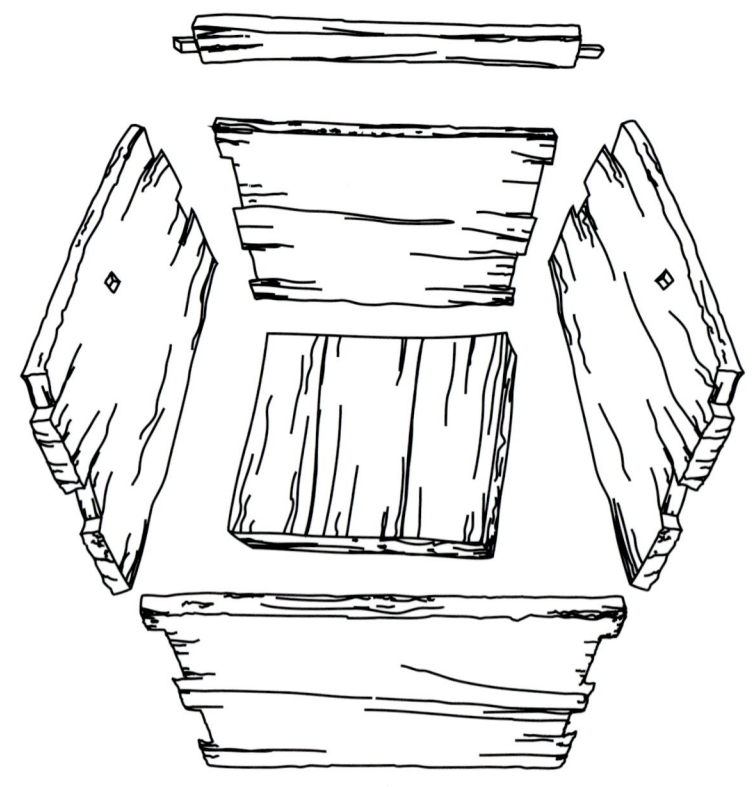

图三 吐鲁番维吾尔族量斗分解图

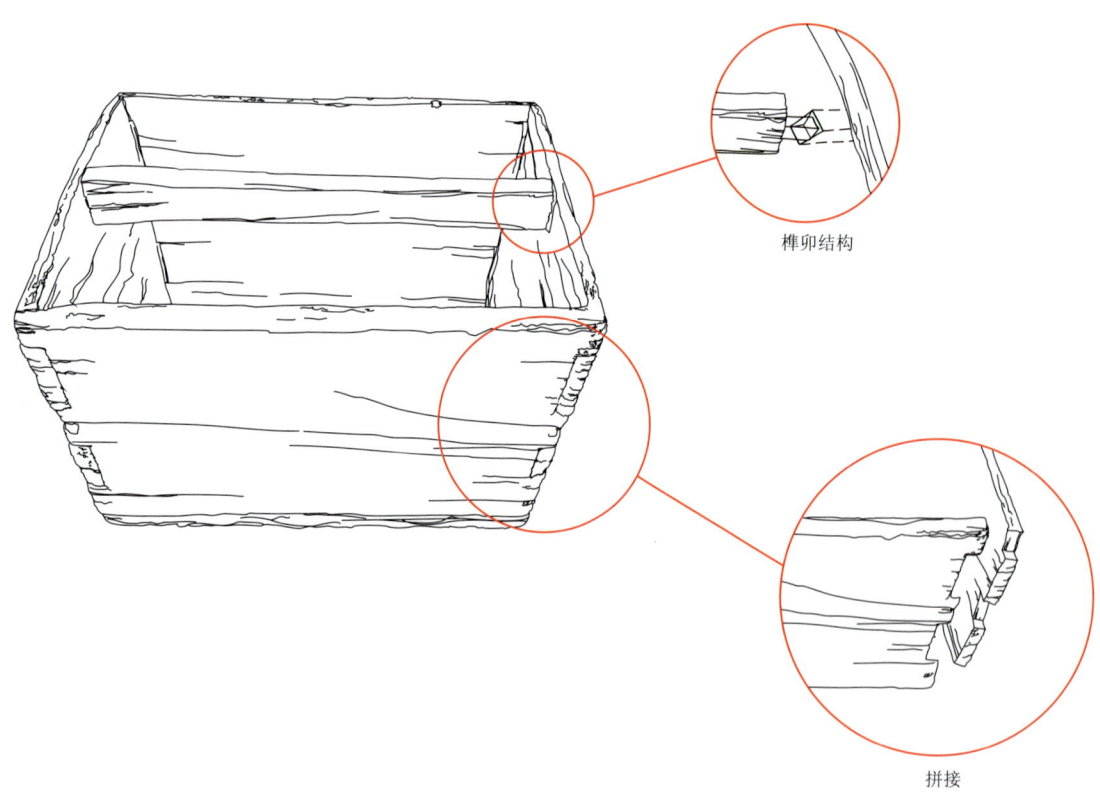

榫卯结构

拼接

图四 吐鲁番维吾尔族量斗工艺分析图

维吾尔族木锨

图一 维吾尔族木锨主图

木锨，木质农具，形如大铁铲，木锨是扬场风净粮食的专用工具。

木锨由锨头和木柄组成，锨头长约20~35厘米，宽约15~20厘米，厚度约1.5厘米。木柄较长，根据人的使用习惯不同，长短不一，大概120~140厘米。木锨头是木锨的主要部件，多选用柳木，木锨头四面整齐，无疤疖、无裂缝。木锨锨板分独木锨板和胶合锨板两种。因独木锨板需大径木材，原料困难，故用五六层胶合板为多。锨头截面呈圆形或圆角方形，近锨头处渐宽，锨头为厚板状，刃部系两面锉磨加工，不锐，略呈弧形。木柄大多为椴杨木，机制镟成。木柄和锨头的连接一般用木钉或者钢钉固定。

脱粒后，谷粒中混有许多谷壳、茎叶碎片和尘屑等杂物。要除净这些杂物，一种办法是用筛、箕等簸动，把谷粒和杂物分开。另一种办法是用形如簸箕的飓篮，或用木锨把谷物迎风扬起，"向风而掷之"，借自然风力把杂物吹去，一般在侧风向采用扬撒方式，使灰尘、碎叶等杂物随风飞走。

扬场时需木锨和扫帚配合使用。操作木锨时，两腿分开站稳，双臂用力，前臂将粮食谷物掀起并用力抛向空中，使谷物散开，自然风将分量较轻的杂质吹散开来。然后用扫帚将杂质清扫干净，使谷物粮食和杂质分开。

图片来源
图一　雷启兴　摄影
图二至图七　郑倩倩　制图

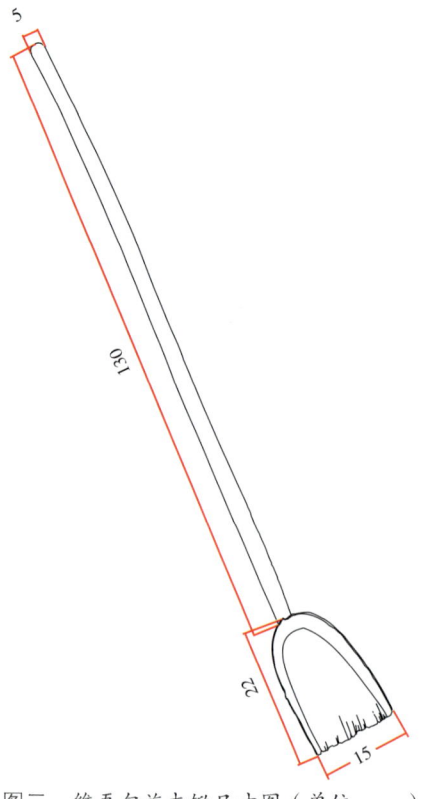

图二　维吾尔族木锨尺寸图（单位：cm）

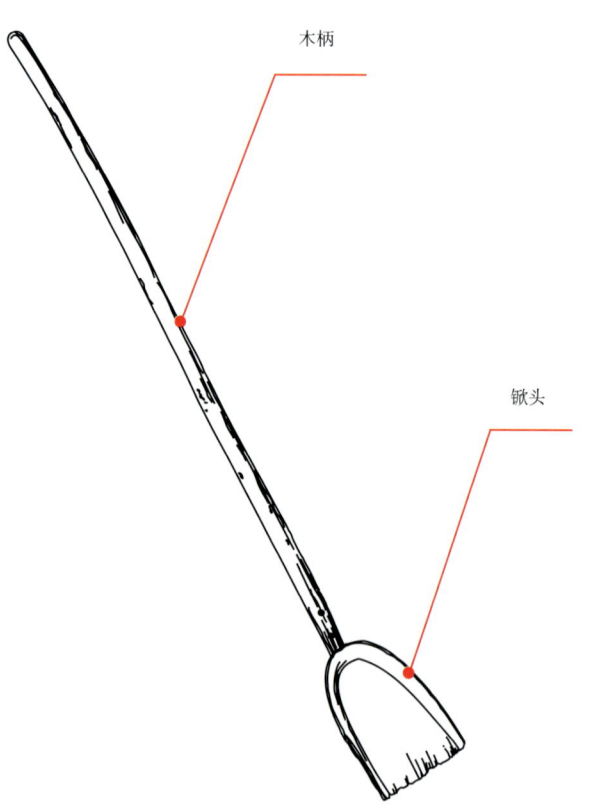

图三　维吾尔族木锨结构图

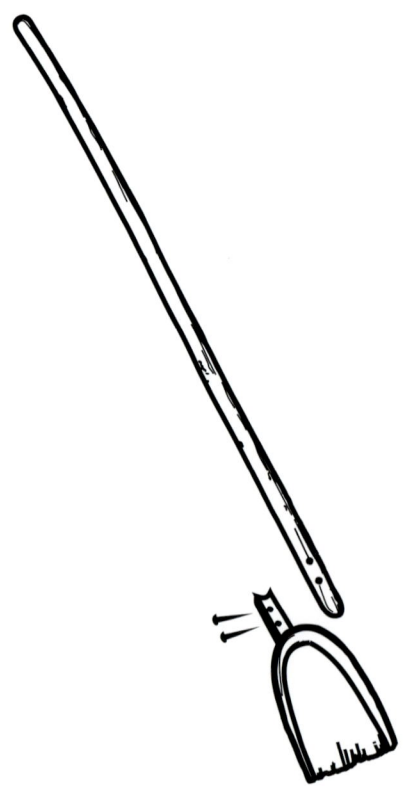

图四　维吾尔族木锨分解图

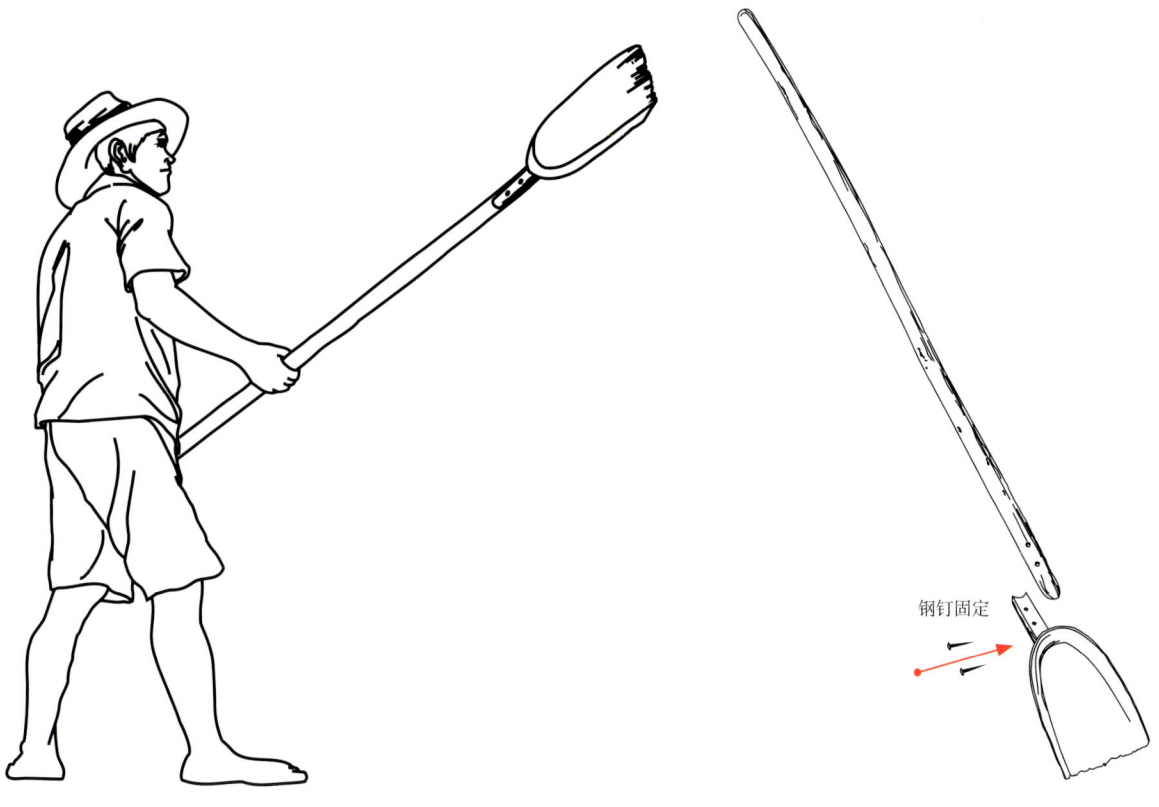

图五　维吾尔族木锨操作分析图　　　　　图六　维吾尔族木锨工艺分析图

钢钉固定

图七　维吾尔族木锨使用情景图

第五章　维吾尔族传统生产工具

365

维吾尔族弓箭

图一　维吾尔族弓箭主图

维吾尔族是一个勇敢勤劳的民族，他们祖辈用自己的双手创造了独具特色的物质文明，传统的维吾尔族生产方式为打猎和畜牧业，他们用自己的智慧，结合当地材料创造了丰富的生产工具，弓箭是最为传统的工具之一。

弓箭一般用于抵御猛兽和打猎。弓箭主要由两部分组成，弓由弹性的弓臂和有韧性的弓弦构成，箭包括箭头、箭杆和箭羽。箭头为铜或铁制，杆为竹或木质，羽为雕或鹰的羽毛。维吾尔族地区的弓长度大约在 140 厘米~150 厘米左右，箭的长度大概 80 厘米~90 厘米之间。

维吾尔人的弓箭文化具有悠久的历史，从考古出土文物来看，维吾尔人的祖先在旧石器时代的后期就发明和使用弓箭。由于时代迁移，新疆地区的狩猎弓的形制多种并存。每种类型的不同主要区别于它的几何形状和弰部的加工特性。

回鹘弓是维吾尔族最传统的狩猎弓形。回鹘弓是一种典型的反曲复合弓，反曲复合弓采用复合材料粘合而成，未上弦时弓体向前弯折，顾称反曲复合弓。这种弓以层压的竹、木为胎，弓背贴角片增加，弓面刷贴筋丝，表面再粘桦树皮防潮，粘合剂用鱼鳔特制而成。反曲复合弓利用弓胎两侧贴和的筋角材料和它反曲的形状增强弓体弹性。回鹘弓的特征是长型硬弰，弰的角度更锐，弓弰向前倾以达到更大的反曲弧度。为了避免翻弓，在弓弰与弓臂之间附加了一个"V"型弦槽，回鹘弓未上弦状态的反曲程度较小，主要靠长弰和较大的反曲度增强弓体弹性，弓弝前突。

图片来源
图一　雷启兴　摄影
图二至图六　郑倩倩　制图

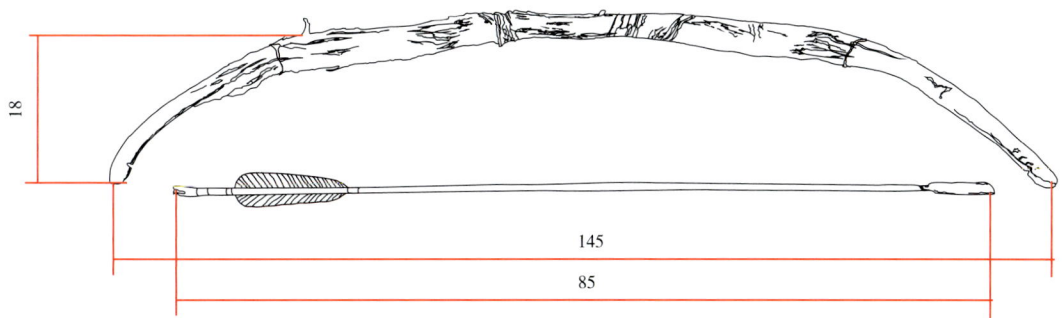

图二　维吾尔族弓箭尺寸图（单位：cm）

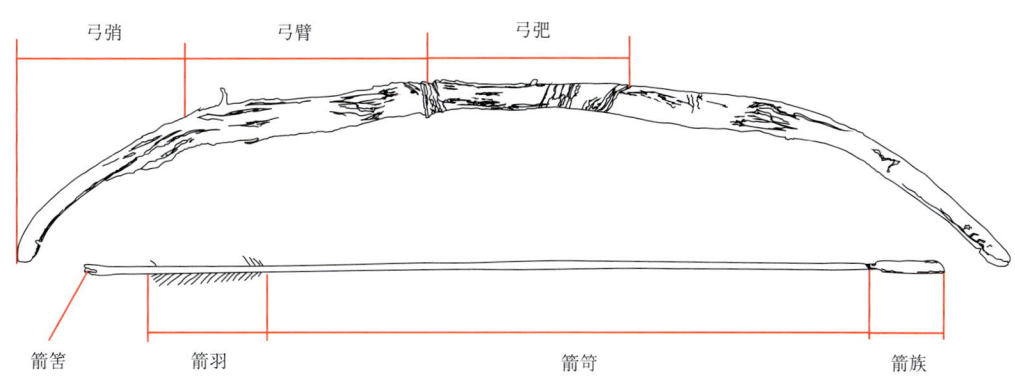

图三　维吾尔族弓箭结构名称图

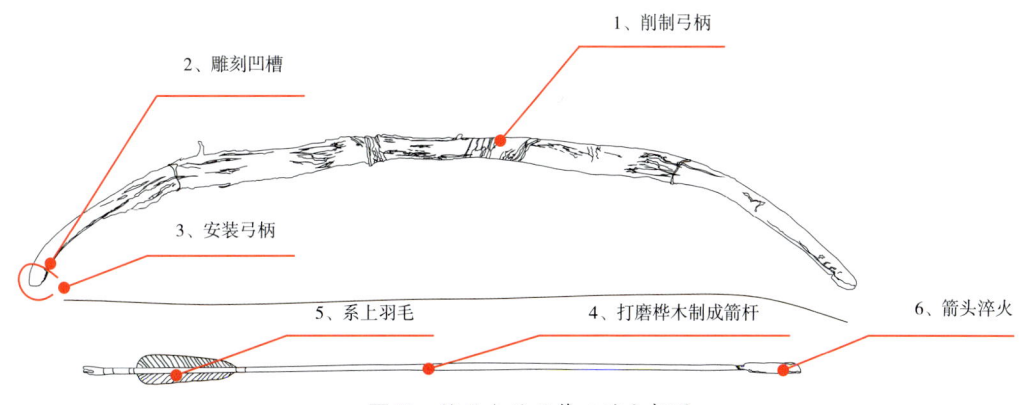

图四　维吾尔族弓箭工艺分析图

开弓的手在拉弦时形成"凤眼"状。拇指佩戴扳指,防止弓弦伤害。

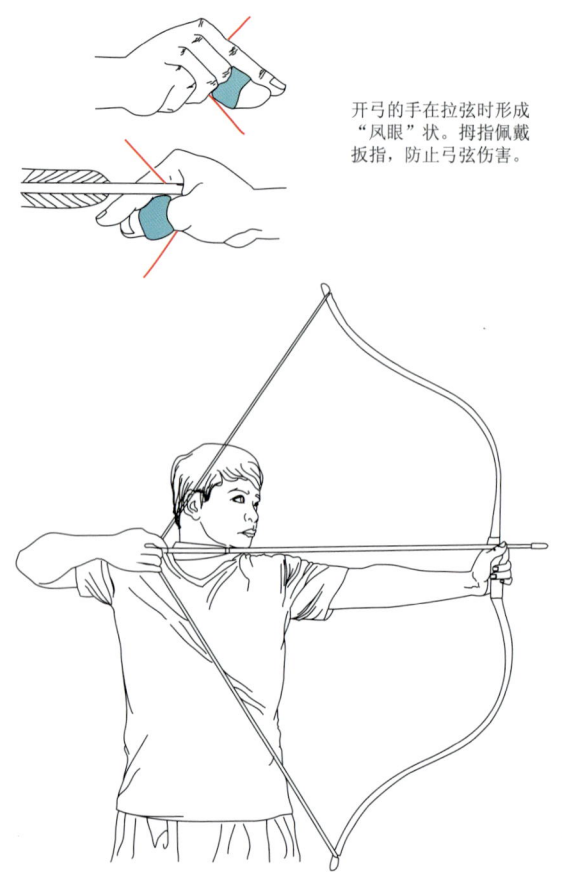

图五 维吾尔族弓箭操作分析图

图六 维吾尔族弓箭使用情景图

吐鲁番维吾尔族筛子

图一　吐鲁番维吾尔族筛子

维吾尔族农业生产非常发达，主要种植小麦、玉米、高粱、水稻等谷物，所以筛子在农业生产中的使用非常普遍。筛子是一种用竹片编制的生活用具，圆形，有漏孔，主要功能是使小颗粒通过孔掉出去。一般用作筛谷物，也可用于过滤调料中的杂质，制作桑皮纸时过滤纸原浆等。

维吾尔族的筛子相比于其它地区的筛子尺寸偏小，直径大约40-50厘米，高度约10厘米。筛子边缘一般用白杨木制成，白杨木光滑又有韧度，适合用作筛子的手柄。制作时先把白杨木削成木片，然后按照相应的尺寸弯曲成圈状，再用粗铁丝固定，最后在边缘钻孔，以便连接过滤面。过滤面根据用处不同，所选材料也不尽相同。有的是用竹片编织，使用上下叠压编织法编成，中间留有细密的小孔。筛子边缘和过滤面由铁丝固定，为了防止谷物洒落，还会在连接的地方用布条再进行加固，这种竹编的筛子大多用于筛大颗粒的谷物粮食等。有的筛子的过滤面是用粗麻绳或者油绳编织而成的，同样使用上下叠压的编制方法，绳的终端打死结直接固定在筛子边缘，多用于过滤颗粒小的谷物或者调料。

使用筛子时，先把少量谷物放在筛子里，然后双臂左右晃动，谷物中的杂质就会随着晃动从小孔中露出。为了避免谷物溅出，摇晃角度不能太大，需用力均匀，使谷物随筛子轻微晃动即可。

图片来源
图一　雷启兴　摄影
图二至图六　郑倩倩　制图
图七　陈明佳　摄影（fotoe网）

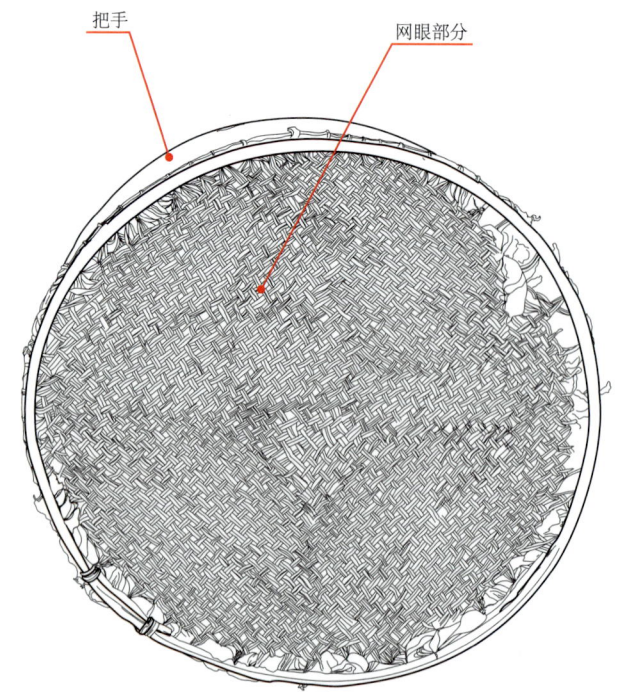

图二　吐鲁番维吾尔族筛子结构名称图

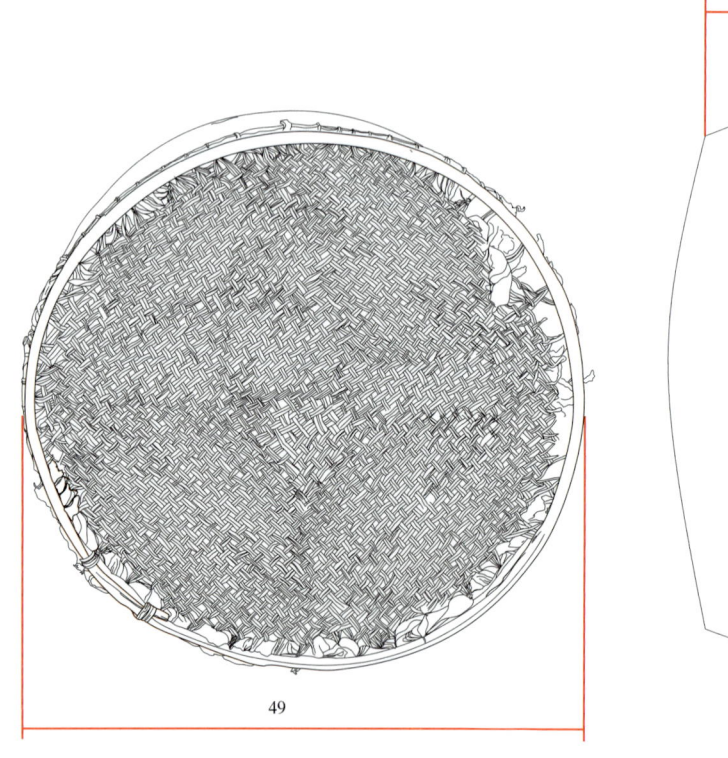
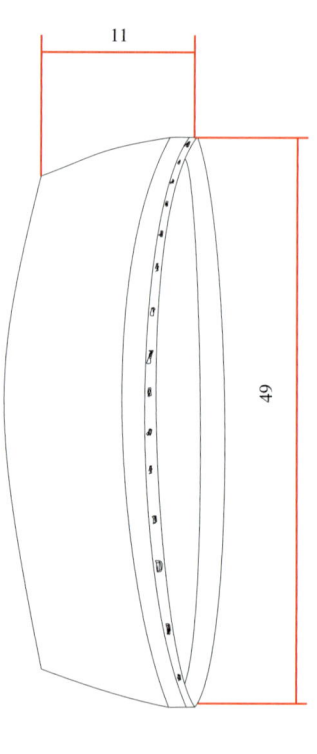

图三　吐鲁番维吾尔族筛子尺寸图（单位：cm）

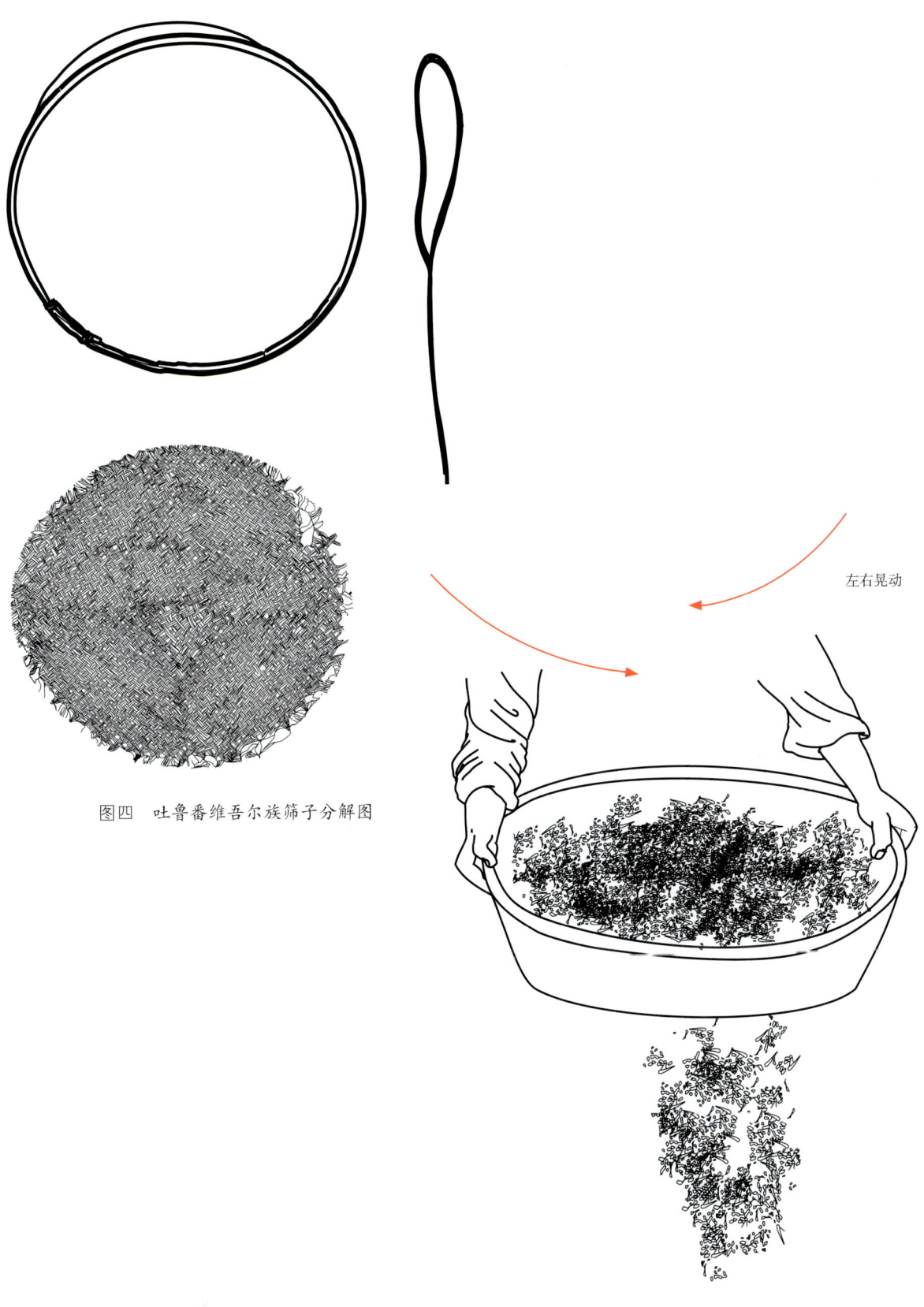

图四 吐鲁番维吾尔族筛子分解图

左右晃动

图五 吐鲁番维吾尔族筛子操作分析图

第五章 维吾尔族传统生产工具

麻绳、铁丝固定

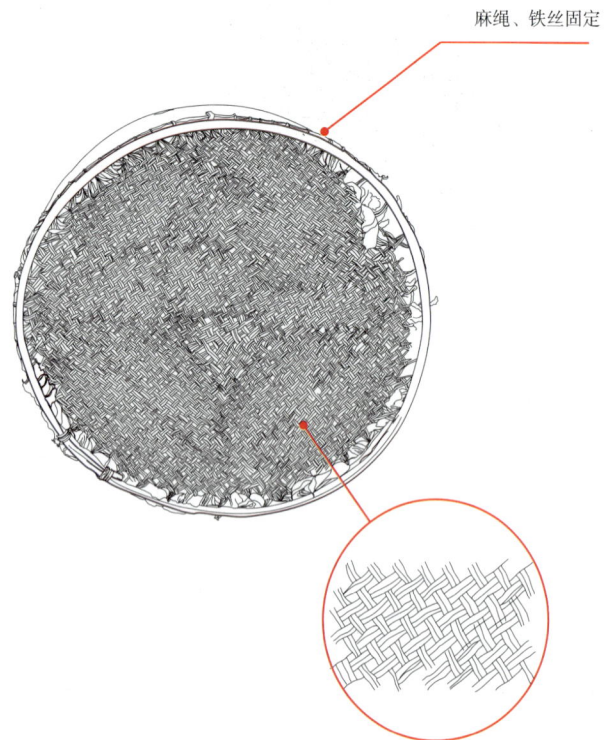

图六　吐鲁番维吾尔族筛子工艺分析图

图七　吐鲁番维吾尔族筛子使用情景图

哈密维吾尔族石磨

图一　哈密维吾尔族石磨主图

维吾尔族农业历史发达，在距今2200年~2800年，新疆地区的农业范围开始不断扩大，在新疆喀什、哈密等地，已经开始出现使用石磨等工具来加工粮食。

石磨是用人力或畜力把粮食去皮或研磨成粉末的石制工具。维吾尔族地区使用的石磨主要分为手磨和水磨。案例中的石磨应该叫做手磨，维吾尔语称"牙各恰克"，是普通农民家庭用以加工少量玉米或小麦的工具。

石磨由直径50厘米、厚10厘米的两片石板相合而成，磨齿粗糙。一人手摇，每小时加工面粉2.5千克左右。石磨一般是架在石头或土坯等搭成的台子上，接面粉用的石磨盘上摞着磨的下扇（不动盘）和上扇（转动盘）。两扇磨的接触面上都錾有排列整齐的磨齿，粮食从上方的孔进入两层中间，沿着纹理向外运移，在滚动过两层面时被磨碎，形成粉末。上扇有两个磨眼，供漏下粮食用。两扇磨之间有磨脐了，以防止上扇在转动时从下扇上掉下来。

制作石磨最重要的工序是打制磨盘，石料一般选用花岗岩，花岗岩硬度高、耐磨损、不易风化，是最好的磨盘原料。维吾尔族的石磨一般是工匠手工打制的，选取形状适合的石料之后，敲打出磨盘的外形和磨盘里面的錾，最后再将两页磨盘组装在一起，安装把手之后，放在支撑的台子上就可以使用了。

图片来源
图一　雷启兴　摄影
图二至图六　郑倩倩　制图

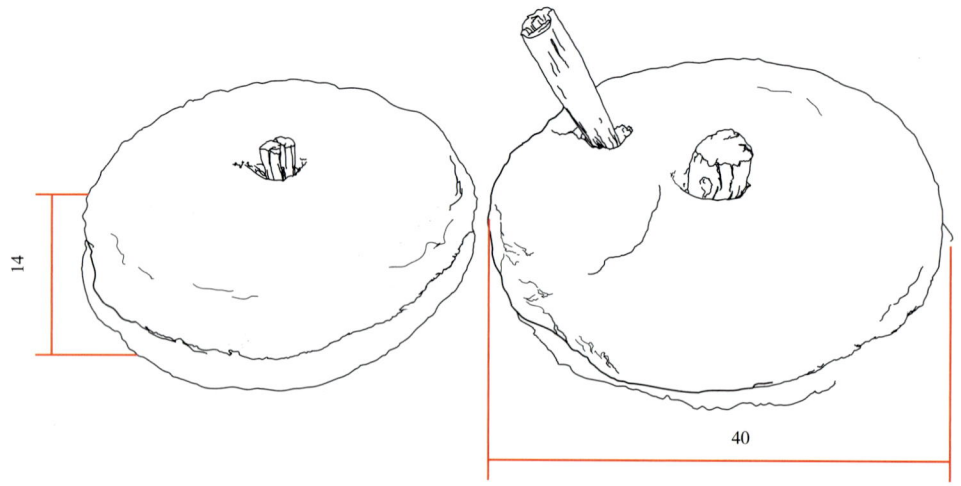

图二 哈密维吾尔族石磨尺寸图（单位：cm）

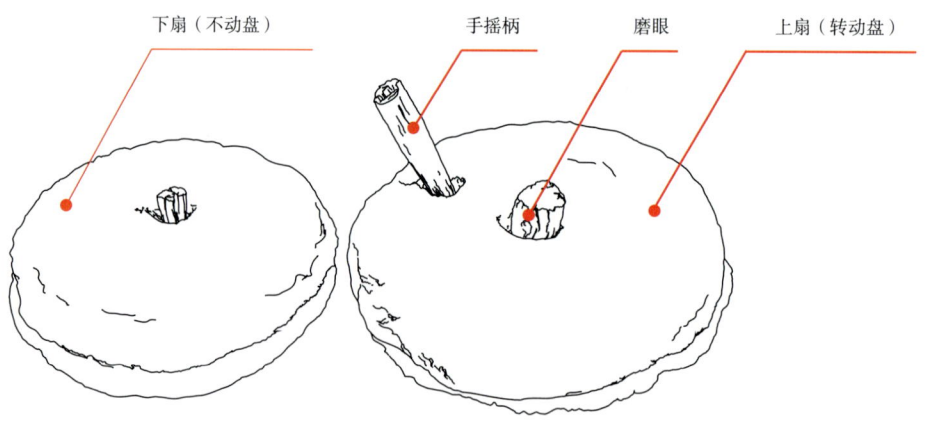

图三 哈密维吾尔族石磨结构名称图

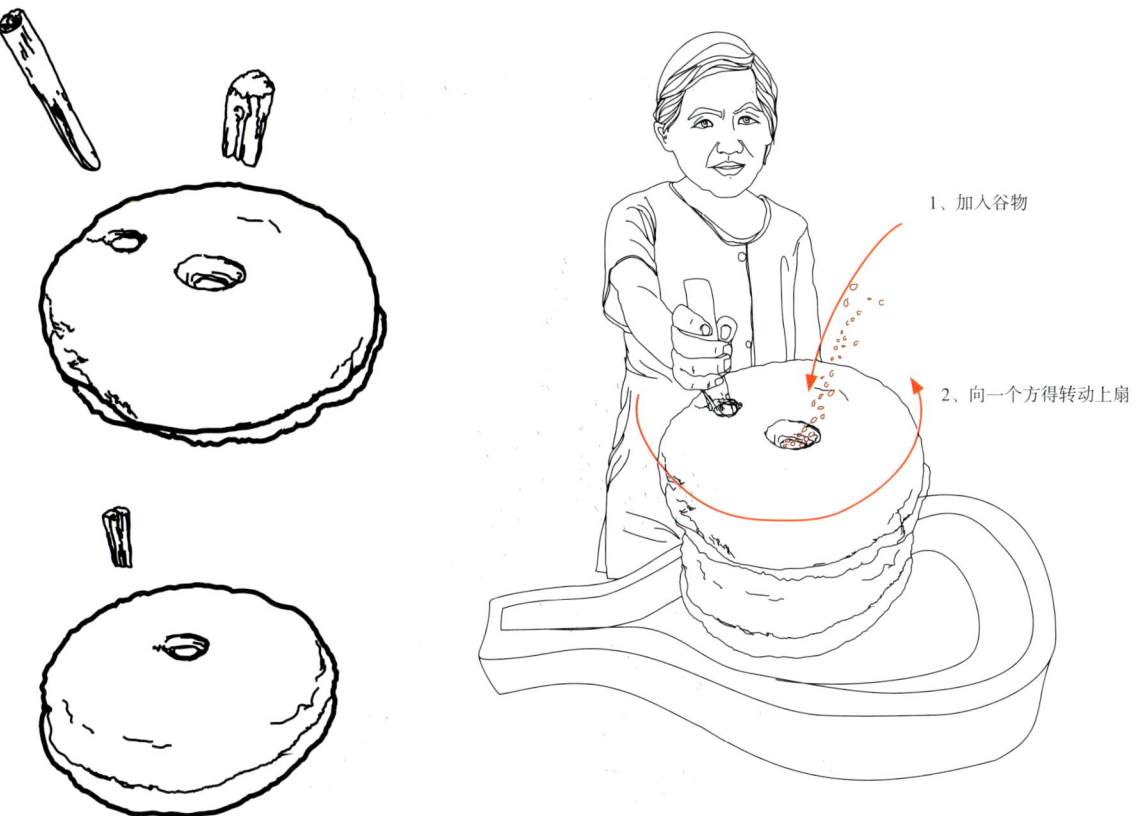

图五 哈密维吾尔族石磨操作分析图

1、加入谷物
2、向一个方得转动上扇

图四 哈密维吾尔族石磨分解图

图六 哈密维吾尔族石磨使用情景图

第五章 维吾尔族传统生产工具

吐鲁番维吾尔族辘轳

图一 吐鲁番维吾尔族辘轳主图

坎儿井是荒漠地区的特殊灌溉系统,在新疆吐鲁番地区非常普遍。新疆吐鲁番是中国极端干旱地区之一,年降水量只有16毫米,而蒸发量可达到3000毫米,可称得上是中国的"干极"。但坎儿井是在地下暗渠输水,不受季节、风沙影响,蒸发量小,流量稳定,可以常年自流灌溉。

辘轳是在坎儿井上提取井水的起重装置,在维吾尔族地区的使用非常广泛,几乎每个井口都要竖着辘轳。辘轳一般有三个支撑的支架,支架根据实际井口的大小尺寸不一,高度一般在80厘米左右。三个脚(支点)构成一个平面,使整个辘轳平稳的地立在井口。三角形的设计,同时为了方便取水的操作空出了最大活动空间。辘轳有脚也有头,名称叫做辘轳头,是一块圆硬木,长度约为40厘米,直径20厘米左右,中有轴孔。辘轳头穿在木轴上,上面绕上绳索,绳头系着水斗。辘轳头上固定一个摇把，一般用杨柳木制成，摇把是歪的，成一定的角度，方便取水者用力。水斗一般为白柳条编成，白柳木的特性是遇水膨胀，有韧性，耐磨，耐磕碰。水斗的把手与绳连接，接在辘轳头上。

辘轳作为古代一种起重机械，广泛地应用于农业井中汲水灌田、工业凿井、汲卤，其应用对人们生活、生产产生了深远影响。从器具设计角度看，其形制、结构、工艺、设计思路及其设计原理，对现代设计有启迪和借鉴作用。

图片来源

图一　雷启兴　摄影
图二至图六　郑倩倩　制图

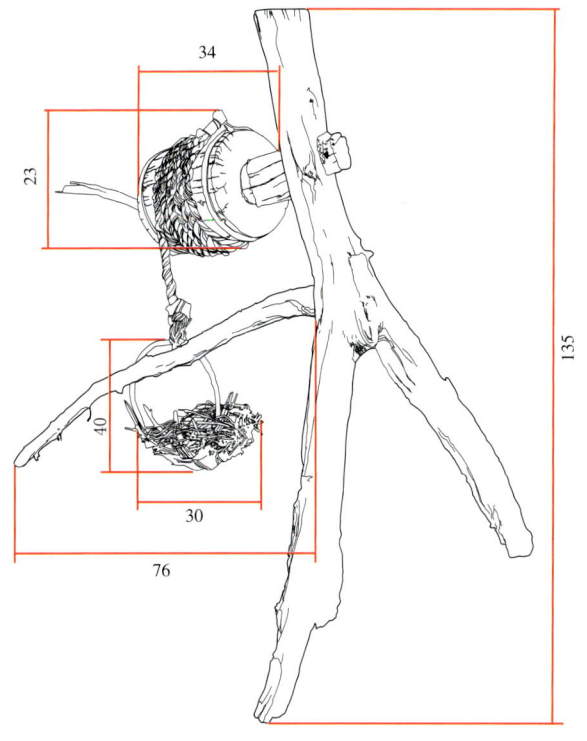

图二　吐鲁番维吾尔族辘轳尺寸图（单位：cm）

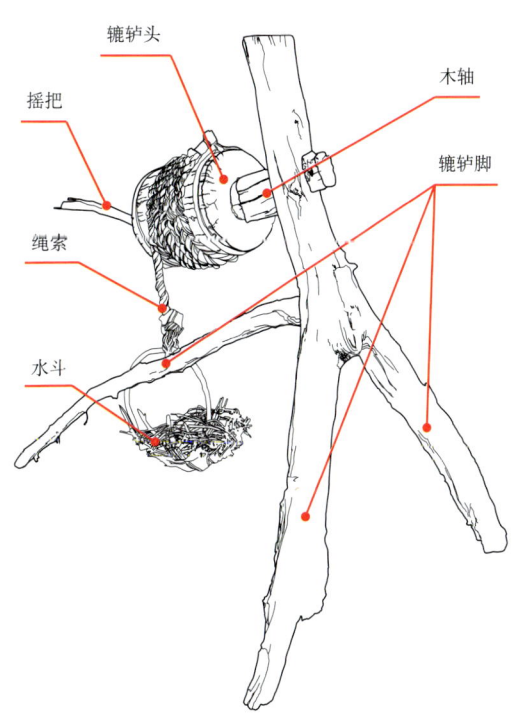

图三　吐鲁番维吾尔族辘轳结构名称图

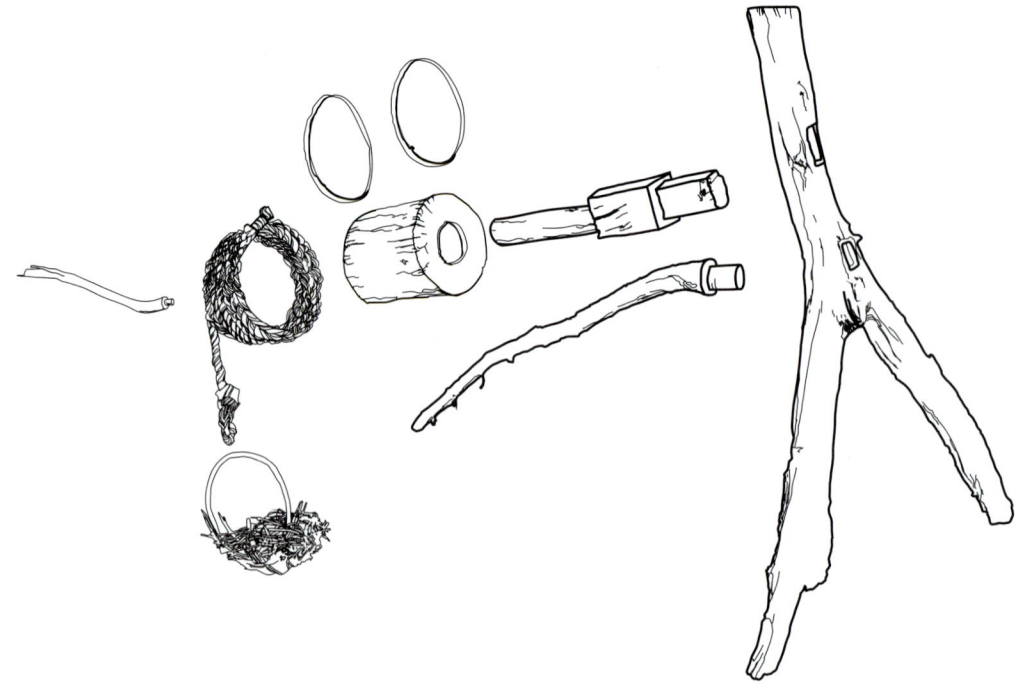

图四　吐鲁番维吾尔族辘轳分解图

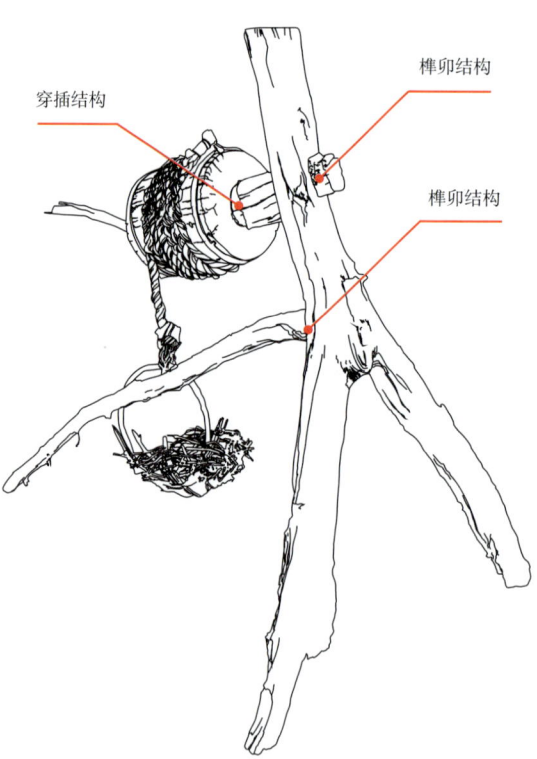

图五　吐鲁番维吾尔族辘轳工艺分析图

图六 吐鲁番维吾尔族辘轳使用情景图

第五章 维吾尔族传统生产工具

379

维吾尔族镢

图一　维吾尔族镢主图

镢是非常古老的农具，青铜镢在商代早期就开始出现了。近年考古，出土了不少战国和秦汉时的铁镢，铁镢厚重坚实，很适于刨地翻土之用。

镢是维吾尔族地区坎儿井的挖掘过程中最普遍的刨土工具，也是垦荒和深翻土地最得力的工具，在牛耕尚未普及的地方，它更能大显身手，特别受到农民的欢迎。镢分为大镢和小镢，大镢手柄较长，一般用于翻土。本案例属于小镢，多用于挖井、刨土。

小镢的结构比较简单，由镢头和手柄两部分组成。镢头为铁质，由铁匠敲打而成，形状类似羊角，一头方，一头尖。镢头的大小根据使用功能而不同。使用小镢刨土时需握在手里，操作方便，重量不能太重。一般小型的手拿镢，镢头约30厘米左右，厚度大概5厘米左右。最大的镢头长度也不超过50厘米，厚度大概8厘米。镢头方形的一端开有方形或圆形的孔，方便连接手柄。组装时镢头与手柄成直角，在连接处将木质的手柄装入镢头的孔中。为了使镢头连接更加牢固，可用钢钉固定。

小镢多用于挖井，将多余的泥土运出地面。镢不同于其他的刨土工具，使用镢时，人不能站立，只能蹲着，在操作时手握手柄，镢头嵌入泥土，手臂向上、向后用力。将泥土刨开、翻松，装入篮筐。

图片来源
图一　雷启兴　摄影
图二、图三　郑倩倩　制图

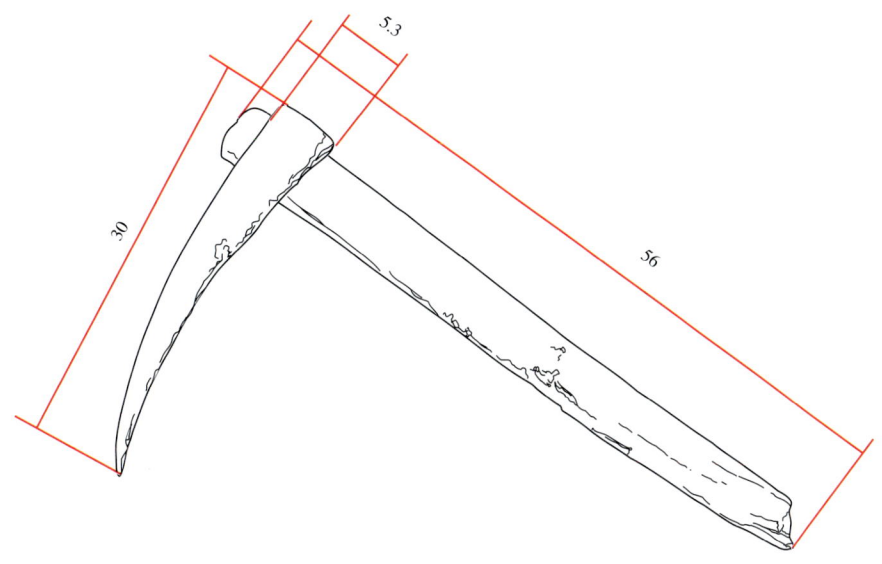

图二　维吾尔族镢尺寸图（单位：cm）

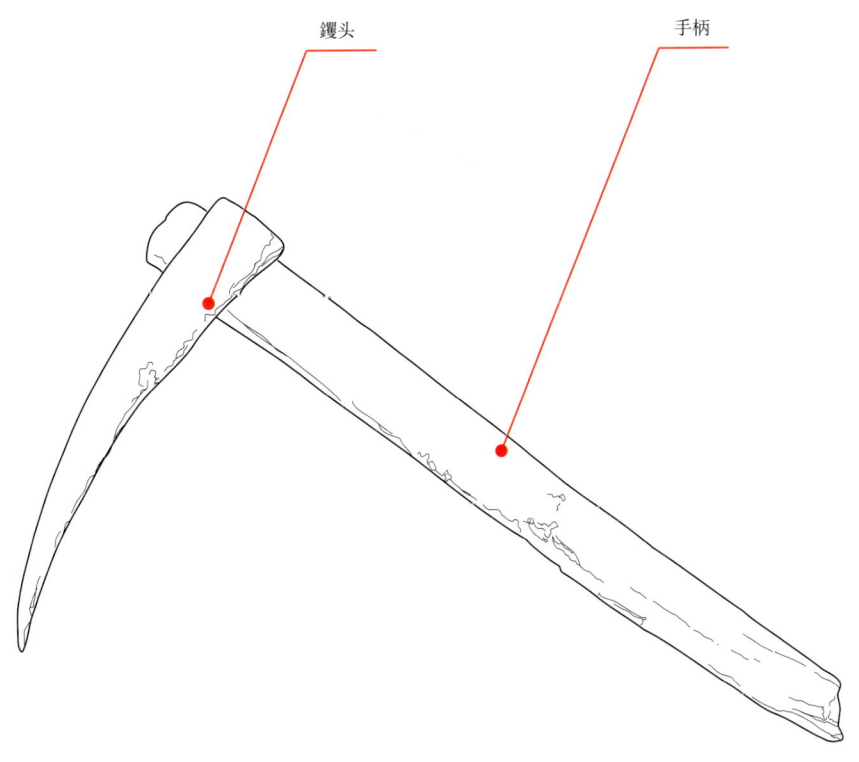

图三　维吾尔族镢结构名称图

维吾尔族铡刀

图一　维吾尔族铡刀主图

新疆作为全国畜牧业生产基地和五大牧区之一，畜牧业是农业生产的重要组成部分。新疆畜牧业主要是以牛、羊养殖业为主。过冬之前，维吾尔族农牧民农忙之余，会积极抢收各种杂草储备饲草料为牛羊储存充足的过冬口粮，确保饲养的牛羊安全越冬。相应的草料加工工具对于畜牧业来说非常重要，铡刀就是一种最常见的切割饲草工具。

铡刀一般为铁制，形似大菜刀，大约90厘米到100厘米，有锋利的刀刃。铡刀头部开洞，连接在横硬木上。铡刀底部安装木柄把手，用来上下移动刀片。铡刀底下由横向的硬木支撑，硬木长度在120厘米到140厘米之间，粗约20厘米。横木中间开缝，木缝的周围用铆钉固定上铁皮，以保护木材的完整性。缝的顶端有横轴，横轴的材料是钢钉或者短钢柱。横轴用来安装铡刀，可使刀片自由转动。硬木底下一般用木质的支架支撑，使铡刀与地面有一定的距离，高度方便操作。

用铡刀工作时，需要两人配合，一人送草，一人握刀柄下铡。送草时需将干草放在横木上，握刀人往下用力，将干草一切两半。铡刀是很危险的工具，使用时特别需要两者配合默契，速度和力度都要适宜。

图片来源
图一　雷启兴　摄影
图二至图六　郑倩倩　制图

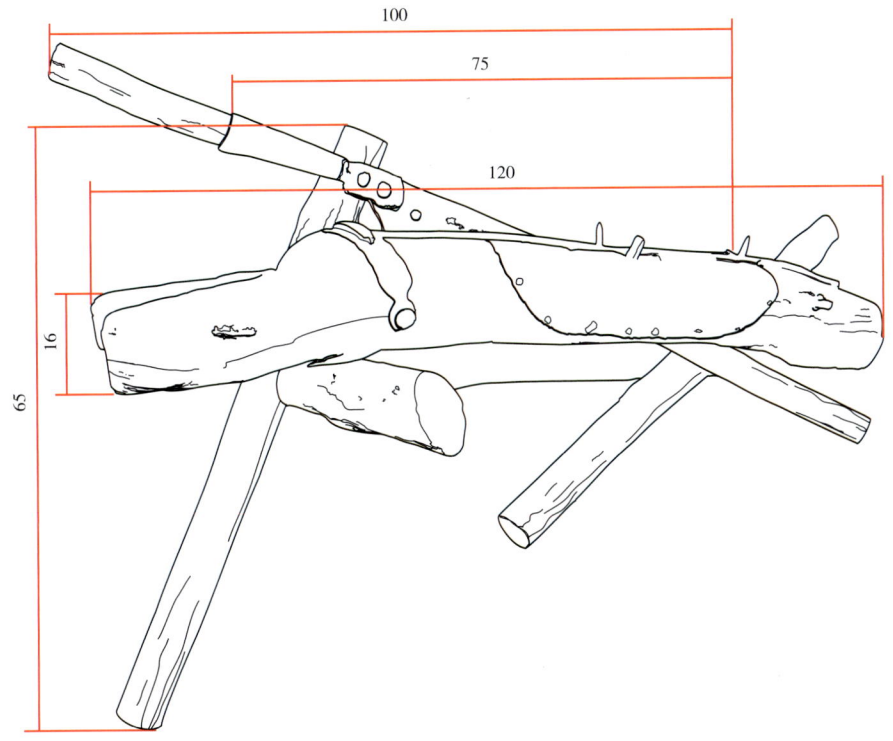

图二 维吾尔族铡刀尺寸图（单位：cm）

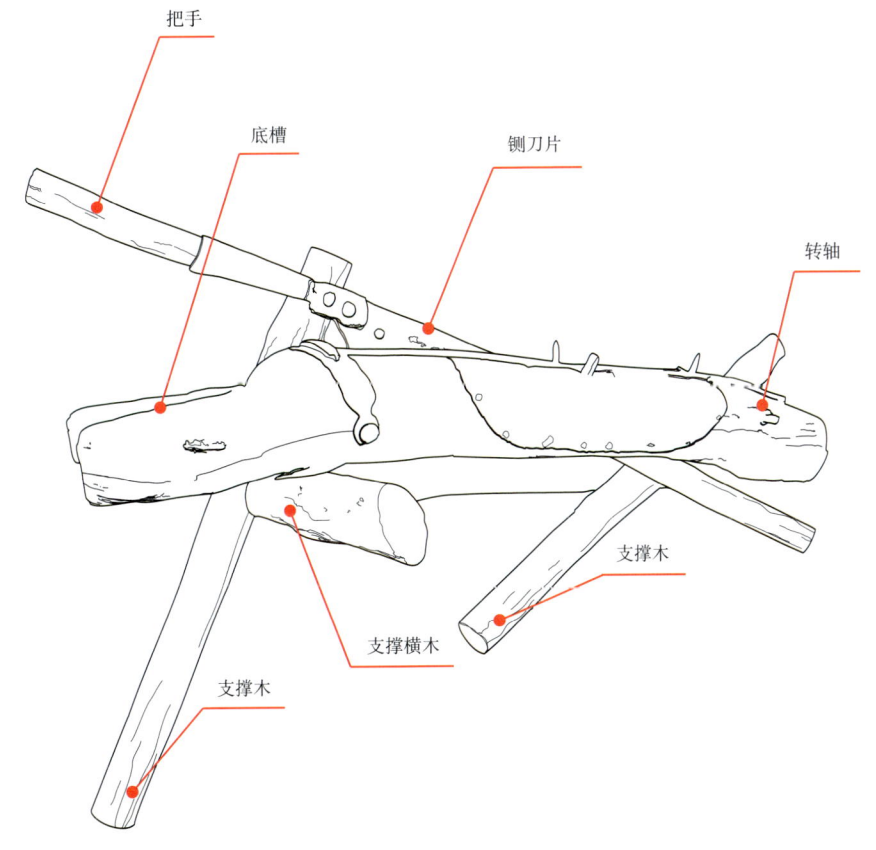

图三 维吾尔族铡刀结构名称图

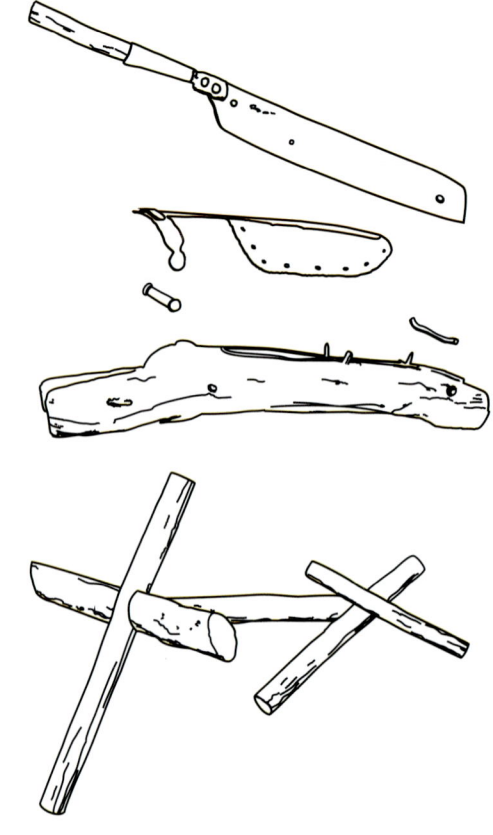

图四 维吾尔族铡刀分解图

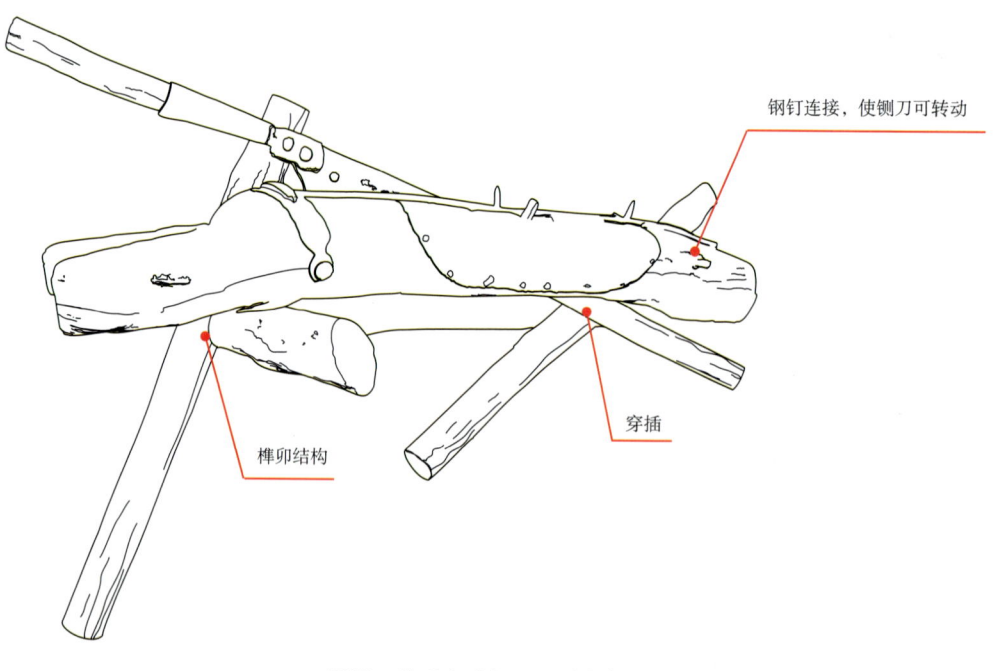

图五 维吾尔族铡刀工艺分析图

图六　维吾尔族铡刀使用情景图

南疆维吾尔族抬把子

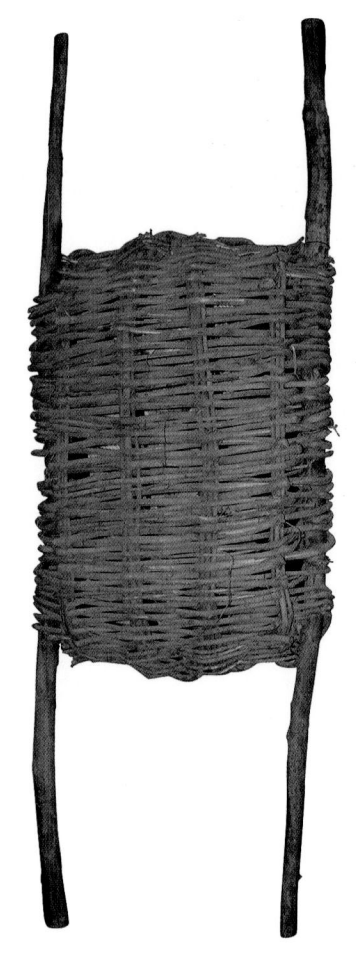

图一　南疆维吾尔族抬把子主图

抬把子，维吾尔语称"赞毕勒"，是一种非常传统的人力运输工具，也是新疆地区独有的运输工具。抬把子年代非常久远，在没有拖拉机、人力车的时候，抬把子是必不可少的。历史上维吾尔族人筑路、修桥、挖井、开垦土地、兴建土木工程都离不开抬把子。尤其是在地形复杂的田垄、沟渠、山谷凹地，抬把子很好地发挥了其灵活性。

抬把子的形状类似担架，但较短。选取两根直径大概5厘米、长度约187厘米的柳木棒，削皮、打磨光滑，就可以作为抬把子的抬杠了。柳木因为坚韧、弹性足、可以承重而成为抬把子把柄的首选材料，柳木棒必须完整、结实，因为它既是抬把子的骨干又是抬运的把柄，所抬重物的分量都集中在两根抬杠上。抬把子中间用细柳条编成长100厘米、宽70厘米的拍子形状。编制方法不需特别精细，但是必须牢固。为了避免所运的肥料、泥土洒落，柳编部分之间的缝隙不能太大。柳编部分除了横向的柳条编织物之外，还有纵向的柳枝，与柳条纵横交错，增加柳编部分的牢固度的同时也避免了柳编部分来回晃动。

操作抬把子时，两人前后各抬一端，伸直胳膊两手用力，装卸肥、土、砖石十分方便。

维吾尔地区的抬把子根据地域不同也不尽相同，北疆抬把子编成凹下去的盆状，便于装物，而南疆抬把子似乎在工艺上更简单粗糙，装不了多少东西。

图片来源
图一　雷启兴　摄影
图二至图六　郑倩倩　制图

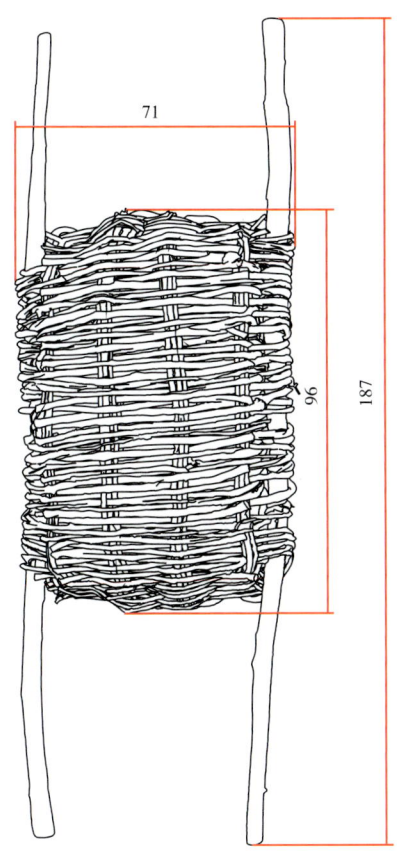

图二 南疆维吾尔族抬把子尺寸图（单位：cm）

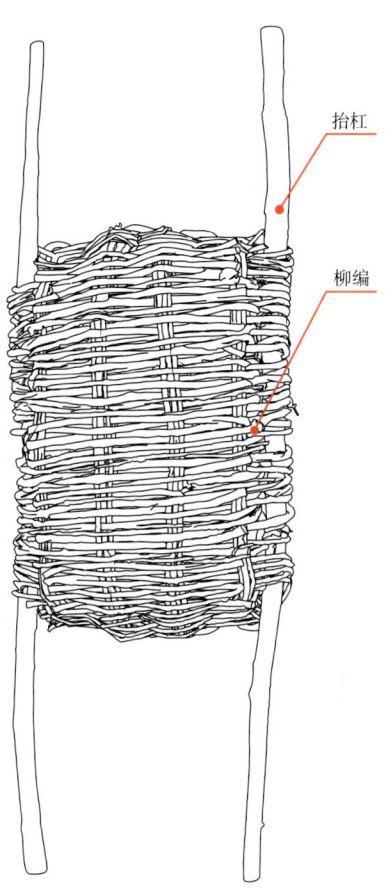

图三 南疆维吾尔族抬把子结构名称图

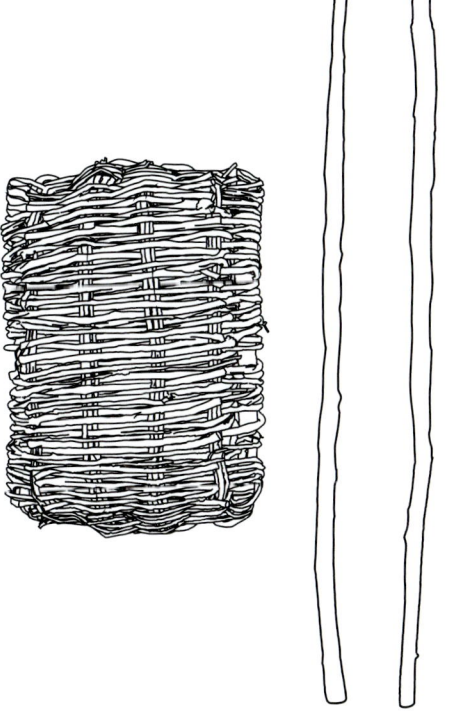

图四 南疆维吾尔族抬把子解构图

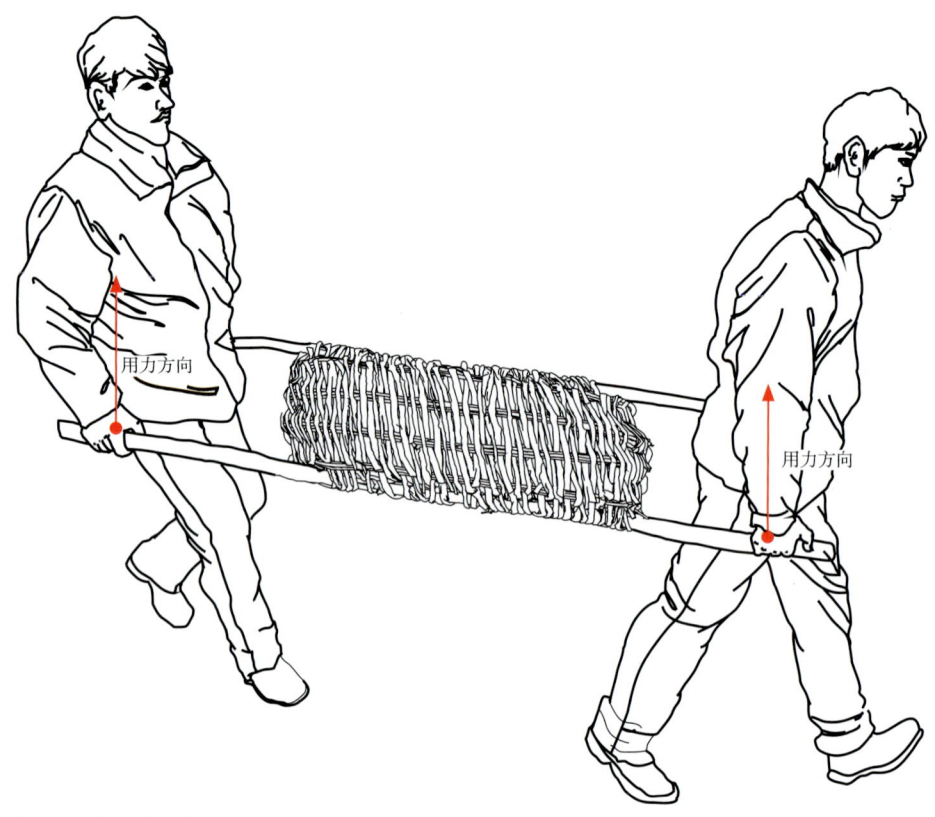

图五 南疆维吾尔族抬把子操作分析图

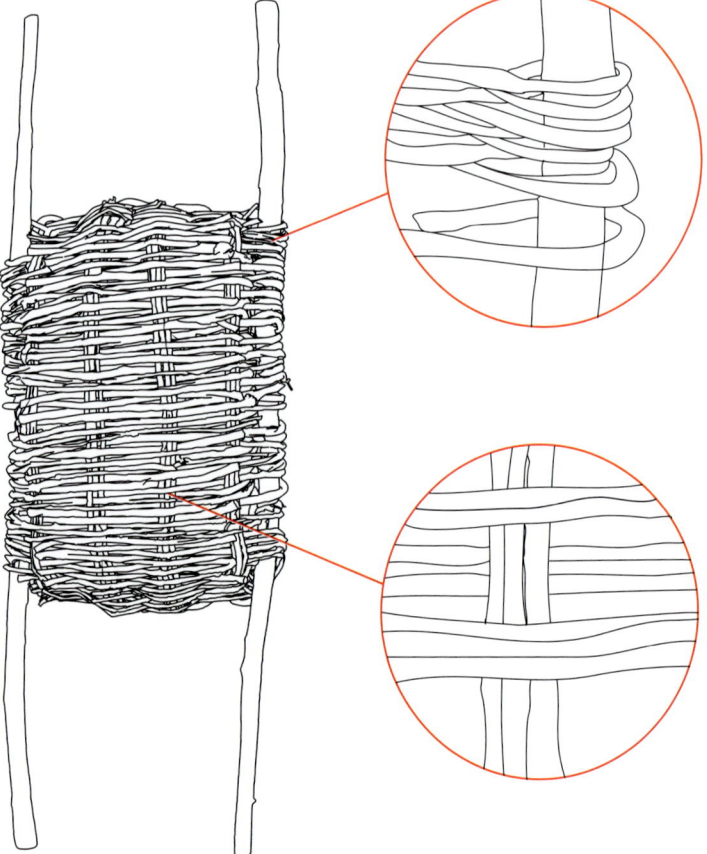

图六 南疆维吾尔族抬把子工艺分析图

维吾尔族羊毛剪

图一　维吾尔族羊毛剪案例主图

维吾尔畜牧业非常发达，大部分地区土壤含碱量比较大，生长出来的草牛羊吃了以后肉质比较鲜美，加之独特的气候条件，畜牧业以山地牧场为主，特色畜牧品是细毛羊。畜牧业中，从羊体上剪取羊毛是重要的生产环节，细毛羊、半细毛羊及其杂种羊一年需要剪一次毛。维吾尔地区的传统剪羊毛方式多采用手动羊毛剪。

传统羊毛剪形状为"V"字形，没有手柄，两片刀刃向外伸展，形成相反的两个力，中间用活动的螺丝连接，固定两片刀刃，相当于旋转的圆心，可使两片刀刃灵活张合。刀刃长约30厘米—40厘米，宽度约为3厘米，最大的张开角度约为45度—50度，两片刀刃尖的最大距离约为6厘米。羊毛剪刀刃的制作材料一般为钢，钢坚韧，锻造简单，比较实用。螺丝的材料或铁或钢，螺帽经过敲打，形状为圆形，使两片刀刃不会从圆心脱离。

剪毛前，要先把羊拴好，或立或卧都可，羊毛剪要磨快，右手握剪，左手拔羊毛。握剪的动作依据据个人习惯不同而不同，一般大拇指放在上面的刀刃，另外四指头握剪，虎口带着剪刀开合，贴着羊皮剪毛，剪毛时要做到刀快手轻，如果剪得太慢，不利于羊的健康。

随着生产力的发展，手动羊毛剪效率低，毛茬高，重剪毛较多等缺点日益暴露。新兴的电动羊毛剪逐渐成为最主要的剪毛工具，电动羊毛剪比手剪剪毛工效提高3～4倍，羊毛留茬较低且平整，比手剪剪毛提高羊毛品质和剪毛量10%～13%。目前中国正大力推广电剪剪毛。

图片来源
图一　赵连山　摄影（微图网）
图二、图三　郑倩倩　制图

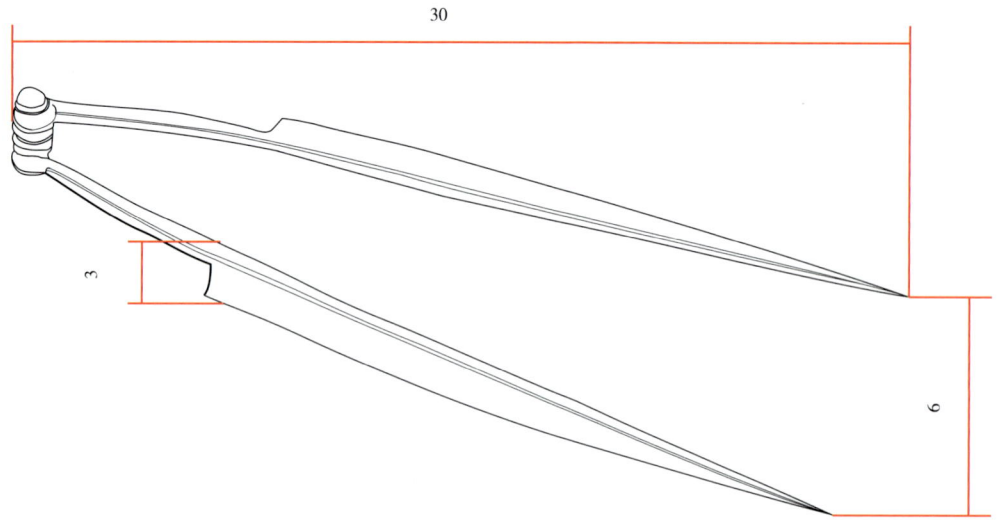

图二　维吾尔族羊毛剪尺寸图（单位：cm）

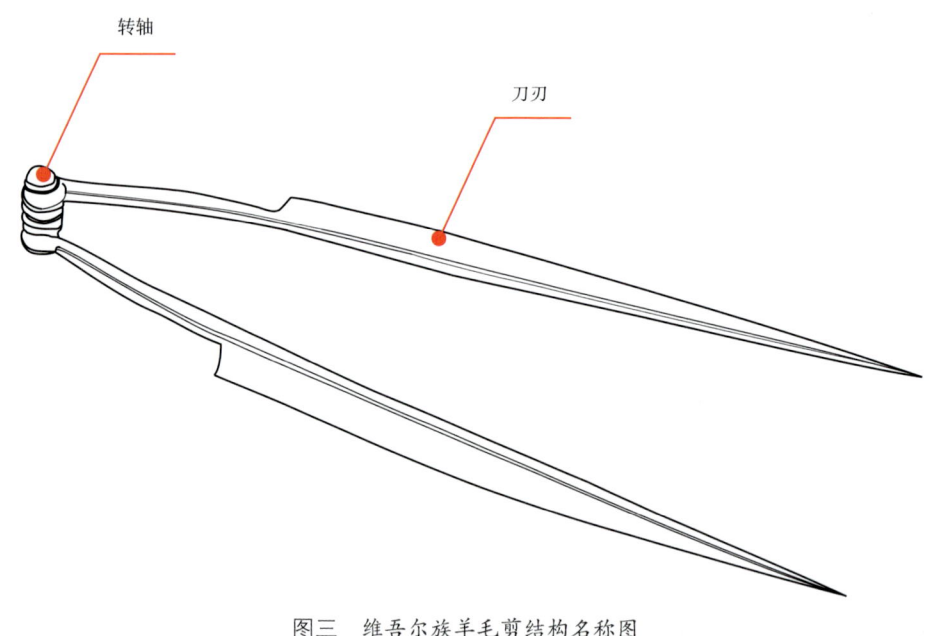

图三　维吾尔族羊毛剪结构名称图

维吾尔族弹花槌

图一 维吾尔族弹花槌主图

陈列于新疆维吾尔古村内的弹花槌，是维吾尔族传统手工艺中弹棉花的辅助工具。新疆棉花色白且可纺性好，主要是由于新疆的热量丰富，日照充足，降水稀少，空气干燥，昼夜温差大和利用冰雪融水人工灌溉，为种植棉花提供了优越的自然条件。

棉花加工是中国传统手工艺之一，又被称为"弹棉花"。弹棉花所需要的工具有：一个弹花槌、一弯弹弓、一张磨盘与一条牵纱篾。弹花槌是弹棉花的辅助工具，又被称为弹花榔头。弹花锤由手柄、槌身和槌头三部分组成，其中手柄长为10厘米，槌身长18厘米，槌头长为2厘米。弹花槌的材料可以使用楠木或黄檀木等多类木材加工而成，在维吾尔族聚集地的新疆，其制作材料是当地的杨树和柳树等乔木。乔木相对于其他树种，无论在功能上还是艺术处理上，都有着得天独厚的优势。制作工艺方面，通过对乔木的打磨制作而成槌的形态，然后在表层涂上清漆，干燥后形成光滑薄膜，显出物面原有的纹理。与其他弹花槌相比，维吾尔族弹花槌的槌身与槌头直径偏大。

弹花槌的主要功能是弹棉花。由于棉衣、棉被经过长时间的使用，里面的棉花会变薄变硬，导致保暖效果降低，经过弹花匠一弹，棉花可恢复松软，既舒适又保暖。通常弹花匠把弹花弓与竹竿组合在一起，竹竿一端被束在弹花匠腰间，另一端通过头顶吊起弹花弓。弹花弓上有一根竹筷一般的牛筋长弦。使用弹花槌时，用手握住弹花槌手柄，通过槌头敲击弓上的弦，来沾取棉花，敲击弓上的牛筋弦会发出"铮..铮..铮"的声音，随着弹花槌有节奏地敲打，弦的反复振动，对原来压实的棉花纤维不断拉松。棉花被弹细弹开后，使棉纤维重新排列，做成所需的产品。这种处理手法，不仅能满足生活的需求，也去除了棉花中的杂质。

图片来源
图一　雷启兴　摄影
图二至图六　徐翊轩　制图

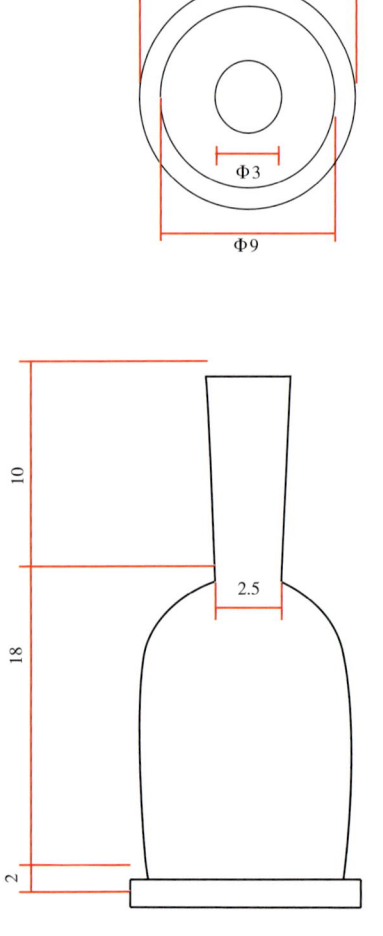

图二　维吾尔族弹花槌尺寸图（单位：cm）

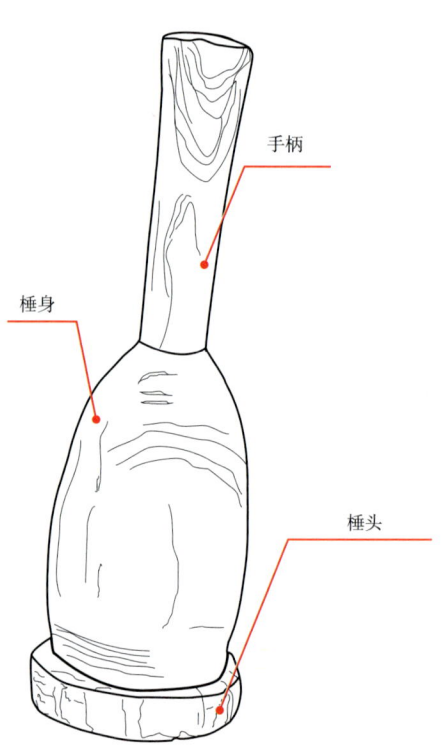

图三　维吾尔族弹花槌结构名称图

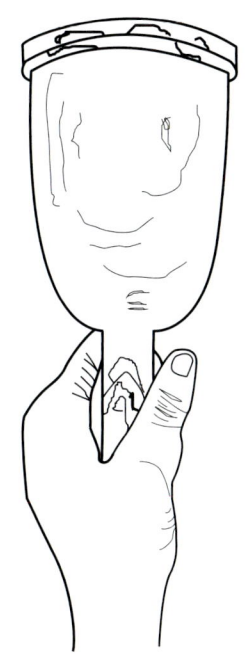

图四 维吾尔族弹花槌操作分析图

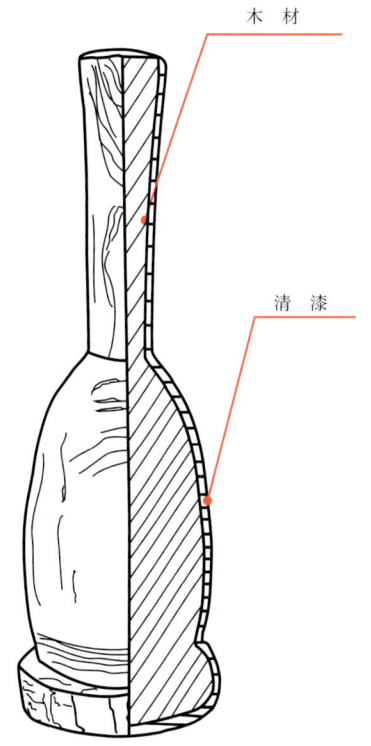

木 材

清 漆

图五 维吾尔族弹花槌工艺分析图

图六 维吾尔族弹花槌使用情景图

第五章 维吾尔族传统生产工具

393

维吾尔族锯子

图一　维吾尔族锯子主图

锯子是一种以手工安装在锯床上用来切割材料的刀具。早在公元前就出现了锯子这类手工工具。其类型丰富，发展至今有大锯、二链锯、小锯、鱼肚锯、圆盘锯、手锯、钢锯、刀锯等种类。维吾尔族的弓形锯子从设计原理上看属于固定锯，由竹弓和锯条组成，锯条的长度恒定，属于手锯的一种类型，是维吾尔族木工工匠的常用工具，该锯子现陈列在乌鲁木齐博物馆。

维吾尔族传统的弓形锯子，由手柄、竹弓、铁丝、铆钉、锯条组成，其工艺精湛，制作过程复杂。首先是制作竹弓，从选用毛竹片开始，经过了锯削、锉光、水泡竹片、火烤及多次的弯压等工序，"弓形"形态由此成形；然后安装锯条，两端用刀锯开3厘米左右的缝隙，手柄与锯条通过敲打铆钉固定在一起；最后与毛竹缝隙拼接起来，没有手柄的一侧用铁丝捆绑固定。锯条是直接锯削材料或工件的刃具，维吾尔族传统弓形锯子选用的锯条较薄，齿尖之间的长度都是相同尺寸的等齿锯条。从尺寸上看，手柄长度为18厘米，锯条为60厘米。

在使用方法上，首先左手扶紧被锯削的器物，右手握住锯柄，前段锯条的尺尖向下，把锯条对准需要锯割的外侧。然后锯割期间工人需站立，身体自然摆动，与锉削动作相似。锯割运动时，左手扶正锯弓，右手控制推力，手推出锯时为切削行程施加压力，返回行程不需要施加压力作自然拉回。

图片来源
图一　雷启兴　摄影
图二至图五　徐翊轩　制图

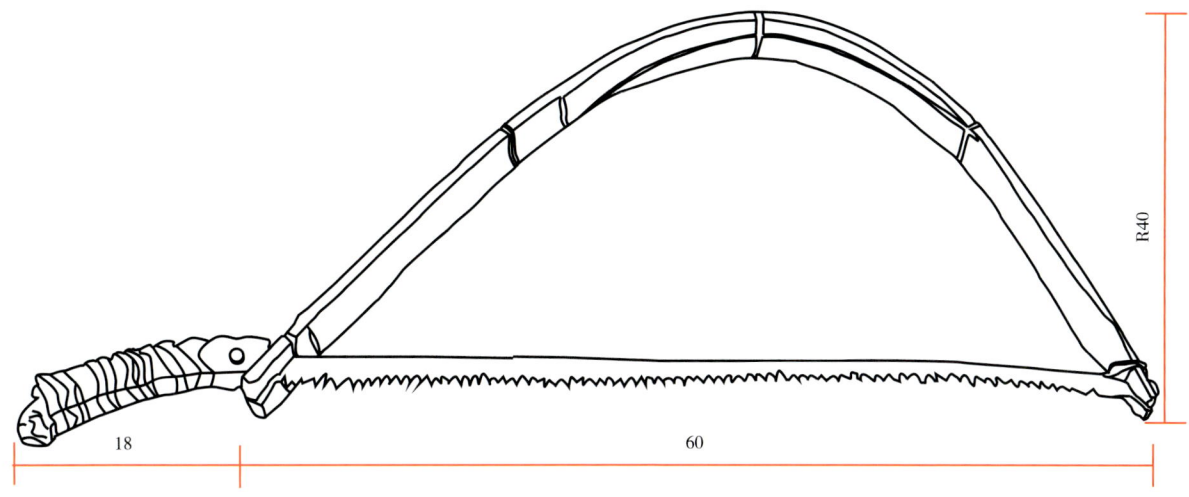

图二 维吾尔族锯子尺寸图（单位：cm）

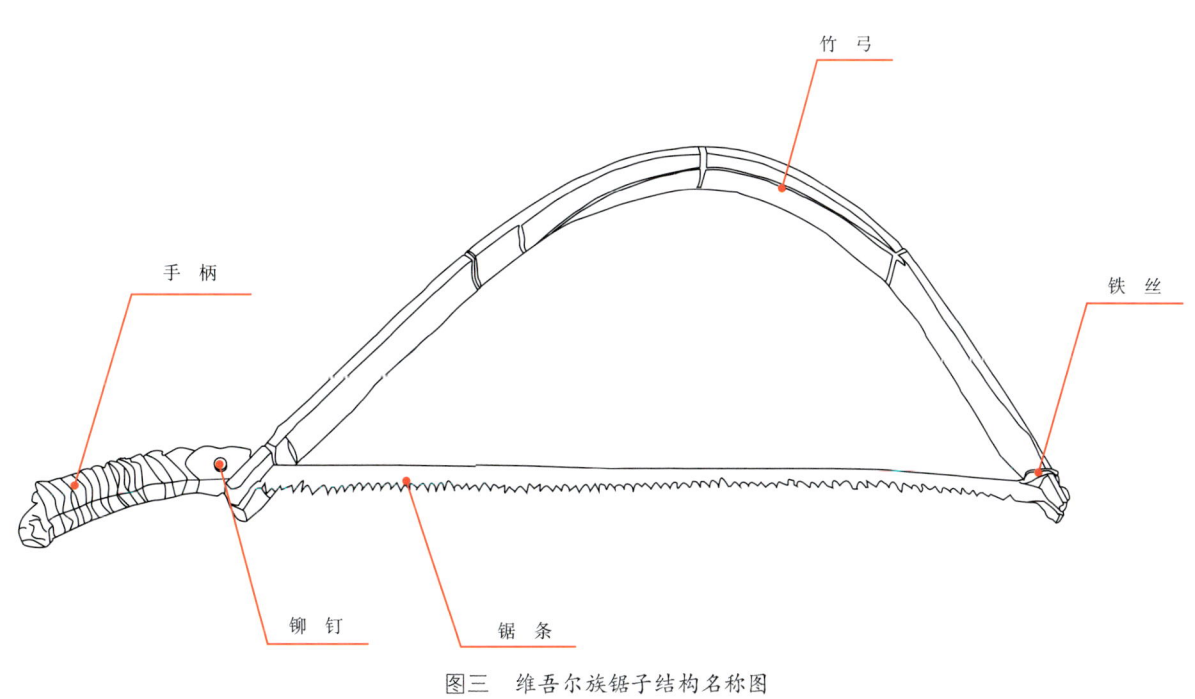

图三 维吾尔族锯子结构名称图

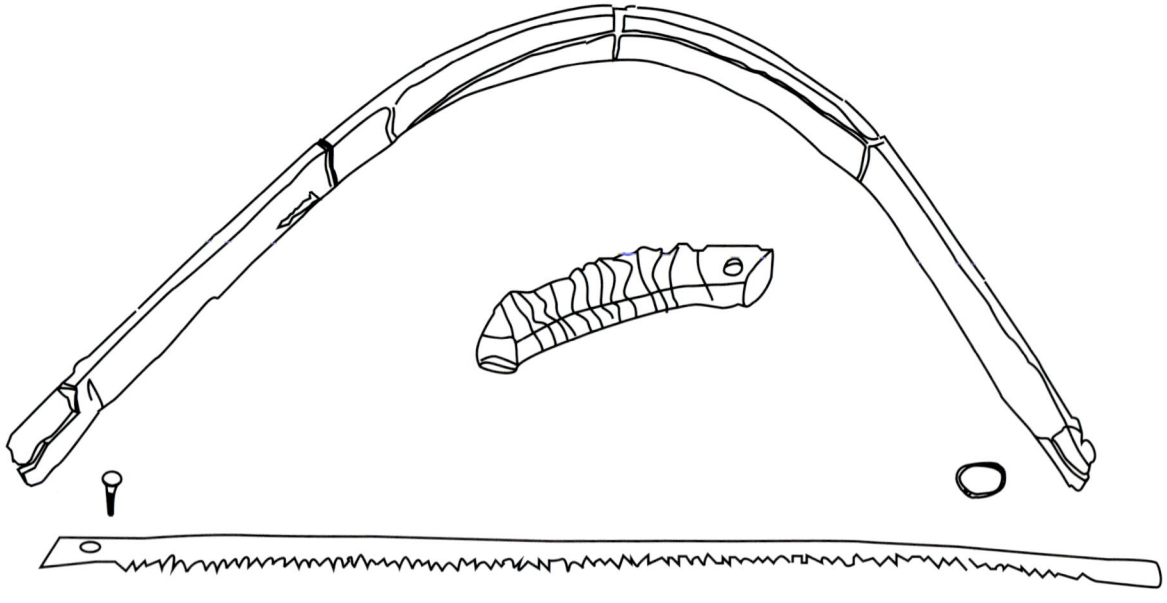

图四 维吾尔族锯子分解图

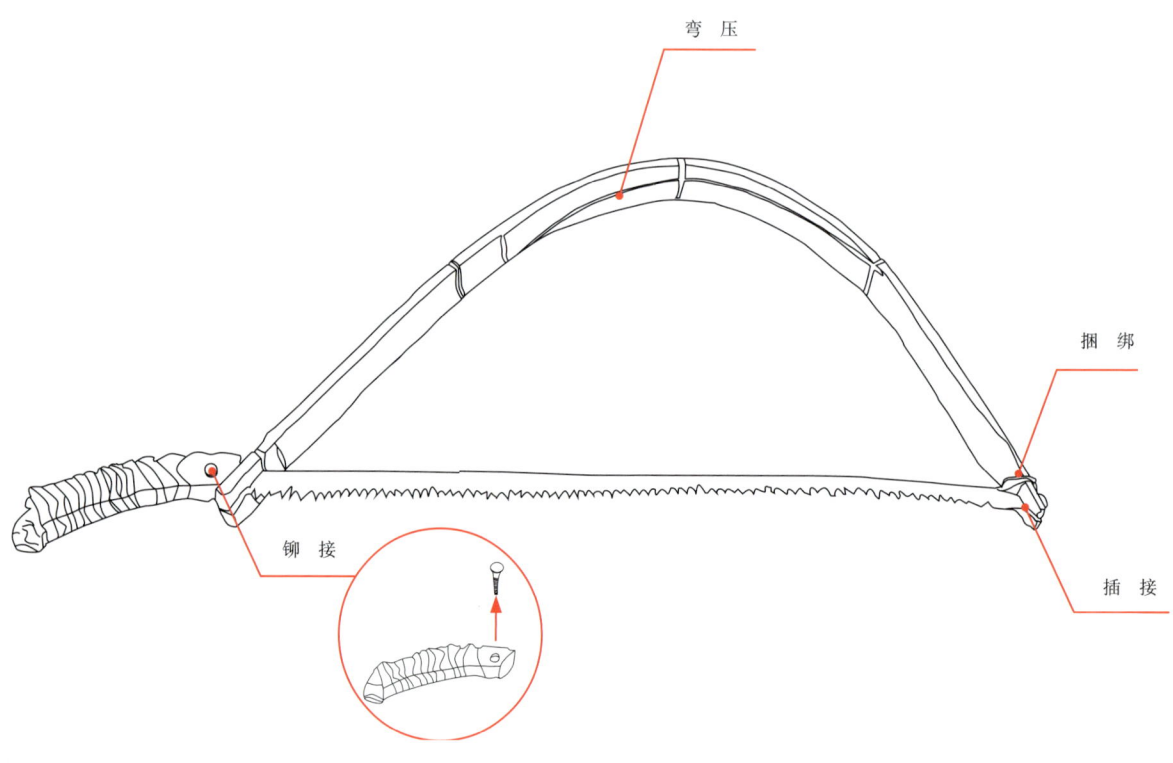

图五 维吾尔族锯子工艺分析图

维吾尔族木钻

图一 维吾尔族木钻主图

木钻为木制穿孔工具，基本结构由钻杆和手柄等组成。木钻工具种类包括拉钻、手摇钻、立摇钻和搓钻等。

陈列于维吾尔族古代村落的传统木钻，其工艺结构与其他木钻相比更加复杂，主要由手柄、钻身、钻头、绳索拉杆组成。其中手柄通长60厘米，钻身通长64厘米，钻头长为6厘米。钻身上有圆柱形木箍，用于控制钻孔时手柄与钻身之间的压力，防止因力量过大导致绳索断裂。钻身与手柄穿插成十字形，钻身头部内嵌入金属材质的尖头钻，绳索从手柄一端捆绑后穿过钻身与手柄另一端相连接，组成了稳定的三角形结构。木钻的材质上选用的是当地传统木材，绳索的选择为家用尼龙编织绳。

木工在使用过程中，先将木料垫起，并使其稳固。用左手食指与中指夹住钻身并且下压手柄，右手旋转钻身上端，要保持钻杆垂直，按孔的方向不能有偏斜现象，待钻头下压至钻孔内，两手分别握住手柄两端进行横向旋转向木块施力。在两手加压旋转时，身体要向下俯，当手柄旋转180度后，换手时身体要向上稍挺，动作要协调有节奏。当孔快要钻透时，应减轻压力，以免将孔边压劈。拔钻时，要先往下压，使钻头透出木料底部，勿使钻尖触地，将木屑脱落掉。起拔时两臂要均匀用力。如果是钻半孔，在钻够深度时，应将木钻按逆时针方向旋转几圈，使钻尖退出后再起拔。木钻工具是维吾尔族钻孔技艺中必不可少的工具，解决了直径微小的穿孔难题，是人们日常生活生产中的好帮手。

图片来源

图一　雷启兴　摄影
图二至图图六　徐翊轩　制图

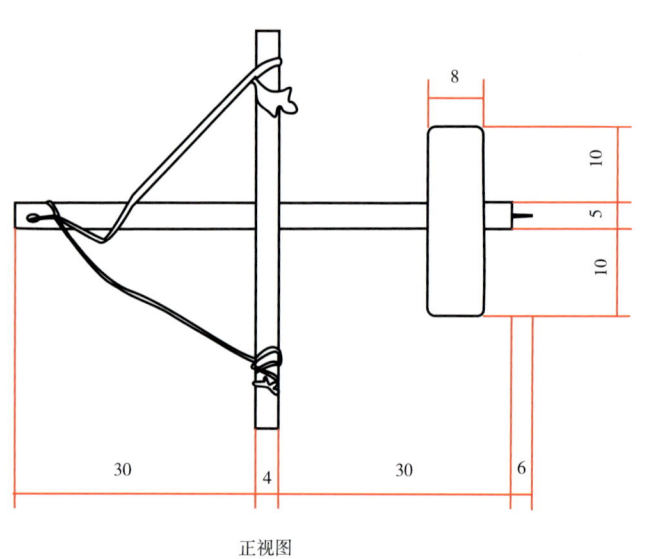
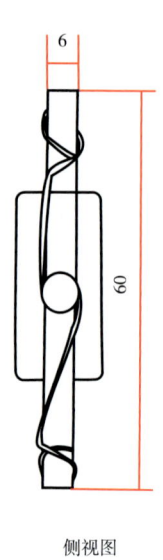
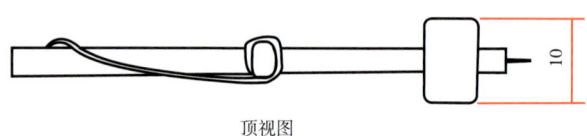

图二　维吾尔族木钻三视、尺寸图（单位：cm）

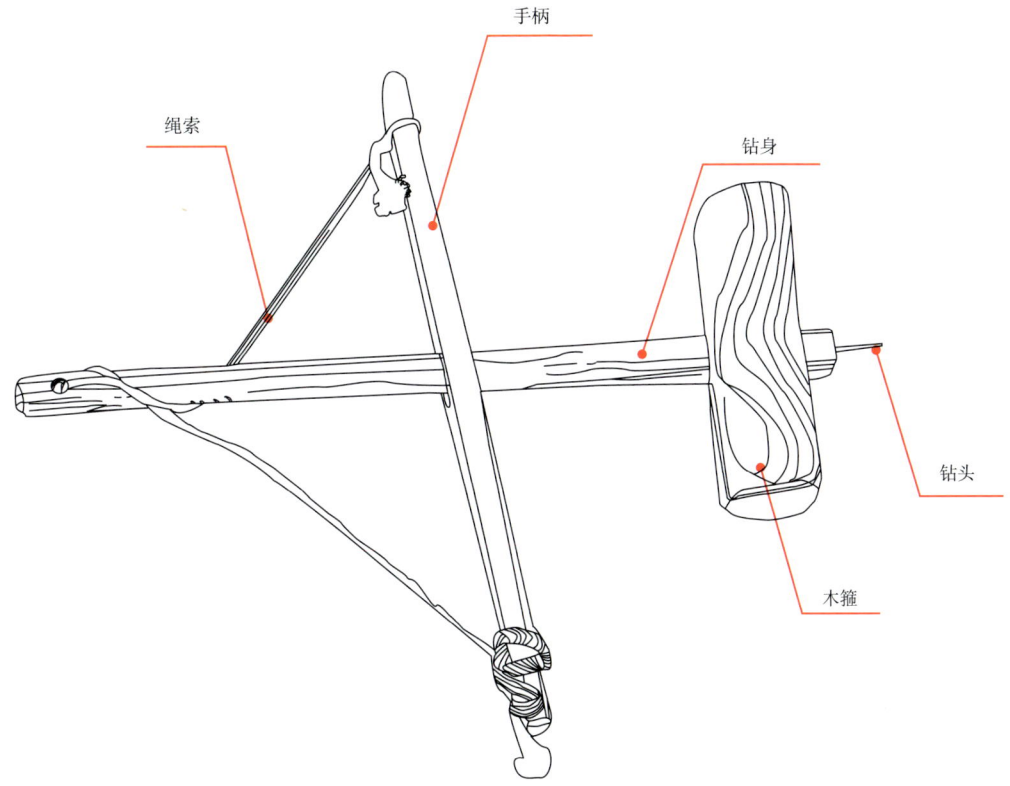

图三　维吾尔族木钻结构图

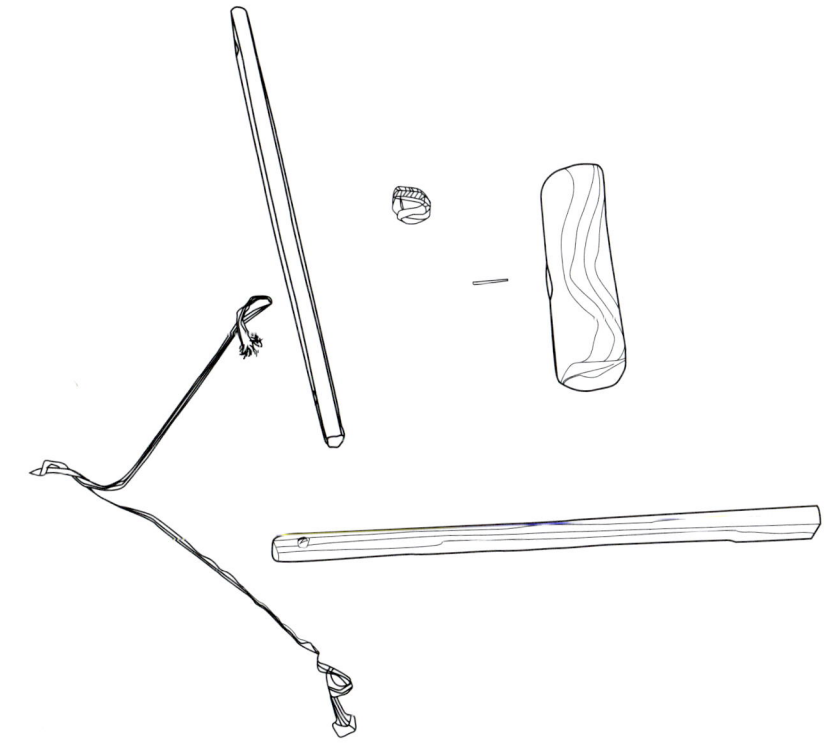

图四　维吾尔族木钻分解图

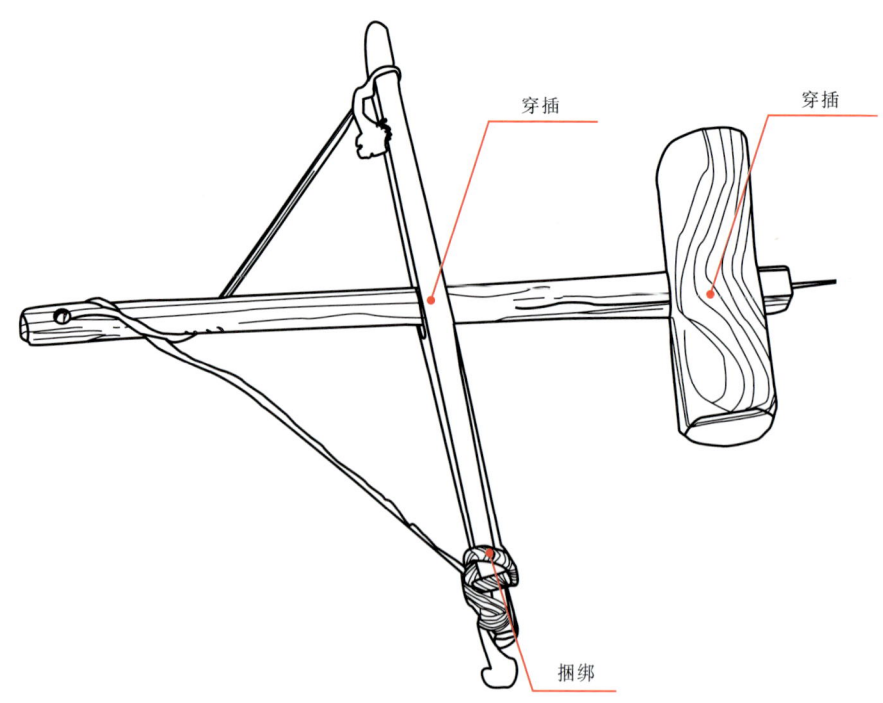

图五　维吾尔族木钻操作分析图

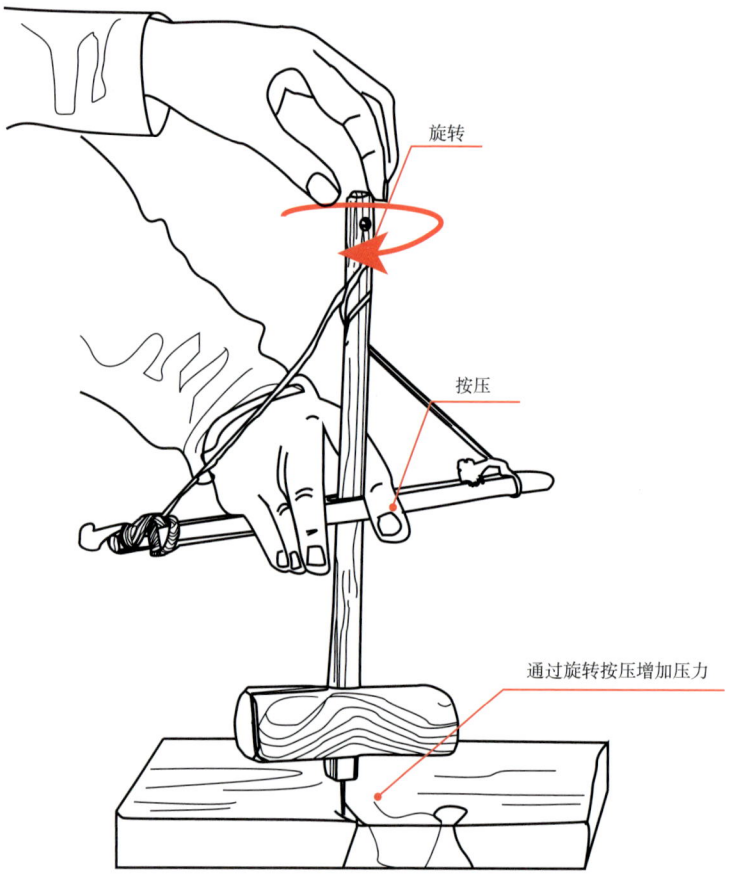

图六　维吾尔族木钻工艺分析图

维吾尔族铁剪

图一 维吾尔族铁剪主图

剪刀作为一种生活生产的日用品,在中国存在了几千年,尧舜时期就可以探寻到剪刀的影子,而最早的文献记载则出现在商周及春秋战国时期。我国现存最早的剪刀是古代越国的剪刀,出土于20世纪90年代的长沙。从出土的文物及资料记载中得知,今天我们使用的用钉铆合起来的"X"形的剪刀,其形态的设计和杠杆原理的运用是在两宋时期变革后形成,增加了剪切物体的力度,并趋于定型与成熟,一直沿用至今。

本铁剪陈列于乌鲁木齐博物馆,属于维吾尔族的传统铁剪,其锻造工艺从毛胚、开槽、镶钢、锻打成型、打磨、打脚、淬火整理、产品成型,共需要至少八道主要工序。维吾尔族传统的铁剪由指圈、铆钉、刀背、刀刃、刀尖等部分组成,其中铆钉将剪刀的两部分铆合成一体。剪刀通体长度为35厘米,两指圈长度为9.5厘米。

维吾尔族铁剪主要用于地毯生产工艺中,因此铁剪的刀片部分相对较长,便于工匠们整齐剪断毛线。维吾尔族织毯由维吾尔族民间工匠生产,原料为新疆细毛羊羊毛,纤维长,弹性大。在一个长方形木杠框架上绷上绳索作底綦,工匠按照预先设计的图案在上面网结彩色毛线,一边用结线刀打结,使毛线密结其上,待全部栽结完毕,维吾尔族织工用铁剪将栽上的毛线剪平、刮茸,使编织的图案呈现出来。

新疆地毯是维吾尔族、塔塔尔族、乌孜别克族等民族喜爱的民族工艺品,在织毯工艺中铁剪为剪平毛线起到了很大作用,减少了织毯的毛糙程度,使织毯更加齐整美观。

图片来源
图一 雷启兴 摄影
图二至图七 徐翊轩 制图

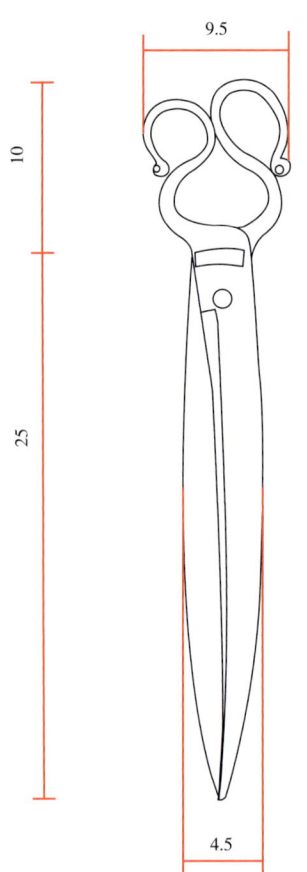

图二　维吾尔族铁剪尺寸图（单位：cm）

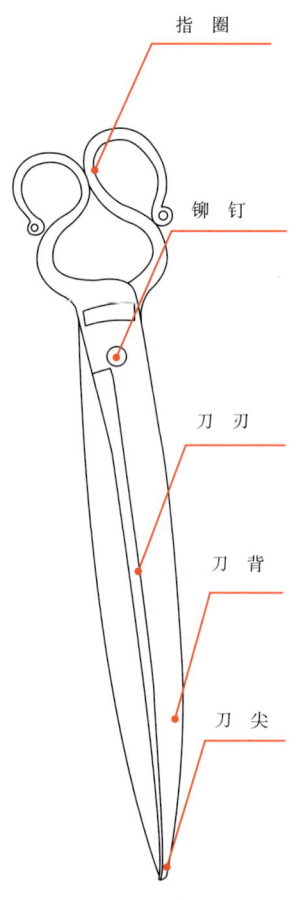

图三　维吾尔族铁剪结构名称图

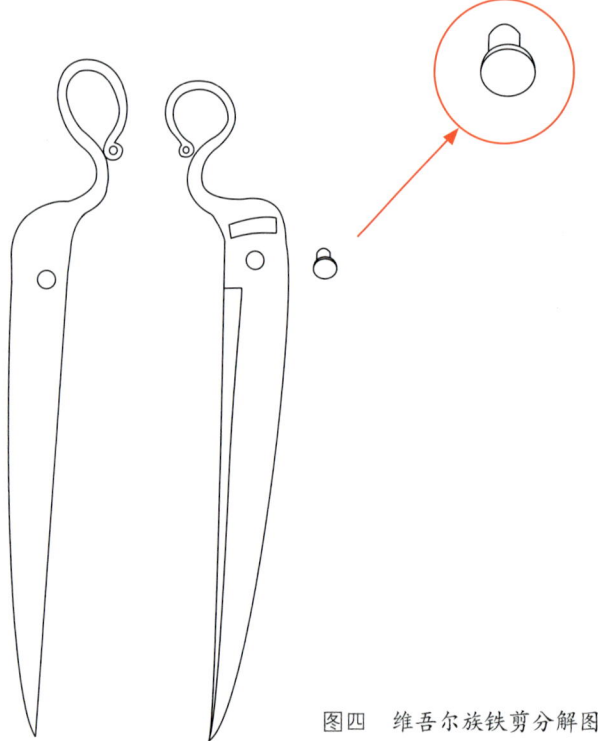

图四　维吾尔族铁剪分解图

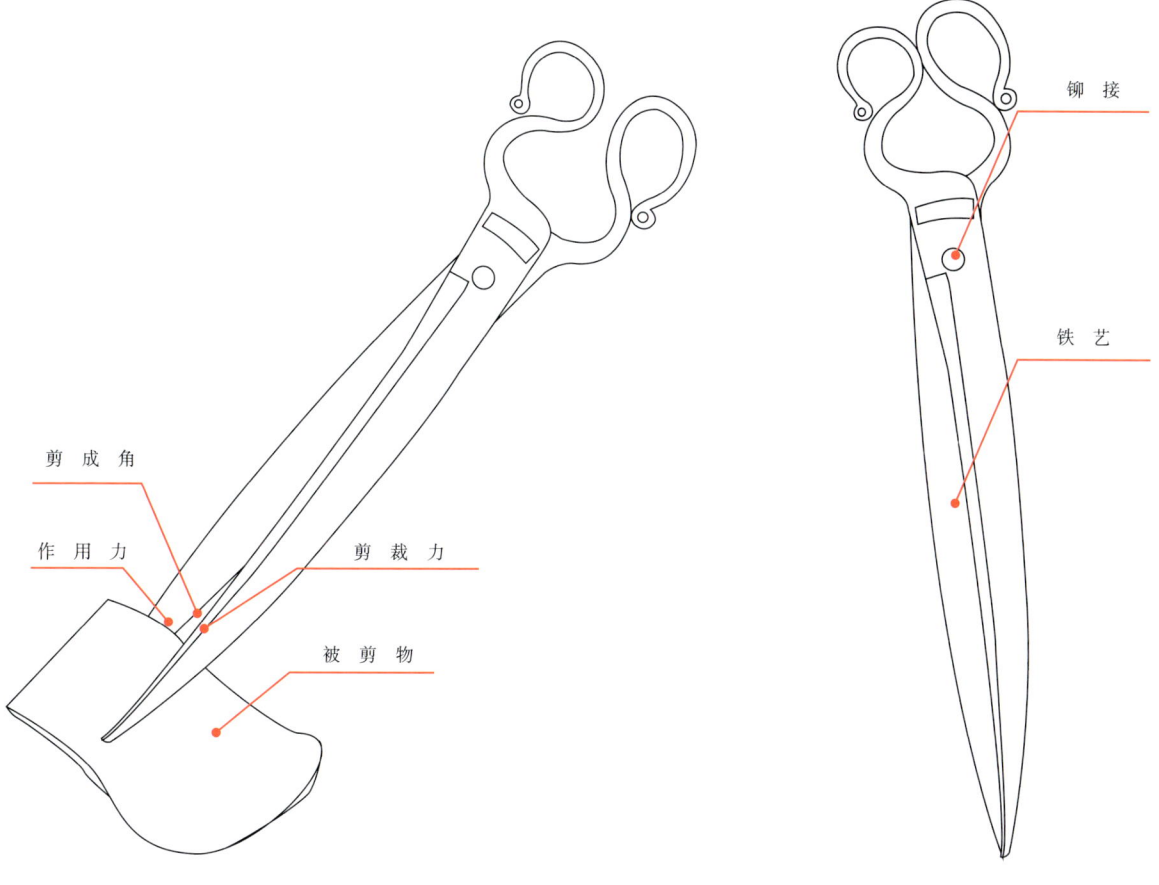

图五　维吾尔族铁剪操作分析图　　　　图六　维吾尔族铁剪工艺分析图

图七　维吾尔族铁剪使用情景图

第五章　维吾尔族传统生产工具

维吾尔族铁夹

图一　维吾尔族铁夹主图

陈列于乌鲁木齐博物馆的铁夹是维吾尔族铁匠铺常见的工具,是铁匠们锻造铁艺必不可少的工具。传统锻造铁钳的形状一直保留至今,几乎没有什么改变。

铁夹的材质使用铬钒钢,采用模锻的热锻成型技术制造而成,经过热处理后保证了铁夹的硬度和稳定性,可以用于夹持炽热的铁块。从形态上看,维吾尔族传统的铁夹使用时形态呈"X"形,打铁造型过程中,通常右手用铁夹固定铁块,左手拿锤敲击铁块。在使用技巧上,将铁夹口朝内侧,在两夹炳中间用小指来抵住铁甲手柄,夹头呈"X"形张开,方便夹持铁块。从尺寸上看,铁夹的通体长度为35cm,手柄为21.5cm,夹嘴为13.5cm,手柄的长度足以避免铁匠师傅劳作中烫伤。

从制作铁夹的工艺上看,铁夹成型的锻造首先需要锻压轧制成夹胚形状,然后进行磨铣、抛光等切削金属工艺，最后进行热处理。根据铁夹的手柄握持方式，可设计成直柄、弓柄和弯柄三种样式。从图中可以看出，维吾尔族铁夹手柄大多为直柄，它主要包括三个部分：根据人体工程学原理设计的铁夹手柄，操作时更加安全舒适。连接轴是铁夹的连接轴点，连接轴由铁锤把铆钉敲打进连接轴孔内铆合而成，连接点必须活动平稳，没有任何的松动，便于单手轻松地打开或者闭合铁夹。铁夹头成扁口型，夹持热的锻造铁块不易滑落松动，稳定性强。

图片来源

图一　雷启兴　摄影

图二至图五　徐翊轩　制图

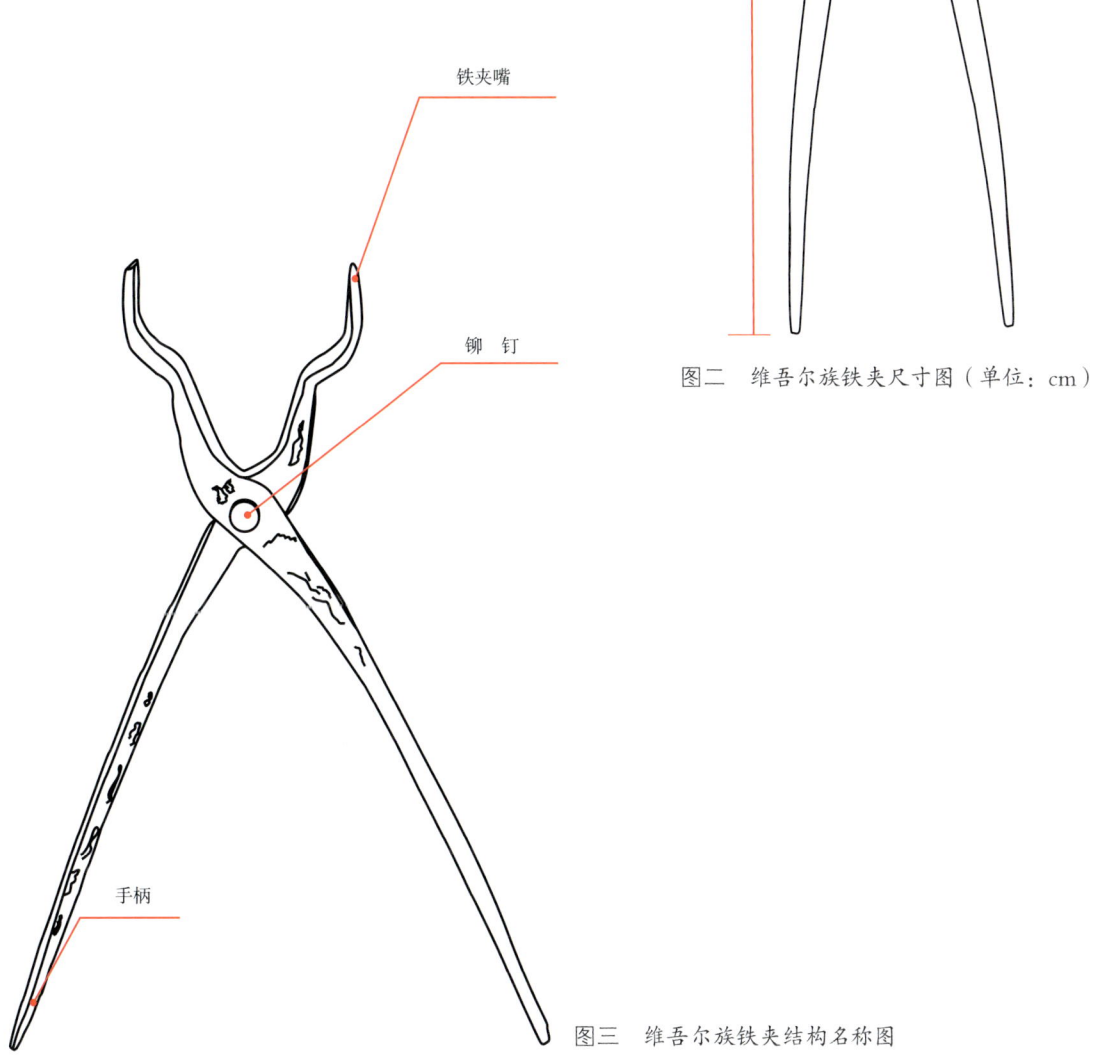

图二　维吾尔族铁夹尺寸图（单位：cm）

图三　维吾尔族铁夹结构名称图

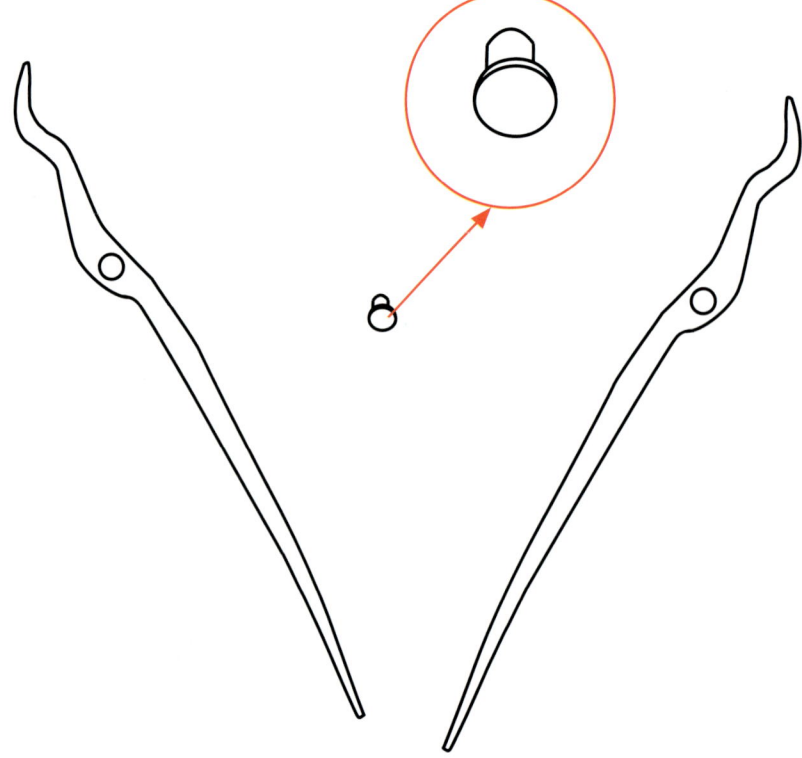

图四 维吾尔族铁夹分解图

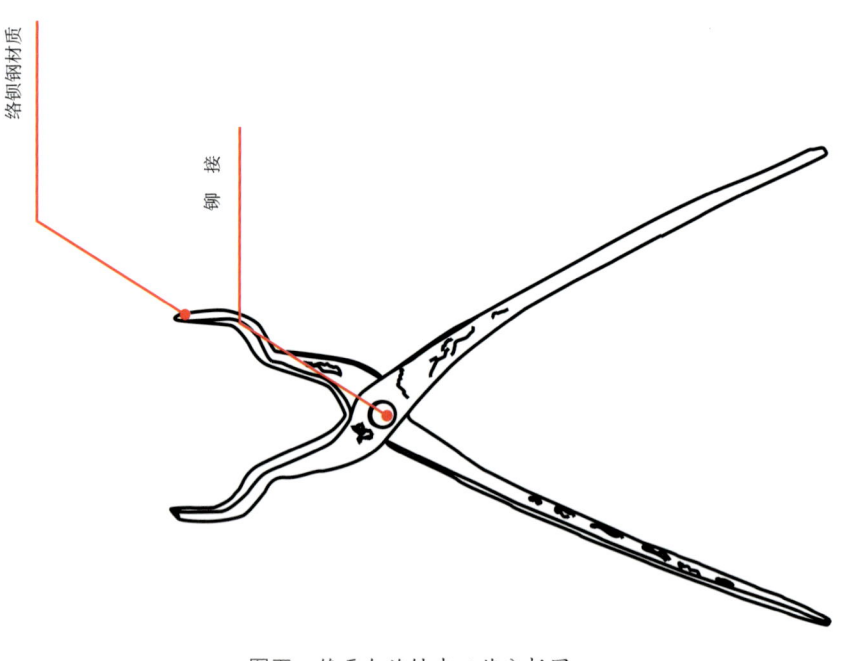

图五 维吾尔族铁夹工艺分析图

维吾尔族打铁锤子

图一　维吾尔族打铁锤子主图

　　制铁工艺是维吾尔族传统的手工艺，锻造铁艺让传统的的锻造技术焕发出光芒，使铁艺制品进入工业化生产阶段。打铁是一种原始的锻造工艺，打铁铺也称为铁匠铺。打铁需要的工具有风箱、锤、铁夹、铁墩等。锤子为主要锻造铁艺造型的工具。锤子形态多样，材质也多样，不同材质可以制作出不同种类的锤子，常见的有铁榔头、木榔头、橡胶榔头等。

　　维吾尔族传统打铁锤为木柄榔头，由铸钢锤头、木柄和刚楔子三部分组成。锤头和木柄为榫卯结构，用刚楔子钉进木柄固定。打铁锤按重量一般分为四磅和八磅。四磅的为小号锤，单手可握起，八磅为大号锤，操作时需要双手抡起。由于大小不一，铁锤通体长度为28厘米~75厘米。

　　大小锤子由于自身长度的不同，使用原理和对象也各不相同。大锤手柄长，施力方便，铁器加工时具有优越性，如弯曲、嵌入、凹陷等，挥动大锤需要整个双臂的全力挥动，而且必须保持一定的准确性。大锤可使坚硬的铁块变方、变圆、变长、变扁、变尖……，小锤可用于打造铁器的纹理和样式。两者在操作时需要配合使用，具体方法如下：锻造铁器时，铁匠先将打制的铁器在火炉中烧红，后用铁夹移至铁墩，铁匠师傅双手握大锤进行锻打。待一段时间后，一只手握小锤，另一只手握铁夹来翻动铁块，将铁块形态打造成铁棒或铁棍。

维吾尔族铁匠打制的铁器成品通常与传统生产方式相配套，其中农具有：犁、坎土曼、锄、镐、镰刀等；生活用品有：菜刀、制靴刀、刨刀、剪刀等，应用极为广泛。维吾尔族铁锤作为一种重要的生产工具，在制作这些铁器成品过程中发挥着举足轻重的作用。

图片来源

图一　游嘉　摄影（淘宝网）

图二至图七　徐翊轩　制图

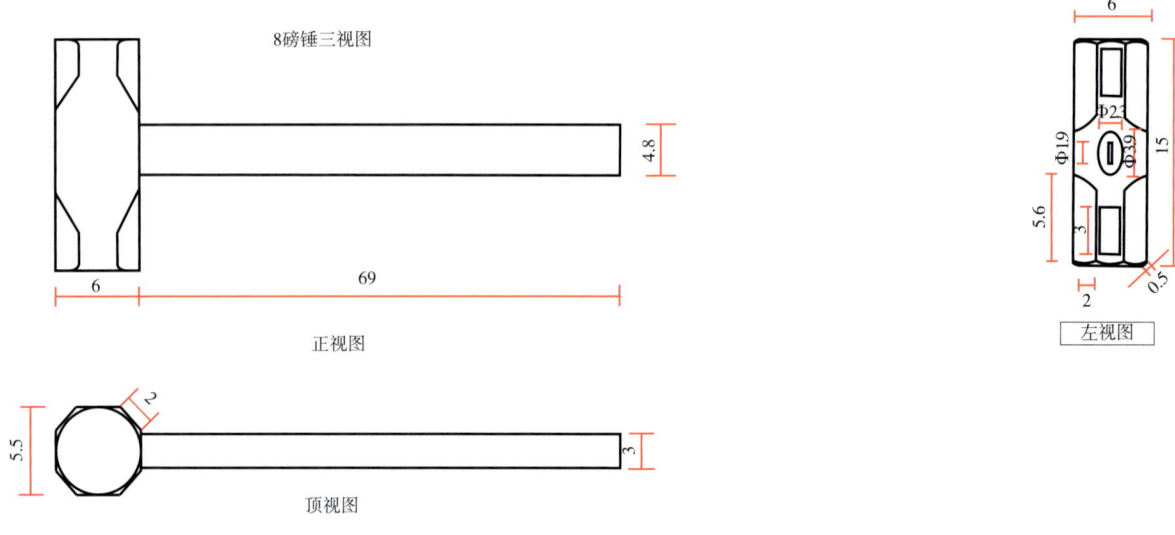

图二　维吾尔族打铁锤子大锤三视、尺寸图（单位：cm）

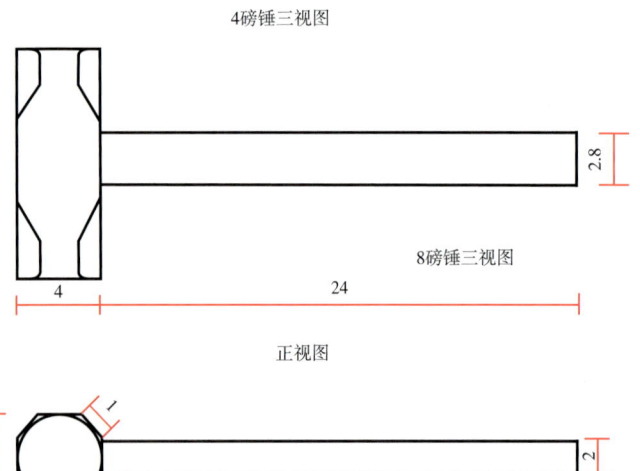
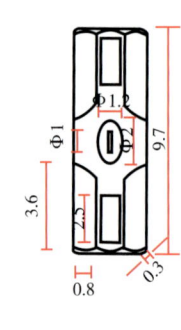

图三　维吾尔族打铁锤子小锤三视、尺寸图（单位：cm）

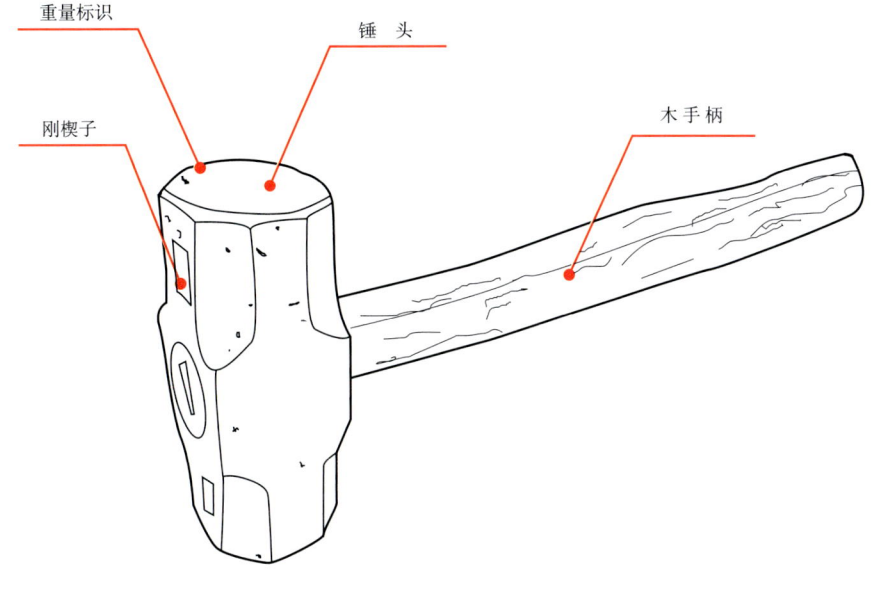

图四 维吾尔族打铁铁锤子结构名称图

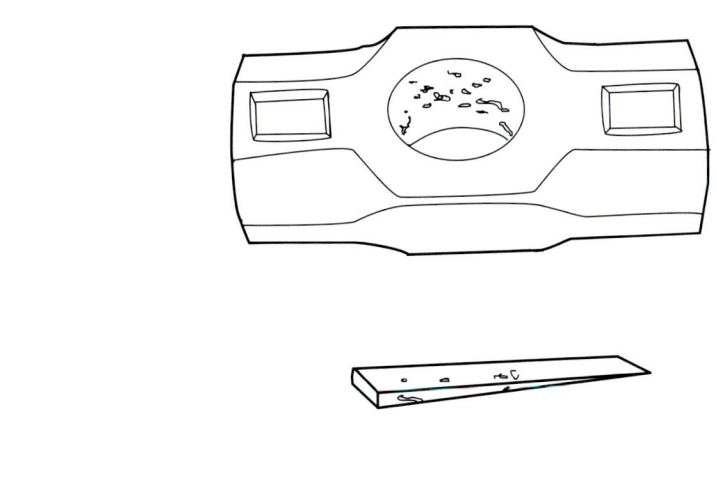

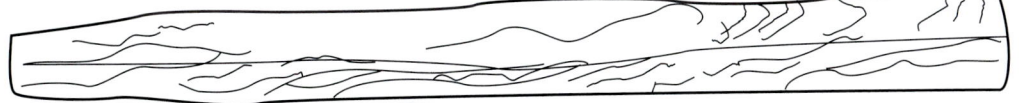

图五 维吾尔族打铁铁锤子分解图

双 手 握 8 磅 大 锤

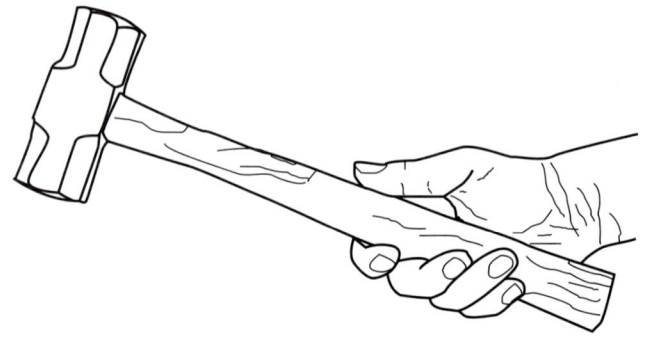

单 手 握 4 磅 小 锤

图六　维吾尔族打铁铁锤子操作分析图

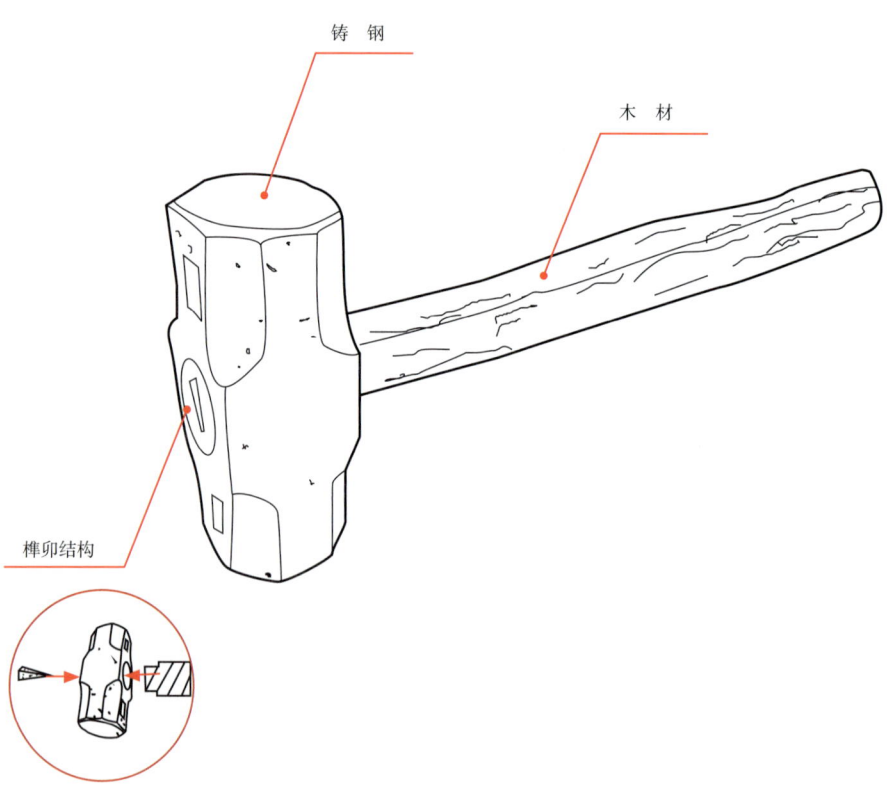

图七　维吾尔族打铁铁锤子工艺分析图

维吾尔族铁斧

图一 维吾尔族铁斧主图

铁斧的使用历史悠久，它是古代人们生产生活中用于捕猎兽禽、砍斫器物的劳动工具之一。新疆地区林木业发达，木场面积广阔，铁斧是一种常用的伐木工具，多用于砍伐树木，加工木器等，是维吾尔族人民生产生活的好帮手。

新疆维吾尔族铁斧的制作工艺历史悠久，可以追溯至清初，当时维吾尔的锻造业已经达到了极盛的阶段，灵巧的工匠们可以制造出小到针、钉子、剃头刀等生活用具，大到战刀、铁轴、铁斧等各类生产劳动的锻造产品。铁斧的制作采用高温锻造法，通过反复锻敲，析出杂质，同时提高含碳量，最后淬火完成。

铁斧的结构划分较为细致，铁斧整体上由斧身和手柄构成。从尺寸上看，由于用途的不同，斧身大小也不一，案例中的斧身长度大约20厘米，宽10厘米左右，手柄长约

50厘米。斧身形态从侧面看为梯形,分为斧头、斧腹、斧筋,斧腹上面还会雕刻精美的维吾尔族传统图案。斧刃分为刃元、刃先、刃末。铁斧的斧刃分为偏锋和中锋两种,偏锋为单侧研磨,中锋为两侧研磨。从材质上看,斧身使用锰钢材料制成,耐磨,硬度强。手柄的木材没有限制,多为胡桃木或者柳木。在斧身靠近斧头的部分有圆孔,与手柄采用榫卯工艺拼接。

操作时,根据铁斧尺寸大小,分为单手握斧和双手握斧。单手握斧,一只手控制器物,另一只手砍斫。器物较大时,则需要双手操作。铁斧至今都是维吾尔族人民生产生活中必不可少的传统劳动工具。

图片来源

图一　雷启兴　摄影
图二至图五　徐翊轩　制图
图六　谢光辉　摄影（fotoe网）

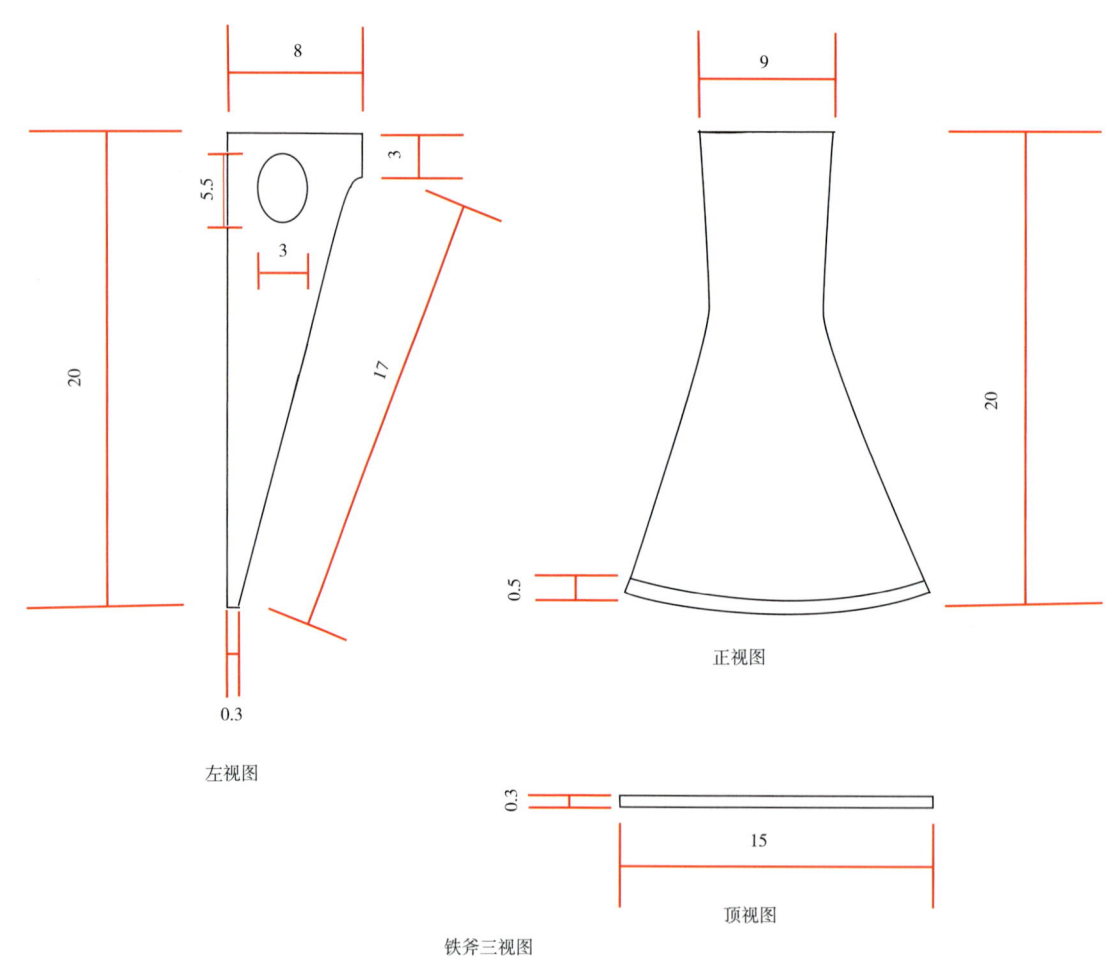

图二　维吾尔族铁斧三视尺寸图（单位：cm）

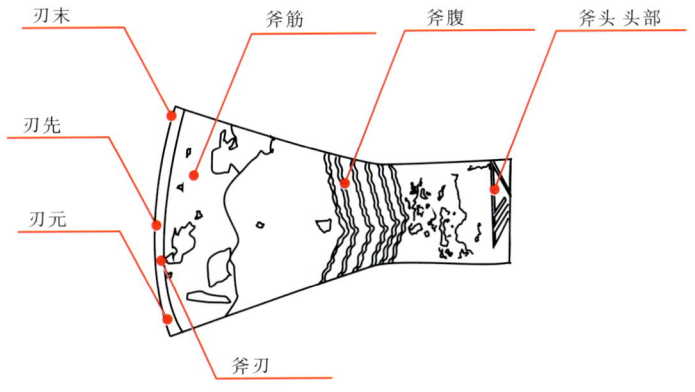

图三　维吾尔族铁斧结构名称图

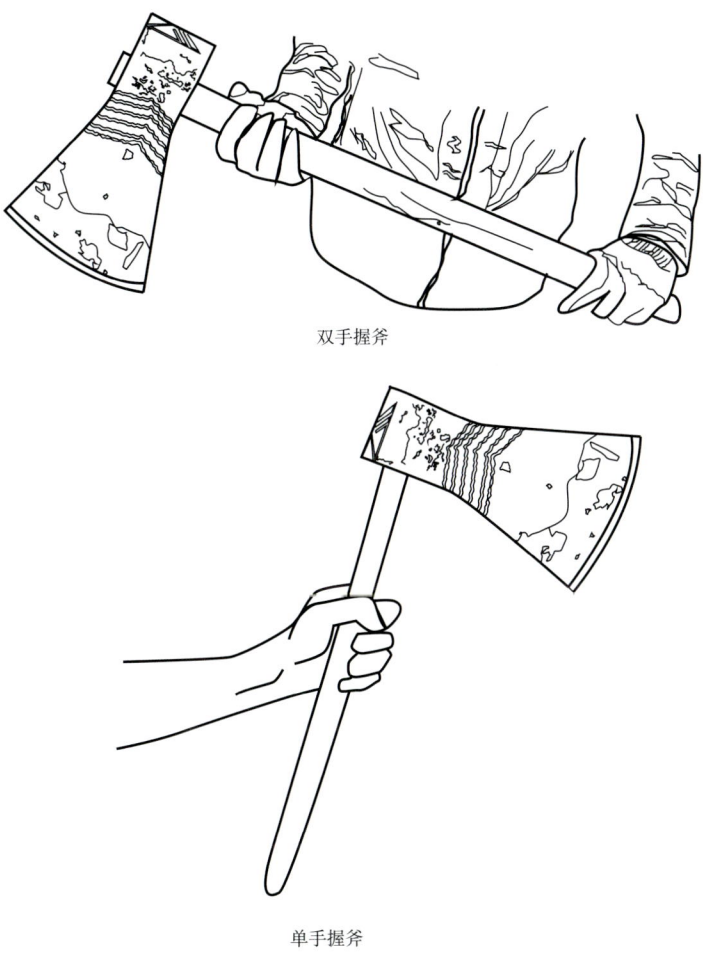

双手握斧

单手握斧

图四　维吾尔族铁斧操作分析图

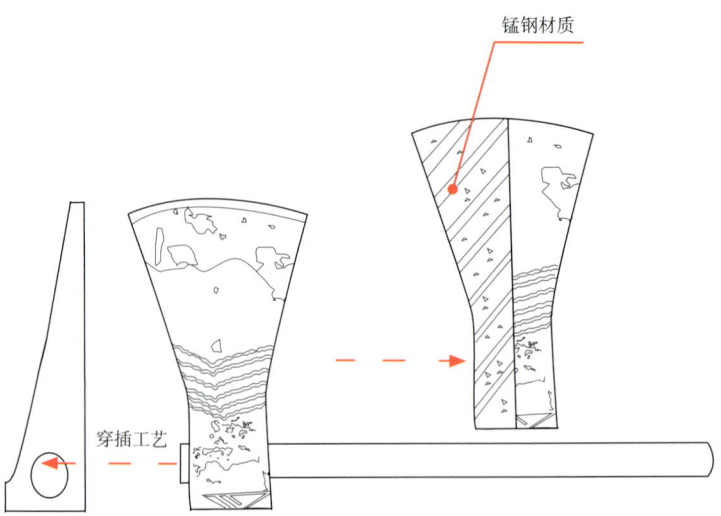

图五　维吾尔族铁斧工艺分析图

图六　维吾尔族铁斧使用情景图

维吾尔族制靴工具"布兰大"

图一 维吾尔族制靴工具"布兰大"主图

维吾尔族人穿着鞋靴是传统的习惯,可追溯到千年以上。维吾尔族人的先祖是生活在寒冷环境下,擅于骑射的游牧民族。为了适应游牧地区的气候,他们养成穿皮靴的习俗,因而皮靴成为足部保暖耐寒的必需品。从此这种装束被维吾尔族人民延续下来。

维吾尔族人的鞋多为牛皮面制作,整套制靴工艺从量脚开始,经过制鞋楦、款型设计、裁切皮料、鞋面配里、鞋底配置、定型、鞋面缝制、鞋底填充等几大工序及多个小的制作工艺,最后才制作出成品。其中在剪裁皮料这道工序中用制靴工具"布兰大"进行面料的裁剪,一手按压住牛羊皮革,另一只手握住制靴工具做工。制靴工具由靴刀和手柄组成,其中靴刀由锰钢锻造而成,手柄由胡桃木刮削制成,涂上清漆防止腐蚀。靴刀底部为尖状,采用插接工艺与手柄相连接。靴刀通体长度为13~15厘米,刀刃边缘约为

8.5厘米，手柄长度约为12厘米。靴刀造型呈流线型设计，弧度均为钝角。从力学角度看，流线型的制靴刀面能够不破坏皮革本身的纹理及质感，剪裁得线条流畅。

维吾尔族传统的制靴行业从制作木楦头到成品制成，一整套步骤技术成熟。由于制靴工艺精湛，吸引了世界各地的人们前来购买。

图片来源

图一　雷启兴　摄影

图二至图六　徐翊轩　制图

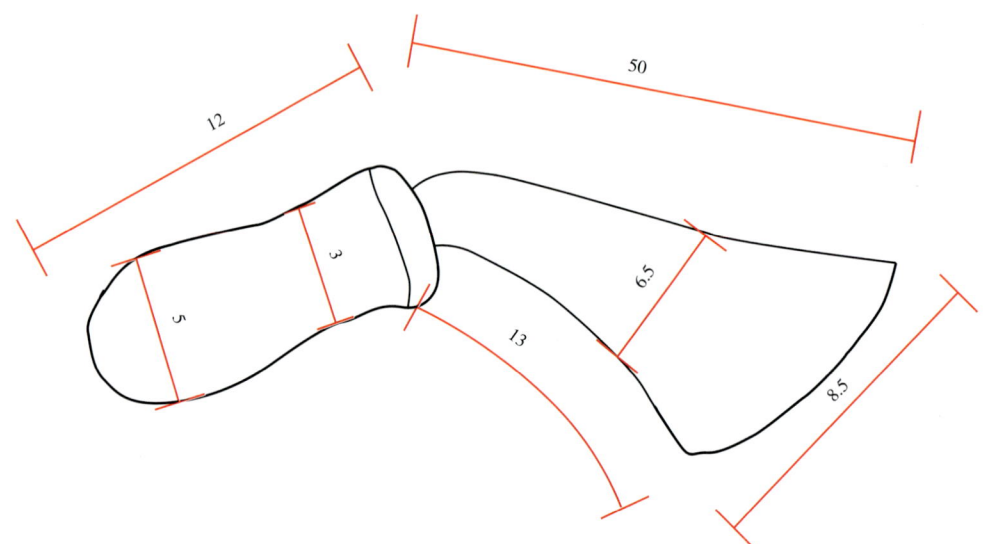

图二　维吾尔族制靴工具"布兰大"尺寸图（单位：cm）

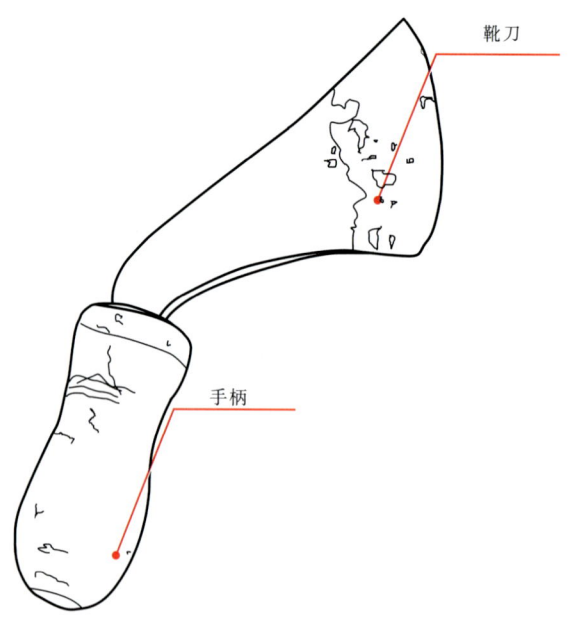

图三　维吾尔族制靴工具"布兰大"结构名称图

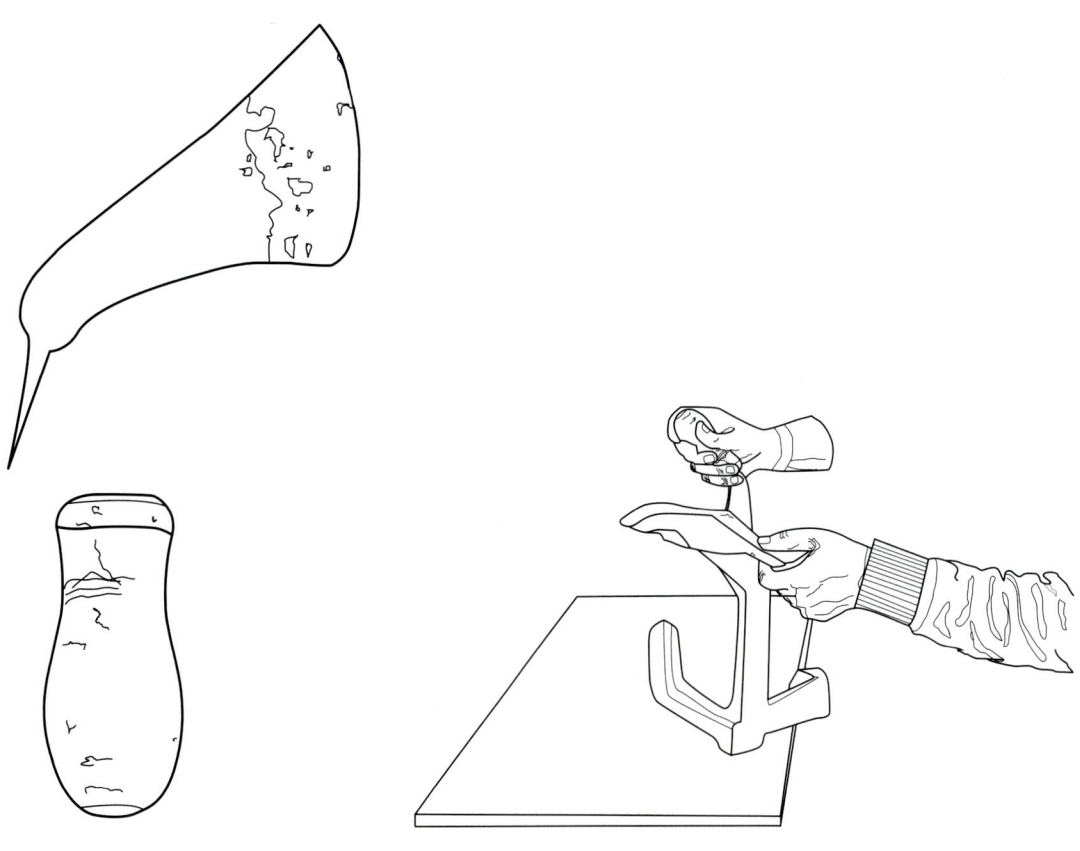

图四 维吾尔族制靴工具"布兰大"分解图

图五 维吾尔族制靴工具"布兰大"操作分析图

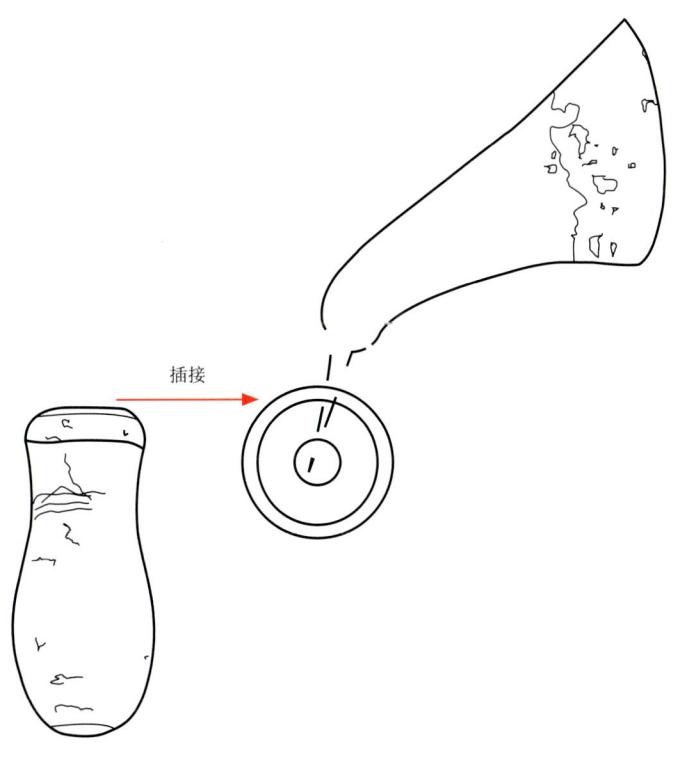

图六 维吾尔族制靴工具"布兰大"工艺分析图

第五章 维吾尔族传统生产工具

维吾尔族印花模具

图一 维吾尔族印花模具主图

在新疆地区的阿克苏、和田等地农村中，维吾尔族农民十分擅长制作布艺生活装饰品，常见的有服装配饰类的腰巾、家居饰品的窗帘、墙围、壁挂等，这些装饰品多以黑、红两种主色与其他多种色彩的印花布制成。这种传统装饰性强烈的印花布是维吾尔族手工业艺人用传统手法生产的，图案采用了民族特色的纹样，色彩丰富多变。

在传统的印花布艺技术中，印花模具是不可缺少的一种工具，而且形态多种多样。陈列在乌鲁木齐博物馆中的圆形印花模为多色印花，其直径为 8 厘米，高度为 4 厘米，根据人体工程学的原理设计，使用时可以单手握住，向下按压。

印花模具的制作过程复杂：首先，要选用质地细而硬的梨木、核桃木、桃木等；其次，依照图案及胚布的大小不同将其分割成为大小不同的木基，木基可以是木板或者木块的形式，并刨制光滑备用；最后，绘制纹样，刻制凹凸分明的木模。印花模具制作好以后，用毛类笔刷蘸上染料，然后在布料上印染，再使用其他的单独纹样的木模工具组合成多样的完整图案。之后用不同色彩的模具配以其他各色的染料，根据创作者的喜好拓印成不同色彩的图案，最后经过漂染晾晒印花布成品制成。

印花模具造型图案多样，多为带有维吾尔族宗教色彩的多组龛形连续纹样，色彩对比强烈、绚丽夺目。这些图案的组合体现出了维吾尔族的民族特色，随着维吾尔族传统手工艺人对工艺进行研究，质量不断地提高，成品的印花布已成为一种体现维吾尔族人民生活情趣和民族性格的的民间工艺美术品，受到世界各地人们的喜爱。

图片来源
图一　雷启兴　摄影
图二至图五　徐翊轩　制图

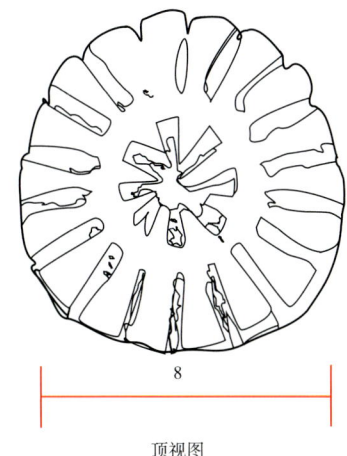
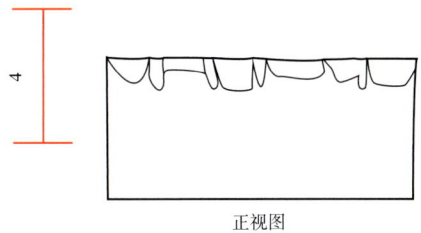

图二　维吾尔族印花模具视角、尺寸图（单位：cm）

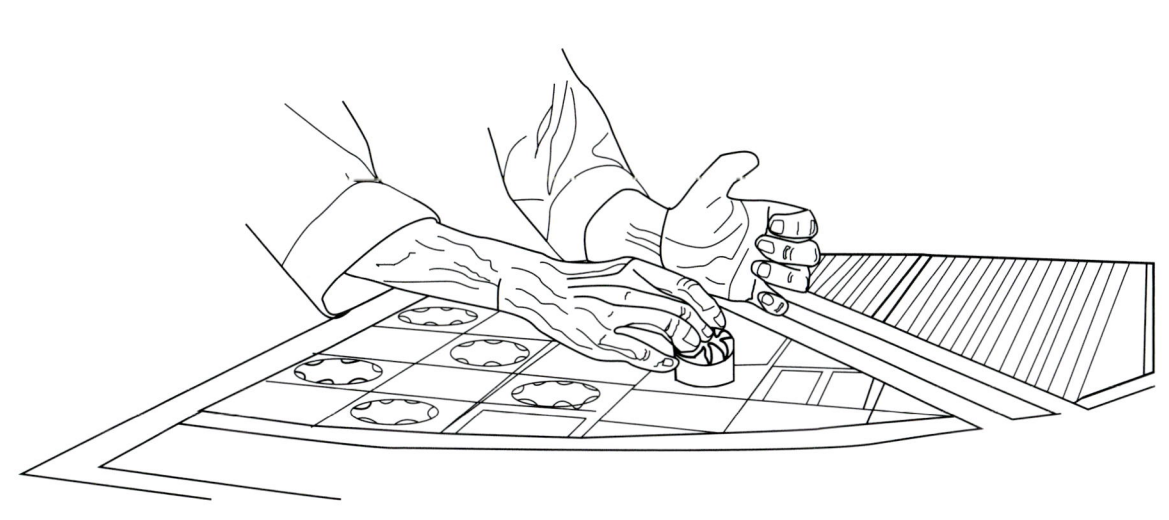

图三　维吾尔族印花模具操作分析图

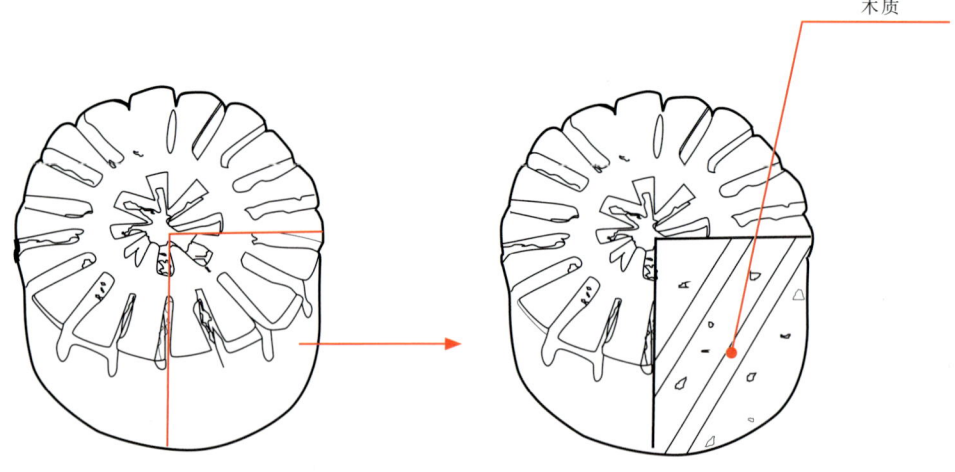

图四 维吾尔族印花模具工艺分析图

图五 维吾尔族印花模具使用情景图

维吾尔族靴掌

图一　维吾尔族靴掌主图

在维吾尔族漫长的发展演变历程中，从顺应地方气候的建筑、产品设计到小型生产工具设计都有着设计目的性等基本设计原则。鞋靴的制作及相关器具设计在其中有着设计学价值，在繁复的制鞋工艺当中，有部分工具是帮助鞋体保持形状的。靴掌，是一种防止鞋子变形的工具，用于生产加工成品鞋的定型。

靴掌的基本形制为头部、连接部和底部。靴掌的上部为椭圆形，使用时把鞋子倒置在上面用于固定。下方通过焊接技术与靴掌固定棒相连接。靴掌的打头为钢板材质，鞋撑固定棒为钢筋材质。连接棒长度为42厘米，适用于成年人坐立的高度，符合人体工程学原理。连接棒底部为尖头，可以插在木桩或者金属木块上，便于鞋匠敲打或者做工时固定鞋子。由于维吾尔族祖先是游牧民族，对鞋靴的使用有着深厚的历史和情结，其分类主要有皮靴，维吾尔语叫"玉吐克"；软靴，维吾尔语为"买赛"；夏季的皮鞋称为"开西"，套鞋称为"喀拉西"。它们已经成为维吾尔族群众日常生活中必不可少的一部分，维吾尔族修鞋艺人分布在新疆的各地，靴掌的使用也相应较为广泛。

传统的制鞋由过去简单的钉和缝发展到现如今的黏、钉、缝、正色以及改装等复杂的工艺，制鞋工具的设计在制鞋工艺中起到了功不可没的作用，未来还需要更多的设计研发和制造。

图片来源
图一　雷启兴　摄影
图二至图六　徐翊轩　制图

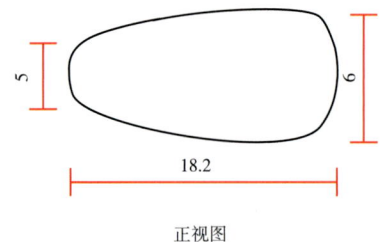

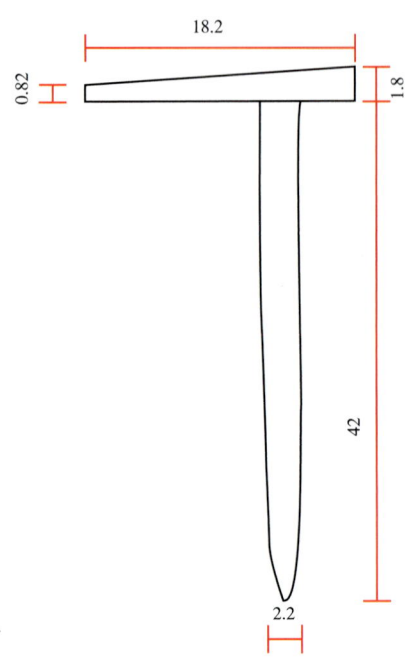

图二　维吾尔族靴掌视角、尺寸图（单位：cm）

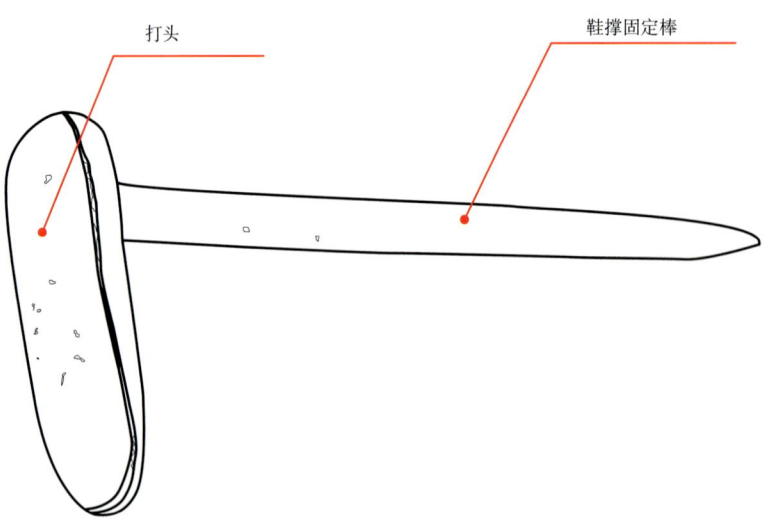

图三　维吾尔族靴掌结构名称图

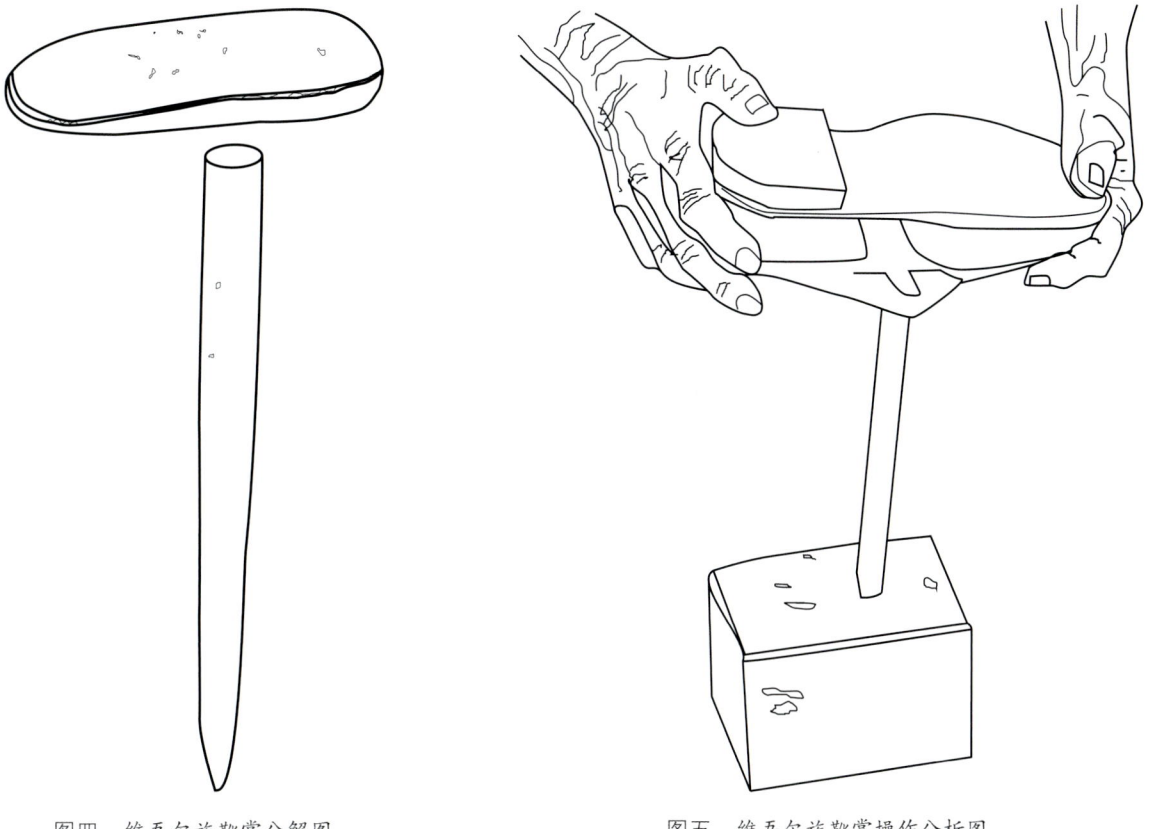

图四 维吾尔族靴掌分解图　　　　图五 维吾尔族靴掌操作分析图

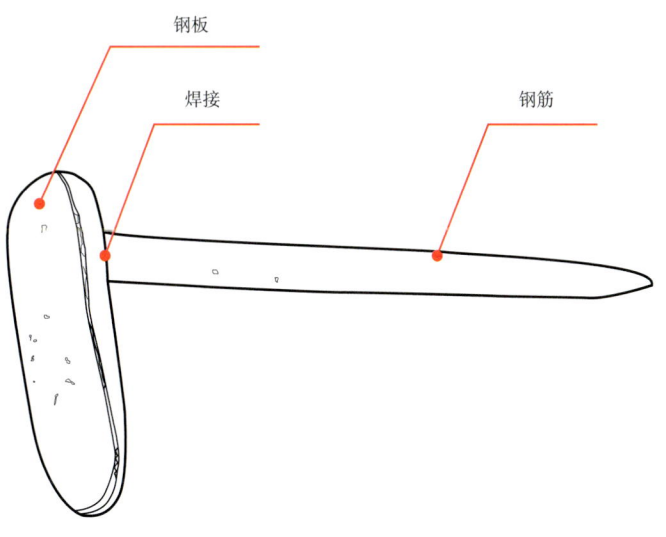

图六 维吾尔族靴掌工艺分析图

第五章 维吾尔族传统生产工具

维吾尔族铁钳

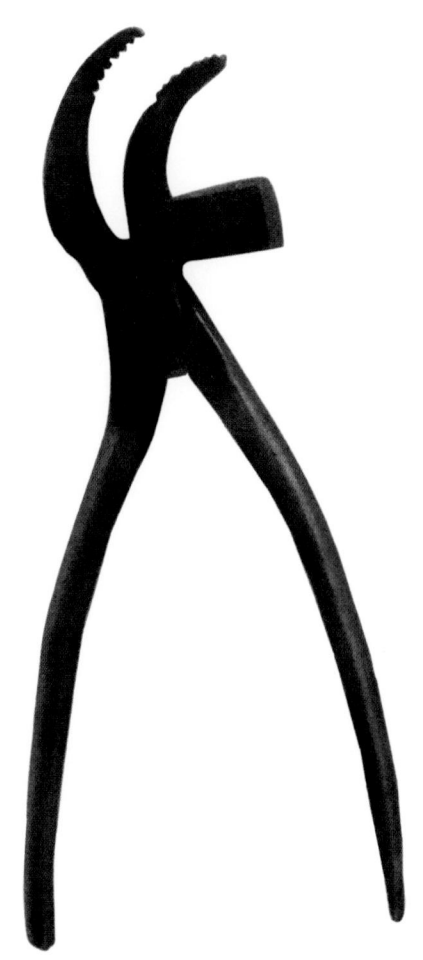

图一　维吾尔族铁钳主图

铁钳是一种用于固定零部件及扭转、剪断、夹持金属丝制品的手工工具,在维吾尔族人民的生产与生活中极具特色,反映了当地民族的生活习惯、造物规律、基本的力学工作原理。

由于其钳嘴像鸟嘴,故名鸟嘴钳。鸟嘴钳的基本构造不同于其他钳子,它包括手柄、钳腮、钳嘴和固定锤头四个部分。铁钳通体长度为20厘米,手柄长度为12厘米,钳嘴根据其形态两边长度分别为4厘米和6厘米左右。手柄处与其他部位统一为金属材质。钳嘴是器物的特色,在复杂的制鞋工艺中,需要利用工具的细微区别来把握鞋型及鞋的耐用性。钳嘴内侧为锯齿状,为在剪裁东西时加大摩擦力，其齿口还可用来紧固机械零部件或拧松螺钉，钳子的固定锤头可用来敲打固定在靴掌上的鞋底，用途十分广泛。

维吾尔族铁钳使用的材料为铬钢，其中铬是一种金属元素，银灰色，有延展性，耐腐蚀，用来制特种钢等。先锻造铁钳的形态，待成型后，进行热处理，之后再进行抛光处理，表面会统一呈现出金属材质，钳嘴处经过特殊的热处理工艺制作后，可以稳定地进行剪切工作。

维吾尔族铁钳的设计兼顾了造型的美感和方便耐用性，体现了工具在生产过程中与被作用对象的密切关系，是在长期生产过程中逐步发现并改进的相关技艺，符合器物造型规律。

图片来源
图一　雷启兴　摄影
图二至图五　徐翊轩　制图

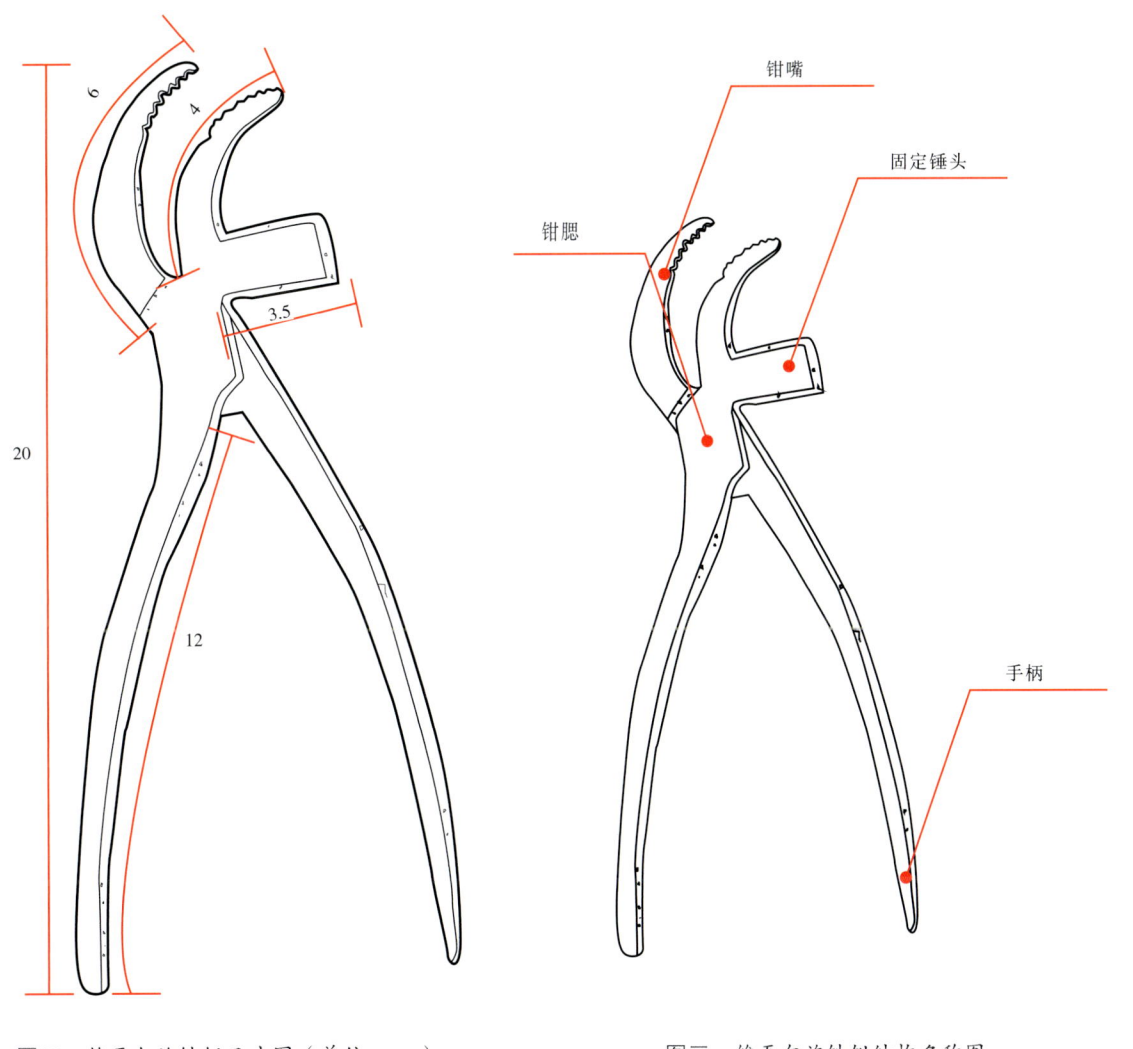

图二　维吾尔族铁钳尺寸图（单位：cm）　　　图三　维吾尔族铁钳结构名称图

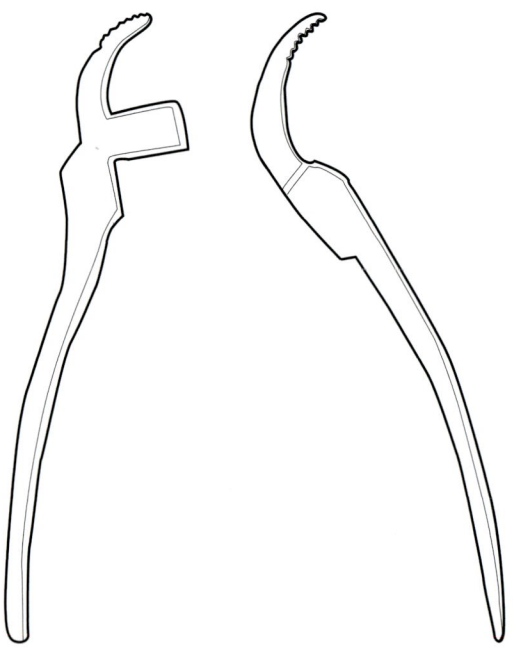

图四 维吾尔族铁钳分解图

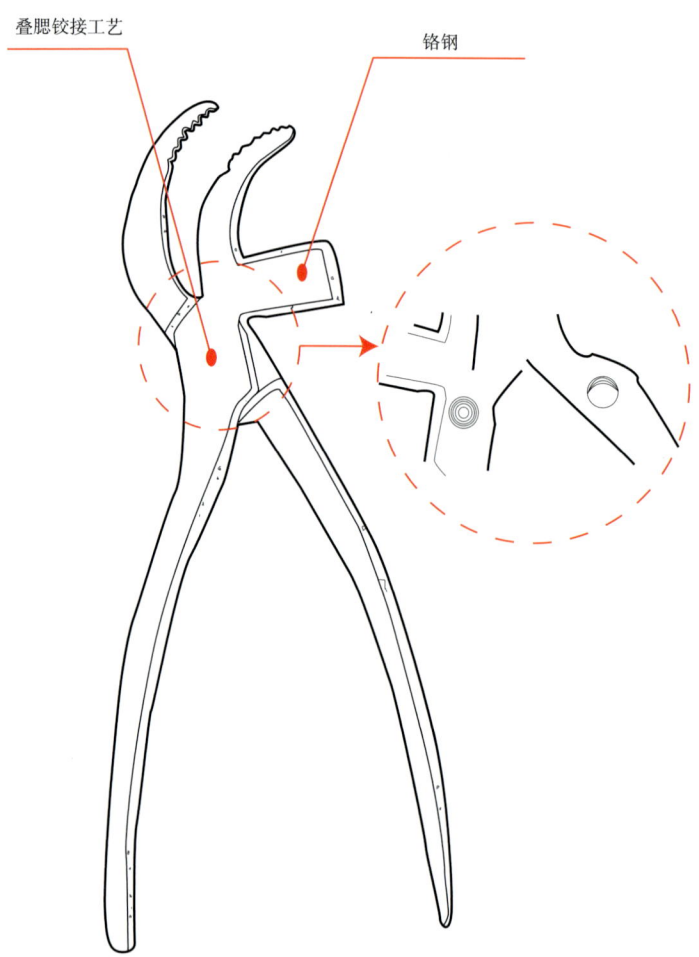

叠腮铰接工艺　　铬钢

图五 维吾尔族铁钳工艺分析图

维吾尔族梭子

图一 维吾尔族梭子主图

维吾尔族有纺织"帕拉孜"的习俗,"帕拉孜"的意思是织毯,维吾尔族的"帕拉孜"用途广泛,又需满足不同人群的审美倾向。它的用料考究、配色丰富,纹饰上非常特别,一般有多层边框,并在几何图形内填入品类繁多的纹饰。因此制作"帕拉孜"使用的梭子也有特殊要求。

从形态上看,梭子外形两头尖,中间粗,枣核形。材质上选用柿木、青冈栎制成,梭子由一块整木成型,梭身长度约为35厘米,宽为5厘米左右。梭口随梭身形状变化,梭壁厚度约为0.5厘米。梭身低端有方形的梭孔,梭孔长约为3.5厘米,宽约2厘米。边缘打磨得非常光滑,有益于走梭时出线。

从工作原理上看,传统织布机在运作时,经线是固定的,梭子用以牵引编织纬纱,在织机上作间断式往复运动。编织地毯时,一枚梭子一种颜色,反复穿梭运动,不断地变换。

梭子的用法比较特别,"帕拉孜"是不同材质混纺的、印花纹路特别的布料,梭子的特性正好符合这种布料的加工工艺。棉质"帕拉孜"以棉线为经纱,再用染色棉纱为纬纱混织。而毛织"帕拉孜"仍以棉线为经纱,纬纱则改为染色毛纱,通过梭子在纬纱上使用不同颜色的染色织料和织料制材的配比,在"帕拉孜"上织成各类装饰图案和提花，这是维吾尔人最为特别的纺织工艺。

图片来源
图一　陶萌萌　摄影（北京服装学院特色资源库）
图二至图六　徐翊轩　制图

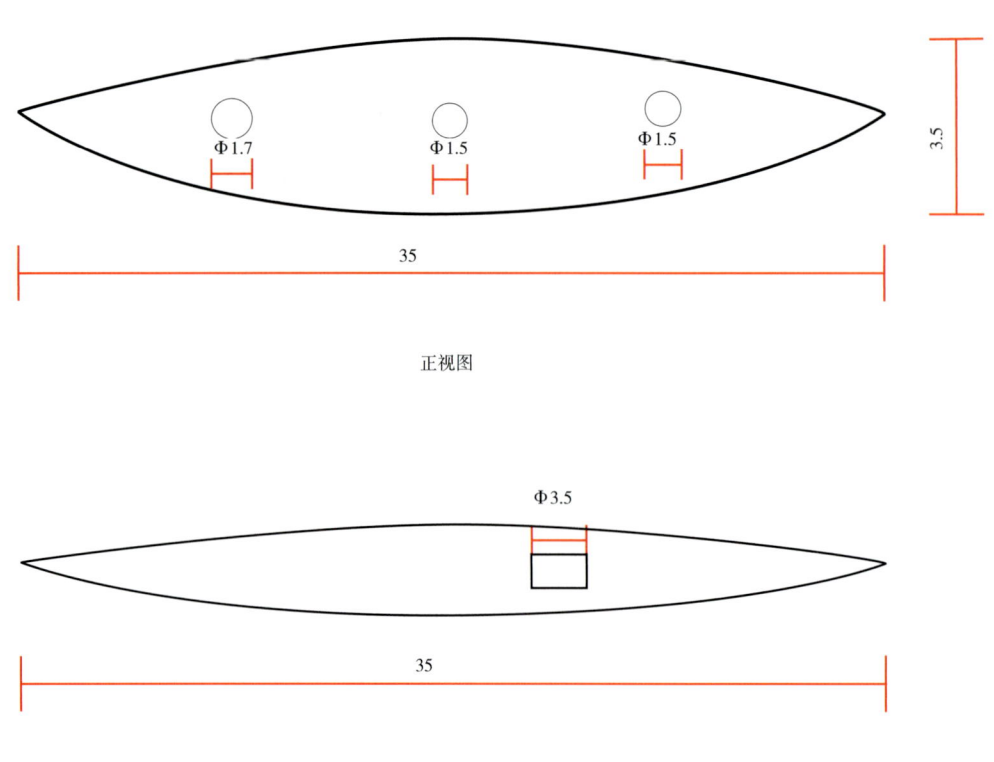

图二　维吾尔族梭子视角、尺寸图（单位：cm）

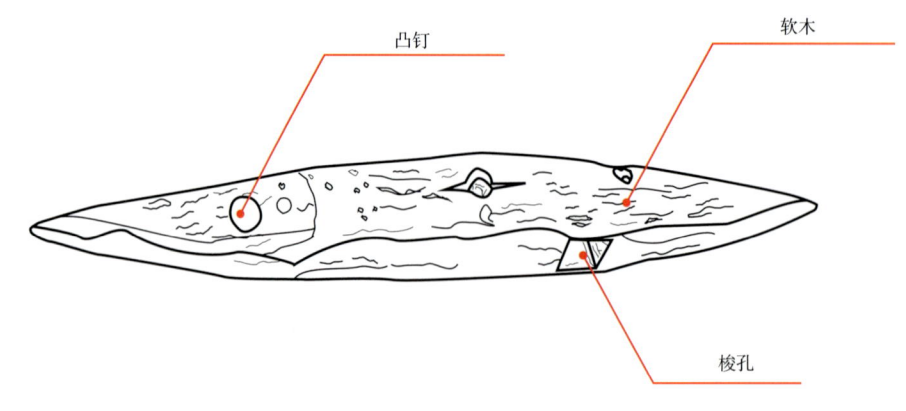

图三　维吾尔族梭子结构名称图

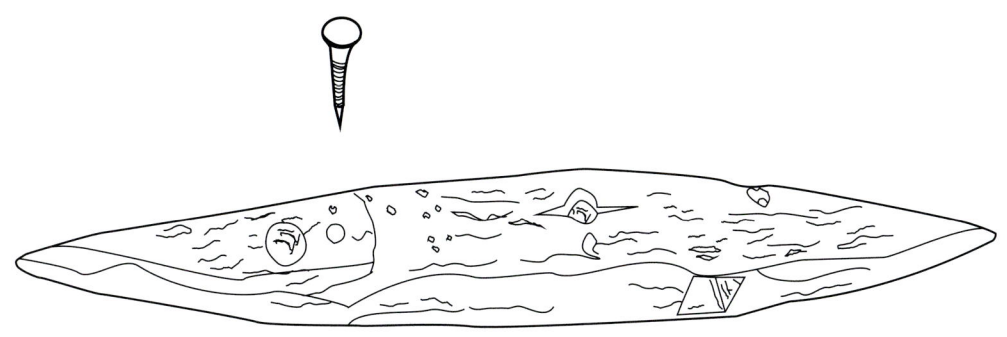

图四 维吾尔族梭子分解图

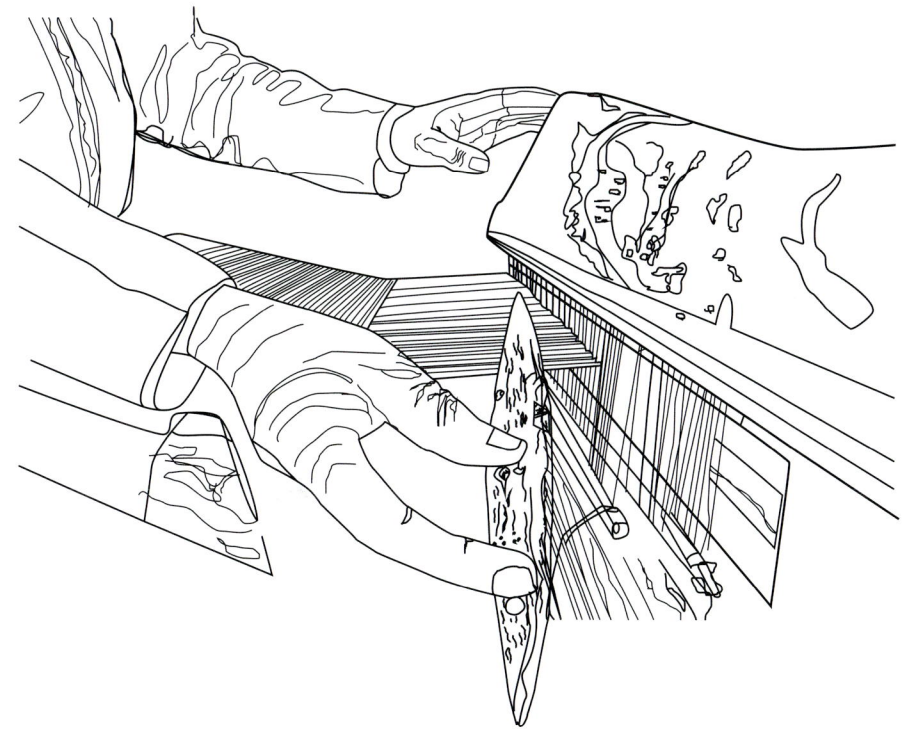

图五 维吾尔族梭子操作分析图

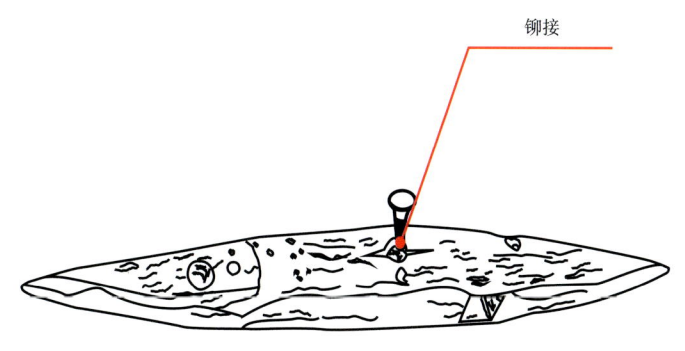

图六 维吾尔族梭子工艺分析图

维吾尔族钉鞋锤

图一　维吾尔族钉鞋锤主图

　　钉鞋锤是维吾尔族生活中的必备工具，用法较灵活，常被用于修整鞋靴。制作维吾尔传统鞋履"乔鲁克"时，平整皮面、塑形、平滑缝线都离不开钉鞋锤，另外制作硬底"喀拉西"时，最重要的钉底工作也需用到钉鞋锤。

　　钉鞋锤形态虽然较简单，但从力学的角度看，钉鞋锤是凝聚了维吾尔族人民的造物智慧的。钉鞋锤由榔头和手柄两部分组成。榔头分为锤头、锤尾两部分，锤头截面呈圆形，锤面光滑扁平，以增大锤面的接触面积，用来敲打鞋帮，也用于钉底、压花、修整皮面（敲击折痕、平整缝线）。锤尾为扁形上翘的造型，呈S流线型，起到平衡重量的作用，使钉鞋锤轻巧灵敏，用于撬底或是压折皮革。锤体中央有一个方形孔，与木质的手柄榫接，在长期的敲打过程中可以经受作用力和反作用力。手柄中央靠上的部位一般会做削细处理，便于手持。使用钉鞋锤修整鞋时，制鞋者需将鞋子置于修鞋架上，鞋底朝上，左手扶鞋，右手敲打或掀撬。

维吾尔族钉鞋锤尺寸与其他区域钉鞋锤尺寸相似，通体长度约为28厘米。榔头部分长约15厘米，宽约3.5厘米。手柄大概25厘米，直径3厘米左右。大部分手柄是由胡桃木削切打磨而成。

维吾尔族"喀拉西"的意思是一种套鞋，是套在鞋子外的第二双鞋，以方便出入清真寺或是会客，这种鞋需要定制，所以在维吾尔族地区钉鞋锤的使用非常广泛。

图片来源

图一　雷启兴　摄影
图二至图五　徐翊轩　制图

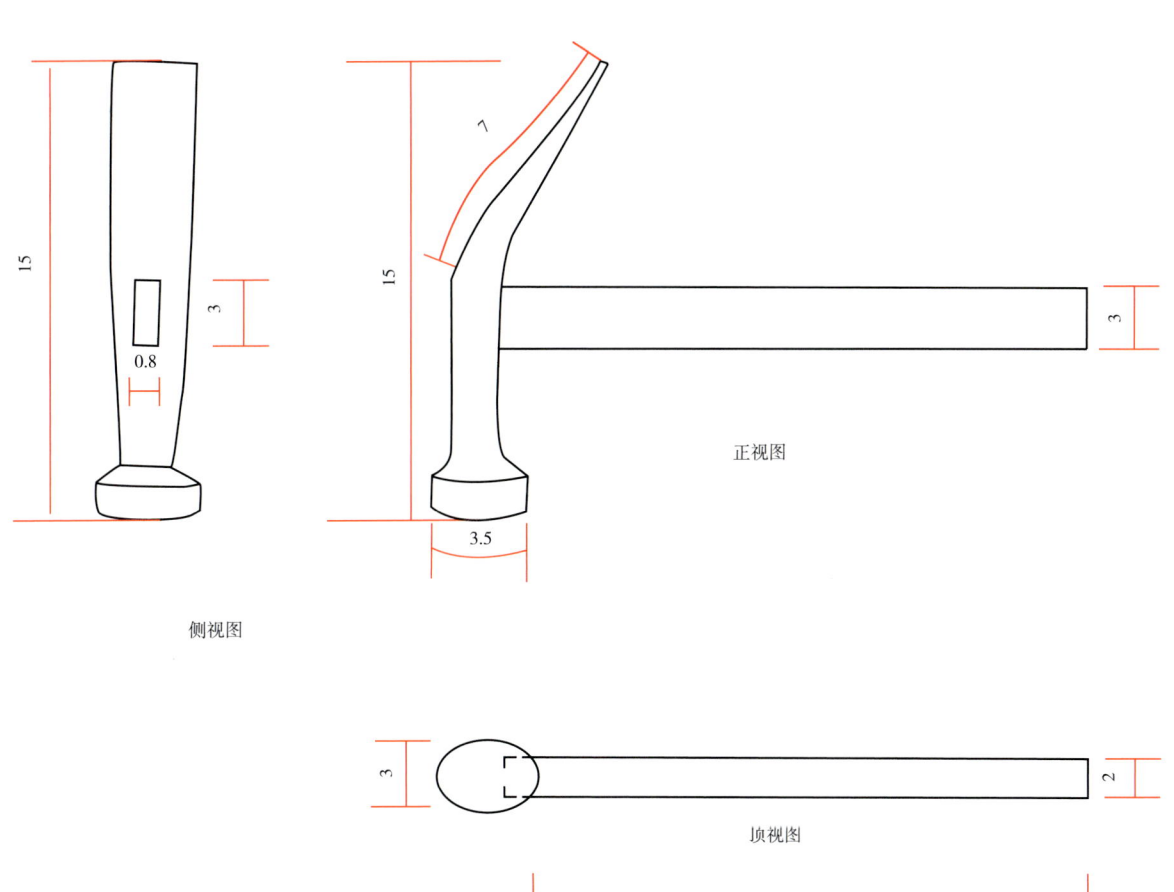

图二　维吾尔族钉鞋锤三视、尺寸图（单位：cm）

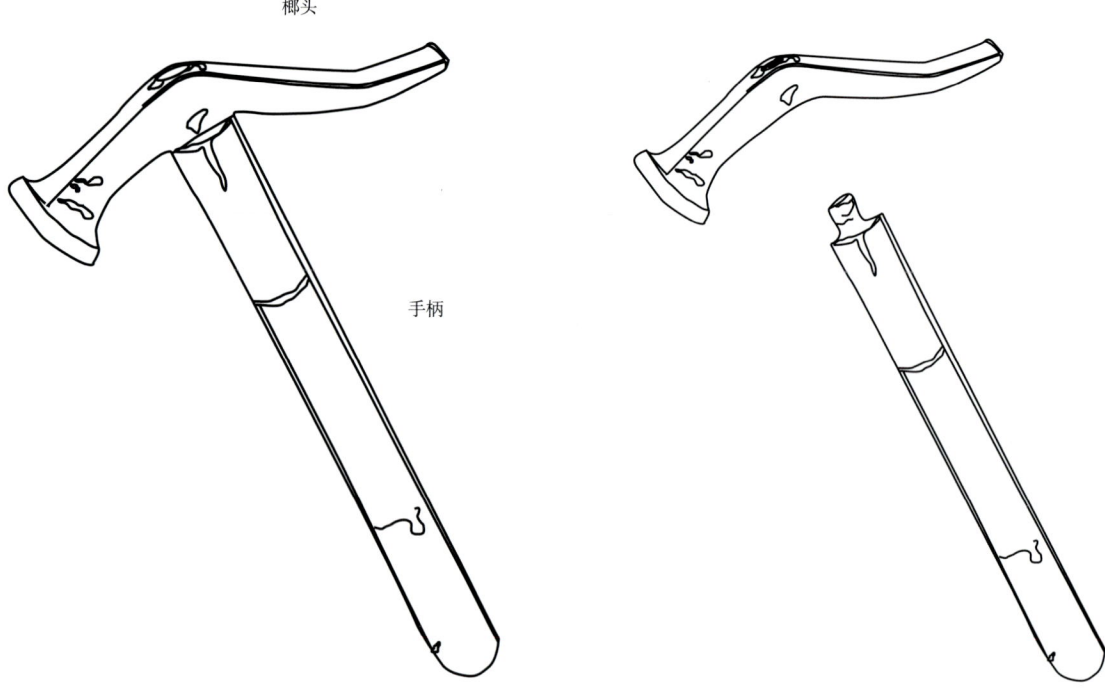

图三　维吾尔族钉鞋锤结构图　　　　　图四　维吾尔族钉鞋锤分解图

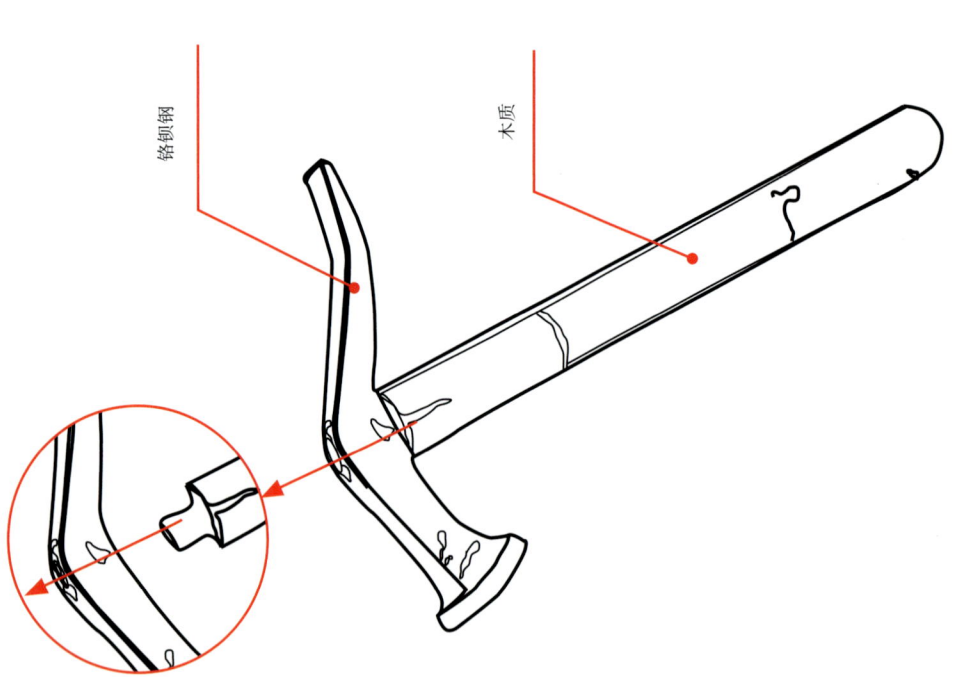

图五　维吾尔族钉鞋锤工艺分析图

维吾尔族纺车

图一 维吾尔族纺车主图

纺车是一种用于把纤维材料如棉、麻、毛、丝加工制成线或者纱的加工设备。根据历史资料的记载，早从汉代就已经出现了纺车，并且经过不断的改造沿用至今。中国古代的纺车工具主要有大纺车、手摇纺车、脚踏纺车等几类。

图中的物品为吐鲁番博物馆馆藏的传统手工工具纺车，是中国传统纺纱工具中的手摇卧式纺车类型。从形态构成上看，它由锭杆儿、底座、木支架、绳轮及摇柄五个部分组成，其中锭杆儿高度为15厘米，底座长50厘米、高10厘米、宽度为15厘米，木支架高度为60厘米，摇柄长度为18厘米，单片绳轮的长度为50厘米。材质选用新疆硬木，工艺上主要包括穿插和交叉环绕两方面。从工作原理上看，纺车是机械转动做功，首先纺线人左手捻起纤维材料，胳膊上扬，右手其中一个手指伸进纺车摇柄上的窟窿洞内，转动起摇柄，这时绳轮通过转动的细线带动锭杆儿开始转动，线就开始不断地延长。然后待左手上扬至不能再扬起的高度时，右手摇柄速度减慢，捻线的左手缩回，最后把拉出纺好的线缠绕在锭子上方的缠线筒（在做工之前把缠线筒放置在锭杆儿上）上，然后再重复之前的过程，这样缠线筒上的线越积越多，不能再绕的时侯，更换新的缠线筒，之后也继续重复之前的动作。在这过程中，上扬胳膊拉线的速度、摇柄的快慢、捻纤维材料的力度都必须控制得刚刚好，这样纺出的成线才会均匀美观。

维吾尔族传统纺织分为毛纺织、丝绸纺织、棉纺织三种类型。纺车用纤维材料纺出成品线是这一切的基础，所以维吾尔族传统纺车都是美观与实用相统一的工具，为民族的纺织业打下了坚实的基础，是维吾尔族人民生产中必不可少的纺织工具。

图片来源
图一　雷启兴　摄影
图二至图六　徐翊轩　制图

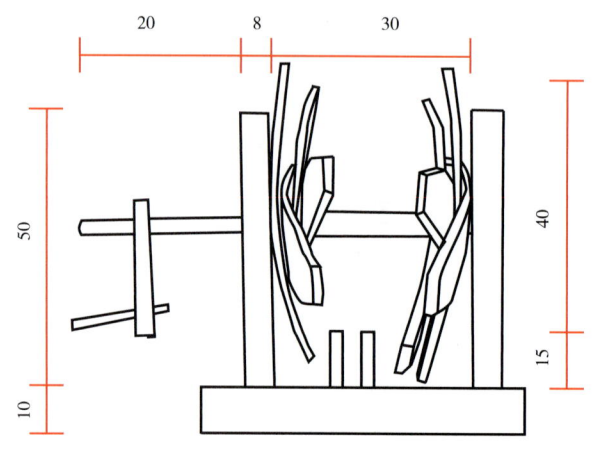

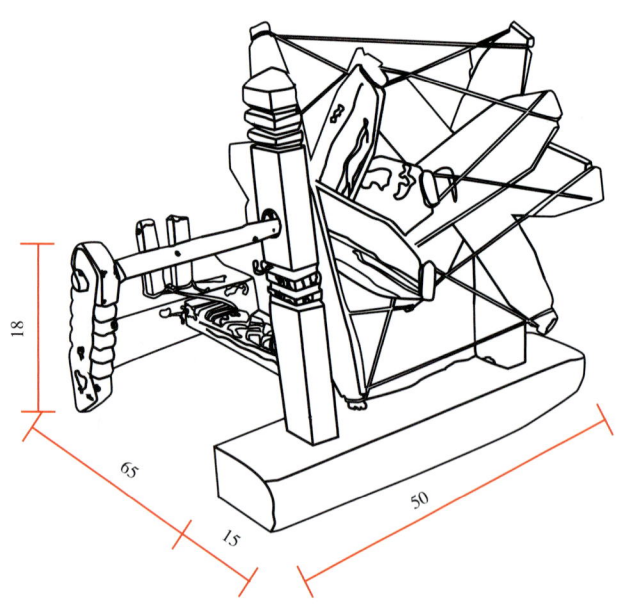

图二　维吾尔族纺车尺寸图（单位：cm）

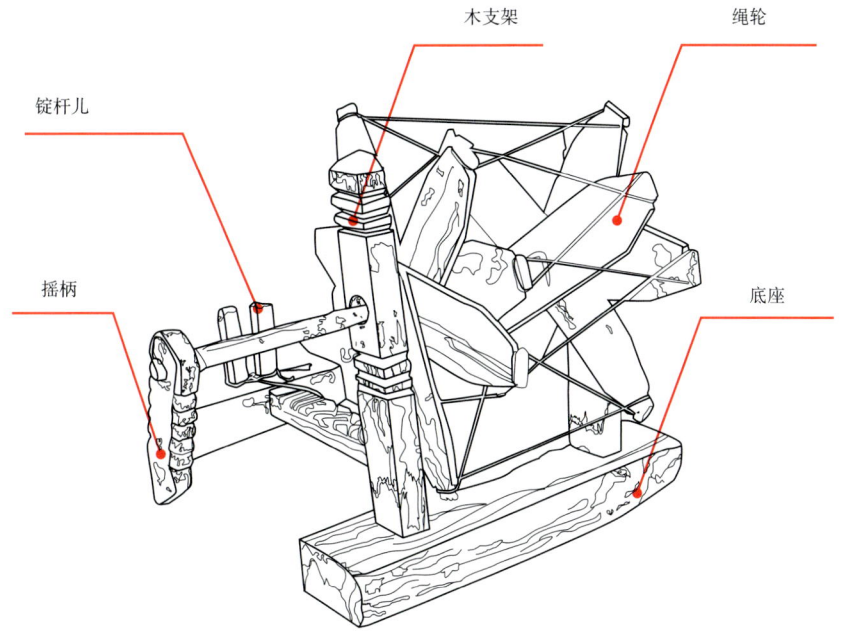

图三　维吾尔族纺车结构名称图

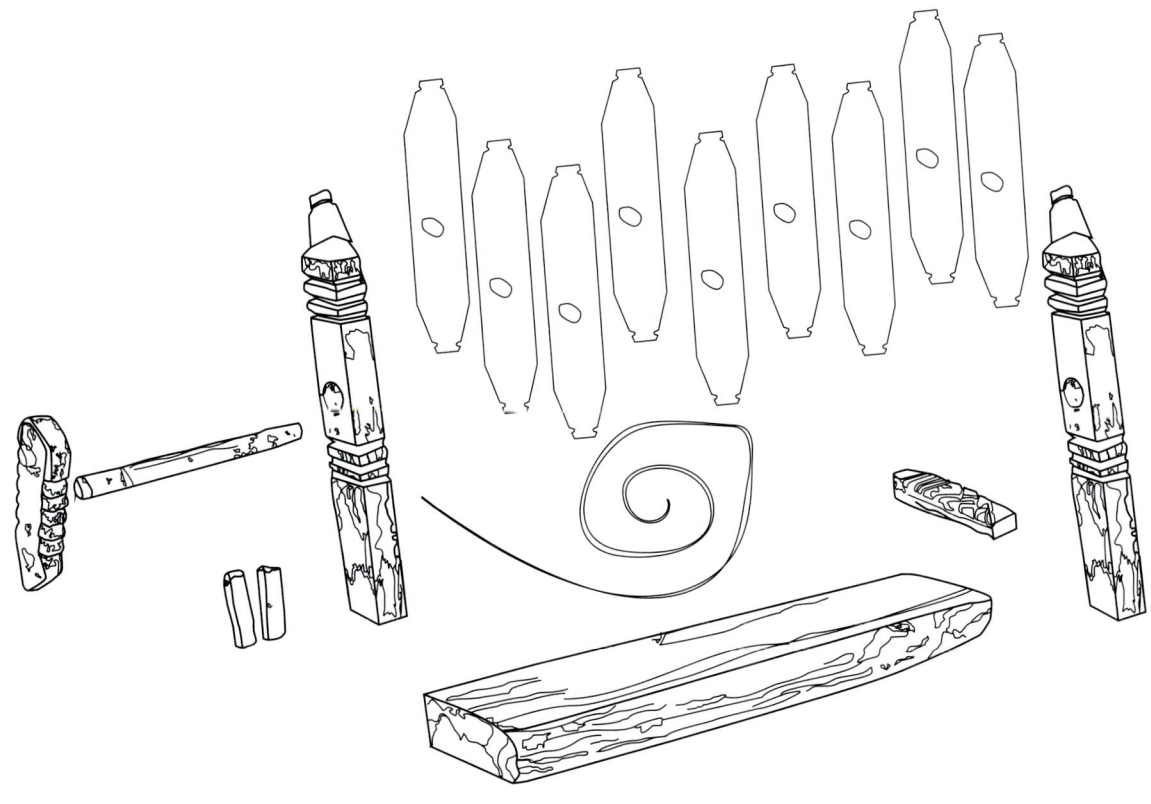

图四　维吾尔族纺车分解图

左手捻纤维材料　　　　　　　　　　　　右手转动手柄

图五　维吾尔族纺车操作分析图

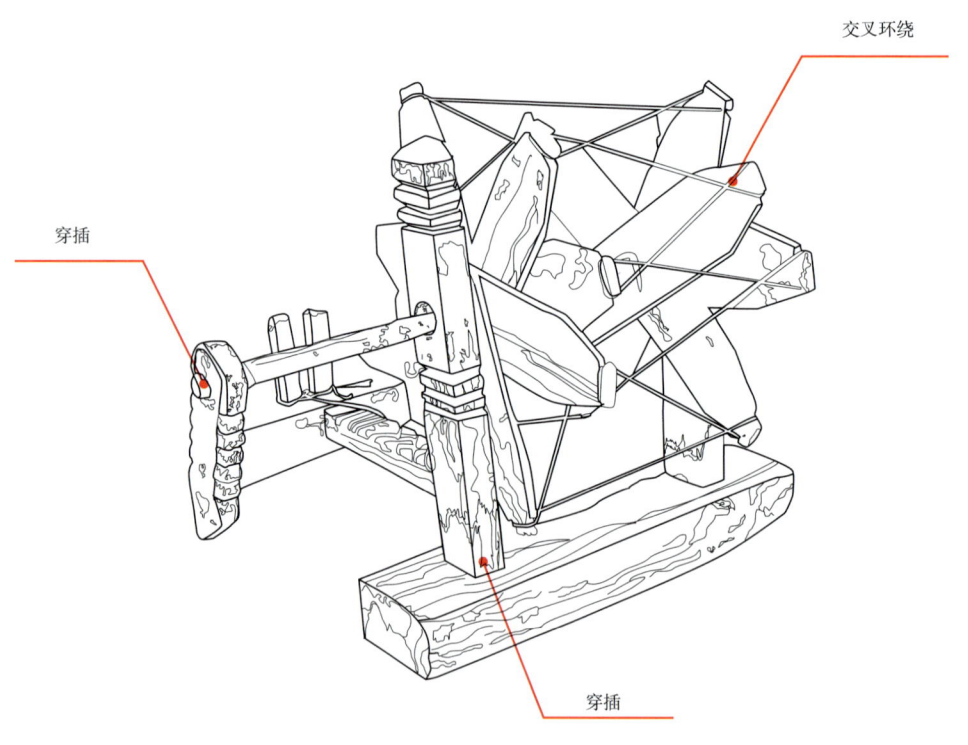

图六　维吾尔族纺车工艺分析图

维吾尔族织地毯机

图一 维吾尔族织地毯机主图

图中是收藏于乌鲁木齐博物馆的织地毯机,是维吾尔族制作地毯的传统工具。织地毯机源于19世纪70年代的英国,后来逐渐传入亚洲各国。图中的织地毯机的使用以人工工作为主,机器为辅。

织地毯机从组成上看,主要由支架、上下梁、横木、耳木、经纬轴棍、梭子、铆钉等几个主要部分构成。其中,支架、上下梁、横木、耳木起到支撑的作用,铆钉为辅助固定的零件,经纬轴棍与梭子则是编织地毯的主要工具。从材质上看,织机主要选用了不宜朽烂虫蛀的硬木,这样可以坚固耐用。从尺寸方面看,上下梁长度为110厘米,支架长度为160厘米,横木长度为82厘米,耳木长度38厘米,经纬轴棍为40厘米,梭子长50厘米。从工艺上看,其主要有插接、捆绑、铆接与榫卯结构。

工作原理上主要有六大步骤及多个小步

骤完成。首先，第一步为挂经，即把棉线或真丝等纺线缠绕在织机的上下梁，使之形成在上下梁之间的垂直线。第二步为打底，用一根织线从左向右每间隔一根经线穿过直到形成经纬网，这个过程为编织打下基础。第三步为压实纬线，用钢梳自上而下梳理经纬网，向下压实纬线。其次到了编制环节即第四步，在打底后，打结出许多个节点，然后用钢梳向下压实，反复重复这个动作，编织这个步骤就完成了，这时地毯基本成型。第五步为割绒，左手每次拉出两条经线，右手持用半月形刚刀快速割断绒线。最后一步，修剪绒毛，让地毯表面平整美观，使图案清晰可见。之后把地毯拿去清洗。至此，传统的手工地毯的编织工序基本完成。

维吾尔族传统手工织毯图案丰富，植物、景物生动如浮雕，在工艺方面与艺术方面所呈现出的价值超越了20世纪60年代以来大量运用的机织地毯，在对外出口的传统类商品中独占鳌头，除了具有实用价值以外，还具有极高的收藏欣赏价值。

图片来源
图一　雷启兴　摄影
图二至图图七　徐翊轩　制图

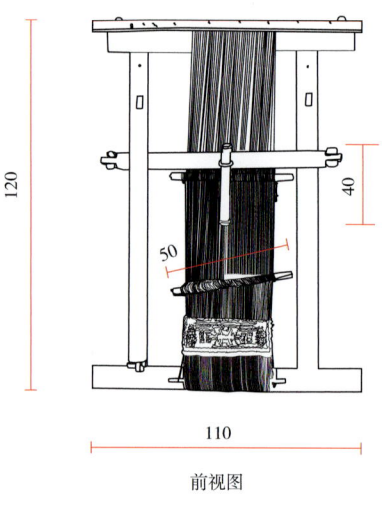

前视图

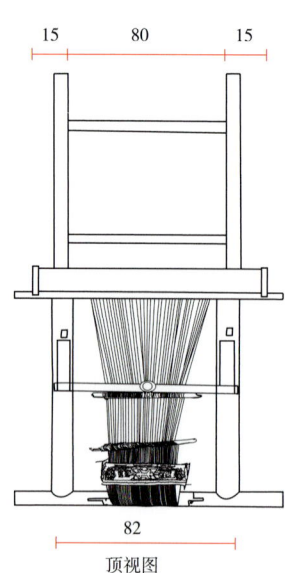

顶视图

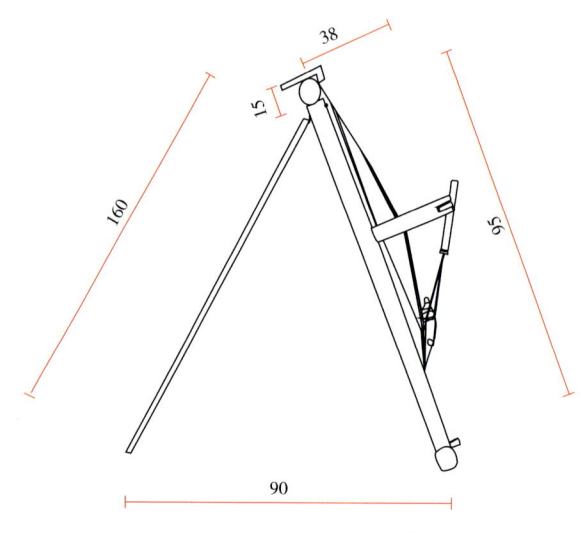

左视图

图二　维吾尔族织地毯机三视、尺寸图（单位：cm）

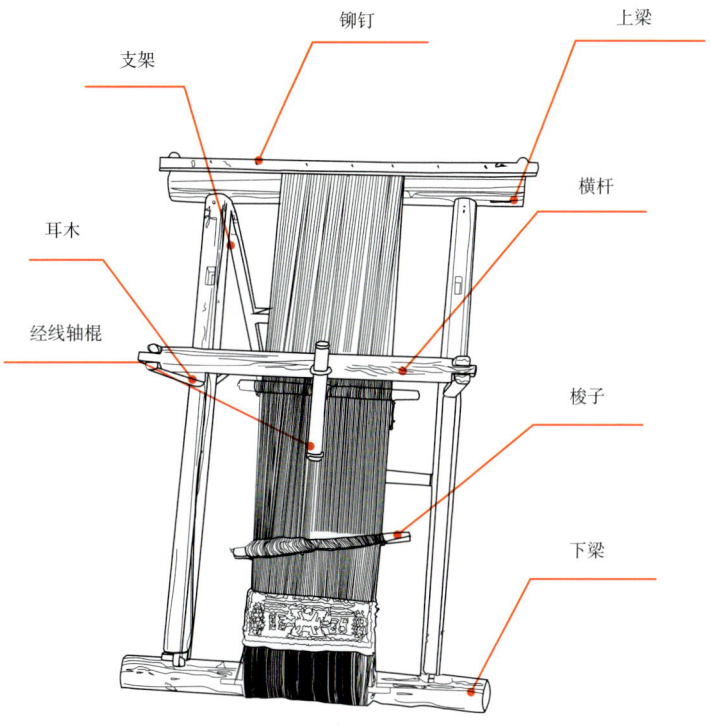

图三　维吾尔族织地毯机结构图

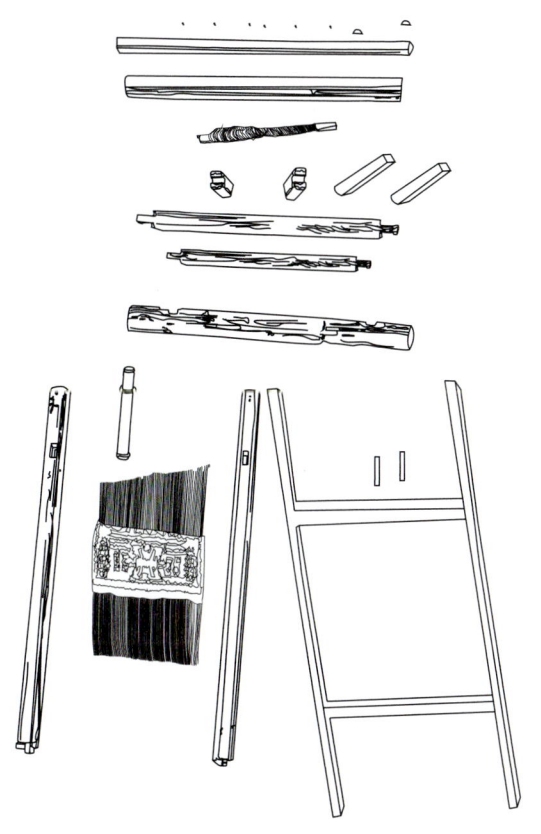

图四　维吾尔族织地毯机分解图

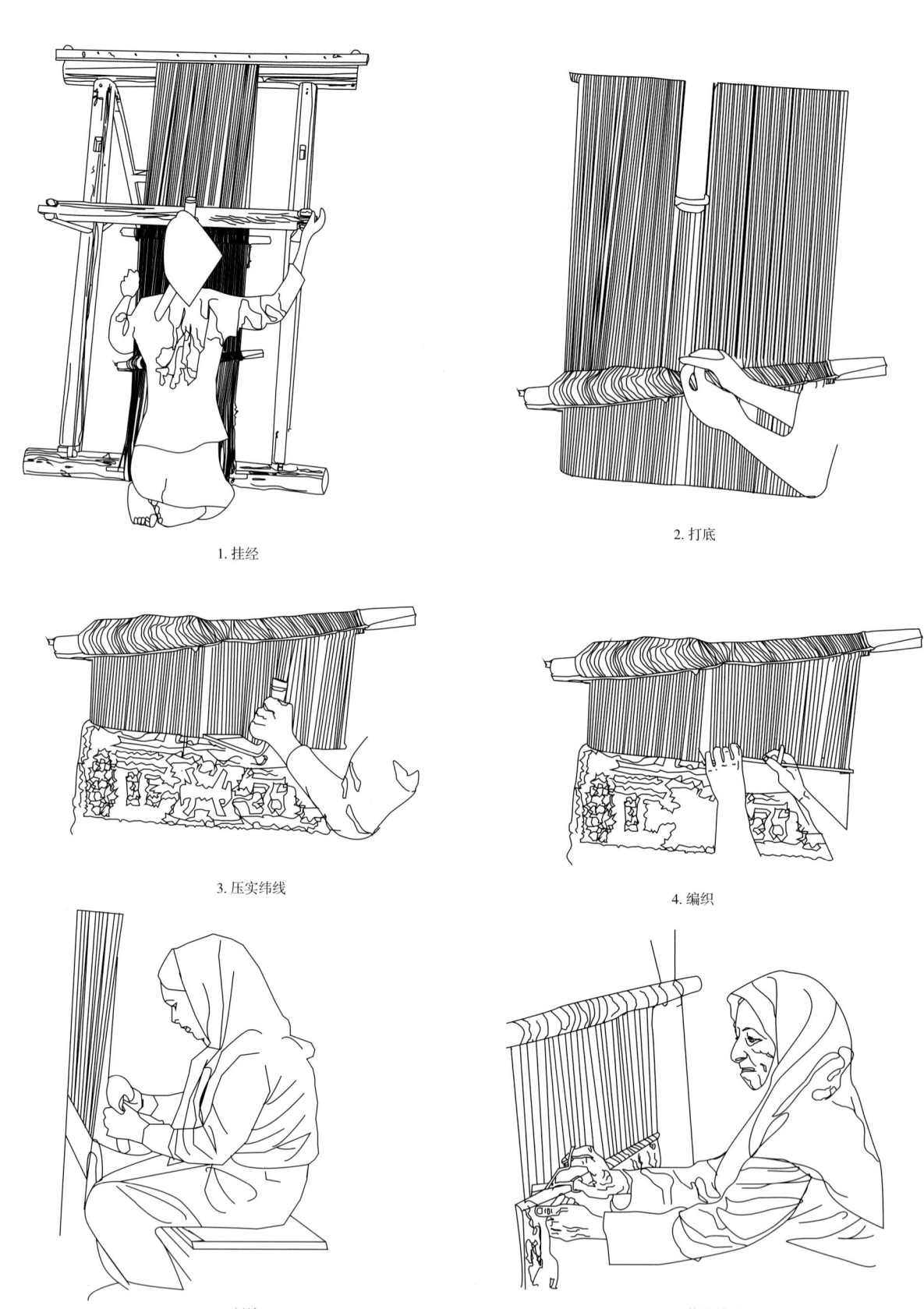

1. 挂经　　2. 打底　　3. 压实纬线　　4. 编织　　5. 割绒　　6. 修剪绒毛

图五　维吾尔族织地毯机操作分析图

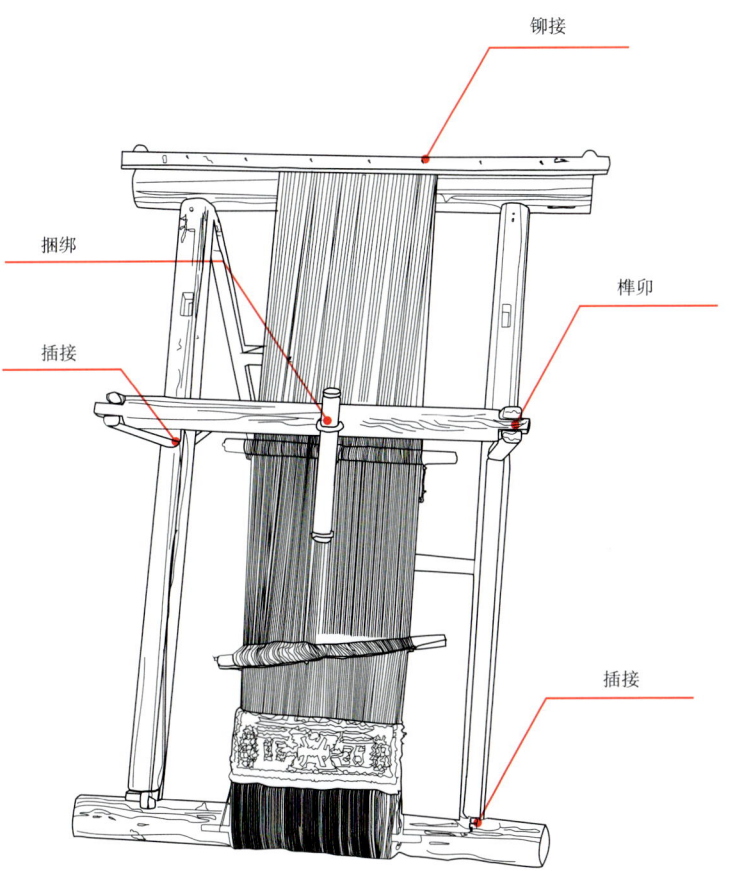

图六 维吾尔族织地毯机工艺分析图

图七 维吾尔族织地毯机使用情景图

维吾尔族铁锛

图一　维吾尔族铁锛主图

锛在字典中被解释为平木器，其历史演变过程经历了石锛、青铜锛和铁锛三种不同材质变化的阶段。锛在外观造型与结构方面的变化也是根据其材质不断进步发展而变化，图中的器物为陈列在新疆乌鲁木齐博物馆的铁锛。

此铁锛的构成由刃口、脊背、手柄插孔等几个主要部分组成，在日常使用中与手柄组合成为平木工具。从材质上看，铁锛的锛刃是铁质，经过高温锻造敲打而成，手柄为木质，通过穿插工艺组合而成。铁锛在尺寸上也分为大小铁锛，锛刃的形状与大小并无区别，大号铁锛的手柄较长，小号的则比较短。从三视图上看，锛刃的长为25厘米，刃宽为12厘米，高为10厘米，手柄插孔的直径为7厘米。手柄的长度根据铁锛的使用情况设计在60至80厘米之间。

在日常使用时，大号铁锛的手柄的长度设计与人的腿部长度相似，长度在70~80厘米，在砍伐较大木材时，方便工人操作施力。如果过短或者过长，则会导致操作施力困难或者不稳定。小号的铁锛适用于砍伐小木件，可以双手握柄，也可以一只手固定木件，一只手操作。从使用方法和材质上看，铁斧与铁锛都极为相似，但是在结构设计上，铁斧的刃缘与手柄平行，铁锛的刃缘与手柄垂直，这样在操作时方便了人施力。所以，这些平木工具的设计非常符合人体工程学，使用起来极为方便。铁锛的制作设计，又一次体现出维吾尔族人民精湛的制铁技术，是维吾尔族传统造物的代表。

图片来源

图一　雷启兴　摄影

图二至图四　徐翊轩　制图

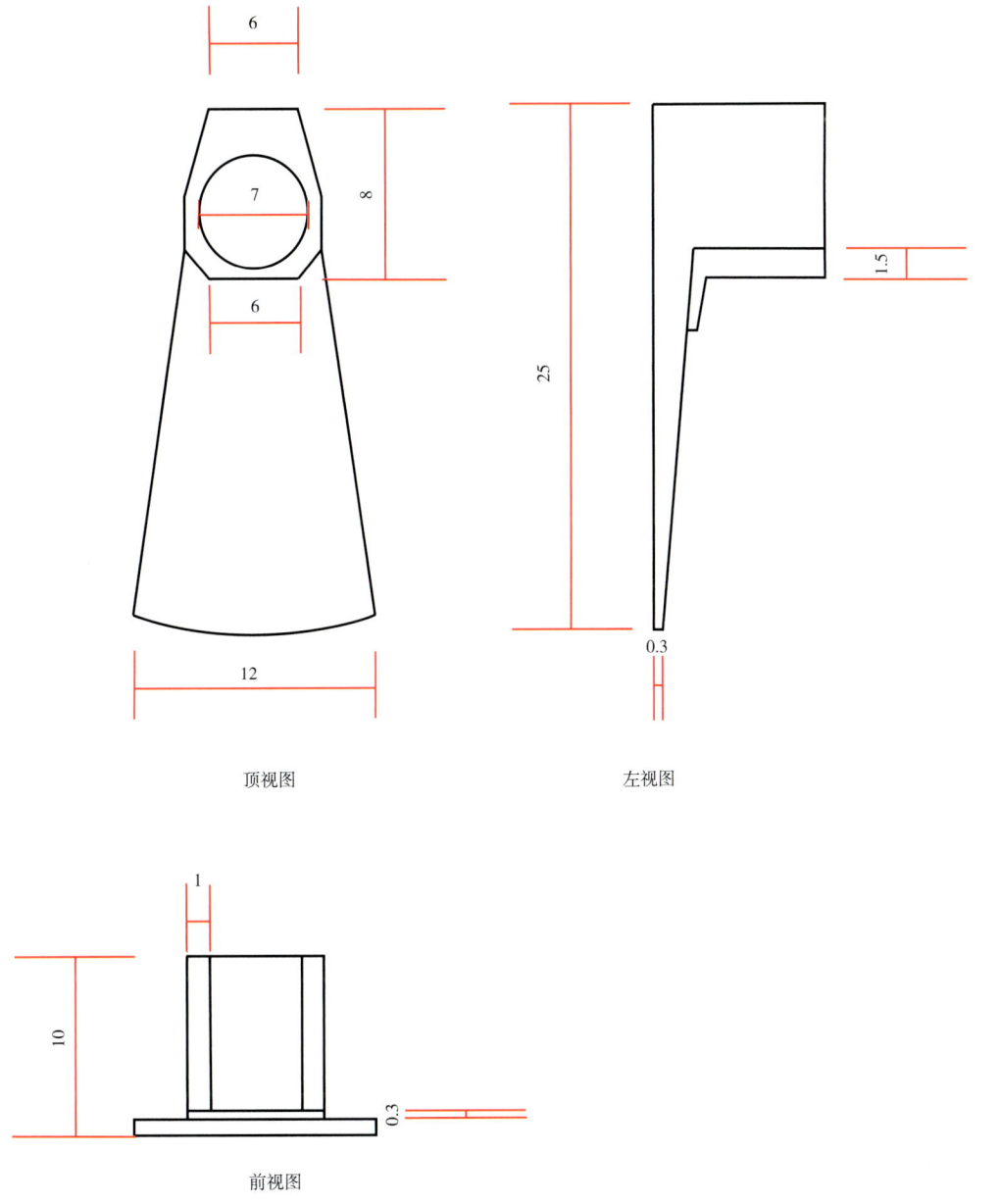

图二　维吾尔族铁锛三视、尺寸图（单位：cm）

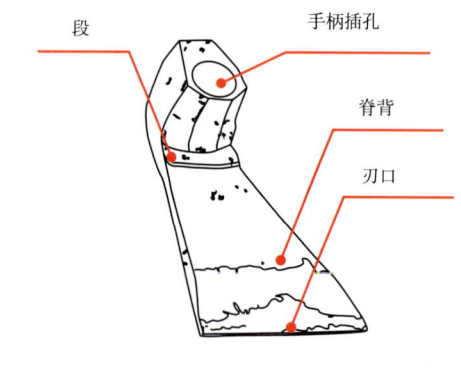
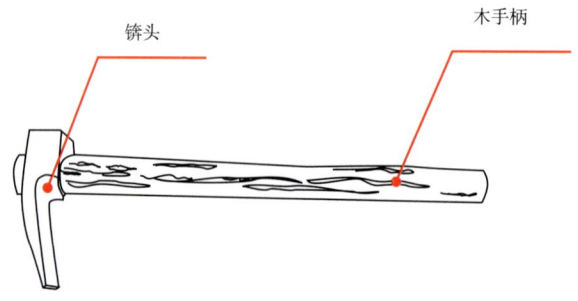

图三 维吾尔族铁锛结构图

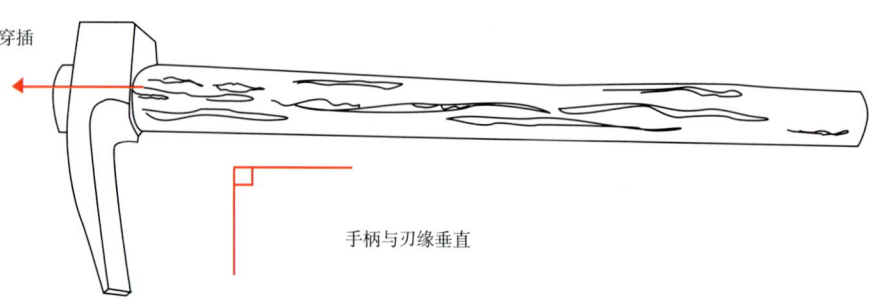
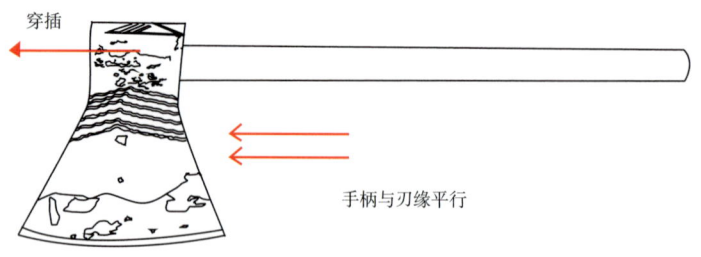

图四 维吾尔族铁锛工艺分析图

第六章 维吾尔族传统手工艺

19世纪末阿克苏栏杆罕尼卡清真寺藻井纹样

图一 阿克苏清真寺藻井纹样主图

该清真寺藻井为八边形，纹样则设计成"八达晕"骨式，即以"米"字为主要骨骼，骨骼线从中心纹样向八方发展，整体呈放射状，富有秩序圆满、变化统一、不断发散的视觉效果。该藻井图案中心纹样为团纹，团纹由7个同心圆组成，分别饰波线、圆形、菱形、龛形等组成的连续纹样。团纹外圈分为距离相等的13个点，排列13个龛形纹，最外圈则排列8个龛形纹样，与内圈的13个龛形纹刚好每间隔一个相连接，最外圈的龛形纹又被设计成清真寺寺顶的样式，与清真寺建筑主体相吻合。这几类纹样是清真寺建筑中常见装饰纹样，形似神龛的龛形纹具有宗教信仰的文化寓意。

纹样为白底蓝花，白底上图案绘制成深浅不同的酞青蓝色，使得图案层次更加丰富，又具有蓝印花布的简洁、明净、淳朴之美，并与周围墙壁的图案色彩相统一。在伊斯兰教中，蓝色与白色同为纯洁、善良的象征色，纹样为彩漆勾绘、平涂完成。

图片来源

图一　左力光.新疆伊斯兰教建筑装饰艺术.乌鲁木齐：新疆美术摄影出版社，2009.

图二至图五　邓莉丽　制图

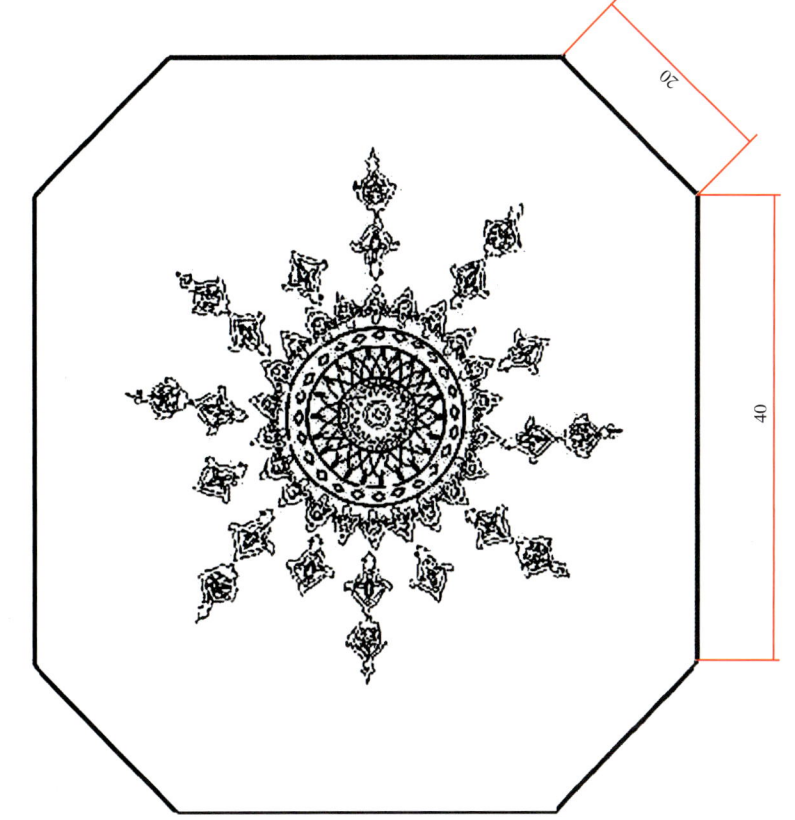

图二　阿克苏清真寺藻井纹样尺寸分析图（单位：cm）

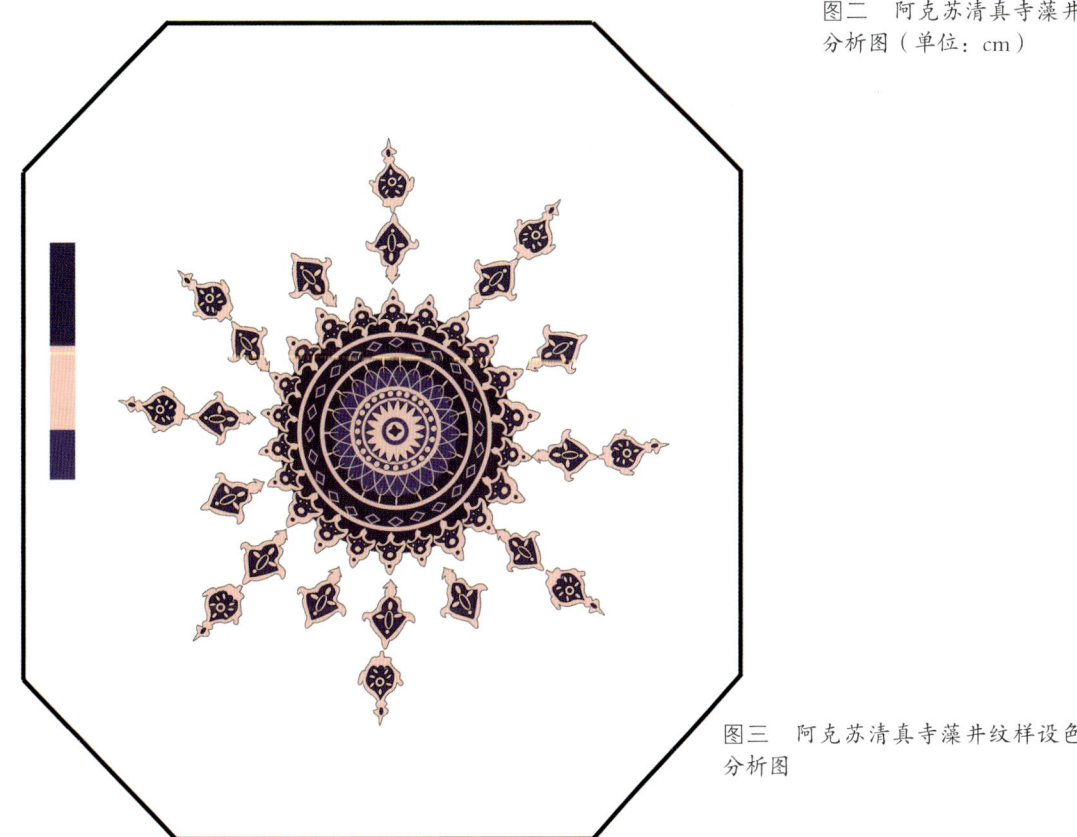

图三　阿克苏清真寺藻井纹样设色分析图

447

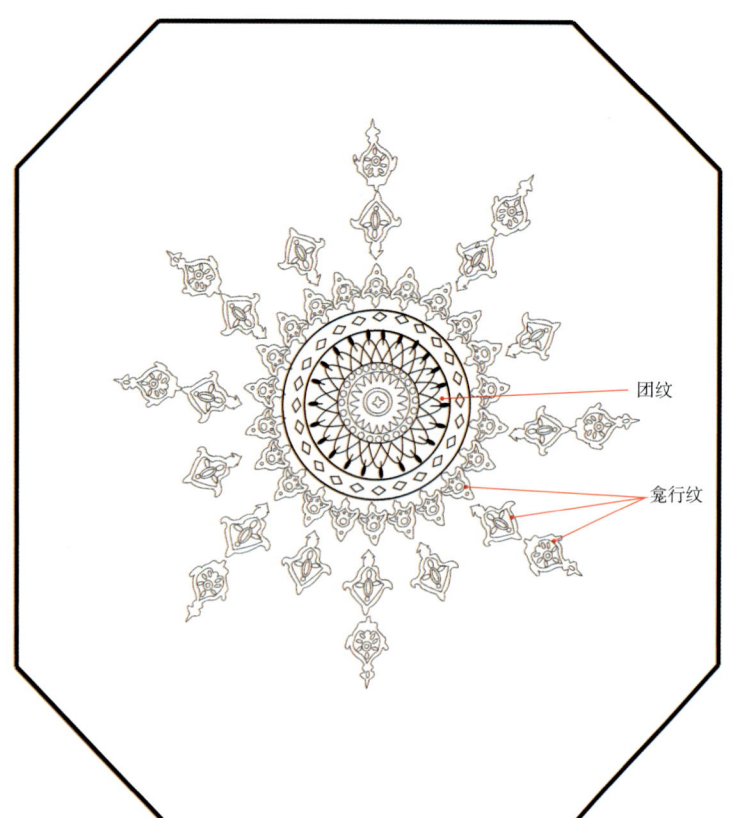

图四　阿克苏清真寺藻井纹样构成分析图

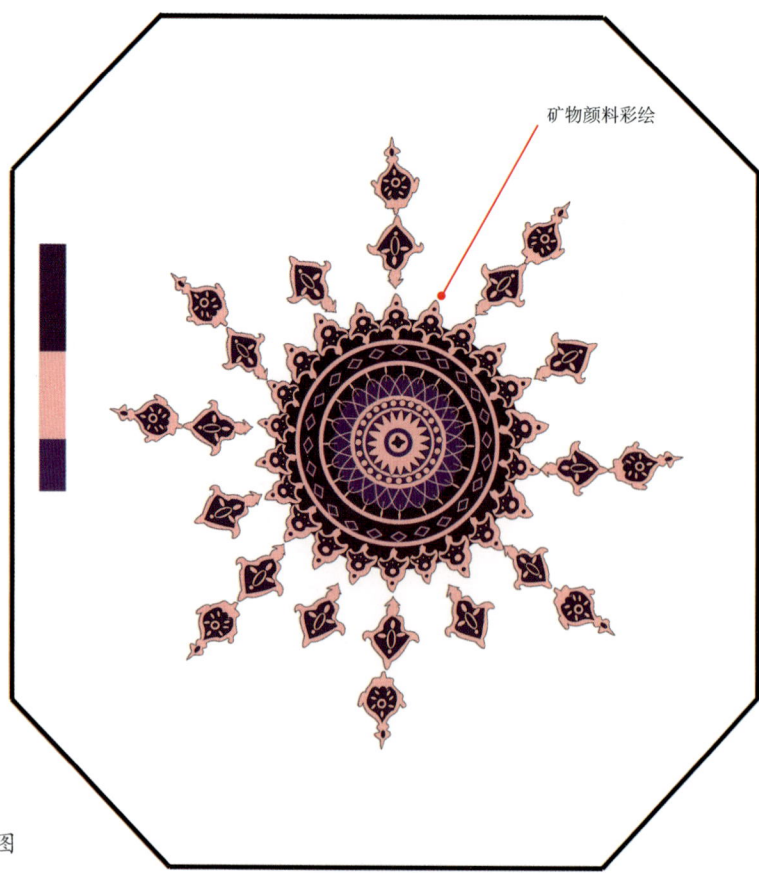

图五　阿克苏清真寺藻井纹样工艺分析图

清代哈密回王陵建筑外部雨棚内棚顶纹样

图一 清代哈密回王陵建筑外部雨棚内棚顶主图

该麻扎雨棚棚顶以正方形适合纹样为基本单位作上下左右连续排列，中间留有一定空隙，形成两组并列的连续纹样，具有庄重、典雅之感。作为基本单位的正方形适合纹样为对称骨骼，中间饰由六瓣花纹、八瓣花纹组成的圆形适合纹样，四周饰四玫石榴纹角隅纹样，六瓣花与八瓣花纹以六瓣花、八瓣花原形为基本形，辅以花苞、藤蔓、枝叶。这种六瓣花或八瓣花纹样的原型多来自于大丽菊，大丽菊品种丰富、花型多变，色彩丰富，原产墨西哥高原地区。大丽菊花不仅是优雅高贵的象征，同时还活血散瘀，有一定的药用价值。石榴纹，以石榴果实为原形，作艺术化变形处理，辅以藤蔓、枝叶。石榴为新疆天山南麓塔里木盆地的特产，同时也是我国传统吉祥纹样之一，整体看来，该棚顶纹样线条流畅，疏密关系处理合理，流动的植物纹设计于规整的几何形内，严谨中又不失变化。

色彩包括黑、白、草绿、灰绿、大红、中黄、土黄等，以黑、白为底，纹样以草绿、灰绿为主，配以大红、土黄等色，整体为暖灰色调，清新淡雅，具有平面装饰性及民间艺术的色彩特征，为多种文化沉淀与融合的结果。

该棚顶采用木胎彩漆描绘、拼接安装，即先制作好需要拼贴单位，再计量测算，然后组织安装。

图片来源
图一 左力光.新疆伊斯兰教建筑装饰艺术.乌鲁木齐：新疆美术摄影出版社，2009.
图二至图五 邓莉丽 制图

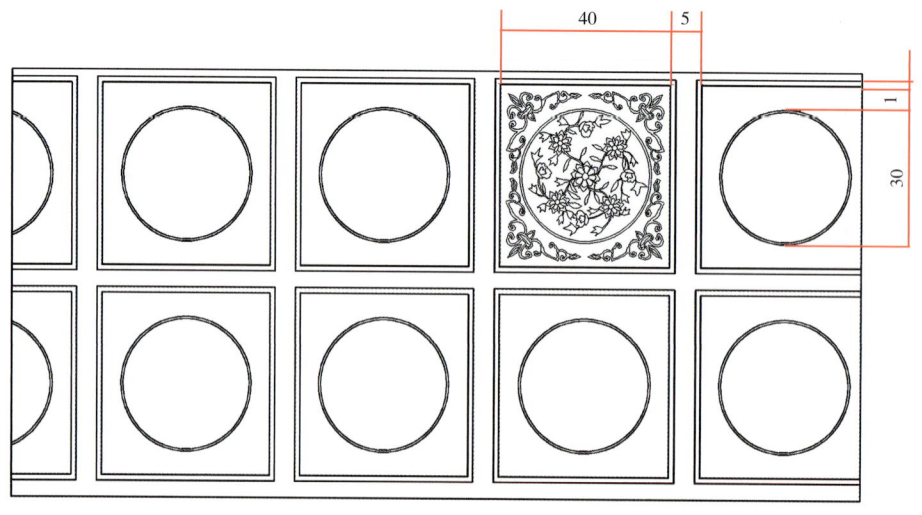

图二 清代哈密回王陵建筑外部雨棚内棚顶尺寸分析图（单位：cm）

图三 清代哈密回王陵建筑外部雨棚内棚顶设色分析图

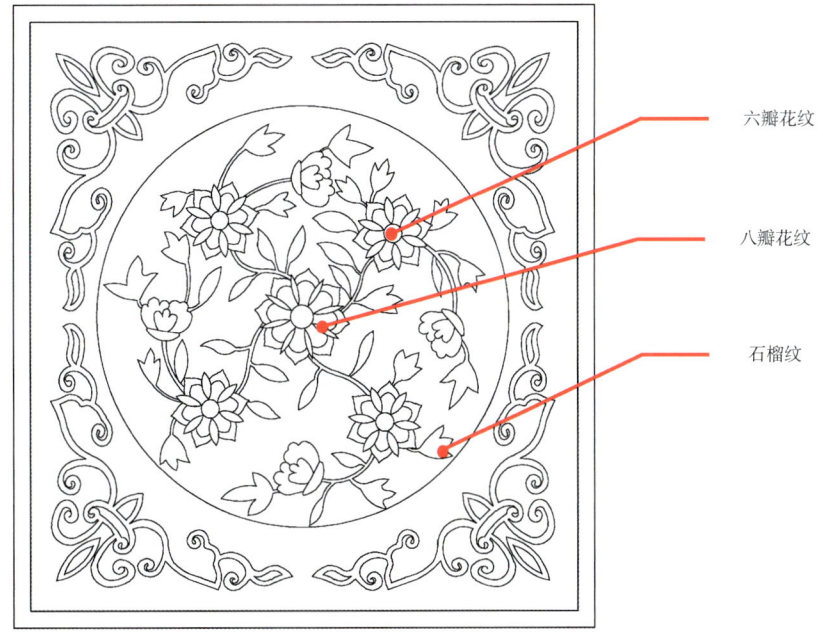

图四 清代哈密回王陵建筑外部雨棚内棚顶图案构成分析图

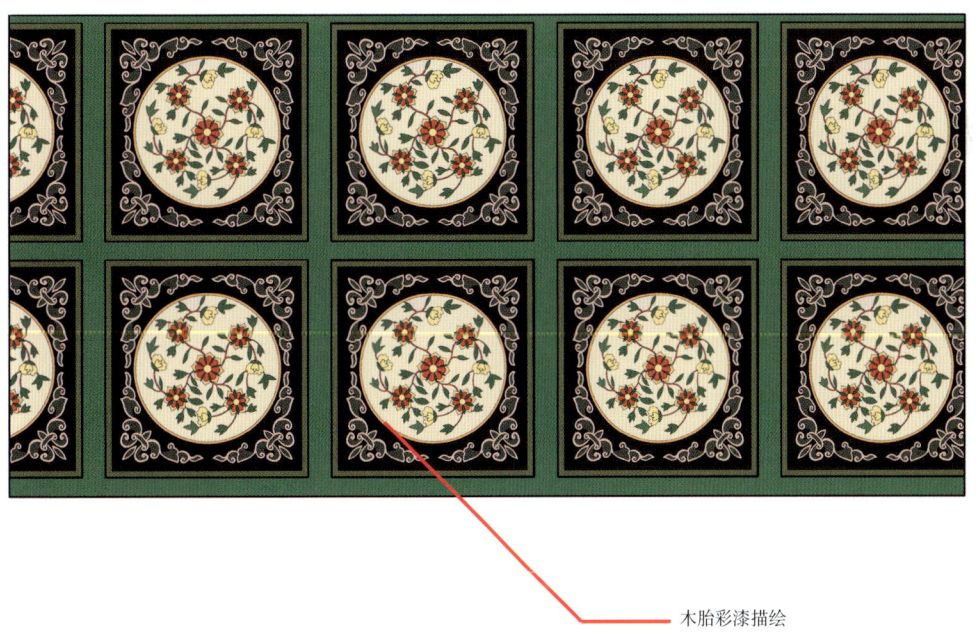

图五 清代哈密回王陵建筑外部雨棚内棚顶工艺分析图

近代和田加满清真寺大殿内寺门门框纹样

图一　近代和田加满清真寺大殿内寺门门框装饰纹样主图

　　该门框由外向内分为三个装饰区域,最外面的装饰区饰对称骨骼的八瓣花卷草二方连续纹样,中间饰四角星形二方连续纹样。最里面的装饰区即龛形门上端左右两角,在这一区域内,大小空心八边形相互交叉重叠,形成空心八角星形,空心八角星形内又填以实心八角星。纹样整体布局层次分明,注意繁简对比,每个装饰区域内的纹样用并列、重复、交错等装饰手法组合,表现出藤蔓缠绕、交叉到无限延伸,合理而有秩序。

　　其色彩简单明洁,有淡蓝、金黄与白色。淡雅的蓝色与富丽的金黄色形成对比,细腻、洁白的石膏本色在里面起到调节缓冲对比的作用。

　　门框装饰采用石膏雕花工艺,新疆南部盛产石膏,伊斯兰教许多建筑的内部装饰都大量使用石膏雕花，石膏雕花一般有两种制作方式，一种是在石膏上直接进行雕刻，另一种是先翻制出石膏模具，再进行翻制，石膏模具的翻制方式连续拼接。石膏雕花之前，先用桑皮纸绘出纹样粉本，再进行雕刻。为了防止底稿的丢失，通常民间工匠都是通过口传心授的方式，直接将程式化的画稿记于脑海中。

图片来源

图一　左力光.新疆伊斯兰教建筑装饰艺术.乌鲁木齐：新疆美术摄影出版社，2009.

图二至图五　邓莉丽　制图

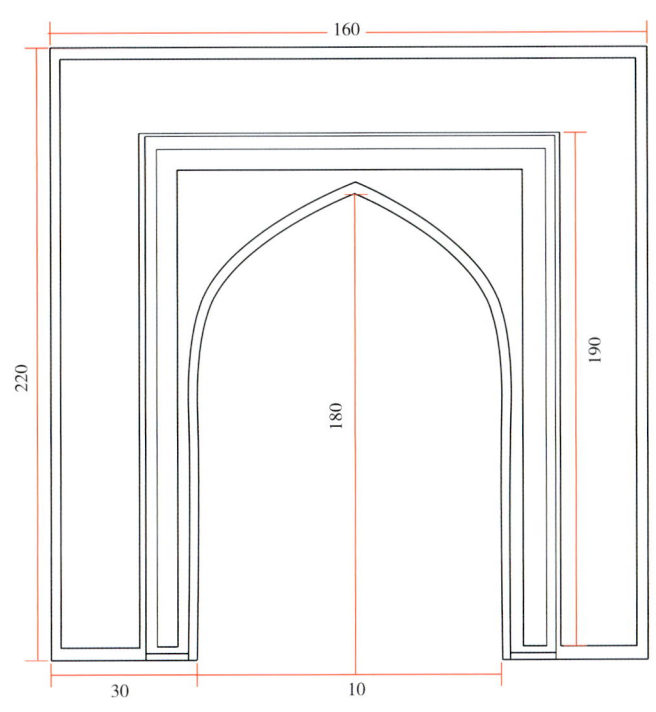

图二　近代和田加满清真寺大殿内寺门门框尺寸图（单位：cm）

图三　近代和田加满清真寺大殿内寺门门框装饰设色分析图

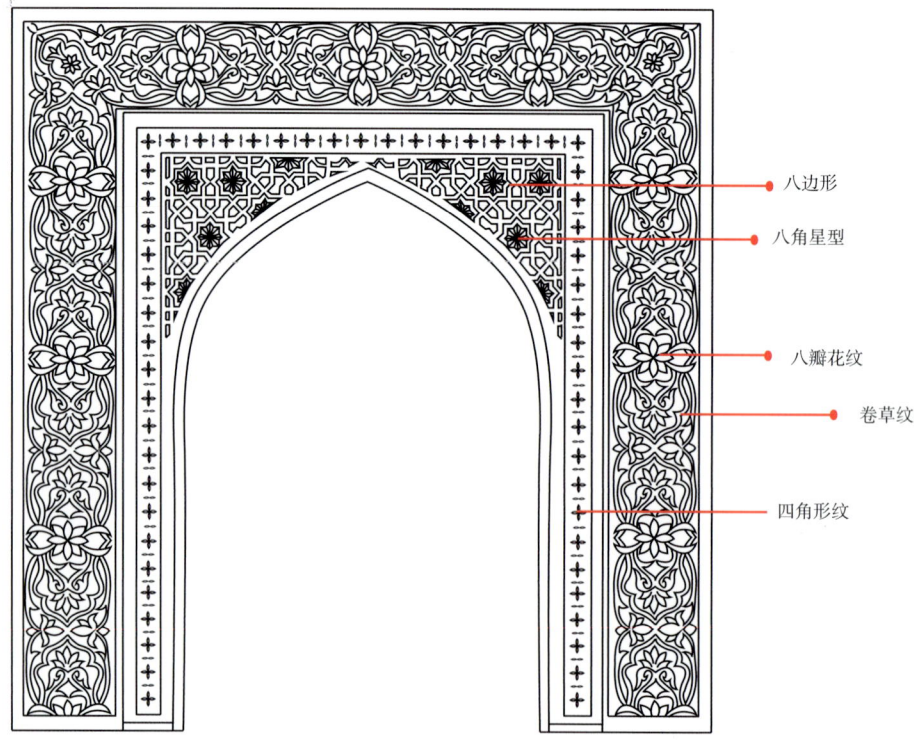

图四 近代和田加满清真寺大殿内寺门门框纹样分析图

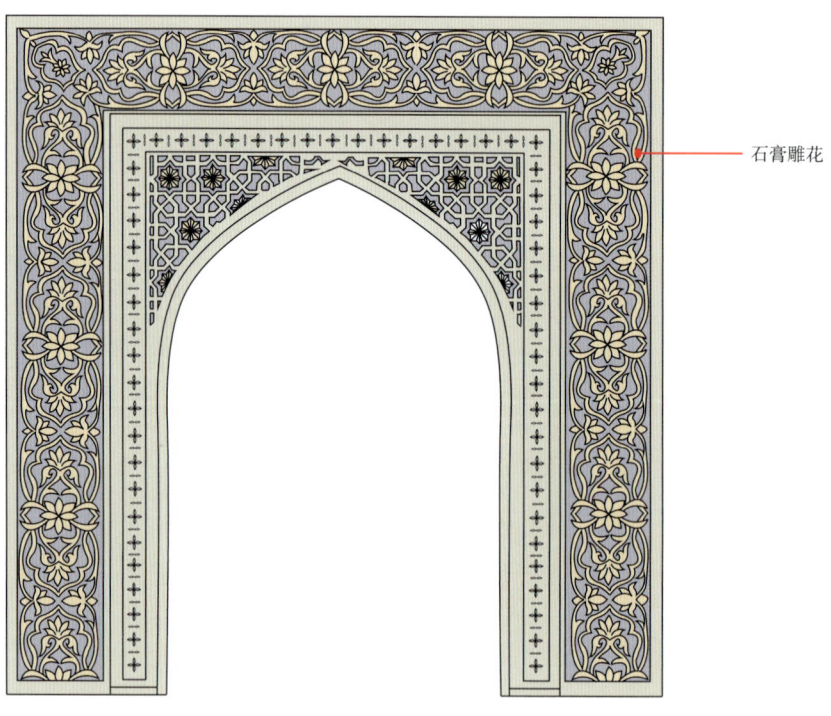

图五 近代和田加满清真寺大殿内寺门门框装饰工艺分析图

近代和田加满清真寺外墙纹样

图一　近代和田加满清真寺外墙纹样主图

和田加满清真寺外墙纹样为伊斯兰清真寺外墙典型的几何纹样，有八角星形、四角星形、八边形等。单位图案外框为长方形，内置龛形，龛形内为上下左右重复排列的八边形，每个八边形中心缀以凸出的小四角星形，外框内的纹样为上下左右重复排列凸出的八角星形，每四个八角星形之间又形成一个四角星形。利用基本单位的重复排列与延伸使之具有规律美与秩序美，并利用图案的凹凸使之避免单调，富于变化。伊斯兰文化擅长利用几何图案来达到艺术效果，在伊斯兰教早期，三角形、五角形、八角形和星形就用于伊斯兰建筑中。维吾尔族又根据本民族的审美习惯及文化特征，延伸出其他形态的几何纹样，如菱形、扇形等几何图形交叉重复形成其他几何图形。

外墙色彩为砖黄色，富有天然的材质美，古朴典雅。工艺上采用黄色墙砖拼接，新疆维吾尔族清真寺建筑的拼砖花装饰一般没有设计图纸，工匠们根据大脑中的砖饰图案规划好砖的排列组合图案，具体制作有两种方法，第一种方法：先将烧制好的细泥砖，经过锯、磨后成梯形、方形、菱形、圆形等形状，再组成适合的二方连续、四方连续纹样进行拼接排列。第二种方法：先根据花纹需要，用砖模子烧制成各种形状的花砖，再进行拼接排列。砖一般为米黄色，灰缝作黑、墨绿等色，不管哪种方法，在施工过程中，除了需对各种纹样的拼砖进行巧妙组合，还要拥有高超的拼合技艺，尤其是勾缝这道工序。

图片来源

图一　左力光.新疆伊斯兰教建筑装饰艺术.乌鲁木齐：新疆美术摄影出版社，2009.

图二至图五　邓莉丽　制图

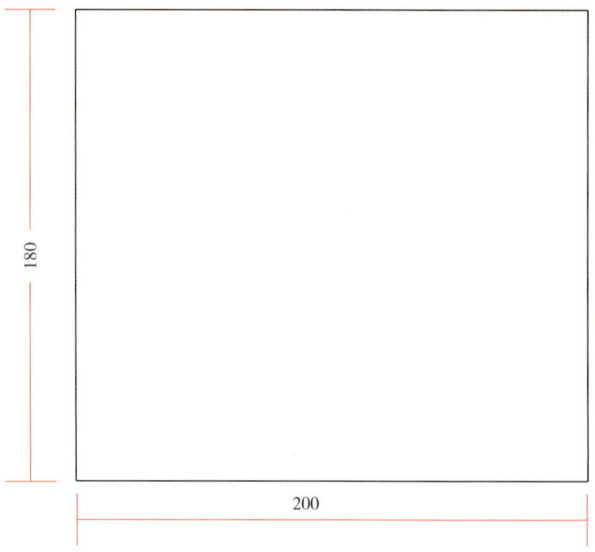

图二　近代和田加满清真寺外墙图案尺寸图（单位：cm）

图三　近代和田加满清真寺外墙纹样设色分析图

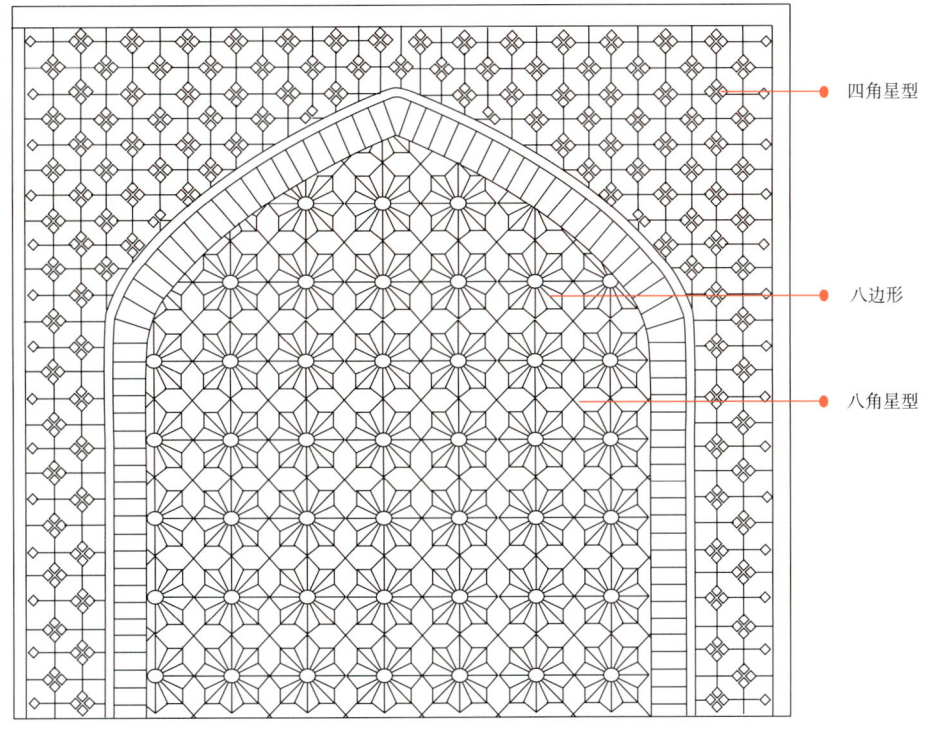

图四　近代和田加满清真寺外墙纹样分析图

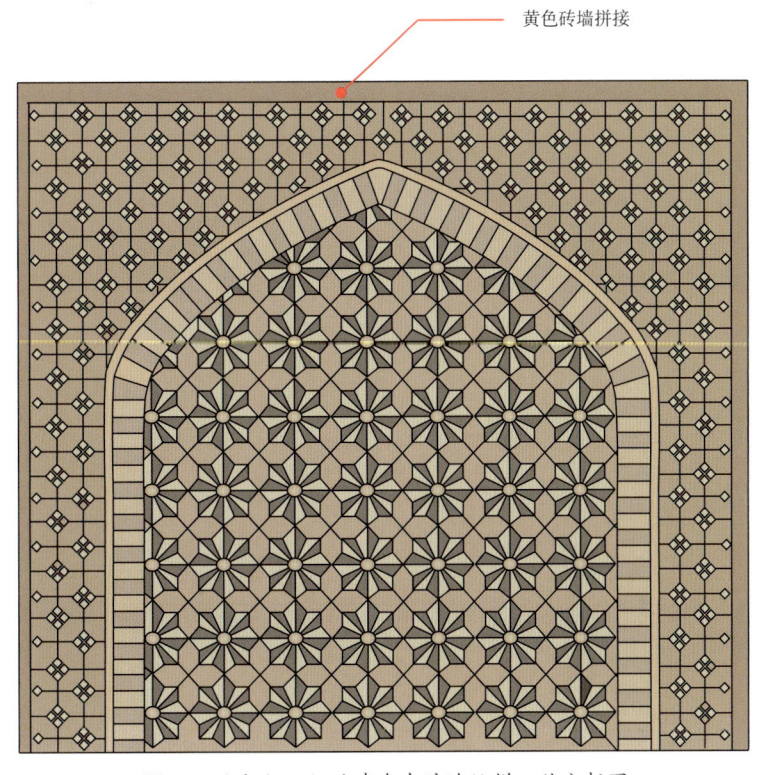

图五　近代和田加满清真寺外墙纹样工艺分析图

元代伊利霍城吐黑鲁克铁木尔汗麻扎·外墙琉璃砖纹样

图一　元代伊利霍城吐黑鲁克铁木尔汗麻扎·外墙琉璃砖纹样主图

　　该麻扎建筑图案的装饰重点主要有三大区域，第一大区域是以卷草纹为基本形的二方连续纹样，卷草纹作"米"字对称，交接处设计成凫形，整个对称式卷草纹又放置于八角星形内，并作上下连续排列，空白处再填以角隅状三角纹。第二大区域是以菱形为基本形的连续纹样，13个连续排列的菱形放置于长六角形内，并以此为基本单位上下连续排列，每个基本单位连接处再饰以等边六边形。第三大区域是以八角星形、八边形为基本形的四方连续纹样，八角星形置于八边形内，基本形中间又以线条连接穿插构成其他几何图形。

　　该琉璃砖纹样组织是伊斯兰教建筑外墙装饰的常用组织方法，即利用基本形特别是各种几何形的重复排列、延伸、套叠、穿插使得图案组织完整、有序且充实。维吾尔族建筑装饰不喜留白，因此构图饱满，图案组织也非常丰富。卷草纹与各种几何纹是伊斯兰教建筑常用装饰题材，卷草纹的应用表现了伊斯兰教热爱自然、重现自然的热情，几何纹的大量运用则表现了伊斯兰教遵循万物聚散与离合的生存法则。

琉璃砖的色彩包括钴蓝、靛蓝、褐紫、白色等，赫紫与蓝为主要色，白色为次要色。这样的色彩配置，整体色彩层次分明，简洁典雅。

图片来源

图一　左力光.新疆伊斯兰教建筑装饰艺术.乌鲁木齐：新疆美术摄影出版社，2009.

图二至图五　邓莉丽　制图

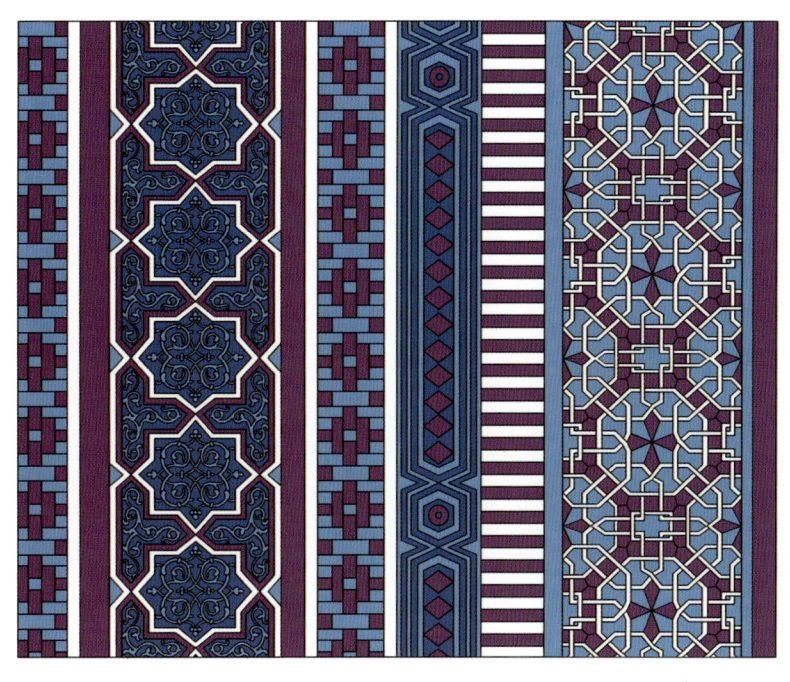

图二　元代伊利霍城吐黑鲁克铁木尔汗麻扎·外墙琉璃砖设色分析图

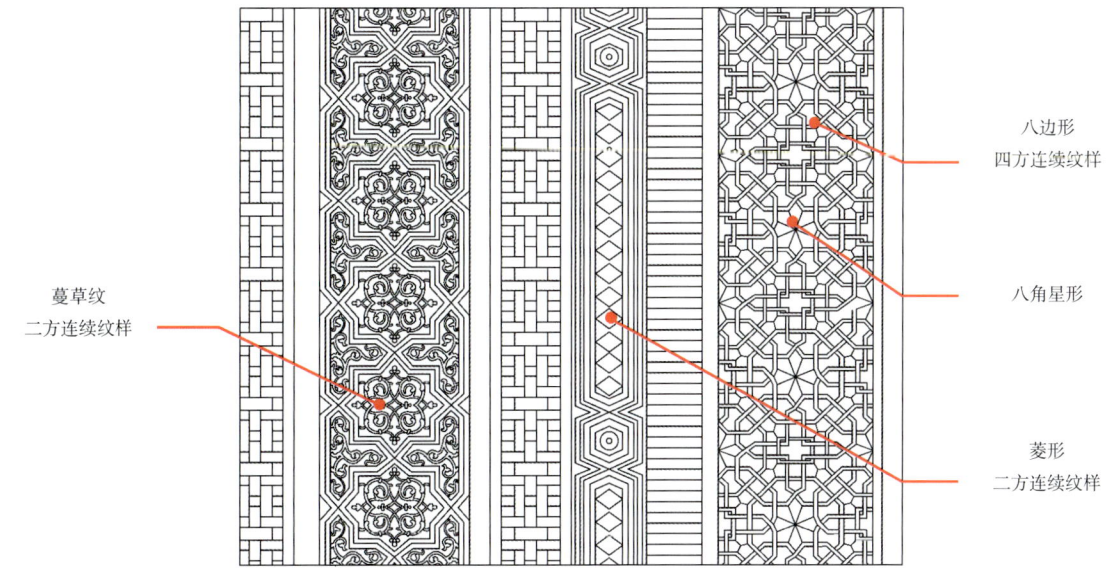

图三　元代伊利霍城吐黑鲁克铁木尔汗麻扎·外墙琉璃砖纹样构成分析图

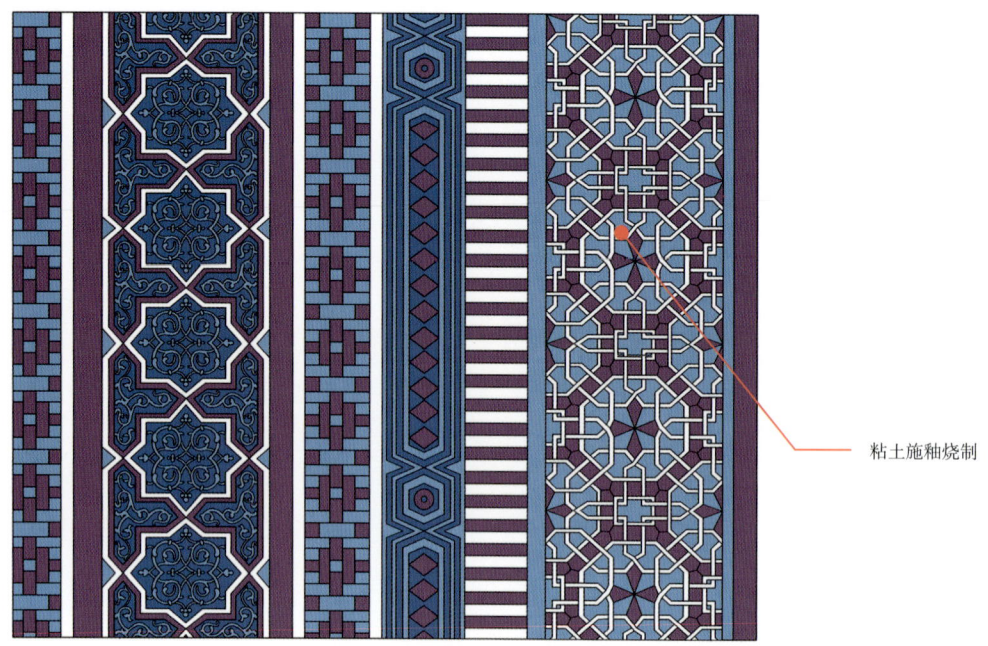

图四 元代伊利霍城吐黑鲁克铁木尔汗麻扎·外墙琉璃砖工艺解析图

粘土施釉烧制

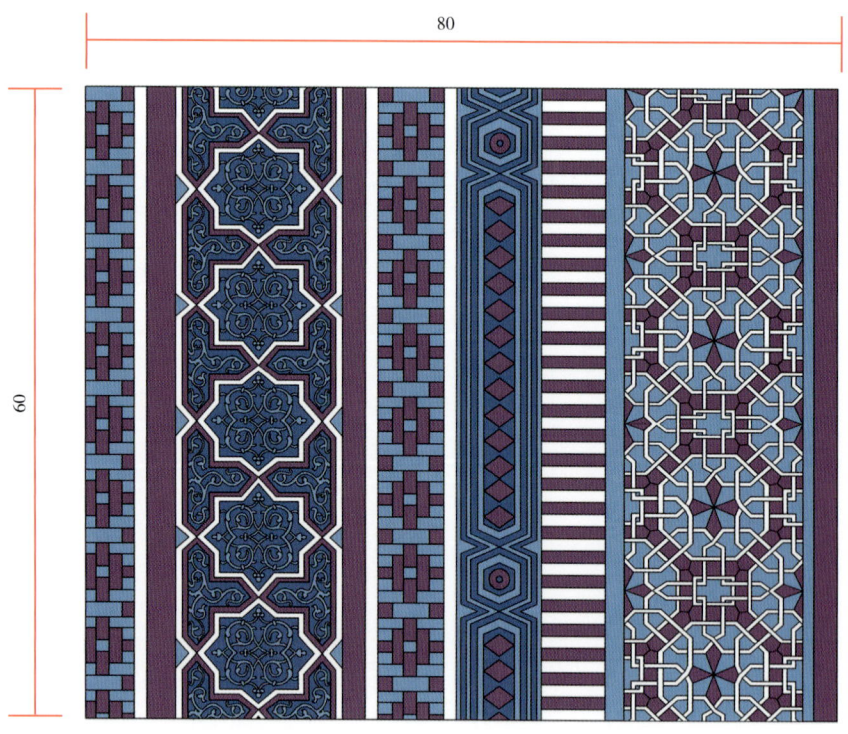

图五 元代伊利霍城吐黑鲁克铁木尔汗麻扎·外墙琉璃砖尺寸图（单位：cm）

近代喀什阿帕克霍加麻扎·砖雕纹样

图一　近代喀什阿帕克霍加麻扎·砖雕主图

该砖墙的主体纹样为缠枝纹，缠枝纹以缠绕的枝蔓为骨骼，枝蔓交互变化方向，向左右延生，并伸出分支，枝蔓中间饰有莲花纹与八瓣花纹，四周点缀叶子。缠枝纹因其具有无限延伸的特性，更易布满整个画面，并进行有组织的穿插环绕，象征着生命力的顽强不饶。

砖墙整体由12块相同的墙砖组合而成，每一块墙砖为正方形对称适合纹样，整体纹样上下各为6块砖连续排列，以中线为轴，反转纹样形成上下对称的缠枝二方连续纹样，纹样满而不密、灵活生动，富有节奏感与韵律美。四周凹凸效果的几何连续纹，与主体纹样形成繁复与简单、立体与平面的对比，更加突出主体纹样的富丽与优美。

墙砖采用粘土配置，模具成纹，砖窑锻烧而成。具体做法为先将砖泥倒进预先雕好的模具当中，进而烧制成型，再组合安装，直接用模具制造出来的花砖纹样有规则、秩序的统一形式美，是砖雕艺术的重要表要技法之一。粘土砖烧制成深浅不一的天然土红色，单纯古朴中又富有变化。

图片来源
图一、图五　左力光.新疆伊斯兰教建筑装饰艺术.乌鲁木齐：新疆美术摄影出版社，2009.
图二至图四　邓莉丽　制图

图二　近代喀什阿帕克霍加麻扎·砖雕尺寸分析图（单位：cm）

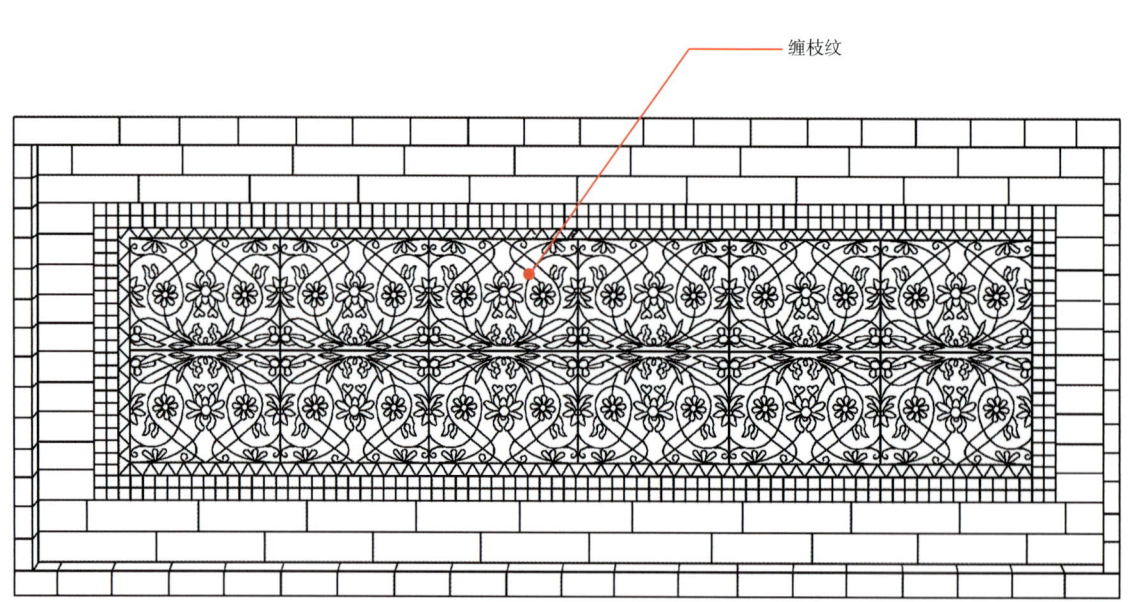

图三　近代喀什阿帕克霍加麻扎·砖雕图案构成分析图

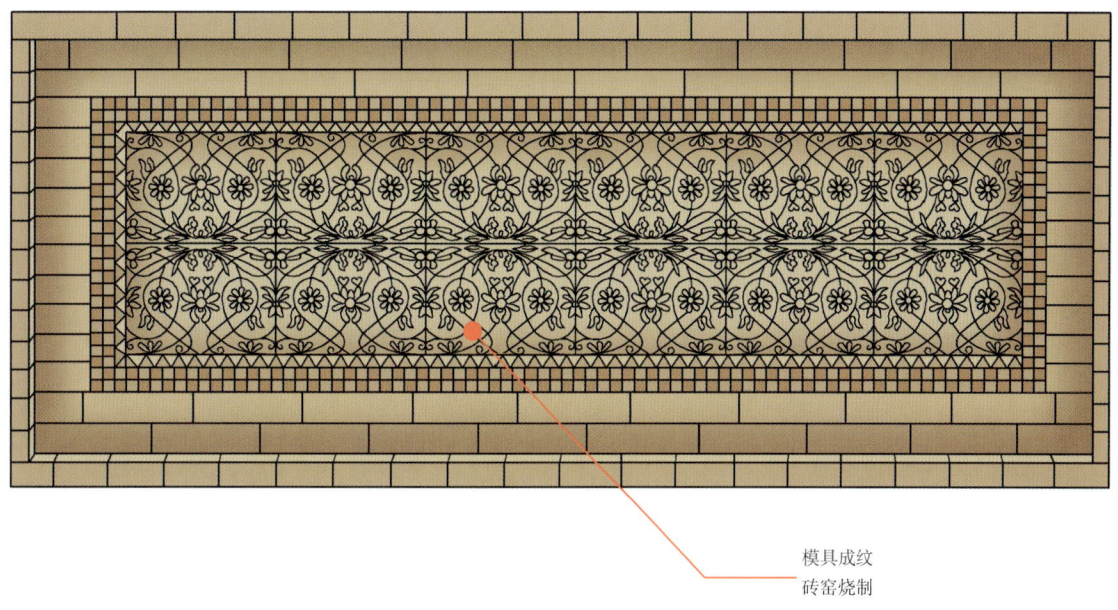

模具成纹
砖窑烧制

图四　近代喀什阿帕克霍加麻扎·砖雕工艺解析图

图五　近代喀什阿帕克霍加麻扎·砖雕情景图

第六章　维吾尔族传统手工艺

近代喀什玉素甫哈斯哈吉甫麻扎·外墙琉璃砖纹样

图一　近代喀什玉素甫哈斯哈吉甫麻扎·外墙琉璃砖纹样主图

　　该麻扎琉璃砖纹样为正方形对角线对称适合纹样，中间为菊花一朵，以对角线为对称线在菊花四周饰花瓣，正方形四角各饰四分之一朵菊花。单位纹样作上下左右重复排列，形成四方连续纹样，布满整个墙面，富丽典雅，与线条简洁的龛形窗、方形门形成对比。菊花纹是维吾尔族纺织品、家具、建筑等物体中常用的装饰纹样。菊花耐寒，具有坚韧、高洁的品格寓意。

　　琉璃砖的色彩为钴蓝与白色，每块琉璃砖之间又填以金色，白色与蓝色是维吾尔族人喜欢的颜色，白色与蓝色都是纯洁、善良的象征，白底蓝花的琉璃砖与青花瓷艺术有着异曲同工之妙。琉璃砖之间的拼接线填以金色，简洁中透露出一丝华丽，大片的蓝白色也使得绿色的门窗更加醒目。

　　琉璃砖为粘土施釉烧制而成，高釉化琉璃砖质地紧密，表面少有孔隙，灰尘和油污不容易粘附，这是琉璃砖产品的特点，粘贴琉璃砖的传统方法是采用石膏作为黏贴剂，采用厚涂工艺，将石膏涂在琉璃砖背面2~3厘米厚，然后贴到墙体上，再轻轻敲打琉璃砖保证一定的平整均匀度，再将每块琉璃砖之间多余的石膏去除刮平。在该麻扎琉璃砖拼接完成后,又在拼接缝处填以金漆,起到美化巩固表面的作用。

图片来源

图一 左力光.新疆伊斯兰教建筑装饰艺术.乌鲁木齐:新疆美术摄影出版社,2009.

图二至图五 邓莉丽 制图

图二 近代喀什玉素甫哈斯哈吉甫麻扎·外墙琉璃砖纹样尺寸图(单位:cm)

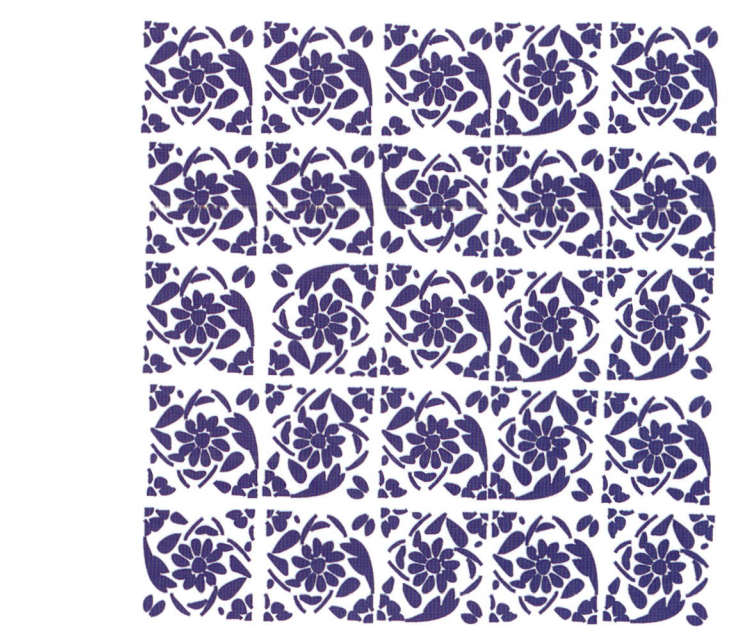

图三 近代喀什玉素甫哈斯哈吉甫麻扎·外墙琉璃砖纹样设色分析图

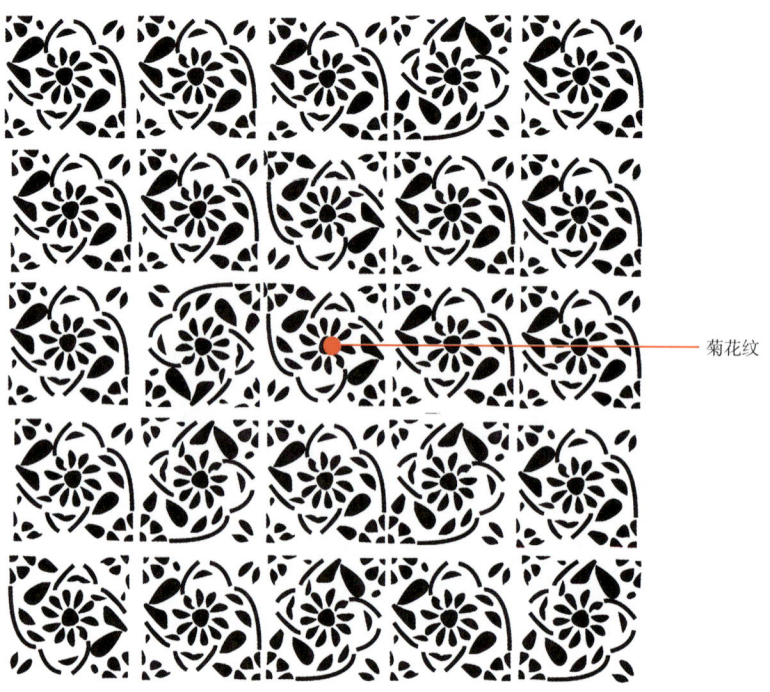

图四　近代喀什玉素甫哈斯哈吉甫麻扎·外墙琉璃砖纹样分析图 — 菊花纹

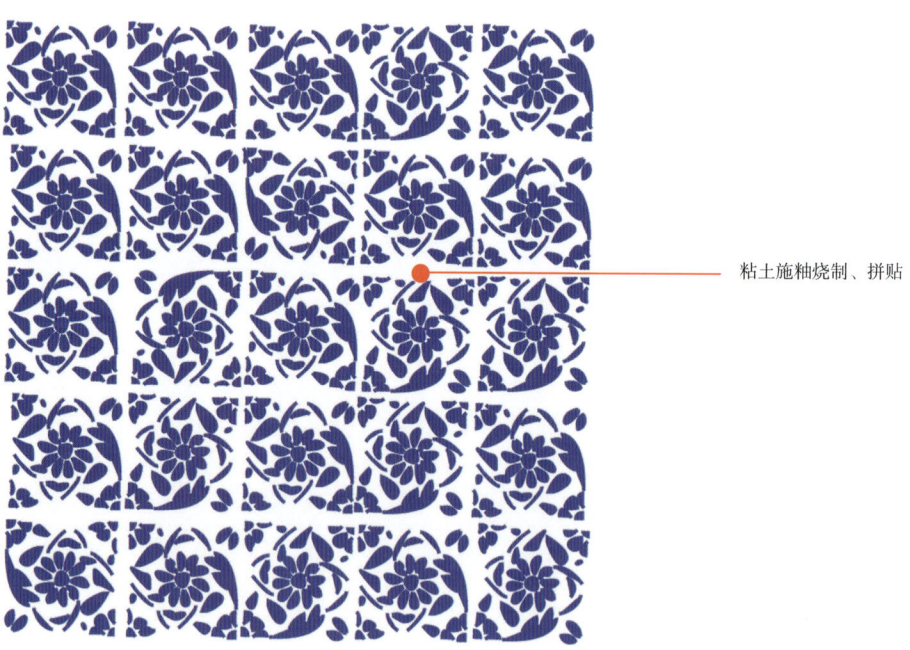

图五　近代喀什玉素甫哈斯哈吉甫麻扎·外墙琉璃砖纹样工艺分析图 — 粘土施釉烧制、拼贴

16世纪叶城清真寺门楼大门装饰纹样

图一　16世纪叶城清真寺门楼大门纹样主图

该清真寺门楼大门装饰纹样主要为莲花纹、石榴果实纹、五瓣花纹等。莲花纹以莲花为原形,有顶视、侧视等样式;石榴果实纹,以石榴果实为原形,辅以枝叶;五瓣花纹,以五瓣花为原形,作复瓣五瓣花形,辅以枝叶。整体为对称适合纹样,一对平躺的石榴相背而列,一朵大的复瓣莲花饰于两只石榴相交处,其余小莲花分饰于石榴腹部与顶部,五瓣花则分饰于石榴纹两侧。图案布局充分利用曲线的柔美及点、线、面的相互结合,花朵注重大小比例变化,体现出比例美、对称美、节奏美等形式美特征。

大门纹样色彩丰富,有中黄、土黄、深蓝、钴蓝、湖蓝、草绿、大红、白色、褐色等,纹样部分以蓝色为主色,黄色、绿色、白色为次要色,红色、褐色为点缀色,色彩绚烂浓烈、清新亮丽,富有民族特色,采用描边、平涂、退晕等技法相结合,使得色彩层次更加丰富,纹样采用彩漆勾填描绘工艺完成。

图片来源

图一　左力光.新疆伊斯兰教建筑装饰艺术.乌鲁木齐:新疆美术摄影出版社,2009.

图二、图三　邓莉丽　制图

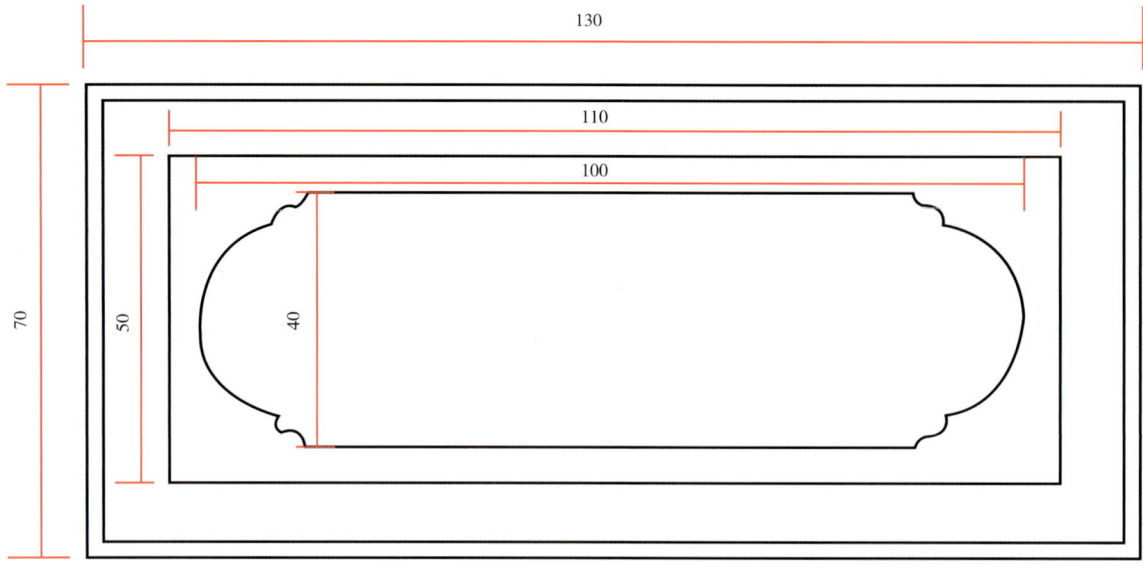

图二 16世纪叶城清真寺门楼大门纹样尺寸图（单位：cm）

图三 16世纪叶城清真寺门楼大门纹样构成分析图

近代库尔勒加满清真寺·立柱纹样

图一 近代库尔勒加满清真寺·立柱纹样主图

该立柱为方形，立柱柱身四个面的装饰纹样一致，每个面饰石榴果实连续纹样，柱头为莲花形，纹样布局根据立柱的形制安排，简洁合理，石榴果实纹形态虽取自于大自然中的果实原形，又作了删减、添加等艺术化手法处理，具有维吾尔族纹样装饰特点。

立柱图案色彩包括蓝色、白色、金色、绿色等，蓝、绿、白的配置庄重典雅，金色的加入又使之有富丽堂皇之感。

立柱采用木雕与彩漆勾绘工艺，木雕工艺是维吾尔族传统工艺之一，常用于装饰清真寺的顶饰、门、门楣、门窗框、廊柱、顶棚、藻井、梁首等装饰部件，木雕的装饰工艺及装饰风格往往根据装饰部位进行安排。该立柱采用浅浮雕与圆雕相结合的方法，柱头莲花为圆雕，即要求工匠对物体从前后、左右、上下进行全方位雕刻，雕刻作品呈现的为三维立体效果。柱身采用浅浮雕或贴雕花工艺。浅浮雕，是在不影响被雕物坚固性的条件下在木材上雕刻较浅的装饰纹样，形态自然流畅，装饰性强。贴雕花是将图案透雕后贴于平板上，形成浅浮雕状。木雕装饰又常和石膏雕花、彩绘相结合，极大地丰富了清真寺的装饰语言。

图片来源

图一、图六 左力光.新疆伊斯兰教建筑装饰艺术.乌鲁木齐：新疆美术摄影出版社，2009.

图二至图五 邓莉丽制图

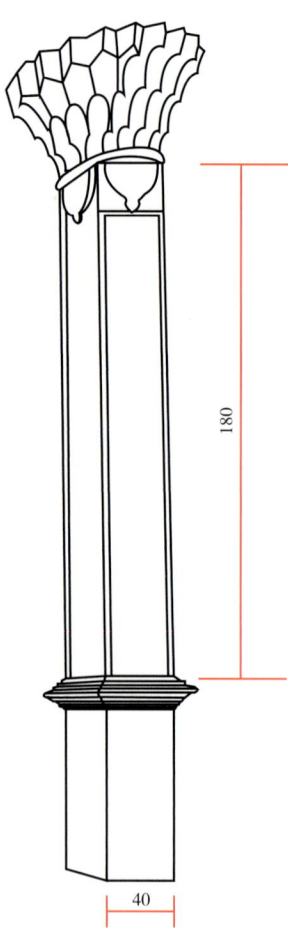

图二　近代库尔勒加满清真寺·立柱尺寸图
（单位：cm）

图三　近代库尔勒加满清真寺·立柱纹样设色分析图

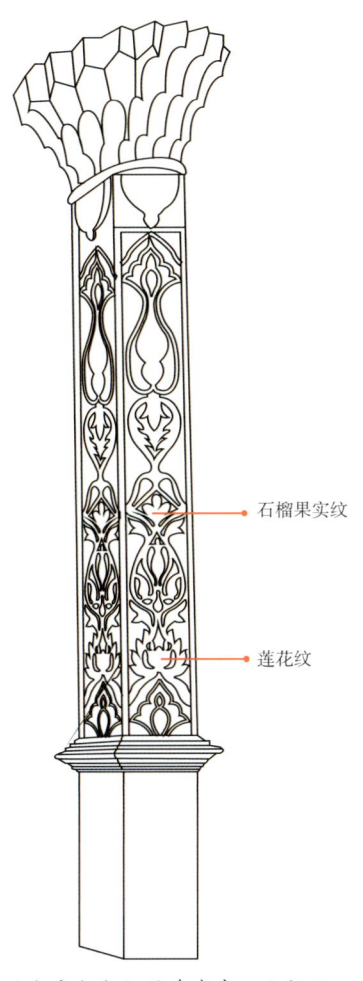 

图四　近代库尔勒加满清真寺·立柱纹样分析图

石榴果实纹

莲花纹

图五　近代库尔勒加满清真寺·立柱纹样工艺分析图

木雕、彩漆勾绘

图六　近代库尔勒加满清真寺·立柱纹样情景图

乌鲁木齐汗腾格里清真寺诵经亭墙面纹样

图一　乌鲁木齐汗腾格里清真寺诵经亭墙面纹样主图

　　该诵经亭墙面纹样整体为拱券形左右对称骨骼适合纹样，菊花纹为主体纹，葡萄叶梗纹为辅纹，以中间两朵菊花为中轴线，两边对称缠绕缀以葡萄果实的葡萄叶梗纹，中间上端的菊花两侧又各分饰菊花一朵。构图饱满，虽是藤蔓缠绕穿插，却繁而不乱，合理有序，同时也反映出伊斯兰教装饰不喜留白的艺术形式与审美追求，同时也反映出对称与均衡、动感与静感、条理与反复、节奏与韵律等形式美规律。葡萄不仅是新疆维吾尔族地区的特产，同时也是传统吉祥纹样之一，有着多子多福的吉祥寓意。菊花亦是传统吉祥纹样，菊花开于九月重阳节后，耐寒花期长，有长寿的寓意，同时也象征着坚韧的品格，为历代文人墨客"借物喻志"的重要载体。

图案为绿地兰花，配色简洁清新。在伊斯兰教中，绿色象征植被和生命，白色代表和平安宁，而绿色与白色又都是纯洁善良的代表色。纹样采用石膏雕花工艺，石膏雕花是清真寺建筑的常用装饰工艺之一，表现形式及表现技法都体现出浓郁的民族风格，在我国众多建筑装饰工艺中，有着重要的地位。

该诵经亭墙前面石膏雕花采用浅浮雕手法，雕刻前先用桑皮纸绘出纹样粉本，再进行雕刻，结构分明，具有多层次的装饰效果。

图片来源

图一　左力光.新疆伊斯兰教建筑装饰艺术.乌鲁木齐：新疆美术摄影出版社，2009.

图二至图五　邓莉丽制图

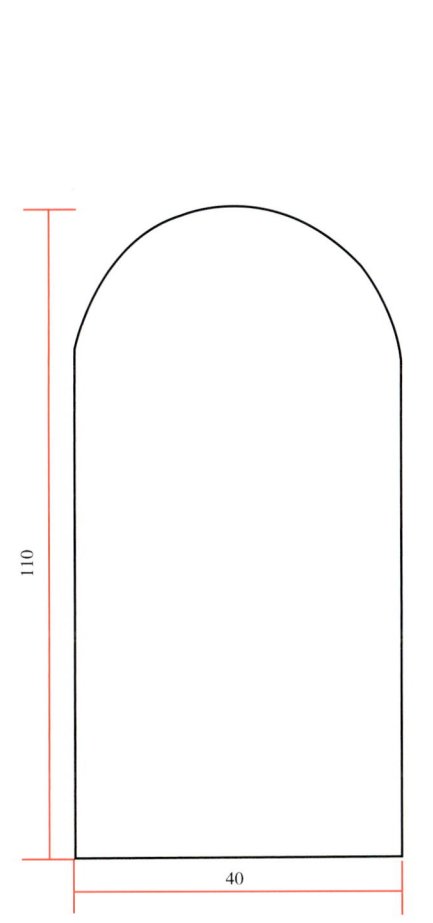

图三　乌鲁木齐汗腾格里清真寺诵经亭墙面尺寸图（单位：cm）

图二　乌鲁木齐汗腾格里清真寺诵经亭墙面纹样设色分析图

第六章　维吾尔族传统手工艺

473

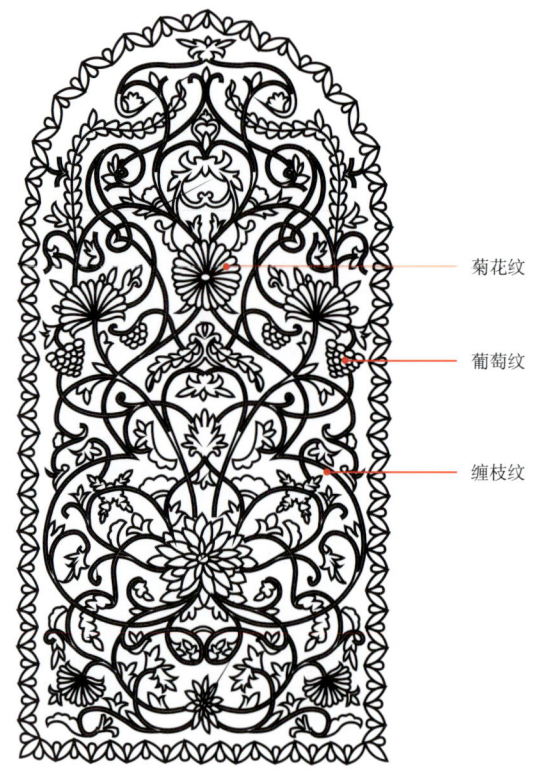

图四　乌鲁木齐汗腾格里清真寺诵经亭墙面纹样分析图

— 菊花纹
— 葡萄纹
— 缠枝纹

图五　乌鲁木齐汗腾格里清真寺诵经亭墙面纹样工艺分析图

— 石膏雕花

维吾尔族艾德莱丝绸纹样

图一　维吾尔族艾德莱丝绸纹样主图

艾德莱丝绸是新疆极富民族特色的产品，质地柔软，轻盈飘逸，色彩缤纷，是维吾尔族妇女做丝巾、手帕、衣裙最喜欢的绸料。艾德莱丝绸按色彩分为黑、红、黄、绿、彩五大类型，艳丽的丝绸色泽与沙漠边缘单调的环境形成了强烈对比。

该艾德莱丝绸的纹样包括乐器变形纹、梳子纹、麦芒纹、羊角纹、流苏纹、几何纹等。乐器变形纹，以新疆传统乐器都塔尔、胡西塔尔等为原形，并做了艺术手法的变形处理，似一只展翅飞翔的小鸟，尾部饰粗流苏纹、麦芒纹，另有圆形、长方形宝石纹装饰于腹部或顶部。梳子纹，梳把为折角状，下接密密的梳齿。羊角纹，一对直立相向的羊角中间夹长矩形、叉形。在纹样组织上以纵式二方连续纹样为基本单位平行排列，每个基本单位之间留有一定空隙。作为基本单位的纵式二方连续纹样，长条形内以平行折线作区域分割，分割区域长度不等，折线下端饰流苏纹，每个区域内石榴变形纹、梳子纹、羊角纹等作间隔排列，相邻基本单位的纹样在维度上交替排列，形成错落有致的效果。整体图案细腻严谨，比例分割有序合理，充分利用线与面的结合，具有节奏美与韵律美。艾德莱丝绸图案纹样取材于大自然、日常生活及宗教信仰物，例如麦芒纹代表着对丰收的喜悦，乐器变形纹、梳子纹、羊角纹、流苏纹代表了对生活的热爱之情，各种圆形、弧形等几何形纹样似太阳、月亮，反映了维吾尔族人的宗教信仰意识。

艾德莱丝绸色彩艳丽丰富，有黑、白、朱红、玫瑰红、酱紫红、土黄、翠绿等，色与色之间相隔的多组合形式，形成活泼、跳跃与欢快之感，图案轮廓因染液的浸润，有自然形成的色晕，从而丰富了图案的层次感与色彩的过渡面。艾德莱丝绸的工艺安排依次为整理经纱、绘制纹样、防染处理、染色、对花、织造。

图片来源
图一　雷启兴　摄影
图二至图四　邓莉丽　制图

图二　维吾尔族彩色艾德莱丝绸尺寸分析图（单位：cm）

图三 维吾尔族艾德莱丝绸设色分析图

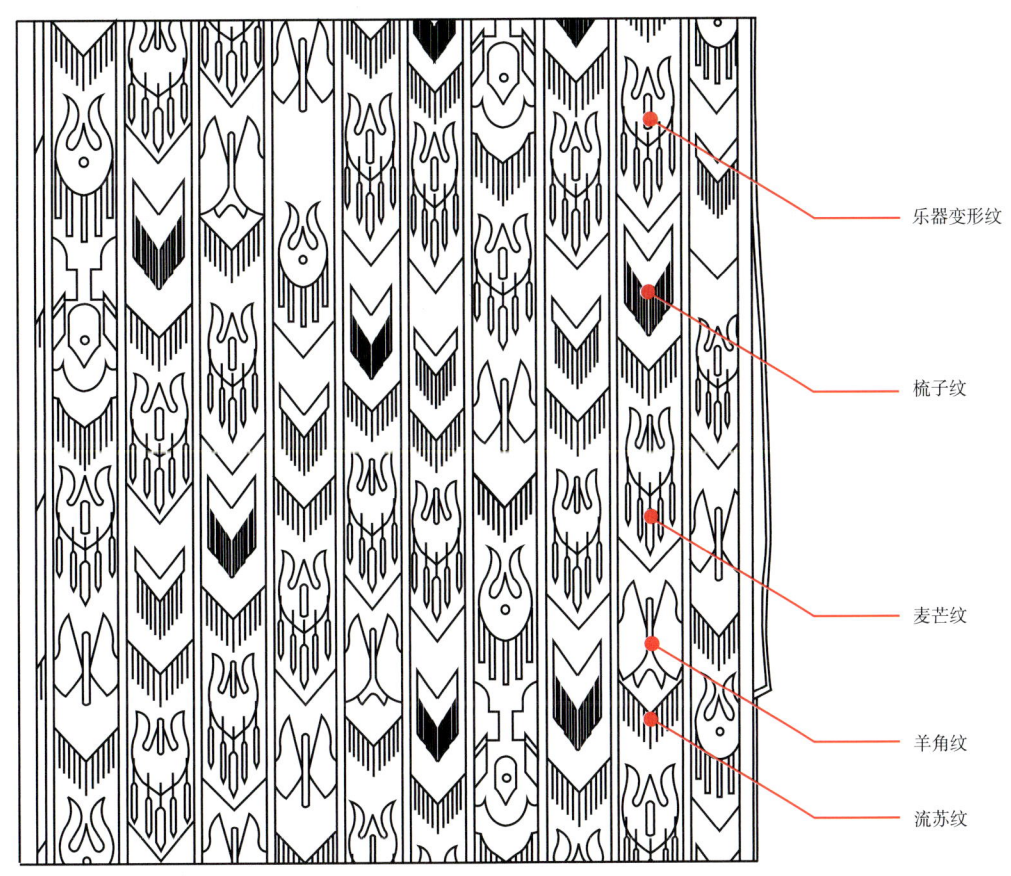

图四 维吾尔族艾德莱丝绸图案构成图

乐器变形纹
梳子纹
麦芒纹
羊角纹
流苏纹

维吾尔族黑丝绒绣花坎肩纹样

图一　维吾尔族黑丝绒绣花坎肩纹样主图

坎肩纹样饰于坎肩领口与前襟部位，共分两大区域，即内区域与外区域，内区域为牡丹花纹、锯齿纹组成的带状连续纹，牡丹花纹位于中间，锯齿纹位于边缘。内区域由荷花纹、卷云纹组成的带状连续纹，荷花纹位于中间，卷云纹位于边缘。纹样的布局根据坎肩的形制作安排，前襟下端搭扣处的纹样外轮廓设计成如意形，简洁中又富于变化。图形结构具有一种雅俗共谐且感性与理性、自由与限定相混沌模糊的特殊韵味。

纹样色彩包括黑色、深蓝、土黄、浅蓝、浅绿、浅黄、粉色、白色等。内区域纹样以深蓝作底，牡丹花纹、锯齿纹以土黄为主，并用白色勾边提亮。外区域纹样以浅蓝作底，荷花纹花朵为粉色渐变、枝叶为浅黄绿色渐变，卷云纹为白色。该坎肩色彩层次分明，以类似色统一调和，对比色作点缀，将色彩的明度、色相、纯度及冷暖对比以及强对比中的调和尺度运用得恰到好处。

坎肩图案采用平针绣工艺，又称铺绒绣，是维吾尔族服饰与花帽装饰纹样的常用绣法，将针线从面料上刺入面料下，再刺入面料上，按纹样的结构走向将色线平行排列，一般为单线排列，不留空底。具有绣面平整、针法丰富、线迹精细、色彩鲜明的艺术特点。该坎肩的装饰纹样为先于真丝质地的面料上绣好之后，再缝接于装饰部位。

图片来源
图一　雷启兴　摄影
图二至图五　邓莉丽　制图
图六　谢光辉　摄影（fofoe网）

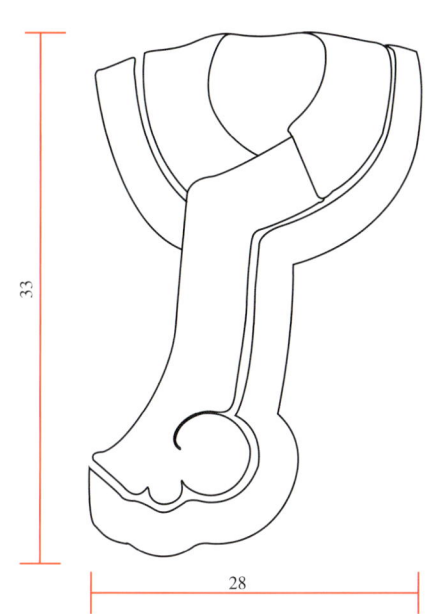

图二　维吾尔族黑丝绒绣花坎肩纹样尺寸图（单位：cm）　　图三　维吾尔族黑丝绒绣花坎肩纹样设色分析图

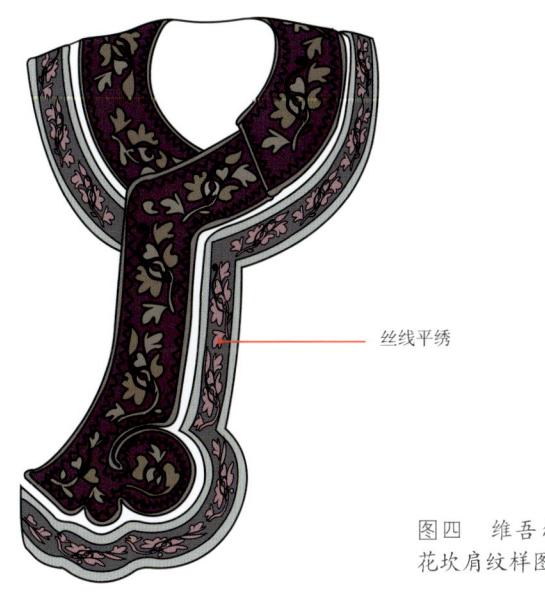

图四　维吾尔族黑丝绒绣花坎肩纹样图案分析图

第六章　维吾尔族传统手工艺

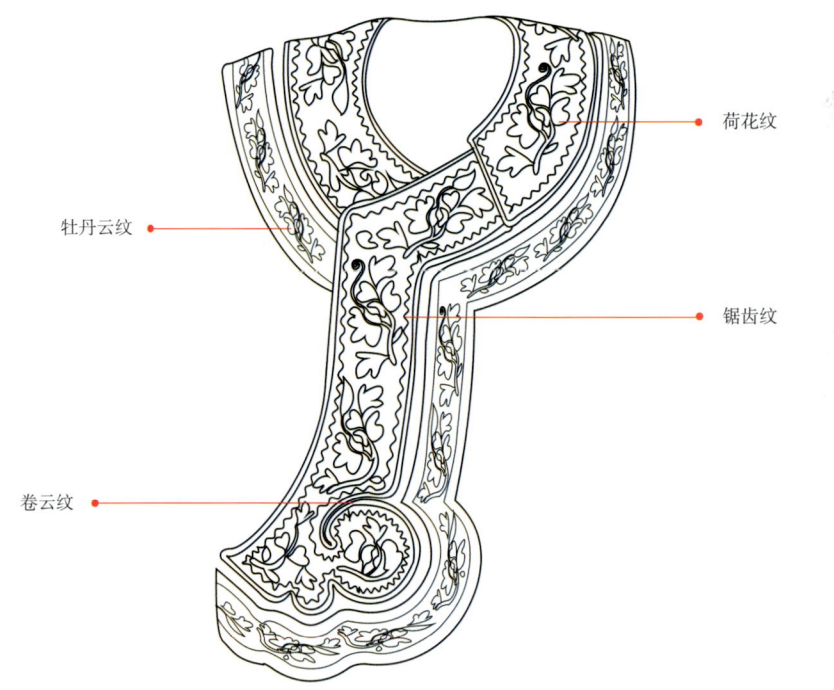

牡丹云纹

卷云纹

荷花纹

锯齿纹

图五　维吾尔族黑丝绒绣花坎肩纹样工艺分析图

图六　维吾尔族黑丝绒绣花坎肩穿着情景图

维吾尔族白绸绣花短袖衬衣纹样

图一 维吾尔族白绸绣花短袖衬衣主图

白绸绣花短袖衬衣的纹样包括月季花纹、锯齿纹，月季花纹以月季花为原型，辅以枝叶。纹样主要装饰于衣领、前襟和前胸，衣领满饰密集的月季花枝叶纹，月季花为小花苞形，领口下端前襟饰对称的两排锯齿纹，环绕于锯齿纹周围的月季花枝叶纹为短袖衬衣装饰的主体纹样。该月季花枝叶纹对称地分布于锯齿纹两侧，位于下端的一朵月季设计为盛开的大花朵，其余则为半开或花苞形，两边衣袖的外侧中部缀月季花一朵。

纹样布局根据衬衣的形制设计，于视觉中心的领口、前襟等部位做装饰，重点突出，并注意疏密、大小对比，袖口的月季花纹也与主体纹样相互呼应。纹样的色彩十分丰富，具体有大红、玫红、粉红、肉色、草绿、浅绿、柠檬黄、浅蓝、深紫、浅紫等，对比色配置，以绿、紫等为主色调，大红、玫红等为对比色，通过色彩面积、明度、彩度的变化使之调和。

该白绸绣花短袖衬衣的纹样工艺采用十字绣，十字绣民间俗称为挑花或挑补绣。十字绣的纹样造型简单大方、结构严谨，自然界中的各种花草为其主要描绘的纹样。绣法有扣眼绣、链绣、断绣等。十字绣的针法相对其他绣法简单，即按照经纬定向，利用经纬交织的搭十字的方法，对照专用的坐标图案进行刺绣。

图片来源

图一　雷启兴　摄影
图二至图五　邓莉丽制图

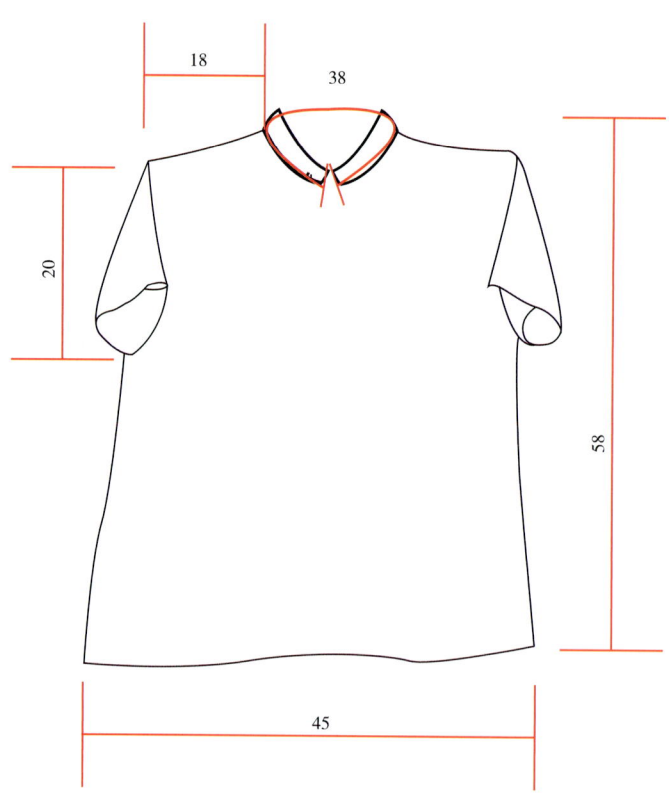

图二　维吾尔族近代白绸绣花短袖衬衣尺寸图（单位：cm）

图三　维吾尔族近代白绸绣花短袖衬衣设色分析图

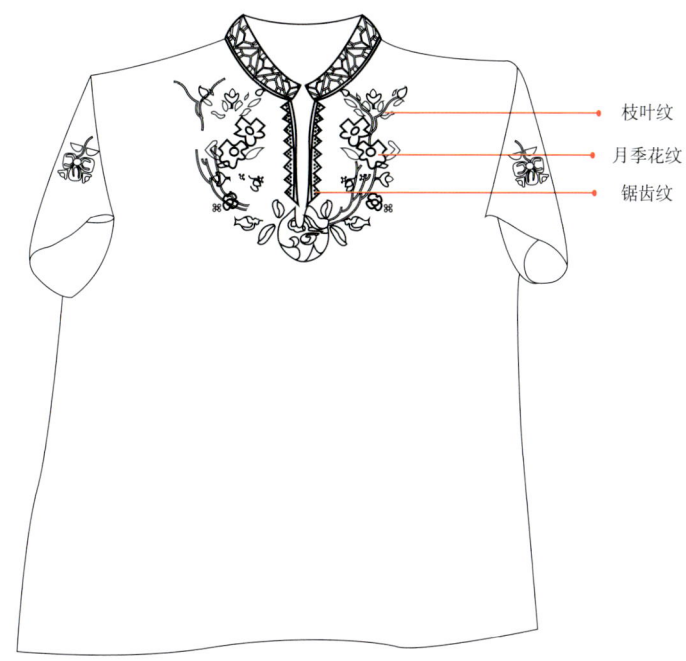

图四　维吾尔族近代白绸绣花短袖衬衣纺样图案分析图

图五　维吾尔族近代白绸绣花短袖衬衣纹样工艺分析图

维吾尔族巴旦木纹四棱帽纹样

图一 维吾尔族巴旦木纹四棱帽主图

巴旦木纹四棱帽由四个三角形帽瓣组成，每个帽瓣内饰巴旦木纹一枚，四个巴旦木纹由旋转适合的骨骼排列，对角帽瓣内的巴旦木纹相背而对，构图简洁完整，该款四棱帽的纹样多见于新疆喀什地区维吾尔族男帽。巴达木又名"巴旦杏"，是新疆地区常见的植物，巴旦木纹是维吾尔族纺织品上出现频率较多的纹样，具有民族特色，在造型上以巴旦木果实为原型，头圆尾尖，纤细弯长，在轮廓线内又填以点、线等元素，使得纹样饱满充实。

该四棱帽中所乡的"巴旦木"纹样有着自己深刻的寓意，巴旦木的形状犹如母亲腹中即将要问世的胎儿，象征着新生命的开始。

该帽为绿底白纹，清新雅致。维吾尔族刺绣大多选用单色布料做底色，在色彩搭配上常用对比色，画面强烈、鲜亮，但其本质仍然是质朴的。纹样的工艺为刺绣工艺中的辫针绣，因为绣线结构像发辫而得名，古称锁绣，亦称连环绣，为用绣线一圈圈锁套而成，具体绣法为右手提钩针在面料上，左手提绣线在面料下，当右手钩针刺于面料下时，左手即将绣线持于钩针上，右手随即拉于面料上，布以自然环扣状，再将绣线从环扣中心刺于面料下，再抽出呈环扣状，如此反复而成。

图片来源

图一　雷启兴　摄影

图二至图六　邓莉丽制图

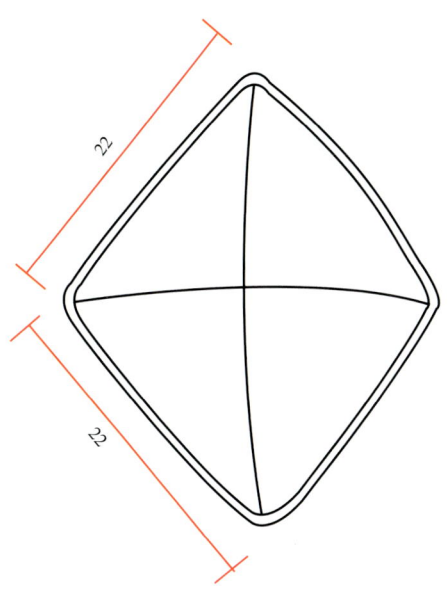

图二　维吾尔族巴旦木纹四棱帽尺寸图（单位：cm）

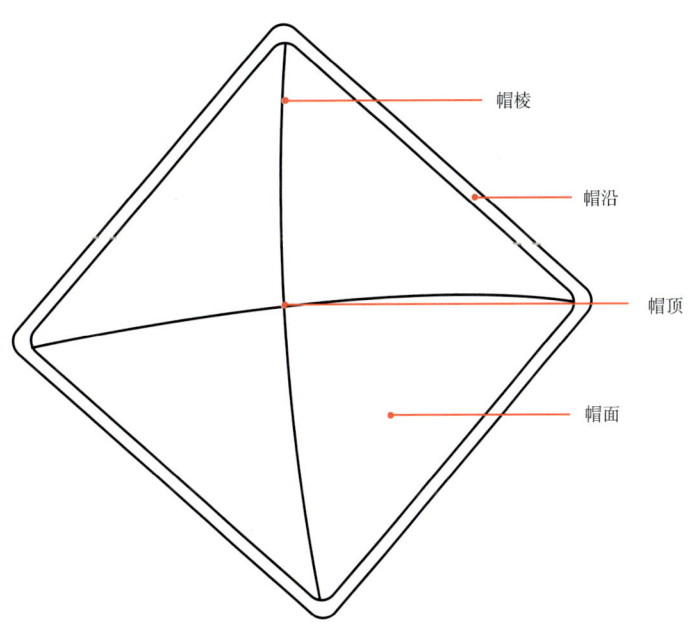

图三　维吾尔族巴旦木纹四棱帽造型分析图

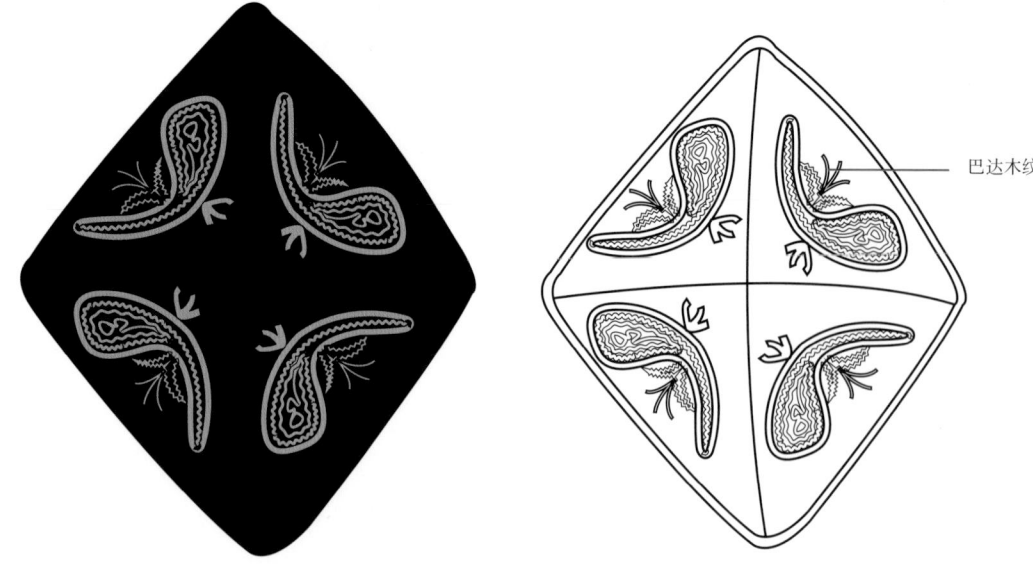

图四　维吾尔族巴旦木纹四棱帽纹样设色分析图　　　图五　维吾尔族巴旦木纹四棱帽图案构成分析图

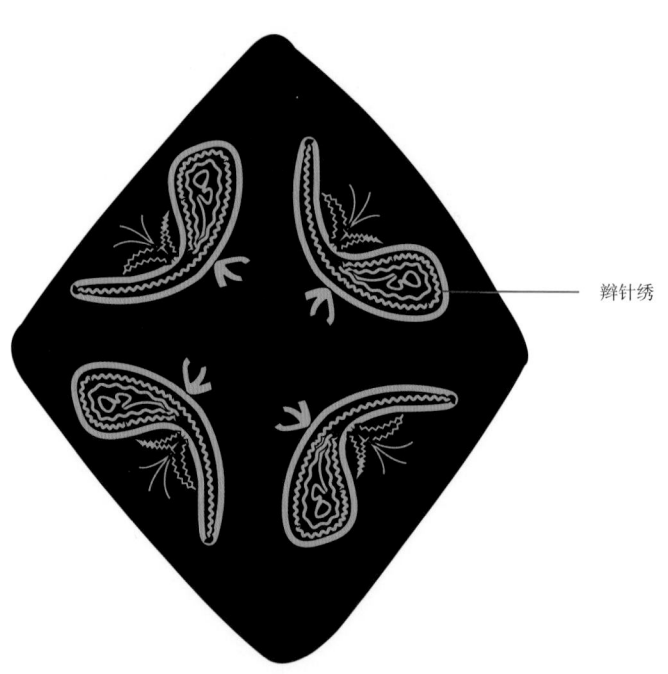

图六　维吾尔族巴旦木纹四棱帽纹样工艺分析图

维吾尔族男式蔓草纹四棱帽纹样

图一　维吾尔族蔓草纹四棱帽纹样主图

　　该四棱帽四个帽瓣的纹样组织相同，每个帽瓣整体为对称骨骼的适合纹样，帽瓣分为两个部分，即上半部的等腰三角形与下半部的矩形，上半部的等腰三角形以"米"字形对称分布3组基本形，下半部的矩形内左右对称分布2组基本形，对称线为粗直线，将帽瓣对称分割的同时又与蔓草纹的曲线形成对比。四个帽瓣的上半部组成帽顶，下半部则组成帽身，优美的蔓草纹设计于规整的几何形内，构图饱满，变化中不失统一。底纹为繁密的点状弧形线组成，起到烘托主体纹样的作用。

　　蔓草纹是维吾尔族四棱帽常见装饰纹样，水滴形叶片对称地分布于弧形藤蔓两侧，藤蔓顶头为单独叶片一枚，叶身形似葫芦，叶尾向内弯曲成钩状，形态优美，排列有序，富有动感。四棱帽为蓝底白花，蓝色与白色是维吾尔族较为喜爱的颜色配置，视觉上具有简洁、明快的特点。

纹样工艺为丝线平绣，该花帽以湖蓝色丝绒为面料，选用有光白色丝线平绣，针法细密平实，绣面特有的光泽使得观赏效果更佳。

图片来源

图一　杨兴斌　摄影（fotoe网）

图二至图七　邓莉丽　制图

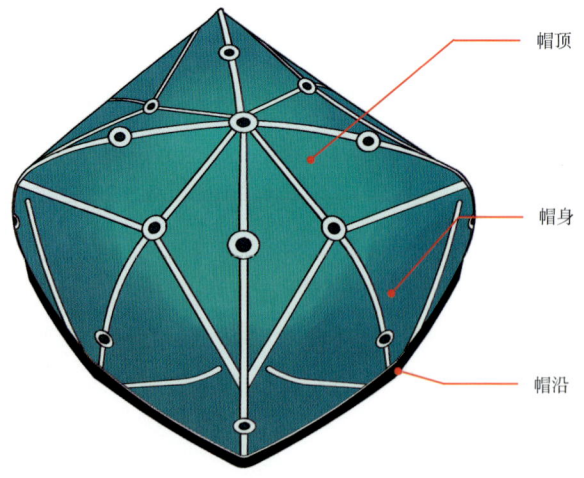

图二　维吾尔族蔓草纹四棱帽结构名称图

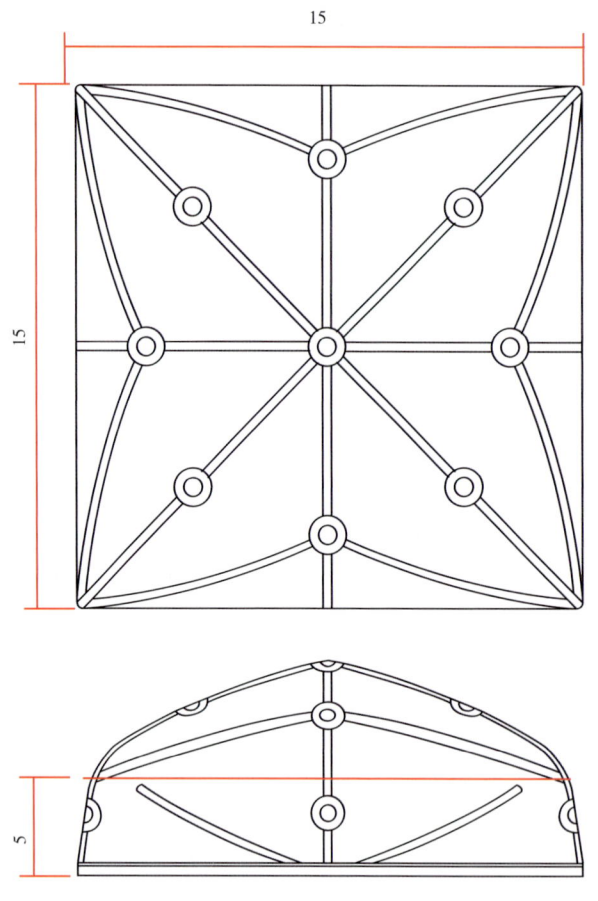

图三　维吾尔族蔓草纹四棱帽造型分析图

图四 维吾尔族蔓草纹四棱帽设色分析图

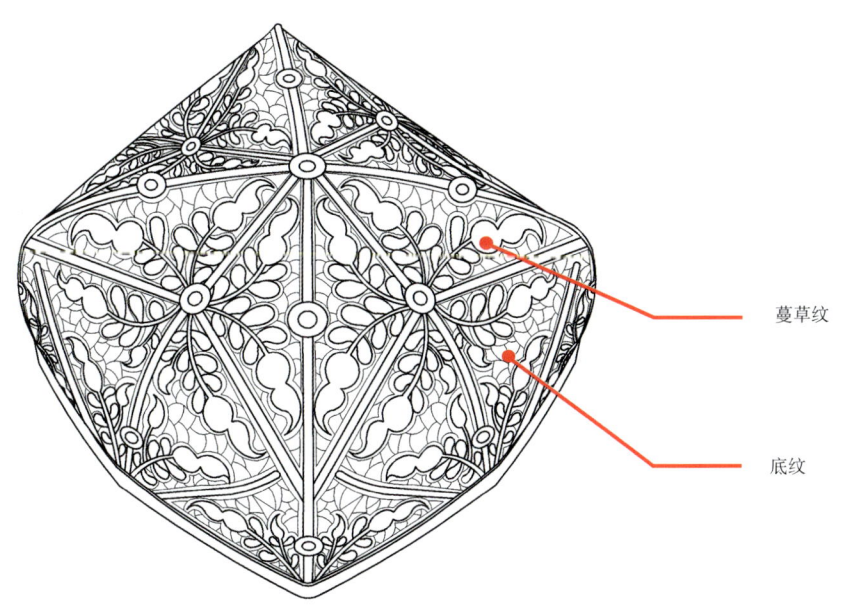

图五 维吾尔族蔓草纹四棱帽纹样构成分析图

第六章 维吾尔族传统手工艺

489

图六 维吾尔族蔓草纹四棱帽图案展开局部图

图七 维吾尔族蔓草纹四棱帽图案展开整体图

维吾尔族绒面绣花棉花纹四棱帽纹样

图一　维吾尔族棉花纹四棱帽纹样主图

　　该四棱帽由四个三角形帽瓣组成，每个三角形帽瓣内饰棉花纹一枚，棉花纹的心形轮廓刚好与三角形帽瓣相吻合，四个棉花纹成"十"字骨骼向心排列，构图简洁饱满，变化有序，具有主次分明、虚实相生的理性结构风格。棉花纹是维吾尔族纺织品上常见纹样，是以棉花的花或棉桃为基本原型，作对称骨骼的单独纹样。棉花纹有丰收及温暖的象征寓意。

　　花帽纹样的色彩丰富，有褐色、浅蓝、浅绿、浅黄、白色、玫红等，深底浅色花纹，清新醒目，采用类似色配置，明度上的渐变有国画晕染的效果，花心的红色起到了画龙点睛的效果。

　　纹样工艺为丝线平绣，该帽以金丝绒为面料，采用有光各色彩丝线平绣，其特有的光泽使得观赏效果更佳。刺绣时，首先将绣底布夹在用于刺绣的棚子上，将布面绷平，棚子的形状有空心圆形、方形两种，由竹、木、塑料或金属制成，简易实用，然后将绘有纹样的纸张固定于底料的反面上，选择大小合适的绣针。色彩合适的丝线进行平绣，经验丰富的艺人往往不需要纹样画稿，维吾尔族花帽因为需要刺绣的图案面积不大，一般采取平绣的技法。

图片来源
图一　雷启兴　摄影
图二至图五　邓莉丽　制图

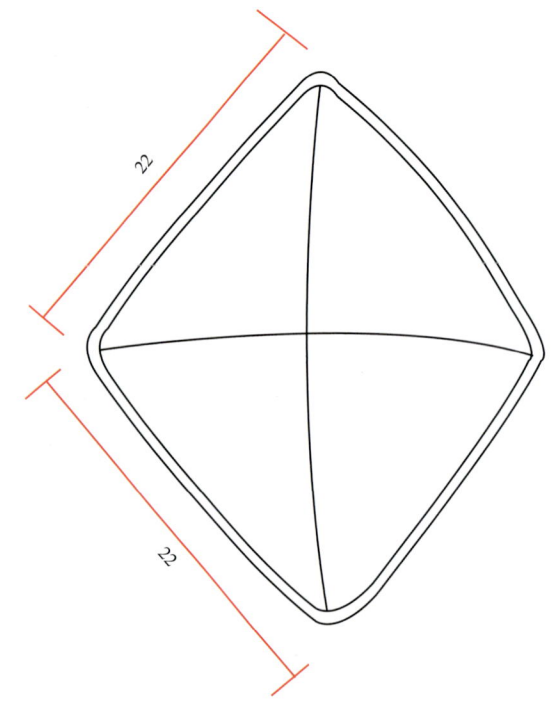

图二　维吾尔族棉花纹四棱帽尺寸图（单位：cm）

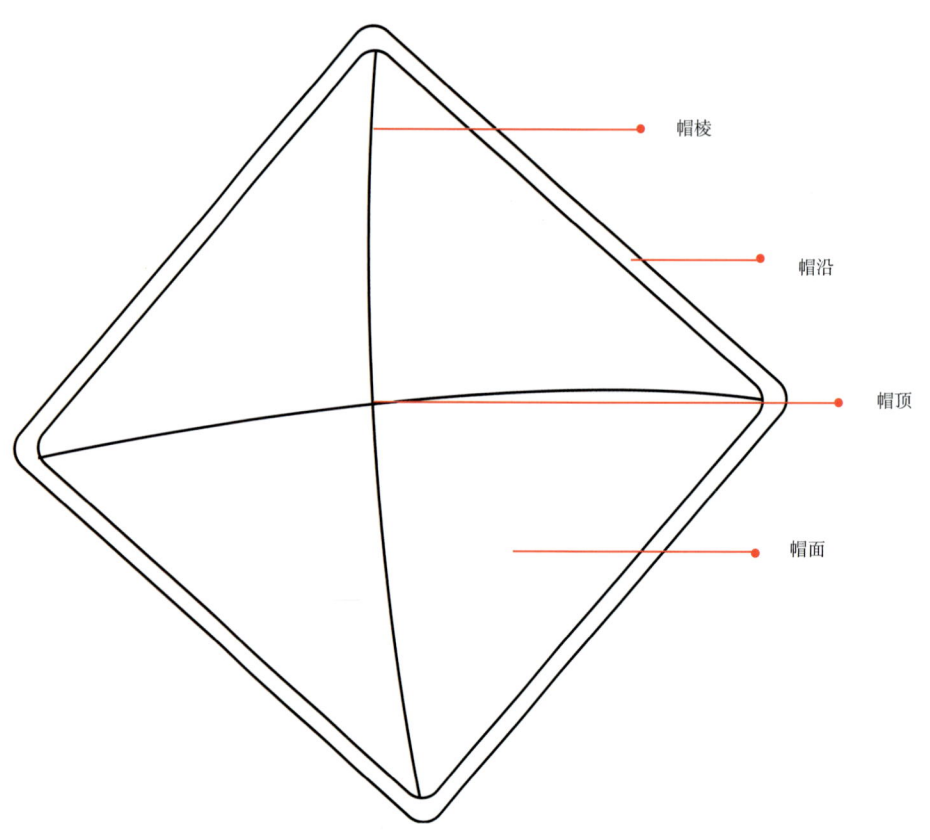

图三　维吾尔族棉花纹四棱帽造型分析图

图四　维吾尔族棉花纹四棱帽纹样设色分析图

棉花纹

图五　维吾尔族棉花纹四棱帽纹样构成分析图

第六章　维吾尔族传统手工艺

维吾尔族清代绣花鞋纹样

图一　维吾尔族清代绣花鞋纹样主图

　　该绣花鞋纹样装饰部位为鞋面、鞋跟与鞋帮下半部，又分为三个装饰区域，第一区域为鞋面，第二区域为鞋帮的前下半部，鞋跟与鞋帮的后下半部形成第三个装饰区域，每一区域用波形骨骼枝叶连续纹作分割。第一区域和第二区域均饰荷花纹，并以脚尖向上的中轴线为对称线作对称式构图，第一区域荷花纹下方又饰有水波纹，第三区域则以鞋跟向上的中轴线为对称线饰枝叶纹。整体来看，纹样依照绣花鞋的形制作安排，布局合理，追求对称美。荷花纹、枝叶纹等纹样在表现形式上相对统一，鞋帮上半部的留白也使得装饰纹样更加突出。荷花为维吾尔族刺绣中常见纹样，是高洁品格的象征。

　　纹样的色彩包括米驼、米黄、绛红、浅黄绿等，于绛红底上饰米黄、浅黄绿色纹样，利用明度的变化凸显纹样，颜色整体彩度不高，古朴雅致。

采用辫针绣工艺，辫针绣又称锁绣，由绣线环圈锁套而成，绣出来的绣面组织既像长辫又似锁链，此种绣法绣出来的纹样具有立体感，富有很高的装饰性。其绣法是：第一针在纹样的根端起针，落针于起针近旁，落针时将线兜成圈形。第二针在线圈中间起针，两针之间距离约半市分，随即将第一个圈拉紧，以后类推。该绣花鞋纹样部分为将丝绸面料剪成纹样图形缝结于鞋面，再选择丝线于装饰面进行刺绣，工艺安排有序合理。

图片来源
图一　雷启兴　摄影
图二至图五　邓莉丽　制图

图二　维吾尔族清代绣花鞋纹样平面展开图

图三　维吾尔族清代绣花鞋纹样设色分析图

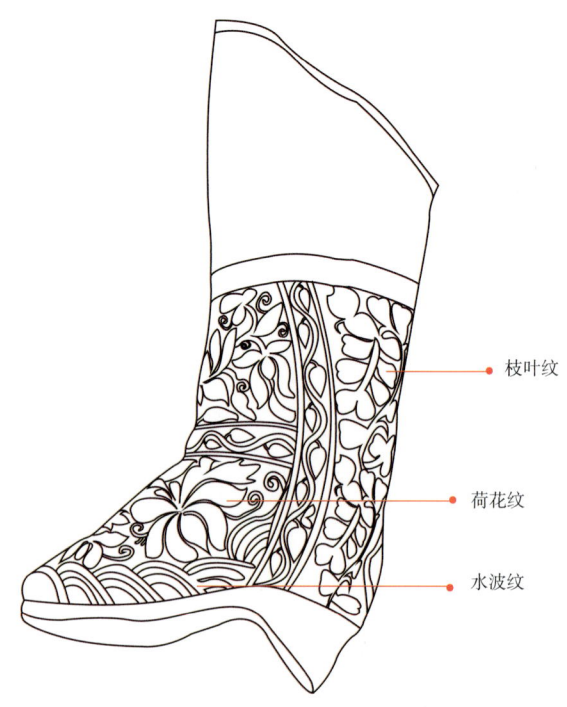

图四　维吾尔族清代绣花鞋纹样构成分析图

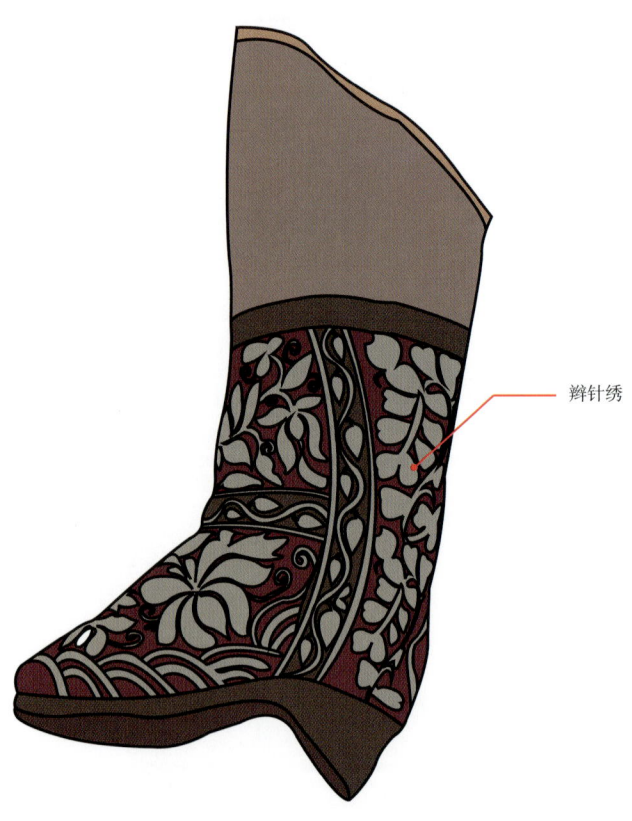

图五　维吾尔族清代绣花鞋工艺分析图

维吾尔族清代绣花袜纹样

图一　维吾尔族清代绣花袜纹样主图

　　该绣花袜的纹样以植物花卉纹为主，包括荷花纹、五瓣花纹、团花纹、蝴蝶花、花苞纹、枝叶纹、带状连续纹等。纹样造型上以大自然的各种花卉为基本原型，写实为主，再以形式美为原则作抽象变化。整体纹样布局为左右对称式，分为袜尖、袜面、袜帮、袜跟几个区域。袜尖饰蝴蝶花单独纹样一枚，袜面中心饰团花纹一朵，团花纹上方饰蝴蝶花一枚，花苞纹、叶纹对称地分布于团花纹两侧。袜面与袜帮之间以带状连续纹作分割，带状连续纹由花卉纹、几何纹组成，荷花单独纹样与五瓣花单独纹样相间饰于袜帮下部，袜帮上部留黑，与下部花纹间以炫纹、波浪纹作分割。袜跟饰花苞纹一枚，图案组织疏密有致、重点突出。

　　绣花袜的色彩十分丰富，包括紫色、黑色、橙色、草绿、蓝色、褐色、玫红、粉红、米色等。袜面与袜尖图案以紫色为底，袜跟与袜帮图案则以黑色为底，图案色彩采用渐变的手法，有国画晕染的效果，色彩绚丽丰富，加以纹饰的典雅清新，具有雅俗共赏的特点。

该袜面料为丝绸，以彩色丝线平针绣，该绣法为维吾尔族最古老、最基础的绣法，是刺绣工艺中的基本技法，有绣面平整、针法丰富、线迹精细、色彩绚丽的特点。工艺上要求起落针绣在纹饰的边缘，绣线做平行紧密的填补绣，针脚排列整齐细密，不留白底。

图片来源
图一　雷启兴　摄影
图二、图三　邓莉丽　制图

图二　维吾尔族清代绣花袜纹样平面展开图

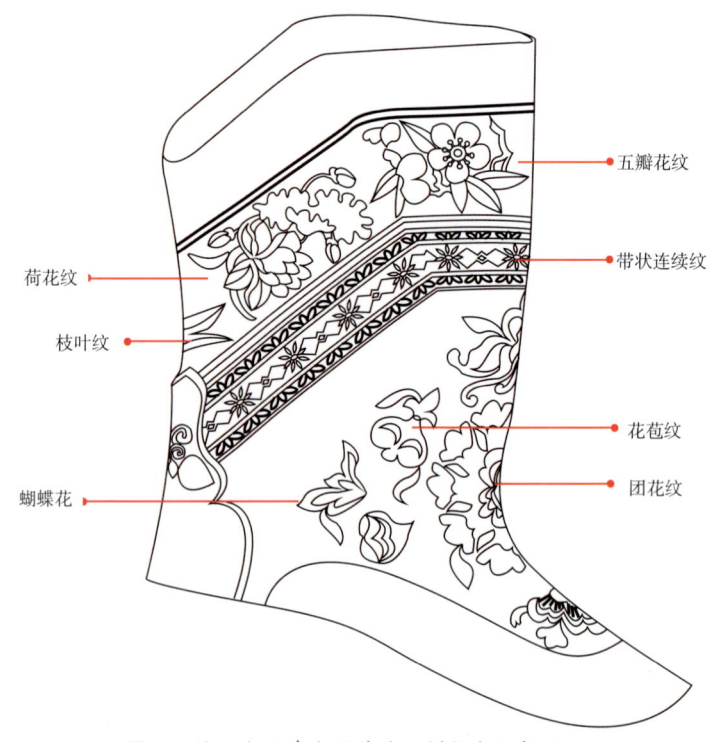

图三　维吾尔族清代绣花袜纹样构成分析图

维吾尔族清代绣花长腰皮靴纹样

图一 维吾尔族清代绣花长腰皮靴纹样主图

该绣花长腰皮靴的纹样有莲花纹、石榴纹、八瓣花纹、蝴蝶纹、云纹等。莲花纹、石榴纹、八瓣花纹、蝴蝶纹为左右对称单独纹样。莲花纹以莲花原形为基本形,有单瓣、复瓣多种形态;石榴纹以石榴果实为基本形,多辅以石榴花、枝叶;八瓣花纹以八瓣花为基本形,辅以花苞、枝叶;蝴蝶纹则以展翅蝴蝶为基本形。绣花长腰皮靴所饰云纹形如如意,以勾卷云纹为基本单位,作连续带状纹样。纹样均为维吾尔族纺织物、刺绣中常见纹样,不仅形态优美,同时含有美好的寓意,如莲花寓意高雅纯洁,石榴寓意多子,云纹寓意吉祥如意等。绣花长腰皮靴纹样共分为三大组成部分,以弦纹作分割,分为靴面、靴筒下半部以及靴筒上半部。莲花纹为主要装饰纹样,八瓣花、石榴纹等作次要纹样对称地分布于靴面及靴筒，作为视觉中心的靴面饰莲花三朵，一朵位于靴面后端，另两朵位于靴面两侧中部，两侧下沿由下往上饰条形带状纹与云纹，靴筒下半部饰石榴纹、八瓣花纹，石榴纹位于中部，八瓣花纹对称地分布于两侧。靴筒上半部的弦纹上饰带状云纹一圈，蝴蝶纹、莲花纹由上至下位于中部，两侧对称饰石榴纹。靴面纹样组织较密，靴筒纹样组织则较为松散，形成疏密对比关系，视觉上更加突出靴面的精致小巧。

皮靴纹样色彩十分丰富，有黑色、大红、粉、浅粉、黄、浅黄、浅绿、白等，黑色为底，图案以浅粉、浅黄、浅绿为主要颜色，黄、大红、白为点缀色，大红至浅黄至浅绿、粉至浅粉至白等过渡渐变色的设计是该高腰靴刺绣色彩的一大特点，具有国画的晕染效果。整体颜色配置淡雅清新，大红、黄、白等点缀色使得色相在明度上拉大距离，从而打破明度相近的主体色可能造成的沉闷与平淡。

皮靴绣花工艺采用辫绣，辫针绣以并列的等长线条，针针扣套而成。因绣出来的绣面花纹像长辫而得名。

图片来源
图一　雷启兴　摄影
图二至图七　邓莉丽　制图

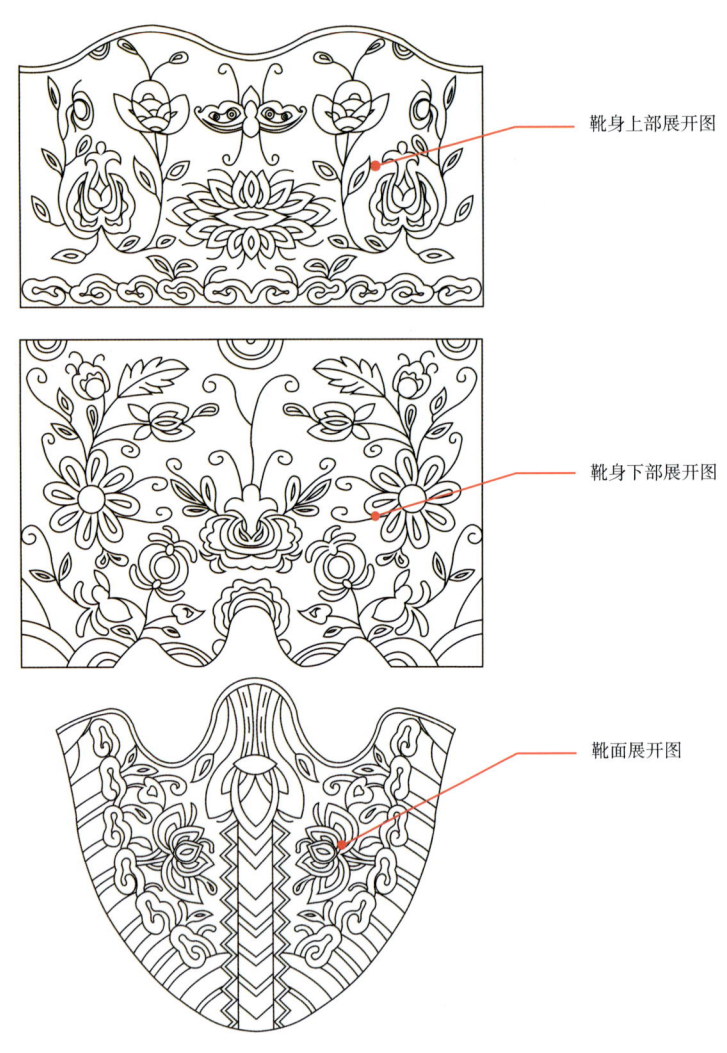

图二　维吾尔族清代绣花长腰皮靴结构分析图

靴身上部展开图

靴身下部展开图

靴面展开图

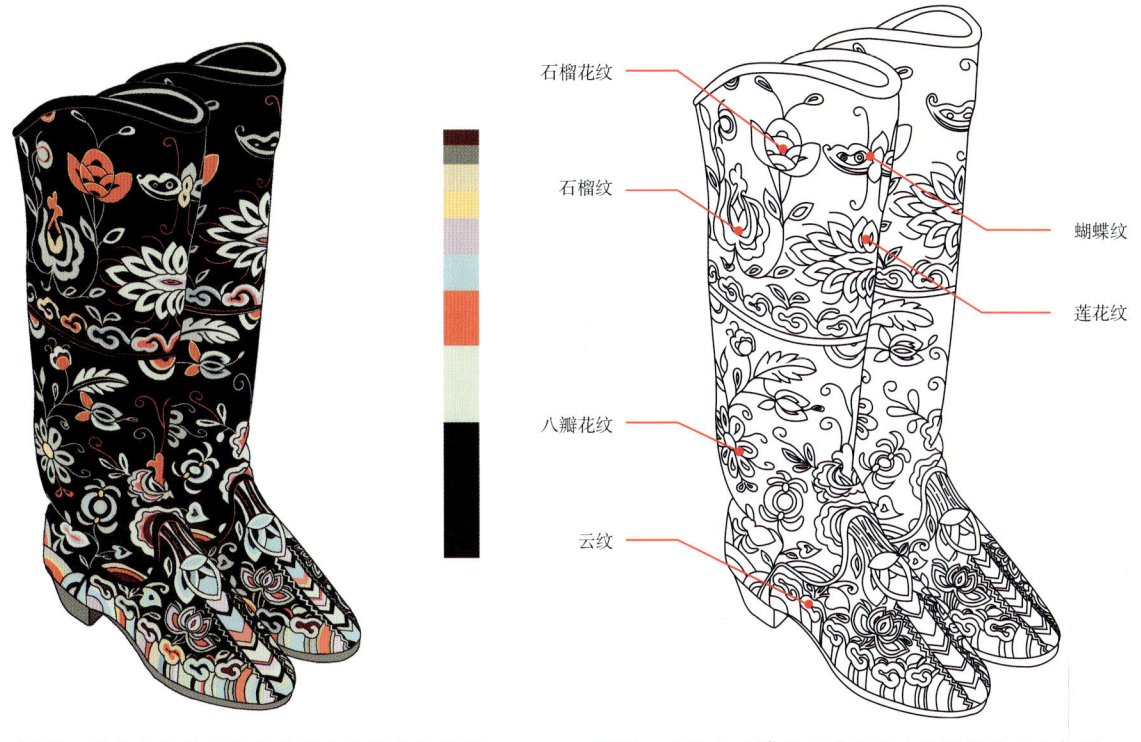

图三 维吾尔族清代绣花长腰皮靴设色分析图

图四 维吾尔族清代绣花长腰皮靴纹样构成分析图

图五 维吾尔族清代绣花长腰皮靴靴面纹样展开图

第六章 维吾尔族传统手工艺

图六　维吾尔族清代绣花长腰皮靴靴筒下半部图案展开图

图七　维吾尔族清代绣花长腰皮靴靴筒上半部纹样展开图

维吾尔族铜耳环纹样

图一 维吾尔族铜耳环纹样主图

维吾尔族人就喜欢戴金、银、铜、玉等首饰,耳环又多为维吾尔族妇女喜爱佩戴的的首饰,除了佩戴金银首饰外,还有佩戴铜首饰的习俗,因为维吾尔族人认为铜器有益健康,可调节人的情绪。

该铜耳环整体造型似一只荷包,环状穿耳,分为上、下两个装饰区域。上部装饰区域为半圆形,由外向内首先饰镂空线形带状纹两圈,中心饰排列较为密集的实心银菊花,每朵银菊花之间又有短线相连。下部区域的外轮廓似心形,内饰车轮形、圆形镂空纹样,圆弧状排列的实心银菊花缀于其上。两大装饰区域的外轮廓均饰有联珠纹。整体来看,纹样装饰有华丽繁复之感,并善于利用平面与立体、实心与镂空、疏与密对比使得纹样富于变化。该耳饰纹样采用对称的形式和风格,对称强调对称轴两边的纹样造型及色彩的同形同量,结构上的繁杂与内容装饰手法上的单纯相互抵消,营造出轻松、宁静、优美的情感氛围,包含着多种艺术的成果,具有多元的文化特征。

金银首饰制作工艺是维吾尔族传统工艺之一,以民间金银匠人为制作主体,制作方式也比较简单,如手压皮囊鼓风加温、嘴吹铜管熔金炼银、铆接、镶嵌等等。该耳环为翻模制成，翻模相对于其他金银器工艺来说比较简单，即首先把金银熔化后，放到有具体图案的模子熔制出来，再用金丝条做耳环钩，焊接钉铆起来即可。

图片来源

图一　雷启兴　摄影

图二至图五　邓莉丽　制图

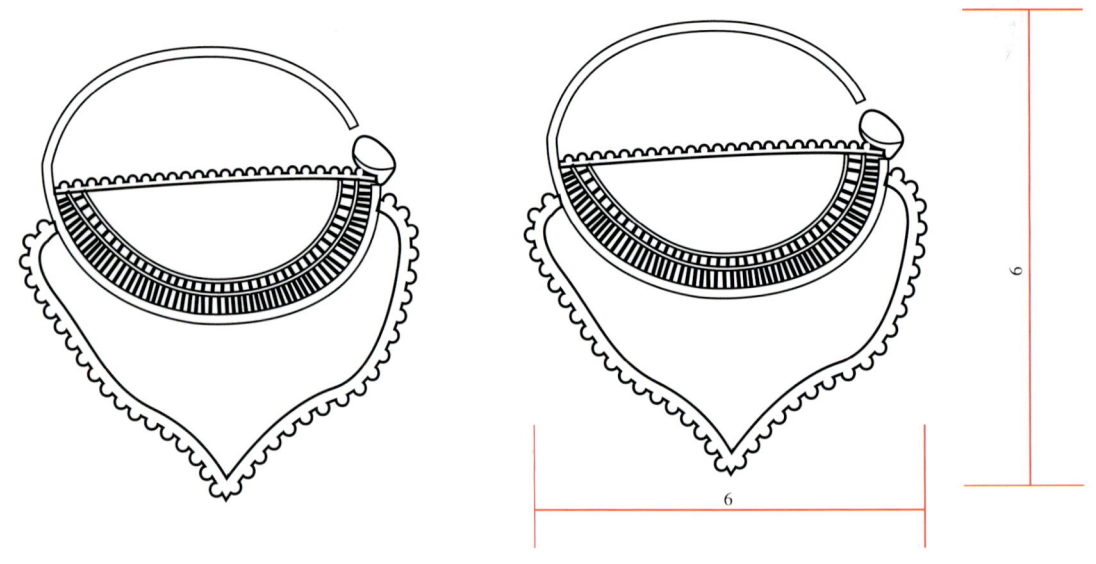

图二　维吾尔族铜耳饰尺寸图（单位：cm）

图三　维吾尔族铜耳饰设色分析图

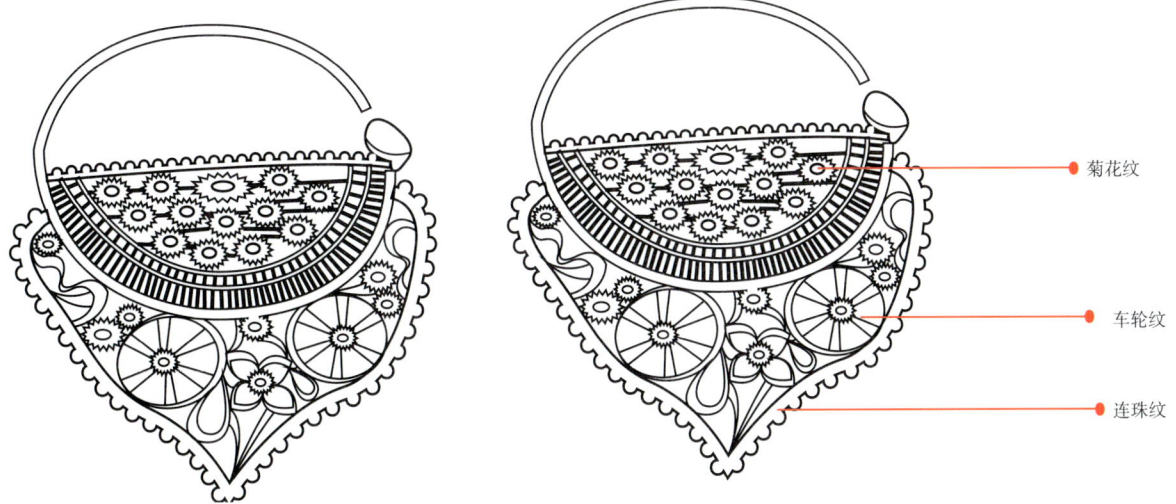

图四 维吾尔族铜耳饰纹样分析图

图五 维吾尔族铜耳饰纹样工艺分析图

维吾尔族绣花烟袋纹样

图一　维吾尔族绣花烟袋纹样主图

该绣花烟袋纹样表现的为荷塘小景，纹样主要装饰于烟袋下半部，分为上、中、下三个装饰区域。上区域饰枝叶纹，下区域饰荷花纹，重点为中间装饰区域，由一个大圆适合纹样、小圆适合纹样、波浪纹组成。圆形适合纹样由牡丹花、五瓣花等花卉纹样构成，波浪纹贯穿于圆形适合纹样之间，并于波浪纹中缀荷花一朵。图案组织层次分明、重点突出，注意运用点线面的结合，于统一中追求变化，烟袋上部右侧点缀的牡丹花与烟袋下部的装饰也是相呼应的。

烟袋纹样色彩丰富，包括米白、米黄、橙色、褐色、草绿、黑色、粉色、柠檬黄等，设色淡雅古朴，中、下两个区域纹样为类似色配置,并具有国画的晕染效果。上区域黑底上柠檬黄、粉色等亮色的枝叶纹为装饰面增加了一些活泼跳跃的气氛。

维吾尔族刺绣工艺经过数百年的不断更新,并吸取其它民族优秀的文化,形成了自身优美独特的风格。彩线平绣是刺绣工艺中最为普遍的一种,该烟袋面料为丝绸,又以真丝彩线为原材料进行平绣,在材质上追求统一,更加符合视觉审美。

图片来源

图一、图六　雷启兴　摄影

图二至图五　邓莉丽　制图

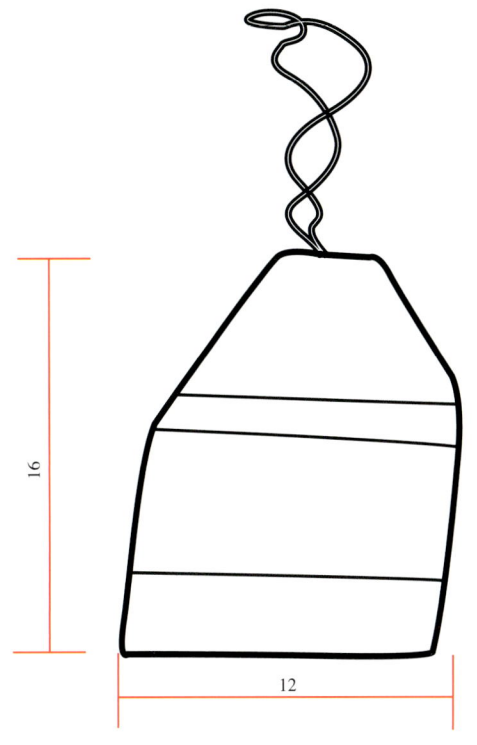

图二　维吾尔族绣花烟袋尺寸图(单位:cm)

图三　维吾尔族绣花烟袋纹样设色分析图

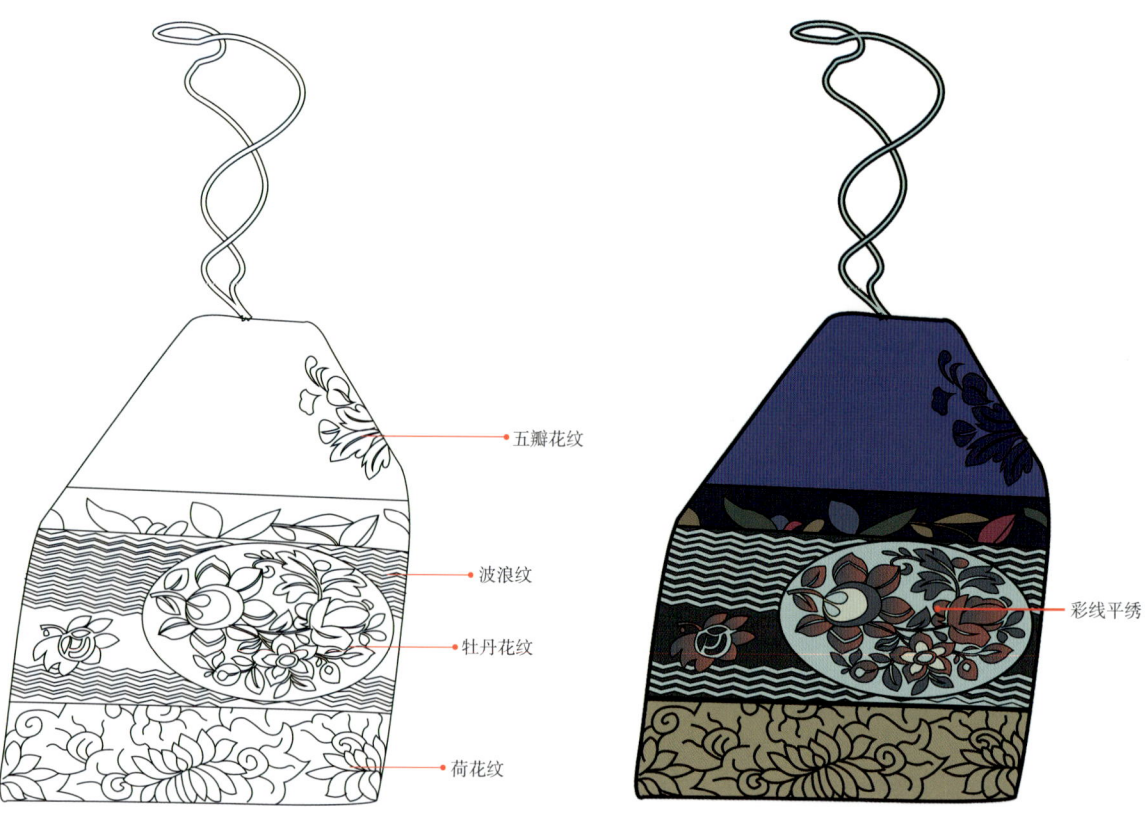

图四　维吾尔族绣花烟袋纹样分析图　　　　图五　维吾尔族绣花烟袋纹样工艺分析图

图六　维吾尔族绣花烟袋使用情景图

维吾尔族栽绒地毯纹样

图一 维吾尔族栽绒地毯纹样主图

该栽绒地毯纹样整体为"十"字形对称式构图,地毯中心的主体纹样外轮廓为长十二边形,里面填以石榴花纹,主体纹样四周对称地分布卷草纹、花苞纹、枝叶纹等纹样。石榴花纹、卷草纹等纹样在造型手法上利用直线与曲线相结合,风格和谐统一,图案结构严谨,主次分明,疏密有致,繁而不乱。从纹样题材上可以看出内地流行的纹样在少数民族地区已经开始得到普及。地毯装饰呈现出对花枝满眼的浓密布局比较偏爱,而石榴花等花卉纹样也表达了人们对吉祥的美好期盼。

地毯的色彩较为丰富,有砖红、浅驼、紫色、浅灰、黑色、浅黄绿等,整个色调为暖灰色调，用黑色勾边增强花纹的清晰度和立体感，白色勾边增加晕色的效果，统一中富于变化。

栽绒是新疆地毯工艺中具有代表性的一种，即以棉线作经纬线，用彩色毛纱栽绒型。手工栽绒地毯的栽绒特点是，在经线上以手工绾结一个个独立的栽绒扣，不同于机制地毯的非结扣性的竖直植绒。内在结构是双经双纬网状组织，织作时在前后两根经线组成的一个经头上，用毛纱打"8"字形栽绒结，用剪刀剪断，继而沿纬向自左向右逐个经头打结。打完一层后，然后由前后两经间过一根横向直粗纬线，用铣耙向下面压平，再沿前后经外缘过一根横向弯曲细纬并压平，最后用荒毛剪将毛线头剪平剪齐，至此为编织一道，整块地毯就是这样一道道编织而成的。

图片来源
图一　雷启兴　摄影
图二至图五　邓莉丽　制图

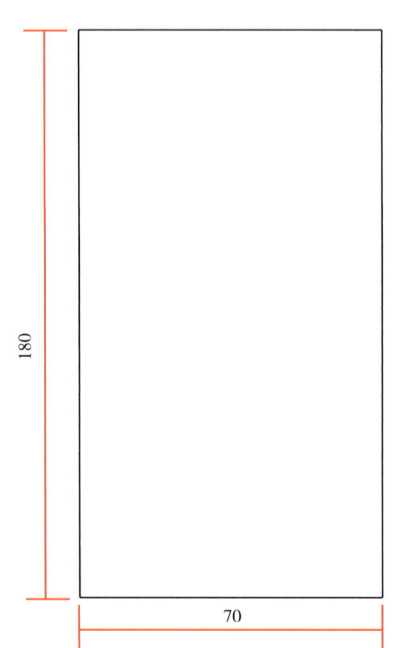

图二　维吾尔族栽绒地毯尺寸图（单位：cm）

图三　维吾尔族栽绒地毯设色分析图

卷草纹

牡丹花纹

枝叶纹

花苞纹

图四 维吾尔族栽绒地毯纹样分析图

编织、栽绒

图五 维吾尔族栽绒地毯
工艺分析图

第六章 维吾尔族传统手工艺

511

维吾尔族棉线编织马褡纹样

图一　维吾尔族马褡纹样主图

　　马褡及马褡子，外形是长方形两个袋子，中间连在一起，可放在马、驴背上或自行车上，还有一种小的可搭在人的肩上，类似汉民族的"褡裢"。马褡子用各色棉线、毛线编织而成，图案多以各种几何纹样为主，平行条状排列，纹样吸取了古代织绸和锦缎的图案，有单色和彩色两种，材料上又以毛织为好。

　　该马褡的纹样主要有回字纹、菱形纹、四瓣花纹等，四瓣花的花瓣为缺一角的菱形，这几类纹样均是典型的织锦纹样，造型简练，表现形式较为抽象。纹样装饰于挂包包体正面，共分上、中、下三个带状装饰区域，每一区域间有条形间隔，上区域纹样为由倾斜并列的回字纹组成的连续纹样，中间区域纹样为由四瓣花与菱形组成的散点式二方连续纹样，下区域为回字连续纹。从纹样布局来看，带形区域的分割有序紧凑，二方连续纹样又具有律动延续的美感，体现了秩序美与节奏美。

马褡的色彩包括褐色、土黄、土红、柠檬黄、湖蓝、米白等，以暖灰色为主色调，注重对比色的运用，色彩绚丽，多样而统一。

图片来源

图一　雷启兴　摄影

图二至图五　邓莉丽　制图

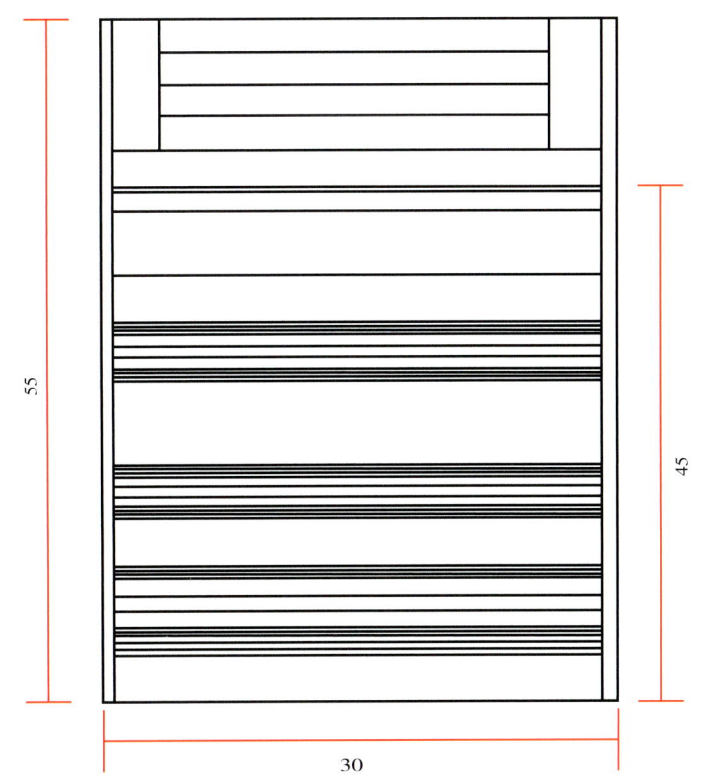

图二　维吾尔族棉线编织马褡尺寸图（单位cm）

图三　维吾尔族棉线编织马褡纹样设色分析图

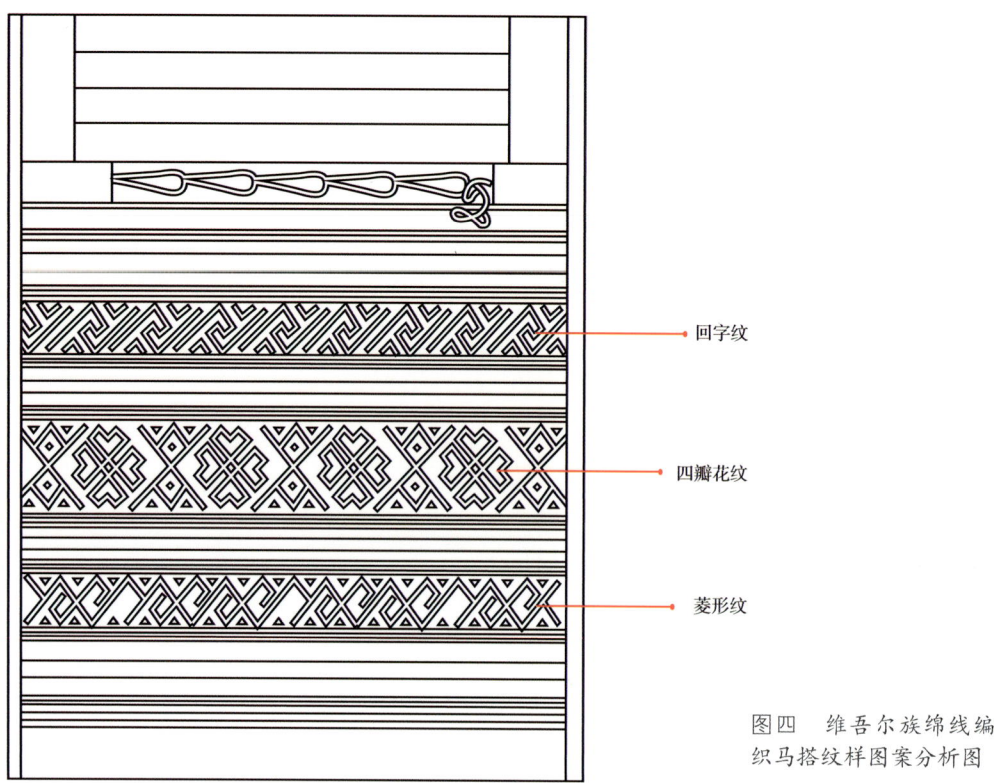

图四 维吾尔族绵线编织马搭纹样图案分析图

回字纹

四瓣花纹

菱形纹

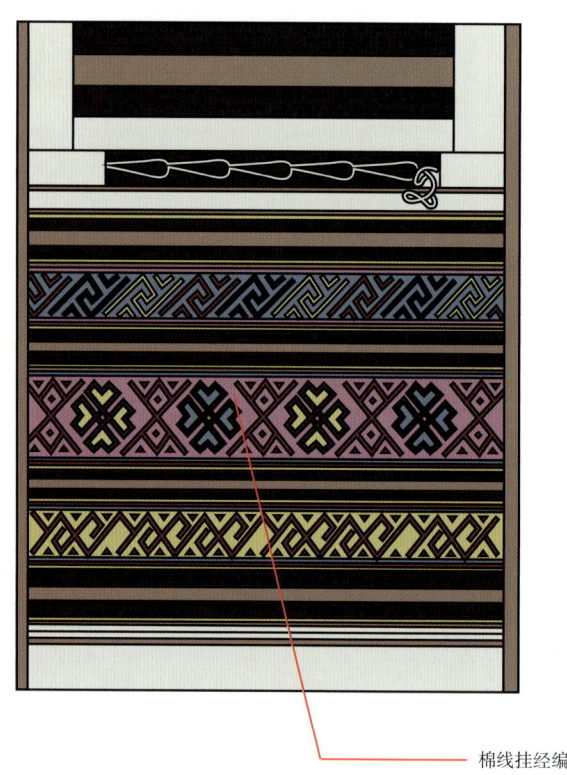

棉线挂经编织

图五 维吾尔族绵线编织马搭纹样工艺分析图

维吾尔族乐器"都塔尔"纹样

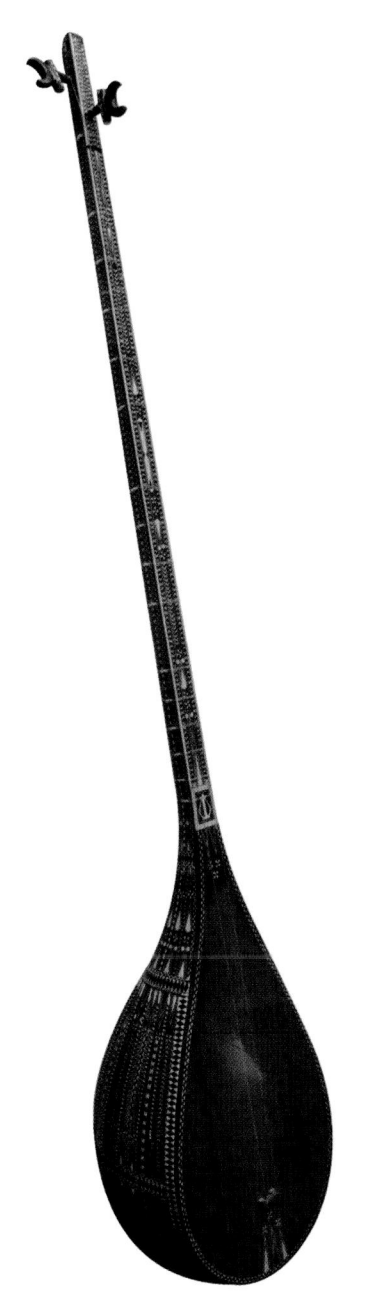

图一　维吾尔族乐器"都塔尔"纹样主图

"都塔尔"外形像一个长柄的大水瓢，由共鸣箱、琴头、琴杆、弦轴、琴马、琴弦等部分组成。

图案装饰根据"都塔尔"的造型来安排，装饰部位主要为琴杆周身与共鸣箱背面，共鸣箱背面与琴杆背面为一个完整的装饰面，在这个装饰面内，纵向作密集的经线分割，横向根据共鸣箱、琴杆作纬线分割，分割为共鸣箱下、中、上以及琴杆四大区域，经线由圆点状连续纹、菱形连续纹等组成，纬线由三角形连续纹、弦纹等组成，共鸣箱正面只有边缘作带状纹样装饰，并在底端及顶部作点缀，整个装饰疏密对比明显，层次分明，具有几何图式的规律美与韵律美。

"都塔尔"颜色配置由木材、牛角、骨石的天然色泽形成，富有材质美与工艺美，古朴典雅。"都塔尔"纹样装饰技法为牛角、骨石镶嵌打磨。白颜色的花纹使用骆驼的肋骨制成，因为骆驼骨头比羊骨和牛骨更白，黑色的花纹用黑牦牛角制成，先用机器和小刀把坚硬的骨头和牛角切割成需要的形状，工匠再用自制工具在琴体需要装饰的部位钻出小凹槽，然后将切割好的骨头和牛角组合成不同的形状，填进凹槽里，并用胶或漆固定，用锉刀将镶嵌花纹的部分锉平，再整体刷漆打磨。

图片来源
图一　雷启兴　摄影
图二至图五　邓莉丽　制图

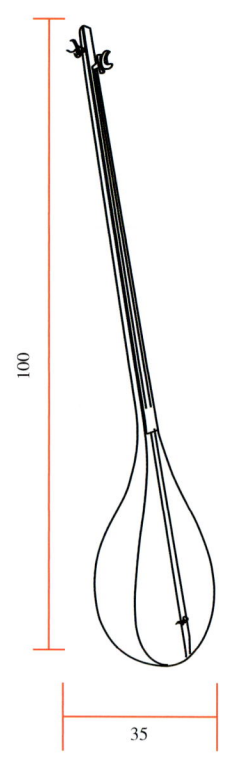

图二 维吾尔族乐器"都塔尔"尺寸图（单位：cm）

图三 维吾尔族乐器"都塔尔"纹样平面展开图

图四 维吾尔族乐器"都塔尔"设色分析图

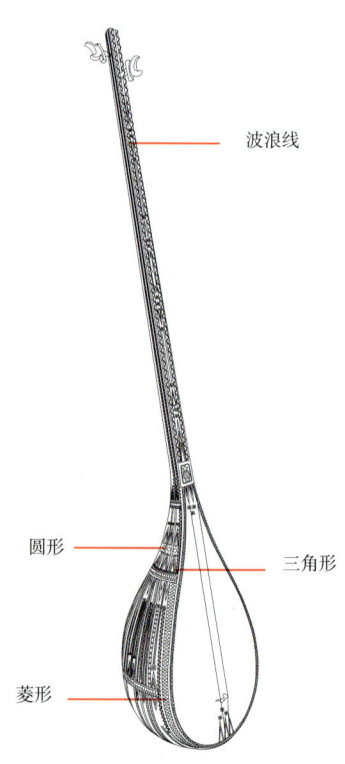

波浪线

圆形

三角形

菱形

图五 维吾尔族乐器"都塔尔"纹样分析图

维吾尔族乐器"胡西塔尔"纹样

图一 维吾尔族乐器"胡西塔尔"纹样主图

"胡西塔尔"是维吾尔族拉弦乐器,流行于乌鲁木齐等地,"胡西塔尔"意为"悦耳的琴弦",外观与西洋弹弦乐器曼多林相似,全长68厘米,由琴头、琴颈、琴马、指板、共鸣箱、琴脚、弦轴、系弦板、琴弦和琴弓等部分构成,琴身大都饰有骨质、牛角质黑白相间的图案花纹。

"胡西塔尔"琴头似一只百灵鸟,饰圆点形带状纹,由菱形、三角形、带点波浪形等组成的带状纹样,装饰于琴颈、系弦板、共鸣箱正面、琴脚边沿地带。琴颈中部由上至下等距离饰三朵五瓣花,最下面一朵五瓣花上方带有水滴纹。共鸣箱正面中部以琴弦为对称线左右各饰低音谱号纹饰一枚,共鸣箱背面与琴颈背面也有菱形带状纹样装饰。共鸣箱背面作西瓜纹分割,分割线饰以菱形带状纹。琴颈背面作长条形分割,分割线饰以菱形带状纹。总体来看,装饰纹样主要根据"胡西塔尔"自身的形制特点来安排,注重点、线、面的集合,以及疏密关系对比,符合视觉审美习惯。

黑白相间的纹样饰于褐色、中黄的漆面上,清晰明朗,具有强烈的装饰性。图案工艺为白色骨头、黑色牛角镶嵌打磨,白颜色的花纹使用骆驼的肋骨制成,因为骆驼骨头比羊骨和牛骨更白,黑色的花纹用黑牦牛角制成,打磨过的骨头、牛角的光泽与光亮的琴面相互辉映,古朴中透出华丽。

图片来源
图一 雷启兴 摄影
图二至图五 邓莉丽 制图

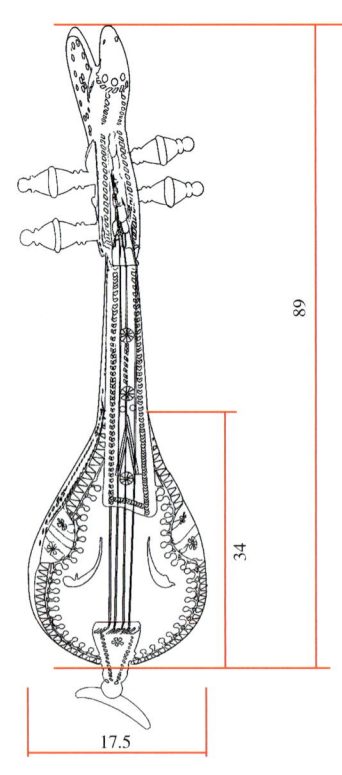

图二 维吾尔族乐器"胡西塔尔"尺寸图（单位：cm）

图三 维吾尔族乐器"胡西塔尔"造型分析图

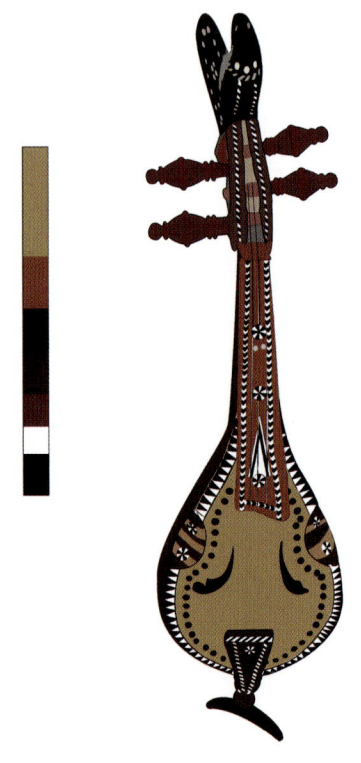

图四 维吾尔族乐器"胡西塔尔"设色分析图

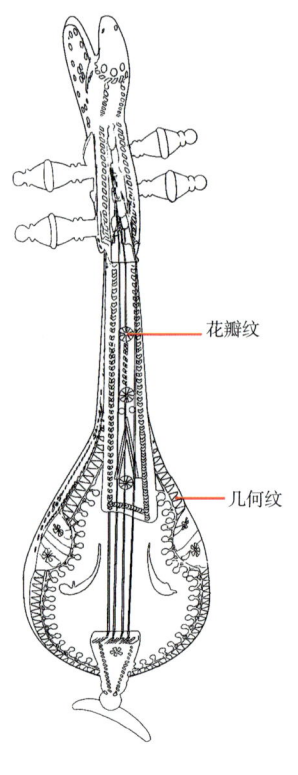

图五 维吾尔族乐器"胡西塔尔"纹样构成分析图

维吾尔族衣物箱木雕纹样

图一　维吾尔族衣物箱木雕纹样主图

　　该衣物箱木雕纹样有石榴纹、石榴花纹、忍冬纹等。石榴纹以石榴果实为原形，辅以枝叶，石榴花纹以石榴花为原形，忍冬纹以忍冬草为原形，并作艺术变形处理。忍冬为一种蔓生植物，俗呼"金银花"、"金银藤"，通称卷草，其花长瓣垂须，黄白相间，因名金银花，凌冬不凋，故有忍冬之称。箱盖正面边沿饰石榴花带状连续纹。箱体正面纹样为对称适合纹样，中部为一对相背而列的平躺石榴，石榴相交处饰由四朵石榴花组成的石榴花纹，四角各饰忍冬角隅纹样一枚，纹样简洁优美，对称式构图也符合视觉审美习惯。在色彩上保留了木材的天然色泽，古朴典雅。该箱箱锁饰有双喜纹，应是作为嫁妆所用，石榴纹与忍冬纹分别含有多子、长久的寓意，与衣物箱用于嫁妆的用途相吻合。

　　衣物箱纹样为浅浮雕工艺，具体工艺步骤为：首先为画稿的设计拷贝，然后粗胚制作，即用刻刀由表及里、由浅入深地初步刻出纹样的轮廓。然后进行修光，运用精雕细刻及薄刀法一层层推进，进一步刻划纹样的细节，使纹样趋于圆滑、细致。继而打磨，先用粗砂纸，后用细砂纸顺着木纤维的方向打磨，使表面变得光滑。最后着色上光，一般用清漆着色，以保留木材天然的纹理。

图片来源
图一　雷启兴　摄影
图二至图五　邓莉丽　制图

图二　维吾尔族衣物箱尺寸图（单位：cm）

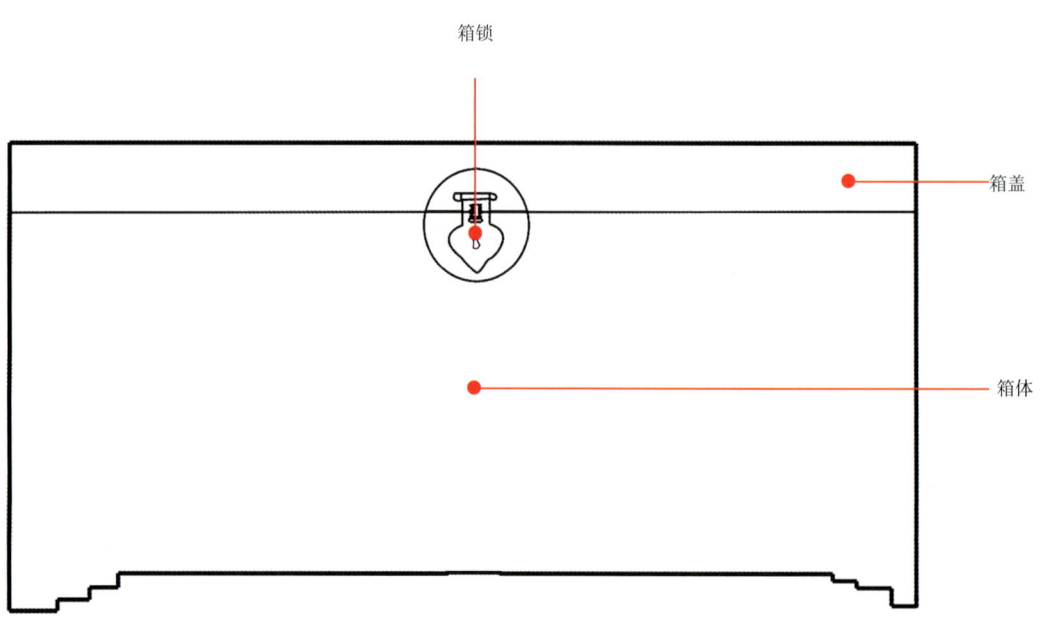

图三　维吾尔族衣物箱造型分析图

图四　维吾尔族衣物箱木雕纹样构成分析图

图五　维吾尔族衣物箱木雕工艺分析图

维吾尔族皮食物袋纹样

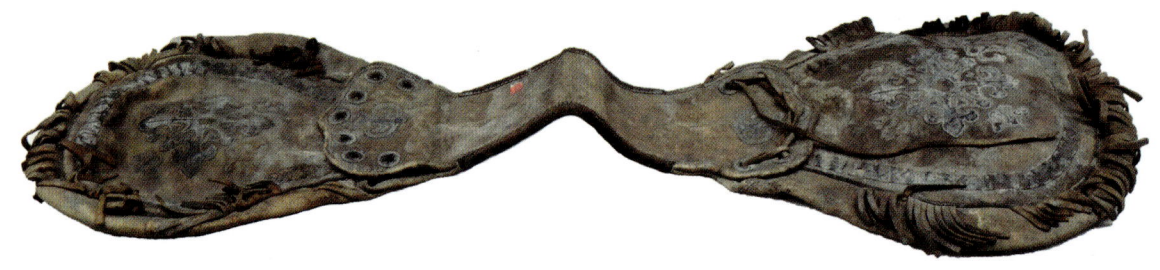

图一 维吾尔族皮食物袋纹样主图

该皮食物袋应作为马褡使用，可放在马、驴背上或自行车上，也可搭在人的肩上。皮食物袋的造型为"8"字形，纹样饰于食物袋两边袋体的中间位置，为四枚石榴果实纹组成的"十"字骨骼正方形适合纹样，正方形每一条边的中心向外再饰石榴果实纹一枚，两边袋口扣合处又缀有石榴果实纹一枚，纹样根据食物袋的形制安排，突出主体纹样。石榴纹为传统吉祥纹样之一，有多子多福、子孙绵延的吉祥寓意。该石榴纹取石榴果实顶部为主要表现对象，进行艺术化抽象处理，又与龛形纹有异曲同工之处。

皮革造型工艺是维吾尔族最为古老的民族工艺之一，生活于草原的游牧民族不但自己熟皮、加工皮革、做皮囊、制作鞍具等生活用品，还将剪皮艺术运用于生产、生活用品的装饰之中。他们用皮剪成植物纹、动物纹、回纹等图案贴绣缝缀于需要装饰之处，古朴雅致，具有皮革色泽的材质美。同时又富有强烈的生活气息。

图片来源

图一 雷启兴 摄影

图二至图五 邓莉丽 制图

图二　维吾尔族皮食物袋纹样尺寸图（单位：cm）

图三　维吾尔族皮食物袋纹样设色分析图

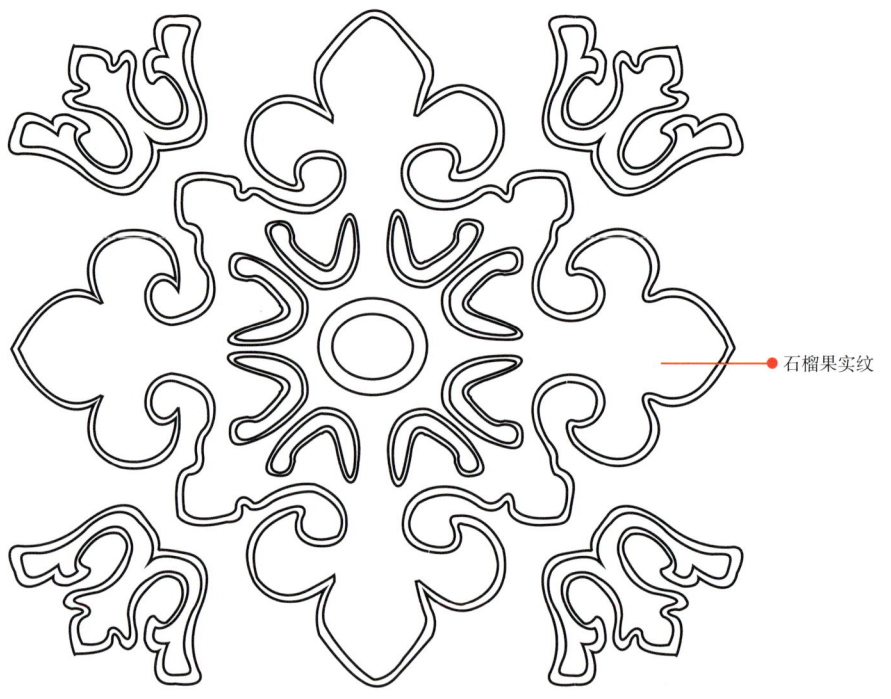

图四　维吾尔族皮食物袋纹样分析图

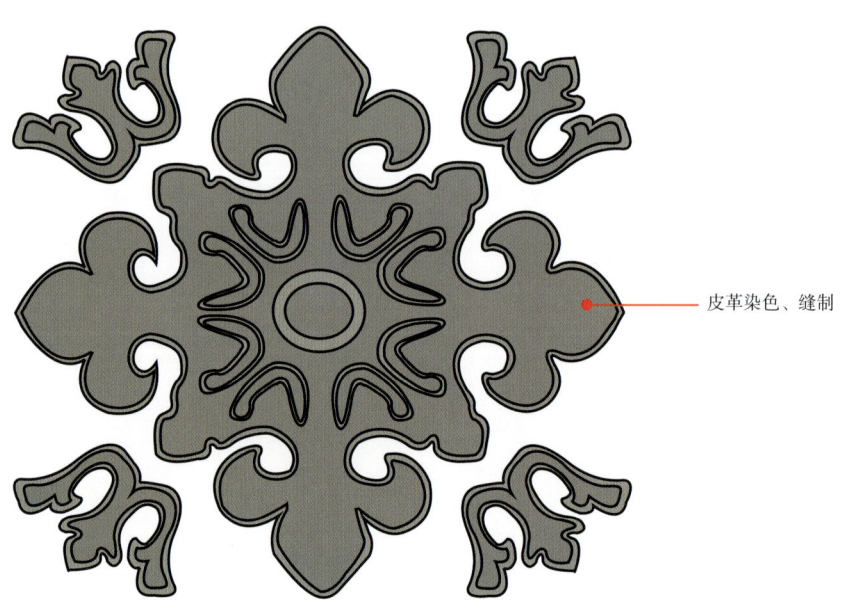

图五　维吾尔族皮食物袋纹样工艺分析图

维吾尔族近代刻花铜盘纹样

图一　维吾尔族近代刻花铜盘纹样主图

该铜盘为八瓣花形，纹样装饰根据铜盘的形制安排，于盘心作装饰，盘心纹样共分为内、中、外三个区域。内区域于圆形外框内饰维吾尔族文字纹，文字排列较为自由，注意粗细变化，并将其中较粗的文字作錾刻留白处理。中间区域的圆圈内饰波浪连续纹。再于圆形外框上饰三角形纹一周，形成外区域，三角形纹内錾刻上下并列的细密线条。整体来看，纹样虽然在形式上较为自由，但通过工艺使得多变的纹样形式得以和谐统一，中心较粗的文字纹又使得重点突出，显得跳跃活泼，打破了因纹样明度相同可能形成的沉闷。

铜盘纹样主要使用錾刻工艺完成，錾刻工艺的核心是"錾活"，操作时使用的主要工具是各式各样的成套錾子，这些錾子都是自制的，用工具钢或弹簧钢打制而成，錾刻时，必需将加工对象固定于胶板上，方可进行操作，胶板是用松香、大白粉和植物油按一定比例配制后敷在木板上，使用时将胶烤软，铜银等物件过火后即可贴附其上，冷却后方可进行錾刻，取下时只需加热便能脱开。维吾尔族铜器皿一般以红铜为原材料，经过冷砸成型，根据装饰需要精心錾刻出单一或成组的纹样，錾刻纹样时一般没有图纸，全靠工匠的智慧及经验，表现了民间匠人的聪明才智。该铜盘錾刻时注意轻重、疏密对比关系，使纹样具有黑、白、灰明度变化，古朴雅致。

图片来源
图一　雷启兴　摄影
图二至图五　邓莉丽　制图

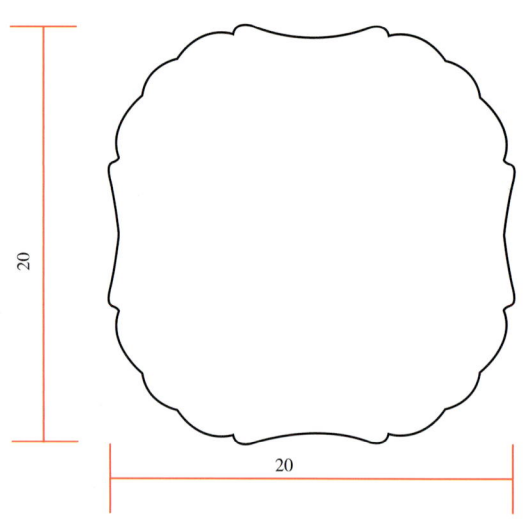

图二　维吾尔族近代刻花铜盘尺寸图（单位：cm）

图三　维吾尔族近代刻花铜盘纹样设色分析图

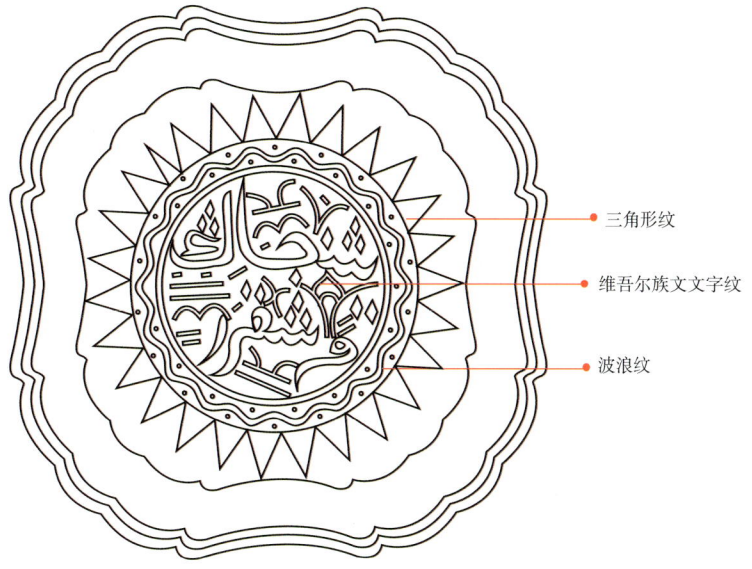

图四　维吾尔族近代刻花铜盘纹样分析图

图五　维吾尔族近代刻花铜盘图案工艺分析图

维吾尔族近代錾刻铜盘纹样

图一　维吾尔族近代錾刻铜盘纹样主图

铜盘纹样题材有龛形纹、维吾尔族文字纹、卷草纹等。龛形纹，类似于拱形，上半部呈半圆或尖顶状，该錾刻铜盘的龛形纹上下皆设计成尖顶状。维吾尔族文字纹，以维吾尔族文字为原形的装饰纹样。卷草纹，以忍冬等植物枝茎为原形作波状曲线处理，造型变化丰富、婉转柔润。

该盘盘心图案共分三大区域，第一区域：为盘心中间由龛形纹、带状卷草纹组成的团纹。第二区域：团纹外部一周被均等地分为八个点并饰八枚上半部呈尖顶状的龛形纹样，这八枚龛形纹相隔处又嵌八枚上下皆呈尖顶状的龛形纹，并以八枚拉长、似糖果形的龛形纹将其连接，这八枚似糖果形的龛形纹中饰维吾尔族文字纹。第三区域：卷草纹带状连续纹样一周，二、三区域间以波浪纹、弦纹相隔。该盘龛形纹中除饰有维吾尔族文字纹，还饰有卷草纹，并将卷草纹变形，使其线条柔润中略带刚硬，与维吾尔族文字的造型相统一。整体来看，图案组织有序合理，完整统一。盘沿简洁的线条装饰也烘托了盘心纹样的细腻优美。铜盘色泽具有天然青铜色的材质美，古朴典雅。

铜盘纹样主要采用錾刻工艺完成，錾刻工艺是金银铜工艺中最基本、最常见的工艺，使用的刻刀等工具一般为工匠自制，该铜盘錾刻时注意线的排列、走向及疏密，精致的錾刻工艺使图案具有黑白装饰画的效果。

图片来源
图一　杨兴斌　摄影（fotoe网）
图二至图六　邓莉丽　制图

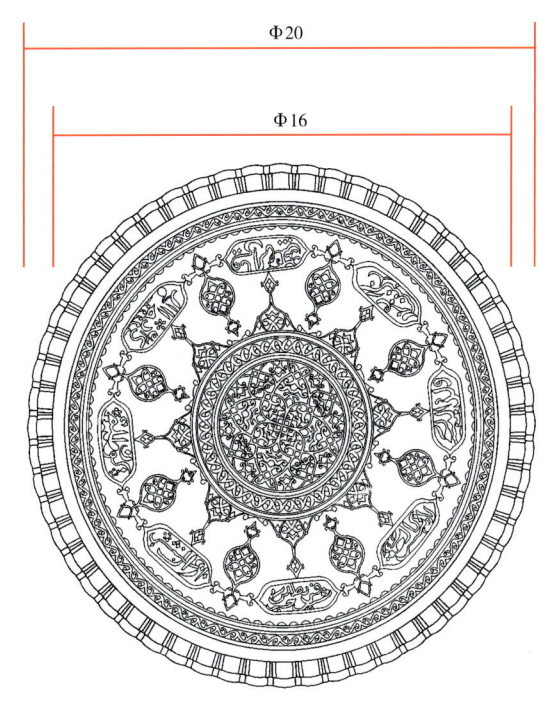

图二　维吾尔族近代錾刻铜盘尺寸分析图（单位：cm）

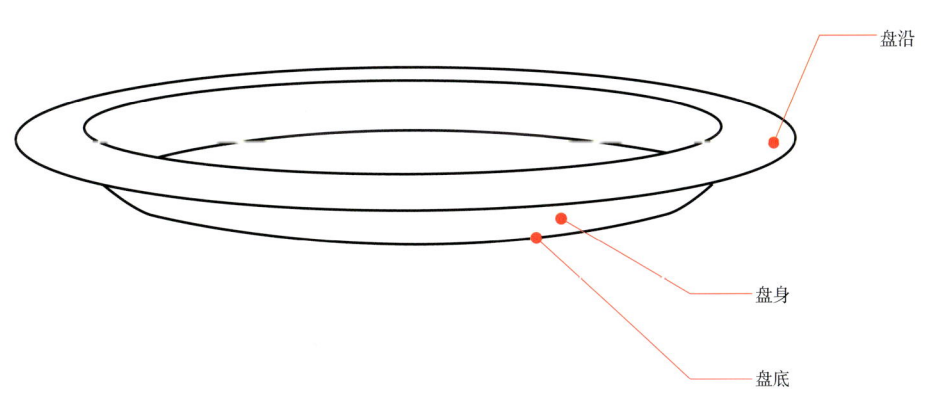

图三　维吾尔族近代錾刻铜盘造型分析图

图五　维吾尔族近代錾刻铜盘工艺分析图

錾刻工艺

图四　维吾尔族近代錾刻铜盘设色分析图

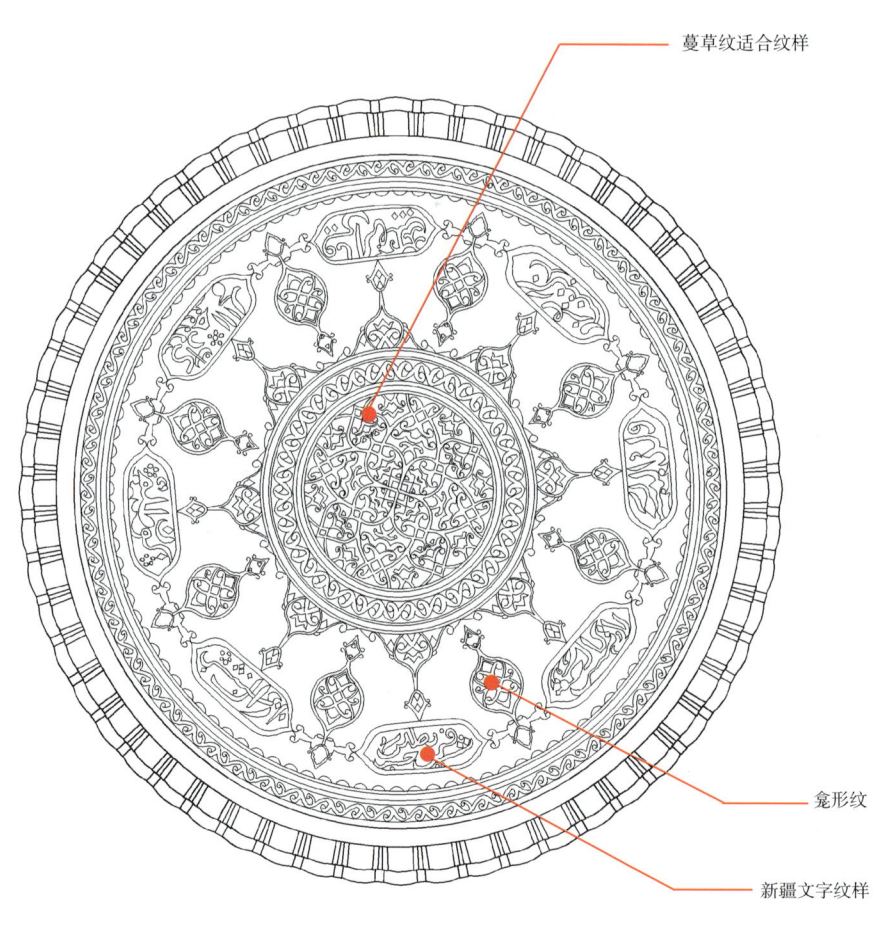

蔓草纹适合纹样

龛形纹

新疆文字纹样

图六　维吾尔族近代錾刻铜盘纹样构成分析图

维吾尔族清代錾刻铜碗纹样

图一 维吾尔族清代刻花铜碗纹样主图

该刻花铜碗纹样装饰共分三个区域，即碗口外沿、碗腹中部、碗腹底部，区域之间以弦纹相隔。碗口外沿饰维吾尔族文字纹一圈，碗腹中部饰大石榴花与石榴花角隅纹组成的上下反转对称二方连续纹样，碗腹底部饰小石榴花二方连续纹样一圈。

碗腹的石榴花以石榴花为基本原型，并做艺术概括处理，中间又嵌有枝叶，设计成镂空效果。弯曲的花朵、枝叶造型婉转柔美，同时也与文字纹造型相统一，文字纹是伊斯兰教艺术中常用装饰纹样。图案整体布局根据器型安排，层次分明，重点突出，满而不乱，合理有序，尤其彰显了碗腹花纹的富丽精致。

铜器工艺是维吾尔族民间传统工艺之一，在冷砸加工的铜壶、铜盘、铜碗等器皿上，进行錾花、镶嵌、镂空、鎏金等装饰工艺，是民间铜器匠人的基本技艺。该刻花铜碗采用錾刻与锤揲相结合的技艺，图案层次分明、线条流畅，花纹变换生动，具有浅浮雕的装饰效果，充分显示了维吾尔族民间匠人高超的技艺与聪明才智。

图片来源
图一 杨兴斌 摄影（fotoe）
图二至图五 邓莉丽 制图

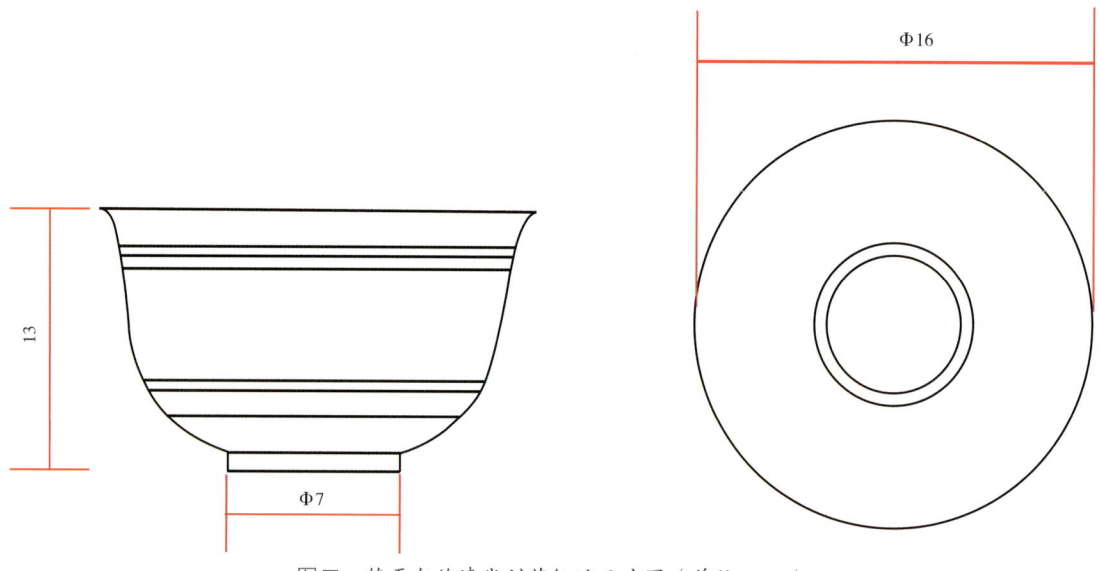

图二　维吾尔族清代刻花铜碗尺寸图（单位：cm）

图三　维吾尔族清代刻花铜碗造型分析图

图四　维吾尔族清代刻花铜碗纹样构成分析图

维吾尔族文字纹
石榴花角隅纹
石榴花
石榴花带状纹

图五　维吾尔族清代刻花铜碗纹样展开图

第六章　维吾尔族传统手工艺

后记

《中国少数民族设计全集》维吾尔族卷的完成，既是一个项目的终结，也封存了一段难忘的学术经历。它让我理解了完成一项困难工作的策略、方法与步骤。我真得很感谢我的编写团队，老师们、同学们，他们放下自己的工作与学习，兢兢业业去做着我派给的任务，他们已经尽其所能、超常发挥了。在我心中本卷的主编不是我，而是他们，是所有参与编撰的作者，他们在用辛勤与奉献书写着清晰的"主编"两字。我所做的工作，不过是督促、审查与验收。

本卷的编写团队主要由江南大学视觉文化研究所的师生组成。传统建筑部分由门坤玲老师、满盈盈老师负责，雷启兴博士也参与了少量案例的编撰工作；传统服饰、传统餐饮的编撰分别由刘姣姣博士与丁诗瑶博士担任；余下三部分内容则由许江博士、邓莉丽博士、姚丹博士以及郑倩倩、徐翊轩两位硕士共同完成，满盈盈老师也参与了乐器部分的短文撰写工作。全书由许江博士协助统稿，日常编撰的联络与协调工作亦有他全权负责。参与本卷制图工作的还有设计学院的韩宗挥、邵晓冬、钟日乾、任凤宇、梁建超、许礼情、田洁、吴婧、刘洁蓉、王炀煦、蒋屿璐、王翔、孙侨、周圆等同学以及周林博士、梁汐硕士，纺织服装学院的邢乐博士与贾蕾蕾硕士。

此外，提供照片资料的有魏洁、王立波、赵凯、衣霄、游嘉等老师与同学，陈龙、胡湘利、左力光等先生以及Fotoe网、微图网等网站也为本卷提供了珍贵的图片资料，一并表示谢意！还要感谢雷启兴博士，他深入实地进行了多次图像采集工作；张婷婷同学，进行了资料汇总整理工作。

顾平

2015年1月

声　明

　　本书编写时收入的个别图片，因条件所限，未能同相关著作权人取得联系，获得授权，敬请谅解。请相关著作权人及时与编者联系，以便奉上稿酬。谢谢！